Developing Management Skills

工商管理经典译丛·管理专业通用教材系列

管理技能开发

（第10版）

[美] 大卫·惠顿（David A. Whetten） / 著
金·卡梅伦（Kim S. Cameron）

张晓云 / 译

清华大学出版社
北京

北京市版权局著作权合同登记号　图字：01-2020-0618

Authorized translation from the English language edition, entitled DEVELOPING MANAGEMENT SKILLS, 10th Edition, 0135175461 by DAVID A. WHETTEN, KIM S. CAMERON, published by Pearson Education, Inc., copyright © 2020.

All Rights Reserved. No part of this book may be reproduced or transmitted in any form or by any means, electronic or mechanical, including photocopying, recording or by any information storage retrieval system, without permission from Pearson Education, Inc.

CHINESE SIMPLIFIED language edition published by **PEARSON EDUCATION ASIA LTD.**, and **TSINGHUA UNIVERSITY PRESS** Copyright © 2020.

本书中文简体翻译版由培生教育出版集团授权给清华大学出版社出版发行。未经许可，不得以任何方式复制或抄袭本书的任何部分。

本书封面贴有 Pearson Education（培生教育出版集团）激光防伪标签，无标签者不得销售。
版权所有，侵权必究。举报：010-62782989，beiqinquan@tup.tsinghua.edu.cn。

图书在版编目(CIP)数据

管理技能开发：第10版/（美）大卫•惠顿（David A. Whetten），（美）金•卡梅伦（Kim S. Cameron）著；张晓云译. —北京：清华大学出版社，2020.7（2025.2重印）
（工商管理经典译丛. 管理专业通用教材系列）
书名原文：Developing Management Skills
ISBN 978-7-302-55304-5

Ⅰ. ①管… Ⅱ. ①大…②金…③张… Ⅲ. ①管理学-教材 Ⅳ. ①C93

中国版本图书馆 CIP 数据核字（2020）第 055432 号

责任编辑：王　青
封面设计：李伯骥
责任校对：王荣静
责任印制：沈　露

出版发行：清华大学出版社
　　　　网　　址：https://www.tup.com.cn，https://www.wqxuetang.com
　　　　地　　址：北京清华大学学研大厦A座　　邮　编：100084
　　　　社 总 机：010-83470000　　　　　　　　邮　购：010-62786544
　　　　投稿与读者服务：010-62776969，c-service@tup.tsinghua.edu.cn
　　　　质量反馈：010-62772015，zhiliang@tup.tsinghua.edu.cn
印 装 者：三河市科茂嘉荣印务有限公司
经　　销：全国新华书店
开　　本：185mm×260mm　　印张：33.75　　插页：2　　字数：885千字
版　　次：2020年7月第1版　　　　　　　　　　　印次：2025年2月第5次印刷
印　　数：7701～8500
定　　价：95.00元

产品编号：083911-03

工商管理经典译丛·管理专业通用教材系列

前 言

为什么要重视管理技能开发

由于"技能开发"课程与使用传统教学模式的课程相比需要花费更多的时间和精力,有时候会有学生,尤其是那些缺乏工作经验的学生问我们这个问题。

原因1:这门课程关注的是优秀的管理者实际上"做"的事情。

在一篇颇具影响力的文章中,亨利·明茨伯格(Henry Mintzberg, 1975)指出,管理学教育对管理者的日常事务几乎没有涉及。他还批评了管理学教材一味地向学生介绍最新的管理理论而忽视了有效管理实践方面的知识。我们深以明茨伯格的意见为然,因此致力于介绍优秀的管理者应具备的能力。

虽然管理职位各不相同,在本书导论中介绍的研究强调了构成有效管理实践的10项个人技能、人际关系技能和团体技能。本书接下来的每一章将逐一介绍每项技能。

个人技能

1. 开发自我意识
2. 压力管理和幸福管理
3. 分析性和创造性地解决问题

人际关系技能

4. 通过支持性沟通建立关系
5. 获得权力和影响力

6. 激励绩效
7. 谈判与化解冲突

团体技能

8. 授权与吸引其他人参与
9. 建设有效的团队与团队合作
10. 领导积极的变革

与我们重视促进管理实践的初衷相一致，上述各章提供了帮助回答一系列当代管理挑战的指南，例如："我怎样才能让人们接受新目标、新想法和新方式？""我该怎样激励那些感到自己被时代抛弃的人？""我该怎样帮助裁员的'幸存者'重拾信心争取提升？""我该如何帮助有着完全不同的日常工作事项和理念的人在一起共事，尤其是在充满压力和动荡的时期？"

那些轻蔑地认为这些问题的答案属于常识问题的人最好回忆一下威尔·罗杰斯（Will Rogers）一针见血的见解："常识并不寻常。"此外，本书导论中介绍的研究指出，在很多情况下，管理者的"常识"并不"明智"。

本书及相关课程的预设前提是，有效管理实践的关键在于持之以恒地做那些优秀管理者（有着明智头脑的管理者）所做的事情。

原因2：它与经过实践检验的有效教学原则是相符的。

一位德高望重的大学教授曾经对他年轻的同事说："如果你的学生们没有学，那么你就是没有在教，而只是在说！"下面是一些高等教育权威人士就优秀的教师可以如何提高学生的学习效率给出的建议。

"所有真正的学习都是主动的，而不是被动的。在这个发现知识的过程中，主体是学生，而不是老师。"（Adler，1982）

"学习并不是一项观赏运动。光是坐在教室里听老师讲课，死记硬背知识点，然后拼凑答案是学不到太多东西的。他们必须谈论自己正在学习的东西，就此进行写作，与以往的经验进行联系，将其应用到日常生活中。学生们必须将自己所学的知识变成生命中的一部分。"（Chickering 和 Gamson，1987）

Bonwell 和 Elson（1991）在其论述主动学习的经典著作中列出了7项标志性特征：

（1）学生不仅仅是被动地听讲。
（2）学生参与活动（如阅读、讨论和写作）。
（3）重点不在于信息的传递而在于开发学生的技能。
（4）更为重视探讨态度和价值。
（5）学生的学习动机加强了，特别是那些成年学生。
（6）学生从教师和同学那里得到即时的反馈。
（7）学生参与更高层次的思考（分析、综合和评估）。

我们写作本书的目的是在理论和研究的学术王国与有效实践的组织王国之间搭建一座桥梁，帮助学生不间断地将来自这两个王国的经实践检验的原理融入个人实践。为了实现这一目标，我们提出了本书导论中介绍的五步"主动"学习模型。基于来自教师和学生的积极反馈，我们可以相信，本书中所倡导的主动学习形式是掌握管理技能的经过实践检验的教学法。

提高课程效果的窍门

无论你是本科生还是 MBA 学生，抑或是一名富有经验的管理者，根据我们多年来教授管理技能的经验，下面是一些有助于使这门课程成为对你来说有意义的学习体验的建议。

- 认真阅读导论。由于本书并非常见的管理学教材，你很有必要理解其独特的聚焦学习者的特点，尤其是五步学习模型：技能评估、技能学习、技能分析、技能练习和技能应用。你还可以从中读到有关管理者的行动如何影响个人和组织绩效以及优秀管理者的个性方面的卓越研究。
- 认真完成每章的技能评估。这些诊断工具是用来帮助你识别各项技能主题的哪些方面更适用于你的。
- 在阅读每章的技能学习部分前先认真学习该部分结尾处的行为指南和小结。这些书面和图表形式给出的小结是用来将每个主题的研究描述与其后的技能开发活动联系起来的。要想内在化研究描述的"明智"，你务必在阅读和讨论技能分析案例以及参与技能练习和技能应用时将行为指南作为参考框架。
- 务必完成每章的技能应用练习。要掌握管理技能，需要课外技能练习。如果你目前供职于某个组织，无论你是经验丰富的管理者还是刚上班的兼职员工，要做到这一点都非常简单。无论你现在是否有工作，我们都鼓励你抓住生活中的每个机会进行技能练习，这包括参与本课程和其他课程的学习小组、筹划校园或社区组织的社交活动、开导某位面临困境的亲朋好友、安排期末前要完成的各项任务或者是处理与男（女）友或配偶的情感问题。你越早着手，越经常性地坚持练习从本课程中学的知识，你就越有可能在作为管理者时将这些技能当成"下意识的反应"。

教辅资源

教师可扫描本书末尾所附"教学支持说明"中的二维码下载大量有关本书的教辅资源。本书的教辅资料包括：教师手册、试题库、试题生成软件、PowerPoint 电子课件。

大卫·惠顿

金·卡梅伦

目 录

导 论 管理技能的关键角色　　1
　　胜任的管理者的重要性　　3
　　有效管理者的技能　　4
　　什么是管理技能　　5
　　提高管理技能　　5
　　技能开发的一个途径　　6
　　领导和管理　　7
　　本书的内容　　9
　　本书的结构　　11
　　多样性和个体差异　　11
　　小结　　12
补充材料：诊断调查和练习　　13
　　管理技能的个人评估（PAMS）　　13
　　要成为优秀的管理者需要具备哪些素质　　16
　　SSS软件公司公文筐练习　　18
评分要点与对比数据　　27
　　管理技能的个人评估　　27
　　要成为优秀的管理者需要具备哪些素质　　29
　　SSS软件公司公文筐练习　　29

第1部分 个人技能

第1章 开发自我意识　　31
技能评估　　32
　　自我意识的诊断调查　　32

开发自我意识　35
技能学习　42
　　自我意识的关键维度　42
　　自我意识之谜　42
　　理解和识别个体差异　45
　　自我意识的重要领域　45
　　小结　63
　　行为指南　64
技能分析　64
　　涉及自我意识的案例　64
技能练习　68
　　通过自我表露提高自我意识的练习　68
技能应用　73
　　提高自我意识技能的活动　73
评分要点与对比数据　75
　　自我意识评估　75
　　情商评估　76
　　问题定义测验　78
　　认知风格指标　80
　　内外控量表　80
　　模糊耐受性尺度　81
　　核心自我评估量表　82

第2章　压力管理和幸福管理　85

技能评估　86
　　压力管理和幸福管理的诊断调查　86
技能学习　93
　　管理压力和提高幸福感　93
　　压力的主要元素　94
　　管理压力源　96
　　消除压力源　98
　　提高弹性和幸福感　110
　　暂时减轻压力的技巧　116
　　小结　118
　　行为指南　118
技能分析　119
　　涉及压力管理的案例　119
技能练习　125
　　长期和短期的压力管理的练习　125
技能应用　131
　　提高压力管理技能的活动　131
评分要点与对比数据　134
　　压力管理评估　134

时间管理评估　　135
　　　社会再适应量表　　136
　　　个人压力源　　136
　　　幸福感量表　　136

第3章　分析性和创造性地解决问题　　138
技能评估　　139
　　　创造性解决问题的诊断调查　　139
　　　分析性和创造性地解决问题　　139
技能学习　　145
　　　解决问题、创造性和革新　　145
　　　分析性问题解决的步骤　　146
　　　分析性问题解决模型的局限性　　149
　　　创造性问题解决的障碍　　150
　　　培养创造性的多种途径　　151
　　　概念障碍　　154
　　　概念障碍的回顾　　164
　　　突破概念障碍　　165
　　　跨文化告诫　　174
　　　运用问题解决技术的建议　　175
　　　鼓励创新　　175
　　　小结　　180
　　　行为指南　　181
技能分析　　182
　　　涉及问题解决的案例　　182
技能练习　　186
　　　打破概念障碍的应用练习　　186
技能应用　　193
　　　创造性问题解决的活动　　193
评分要点与对比数据　　195
　　　创造性地解决问题　　195
　　　你的创造性如何　　196
　　　创新意识量表　　197
　　　创造性风格评估　　197

第2部分　人际关系技能

第4章　通过支持性沟通建立关系　　200
技能评估　　201
　　　支持性沟通的诊断调查　　201

技能学习 204
　　建立积极的人际关系　204
　　有效沟通的重要性　207
　　什么是支持性沟通　208
　　辅导和咨询　209
　　支持性沟通的原则　212
　　个人管理面谈　226
　　跨文化告诫　228
　　小结　229
　　行为指南　230
技能分析 231
　　关于建立积极关系的案例　231
技能练习 234
　　诊断沟通问题和促进了解的练习　234
技能应用 239
　　支持性沟通活动　239
评分要点与对比数据 242
　　支持性沟通　242
　　沟通风格　243

第5章　获得权力和影响力　244

技能评估 245
　　获得权力和影响力的诊断测量　245
技能学习 247
　　建立坚实的权力基础并聪明地运用影响力　247
　　获得权力的机会　251
　　将权力转变为影响力　262
　　决断地行动：抵制影响企图　268
　　小结　271
　　行为指南　272
技能分析 274
　　涉及权力和影响力的案例　274
技能练习 275
　　获取权力的练习　275
　　有效地运用影响力的练习　277
　　抵制不需要的影响企图的练习　278
技能应用 281
　　获得权力和影响力的活动　281
评分要点与对比数据 282
　　获得权力和影响力　282
　　使用影响策略　284

第 6 章　激励绩效　285

技能评估　286
　　激励绩效的诊断调查　286

技能学习　288
　　增进动机和绩效　288
　　了解成功完成任务的先决条件　289
　　培养高绩效　291
　　加强动机→绩效环节　291
　　加强绩效→结果环节　296
　　加强结果→满意环节　306
　　诊断造成不合格绩效的原因并予以纠正　311
　　小结　314
　　行为指南　316

技能分析　317
　　涉及动机问题的案例　317

技能练习　323
　　诊断工作绩效问题的练习　323
　　评估工作特点的练习　325

技能应用　327
　　激励绩效的活动　327

评分要点与对比数据　329
　　诊断低绩效并提高动机　329
　　激励绩效评估　330
　　工作诊断调查　331

第 7 章　谈判与化解冲突　334

技能评估　335
　　冲突管理的诊断调查　335

技能学习　337
　　组织冲突的普遍性　337
　　有效地进行谈判　338
　　成功地解决冲突　343
　　采用协作方法解决人际冲突　352
　　小结　361
　　行为指南　363

技能分析　365
　　涉及人际冲突的案例　365

技能练习　369
　　谈判练习　369
　　诊断冲突来源练习　372
　　选择适当的冲突管理手段练习　373

　　　　解决人际冲突练习　375
　技能应用　384
　　　　解决冲突的活动　384
　评分要点与对比数据　386
　　　　人际冲突管理　386
　　　　冲突处理策略　388
　　　　解决人际冲突技能练习　388

第3部分　团队技能

第8章　授权与吸引其他人参与　391
　技能评估　392
　　　　授权和委派的诊断调查　392
　技能学习　394
　　　　授权与吸引其他人参与　394
　　　　授权的含义　395
　　　　授权的维度　396
　　　　怎样进行授权　401
　　　　授权的限制因素　409
　　　　让其他人积极参与　411
　　　　跨文化告诫　417
　　　　小结　418
　　　　行为指南　419
　技能分析　420
　　　　涉及授权和委派的案例　420
　技能练习　422
　　　　练习授权　422
　技能应用　427
　　　　有关授权和让其他人参与的活动　427
　评分要点与对比数据　429
　　　　有效的授权与委派　429
　　　　个人授权评估　430
　　　　决定授权技能练习："一个紧急要求"的分析　430
　　　　生化战争分析技能练习　431

第9章　建设有效的团队与团队合作　432
　技能评估　433
　　　　建设有效团队的诊断调查　433
　技能学习　435
　　　　团队的优势　436
　　　　团队发展　440

领导团队　449
团队成员　454
小结　460
行为指南　461
技能分析　461
涉及建设有效团队的案例　461
技能练习　465
建设有效团队的练习　465
技能应用　470
建设有效团队的活动　470
评分要点与对比数据　471
团队开发行为　471
诊断团队建设的需要　472
团队中的领导角色（正确答案范例）　472

第10章　领导积极的变革　474

技能评估　475
对领导积极变革的诊断性调查　475
技能学习　478
领导积极的变革　478
变革无处不在，且愈演愈烈　479
对框架的需求　480
领导积极变革的框架　482
小结　501
行为指南　502
技能分析　503
领导积极变革的案例　503
技能练习　510
领导积极变革的练习　510
技能应用　513
领导积极变革的活动　513
评分要点与对比数据　514
领导积极的变革　514
得自他人的最佳自我反馈练习　515

附录　术语表　516

Developing Management Skills

导　　论

管理技能的关键角色

技能开发目标
- 介绍管理技能的重要性
- 识别关键管理技能
- 解释管理技能开发的一个学习模型
- 概述本书的内容

管理概念
- 胜任的管理者的重要性
- 有效管理者的技能
- 什么是管理技能
- 提高管理技能
- 技能开发的一个途径
- 领导和管理
- 本书的内容
- 本书的结构
- 多样性和个体差异
- 小结

补充材料：诊断调查和练习
- 管理技能的个人评估（PAMS）
- 要成为优秀的管理者需要具备哪些素质
- SSS 软件公司公文筐练习

评分要点与对比数据

没有人质疑21世纪仍将充满无序和迅速的变化。实际上，没有任何一个有理智的人愿意预测从现在开始50年、20年，甚至是10年后世界的模样。变化来得太快并且无处不在。网上有3/4的内容在3年前还根本不存在。"纳米弹"（nanobombs）的发展导致一些人预测，在20年内个人计算机和桌面管理系统将会被丢弃在垃圾堆里。新的计算机将会是一种蚀刻在分子上的产品，个性化的数据处理器被注入血管、嵌入眼镜或植入腕带。

本书作者的同事沃伦·本尼斯（Warren Bennis）曾半开玩笑地预测未来的工厂将只有两名员工——一个人和一条狗。人负责喂狗，而狗要防止人触动设备！几乎没有人怀疑"永恒的汹涌"能最恰当地描述我们当今的环境。从我们处理商务的技术和手段，到教育的本质和家庭的含义，几乎每一件事情都处在变化中。

尽管我们的环境中有这些变化，但仍然有一些事物相对稳定地保持下来，并且仍将保持下去。那些在几千年间没有改变的就是处在有效的、令人满意且促进成长的人际关系核心中的基本技能，它们仅有一些微小的变化和形式上的差异。关系中的自由、尊严、信任、爱和诚实总是人类追求的目标，并且在2世纪或17世纪带来这些结果的原则在21世纪同样适用。换句话说，不考虑我们的环境和我们所拥有的技术资源，相同的基本人类技能仍然适用于有效的人类交流。

本书所依据的假定是，开发管理技能——管理个人生活以及与他人关系所需的技能是永不停歇的努力。这些技能在今天大部分与一个世纪以前是一样的。构成这些技能基础的基本行为原则是永恒的。这就是为什么书店货架上、博客上和在线时事通讯中总是充斥着对某些执行官或者某些公司如何一夜暴富或者赢得竞争的描述。众多书籍鼓吹一些独门秘诀，这些秘诀讲述了如何在商业和生活中获得成功。这类书籍中有许多进入了畅销书排行榜并且畅销不衰。

我们并不打算在本书中重复那些畅销书里的观点，也不会沿用介绍成功组织和著名管理者逸事的老套路。本书忠实并基于社会科学和商业研究。我们想与你分享关于如何发展管理技能，以及如何在工作情境中促进积极、健康、令人满意的、促进成长的人际关系的所有方面，包括人们所知道的和不知道的。本书是专门为帮助你提高自己的个人管理能力而设计的——改变你的行为。

本书的出版者培生集团前不久针对中国"985"高校的教师开展调查，接受调查的教师中82%的人认为开发就业能力对于自己的学生而言是重要的甚至是非常重要的。调查中所指的就业能力正是本书介绍的各种能力，即解决问题、沟通、团队协作、自我管理、创造性思考和领导力。超过90%的教师认为应当在课堂上培养学生的上述能力。然而，现有的教材或课程设计还无法满足要求，因此教师们表达了对这方面的教材的需求。

因此，本书可以用作有效管理技能的实训教材或指南，帮助你开发有助于提升就业能力的各项技能。本书介绍的技能不仅有助于你找到第一份工作，而且你在升职后很有可能得到管理者的岗位，书中的管理技能将更有助于你取得成功。虽然本书重点讨论的技能被称为管理技能，它们的适用性并不被局限在某个组织或工作情境中。本书也可以更名为"生活技能"或"领导者技能"，甚至是"就业能力技能"。在这里我们主要针对工作情境，因为我们的基本目标是帮助你准备和改善在管理角色上的能力。但是你会发现，这些技能可以在生活的大部分领域运用，包括在家人、朋友中间，或是在志愿者组织和社区的活动中。

在下一节，我们将回顾一些证明管理技能与个人和组织的成功相关的科学证据，并且会回顾一些关于在现代社会环境中最重要的关键管理技能的研究。本书的目标正是这些关键技能。我们接下来会描述可以帮助你开发管理技能的模型和方法学。

大量的管理时尚鼓吹成为领导者、变得富有或两者兼得的新方式，而我们的意图是相信基于科学研究的方法学。我们所呈现的是提高管理技能的较好方式，并且我们的主张基于学术证据。本章的结尾简要描述了本书其余各章的组织结构以及牢记人际差异的重要性。

胜任的管理者的重要性

过去20年中，有大量证据指出，有技巧的管理，尤其是那些在组织中有效管理员工的管理者，是组织成功的关键决定因素。过去5年，德勤（Deloitte）、盖洛普（Gallup）、麦肯锡（McKinsey）、美世（Mercer）等大量咨询公司再次确认了领导和管理在很大程度上决定了组织绩效和员工幸福感。这些研究是在众多的产业领域、国际环境和组织中开展的。研究发现令人坚信，组织要想成功，必须拥有胜任的、有技巧的管理者。

例如，在一项针对代表美国所有主要产业类型的968家公司的调查中，与那些员工管理低效的企业相比，管理者有效管理员工的企业，即那些实施了有效的人员管理策略并且在管理技能中展示了个人能力的企业，在平均水平上，员工的离职率降低了7%以上，平均每名员工实现的利润增加了3 814美元，销售额增加了27 044美元，股票市场价值增加了18 641美元（Huselid，1995；Pfeffer和Veiga，1999）。在一项针对702家企业的后续研究中，那些展示强大员工管理技能的公司比起那些不重视员工管理的企业，员工人均股东财富惊人地高出41 000美元（Huselid和Becker，1997）。

针对10个产业领域的德国公司的研究揭示了相似的结果："比起它们的同行，把员工放在战略核心的公司得到了更高的长期回报。"（Blimes，Wetzker和Xhonneux，1997）针对136家在20世纪80年代末期首次公开发行上市的非财务公司5年生存能力的研究发现，甚至在考虑了行业类型、规模和利润的情况下，有效的员工管理仍是预测生存的最显著指标。妥善管理员工的公司会存留下来，而其他的则倒闭了（Welbourne和Andrews，1996）。

密歇根大学的一项研究是对40家大型制造公司进行为期5年的调查，以发现最能解释财务上成功的因素。调查确定了5个最有力的预测因素，包括市场份额（假定公司的市场份额越高，效益越好）、公司资本密集度（假定公司自动化程度越高，技术和设备越先进，效益越好）、公司的资产规模（假定大型公司可以利用规模经济和效率来提高效益）、销售的产业平均回报（假定公司可以反映高利润行业的绩效），以及管理者有效管理员工的能力（假定出色的人员管理有助于提高公司的效益）。统计分析的结果表明，有一个因素——管理者有效地管理员工的能力对于解释5年期间公司的财务成功的作用是其他因素总和的3倍。出色的管理在预测效益时比其他所有因素加起来都重要。

上面只是类似研究的一小部分，这些研究都不容置疑地表明：出色的管理促进财务成功，而低效的管理导致财务失败。成功的组织拥有具备良好的人员管理技能的管理者。此外，数据清晰地表明，管理技能比行业、环境、竞争和经济因素加起来还要重要。

有效管理者的技能

那么,有效管理者与无效管理者的区别在哪里?如果开发管理技能对于组织的成功至关重要,那么哪些技能应该是关注的重点?在写作本书的过程中,我们试图确定那些能够从人群中区分出高效管理者的技能和能力。因此,除了查阅有关管理和领导的各类文献外,我们还调查了402个在组织中被评为有效管理者的人,所涉及的行业包括商业、医疗健康、教育和政府部门。我们要求高级管理者指出他们组织中最有效的管理者。我们与这些管理者进行了交谈,以搞清楚什么因素与管理有效性有关。交谈的问题包括:

- 你如何在这个组织中变得如此成功?
- 哪些人在你的组织中成功了?哪些人失败了?为什么?
- 如果需要你培训你的接班人,你会确保这个人具有什么样的知识和技能?
- 如果你可以设计一个理想的课程或培训计划来使你成为更优秀的管理者,你认为应该包括哪些内容?
- 想一想你所认识的其他有效的管理者,他们有哪些技能可以解释他们的成功?

通过对交谈的分析,我们得出了有效管理者的60个特征。表0-1列出了频率最高的10个。并不出人意料的是,这些特点全部是行为技能。它们不是人格特质也不是"运气""魅力"或"机遇"。它们也是各个行业、层级和工作责任所共通的。有效管理者的特征并不是秘密,并且与其他研究者列出的特征大同小异。

例如,Miles集团和斯坦福大学联合开展了一项研究,以了解大多数首席执行官和公司董事需要培训和开发哪些技能(Executive Coaching, 2013)。该研究识别的技能按重要性排列如下:冲突管理;倾听;授权;计划;指导和赋权;沟通;团队建设;同情心;说服和影响力;人际关系;激励。

可以看到,这些技能与表0-1中列出的非常相似,而表0-1中列出的正是本书将介绍的各项技能。也就是说,本书将为你提供开发并提升最有助于获取管理成功的最重要技能的机会。

表0-1 有效管理者的技能:一项研究

1. 言语沟通(包括倾听)
2. 时间和压力管理
3. 理性地、创造性地解决问题
4. 发现、定义和解决问题
5. 激励和影响他人
6. 授权
7. 设置目标和阐明愿景
8. 自我意识
9. 团队建设
10. 冲突管理

什么是管理技能

几条定义特征区分了管理技能，把它们与其他管理特征和实践区分开来。

第一，管理技能是行为方面的，它们不是人格特质或风格倾向。管理技能由一系列可获得积极结果的活动组成。技能是可以被他人观察到的，这与那些纯粹的智力活动或嵌入人格中的特征不同。

第二，管理技能是可控的。这些行为的表现在个体的控制之下。技能也许一定会涉及其他人并且需要认知活动，但它们是人们可以自行控制的行为。

第三，管理技能是可发展的。表现可以改进。与智商（IQ）、特定人格或气质特征这些一生中相对稳定的东西不同，通过实践和反馈，人们可以改善自己的技能表现。在管理技能方面，人们可以从较少的技能发展到较多的技能，而这正是本书的主要目标。

第四，这些关键技能是相互联系、相互重合的。把某项技能从其他技能中孤立地区分开来是困难的。技能不是简单的、重复性的行为，而是复杂反应的整合体。

第五，技能有时是矛盾的或荒谬的。例如，核心的管理技能既不全是柔和与人文主义导向的，也不全是强硬与指导性的。它们既不全是团队合作和人际关系导向的，也不全是个体主义和单独决策的。大量的技能对于大多数有效管理者而言是典型的，但有些则显得矛盾。

卡梅伦和车赫特（Tschirhart，1988）评估了大约150家组织的500名中高级管理者的技能绩效。他们测量了学术文献收录的十几种研究中最常提到的25个管理技能。通过统计分析，卡梅伦和车赫特发现这些技能可以归为四大类。第一类技能集中于参与和人际关系技能（例如，支持性的沟通和团队建设）；第二类技能集中于相反的方面，即竞争和控制（例如，自持、权力和影响技能）；第三类技能集中于创新和创业（例如，创造性地解决问题）；第四类技能则强调相反的方面，即保持顺序和理性（例如，时间管理和理性地进行决策）。这项研究表明，有效的管理者需要表现出相互矛盾的技能。也就是说，最有效的管理者既主张参与又十分强制，既关怀又富有竞争性。他们既可以灵活、有创造力，又可以自控、稳定和理性（Cameron等，2014）。本书的目的就是帮助你开发这种类型的行为能力和复杂性。

提高管理技能

令人感到有些不安的是，过去的一个世纪，人们的平均智商（IQ）上升了约25%，情商（EQ）却下降了。最近一项对《财富》（Fortune）"500强"的110位CEO的调查显示，87%的人对商学院毕业生的能力和分析技能感到满意，68%的人对他们的概念技能感到满意，但只有43%的人对他们的管理技能感到满意，而只有28%对他们的人际技能和情商感到满意！

好消息是，参加管理技能开发课程的学生和管理者的管理技能得到了提升。例如，在参加了基于这里所提到的开发管理技能方式的两门课程的MBA学员中，经过两年的学习后他们的社交技巧有了50%~300%的改善。对于把这些技能运用到课外生活不同方面的学生而言，他们作出了更大的改善；对于那些更有能力的人来说，他们获得了最大的进步。除此以外，一群45~55岁的执行官也得到了与MBA学员相同的结果。他们也极大地改善了自己的管理技能，尽管他们中的大部分早已拥有高管的职位（Boyatzis，1996，2000，2005；Boyatzis，Cowen 和 Kolb，1995；Boyatzis 等，1996；Leonard，1996；Rhee，1997；Wheeler，1999）。

技能开发的一个途径

在帮助人们开发管理技能方面最有效的理论是社会学习理论的一个变形（Bandura，1977；Boyatzis 等，1995；Davis 和 Luthans，1980）。该理论建立在下面几个原则上。

1. 要想取得进步，一个人必须清楚自己目前的技能水平，这样才有动力进一步提升。我们以减肥为例来加以说明：如果你不知道自己的体重，那么想要减肥将非常困难。因此，为了帮助你搞清楚要提升哪些技能及为什么要提升这些技能，学习模型中必然要包括评估活动。评估活动的形式包括有助于说明一个人在某个技能领域的优势和不足的自我评价工具、案例研究或问题。

2. 管理技能和行为指南必须以经验证据和社会科学理论为依据。领导者和管理者对于其所在组织的绩效和员工幸福感的影响非常大，因此当我们就如何成为一名有效的管理者提出建议时，我们的建议和指导方案必须有证据的支持。很多励志类图书大肆宣扬的针对领导者和管理者的建议，却在实践中被证实基本无效。有效的学习模型的一个必备条件是，应当给出所提出的管理原理的效果的科学检验，本书各章的技能学习部分就是基于经验验证的原理。

3. 最佳实践的案例、在各种情境下的应用、与管理技能相关的细微差别等往往有助于能力的开发。因此，我们在每章设置了技能分析部分，帮助你分析管理技能的各个方面在何时最能发挥作用，可以如何加以应用。

4. 单纯地学习指南或原理，或是分析其他人如何示范技能，对于成为更出色的管理者并没有什么帮助。例如，除非你自己找辆自行车并练习骑行，否则即使读了很多本骑行的书，也无助于你学会骑行。管理技能的开发也是一样。本书的每一章都提供了练习、作业和活动，这些有助于你在教室中进行管理技能的培训，这种情况下你可以得到及时的反馈，尝试新行为和犯错误相对来说比较安全。其目标是帮助你提升行为能力。

5. 应用也是学习模型的重要组成部分。如果学习仅限于课堂中，那么将学习的行为应用于实际的工作中通常比较困难。因此，每章的技能应用练习采用的形式有课外干涉、咨询任务、杂志文章的自我分析、以问题为中心的干涉，或者是可以在真实世界中进行实践的教学作业。

总之，经验证据表明一个五步骤的学习模型对于帮助人们开发管理技能最为有效。表0-2列出了这个模型。第一步是对现有的技能水平和行为原则知识的评估。第二步展示生动的、以科学为基础的有效技能表现的原则和方针。第三步是分析，提供模型或案例来分析真实组织环境中的行为原则。第四步是练习，人们可以进行实验，并且可以在一个相对安全的环境中得到即时的反馈。第五步是将技能应用于课堂外的真实世界，并且进行后续分析以判断应用得是否成功。

表 0-2 管理技能开发模型

组成部分	内容	目标
1. 技能评估	调查工具 角色扮演	评估现有的技能和知识水平，准备好改变
2. 技能学习	书面材料 行为指导	教授正确的原则，解释行为指导的原理
3. 技能分析	案例	提供技能表现正反两方面的案例，分析它们的行为原则和工作的原因
4. 技能练习	练习 模拟 角色扮演	践行行为指南；根据个人风格调整原则；接受反馈和帮助
5. 技能应用	任务（行为的和书面的）	将在课堂上学到的知识应用于现实生活的情境；促进持续的个人开发

对采用这种学习模型的培训计划效果的研究表明，它的效果优于传统的基于讲课讨论案例的方式（Boyatzis 等，1995；Burnaska，1976；Kolb，1984；Latham 和 Saari，1979；Moses 和 Ritchie，1976；Porras 和 Anderson，1981；Smith，1976；Vance，1993）。

为了帮助你提高自己的管理技能，本书的重点放在实践管理技能而不只是阅读上。我们根据这个目的对本书进行了组织。

领导和管理

在向你介绍本书的组织之前，有必要简要地讨论本书中领导的含义。一些作者已经对"管理"和"领导"进行了区分（Bass，1990；Katzenbach，1995；Nair，1994；Quinn，2000；Tichy，1999）。有些人不明白为什么我们这本书集中于"管理"技能而不是"领导"技能。许多教授、商业管理者和学生也建议我们把书名改为"领导技能开发"，或者至少安排一章关于领导的内容。这些询问和建议使我们觉得有必要解释一下本书中"管理"的含义以及为什么我们认为它包括了传统意义上的"领导"。

领导的一个流行模型是基于"竞争价值框架"的，这是关于领导和管理技能的一个组织框架，它依据评估组织和管理绩效所考察的标准建立（Cameron 等，2014；Quinn 和 Rohrbaugh，1983）。过去 30 多年间人们针对这个模型进行了大量研究，一个简要的解释将有助于明确管理技能和领导技能之间的关系。研究显示领导技能和管理技能被分为四个大类，如图 0-1 所示。

研究认为，要成为一名优秀的管理者，个体必须具备：（1）人事关系处理技巧、协作、团队合作和人际沟通，这些在学术文献中被称为协作技能；（2）创造性、创新性、创

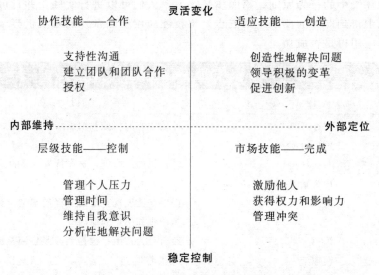

图0-1 由竞争价值模型组织起来的领导技能和管理技能

业精神及提出未来的愿景,这些在学术文献中被称为适应技能;(3)取得成效、快速决策、积极竞争及乐于掌控局面,这些在学术文献中被称为市场技能;(4)保持稳定性和可预测性、提升质量、有效率及保持控制,这些在学术文献中被称为层级技能。

协作技能包括建立有效的人际关系和开发他人(例如,建立团队合作、支持性地沟通)。适应技能包括管理未来、创新性和提升变革(例如,创造性地解决问题、描述一个激励愿景)。市场技能包括有效竞争和管理外部关系(例如,激励他人、获得权力和影响力)。层级技能包括保持控制和稳定性(例如,管理个人压力和时间、分析性地解决问题)(Cameron和Quinn,2006)。

在图0-1中,竞争价值框架中两个上部象限(协作技能和适应技能)通常与领导相联系,即"做正确的事情",如设定目标、描述愿景、对组织进行变革、建立团队、创造新事物;两个下部象限(市场技能和层级技能)通常与管理相联系,即"正确地做事情",如维持控制、监控、改善现有的绩效、解决问题、展开激烈的竞争。传统上领导被用于描述个体在变革的情境中的行为。如果组织是动态的,并且在经历变革,那么组织高层的成员被认为会表现出领导技能(即注意协作和适应问题)。相反,传统上管理被用于描述管理者在稳定的情境中的行为。因此,管理与地位相联系(即注意市场和层级问题)。总的来说,领导等同于动力、活力和魅力,而管理则等同于层级、均衡和控制。

然而,近期的研究却明确地指出这种对领导和管理的区别既不准确,也没有用处(Quinn,2000;Tichy,1993,1999)。管理者如果不是一个好的领导者,是无法成功的。同样,领导者如果不是一个好的管理者也无法成功。组织和个体再也不可能仍然保持过去的做法;担心怎样正确地做事情但不能去做正确的事情;保持系统稳定而不是领导变革和提高;监控现在的绩效而不是形成将来的愿景;集中于均衡和控制而不是活力和魅力。有效的管理和领导是无法分离的。管理所需的技能同时也是领导所需的,反之亦然。

在后工业化的、过度城市化的21世纪,组织如果没有既能提供领导又能进行管理的管理者是无法生存的。领导变革和管理稳定,确立愿景和完成目标,打破常规和确保一致,这些尽管相互冲突,但都是成功所必需的。

换句话说，我们所有人都需要开发才能，来强化我们作为领导者和管理者的能力。本书中的特定技能代表了领导的竞争价值框架的所有四个象限，它们是有效管理和领导的基础。因此，基于被涵盖的技能，本书在标题中完全可以包括"领导"一词。本书包含的技能涵盖了管理和领导的领域。当你得到提拔时，你就会担任管理者的角色，而你能否在这个角色上取得成功则取决于你所掌握的特定技能。你在任何场景、任何角色下都可以充当领导者，因此本书的目标就是帮助你成为有效的管理者和领导者。

本书的内容

本书集中讨论研究所界定的实现成功的管理和领导的关键技能。每一章包括一组相关的行为，而不是单个的技能。这些内部关联的行为群包含了章节标题中所指出的总体管理技能。图 0-2 也指出，每个技能领域都是相互联系、有所重叠的，因此每一类技能都至少部分地依赖于其他技能才能充分发挥作用。

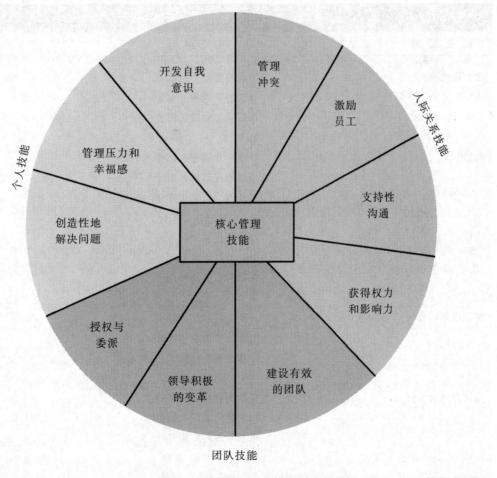

图 0-2　关键管理技能模型

第1部分讨论个人技能，分为三章："开发自我意识""压力管理和幸福管理"和"分析性和创造性地解决问题"，这些技能关注那些可能不包括他人而只与自我管理相关的问题，因此被称为个人技能。

第2部分讨论人际关系技能："通过支持性沟通建立关系""获得权力和影响力""激励绩效"和"谈判与化解冲突"。这些技能主要集中在与他人互动的问题上。

第3部分讨论团体技能，包括三章："授权与吸引其他人参与""建设有效的团队与团队合作"和"领导积极的变革"。这些技能关注当你以领导者或团队成员身份加入团体时的关键问题。当你从个人技能进展到人际关系技能再到团队技能时，前面的技能领域所培训的核心能力有助于提升你在新技能领域的表现。

在本章的开篇我们曾提到培生集团针对由高校教师组成的大样本开展的调查。接受调查的教师认为就业能力对于其学生是重要的甚至是非常重要的。这些教师中的绝大多数还表达了对涵盖这些具体技能的教材的需求。表0-3列出了本书涉及就业能力的章节，从中可以查到书中有助于培养行为改变和提升就业能力的章节以及专门讲述就业能力的章节。

附录给出了本书的术语列表。

表0-3 就业能力与管理技能开发内容

就业能力	相关内容
批判性思维	每章的技能分析部分
	每章的技能练习部分
	每章的技能应用部分
	第1、3、6、7和10章
沟通	每章的技能分析部分
	每章的技能练习部分
	每章的技能应用部分
	第4、5、6、7和10章
合作	每章的技能分析部分
	每章的技能练习部分
	每章的技能应用部分
	第2、3、4、6、7、8和9章
知识应用和分析	每章的技能分析部分
	每章的技能练习部分
	每章的技能应用部分
	第1、3和10章
道德与社会责任	每章的技能分析部分
	每章的技能练习部分
	每章的技能应用部分
	第1、3、8和10章

本书的结构

本书的每一章都是根据表0-4总结的学习模型进行组织的。从技能评估工具开始，其后则是每章的主体内容，解释关键的行为指南以及章中介绍的原则具有有效性的研究证据，也就是技能学习部分。再然后是技能分析部分，它给出了有效和无效地运用这些行为原则的简短案例。技能练习一节提供练习、问题和角色扮演任务。这一节的目的是提供在安全的模拟的情境下练习行为指南的机会，以及接受指导者和同事的反馈。每一章的最后一节是技能应用。它帮助你构建自己的开发计划，以及在教室之外的情境中应用这些技能的任务和办法。

表0-4 每章的结构

部　　分	内　　容
技能评估	用于确定你现在的技能水平、你的风格或者技能关键维度的工具。这些工具可以用于确定个体差异、与差异有关的问题以及个人发展计划的领域
技能学习	解释了与技能相关的行为指南和关键原理。科学研究被当作描述技能效果的基础。这一部分的目的是明确如何成功地开发和执行技能
技能分析	提供成功和不成功的技能效果的案例和事例。会给出关于什么是关键问题所在、绩效将如何改进以及为什么能够获得成功的建议，这些建议将会促进分析性的问题解决
技能练习	练习和角色扮演使个体能够真实地实践技能。从同事和教师处获得的反馈将会促进技能的提升，并且这样做失败的损失较小
技能应用	提供建议的作业，让学生可以在真实生活环境中使用技能。同时提出了一个反馈机制，这样个体可以在课堂外使用技能来分析自身的成功。改进计划总是与应用练习相联系

多样性和个体差异

管理技能开发有难度的一个原因是，我们都按照自身独特的风格、个性和爱好行事。我们都知道对于类似的情境，不同人的反应是不同的。我们可以自由地选择行动，而与期望的或我们过去一贯的方式不同。所以，按照严格相同的方式管理每一个人际关系，甚至在每一次遭遇中按照相同的方式行事是不可能的。对个体差异敏感是有效管理者的技能的重要组成部分。

对于组织中的文化差异、性别差异、种族差异和年龄差异已经进行了大量的研究（例如，Abramson 和 Moran，2017；Cameron，2017）。虽然我们不会总结如此广泛的研究，但我们想要强调对个性保持敏感的重要性。有两种敏感性是非常必要的：一种是每个人展示的独特性；另一种是描述某群体普遍行为模式的独特性。例如，对于描述与其共事的个体特征的差异性，有效的管理者不仅要知道，而且要能够评估和利用，这是最基本的。人们对于那些与自己不一样的人一般会持有恐惧或抵触情绪，所以我们提供了一个框架来帮助大家更好地理解和区别差异性。我们对诊断个体差异的强调要多于对管理多样性的强调，这样个体差异才能被重视、理解和欣赏。

在第 1 章"开发自我意识"中，我们解释了弗朗斯·特姆彭纳斯（Frans Trompenaars）提出的一个模型，它依靠 7 个维度区别国家和文化的界限。在帮助个体理解其他个体间的差异性方面，这些维度是很有帮助的。它们是：普遍主义与特殊主义，个体主义与集体主义，具体与整合，中性与情感，成就与归属，内控与外控，以及过去、现在或未来时间取向。这些维度将帮助你保持对于个体变化的敏感性，这些个体变化也许会要求你在实践核心管理技能的方式上做一些改变。虽然管理技能所依据的行为原则是适用于不同文化、性别、种族群体和年龄群的，然而在具备这些差异性的人群中实践时，你也许需要做一些小的重要改变。女性的行为方式可能与男性不同，日本同事与德国同事的反应方式可能不同，人们在 60 岁时看待世界的方式可能与 20 岁时不同。基于这些分类的刻板印象也会是危险的和具有破坏性的，所以关键是对于个体的差异要有敏感性并要珍惜。

小结

总之，本书并不仅仅针对那些计划进入管理角色或目前正在管理组织的人，而是旨在帮助你更好地管理你的生活和人际关系中的许多方面。它试图帮助你真实地改变你的行为、提高你的能力，并且让你在与各类人打交道时头脑更清楚。本书的目标是提高你的社交能力和情商。约翰·霍尔特（John Holt，1964，P.165）通过将管理技能等同于智力，简要地总结了我们的意图：

> 当我们讨论智力时，我们并不是说在某种类型的测验中获得高分的能力，或者在学校取得好的成绩；这最多只是一些更大、更深、更加重要的事物中的一个指标。对于智力，我们是指一种生活风格、一种在不同情境中行为的方式。对于智力的真正测验不是我们对于如何去做知道多少，而是当我们不知道该做什么时，我们应该如何表现。

本书的目标就是开发这种智力。

补充材料:诊断调查和练习

管理技能的个人评估 (PAMS)

第一步 为了对你的技能水平进行全面的了解,请回答下列评估尺度中的每道题目。请按你实际的行为而非你希望的行为作答。如果你没有从事过这种活动,请根据你在类似的行为中的经验来思考你会怎么做,然后作答。要实事求是,这些评估尺度的目的是帮助你根据自己的具体需要来安排你的学习。完成问卷之后,请对照本章章末的评分要点来全面考查你在管理技能方面的优势和不足。

第二步 从任课教师那里索取本问卷的同事版本。教师手册中提供了以"他或她"替代"我"的另一个版本的问卷。将这种问卷发给很熟悉你或者曾经观察过你在领导或管理其他人时的表现的至少三个人。这些人要对你的行为进行评分。将已完成的问卷带到课堂上,并比较:(1)你自己的评分与同事的评分;(2)你得到的同事评分与班上其他人的得分;(3)你得到的综合评分与后面给出的常模对比数据。

本问卷的各个部分将分别出现在本书的每一章中。

评估尺度
1 完全不同意
2 不同意
3 稍有不同意
4 稍有同意
5 同意
6 完全同意

关于自我了解的水平:

_____ 1. 我向他人征求有关我自己的优势和不足的信息,作为自我提高的依据。
_____ 2. 为了提高,我愿意向他人展露自我(即与他人分享我的信念和感受)。
_____ 3. 我非常清楚自己收集信息和做决策的风格。
_____ 4. 我对如何应付模糊和不确定的情境有很好的判断力。
_____ 5. 我有一套成熟完善的、指导自己行为的个人标准和原则。

当面对有压力的或有时间压力的情境时:

_____ 6. 我采用有效的时间管理方法,诸如做时间记录、编制任务清单并确定优先级。
_____ 7. 我经常确认我做事的优先级,这样不重要的事就不会影响重要的事。
_____ 8. 我保持适当的有规律的锻炼。
_____ 9. 我与能够分担我的挫折的人保持一种开放的、可信赖的关系。
_____ 10. 我知道并练习几种暂时性的放松技巧,如深呼吸和肌肉放松。

_____ 11. 我通过追求工作以外的乐趣保持生活的平衡。

当我遇到一个典型的或常规的问题时：
_____ 12. 我总是能够清楚地界定问题是什么，在作出界定之前我不予解决。
_____ 13. 我总是能找到不止一个解决问题的方案，而不是只确定一个明显的方案。
_____ 14. 我把解决问题的步骤分解开，也就是说，在着手解决之前我先界定问题，在选择一个方案之前我会收集若干个备选方案。

当遇到一个不易解决的复杂的或困难的问题时：
_____ 15. 我尝试若干定义问题的方式，而不仅仅把自己局限在一种定义上。
_____ 16. 在考虑解决问题的方法前，我通过提出很多关于难题本质的问题来设法激活我的思想。
_____ 17. 我尝试用左脑（逻辑）和右脑（直觉）交替思考问题。
_____ 18. 在获得一系列备选方案之前，我不会去评估某个解决方案的优点，即在发展若干可能的解决方案之前，我避免对一个方案进行评判。
_____ 19. 我掌握了一些有助于开发创造性地解决问题的特殊技巧。

当尝试使与我共事的人有更多的创造性和创新性时：
_____ 20. 我确保在每个复杂的问题解决情境中，不同的观点都得到了表达和展示。
_____ 21. 我设法从问题解决团队之外的将会受到决策影响的人那里获得信息，主要是为了了解他们的偏好和期望。
_____ 22. 我不但认可那些思想活跃的人（思想倡导者），也认可支持他人思想的人（支持者），以及为实施它们提供资源的人（协调者）。
_____ 23. 为了追求创造性的解决方案，我鼓励基于可靠信息而打破常规。

在需要给予负面反馈或提出正确建议的情境中：
_____ 24. 在劝告他人的时候，我帮助他们认识和界定自己的问题。
_____ 25. 我清楚何时应该训练他人，何时应该提供忠告。
_____ 26. 在给予他人反馈时，我针对问题和解决办法，而非个性特征。
_____ 27. 当我试图纠正他人的行为时，我们的关系几乎总是会得到加强。
_____ 28. 在给予他人负面反馈时，我持描述性的态度，即客观地描述事件、事件结果和我的感受。
_____ 29. 我对自己的陈述和所持观点负责，例如，使用"我已经决定"而非"他们已经决定"。
_____ 30. 在和与自己观点相左的人讨论时，我努力找出某些相同的看法。
_____ 31. 我不以高高在上的姿态与比我权力小或信息少的人谈话。
_____ 32. 当讨论他人的问题时，我通常用包含理解而非意见的方式回答。

在对于获取更大权力很重要的情境中：
_____ 33. 我经常对我的工作付出超出期望的努力和主动性。
_____ 34. 我不断地提高我的技术和知识。
_____ 35. 我强烈支持企业的纪念事件和活动。

_____ 36. 我与组织中各种层级的人形成了一个广阔的关系网。
_____ 37. 在工作中,我一直致力于提出新的想法、开创新的活动,以及减少例行公事。
_____ 38. 当别人完成重大事件,或者我向他们传递一些重要信息时,我通常给他们写一封私人便笺。
_____ 39. 我拒绝与采用高压式谈判策略的人讨价还价。
_____ 40. 我总是避免使用威胁或命令的方式把我的意愿强加给他人。

当别人需要被激励时:
_____ 41. 我总是考察一个人是否具有必要的资源和支持来完成一项工作。
_____ 42. 我利用多种奖励以强化出色的绩效。
_____ 43. 我设计任务分配,使它们富有趣味性和挑战性。
_____ 44. 我确保那些受任务绩效影响的人得到及时的反馈。
_____ 45. 我总是帮助人们确立富于挑战性的、具体的、有时限的绩效目标。
_____ 46. 重新分配任务或解雇绩效拙劣的下属,只是我最后不得已才尝试的做法。
_____ 47. 对低于期望或实际能力的人,我予以同样的惩戒。
_____ 48. 我确保人们能感受公正和平等的待遇。
_____ 49. 对于富有意义的成就,我能够立即给予表扬或采取其他的认可方式。

当我看到别人做错事时:
_____ 50. 我避免对其提出针对个人的或出于个人原因的指控。
_____ 51. 我鼓励双向交流,邀请当事人表达他的看法并提出问题。
_____ 52. 我提出具体的要求,仔细说明更可接受的做法。

有人抱怨我所做的事时:
_____ 53. 即使我不同意,我也表现出真正的关心和兴趣。
_____ 54. 通过提问寻找进一步的信息,这些问题能够提供具体的和描述性的信息。
_____ 55. 请他人建议更可能被接受的行为。

当其他两人发生冲突,而我是调停者时:
_____ 56. 我不站在某一方,而是保持中立。
_____ 57. 我帮助双方收集更多的备选方案。
_____ 58. 我帮助双方找到共同点。

在我有机会让其他人参与时:
_____ 59. 通过认可和庆祝他们的小量成功,我帮助他们感到能胜任工作。
_____ 60. 我经常提供反馈和所需的支持。
_____ 61. 我努力提供人们完成任务所需要的全部信息。
_____ 62. 我强调一个人的工作将会产生的重要影响。

当让其他人参与工作时:
_____ 63. 我清楚地表明我所期望的结果。

_____ 64. 我清楚地指定我希望其他人具备的主动性水平（例如，等待指导、完成部分任务后汇报或完成全部任务后汇报）。

_____ 65. 我允许接受任务的参与者决定什么时候开始任务以及以什么形式开始。

_____ 66. 当出现问题时，我让人们提出解决方案，而不仅仅是让他们向我寻求建议和答案，从而避免向上的委派。

_____ 67. 我保持关注，并对委派的任务承担责任。

当我扮演团队领导者的角色时：

_____ 68. 我知道如何在团队成员中建立信任和影响力。

_____ 69. 对我所希望达到的结果，我非常明确并且一贯坚持。

_____ 70. 在开始完成任务之前，我在团队中建立了普遍的共识基础。

_____ 71. 我描述了一个清楚的、令人鼓舞的、团队能够实现的愿景以及具体的短期目标。

当我扮演团队成员的角色时：

_____ 72. 我知道在团队中促进任务完成的各种方式。

_____ 73. 我知道在团队成员间培养强大关系和凝聚力的各种方式。

当我希望我的团队更好地完成任务，无论我是一名领导者还是一名成员时：

_____ 74. 我对于大部分团队发展所经历的不同阶段有所了解。

_____ 75. 通过确保团队中的观点多样性，我帮助团队避免群体思维。

_____ 76. 我可以诊断和增强我所在团队的核心能力或独特优势。

_____ 77. 我鼓励团队寻求重大的突破性创新，并且保持持续的细微进步。

当我处于领导变革的位置时：

_____ 78. 我与其他人接触时会给他们带来积极向上的动力。

_____ 79. 我注重与我所领导的变革有关的更高的目标或者意义。

_____ 80. 我经常以明显的方式表示谢意，即使是针对很小的事情。

_____ 81. 我注重塑造优势而不仅仅是克服不足。

_____ 82. 我作出的正面评价远远高于负面评价。

_____ 83. 我在陈述一个愿景时，不仅抓住人们的头脑而且打动人们的心。

_____ 84. 我知道如何让人们投身于我关于积极的变革的愿景。

要成为优秀的管理者需要具备哪些素质

这个练习的目的是帮助你对管理者的角色以及成功地扮演该角色所需的技能有一个初步的了解。

你的任务是至少与三位全职经理面谈。你应该在你的面谈中使用下面的问题，以及其他你认为有助于你确认有效管理技能的问题。这些面谈的目的是使你从运用管理技能的管理者那里了解关键的管理技能。

请为这些面谈保密。管理者的姓名并不重要——重要的是他们的观点、领悟和行为。向管理者保证没有人能够根据谈话记录把他辨认出来。请在交谈的时候做记录。这些记录应尽可能详细，以便随后重构这次面谈。一定要保存对每名管理者的职务及其所在组织的简要描述的记录。

1. 请描述一个典型的工作日。这一天你都做了什么？

2. 你作为一名管理者所面对的最关键的问题是什么？

3. 在你的工作中，哪些技能是进行成功管理的关键？

4. 管理者在类似于你的职位上失败的最主要的原因是什么？

5. 你所知道的其他有效的管理者的杰出技能或能力有哪些？

6. 如果你要培养你目前岗位的接班人，你将集中培养哪些关键能力？

7. 请用一个 1（很少）到 5（经常）的评估尺度来评价你在工作中用到以下技能的频繁程度。

_____ 管理个人时间和压力　　　　　　_____ 促进持续的改进和高质量
_____ 促进群体决策　　　　　　　　　_____ 作出分析性的决策
_____ 创造性地解决问题　　　　　　　_____ 使用人际沟通技能
_____ 描述激励性的愿景　　　　　　　_____ 激励他人
_____ 管理冲突　　　　　　　　　　　_____ 增强你的自我意识

_____ 获得和使用权力　　　　　　　_____ 促进组织变革

_____ 委派　　　　　　　　　　　　_____ 设定具体目标和目的

_____ 积极倾听　　　　　　　　　　_____ 授权他人

_____ 进行交谈　　　　　　　　　　_____ 做演讲和报告

_____ 建立团队和团队合作　　　　　_____ 定义和解决复杂问题

_____ 召开会议　　　　　　　　　　_____ 协商

SSS 软件公司公文筐练习

注：SSS 软件公司练习经授权使用。版权© 1995 归 Susan Schor，Joseph Seltzer 和 James Smither 全权所有。

评价你在管理技能方面的优势和不足的方法之一，是进行一项真正的管理工作。下面的练习让你完成管理者日常的工作，使你对管理工作有一定的了解。完成这项练习，并将你的决策和行动与其他同学的进行比较。

SSS 软件公司是一家设计和开发面向客户的商业软件的公司。它还负责将所设计的软件与客户已有的系统相整合，并提供系统支持。SSS 公司的客户涉及如下行业：航空、汽车、金融/银行、健康/医院、消费品、电子和政府。公司还开始拥有重要的国际客户，包括欧洲空中客车集团以及肯尼亚的银行和金融联盟。

SSS 公司从 8 年前创建以来一直在迅速发展。它的收益、净收益和人均产值在过去几年一直高于行业平均水平。但是这个高技术领域的竞争已经迅速加剧了。现在要想赢得大的项目已经变得更困难了。虽然 SSS 公司的收益和净收益仍然保持增长，但增长的速度在去年已经有所减缓。

SSS 公司共有 250 名员工，分几个操作单元。员工分为 4 个等级：非管理层、技术/专业层、管理层和决策层。非管理员工负责事务工作和设备支持工作。技术/专业员工从事公司的核心技术工作。大部分管理员工是团队经理，负责管理针对某个客户的项目的技术/专业员工团队。从事专业领域如财务、会计、人力资源、医疗和法律等方面工作的员工，也被视为管理员工。决策层包括 12 名 SSS 公司最高等级的员工。图 0-3 是 SSS 公司的部分组织结构图。还有一份员工分类报告，列出了组织中每一层级的员工数。

在本练习中，你将扮演健康和金融服务部的执行副总裁克里斯·佩里罗 (Chris Perillo)。10 月 13 日，上星期三，你被告知你的前任迈克尔·格兰特 (Michael Grant) 辞职，去了环球资讯公司 (Universal Business Solution)。你被要求接任他的工作，你同意了。在此之前，你是航空服务部负责开发空中客车联盟所需软件的 15 人工作团队的团队管理者。你星期四、星期五和整个周末完成了该项目的部分内容，向你的继任者交代工作，并准备了一份你 10 月 21 日将在巴黎做的临时性中期报告。

现在是星期一上午 7 点，你坐在你的新办公室中。你提前两个小时到了办公室，这样你可以用这两个小时查阅公文筐中的材料（包括一些给迈克尔·格兰特的备忘录和信息），以及你的电话录音和 E-mail。你的日程表显示你今明两天没有安排，但你在星期三一早要坐飞机去巴黎。你本星期剩余的几天以及下个星期的日程都安排满了。

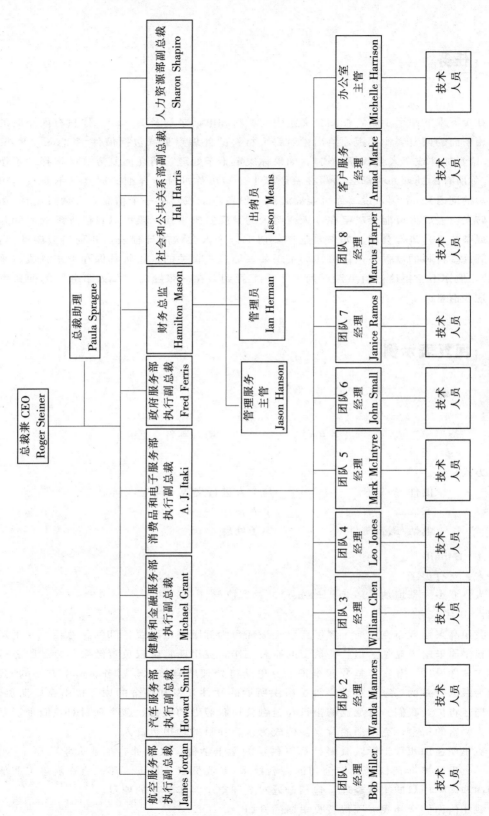

图 0-3 SSS 公司的部分组织结构图

任务

在接下来的两个小时,查阅公文筐中的材料和电话录音及 E-mail。你只有两小时的时间。用下面的回复表作模板,给出你对每个材料的处理意见(包括信件/备忘录、E-mail、电话/语音邮件或个人会谈等方式)。如果你决定不予处理,请在回复方式中选择"不予处理"。你所有的处理办法都必须写在答题纸上。写出你准确、详细的回复(不要只给出几个简短的词语)。举例来说,你可能要起草一份备忘录或写下一个信息,并通过电话/语音邮件转发出去。你可能会决定在今天或明天的日程安排中找一段可以自己支配的时间与某人(或某些人)进行会谈。如果是这样,请拟订个人会谈的日程表,并列出会谈的目标。在查阅这些材料的过程中,你可能会发现某些信息是相关的,想将其保存下来(或将来再使用),但你不希望这些信息被任何一个员工看到。在一张题为"私人事务"的便条纸上写下这些信息。

回复表示例

关于:
  备忘录____　　　　E-mail____　　　　语音邮件____

回复方式:
  ____信件/备忘录　　　　____与个人进行交谈(何时,何地)
  ____E-mail　　　　　　　____个人备注
  ____电话/语音邮件　　　　____不予处理

项目 1　E-mail
收件人:所有员工
发件人:罗杰·斯坦纳(Roger Steiner),首席执行官
日期:10 月 15 日

  我很高兴地宣布克里斯·佩里罗已经被任命为健康和金融服务部的副总裁。克里斯将立即接手原来由迈克尔·格兰特负责的所有工作。克里斯将全权负责健康和金融服务行业的客户软件设计、开发、整合和维护。克里斯将处理所有技术、财务、员工方面的问题。我们为最近合并的三家大型健康维护组织所做的软件开发和整合的项目也由克里斯负责。克里斯还将负责我们为肯尼亚的银行和金融公司联盟做的项目。这个项目对我们来说是一个令人兴奋的机会,克里斯的背景使他成为这个项目的理想负责人。

  克里斯在加州理工学院获得计算机科学的学士学位,又在弗吉尼亚大学获得了 MBA 学位。克里斯 6 年前成为我们公司的一名技术/专业员工,最近 3 年一直在航空工业部担任国内和国际项目的团队经理,包括最近对欧洲空中客车集团的项目。

  我相信你们会和我一同祝贺克里斯的升职。

项目 2　E-mail

收件人：所有经理
发件人：哈尔·哈里斯（Hal Harris），社会和公共关系部副总裁
日期：10月15日

下面这篇文章刊登在星期四的《洛杉矶时报》商业版的头版，供参考。

SSS软件公司发生了可能对公司造成影响的人员流动。迈克尔·格兰特和贾尼斯·拉莫斯（Janice Ramos）离开SSS公司加入了环球资讯公司。分析家将此视为环球资讯公司与SSS公司在不断增长的软件开发和整合商业中的市场份额竞争上的又一次胜利。格兰特和拉莫斯两人在SSS公司任职都超过7年。格兰特是SSS公司在健康和医疗以及金融和银行两个行业的副总裁。拉莫斯为环球资讯公司带去了他在日益增长的国际软件开发和整合领域特有的专业知识。

美林（Merrill Lynch）的行业分析师希拉里·柯林斯（Hillary Collins）认为"关键员工跳槽到竞争对手那里通常会给SSS这样的公司带来严重的问题。格兰特和拉莫斯熟悉SSS公司的战略，知道SSS公司技术局限方面的内情。我们将关注他们能否利用这些知识为环球资讯公司效力"。

项目 3　E-mail

收件人：克里斯·佩里罗
发件人：葆拉·斯普拉格（Paula Sprague），罗杰·斯坦纳总裁的助理
日期：10月15日

克里斯，我知道您在担任航空服务部的团队管理者期间可能已经认识了健康和金融服务部的大部分团队管理者，但我想您可能需要关于他们个人的更多信息。这些人将直接向您汇报。

团队1：鲍勃·米勒（Bob Miller），55岁，白人男性，已婚，有两个儿子和三个孙子，在当地的共和党政治中很活跃，被认为是一个高绩效团队的"不干涉"管理者，经常与马克·麦金太尔（Mark McIntyre）、约翰·斯莫尔（John Small）以及其他部门的几位副总裁打高尔夫球。

团队2：万达·曼纳斯（Wanda Manners），38岁，白人女性，单身，有一个上学的孩子。她是一个很好的"螺丝钉"，参加过几次马拉松，具有几年在德国和日本工作的经验。被认为是一个工作努力的管理者，总是将精力集中于手头的任务。她还是每天早上第一个到公司的人。

团队3：威廉·陈（William Chen），31岁，男性，华裔，已婚，夫人名叫哈丽雅特（Harriet），有两个子女，喜欢网球，并且打得很好。他是公司中一颗正在升起的明星，同事们很尊敬他，被人们视为"行动派"和好朋友。

团队4：利奥·琼斯（Leo Jones），36岁，白人男性，已婚，夫人名叫珍妮特（Janet），有一个女儿，最近刚结束了照看女儿的假期。因为他掌握三种语言，所以经常因项目关系而出差。喜欢曲棍球，被认为是一个能使员工付出最大努力的强有力的管理者。

团队5：马克·麦金太尔，45岁，白人男性，已婚，夫人玛丽·特雷莎（Mary Theresa）是一家银行的执行官。没有子女。有多年在德国和东欧工作的经验。正在写一本推理小说。一直是一位很好的"团队参与者"，但他的几名技术员工不怎么尊重他，他还没有着手处理这个问题。

团队6：约翰·斯莫尔，38岁，白人男性，刚离婚。三个子女和妻子一起生活。喜欢社

交和体育。在来SSS公司之前有很长一段时间在墨西哥和中美洲工作。最近主要从事与联邦政府的合同项目。他是一名普通的管理者，在让员工保持进度方面有点问题。

团队7：从贾尼斯·拉莫斯离开之后一直空缺。罗杰认为我们应当尽快找人填补这个职位。如果您希望了解此职位的任何候选人的信息，请与我联系。

团队8：马库斯·哈珀（Marcus Harper），42岁，黑人男性，已婚，夫人名叫塔玛拉（Tamara），两个子女都处在青春期。最近在一次本地的摄影赛上获了奖。他被认为是强有力的管理者，与同事相处得很好，经常加班。

客户服务：阿曼特·马克（Armad Marke），38岁，亚美尼亚裔男性，离异，篮球迷，过去是一名团队管理者。他倾注很大努力开设了技术服务电话线路，但现在已经不太过问这方面的工作了。

办公室主管：米歇尔·哈里森（Michelle Harrison），41岁，白人女性，单身。她在农场长大，酷爱骑马。她是一个严格的管理者。

我们手下有许多不错的人，但他们作为管理团队运作得不好。我认为迈克尔很受欢迎，特别是与贾尼斯和利奥的关系不错。这个团队中有几个派系，我不能确定迈克尔是否很好地对它们进行了管理。我想您会发现建设一个一致性的团队是富有挑战性的。

项目4　E-mail

收件人：克里斯·佩里罗
发件人：万达·曼纳斯，团队2的管理者
日期：10月15日

　　机密

虽然我知道您刚刚接手这项工作，但我觉得有些事情有必要告诉您，是关于我们刚完成的为第一国际投资公司所做的开发工作。我们的项目包括为该公司的国际基金开发管理软件。由于汇率变动频繁以及我们需要开发的是预测工具，所以这个项目相当复杂。

这个项目的部分工作是将软件和报告与现有的系统和报告机制相整合。为了做这项工作，该公司给了我们所有的现有软件的源代码（其中相当一部分是环球资讯公司开发的）。当然，我们签订了一项协议，规定它们给我们的源代码是受保护的，只供我们将我们开发的系统与公司现有的系统相整合的时候使用。

很不幸，我了解到我们开发的软件的某些部分实际上大量"借用"了环球资讯公司为第一国际投资公司开发的复杂的应用程序。很显然团队5（即马克·麦金太尔的团队）的一个或更多的程序员不恰当地"借用"了环球资讯公司设计的算法。我确信这样做节省了我们做这个项目的某些部分的大量开发时间。但第一国际投资公司或环球资讯公司迟早会发觉这件事。

最后说一下，第一国际投资公司使用我们开发的软件很成功，对我们的工作评价很高。我们按时完成了这个项目，并且节约了预算。您可能已经知道了，该公司请我们参加其他几个项目的投标。

很抱歉就此事打扰您，但我想您应该知道这件事。

项目5A　E-mail

收件人：克里斯·佩里罗
发件人：葆拉·斯普拉格，罗杰·斯坦纳总裁的助理
日期：10月15日
回复：来自C.A.R.E.服务公司的信件（后附原信）

罗杰让我负责C.A.R.E.项目的工作，他显然希望我迅速行动。许多员工下几周的

工作已经排满了，不能改变。我知道埃莉斯·索托（Elise Soto）和吴楚航（Chu Hung Woo）有做这个系统的经验。我查了一下他们的工作安排，相对比较宽松。我下两周要用这两个人，并想让您知道。希望我能替您分忧。

项目 5B　传真复印件

C. A. R. E.
儿童和成人康复与教育服务组织
Main 大街 200 号
洛杉矶，加州 90230

日期：10 月 11 日
罗杰·斯坦纳先生，CEO
SSS 软件公司
Miller 大街 13 号
洛杉矶，加州 90224

亲爱的罗杰：

　　这封信是补充昨天晚上董事会之后我与您进行的会谈。您在董事会上谈到非营利组织需要复杂的计算机系统，我非常赞同您的观点，我特别赞赏您慷慨地提供帮助，让 SSS 公司协助我们解决我们现在遇到的会计系统的问题。因为董事会投票解雇了计算机咨询师，所以我非常担心能否及时完成我们的报告，以迎接州财税检查。

　　再次感谢您在危急时刻给予的帮助。

您诚挚的
贾尼斯·波洛希兹维克（Janice Polocizwic）
执行总裁

项目 5C　信件复印件

SSS 软件公司
Miller 大街 13 号
洛杉矶，CA 90224

日期：10 月 12 日
贾尼斯·波洛希兹维克
执行总裁，C. A. R. E. 服务组织
Main 大街 200 号
洛杉矶，加州 90230

亲爱的贾尼斯：

　　我收到了您 10 月 11 日的传真，已经让我的执行助理葆拉·斯普拉格尽快安排人员去做您的会计系统。她很快就会与您联系的。

您诚挚的
罗杰·斯坦纳
抄送：葆拉·斯普拉格，总裁助理

项目6　E-mail

收件人：迈克尔·格兰特
发件人：哈里·威瑟斯（Harry Withers），团队6的技术员工
日期：10月12日

个人、机密

我们的团队11月5日按时完成Halstrom项目有困难。金（Kim）、弗雷德（Fred）、彼得（Peter）、凯托（Kyoto）、苏珊（Susan）、玛拉（Mala）和我几周以来一直在忙这个项目，但由于遇到些问题，可能需要延长一些时间。我不愿意这样说，但主要的问题是我们的团队管理者约翰·斯莫尔与玛拉关系很好。玛拉得到了约翰对她的观点的支持，于是她把它们作为项目要求的一部分带到团队中来。毫不奇怪，这给团队带来了问题。玛拉的背景对这个项目很有价值，但金和弗雷德为这个项目付出了大量的努力，他们不想和她一起工作。另外，有一名团队成员因为照顾孩子请了假，对这个项目的投入和团队精神直线下降。但是，我们将尽全力尽快完成这个项目。玛拉下两周将休假，所以我期望在她休假期间，我们中的一些人能完成这个项目。

项目7　电话录音

您好，迈克尔，我是联合医院的吉姆·毕晓普（Jim Bishop）。我想和您谈一下您正在为我们开发的质量保证项目。当乔斯·马丁内斯（Jose Martinez）第一次和我们谈话时，他的友好和专业给我留下了很深的印象。但最近他似乎进展缓慢，而且谈话时似乎毫无热情。今天，我向他询问项目的进度，他似乎防备心理很强，而且完全不能控制自己的情绪。我非常关注我们的项目，请回电话。

项目8　电话录音

您好，迈克尔，我是阿曼德。我想和您谈一下关于技术服务电话的事。我最近收到一些使用电话的顾客的投诉信。这些投诉包括：要等很长时间才有人接电话；接电话的技术人员不能解决问题，有时态度粗鲁。毫无疑问，我非常重视这些投诉。

我相信负责接电话的员工整体上的素质是不错的，但我们一直缺人，即使最近刚进行了招聘。新的技术人员看起来不错，但没有经过系统的培训就上岗了。我们最优秀的技术人员安托丽娜（Antolina）经常带着孩子一起工作，使得这里更加混乱。

我想您应该知道我们感到压力很大。我会很快再和您联系的。

项目9　电话录音

您好，克里斯，我是帕特（Pat）。祝贺您的晋升。他们选对了人。这对我来说也是个好消息。到目前为止您一直是位令人敬畏的导师，所以我希望向您多多学习。下周一起吃午饭如何？

项目10　电话录音

克里斯，我是鲍勃·米勒。我想您可能有兴趣知道约翰在计划会议上讲的一个笑话，这个笑话骚扰了我团队中的几位女士。坦率地讲，我认为这件事并不合适，特别是我们大家都知道这里对男人和女人来说都是一个好的工作场所。如果您想和我就此事聊聊的话，请打电话给我。

项目11　电话录音

您好，我是西部医院的洛兰·亚当斯（Lorraine Adams）。我在今天的《洛杉矶时报》上知道您将接替迈克尔·格兰特。我们虽然没有见过面，但您管理的部门为我们做过两个上百万美元的大型项目。迈克尔·格兰特和我就现有的一部分软件与新系统的兼容问题进行过一次小型的会谈。原来的开发商承诺过将解决这个问题，但一直没有行动。我希望能尽快解决这个问题。您看哈里斯·威尔逊（Harris Wilson）、吴楚航和埃莉斯·索托能否尽快帮我们解决这个问题？他们是原来的项目的程序员，与我们的员工合作得很好。

噢……（长时间停顿）我想我应该告诉您，迈克尔给我打过电话想接这个活。但我想我应该保持与SSS软件公司的关系。请记得给我回电话。

项目12　电话录音

您好，克里斯，我是罗斯福·穆尔（Roosevelt Moore）。我是您的一名技术/专业员工。我过去一直向贾尼斯·拉莫斯报告，但她离开了公司，所以我想直接和您谈我关心的问题。我们能否安排一个时间谈一下我从照顾女儿的六周事假回来后遇到的情况。我的一些主要的客户转到了其他公司。我感觉自己不知道该如何面对，担心我的职业正处在危险时期。而且我感觉由我来填补贾尼斯的离职带来的空缺不会得到支持或被认真考虑。坦白地说，我感觉自己因为休假而受到了惩罚。我希望这周和您见一次面。

项目13　E-mail

收件人：迈克尔·格兰特
发件人：乔斯·马丁内斯，团队1的技术员工
日期：10月12日

我想和您尽快谈一次。我担心您会接到联合医院的吉姆·毕晓普的电话，我想让您先知道我这边的想法。我在为他们开发一个面向顾客的质量保障系统，是在我们几年前开发的J-3产品的基础上修改的。他们的会计系统有一些特殊的要求和怪癖，所以我不得不花费相当长的时间。我努力地工作以满足他们的要求，但他们总是改变系统底层的规则，我一直认为这只不过是另一个J-3，但它们与我编写的一流程序相冲突。看上去我似乎在这个项目上毫无进展。我和他们的审计员进行了一次很不愉快的交谈。他又要求进行一个大的改变。我一直在赶进度，我想我在项目的某些部分上花费的精力太多了。我无法应付那名审计员，我对毕晓普先生说了几句嘲讽的话。他对我做了一个鬼脸，然后离开了房间。

我想在您方便的时候尽早和您谈一下这个情况。

项目14　E-mail

收件人：克里斯·佩里罗
发件人：约翰·斯莫尔，团队6的经理
日期：10月15日

欢迎您的到来，克里斯，期待着见到您。我只是想先跟您打声招呼，是关于接替贾尼斯·拉莫斯的人选的问题。我的一名技术员工——玛拉·阿本达诺（Mala Abendano），有能力和愿望做一名出色的团队经理。我已经鼓励她申请这个职位。我想在您方便的时候与您详细讨论一下这件事。

项目15　E-mail
收件人：克里斯·佩里罗
发件人：葆拉·斯普拉格，罗杰·斯坦纳总裁的助理
日期：10月15日

　　罗杰让我告诉您我们与肯尼亚签订的那笔大项目的情况。这意味着由4名管理者组成的团队将做一次短期的旅行来决定目前的需要。他们将派他们的技术员工在接下来的6个月在这里开发系统和软件，接下来一些管理者或许还有一些员工将在肯尼亚花10个月现场处理应用的问题。罗杰认为您可能想和您的一些管理者开一次会，了解他们对负责这个项目的兴趣和愿望。罗杰希望您给他发E-mail介绍您想在这个会议上讨论的议题，您对派人去肯尼亚的看法以及您怎样组建一个有效的团队来完成这个项目。我10月15日给您的备忘录中有进行这些决策所需的信息。

项目16　E-mail
收件人：克里斯·佩里罗
发件人：莎伦·夏皮罗（Sharon Shapiro），人力资源部副总裁
日期：10月15日
主题：将要召开的会议

　　我想让您知道约翰·斯莫尔在上周计划会议上的黄色笑话引起的乱子。不少女员工感觉很难受，私下里讨论了这件事。她们决定召集公司里所有关注这件事的人开会。
　　我计划参加，所以让您也知道此事。

项目17　E-mail
收件人：SSS公司的所有经理
发件人：莎伦·夏皮罗，人力资源部副总裁
主题：晋升和外部招聘

	（1~9月）晋升和外部招聘							
层级	种族					性别		总人数
	白人	非裔	亚裔	西班牙裔	印第安人	男性	女性	
招聘到决策层	0	0	0	0	0	0	0	0
	(0%)	(0%)	(0%)	(0%)	(0%)	(0%)	(0%)	
晋升到决策层	0	0	0	0	0	0	0	0
	(0%)	(0%)	(0%)	(0%)	(0%)	(0%)	(0%)	
招聘到管理层	2	1	0	0	0	2	1	3
	(67%)	(33%)	(0%)	(0%)	(0%)	(67%)	(33%)	
晋升到管理层	7	0	1	0	0	7	1	8
	(88%)	(0%)	(12%)	(0%)	(0%)	(88%)	(12%)	
招聘到技术/专业层	10	6	10	2	0	14	14	28
	(36%)	(21%)	(36%)	(7%)	(0%)	(50%)	(50%)	
晋升到技术/专业层	0	0	0	0	0	0	0	0
	(0%)	(0%)	(0%)	(0%)	(0%)	(0%)	(0%)	
招聘到非管理层	4	10	2	4	0	6	14	20
	(20%)	(50%)	(10%)	(20%)	(0%)	(30%)	(70%)	
晋升到非管理层	NA	NA	NA	NA	NA	NA	NA	NA

6月30日 SSS 软件公司员工（EEO）层级报告							
层 级	种 族					性 别		总人数
	白人	非裔	亚裔	西班牙裔	印第安人	男性	女性	
执行官层	11	0	1	0	0	11	1	12
	(92%)	(0%)	(8%)	(0%)	(0%)	(92%)	(8%)	
管理层	43	2	2	1	0	38	10	48
	(90%)	(4%)	(4%)	(2%)	(0%)	(79%)	(21%)	
专业/技术层	58	20	37	14	1	80	50	130
	(45%)	(15%)	(28%)	(11%)	(1%)	(62%)	(38%)	
非管理层	29	22	4	4	1	12	48	60
	(48%)	(37%)	(7%)	(7%)	(2%)	(20%)	(80%)	
总计	141	44	44	19	2	141	109	250
	(56%)	(18%)	(18%)	(8%)	(1%)	(56%)	(44%)	

评分要点与对比数据

管理技能的个人评估

评分要点

技能领域	项目	评估	
		个人的	同事的
开发自我意识	**1～5**		
自我表露与开放性	1～2		
自我意识	3～5		
管理压力	**6～11**		
消除压力源	6～7		
发展弹性	8～9		
短期应对	10～11		
创造性地解决问题	**12～23**		
理性地解决问题	12～14		
创造性地解决问题	15～19		

续表

技能领域	项目	评估	
		个人的	同事的
推动革新和创造性	20～23		
支持性沟通	**24～32**		
指导与咨询	24～25		
有效的负面反馈	26～28		
支持性沟通	29～32		
获得权力和影响力	**33～40**		
获得权力	33～37		
培养影响力	38～40		
激励他人	**41～49**		
冲突管理	**50～58**		
发起	50～52		
回应	53～55		
调停	56～58		
授权与委派	**59～67**		
授权	59～62		
委派	63～67		
建设有效的团队与团队合作	**68～77**		
领导团队	68～71		
团队成员	72～73		
团队合作	74～77		
领导积极的变革	**78～84**		
鼓励积极的"出格行为"	78～80		
领导积极的变革	81～82		
动员其他人	83～84		

对比数据（$N=5\,000$ 名学生）

将你自己的评分与至少四种参照分进行比较：（1）如果你请其他人把你作为同事来评分，比较一下你如何评价自己以及你的同事是如何评价你的；（2）将你的得分与同班其他同学的得分进行比较；（3）将你的得分与大约 5 000 名商学院学生的常模群体的分数进行比较（见下面的信息）；（4）将你的得分与可能是最高的得分（510 分）进行比较。

对于整个测试，如果你的得分是：

394.35 分——你处于平均水平

422 分或以上——你处于前 25%

395～421 分——你处于 25%～50%

369~394 分——你处于 50%~75%
368 分或以下——你处于后 25%

要成为优秀的管理者需要具备哪些素质

本练习无法提供答案或得分数据。答案因学生个体的不同会有所差异。

SSS 软件公司公文筐练习

本练习无法提供答案或得分数据。答案因学生个体的不同会有所差异。

第 1 部 分

个人技能

第1章　开发自我意识

第2章　压力管理和幸福管理

第3章　分析性和创造性地解决问题

Developing Management Skills

第 1 章

开发自我意识

技能开发目标

提高对下列指标的自我意识：
- 敏感阈限
- 情商
- 个人价值观和道德成熟度
- 性格优势
- 认知风格
- 变革取向
- 核心自我评估

技能评估
- 自我意识评估
- 情商评估
- 问题定义测验
- 认知风格指标
- 内外控量表
- 模糊耐受性尺度
- 核心自我评估量表（CSES）

技能学习
- 自我意识的关键维度
- 自我意识之谜
- 理解和识别个体差异
- 自我意识的重要领域
- 小结
- 行为指南

技能分析
- 海因茨（Heinz）的案例
- 计算机化的测验
- 决策两难问题

技能练习
- 运送零件
- 透过镜像
- 诊断管理特点
- 确定个人文化方面的练习：一个学习计划和传记

技能应用
- 建议作业
- 应用计划和评估

评分要点与对比数据

自我意识的诊断调查

下面简单介绍本章的评估工具。在阅读本章正文前应当完成所有的评估。

完成初步的评估后,将答案先保存下来,等完成本章正文的学习后,再进行一次技能评估,然后与第一次的评估结果进行比较,看看你究竟学到了什么。

- 自我意识评估用来测试你的自我意识以及你积极参与自我意识活动的程度。
- 情商评估用来测试你的情感风格和情商。
- 问题定义测验基于你对富有争议性的社会问题的答案来评估你的道德观和价值观。
- 认知风格指标评估你收集和分析信息并据以作出决策的方法。
- 内外控量表用来测度你对于自己生命中的特定事件的原因和影响的态度。
- 模糊耐受性尺度评估你处于模糊的、不确定的情境时的舒适度。
- 核心自我评估量表可以预测人们行为的核心个性特征。

自我意识评估

第一步:在阅读本章内容之前,请对下面的陈述作出回答,把数字写在左栏(学习前)。你的回答应该反映你现在的态度和行为,而不是你希望它们应该如何。请诚实作答。这一工具的目的在于帮助你评估自己的自我意识水平,借此确定你所需要的特定学习方法。完成这项调查后,参考本章章末的评分要点,确定本章对你最为重要的、应该掌握的技能领域。

第二步:当你完成本章的阅读和练习,尤其是当你尽可能多地掌握了本章后面的技能应用部分后,遮住你先前的答案,对同样的陈述句再做一次回答,这一次把回答填在右栏(学习后)。当你完成调查后,采用本章章末的评分要点测量你的进步情况。如果你在特定的技能领域的得分仍然很低,可遵照技能学习部分的行为指南一节做进一步的练习。

评估尺度

1 非常不同意
2 不同意
3 比较不同意
4 比较同意

5 同意
6 非常同意

评估

学习前　学习后

_____　_____　1. 我从他人那里征求关于自己优点和缺点的信息，作为自我改进的根据。

_____　_____　2. 从他人那里得到有关自己的负面反馈时，我并不生气或作出防御。

_____　_____　3. 为了提高，我愿意向他人自我表白（即与他人分享我的看法和感受）。

_____　_____　4. 我对自己收集信息和进行决策的个人风格非常了解。

_____　_____　5. 我很清楚情绪成熟的内涵并且能够证明自己在这方面的能力。

_____　_____　6. 我对自己如何应付模糊的、不确定的情境有很好的认识。

_____　_____　7. 我有一套成熟完善的个人标准和原则来指导我的行为。

_____　_____　8. 对于发生在自己身上的事，无论是好是坏，我觉得自己都能很好掌控。

_____　_____　9. 我极少会感到莫名的愤怒、压抑或焦虑。

_____　_____　10. 我很了解我在哪个方面最常与其他人发生冲突和摩擦。

_____　_____　11. 我至少与一个人有亲密的人际关系，我能与他分享私人信息和个人感受。

情商评估

请选择最有可能成为你的反应的一个选项来回答下列每一个问题。要考虑在通常的情况下，你对这些情形的反应方式，而不是你想要反应的方式，或者你认为你应该反应的方式。对于任何问题，都不存在正确的答案，而且，如果你能对你的典型行为提供一种精确的评价，那么你得到的分数将是最能说明问题的。

1. 当我真的心烦意乱的时候，我……
   a _____ 分析为什么我会这样。
   b _____ 爆发，并且发脾气。
   c _____ 隐藏情绪，保持平静。

2. 当一位同事公然把我的工作和我的创意据为己有时，我会……
   a _____ 让事情这样过去，什么都不会做，以免产生对抗。
   b _____ 随后（在私下里）表示，如果我能因为自己的工作和创意而得到表扬的话，我会很感激。
   c _____ 公开感谢这个人，因为他提到了我的工作和创意，然后详细解释我所做的贡献。

3. 当我靠近另一个人，并试图开始一段谈话，而这个人却没反应的时候，我……
   a _____ 通过分享一个有趣的故事让这个人兴奋起来。
   b _____ 询问他是否愿意谈论他心里所想的事情。
   c _____ 离开这个人，去找另外一个人谈话。

4. 当我进入一个社交群体的时候,我通常……
   a _____ 保持安静,等待人们来跟我说话。
   b _____ 努力寻找一些我可以称赞别人的事情。
   c _____ 想办法成为聚会的灵魂人物,或者成为能量或乐趣的来源。

5. 对于重要的问题,我通常……
   a _____ 自己下决心,不管其他人的观点。
   b _____ 左右衡量,在下决心之前与别人进行讨论。
   c _____ 听取我朋友或同事的意见,并作出和他们一样的决定。

6. 当我特别不喜欢的某个人被我吸引时,我通常……
   a _____ 直接告诉这个人我不感兴趣。
   b _____ 友好但冷静或冷淡地反应。
   c _____ 不理睬这个人,并努力避免遇到他。

7. 我所在的公司中,有两个人对一个问题(例如,政治、堕胎、战争)持有截然相反的观点,并且正在就这个问题争论,我……
   a _____ 提到一些他们两个能达成一致意见而且都很重视的事情。
   b _____ 鼓励口头上的斗争。
   c _____ 建议他们停止争论,冷静下来。

8. 我在参加一项运动,当比赛进行到需要我最后一搏的时候,我……
   a _____ 变得非常紧张,并希望自己不会表现失常。
   b _____ 把这看作一次发光的机会。
   c _____ 集中精力,发挥自己最好的水平。

9. 有这样一种情况,我有一项重要的事情约好需要早点下班去办,但我的同事要求我加班,以便在最终期限前完成工作,我将会……
   a _____ 取消我要做的事,留下来完成工作。
   b _____ 夸大其词地告诉同事,我有紧急的事情要办,不能错过。
   c _____ 为错过的事寻求一种补偿。

10. 在另一个人非常生气,并开始朝我大吼大叫的情形中,我……
    a _____ 也变得非常生气。我不会受任何人的气。
    b _____ 走开。就此争论没有一点好处。
    c _____ 先听着,然后试图讨论这个问题。

11. 当我遇到刚刚经历了重大损失或悲惨事件的人时,我……
    a _____ 真的不知道该做些什么或说些什么。
    b _____ 告诉这个人我感到很遗憾,并努力提供帮助。
    c _____ 与他分享我自己类似的损失或悲惨事件的经历。

12. 在一家综合性公司中,当有人开种族主义玩笑或者讲述一个关于异性成员的粗鲁故事的时候,我通常……
    a _____ 指出这是不合适的、不能接受的,然后转换话题。
    b _____ 忽略它,这样我就不会引发争吵。
    c _____ 真的变得很难过,并告诉那个人我对于他所说的话的真实想法。

开发自我意识

问题定义测验

这个测验评估你对于有争议的社会问题的观点。不同的人对这些问题会有不同的答案,你需要独立回答这些问题,不要与别人讨论。

你将读到 3 个故事,每个故事之后是 12 个陈述句或问题。阅读完这些故事之后你所要完成的任务是,评定每个陈述对于你作出决定的重要性。在评定每一个陈述之后,选择 4 个最重要的陈述,并在空白处按照每个陈述的相对重要性进行排序。

有些陈述的内容是关于一些重要的问题,但你应该问自己,你在做决定的时候是否真的会依据这个陈述。有些陈述听起来是高尚的或崇高的,但很大程度上是毫无意义的。如果你不理解某个陈述或不能理解它的含义,那么请用 5 来标示——"不重要"。使用下列评估尺度来回答。

评估尺度

1	极为重要	是否依据这个陈述或问题将对你的决定产生关键性的影响。
2	很重要	这个陈述或问题是影响决策的一个主要因素(尽管不总是关键性的因素)。
3	相对重要	这个陈述或问题包含你所关心的一些事情,但对你的决定没有很大的影响。
4	几乎不重要	这个陈述或问题在这个案例中并不是非常重要的因素。
5	不重要	这个陈述或问题对于你的决定根本不重要,考虑它是在浪费时间。

越狱犯

一名男子被判入狱 10 年。一年之后,他越狱逃到该国的另一个地区,改名为汤普森(Thompson)。他努力地工作了 8 年,并且渐渐地存下了足够的钱来经营自己的生意。他对顾客是公平的,给员工发最高的工资,并把自己的大部分利润捐献给慈善事业。然而,有一天,他的一个老邻居琼斯(Jones)女士认出他是 8 年前的越狱犯,而且警方还在通缉他。

琼斯女士应该向警方告发汤普森并把他送回监狱吗?从评估尺度中选一个数字写在每个陈述旁边的空格处。

_____ 应该向警方告发他
_____ 不能决定
_____ 不应该向警方告发他

重要性

_____ 1. 在这么长时间里汤普森先生还没有好到足够证实他不是一个坏人吗?

_____ 2. 每次人们逃脱罪行的惩罚，难道不会鼓励更多的罪行发生吗？
_____ 3. 没有监狱和法律系统的压迫，我们不是会活得更好吗？
_____ 4. 汤普森先生真的已经向社会偿还了他欠的债吗？
_____ 5. 社会应该拒绝汤普森先生有理由期望得到的东西吗？
_____ 6. 把人送入监狱与社会分离有什么好处，特别是对于一个做善事的人？
_____ 7. 一个人怎能冷酷无情到把汤普森先生送回监狱？
_____ 8. 如果汤普森先生逃脱了法律的制裁，对于那些必须服满刑期的罪犯来说公平吗？
_____ 9. 琼斯女士是汤普森先生的好朋友吗？
_____ 10. 不管什么情况，告发逃犯难道不是一个公民的责任吗？
_____ 11. 人们的意愿和公众的利益如何能最好地得到满足？
_____ 12. 入狱会对汤普森先生有益或保护任何人吗？

从上面的问题中，选择 4 个最重要的因素：

_____ 最重要   _____ 第 2 重要
_____ 第 3 重要   _____ 第 4 重要

医生的两难问题

一位女士将死于无法治愈的癌症，只能再活 6 个月。她感到难以忍受的疼痛，但她是如此虚弱，以至于大剂量的止痛药（如吗啡）很可能致她死亡。她痛得神志不清，在她平静的时候，她请求医生给她足够的吗啡来结束生命，她说她不能忍受疼痛，而且无论如何几个月后她就要死了。

这个医生应该做什么？（选出一个）

_____ 他应该给这位女士致命的大剂量药物
_____ 不能决定
_____ 不应该给她大剂量的药

重要性

_____ 1. 这位女士的家人赞成给她用大剂量的药吗？
_____ 2. 医生与其他人一样受法律管制吗？
_____ 3. 没有社会对人们的生活甚至死亡进行管制，人们会更好吗？
_____ 4. 医生是否可以使这位女士由于服用过量药物致死看起来像一次事故？
_____ 5. 州政府有权强迫那些不想活下去的人继续生存吗？
_____ 6. 对于死亡，社会观点应该高于个人价值观吗？
_____ 7. 医生应该同情这位女士的遭遇吗？还是说他应该更多地考虑社会的看法？
_____ 8. 帮助结束另一个人的生命算是一种负责任的合作行为吗？
_____ 9. 只有上帝能决定一个人的生命应该什么时候结束吗？
_____ 10. 在医生的个人行为准则中，他给自己设定了什么价值观？
_____ 11. 社会能够让任何人在他希望的任何时间结束自己的生命吗？
_____ 12. 社会能够允许自杀或安乐死并且仍保护那些想活着的人的生命吗？

从上面的问题中，选择 4 个最重要的因素：

_____ 最重要   _____ 第 2 重要
_____ 第 3 重要   _____ 第 4 重要

报纸

拉米（Rami）是高中的高年级学生，他想办一份面向学生的油印报纸，这样他就能够表达自己的观点。他想公开反对军事扩张和学校的一些规章制度，例如禁止男生留长发。

当拉米着手创办他的报纸时，他请求校长批准。校长说如果拉米在报纸的任何一版发行之前都报给校长批准的话就可以。拉米同意了，然后提交了几篇文章要求批准。校长批准了全部文章，于是拉米在接下来的两周中印发了两期报纸。

但是校长没有想到拉米的报纸获得了极大的关注。学生们非常兴奋，以至于开始组织反对发型限制和其他校规的抗议。愤怒的父母反对拉米的观点。他们打电话给校长，告诉他报纸是不爱国的，不应该发行。为了控制学生不断高涨的情绪，校长想知道是否应该以具有争议性的报纸文章干扰了学校运作为理由，命令拉米停止印发。

这位校长应该做什么？（选择一个）

_____ 应该停止印发报纸
_____ 不能决定
_____ 不应该停止

重要性

_____ 1. 校长对谁更负有责任？是学生还是家长？
_____ 2. 校长是答应了报纸能够长期出版，还是他只是答应了每次只批准一期？
_____ 3. 如果校长停办报纸，学生将会提出更多的抗议吗？
_____ 4. 当学校的利益受到威胁时，校长有权向学生发布命令吗？
_____ 5. 校长在这个案例中有说"不"的言论自由吗？
_____ 6. 如果校长停办报纸，会阻止对重要问题的充分讨论吗？
_____ 7. 校长的"停办"命令将失去拉米对他的信任吗？
_____ 8. 拉米真的对学校忠诚和有爱国心吗？
_____ 9. 停办报纸对学生在批判性思维和判断性教育上会产生什么作用？
_____ 10. 拉米发表他自己的意见时，是否以某种方式侵犯了他人的权利？
_____ 11. 校长最了解学校的情况，校长应该被一些愤怒的父母所影响吗？
_____ 12. 拉米是在用报纸煽动仇恨和不满吗？

从上面的问题中，选择 4 个最重要的因素：

_____ 最重要   _____ 第 2 重要
_____ 第 3 重要   _____ 第 4 重要

认知风格指标

这个测验评估你收集和评价信息并做决策的方法。答案没有对错之分，你测试结果的准确性取决于你回答每个问题时诚实与否。使用下列评估尺度来回答。

评估尺度

1　非常不同意

2 不同意
3 既不同意也不反对
4 同意
5 非常同意

_____ 1. 制订明确的计划对于我来说非常重要。
_____ 2. 我喜欢为富有创意的解决方法献计献策。
_____ 3. 我总是希望知道何时应当做什么事。
_____ 4. 我更愿意看到有创造性的解决方法。
_____ 5. 我希望搞清楚问题是什么。
_____ 6. 我喜欢详细的行动计划。
_____ 7. 我会被持续的创新所激励。
_____ 8. 我喜欢分析问题。
_____ 9. 我更愿意在工作中有明确的规范。
_____ 10. 我喜欢生活中充满变化。
_____ 11. 我醉心于事无巨细的分析。
_____ 12. 我更喜欢经过良好计划的议程明确的会议。
_____ 13. 新的想法比现成的解决方案更能吸引我。
_____ 14. 我会仔细研究每个问题，直到搞清楚其蕴含的逻辑。
_____ 15. 我会明确地委派工作，然后事无巨细地跟进。
_____ 16. 我喜欢打破条条框框。
_____ 17. 好的任务是准备充分的任务。
_____ 18. 我会尝试避免走例行程序。

资料来源：Cognitive Style Indicator, Cools, E. and H. Vand den Broeck. (2007) "Development and Validation of the Cognitive Style Indicator." *Journal of Psychology*, 14: 359-387.

内外控量表

这个问卷用于评估你对某些问题的看法。每个项目由 a、b 两个选项组成，选择你最认同的选项。如果你认为两个选项都有一定道理，选择你最认同的那个。如果你不相信任何一个选项，选出你不认同的程度较小的那个。这只是对个人观点的调查，没有明显的正确或错误之分。当你完成每个选项时，翻到本章章末的评分要点，找到关于如何处理测验结果以及如何将结果与一般群体进行比较的指导说明。

这个问卷并不完全是朱利安·罗特（Julian Rotter）建立的最初的内外控量表，但比较类似。本章章末提供的对比数据来自用罗特的量表做的研究，而不是本量表。然而，这两个工具评估的是同一个概念，长度相同，并且平均分是相似的。

_____ 1. a. 领导是天生的，不是后天形成的。
　　　　 b. 领导是后天形成的，不是天生的。
_____ 2. a. 人们成功经常是因为他们占天时、地利。
　　　　 b. 成功在绝大程度上取决于努力和能力。

3. a. 在我的生活中，当事情出错时，一般都是因为我犯了错误。
   b. 无论我做什么，不幸都会发生在我的生活中。
4. a. 是否发生战争取决于某些世界领导人的行为。
   b. 世界将一如既往地陷入战争，这是不可避免的。
5. a. 好孩子主要是好父母的成果。
   b. 无论父母的行为如何，一些孩子都要变坏。
6. a. 我未来的成功主要取决于我不能控制的环境。
   b. 我是自己命运的主宰者。
7. a. 历史证明某些人是出色的领导者，主要是因为环境使他们引人注目和成功。
   b. 出色的领导者是那些做出了产生重大贡献的决定或行动的人。
8. a. 如果不对犯错的孩子进行惩罚，他们将成长为无责任感的人。
   b. 打孩子无论如何都是不应该的。
9. a. 我经常感到我对生活的方向几乎没有任何影响。
   b. 不应该相信命运或运气会对我的生活产生重要影响。
10. a. 无论怎么做，一些顾客都不会满意。
    b. 只要能在顾客需要时达到他们的要求，你就总能令顾客满意。
11. a. 如果足够努力，任何人都能取得好成绩。
    b. 一些人无论怎样努力都不会达到优秀。
12. a. 只要夫妻双方不断呵护夫妻关系，婚姻就有好结果。
    b. 一些婚姻失败是因为夫妻双方不般配。
13. a. 我相信我能通过学习和实践来提高我的基本管理技能。
    b. 试图在教室里提高管理技能是浪费时间。
14. a. 在商学院中应该教授更多的管理技能课程。
    b. 在商学院中应该降低对技能的强调。
15. a. 当我回想那些发生在我身上的好事时，我相信它们的发生主要是因为我做了一些事情。
    b. 在我生活中发生的坏事主要是由我控制之外的环境造成的。
16. a. 我在学校参加的许多测验与我的学习是无关的，因此努力学习根本没有用处。
    b. 当我在学校为测验做好了准备时，我一般考得相当好。
17. a. 我有时被我的星相图的描述所影响。
    b. 无论星相如何，我都能决定自己的命运。
18. a. 政府如此庞大而官僚，任何一个人对所发生的事施加任何影响都是非常困难的。
    b. 如果人们可以说出他们的主张，并且使他们的愿望被别人知道，他们就会对政策有真正的影响。
19. a. 人们在工作中寻求责任感。
    b. 人们试图尽可能少地工作而逍遥自在。
20. a. 最受欢迎的人似乎有一种特别的、天生的领导气质。
    b. 人们因为自身的行为而受到欢迎。
21. a. 我无法控制的事情似乎总是出现在我的生活中。
    b. 大多数时间，我感到对我的行为负有责任。

_____ 22. a. 努力提高自身能力的经理，将比那些不进行提高的人更成功。
　　　　　　b. 管理的成功与某个经理所具有的能力几乎没有关系。
_____ 23. a. 在大多数运动中，最终获得冠军的常常是运气最好的队伍。
　　　　　　b. 赢得冠军的队伍是那些拥有最有才能的队员和做了最好准备的队伍。
_____ 24. a. 在商业活动中，团队合作是成功的前提。
　　　　　　b. 个人努力是成功的最大希望。
_____ 25. a. 一些员工就是懒，无论你做什么，都无法激励他们努力工作。
　　　　　　b. 如果你是有技能的经理，你就能激励每一位员工付出更大的努力。
_____ 26. a. 从长期来看，人们能通过负责任的行动提高国家的经济实力。
　　　　　　b. 国家的经济实力在很大程度上超出个体控制之外。
_____ 27. a. 当我确定我是正确的时候，我是很有说服力的。
　　　　　　b. 即使我不能肯定我是否正确，我也能说服大多数人。
_____ 28. a. 我倾向于事先计划并且分步实现我设定的目标。
　　　　　　b. 我很少事先计划，因为无论如何事情最终都不会太糟。
_____ 29. a. 一些事情是注定要发生的。
　　　　　　b. 我们能通过努力工作、坚持不懈来改变我们生活中的任何事情。

模糊耐受性尺度

　　本评估问卷可以帮助你更好地理解你在处于模糊情境时的舒适度。由于这是一个自我诊断工具，请务必保证诚实、真实作答。
　　请对下面的陈述表明你同意或不同意的程度。在空格中填写最能代表你对这个项目的同意程度的数字。评分要点见本章章末。

评估尺度
1　强烈不同意
2　比较不同意
3　有些不同意
4　既不同意也不反对
5　有些同意
6　比较同意
7　完全同意

_____ 1. 一位不能给出明确答案的专家可能知道得并不太多。
_____ 2. 我希望能在国外住一段时间。
_____ 3. 实际上没有什么不能解决的问题。
_____ 4. 那些按部就班过日子的人可能失去生活的大部分乐趣。
_____ 5. 好的工作在应该做什么和如何去做这两方面总是很明确的。
_____ 6. 解决一个错综复杂的问题比解决一个简单问题要有趣得多。
_____ 7. 从长期来看，解决小而简单的问题可能比解决大而复杂的问题获得更多的成果。
_____ 8. 最有意思和最使人兴奋的人，是那些不在乎自己是否与众不同，并且富有独创性的人。
_____ 9. 我们往往更偏好熟悉的事而非陌生的事。
_____ 10. 坚持"是/否"型答案的人不知道事物实际上是多么错综复杂。
_____ 11. 过着平常而有规律的生活，几乎没有意外或惊奇发生的人，实际上是有很多乐趣的。
_____ 12. 许多重要决定是基于不充分的信息作出的。
_____ 13. 我喜欢参加那些大多数人我都认识的聚会，而不喜欢参加那些大多数人或所有人都是陌生人的聚会。
_____ 14. 作出模糊安排的教师或上司，给人机会去展示开创性和独创性。
_____ 15. 我们接受相似价值观和思想的速度越快越好。
_____ 16. 一位好老师是使你质疑自己看待事物的方式的人。

资料来源：S. Budner (1962). "Intolerance of Ambiguity as a Personality Variable," from *Journal of Personality*, 30: 29-50. Reprinted with the permission of Blackwell Publishing, Ltd.

核心自我评估量表（CSES）

研究显示自我评估有4个核心元素。本评估量表有助于你了解你的整体自我评估中的组成部分。由于这是一个自我诊断工具，请务必保证诚实、真实作答。

下面列出的一些陈述你可能同意也可能不同意。使用下列响应尺度，说明你针对每项陈述的同意或不同意的程度。

评估尺度
1 强烈不同意
2 不同意
3 无所谓
4 同意
5 强烈同意

_____ 1. 我很有信心取得生命中应有的成功。
_____ 2. 有些时候，我会觉得情绪低落。
_____ 3. 只要我付出努力，通常都会成功。
_____ 4. 有些时候，当我失败后我会觉得自己一无是处。
_____ 5. 我能成功地完成任务。
_____ 6. 有些时候，我觉得无法掌控自己的工作。
_____ 7. 总体而言，我对自己感到满意。
_____ 8. 我对于自己的能力充满疑虑。
_____ 9. 我自己决定自己的命运。
_____ 10. 我觉得无法掌控自己职业生涯的成败。
_____ 11. 我有能力处理面临的大部分问题。
_____ 12. 有时候我感到处境悲凉，充满绝望。

资料来源：T. Judge, A. Erez, J. Bono, and C. Thoreson. The core self-evaluation scale: Development of a measure, *Personnel Psychology*, 2003: 303-331.

技能学习

自我意识的关键维度

两千多年以来，关于自我的知识被认为是人类行为的真正核心。"了解你自己"这句古老的格言可能出自柏拉图（Plato）、毕达哥拉斯（Pythagoras）、泰勒斯（Thales）或苏格拉底（Socrates）之口。普鲁塔克（Plutarch）注意到，这些格言被刻在德尔斐神殿上——这是国王和将军对重大事务征求建议的地方。关于自我的最经常被引用的段落可能是波洛尼厄斯（Polonius）在《哈姆雷特》中的忠告："保持你自我的真实，并且它必须像日夜更替一样，你不能对任何人弄虚作假。"菲利普·梅辛杰（Philip Messinger）提醒我们："欲统治别人，必先把握自己。"老子曾经说过："知人者智，自知者明；胜人者有力，自胜者强。"

自我意识（self-awareness）是掌握自己的核心能力，也是有效领导和管理他人的核心能力，因而本章讲述的是管理自己和他人的基础知识。当然，获得自我认识的大量技术和方法早已经被设计出来，诸如团队方法、冥想术、意识转换技术以及各种按摩术、身体锻炼疗法和生物反馈技术。目前在亚马逊网站上销售的励志类图书已经超过100万种，据估计美国人花在这些疗法上的钱约为1 000亿美元。

本章的目的既不是总结这些用于增强自我意识的各种各样的疗法，也不是专门讨论某个特定的程序。相反，我们的目标是帮助你了解自我评估在提升你成为优秀的管理者和成功人士的能力方面的重要性。我们将为你提供几种已被证明与成功管理有关的自我评估工具。完成这些评估之后，你将会了解你自己的优势、倾向和风格等关键指标。本章以及本书的重点是那些将自我意识和管理行为联系在一起的有效信息，并且我们努力避免推介那些还没有经过检验的内容。

自我意识之谜

埃里克·弗罗姆（Erich Fromm，1939）是首批观察个体的自我概念与对他人的感受之间密切关系的行为科学家之一。他说："对自己的憎恨与对他人的憎恨是不可分离的。"卡尔·罗杰斯（Carl Rogers，1961）则指出，自我意识和自我接纳是心理健康、个人成长以及了解并接受他人的前提。实际上，罗杰斯指出基本的人类需要是自尊，他在自己的临床案例中发现这比生理需要更重要。布劳尔（Brouwer，1964，第156页）断言：

自我审视的功能是为顿悟建立基础，没有自我审视，就不会有成长。顿悟是"哦，我知道了"的感觉，它必须有意识或无意识地先于行为的改变。实现顿悟——对自己现实的、坦诚的审视，了解自己真实的样子是很困难的，并且有时你会体验到精神上的痛苦，但它们是成长的基石。因此，自我审视是对顿悟的准备，是自我理解的种子破土而出，逐渐发展成为行为的改变。

除非或直到我们知道自己现在所具有的能力水平，否则我们不能提高自我或开发新的能力。大量证据表明，那些具有更强的自我意识的人更健康，在管理和领导角色上更出色，并且在工作中的效率更高（Alberts，Martijn和DeVrioes，2011；Ashley和Reiter-Palmon，2012；Boyatzis，2008；Higgs和Rowland，2010；Showry和Manasa，2014）。

然而，自我认识也可能阻碍个人提高而不是促进它。原因在于人们会频繁地逃避个人成长和新的自我认识。为了保护他们的自负或自尊，人们不愿获取额外的信息。如果他们获得了关于自己的新认识，这个信息总有可能是负面的或将导致卑微、虚弱、邪恶或羞耻的感觉。因此，他们回避新的自我认识。正如马斯洛（Maslow，1962，第57页）所指出的：

我们往往害怕任何将使我们轻视自己或使我们感到卑微、虚弱、无价值感、邪恶和羞耻的认识。我们通过压抑及类似的防御机制来保护我们自己和我们的理想形象，这是我们用以回避知觉为不愉快或危险的真相的必要手段。

因此，由于害怕发现我们完全不是自己想成为的那种人，我们回避个人成长。如果存在使自己更完美的方式，那么我们当前的状态必定是不完善的或卑微的。这种抵制是"否认我们最好的一面，否认我们的才能、我们最微妙的冲动，否认我们最高的潜能，否认我们的创造性。简言之，这是抵制我们自己变得卓越的斗争"（Maslow，1962，第58页）。弗洛伊德（Freud，1956）宣称，对自己完全的诚实是一个人能够付出的最好努力，因为完全的诚实要求持续寻求关于自我的更多信息和具有自我提高的欲望。这种研究的结论往往是让人不舒服的。

如此一来，寻求自我了解看起来是一个谜。它是成长和提高的前提条件与激励因子，但它也可能阻碍成长和提高。它可能会导致停滞，这是因为我们害怕自己知道得更多。如果管理技能开发所必要的自我了解受到抵制，如何实现不断的提高？管理技能又如何能得到发展？

敏感阈限

答案之一是**敏感阈限**（sensitive line）。这个概念是指当一个人遇到与自我概念不一致的关于自己的信息或面对改变自己行为的压力时，就变得有防御性或保护性的限度值。大多数人经常体验到关于自己较低程度的不一致信息。例如，一个朋友会说："你今天看起来很累。你觉得好吗？"如果你感觉很好，那么信息与你的自我意识是不一致的。但因为这个矛盾相对很小，很可能不会冒犯你或激起一种强烈的抵触情绪，也就是说，你很可能不会因此而重新检验和改变你的自我概念。

然而，信息越矛盾或者对你的自我概念来说意义越重大，就越接近你的敏感阈限，并且你将感到需要为此保护自己。例如，如果你认为你作为一名经理工作得还不错，而有位同事一口咬定你作为经理并不称职，这会超过你的敏感阈限。如果这位同事是一个有影响力的人，就更会如此。你的反应可能是抵制这些信息来保护自己的形象。

这种反应被称为**对威胁的强硬反应（threat-rigidity response）**（Staw, Sandelands 和 Dutton, 1981; DeDreu, Carsten 和 Nijstad, 2008）。当人们受到威胁时，当他们遇到令其不舒服的信息时，或者当产生不确定性时，他们倾向于变得强硬。他们变得保守，保护自己，回避风险。考虑一下，你被某事所惊吓时会发生什么。你的身体会在生理上变得强硬以保护自己，身体会变得紧绷来保持你自己的稳定。同样，人们在遇到对自我概念具有威胁性的信息时，也会在心理上和情绪上变得十分强硬。他们往往会加倍努力来保护自己所熟悉和让自己感到舒适的东西（Cameron, Kim 和 Whetten, 1987; Weeks, 2017; Weickt 和 Sutcliffe, 2000）。他们依赖最初学习的或被强化程度最高的行为和情绪模式。超越敏感阈限将导致强硬和自我保护。

既然存在这种防御性，那么如何能促成自我了解的提升和个人变化呢？答案至少有两个。第一个是可检验、可预测和可控制的信息，与没有这些特征的信息相比，它们超过敏感阈限的可能较小。也就是说，如果人们能够检验矛盾信息的效度（例如，如果存在一些评价信息准确性的客观标准），如果信息并非不可预期或"突然的"（例如，如果它在规则的间隔时间内获得），并且如果对获得信息的内容、时间、方式有一定的控制（例如，如果信息是要求必得的），这种反馈就更有可能被倾听和接受。

在本章中你接收的关于自己的信息就具有这三个特征。你已经完成了在研究中广泛使用的几个自我评估问卷。它们的信度和效度都已确立。而且，已发现它们与管理成功有关。因此，在你对得分进行分析和寻求对自己潜在特性的真实了解时，你能获得关于自己的重要信息。

这个问题的第二个答案是，克服对自我检查的阻力取决于其他人在帮助顿悟出现的过程中所扮演的角色。除非我们与其他人互动并向他人表露自我，否则增加自我意识方面的技能几乎是不可能的。除非个人愿意向他人开放，去讨论自我中看似模糊或未知的方面，否则成长几乎不会发生。因此**自我表露（self-disclosure）**是提高自我意识的关键。哈里斯（Harris, 1981）指出：

> 为了了解自己，再多的内省或自我检验也不嫌多。你可能连续几周进行自我分析，或花几个月自我冥想，却没有获得丝毫进步——不会比你能听到的自己的呼吸或抓痒时自己的笑声更多。
>
> 你要想窥探真实的自我，首先必须向他人开放自己。我们在镜子中的自我映象并不能告诉我们自己是什么样子，只有我们在他人心中的映象才能够告诉我们。我们在本质上是社会的动物，并且我们的人格是在人际的相互联系中而不是孤立的形式中存在的。

因此，在本章中，当你参加实践练习时，你被鼓励与其他人讨论你的顿悟。自我表露不足不仅会阻碍自我意识，而且会对管理技能开发的其他方面产生不良影响。这些交流应当是真诚的、受到自我理解和自我提高激励的。永远不要利用你分享与接收到的信息去判断和伤害另一个人。与那些能够与你分享的人保持相互信任是自我理解的前提。

几项研究表明，与高自我表露者相比，低自我表露者不那么健康，并且自我依赖感更强。大学生对高自我表露者的**人际能力（interpersonal competence）**给予了最高评价。高自我表露的人最受欢迎，但过分的或不充分的自我表露则不太受他人欢迎和接受（Goleman, 1998b; Sprecher 等, 2013）。通过对你接收到的关于自己的信息的时间和种类进行一些控制，以及让其他人参与对自我理解的追求，自我意识之谜就可以被破解。一个人在自我表**露过程（process）**中从他人那里获得的支持和反馈，除了有助于增加反馈和自我意识外，还有助于在不超过敏感阈限的情况下获得促成更高自我意识的信息。

理解和识别个体差异

关注自我意识的另一个重要原因是，它可以帮助你发展这样一种能力，即判断与你交往的其他人之间的重要差异的能力。有大量的证据表明，管理者的有效性与他是否有能力识别、鉴赏以及最终利用人们之间存在的关键性基本差异紧密相关。这个问题在管理学书籍中通常被安排在"管理多样性"这个题目之下讨论。

虽然要理解"管理多样性"的所有分支比较困难，但关注对你管理他人产生影响的一些重要差异并不十分困难。换言之，本章有两个目标：（1）帮助你更好地理解自己作为个体的独特性——为更好地管理自己做准备；（2）帮助你判断、评估和利用其他人的差异。

帮助个体以令其感觉舒适的方式讨论其差异的一个关键在于大家达成共识，将注意力集中在差异（differences），而不是区别（distinctions）上。识别差异与评价区别有所不同，一个是建设性的，另一个则是破坏性的。我们观察差异，我们制造区别。差异帮助我们理解人们之间误解的潜在来源，并给我们提供如何更好地共事的线索。区别在人们之间造成社会隔阂，因为其目的明显在于制造（或强化）优势和劣势。

没有自我表露、分享和相互信任的交流，自我意识和对差异的理解就不可能发生。自我认识要求理解和评价差异，而不是制造区别。因此，我们鼓励你使用你发现的关于自己和他人的信息来获得成长与发展。

自我意识的重要领域

一个人要想发展深层次的自我意识，有许多个人维度可以参考。例如，认知风格的许多方面已经可以被测量了；学者们已经确定了12种以上的"智力"（从社会的和情绪的，到认知的和创造的）；人类染色体图谱的描绘已越发支持这样的可能性，即成千上万的生理差异可能是理解行为的关键；性别、年龄、文化、种族和经历的差异长期内都会有各自的发展。当然，要想准确地选出自我意识最佳的那几个或者核心的方面是不可能的，因为选择实在太多了。

我们关注对促进成功的管理来说至关重要的自我意识的5个主要领域：情商、个人价值观、认知风格、变革取向和核心自我评估。这些领域虽然只反映了一个有限的因素集合，但它们对于预测有效管理的各个方面是非常重要的，如获得生活的成功、有效开展团队工作、有效决策、终身学习和发展、创造力、沟通能力、工作满意和工作表现（Alberts，Martijn和DeVrioes，2011；Ashley和Reiter-Palmon，2012；Cools和Van den Broeck，2007；Goleman，1998b；Grant，2013；Judge等，2003）。

对于**情商 (emotional intelligence)**，即管理自己以及管理与他人关系的能力这一概念的研究已经被认为是解释领导者和管理者成功的最重要的因素之一（Boyatzis，Goleman和Rhee，2013；Goleman，1998a；Joseph和Newman，2010；O'Boyle等，2011；Oginska-Bulik，2005）。自我意识被认为是情商的至关重要的组成部分，而且在预示生活的成功方面，它比智商更有效（Zeidner，Matthews和Roberts，2012）。

例如，有一项研究试图在40家公司中找出明星管理者与普通管理者之间的差距。包括自我意识在内的情商能力对于优异绩效的重要性是智商（IQ）和专门知识的重要性的2倍（Goleman，1998a）。一项针对跨国咨询公司的调查把表现优异的合伙人与表现一般的合伙人进行了对比。表现优异的合伙人（他们拥有非常高的情商和自我意识分数）对公司收入的贡献是那些情商和自我意识分数较低的合伙人的2倍，而且，前者进一步提升的可能性是后者的4倍（Boyatzis，Goleman和Rhee，2013）。

近期有关自我意识的另一个重要领域（价值观和性格优势）的研究显示，了解并培养自己的**个人价值观 (personal value)** 和**性格优势 (character strengths)** 可以显著提高个体的关系质量、解决问题的能力、工作绩效以及在工作和生活中的幸福感。最为高效的管理者清楚地知道自己最显著的个人价值观和性格优势并充分地加以利用，最快乐、最成功的人也是如此。

价值观是你坚定持有的、在内心深处对自己的认知和你所相信是正确的那些属性。性格优势是你体现这些价值观的手段（Peterson和Seligman，2004）。研究发现，清楚地知道并展现你最为重要的性格优势对于获得管理成功和长期的个人幸福感是至关重要的。

认知风格 (cognitive style) 是指个体收集和加工信息的方式。研究人员发现，个体在认知风格方面的差异会影响感知、学习、问题解决、决策、沟通和创造力（Cools和Van den Broeck，2007；Hayes和Allinson，1994；Kirton，2003）。研究人员识别了大量的认知风格维度，本章我们只选取捕捉了最常被研究的维度的一种工具（Cools和Van den Broeck，2007）以及探讨认知风格与成功的管理行为之间关系的经验研究。

变革取向 (orientation toward change) 关注人们用来应对环境变化的方法。21世纪，我们每个人都将面临日益增多的割裂的、迅速变化的、混乱的环境。意识到自己适应这些环境的倾向是很重要的。两个重要的维度——内外控（Tillman，Smith和Tillman，2010）和模糊耐受性（Furnham和Marks，2013）已由两种工具做了评估。把这两个维度与有效管理相联系的研究将在后面的章节讨论。

核心自我评估 (core self-evaluation) 是最近才发展构造出来的，它能抓住一个人各个方面的个性的本质（Judge等，2003）。关于所谓的"大五"个性维度——神经质、外向性、意识性、宜人性和开放性，学者们已经进行了5万多项研究，但是也发现了一个解释这些个性维度的潜在要素。它被称为核心自我评估。通过分析你的分数，你不仅能够了解你潜在的个性维度，而且能够了解它们与其他重要的行为，如动机、问题的解决、创造性、生活满意度和工作绩效之间的关联（Chang等，2012；Johnson，Rosen和Levy，2008；Judege等，2005）。

自我意识的5个方面——情商、个人价值观、认知风格、变革取向和核心自我评估组成了自我概念的核心。图1-1总结了自我意识的5个方面及其在定义自我概念时的功能。

当然，自我意识有其他许多方面在本章也要考虑，但所有这些自我的方面基本上都是关

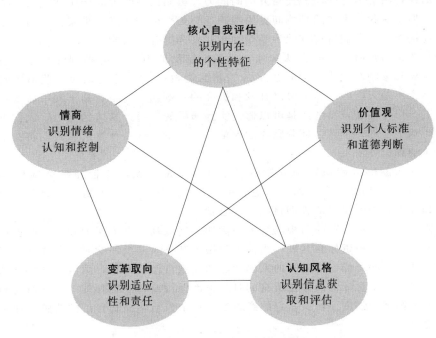

图1-1 自我意识的5个核心方面

于上述5个核心概念的。我们看重什么,我们对自己感觉如何,我们针对他人如何表现,我们想得到什么和我们被什么所吸引,都深受我们的情商、个人价值观、认知风格、变革取向和核心自我评估的影响。自我的其他方面都是在类似这些最重要的基石上构建起来的。

情商

情商成为一个如此流行的话题,以至于它非常不幸地遇到了几乎所有流行的概念都会遭遇的问题——它的含义和衡量方法都变得非常混乱和模糊。情商已经开始囊括几乎所有与智商无关的东西。自丹尼尔·戈尔曼(Daniel Goleman)所著的《情商》(*Emotional Intelligence*)一书1995年出版以来,人们对情商概念的兴趣如雨后春笋般迅速增加,不过1990年萨洛韦(Salovey)和迈耶(Mayer)就提出了这个概念。关于这个主题的书已经出版了近2万种,而且许多咨询公司和管理技能培训师都宣称自己是帮助人们提升情商的专家。目前可以获得的衡量情商的工具数不胜数(有100多种),然而只有三四种工具经过了科学的验证,被用于系统性调查中。

有关情商的大量学术著作和大众图书使得几乎所有东西都可以被定义为情商的某个方面。有关情商存在各种各样的定义,这些定义往往是互不兼容甚至彼此冲突的。解决多重定义问题的一种方法是区分情商和情绪能力(emotional competence)。情商指的是诊断、理解和管理情绪的能力。情绪能力指的是影响人类机能的非知识性的能力和技能——包括社交技能。

我们在本章中所采纳的定义是第一种定义,因为本书后面的部分将致力于帮助你开发一些被包括在情绪能力范围内的技能方面的能力。虽然情绪能力对于预测人们的成功是非常重要的，但本章我们采取的是情商更为准确、更为严格的定义。事实上，情商是开发情绪能力的前提条件，我们将在其他章节帮助你开发和提升情绪能力。

情商具体是指：（1）诊断和认知你自己的情感的能力；（2）控制你自己的情感的能力；（3）认识和诊断其他人所表现出来的情感的能力；（4）适当回应这些情感暗示的能力。这些能力不是天生的，而是可以开发和提高的。例如，它与智商不同，智商在人的一生中基本上会保持不变，而情商是可以通过实践增强的。通过具体的努力，人们可以改变自己的情商水平。你在预评估部分完成的评估工具衡量了这四种维度，我们将在下面对它们进行简单解释。

情商高的人能够准确识别和分辨自己正在经历的情绪，并管理和控制自己的情绪（Grant，2013）。与情商低的人相比，他们很少会发脾气和失去控制，很少会经历令人衰弱的沮丧和忧虑，能够更好地管理自己的情感状态。

考虑你自己在一项运动项目中的行为。例如：当裁判作出错误的裁断的时候；当有人对你很生气并严厉地指责你的时候；当你因为做了某事而被批评的时候；或者，当你受到特殊的赞美和认可的时候。情商高的人仍然能够控制自己的情感，而情商低的人则会失去控制。这种能力并不意味着让你在所有的时间里都保持温和或好脾气——情商高的人能够表现很广泛的情感和强度。相反，它的意思是，一个人能够控制自己的情感，让它们不会成为脱缰之马。

情商高的人还能够准确地诊断和领会别人的情感。他们对别人正在经历的事情很敏感，因而能够共享这些感觉。领会是指理解并和别人的感觉联系起来的能力。它并不是指同情或采用相同的情绪，也不是建立在对相同情感经历的记忆的基础上。例如，如果有人经历了一场悲剧或损失，情商高的人可以领会、分享和理解这些感觉，即使他们从未经历过类似的事情。他们不需要为了理解别人的沮丧而把自己弄得很沮丧。

情商高的人还能够适当地回应别人的情感。他们的回应符合其他人所感觉的情感的强度，而且，他们支持并鼓励情感方面的表达（Salovey和Grewal，2005）。也就是说，如果其他人很高兴，他们也不会表现得很冷淡。他们认可别人所表达的情感，而不是压抑或谴责这些情感。此外，他们不仅巧妙地处理自己的情感和对别人的情感的反应，也不仅仅是在别人的情感的基础上作出反应，而是通过自己在情感上的反应预先表现出一种对别人的关心和接纳。

情商如此重要的一个原因是，随着时间的流逝，人们的情商已经下降了。尽管在过去的100年中，智商的平均分数几乎提高了25分——人们现在比100年前更聪明了，但是情商分数实际上是下降了（Goleman，1998a；Slaski和Cartwright，2003）。例如，想一想我们当今社会中的诉讼、冲突、恃强凌弱和离婚的数量。对情商发展的重视比过去要少。

这是一个问题，因为情商对管理和工作上的成功具有很强的预言能力——实际上，它比智商分数的预言能力更强。例如，据估计，在工作绩效和生活成功的差异中，智商因素只占10%（Sternberg，1996），但是，通过把情商因素加到方程中，我们能解释的差异就比原来高4倍。

我们以一项针对在马萨诸塞州的一个小镇上长大的450名男孩所做的研究为例。有2/3的孩子生活在富裕的家庭，而1/3的孩子的智商低于90。他们被跟踪观察了40年，最后发现智商与生活的成功几乎没有任何关系，然而，情商却是最重要的预言性要素（Snarey和Vaillant，1985）。

另一项研究针对的是20世纪50年代在加州大学伯克利分校学习的80位理科博士，

研究表明，能够解释毕业后 40 年他们在生活中所取得的成功的是情商分数。在决定谁能在职业生涯中取得成就，谁会被专家评定为能够非常成功以及谁会被列入《名人传》（Who's Who）和《美国科学家》（American Men and Women of Science）等文献方面，情商的重要程度是智商的 4 倍（Feist 和 Barron，1996）。

有关商学院学生的一项研究发现，情商较高的学生通常来自各俱乐部、联谊会、运动团体，这些学生的社交活动也比较多。情商较高的学生的 GPA 也比较高（Rozell，Pettjohn 和 Parker，2002）。情商还被发现是在管理上取得成功的一个重要的预言因子。例如，对三大洲的管理者进行的一项调研发现，对于 74% 的成功管理者而言，情商是他们最显著的特征，而在失败的管理者中，只有 24% 的人拥有这个特征。百事公司（PepsiCo）进行的一项研究发现，由情商技能开发得很好的管理者领导的公司部门每年的创收会超出目标 15%～20%，而由情商技能开发得不是很好的管理者领导的公司部门每年的创收会低于目标 15%～20%（Goleman，Boyatzis 和 Mckee，2002）。研究发现，在给定人格和认知能力的前提下，情商是预测管理者在团队合作、冲突管理和变革型领导方面能否取得成功的主要因素（Clarke，2010）。另一项研究发现，情商是判断什么人能够脱颖而出成为领导者的主要因素，其重要性甚至超过了认知智力、性别和人格特质（Cote 等，2010；Joseph 和 Newman，2010；O'Boyle 等，2011）。

迈克伯（McBer）的一项研究把杰出的管理者与一般的管理者进行对比，发现 90% 的差异在于情商方面。一项在世界范围内进行的关于公司在雇用新员工时看重的是什么的研究发现，在最希望新员工拥有的品质中，有 67% 是情商能力（Goleman 等，2002）。结论很明显：有效的管理者在情商方面都开发了高水平的技能。

你在预评估部分填写的情商测评工具对你在情商的四个方面——情感意识、情感控制或平衡、情感诊断或领会以及情感反应的能力进行了评价。当然，要对这些方面进行完整而有效的衡量将需要一个长度是本章所包含工具的 4 倍的测评工具，因此，这个测评只是对你的情商能力进行了粗略的或者说是不完整的评价。你的分数应该能帮助你找出你的优势领域，也应该能激励你去追求情商的开发。了解自己的情商是成为更优秀的管理者的重要一步。

价值观和性格优势

价值观是最稳定、最持久的个人特征之一。它们是态度和个人偏好形成的基础。它们帮助我们确立自己的道德观和关于什么是符合"好的"标准的观念。在很大程度上，我们是什么样的人，是我们在生活中发展起来的基本价值观的产物。

价值观的问题在于它们通常被视为理所当然的，人们通常意识不到它们。除非一个人的价值观受到挑战，否则个人持有的价值观在很大程度上是不被察觉的。人们并不会意识到自己所持有的某些价值观比其他价值观更重要。这种无意识的情况有时会导致与价值观相矛盾的行动或行为。除非人们遇到矛盾或对其基本价值观的威胁，否则他们极少会声明这些价值观或力图澄清它们。

每个人所持有的价值观受很多因素的影响，而且有很多种方式被用于描述和测量价值观。我们在本章中将介绍几种方式，其中每一种都在研究和管理领域中得到广泛的应用。

首先是描述大的群体，如国家、种族、行业或组织的宽泛的、一般性的价值取向框架。例如，很多研究都讨论了不同文化群体价值观的差异。这些研究的意义在于确定了不同民族间存在差异的方式，因为几乎所有的管理者都有面对跨国管理的需要。你在一生中，很可能会和不同国家的人交往，了解一些有关他们价值观的知识有利于你更有效地与之打交道。研究发现，不同国家的文化价值观存在系统性的差异，这些差异对于我们自己的价值观有很强的影响。至少我们价值观的一部分受到我们成长所处国家和文化的显著影响。

文化价值观

特姆彭纳斯（2011）、特姆彭纳斯和汉普登—特纳（Hampden-Turner，2012）确定了不同国家文化之间存在显著差异的七个维度，结果发现某些价值观在某些文化中受到更多的强调。表1-1列举了特姆彭纳斯的七个文化维度，我们提供了代表每个文化维度的典型国家。需要注意的是，没有哪个国家的文化只代表某个维度，而不反映另一个维度，但不同的国家在每个维度上的强调程度显然是不同的。

这个模型的前五个维度是关于个人如何与其他人相互关联的。一些文化（如美国、挪威、瑞典和瑞士）强调**普遍主义（universalism）**的价值观，在这些国家，个体的行为被普遍的标准和规则所管理（例如，不要说谎、不要欺骗，即使对面马路上没有人通过也不要闯红灯），普遍性的社会规则管理人们的行为。其他国家（如韩国、中国、印度尼西亚和新加坡）持有**特殊主义（particularism）**的价值观，在这些国家中与他人的关系制约着人们的行为（例如，对方是朋友、家人或亲戚吗？）。这是区分文化价值观的第一个维度。

为了显示两者的区别，考虑你对这个问题的回答：你和一位朋友一同驾车出游。你的朋友在每小时限速25英里的地段将车速提高到40英里，并撞倒了一个行人。当时没有目击者，并且你朋友的律师说如果你证明他的车速为每小时25英里，他将被无罪释放。你会为他说谎吗？普遍主义文化下的人比特殊主义文化下的人更倾向于拒绝说谎。例如，97%的瑞士人和93%的北美洲人（加拿大和美国）拒绝说谎，而只有32%的委内瑞拉人和37%的韩国人拒绝说谎。

表1-1 文化价值维度

价值维度	解释	代表性的国家
普遍主义	看重社会的规则和规范	美国、瑞士、挪威、瑞典
特殊主义	看重个人间的关系	韩国、委内瑞拉、中国、印度尼西亚
个体主义	看重个人的贡献	美国、尼日利亚、丹麦、奥地利
集体主义	看重团体的贡献	墨西哥、印度尼西亚、日本、菲律宾
情感的	看重情感表达	伊朗、西班牙、法国、瑞士
中性的	看重非情绪化的反应	韩国、埃塞俄比亚、中国、日本
具体的	看重分割的生活角色	荷兰、瑞典、丹麦、英国
整合的	看重整合的生活角色	中国、尼日利亚、新加坡、韩国
成就	看重个人的成就	美国、挪威、加拿大、奥地利
归属	看重内在的属性	埃及、印度尼西亚、韩国、捷克
过去和现在	过去与将来紧密联系	法国、日本、英国
将来	将来是分离的，但是被看重	美国、荷兰
内控	看重个人控制	美国、加拿大、奥地利、英国
外控	控制来自外部力量	中国、捷克、埃及、日本

资料来源：F. Trompenaars and C. Hampden-Turner (2012). "Riding the Waves of Culture." Reprinted with the permission of the McGraw-Hill Companies.

区分文化价值观的第二个维度是**个体主义**（individualism）——强调自我、独立和独特与**集体主义**（collectivism）——强调群体、联合的单位和与其他人结合。在个体主义价值观下，个人的贡献是最受重视的，而集体主义价值观则重视团队的贡献。

例如，考虑你对下面的问题的回答：哪种类型的工作在你的组织中是最常见的？一种是所有人一起工作，你个人的工作情况并不被记录；另一种是所有人都被允许独立工作，你的工作被单独评价。在东欧（如俄罗斯、捷克、匈牙利和波兰），80％以上的人会选择个人的工作能被记录，而在亚洲国家（如日本、印度尼西亚和尼泊尔），这个比率低于45％（美国的比率是72％）。

第三个维度与公开表露自己的情感有关，被称为**情感的**（affective）和**中性的**（neutral）取向。高情感取向的文化公开表达自己的情感，以情绪化的方式处理问题。大笑、愤怒、强烈的同情都可能在商务谈判的过程中表现出来。中性价值观的文化则在解决问题时更为理性和自制，主导交往过程的是工具性和目标取向的行为，而不是情绪。

例如，如果你在工作中或在班级里感到非常难过，如感到被轻视、被冒犯或生气，你会在公共场合公开表达自己的情感吗？日本、埃塞俄比亚和中国香港的管理者分别有64％、74％和81％的人不愿意公开表达自己的情感。相反，在科威特、埃及和西班牙分别只有15％、18％和19％的管理者不愿意公开表达自己的情感（在美国是43％）。

第四个维度——**具体的**（specific）和**整合的**（diffuse），描述了文化是分割生活中不同的角色以维持私人和个人的自主性，还是整合与合并这些角色。具体的价值观文化将工作和家庭关系分割开来，而整合的文化则将工作和家庭关系融合在一起。持有具体的价值观的人似乎比较难以深入了解，因为他们在个人生活和工作生活之间保持着界限。持有整合的价值观的人似乎过于外向和肤浅，因为他们很愿意分享自己的个人信息。

为了说明其中的差异，请回答下面这个问题：你的老板让你去她家为她刷墙。你并不愿意去，因为你讨厌刷墙。你会拒绝她吗？超过90％的荷兰人和瑞典人会拒绝，而只有32％的中国人和46％的尼日利亚人会拒绝（美国的比率是82％）。

第五个维度是区分**成就**（achievement）取向和**归属**（ascription）取向的文化。在一些文化中，人们倾向于根据自己的个人成就获得较高的地位；而在另一些文化下，地位和特权更多是基于年龄、性别、家庭遗产或种族背景等内在的属性。你认识谁（归属）以及你能做什么（成就）有助于确定这个价值维度的差异。

例如，下面这个陈述有助于阐明成就和归属价值观之间的差异：按照自己的方式行事并与真实的自己保持一致很重要，即使这样做可能无法完成手中的工作。只有10％的乌拉圭管理者、12％的阿根廷管理者和13％的西班牙管理者不赞成这个描述，而有77％的挪威管理者和75％的美国管理者不赞成。

第六个维度与人们如何解释和管理时间有关。它区分了不同文化对于过去、现在或将来的强调程度。例如，一些文化更重视过去和传统而不是将来，另一些文化更重视将来而不是过去。在一些文化下，你过去取得的成就比你将来要进行的事业更为重要。时间差异也取决于人们是长期取向还是短期取向。例如，一些人是非常短期取向的，他们用分钟和小时（短期的时间范围）来考虑问题；而另一些人则以月和年（长期的时间范围）来考虑问题。

完成下面这个简短的练习，以了解你自己的时间取向：我的过去开始于_____，结束于_____。我的现在开始于_____，并且从现在开始会在_____结束。以现在为参照点，我的将来会开始于_____，并且会结束于_____。采用下面的评分尺度：

7＝年；6＝月；5＝星期；4＝天；3＝小时；2＝分钟；1＝秒。

通过比较，菲律宾管理者的平均得分是3.40，爱尔兰管理者的平均得分是3.82，巴西管理者的平均得分是3.85。而中国香港管理者的平均得分是5.71，葡萄牙管理者的平均得分是5.62，巴基斯坦管理者的平均得分是5.47（美国管理者的平均得分是4.30）。

第七个，也是最后一个维度，集中于内向和外向的控制。我们在本章后面的部分会更详细地讨论这一维度。有些文化认为个人控制自己的命运，而另一些文化认为外部力量更多地控制所发生的事情。例如，一些国家强调个人发明或创造事物（内控），而另一些国家则强调遵循已经存在的或已经被创造出来的事物，个人所要做的只是完善和提高（外控）。

下面的两个陈述将阐明其中的差异：（1）发生在我身上的事情是我自己行为的结果；（2）有时我感到自己对生活的方向没有足够的控制。超过80％的乌拉圭、挪威、以色列和美国的管理者同意第一个陈述，而只有不到40％的委内瑞拉、中国和尼泊尔的管理者同意这个陈述。

因为实际上每一个管理者都会面对与其他国家的人交往和对他们进行管理的机会，意识到价值观的差异，并且能够判断和管理这些差异是21世纪获得成功的重要的先决条件。然而，根据人们所在国文化而对他们形成刻板印象，或者根据诸如在此处报告的内容等而过分泛化，则可能是危险的和具有误导性的。没有人愿意根据一般性的国家特征而被对号入座。正如你将看到的一样，这些维度在增加人们的敏感性和帮助进行诊断方面才是最有用的，而不是将人们放在各个类别中。

与国家一样，组织也有价值观系统，这就是所谓的**组织文化**（organizational culture）。研究发现，与组织价值观一致的员工有更高的生产力和满意度（Cable 和 Judge，1996；Cameron 和 Quinn，2011；Glew，2009；Mayer 等，2010；Posner，2010）。与组织价值观不一致是挫折、冲突和生产力低下的主要原因之一。如果你想在工作和长期的职业中获得兼容性，意识到你自己的优先级和价值观、你所在组织的价值观和你所在国家基本价值观的优先级是非常重要的（Fisher，Macrosson 和 Yusuff，1996）。有关组织文化的深入探讨，请参见卡梅伦和奎因（2011）。

一些作者认为不同个体在价值观发展水平上是互不相同的，因此在不同发展阶段的个体持有不同的工具性价值观集合的产物（如 Kohlberg，1969；Kohlberg 和 Ryncarz，1990）。人们从一个成熟度水平向另一个成熟度水平进步，同时他们的价值观优先级也会发生变化。已发展到更高成熟度的个体，与那些处在较低成熟度的个体相比，具有实质上不同的工具性价值观集合。

这种价值观或道德发展的理论受到了研究者的大量关注，并且其研究结果对自我意识和管理有效性有重大意义。因此，我们应该更为详细地讨论价值观成熟度。

价值观成熟度

科尔伯格（Kohlberg）的模型是众所周知的，并且是研究价值观成熟度使用最广泛的研究途径。它关注对具有价值观或道德含义的问题进行决策时所使用的推理方式。模型由3种主要成熟度水平组成，每一个成熟度水平包括两个阶段。科尔伯格使用前习俗、习俗和后习俗描述这3个水平，表1-2总结了每个阶段的特征。

表 1-2　道德判断的水平和发展阶段的分类

水平	道德判断的根据	发展阶段
A	**前习俗水平（自我中心）** 道德价值观在于外部因素和结果，而不是人或关系	1. 服从和惩罚 　根据回避惩罚和不破坏权威的规则来决定是否正确。 2. 个人的工具性目的和交换 　判断正确的标准是否满足自己的短期利益，以及对他人来说什么是公平的或平等的。
B	**习俗水平** 道德价值观在于责任、维持社会契约和保持承诺	3. 相互的人际期望、关系和遵从 　正确的标准是考虑他人的感受和通过遵从期望及承诺来保持信任。黄金法则是适当的。 4. 社会系统和道德维持 　正确的标准是履行自己的社会职责和维护社会秩序。
C	**后习俗水平** 道德价值观在于遵从自己自由选择的标准、权利和责任	5. 优先权利和社会契约或效用 　正确的标准是坚持权利、价值观和与社会中的其他人所达成的契约；道德行为是自由选择的。 6. 普遍性的道德原则 　正确的标准受内在的、普遍的道德原则指导。当法律和原则冲突时，法律会被忽略。

资料来源：Adapted from Kohlberg（1981）.

成熟度的第一个水平是自我中心水平，包括价值观发展的最初两个阶段。道德推理和工具性价值观是基于个人需要以及行为的后果。例如，能够帮助个体获得某种奖励或回避惩罚的事情，并且这件事情不会对其他人产生负面的结果，将被判断为正确的或好的。在自我中心水平上，偷 5 万美元比偷 500 美元更坏，因为后果（即损失）对其他人来说更严重。大多数儿童都处于这种成熟度水平。

成熟度的第二个水平，或称遵从水平，包括阶段 3 和阶段 4，道德推理是基于对传统习俗和社会期望的遵从与支持。有时这一水平被称为"法律和命令"水平，因为它强调的是对法律和规范的遵从。正确或错误是以行为是否遵从权威的规则来判断的。通过服从而得到其他人的尊敬是一种奖励性的结果。偷 5 万美元和偷 500 美元在这个水平上是同样坏的，因为都触犯了法律。大多数美国成年人处在这种价值观成熟度水平上。

成熟度的第三个水平是原则水平，包括道德成熟的最后两个阶段，代表道德推理最成熟的水平和最成熟的工具性价值观集合。正确和错误是以个体内化的原则为根据来判断的，即根据一系列从个体经验中发展起来的原则或核心价值观来判断。

在成熟度的最高阶段，这套原则是综合的（它覆盖了全部可能性）、一致的（从未被违反）和普遍性的（不因情境或环境而变化）。因此，偷 5 万美元和偷 500 美元仍被判断为是错误的，但判断的依据不是触犯了法律或法规，而是违反了个体发展的一套综合、一致和普遍的原则。根据科尔伯格的看法，几乎没有人能基于一致性而达到这种最高的成熟度水平。拥有这种成熟度水平的是那些我们认为特别睿智、身为表率的人，如甘地、佛祖或摩西。

简言之，自我中心的个体视规则和法律为身外之物，但他们遵从，因为这样可以获得奖励或避免惩罚。遵从的个体视规则和法律为身外之物，但他们也会遵从，因为他们已经学习和接受了这些规则和法律，并且寻求其他人的尊敬。原则性的个体检验规则和法律，并且发展了一系列他们相信在道德上正确的内化的原则。如果要在遵从法律和遵从原则之间选择，他们会选择原则。在原则性个体中，内化的原则超越了规则和法律。

为了帮助你确定自己的价值观成熟度，我们在评估部分介绍了明尼苏达大学道德研究中心的詹姆斯·雷斯特（James Rest）开发的一种工具。这一工具已经在研究中被广泛应用，因为它比科尔伯格（1976）的评估成熟度的方法操作起来更容易。这种方法并非把一个人放在价值观成熟度的单一水平上，而是找出一个人最依赖的阶段。也就是说，它假设个体使用不止一种成熟度水平（或工具性价值观系列），但通常只有某一个水平是主导性的。因此通过完成这一评估表，你将明确你的价值观成熟度的主导水平。为了明确你的成熟度水平，参考本章章末的自我评分指导。在技能分析和技能练习部分有一个练习将帮助你开发或提升在成熟度水平阶段 5 和阶段 6 的原则。

性格优势

性格优势（character strengths）来自你坚定的价值观，是你的价值观得以体现的手段（Peterson 和 Seligman，2004）。它们是你觉得最为重要的属性，代表了这些基本倾向的行为表现。它们是你最期望获得的，能够帮助你做到最好。性格优势包括：你认为能够为自己和他人创造美好生活的东西；能够实现理想结果的东西；反映在思想、情感和行动中的东西；即使在缺乏有利结果的情况下仍然备受道德珍视的东西。显示性格优势并不意味着贬低他人，因此，人们欣赏其存在，而不是感觉到竞争的压力或是受到了威胁。

识别和评估性格优势的最著名的框架是由我们的同事马丁·塞利格曼（Martin Seligman）和已故的克里斯·彼得森（Chris Peterson）（2004）开发的。他们的框架成功地通过了目前最为著名、应用最为广泛的评估工具——行动价值（VIA）评估量表的测评。数百万人填写过 VIA 评估量表，数以千计的研究应用过该量表。

VIA 评估量表可在线获取（http://www.viacharacter.org/www/Character-Strengths-Survey）。我们建议你完成 VIA 评估量表，该量表是免费的。完成该量表后，你将收到一份反馈报告，除了给出你的标志性性格优势外，还有相应的解释。

VIA 评估量表所评估的性格优势如表 1-3 所示。

表 1-3　24 种主要的性格优势

● 欣赏美	● 希望	● 毅力
● 勇敢	● 谦逊	● 洞察力
● 创造力	● 幽默	● 谨慎
● 好奇心	● 判断力	● 自制
● 公正	● 善良	● 社交智能
● 宽宏大量	● 领导力	● 灵性
● 感恩	● 爱心	● 协作
● 诚实	● 好学	

资料来源：Peterson & Seligman，2004。

由 70 多个国家开展的研究都肯定了性格优势在帮助你在管理中和生活中游刃有余的

重要性。例如，一项针对 1 031 名在职人士的研究发现，利用性格优势（你优先考虑的优势，你认为在生命中最重要的价值观）是工作绩效、公民行为、生产率和个人满意度的最重要的预测因素（Littman-Ovadia，Lavy 和 Boiman-Meshita，2016；Lavy 和 Littman-Ovadia，2016）。一项针对 1 万名新西兰工人的研究发现，清楚地知道并表明了自己最为重要的性格优势的人的工作绩效是不清楚也未表明自己的性格优势的人的工作绩效的 18 倍（Hone 等，2015）。

在学校里学习过有关性格优势的课程并知晓自己的性格优势的学生与没有学过这类课程的学生相比，在课堂上更为活跃、所在班集体的凝聚力更强、人际关系更好、表现出更高的诚信度、显示出更强的毅力、更为享受生活和学习、课堂参与度更高（Quinlan 等，2014；Seider，Novick 和 Gomez，2013；Seligman 等，2009）。学习过性格优势相关课程的学生的抑郁症状及负面情绪大幅减少（Gillham 等，2011）。重要的是，上述研究结果来自多个文化和年龄群，这说明 VIA 评估量表所度量的性格优势并不受民族文化、性别或其他人口因素的影响。

伦理道德决策

除了有益于自我理解之外，你对价值观成熟度的意识对于**道德决策（ethical decision making）**也有重大的现实意义。大体上，美国公众对美国企业高管在诚实、正直和关心方面的道德价值观的评价是很糟的。大部分公众认为执行官是不诚实和过分利润导向的，并且想踩在别人头上去获得自己想要的（Bazerman 和 Tenbrunsel，2011；Gallup，2017；Harris 和 Sutton，1995；Lozano，1996）。虽然 9/10 的公司有书面的道德法规，但有证据支持公众的感觉：这些文件对确保高度道德的行为是没有多大影响的（Elliott 和 Schroth，2002；Mitchell，2002）。

几乎每天都有某家公司或某个知名企业家的不道德行为被曝光的热门报道。高达数十亿美元的罚款、长期徒刑及在公众面前名誉扫地如今已经司空见惯。无论是政界还是商界的领袖，几乎没有人相信这些人会始终堂堂正正地行事。

近期在道德方面最声名狼藉的公司包括巴里克黄金公司（Barrick Gold Corporation）、雪佛龙（Chevron）、道化学公司（Dow Chemicals）、埃克森美孚（ExxonMobil）、通用电气（General Electric）、哈里伯顿（Halliburton）、孟山都（Monsanto）、棒约翰、菲利普·莫里斯（Philip Morris）、美国广播唱片公司（RCA）、西门子和沃尔玛、A. H. Robins、亚马逊、美国银行、波士顿银行、道康宁（Dow Corning）、EF Hutton、安然、Facebook、凡士通、福特、通用动力、通用汽车、环球电讯（Global Crossing）、谷歌、摩根（J. P. Morgan）、洛克希德—马丁（Lockheed Martin）、Martin Marietta、微软、罗克韦尔自动化公司（Rockwell Automation）、丰田、泰科（Tyco）和富国银行都曾经因为触犯道德原则被曝光。有一幅漫画似乎总结了当前这些不良行为，它展示了坐在会议桌边的一群管理人员。其中的领导声称："当然，诚实是更好的政策之一。"

列举各种不道德决策的公司行为不是我们本章所关心的内容。更为重要的是美国管理协会对美国 3 000 多名管理人员所做的研究。研究发现，大多数个体管理人员感觉他们是在压力之下作出个人标准的妥协，以满足公司的目标（Harris 和 Sutton，1995）。一项更为近期的研究发现，至少 1/4 的华尔街高级管理者称自己曾经为了成功不择手段（Plaue，2012）。

而且，大多数人都见过其他人违反道德标准，但大多数事件并未被媒体报道。例如，在一项针对美国联邦政府员工的调查中，当被问及在过去一年中，他们是否看过下列行为的时候，超过50%的人给出了肯定的回答。这些行为包括：偷窃资金、偷窃公共财产、接受贿赂、性骚扰、不符合资格的人员获得资金、有缺陷的商品或服务、利用职务谋取个人利益、不公平地占订约人的便宜、严重违反法律。超过2/3的人不会报告他们所看到的事情（Plaue, 2012）。

如果所有的权衡都在黑白分明的情况下进行，那么道德决策将是较为简单的。问题在于，实际情况很少如此。技能分析部分的一个案例（运送零件）就反映了在至少两种理想的选择（经济效益和社会效益）之间的权衡。能够胜任这种道德权衡的人都很清楚自己的价值观和性格优势，并且具有相当高的道德成熟度。他们清楚地阐明了自己在决策时所基于的一套普遍、全面而一致的内在原则。这并非易事，因此我们在下面提供一些检验你自己在做道德或伦理选择时所依据原则的标准。这些标准不是综合性的或绝对的，也不是相互独立的。在检验你的个人价值观陈述中所依据的原则时，你可以用它们作为参考。

- 头版检验：如果需要的决策成为当地报纸头条新闻的话，我会窘迫吗？如果需要向一名顾客或股东描述我的行为或决定，我会感到坦然吗？
- 黄金规则检验：我愿意接受同样方式的对待吗？
- 尊严和自由检验：这个决策维护了其他人的尊严和自由吗？受到影响的参与者的基本人权得到了保障吗？他们的机会增加了还是减少了？
- 公正待遇检验：是否充分考虑了少数派和地位较低人士的权利、福利和利益？决策有益于那些有特权而没有绩效的人吗？
- 个人获利检验：个人获利的机会干扰了我的判断吗？如果这个结果不能以任何方式有利于我，我会作出同样的决策吗？
- 一致性检验：这一决策或行动与我所信奉的个人原则一致吗？它触犯了任何组织政策或法律吗？
- 程序公正检验：用于做决策的程序能够经得起受影响的人仔细检查吗？
- 成本—收益检验：收益是否因为某种原因对其他人产生了不可接受的伤害？这个收益有怎样的害处？有害的结果能被消除吗？
- 安眠检验：无论是否有其他人知道我的行动，我都能高枕无忧吗？
- 良善检验：是否代表了最佳的生存条件或者是人类最深切的渴望？

在本章的技能应用部分，当构建你自己的一系列综合、一致和普遍的原则时，你可以考虑上述问题。你还应该意识到，你的一系列个人原则也将受到你获得信息和对所接受信息进行反应的倾向性的影响，这种倾向被称为认知风格。

认知风格

我们经常暴露在大量的信息中，但在任何时候都只有其中一部分可以被我们注意到并进行反应。就在此时此刻，你的大脑接收到关于你身体功能的信息、你所在房间的情况、纸上的字、你阅读自我意识时脑海中产生的思想和记忆、长期持有的信念，以及对最近事件的回忆。并非所有这些信息都会被意识到，否则你的大脑将过载，你可能会患精神病。长期以来，我们都使用了一套压抑某些信息而关注另一些类型的信息的策略。这些策略是习惯性的和根深蒂固的，它们形成了我们自己的认知风格。

认知风格（cognitive style） 是指我们每个人以某种方式知觉信息、解释信息和对信息作出反应的倾向。认知风格基于两个基本维度：（1）个体收集信息的方式；（2）评估所接收的信息的方式。在研究文献中有大量用于测量学习和认知风格不同维度的工具（Cassidy，2004；Eckstrom，French 和 Harmon，1979；Myers-Briggs Type Inventory——MBTI；Sternberg 和 Zhang，2000），但本章我们将集中讨论最近有关认知风格研究中关注的维度。这些维度是如今大多数研究人员公认的处于认知风格核心的维度。

有必要指出，认知风格与个性类型并不是一回事。它们不是继承属性，而是我们在长期发展出来的对于信息和学习的倾向。因此，认知风格可以通过练习和有意识的开发被调整和改变（Vance 等，2007）。没有谁是生来注定以某种方式思考的。

我们在参考大量关于认知风格模型的文献的基础上，选取了 Cools 和 Van den Broeck（2007）开发的一个工具来评估你的认知风格。你在前面的预评估部分已经完成了这个测试。这个测量工具评估了你的认知风格的三个维度——认识风格、计划风格和创造风格。这些维度是彼此独立的，任何人都可能在这三个维度的某个部分取得高分或低分。它们并不是彼此完全对立的，而只是人们处理信息的不同方式。每一种风格强调的是一种信息收集和反馈的方式，表 1-4 列出了主要的属性。

表 1-4 认知风格的三个维度的属性		
维度	属性	潜在的问题
认识	强调事实、细节和数据 寻求明确、客观的解决方案 关注数据的有效性和可信性 强调准确和精确	决策的时间较长 缺乏创造性 抗拒创新 不能容忍多样化的观点
计划	强调结构、计划和准备 寻求议事日程、大纲和流程 关注方法、准备和跟进 强调可预见性、规则和惯例	抗拒变化 不能容忍含混不清 遇到混乱的局势会不知所措 不能处理缺乏逻辑的事项
创造	强调创造性、承担风险和创新 寻求新鲜和模糊 关注行动、随机应变和可能性 强调互动，获得较多的输入	抗拒约定俗成 倾向于打破规则 可能犯很多错误 倾向于忽视数据和事实

认识风格

在认识风格方面得分高的人倾向于强调事实、细节和数据。他们寻求解决问题的明确的、客观的方法。他们很谨慎，不急着得出结论，在分析信息时非常严谨，因此决策通常要花费一段时间才能作出。他们往往更愿意掌控局势并以正确的方式做事，因此他们通常很反感出乎意料的或不合常规的行为。他们擅长解决只有一个正确答案的问题。他们更喜欢多项选择题而不是简答题。

研究显示，这些人更容易在技术、工程、法律和计算机领域就业。在大学里，具有认识风格的学生倾向于主修物理学、工程、法律和计算机。在商界，他们倾向于选择数字和数据起决定性作用的领域（如审计和金融），而且他们更愿意从事重视技术性问题解决的工作（Kolb，Boyatzis 和 Mainemelis，2000；Cool 和 Van den Broeck，2007）。

计划风格

在计划风格方面得分较高的人更重视准备和计划。在寻找和解释信息时，他们很看重清晰的日程、完善的大纲和明确的流程。具有收集信息和反馈信息的系统性的方法论非常重要，因此这些人是准备充分的。

具有计划风格的人擅长处理范围很广的信息，更喜欢通过思考来解决逻辑问题。研究显示，具有计划风格的人更愿意从事信息和科学方面的工作，更愿意将讲座、阅读、分析模型和思考时间作为自己的学习活动。在大学里，这些人倾向于主修经济学、会计学、运营、数学、工程学和医学。他们通常在信息科学和研究领域（如教育研究、信息和神学）就业，他们更愿意从事信息收集起决定性作用的工作（如研究和分析）（Kolb、Boyatzis 和 Mainemelis，2000；Cool 和 Van den Broeck，2007）。

创造风格

在创造风格方面得分较高的人更重视实验和创造性。他们寻求不确定性和新奇，在混沌中处之泰然。具有创造风格的人喜欢从多种来源收集大量信息，因此与其他风格的人相比，他们更喜欢社交也更外向（Cool 和 Van den Broeck，2007；Furnham、Crump、Batey 和 Chamorro-Premuzic，2009）。规则和流程更多地被视为阻碍和限制，因此他们往往缺乏组织性。

研究显示，这些人往往富有想象力且情感丰富，喜欢在群体中工作以便能听到各种观点。在大学里，具有创造风格的人更多地主修艺术、历史、政治学、英语和心理学。他们通常会在社会服务（如心理学、护理和公共服务）以及艺术和传播（如剧院、文学、新闻）等领域就业，更愿意从事人际交往起决定性作用的工作（Kolb、Boyatzis 和 Mainemelis；Cool 和 Van den Broeck，2007）。在商学院，销售和营销专业以及人力资源专业的学生往往在创造风格方面得分较高。

关于上述认知维度的研究发现，无论面临什么类型的问题，大多数人都会利用自己青睐的认知风格来解决问题。人们愿意选取甚至是想方设法寻找与自己的风格相适应的决策情境和问题类型。

例如，在一项研究中，与具有创造风格的管理者相比，具有计划风格的管理者在决策中应用了更依赖计算机的系统和理性的流程。在另一项研究中，管理者们由于具有不同的认知风格，对同样的问题给出了不同的定义（也就是说，有些人认为需要更多的数据来解决问题，而其他人则认为应当就新的想法进行头脑风暴）。其他研究发现，认知风格的差异会导致管理者决策过程的显著差异（参见 Henderson 和 Nutt，1980；Chenhall 和 Morris，1991；Ruble 和 Cosier，1990；Kirton，2003）。

有必要指出，研究并未发现在大学生的认知风格与学习成绩之间存在什么相关性（Armstrong，2000；Cool 和 Van den Broeck，2007），也就是说，认知风格并不说明智慧或能力。聪明的人在各种认知风格上的得分都可能或高或低。

然而，知道自己的认知风格可以有几方面的好处，例如，在选择职业时，在选择适应的商业环境时，在改善决策效果时。它还有助于你了解哪些课程与你的认知风格最相符，例如，认识风格可能更适合会计学，计划风格可能更适合运营学，而创造风格可能更适合广告学。当然，没有哪门课程仅代表一种认知风格，但是你处理信息的方式在某门课程中往往比其他课程更合拍。

当然，随着人们从事各种活动，与各种各样的人打交道或者在各种工作环境下进行管理，人们是可以对认知风格进行调整的。大多数人都会适应环境作出调整。然而，大量的证据显示，人们倾向于选择能够强化并与自己的主导性认知风格相适应的职业（Agor，1985；Chan，1966；Jones 和 Wright，2010）。这么做的好处是，他们往往会取得更大的成就。

你在本章的开始部分完成的认知风格测试有助于你搞清楚你在收集信息、评估信息和对信息作出反应时的倾向。将你的得分与另外3个对照组的得分进行对比，可以帮助你评估你在处理信息时的偏好和倾向。要充分地利用这一信息，你可能还需要考虑你的变革取向（将在下面介绍）。

变革取向

为了充分利用你自己的认知风格的长处，你也应意识到你对变化的取向。这很重要，因为当管理者所管理的环境不断变得更混乱、更不稳定、更复杂，并且信息超载时，你加工信息的能力至少部分地受到你对于变化的基本态度的约束。

几乎没有人会不认同未来变化将增加这一预期，这种增加既是在速度上的也是在范围上的。21世纪初，学生和管理者所面对的挑战是他们必须准备面对一个不能依据过去的经验来预期的世界。

在商业组织中，21世纪初的管理者没有人会夸耀自己是稳定的、长期的，或者是地位稳固的。即使是现在，稳定也更多地被理解为停滞而非坚定，而且，没有进行重大的商业转型或变革的组织通常被视为在顽抗。所有这些都说明21世纪环境的特征就是动荡、巨大的变化、快速决策和混乱。没有人有时间仔细阅读或分析一个案例。电子商务改变了商业游戏的规则。顾客不再受到地理的约束，而且服务的标准也完全改变了。

在这种混沌的变化进程中（有些人将其称为永恒的浪花），意识到你自己对变化的取向，是你进行有效应对的前提条件。下面讨论与管理者有很大关系的变革取向的两个维度。

模糊耐受性

第一个重要维度是**模糊耐受性**（tolerance of ambiguity），是指个体在多大程度上受环境的威胁或难以应对环境，如模糊性的情境，变化速度过快或无法预测，信息不充分或不清晰，或存在复杂的情境。人们在"认知复杂性"的程度上，或在应付模糊、不完整、非结构化、动态情境的程度上，各不相同。高模糊耐受性的个体也倾向于有更高的认知复杂性。他们与低复杂性个体相比倾向于注意更多的信息，解释更多的线索，并且拥有更多的意义类别。

研究发现，具有认知复杂性和耐受性的个体是更好的信息传送者，在评价其他人的工作表现时，对其他人的内在（非表面的）特征更为敏感，并且与耐受性和认知复杂性不太高的个体相比，他们的行为在模糊和超载的条件下更适当、更有灵活性。模糊耐受性得分更高的管理者，在行动上更可能具有企业家精神，更可能在复杂环境中甄选出更少的信息，更可能在其职业中选择拥有较少结构化任务的专业。他们也能更有效地应对大的组织变革、裁员、角色压力及冲突（Armstrong-Stassen，1998；Furnham 和 Marks，2013；Teoh 和 Foo，1997；Timothy 等，1999）。

然而也应该指出，对模糊性更有耐受性的个体在关注唯一重要的信息要素方面存在更大困难——他们倾向于注意不同的内容，并且可能无法集中精力而不被其他干扰中途打断。然而，在信息丰富的环境中，模糊耐受性和认知复杂性往往比与之相反的特征更有适应性。

在本章的技能评估部分，模糊耐受性量表（Budner，1962）评估你对这些复杂情境的耐受性。模糊耐受性量表的计分（参见本章章末的评分要点）包含3种不同的子量表分数。第一个分数是新奇性得分，它表示你对新的、不熟悉的信息或情境的耐受程度。第二个分数是复杂性得分，它表示你对多重的、独特的或互不相关的信息的耐受程度。第三个分数是不可解决性得分，它表示你能在多大程度上容忍非常困难的问题，这些问题的可选择的解决办法往往是不明显的，信息是不可获得的，或问题的内容似乎相互之间没有关系。总之，对新奇性、复杂性和不可解决性的耐受性越大的人，作为管理者就越可能在信息丰富、模糊的环境中成功。他们很少会被模糊的环境所压倒。

重要的是要知道认知复杂性和模糊耐受性与认知智力并不相关，而且你的模糊耐受性量表的分数也不是对你聪明程度的评估。更为重要的是，个体能够学会承受更多的复杂性和具备更灵活的信息加工能力。

提高耐受性的第一步，是通过完成技能评估部分的测评了解自己现在的水平。本章的技能分析和技能练习部分以及其他章节有关问题解决和创新性的讨论，提供了改善模糊耐受性和认知复杂性的方法。同样重要的是，要注意模糊耐受性与下面将讨论的变革取向的第二个维度——内外控之间存在正相关关系。

内外控

变革取向的第二个维度是**内外控**（locus of control）。它是变革取向中研究最多、文章最多的方面之一。内外控是指人们考虑自己在多大程度上控制自己的命运方面所形成的态度。当收到有关自己行为成功或失败的信息时，或当环境发生变化时，人们对这些信息进行解释的方式是不同的。当人们试图改变周围环境时，他们会得到正面或负面的强化。如果个体解释他们得到的强化是由于他们自己的行为所导致的，则称为**内控**（internal locus of control）（即"我是变化成功或失败的原因"）。如果他们认为强化是外在力量的结果，则称为**外控**（external locus of control）（即"别的事或人造成了我的成功或失败"）。随着时间的推移，人们得出关于自己得到强化的主导性来源的一种"一般性的期望"。因此，对于变化的环境中知觉到的控制来源，他们变成向内关注的或向外关注的。

用内外控量表做的研究已有1万多项。大体上，研究发现北美管理者比中东和远东等地的管理者具有高得多的内控倾向（April，Dharani 和 Peters，2012；Trompenaars 和 Hampton-Turner，2012）。内控个体与外控个体相比，在工作环境中不那么疏离，对工作更为满意，有更少的工作压力并更具职位可流动性（晋升和调换工作）（Barbuto，Weltmer 和 Pennisi，2010；Bernardi，1997，2011；Coleman，Irving 和 Cooper，1999；Martin 等，2005；Ng 和 Feldman，2011；Valentine，Godkin 和 Doughty，2008）。

一项关于领导与团队绩效的研究发现，内控者更可能成为领导，并且由内控者领导的团队比由外控者领导的团队更有效。研究还发现，内控者在压力情况下比外控者表现出色，更愿意参加创业活动，在管理自己的职业生涯中更为积极，并且比外控者有更高的工作投入程度（Karimi 和 Alipour，2011；Roddenberry 和 Renk，2010；Trompenaars 和 Hampton-Turner，2012）。内控者领导的公司与外控者领导的公司相比表现更为出色（Bowling，Eschleman 和 Wang，2010）。总结这些研究结果，结论是一致的：在美国的文化中，人们受到外控倾向的妨碍。但研究也发现，内控不是所有管理问题的灵丹妙药。内控并不总是一种正面的态度。例如，研究发现，外控的个体更倾向于作为领导者去创建结构（帮助阐明角色）。与外控者相比，内控者不太可能顺从领导者的指导，并且在处理关于成功和失败的反馈中不那么准确。在制定会给其他人带来严重后果的决策时，内控者会面临更多的困难（Coleman等，1999；Trompenaars和Hampton-Turner，2012）。此外，有些研究人员发现平衡内外控要比过分强调其中一个效果更好（April，Dharani和Peters，2012）。

重要的是，要注意内外控可以随时间而改变，特别是随着工作中所担任的职位而变化，并且外控并不影响个体获得组织最高层的具有权力和影响力的职位。因此，无论你的内外控分数是什么，你在合适的情境下都能够成为一名成功的管理者，或者能够改变你的内外控取向。

技能评估部分的内外控量表将帮助你得出一个表示你内控或外控程度的分数。评分要点可以给出你的外控量表得分。将你的得分与本章章末给出的其他几个对照组的平均得分进行比较将有助于你确定自己在变革取向方面的内控（低于平均分）或外控（高于平均分）程度。

总之，对变化的两种重要态度——模糊耐受性和内外控，都被发现与管理角色的成功有关。了解你在这两种因素上的分数，有助于你利用自己的优势并且提高你成为成功管理者的潜力。虽然存在把一些正面的领导行为与内控和模糊耐受性相联系的实际研究，但具有这些倾向既不是作为一名管理者获得成功的保证，也不是管理者所面临的问题的解决办法。然而，了解你的分数，你将能够选择更可能感到舒适、表现高效的情境，并且理解那些视角与你不同的人的观点。自我了解是自我提高和变化的前提。

核心自我评估

每一个人都有自己独特的个性。个性是指相对持久的特征的组合，这些特征使得一个人独一无二，同时又能产生其思想和行为上的一致性。关于我们的个性有多大部分是后天学习得来的，有多大部分是与生俱来的，仍有很多不同的意见。有些解释把使我们独一无二的因素归于我们出生时所携带的基因。然而，在我们的行为构成中，有很大一部分是后天学到的，是可以改变的。在本章中，我们将主要讲述那些我们能有所控制，并且如果下定决心可以改变的因素。

在个性心理学领域，已经逐渐向个性的几个主要维度靠拢了。例如，在对2001年文献的回顾中，发现有5万多项研究都是围绕个性的三个特征展开的——自尊、内外控和情绪稳定性（Bono和Judge，2003）。仅关于自尊这个主题，在一个月内就有100多项研究公布。

在心理学中，尽管尚未有科学证据证明，但是大家通常把"大五"个性特征作为个性最重要的方面。这些特征是最经常被研究的，包括外向性（人们喜欢社交和外出而不是保持安静和矜持的程度）、宜人性（人们友好、和蔼可亲的程度，与不友好和好斗相反）、意识性（人们仔细、有序及以任务为导向的程度，与无组织、灵活和不可靠相反）、神经质（人们在情绪上脆弱、消极和畏惧的程度，与乐观、积极和情绪稳定相反），以及开放性（人们的好奇和接受新概念的程度，与呆板或教条相反）。个体之间一般会在这五个特征上有所不同，而在这五个特征上所得的分数被用来预测各种各样的结果，包括行为绩效、生活中的成功、工作满意度、人与人之间的吸引力以及智力上的成就。

然而，蒂莫西·贾奇（Timothy Judge）和同事发现，在"大五"个性特征上所得分数的差异可以用一种更为基础的个性因素来解释。这些个性维度加在一起创造了一个处于人格核心的单一的、强大的因素（Judge等，2002，2003，2005）。该因素被称为核心自我评估，或者说是每个人对自己的基础评价。核心自我评估对于行为的预测与单独度量"大五"个性是一样有效的（Gardner 和 Pierce，2010）。核心自我评估由四个部分组成：（1）自尊，或者人们认为自己有能力、成功及有价值的程度；（2）一般自我效能感，或者说是一个人处理各种情况的能力感；（3）神经质，反复无常，或者容易对生活持消极的观点或悲观的态度；（4）内外控，这在前面已经讨论过了，指的是一个人对于自己在多大程度上可以控制自己命运的信仰。

构成核心自我评估的四个要素的共同之处是不难理解的。也就是说，当人们积极地看待自己的时候，或者当人们拥有很强的自尊的时候，他们也会倾向于感觉自己能够有效地处理各种情形（一般自我效能感），他们感觉能控制自己的状况（内外控），并且，他们感觉自己的情感很稳定（不神经质）。当然，在这些要素中，每一个自身都有稍微不同的含义，但是它们中相互重叠和共享的含义就是你在技能评估部分得出的核心自我评估所衡量的。

当然，我们都会遇到以自我为中心、自夸或自恋的人。他们看起来拥有足够的、积极的自我关注，而我们也容易认为他们在核心自我评估中会得到很高的分数。然而，这些人很容易感觉不到自己对他人粗暴的态度。当受到威胁的时候，他们强调的是赢或脱身。他们比其他人更喜欢照镜子，会花更多的时间考虑他们自己和自己给他人留下的印象，而且会让他们自己看起来很好或者处于聚光灯之下。他们倾向于操纵自己与他人的关系。

一言以蔽之，他们是自私的人。这与拥有积极的核心自我评估是不一样的。相反，积极的核心自我评估意味着对他人和环境都很敏感，因此与他人的关系是增强的而不是弱化的，是发展的而不是具有破坏性的。如图 1-2 所总结的那样，坚强、自信的人更能够领导、管理和形成与他人的支持性的关系。

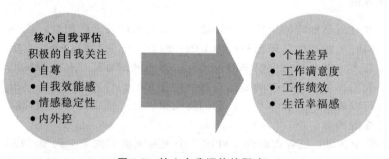

图 1-2 核心自我评估的影响

关于这个事实的证据来源于对核心自我评估与个体工作的有效性之间的关系的研究。拥有较高的核心自我评估的人倾向于更满意自己的工作。拥有更高的核心自我评估的人倾向于选择更有挑战性的工作，而且他们会发现自己所从事的工作在本质上是令人满足的。他们让自己的工作更有价值，对他们更有刺激性。

除了工作满意度外，核心自我评估还与工作绩效有紧密的联系。也就是说，核心自我评估得分较高的人不管是作为员工还是作为管理人员都更有可能在工作中取得成功。与其他人相比，他们通常工资水平更高，更容易获得领导岗位，职业停滞期更短（Judge 和 Kammeyer-Mueller，2011；Simsek，Heavey 和 Veiga，2010）。

总之，核心自我评估是预测个性差异、工作满意度、工作绩效和生活幸福感的一个非常重要的因素。当人们开发出了积极的自我关注——当他们感觉有价值、有能力、稳定，并有控制力的时候，他们更容易在工作、关系处理和生活中做得更好。开发管理技能和获取有效完成工作的能力是增强积极的自我关注感的一种方法。

小结

　　美国的企业界逐渐发现在管理者中开发自我意识的力量。每年，为数众多的私人企业和公共组织中上百万名执行官都会填写用于提高自我意识的测验问卷。了解个体在其情绪成熟度、价值观偏好、价值观成熟度、认知风格、变革取向和个性（核心自我评估）上存在的不同，可以帮助许多公司更好地应付人际冲突、失败的沟通、信任瓦解和误解。自我意识培训不仅有助于个体提高其自我理解和管理的能力，而且对于帮助个体理解人们之间的差异也是重要的。大多数人经常会遇到与他们有不同风格、不同价值观体系和不同观点的人，大多数劳动力群体也正变得更加多样化。因此，正如本章所述，个体将在工作和学习环境中遇到更大的多样性，而自我意识训练将成为帮助他们认同和理解这种多样性的有价值的工具。自我意识的5个关键领域之间的关系及其管理成果如图1-3所示。

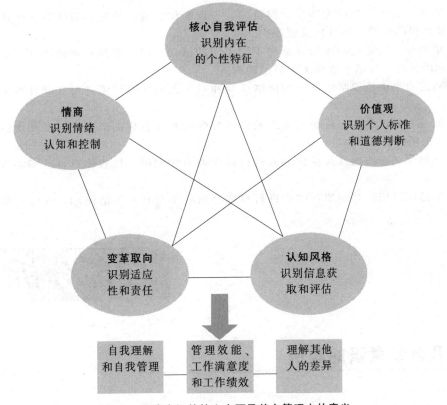

图1-3　自我意识的核心方面及其在管理上的意义

　　接下来的大部分章节都会谈及人际关系或团体交互作用，但是这些领域的成功的技能开发只有在个人拥有坚实的自我意识的基础上才能实现。实际上，在人类行为中有一种有趣的悖论：我们只能通过了解自己来了解他人，我们也只能通过了解他人来了解自己。我们对他人的了解以及由此获得的管理他人的能力或与他人成功互动的能力，来自我们把自己的经验与在他人身上看到的一切联系起来。如果我们不具备自我意识，我们就不具备了解有关他人的特定事物的基础。自我认识产生对他人的认识和理解。Harris（1981）指出：

> 任何东西首先都是人际的，然后才是个人的，这是从婴儿与脐带分离的一刹那开始的。我们对自己的了解只来源于外界，并且根据我们已有的经验类型进行解释；我们对他人的了解只来自对我们自己的感受的系统的比较。

行为指南

下面是关于提高自我意识的行为指南。当你参与设计用于提高自我意识的练习和应用活动时，这些指导对你是有帮助的。

1. 明确你的敏感阈限。确定你最可能进行防御的关于自己的信息。
2. 使用国家文化的七个维度来判断你自己的价值取向与来自其他文化、年龄群或种族的人的差别。
3. 明确一套作为你行为基础的综合的、一致的和普遍的原则。明确指导你进行决策的最重要的目的性和工具性的价值观。
4. 增加你对新信息的接触并参与不同类型的活动，以此来拓展你的认知风格、模糊耐受性和内控性。寻求扩展和丰富自己的方式。
5. 通过有意识地控制你自己的情绪反应和对他人的情绪线索进行实际分析来提高你的情商。
6. 通过有意识地估计你个人实力的价值并强调和完善你的成就，开发健康的核心自我评估和积极的自尊。
7. 与和你关系亲近且接受你的人进行诚实的自我剖析。检查你对自己不能肯定的那些方面。
8. 坚持记日记，并定期花时间进行自我分析。平衡日常生活活动，安排一些自我更新的时间。

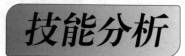

涉及自我意识的案例

海因茨（Heinz）的案例

为了理解价值观成熟度的不同水平，考虑科尔伯格（1969）所讲述的下面这个有名的故事。

在欧洲，一名妇女因患有某种罕见的癌症濒临死亡。医生认为有一种药可以挽救她。这种药是一种特殊的镭，是本镇一位药剂师最近发现的。制作这种药的成本非常高，而药剂师索要的价格是制药费用的10倍。他购买小剂量镭的成本是200美元，而对制成的药索价2 000美元。这位妇女的丈夫海因茨去找自己认识的所有人借钱，但他只能借到1 000美元，这只是药价的一半。他告诉药剂师自己的妻子快要死了，并求药剂师以较低的价钱卖给他，或者让他以后再付钱。但药剂师说："不行，药是我发明的，我要从中赚钱。"海因茨绝望了，甚至开始考虑为了妻子到药店去偷药。

现在就这个故事回答下面的问题：

是　　否

_____ _____ 1. 海因茨去药店偷药是错误的吗？

_____ _____ 2. 药剂师是否有权给自己的药定这么高的价钱？

_____ _____ 3. 海因茨有义务为妻子偷药吗？

_____ _____ 4. 如果海因茨和妻子相处得并不是很好又怎样？海因茨应该为她偷药吗？

_____ _____ 5. 假设是海因茨的好朋友而不是妻子因为患有癌症快死了，海因茨应该为朋友偷药吗？

_____ _____ 6. 假设这个快死的人与海因茨并没有亲密的个人关系，海因茨应该去偷药吗？

_____ _____ 7. 假设海因茨在报纸上读到关于一位患癌症的妇女即将死亡的消息，他应该为她偷药吗？

_____ _____ 8. 你会偷药来救你自己的命吗？

_____ _____ 9. 假设海因茨在偷药时被抓住并被带到法官面前，他应该被判入狱吗？

有关上述选项与成熟度的关系的讨论见本章章末。

计算机化的测验

商学院的毕业生都会被要求选修一学时的时事课程。与商学院的其他课程一样，期末考试是在计算机上进行的。计算机从一个包含350个问题的题库中随机为每一位学生抽取40个问题，每次在屏幕上显示一个问题。在课程于1月开始之后，学生什么时候感觉准备好了，就可以随时参加考试。

不幸的是，问题出现了。当测试被计算机化之后，有一个"跳过选项"被添加到了计算机程序中。这个选项的设计是为了让学生能够跳过他们不想立即回答的问题，理论上，这个跳过的问题应该在晚些时候再回到屏幕上，类似于学生在书面测试中跳过问题再回来做。不过，跳过选项没能正确工作。它没有把跳过的问题再重新返回给学生，而是简单地把它们删除了。因此，跳过选项成为学生回避自己不能回答的问题的一种方式。

程序中的另一个混乱的问题是，当测试中被跳过的问题达到一定数量之后——好像是在6和10之间，计算机就会自动终止测试，接着会直接把分数显示给学生，并存储在计算机中。分数是在百分比基础上计算的，只统计学生回答过的问题。跳过的问题不会被统计为正确的或错误的。因此，一个只回答了 10 个问题的学生，答对了 9 个，并且跳过了足够多的问题，以至于计算机自动终止测试，那么这个学生得到的分数就是 90%。

关于跳过选项的窍门似乎在学期结束的时候已经广泛传播开来。有人估计，至少一半的学生知道了这个消息。根据调查，在 139 名毕业班成员中，有 77 名在参加考试的时候回答的问题不够所要求的 40 个。当被问及此事时，有些学生说他们并没有意识到程序出现了错误，只是没有记住一共回答了多少个问题。另一些人则辩解说："这就像填写所得税表格。人们总是雇会计来寻找他们可以利用的漏洞。这并不是违法的，即使是政府也没有告诫漏洞的存在。计算机程序存在漏洞，而我们只是做了我们要做的事情。"

1. 如果你是本班学生中的一员，你会做下面哪件事情？
    a. 在学期结束前告诉老师程序存在错误。
    b. 报告你所知道的作弊的学生的姓名。
    c. 承认你作弊了。
2. 如果你是这门课程的教师，你会做下列哪件事情？
    a. 让 77 名没有完成 40 个问题的学生不及格。
    b. 要求 77 名学生重新参加考试，但让他们毕业。
    c. 要求 139 名学生全都重修该课程，因为没有一名学生报告问题的存在，违反了学生道德守则。
    d. 修改计算机程序，但不对学生做任何处理。
    e. 选择其他对策。
3. 你作出上述问题 1 和问题 2 中的决策的根本依据是什么？与你的同事讨论你的决策依据。
4. 你表现出了价值观成熟度的什么水平？应用了哪些道德原则？

决策两难问题

针对下面 5 个情境，假设你处于其中每一个情境，你将如何选择？

1. 一位年轻的管理者在一家高新技术公司就职。公司的主要竞争对手以高薪为条件请她跳槽，所提供的薪水几乎是她现在工资的两倍。她所在的公司试图阻止她换工作，理由是她掌握的关于生产过程的某些专业知识会给竞争对手带来不公平的优势。公司争辩说既然她通过公司提供的特殊培训和在特定职位上的工作获得了这些知识，那么她接受竞争对手的出价就是不道德的。这位年轻的管理者应该怎么做？
    _____ 接受新职位   _____ 拒绝新职位

2. 一名消费者建议开展一次调查来确定 Wendy 的汉堡是否像宣传的那样真的比其他任何汉堡更热、更多汁。消费者验检了一个 Big Mac、一个 Whopper、一个 Teen Burger 和一个 Wendy 的"热多汁汉堡"，结果，每一种汉堡品牌在最多汁的汉堡的评选上都得到大约相同数量的选票。消费者群体组建议 Wendy 不要做广告说自己的汉堡是最多汁的。

Wendy公司指出自己进行的检测得出的结果是不同的,并且汉堡的形象才是重要的,而不是测验的结果。

Wendy公司应该终止广告吗?

_____ 终止广告　　　　　　　_____ 继续广告

3. 在连续几年盈利后,Bob Cummings有机维他命公司将被出售。鲍勃(Bob)在电影和电视上的形象给其不断发展成为大型公司带来障碍,显然,如果现在的趋势持续下去,公司要么必须实质性地进行拓展,要么将失去很大的市场份额。对于公司的出售价格,有几家公司很感兴趣,但有一家公司特别积极。它以鲍勃的名义举办了几次聚会和招待会;提供了一艘35英尺长的游艇供鲍勃在夏季使用,并且在鲍勃的家人来参加聚会时向其赠送了几份礼品。鲍勃的妻子质疑这些活动是否适当。鲍勃接受这些礼物是适当的吗?他应该将公司卖给那家公司吗?

_____ 接受是合适的　　　　　　_____ 接受是不合适的

_____ 不应该卖　　　　　　　　_____ 应该卖

4. 约翰·沃勒(John Waller)受雇去训练橄榄球队。两个赛季之后,他获得成功,被UPI、《体育新闻》和ESPN评为当年的最佳教练。他还积极倡议杜绝大学生运动员中的作弊行为。他听到谣言说他的运动员中有些人接受了校友不适当的礼物,但在询问了这些当事人之后,他获得确切的保证说谣言不是真的。然而在下一个赛季开始时,他有确切的证据表明他队中的几名第一投球手,包括一名美国国家队第一投球手,接受了一名富有的赞助者给予的经济上的好处。沃勒应该怎么做?

_____ 把他们赶出球队

_____ 让他们停赛几场

_____ 警告他们但不做任何事

_____ 其他

5. 罗杰(Roger)的公司遭到来自亚洲的竞争对手的沉重打击。亚洲公司的产品不仅价钱低,而且质量比较好。通过投资购买一些高技术设备和培养更好的工会关系,罗杰比较肯定,质量差距是能够克服的,但他的管理费用仍比竞争公司高40%。因此他认为降低支出最有效的方式是关闭其中的一家老工厂,解雇员工,并且增加新工厂的产量。他知道应该关闭哪一家工厂,但麻烦的是,当地的社区依赖这家工厂作为主要的雇主,并且最近已投入了大量资金用于修建工厂周围的高速路和路灯。当地人不可能在本地获得其他的就业机会。罗杰是否应该关闭工厂?

_____ 关闭工厂　　　　　　　　_____ 不关闭工厂

讨论题

组成一个小组并就每个情境讨论下列问题:

1. 在每个情境中你为什么做这样的选择?给出选择的理由。
2. 在每个情境中你根据什么原则或基本的价值观进行决策?
3. 要确定你的选择,你需要哪些额外的信息?
4. 发生什么情境可以使你改变你的决定?在不同的情境中,你的答案会有何不同?
5. 你的选择使你了解到了自己的情商、价值观、认知风格、对于变化的态度和核心自我评估的哪些方面?

技能练习

通过自我表露提高自我意识的练习

运送零件

组成一个团队或讨论组,一起阅读下面的案例。然后讨论应该做何决策。你们的决定是运送这批零件、给客户打电话还是拒绝运送?每一位团队成员都要说明自己所做的决策及理由。在每个人都分享了自己的观点后,翻到本章的章末看看该公司是怎么做的。就是否赞同该公司的决策展开讨论并说明原因。重点是要明确你自己的价值观及你偏好的认知风格。练习向他人阐述你的观点。

某卫星通信公司的高级生产经理马克辛·洪(Maxine Hong)走进质量控制主管内维尔·洛伯(Neville Lobo)的办公室。马克辛手里拿着一个装配好的零件,这个零件将运送给西海岸的一位客户。马克辛边把零件递给内维尔边说:"内维尔,这个零件在形状上是完好的,但在里面有个孔。我已经找了工程部的人,他们说这并不影响形状、外观或功能。市场部的人说客户不会在意,因为这些零件是装在机器内部的。我们不能返工,做新模具要花费75 000美元。我们只要做23个零件,而且已经做好了。这些零件要在周末运走。"内维尔问:"那么,你想让我做什么?""签字就行了,这样我们可以往下干。"马克辛回答说,"因为你是证明质量水平可接受的人,我想我最好现在就得到你的认可,而不是等到运走前的最后一分钟。"

如果你是内维尔,你会怎么做?你需要从下面的选项中选择一个。

_____按计划把零件给客户运过去

_____给客户打电话

_____拒绝运送零件

与你的团队成员讨论你们会做何决策,并说明原因。

透过镜像

19世纪,"镜像自我"概念开始用于描述人们形成自我意识的过程。它意味着其他人是我们每个人的一面"镜子"。他们反射出我们的行动和行为。作为观察和解释这种反射的结果,我们对自己形成种种观点。因此,形成正确的自我认知的最好方式是将你的思想、态度、感觉和行动计划与他人分享,这个练习要求你分析自己的风格和倾向,随后与其他人讨论和分享你的分析，从而帮助你实现这一目的。与他人分享练习可以让你认识以前没有认识到的方面。

任务

在一个由两三个人组成的小组中，在技能评估测验上分享你们的分数。确定你们存在什么相似性和差异性。是否存在系统的民族或性别差异？现在大声朗读下面的 10 个陈述。每个人都应该完成所有的陈述，轮流开始。大声读完句子的目的是帮助你清晰地表达自我意识的不同方面，并接受他人对你的发言的反馈。

1. 在填评估问卷时，我对……感到吃惊。

2. 这些工具所反映的我的一些主导特征是……

3. 我的最大长处有……

4. 我的最大短处有……

5. 我感到最成功的时刻是……

6. 我感到最不满意的时刻是……

7. 在我的生命中，我最看重的三件事是……

8. 我与其他人最大的不同是……

9. 我与……样的人相处得最好。

10. 根据在群体中已分享的内容，我对每个人形成了如下的印象：

诊断管理特点

这个练习的目的是让你学习诊断其他人在风格和取向上的差异。意识到其他人的风格、价值观和态度有助于你更有效地管理他们。下面是对 4 位成功管理者的简要描述。他们在价值观、认知风格、变革取向和人际关系取向上存在差异。阅读之后，组成小组讨论后面的问题。

迈克尔·戴尔（Michael Dell）

迈克尔·戴尔是这样一种人，人们或者喜欢他或者憎恨他。他的财产超过 130 亿美元，喜欢每天上班，而且他喜欢将计算机拆开再重新装上，也很喜欢读财务报告。在他开始在自己的宿舍里组装计算机的 15 年之后，迈克尔仍然对硬件着迷。尽管他是亿万富翁，但"如果任何人认为他不是公司的首席技术专家，他们就太天真了"，戴尔联邦销售集团的副总裁罗伯特·麦克法兰（Robert McFarland）这样说。尽管戴尔公司是家精简高效的公司，但迈克尔·戴尔却并不摆架子。例如，最近在得到得克萨斯州奥斯汀的商业理事会的奖励后，迈克尔和妻子在仪式结束后仍长时间停留，与每个希望见他的人交谈。他被描述为害羞而安静，不喜欢在公共场合表现自己。戴尔公司原员工布赖恩·福克斯（Brian Fawkes）这样评价他："迈克尔真的很害羞……他是一个很温和、低调的人，集中精力实现自己的目标。"无可否认，戴尔公司曾经有过一些失误和损失，但迈克尔并不害怕从失误中学习。戴尔公司最近收购的一家公司的总裁马克·特布（Mark Tebbe）说："迈克尔会犯错误。但他从来不犯同样的错误。"

资料来源：Adapted from Darrow, 1998.

帕特里克·M. 伯恩（Patrick M. Byrne）

作为位于盐湖城的 Overstock.com 的总裁和董事长，伯恩曾获得马歇尔学者的称号。伯恩拥有斯坦福大学的哲学博士学位。他的管理风格、个性和核心价值观从《快速公司》（Fast Company）对他的专访中可见一斑："学习哲学教会了我如何抓住事情的本质——有能力重构真正的问题。虽然人们把我们看作没完没了的辩论家，我们真正在做的是提炼概念从而达成一致。通过协商，而不是试图在方方面面都与对方作对，可以发现很多时候对方所看重的是你根本不关心的东西。通过这样的利益互换，对方会觉得你非常慷慨，而实际上你让给他的是自己根本不需要的东西。归根结底，哲学讲的就是价值，而这在商界肯定是用得上的。我认为自己对华尔街来说绝对是个局外人，这里的困惑实在太多了。8 月的时候，我大声疾呼华尔街体系有多么腐化、金融媒体有多少都在随声附和。我因此被称为小丑和怪胎，关于我的谎言也甚嚣尘上，有人说我是同性恋、有人说我吸毒，还有人说我召妓。这简直就像小学生的把戏。这些并没有对我造成困扰。当你决定为了某个信念挺身而出时，就必须做好面对批评、讥讽和嘲笑的准备。"

资料来源：Adapted from Fast Company, 2005.

莫里斯·布兰克斯（Maurice Blanks）

莫里斯刚进建筑学院就读时，有位教授说只有 25％的学生能够坚持下来。的确，40 多岁时，莫里斯在芝加哥开设了自己的事务所后退学了。他搬到明尼阿波利斯全力投入了在他帮助下组建的 Blu Dot 公司。他关于建筑的言论反映了他的性格。"建筑就是了解数以万计的信息并确保将其涵盖在设计中。如果没有做到后果将是非常严重的，因为可能会出人命。因此，你就明白了必须对信息和组织有足够的了解，将其转化为对公司的日常管理。有意思的是，'推销'一词在建筑学院从来没人使用，但是对我而言，评论就好像是不正式的销售课程。要通过考试，你必须把作品交给由教授、同僚、当地建筑师等人组成的陪审团。这些人的职责是排斥你，而你要为自己辩护。这个过程相当残酷，流眼泪并不少见。但是这教会了我如何迅速地根据不同的对象提炼信息并向他讲述自己的观点。"

资料来源：Adapted from Fast Company, 2005.

戈登·贝休恩（Gordon Bethune）

戈登·贝休恩被描述为得克萨斯州又一位朴实的、非凡的、爱喝酒的CEO，他将一家航空公司经营成为以良好的服务、开心的员工和令人羡慕的利润而闻名的公司。西南航空公司的赫伯·凯勒赫（Herb Kelleher）是最知名的，而大陆航空公司（Continental Airlines）的戈登·贝休恩是最成功的。戈登作为一名高中没有毕业的制造工人和在海军服过役的退伍军人，使这家曾在1994年两度破产的航空公司在5年内从9.6亿美元的亏损变为6亿美元的盈利。在早年作为海军机械工的时候，他就因非凡的激励能力和关系建设能力而出名。一名前指挥官说："他有一个关系网络，他可以从中得到任何他想要的。"戈登彻底转变了大陆航空公司之前的员工士气处在谷底、按时工作被认为是愚蠢的、从飞机到伙食都是一团糟的文化。这种转变的部分原因是戈登给予员工个人化的关注。他参加每一届飞机乘务员的毕业典礼，在圣诞节给员工发糖果，经常出席员工的生日派对，并且在办公室设置一个月的长期开放时间来鼓励员工和他沟通。诺瓦克机场的一名行李工说："在这里工作超过两个月的人都认识戈登。"当他走过机场时，员工向他挥手并喊出他的名字。虽然戈登被认为是个容易接近和不拘小节的人，但他对公司任何一个地方的服务标准的要求都是非常严格的。当他在休斯敦机场休息室发现尺寸稍大的白色咖啡杯时，他被告知这是因为他们需要配备新的咖啡机。他要求换掉咖啡机，从而可以使用标准的绿色杯子。不允许有例外。

资料来源：Adapted from O'Reilly, 1999.

讨论题

1. 根据下列指标对这些人进行从高到低的排序：
- 情商
- 价值观成熟度
- 模糊耐受性
- 核心自我评估

与你的同事讨论你评估的合理性并比较你的得分。

2. 你如何描述这些人主导性的认知风格和人际风格？你是以什么为依据的？

3. 如果你被要求为你的组织选拔一位高级管理者，而这些人就是候选者，你会问什么样的问题来甄选这些人？
- 认知风格
- 价值观
- 变革取向
- 核心自我评估

如果你希望给公司聘请一位CEO，那么你会选择哪个人？为什么？

4. 假设这些人都是你的团队中的成员。你的团队最大的优点和缺点是什么？你希望为团队增加什么样的特点来使团队的异质性达到最佳？

确定个人文化方面的练习：一个学习计划和传记

这个练习的目的是帮助你描述自己的关键目标和愿望，同时制订一个个人的学习计划来促进你取得成功。因为持续的学习对于你的成功如此重要，我们希望帮助你确定一些具体的目标，并开发一套帮助你实现你的潜力的程序。

这个练习分为下面几个步骤。

第一步（愿望）：写一篇关于自己的传记性的故事，想象它将在 15 年后被发表在《财富》《快速公司》或《华尔街日报》上。这个故事将讲述你杰出的成就和你具有新闻价值的成功。你取得什么样的成就才能实现你的梦想？什么样的结果能使你感到极度开心？你希望留下怎样的传奇经历？

第二步（特征）：回顾你自己在前面测验中的得分。用图 1-4 来确定你对这些得分的满意程度。图中纵轴的变化范围从非常满意到非常不满意。横轴的点对应你在本章中完成的 5 个测验。对于每一个测验，在图上标出你对得分的满意程度。通过将这些点连接起来，你将产生一个自我意识满意度的剖面图。这有助于你发现你需要提高的地方。

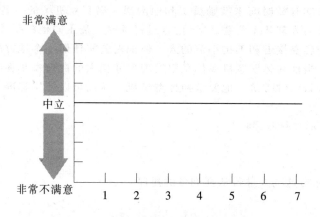

1 自我意识评估(自我意识的现有水平)
2 情商评估(情商的水平)
3 问题定义测验(价值观成熟度)
4 认知风格问卷(信息收集和评估)
5 内外控量表(内控/外控)
6 模糊耐受性量表(模糊耐受性水平)
7 核心自我评估量表(正向自我看待水平)

图 1-4 自我意识分数的满意度

根据图 1-4，确定自己特殊的能力、长处和特征。什么样的价值观、认知风格和态度将帮助你达成你在第一步确定的愿望？

第三步（反馈）：与你的家人和一些非常了解你的人面谈。让他们描述什么是你独特的长处和能力。他们如何看待你的将来？在面谈时需要问到下列问题：

- 你所崇敬的成功人士有哪些？他们拥有怎样的能力和特性？

- 你知道哪些人在开发他们的潜力方面失败了？你认为他们失败最主要的原因是什么？
- 你认为我所拥有的独特和显著的能力是什么？
- 你认为我应该将自己提高和发展的努力集中在什么领域？
- 你认为我 15 年以后将会怎样？

第四步（计划）：现在确定你为了实现自己的愿望而需要进行的开发活动。通过第二步和第三步获得的对自己的了解，确定为了帮助自己获得期望的成就必须完成的事情。

- 你需要参加哪些课程？
- 你需要认识什么样的人？
- 你需要参加什么样的课余活动或平衡生活的活动？
- 你需要阅读哪些书报？
- 什么样的精神活动将是最有意义的？

对上述问题的回答，应该写下来交给你的教师，或者交给你的家庭成员安全保管。5 年后再重新阅读，检查你自己在多大程度上正在按照计划进行。

提高自我意识技能的活动

建议作业

1. 至少在本课程余下的时间内做记录。记录重大的发现、顿悟、学识和个人回忆，而不是日常活动。每周至少进行两次记录。给自己一些反馈。

2. 找一位熟人完成评估问卷，请他对你在每个项目上的表现打分。比较你自己的得分与他给出的分数。讨论两份答案的差异、实力和混淆的领域。这么做的目的是帮助你通过其他人的视角提高对自己的认知。

3. 填完这些个人评估问卷并与他人讨论其含义后，根据下面的 4 个问题写一篇短文：(1) 我是谁？(2) 我重要的长处和短处是什么？(3) 我想在我的生命中实现什么？(4) 我想留下什么样的经历？

4. 与一位亲密的朋友或亲人共度一个夜晚，讨论你的情商、价值观、认知风格、变革取向和核心自我评估。你可以让朋友完成评估工具，给出他对你的印象，从而能够比较和对比你们的分数。讨论这个结果对你的未来及人际关系的意义。

5. 向其他人传授自我意识在管理成功中的价值，并解释情商、价值观、认知风格、变革取向和核心自我评估的实用性。在你的日记中描述这个经历。

应用计划和评估

本练习的目的是帮助你在课外环境和真实的生活中应用这一系列技术。既然你已经熟悉了形成有效技能基础的行为指导，你可以通过在日常生活中尝试这些指导原则来获得最大程度的提高。与班级活动不同，在那里反馈是即时的，并且其他人能以他们的评估来帮助你，而这里的技能应用活动的实现和评估全部要靠你自己。这个活动包括两个部分：第一部分帮助你准备应用这些技术；第二部分帮助你评估和改进你的经验。务必回答每一个问题，不要跳过任何一个部分。

第一部分：计划

1. 写下这一技能中对你最重要的两个或三个方面。它们也许是弱点所在、你最想改进的地方或你所面临的问题最突出的地方。明确你想要加以运用的这一技能的特定方面。

2. 现在请确定你将要运用技能的环境或情境。通过记录情境的描述来制订一个行动计划。计划中还包括谁？你打算什么时候完成？在什么地方做？
情境：
涉及哪些人？
何时？
何地？

3. 明确你将运用这些技能的特定行为。使这些技能具有可操作性。

4. 成功绩效的标准是什么？你怎样知道你是有效的？什么能表明你完成得很好？

第二部分：评估

5. 在你实施了计划以后，记录结果。发生了什么？你有多成功？其他人的反应怎么样？

6. 你怎样可以得到提高？下次你将做哪些改进？将来在相似的情境下你会做哪些不同的事情？

7. 回顾整个技能练习和应用的经验，你学会了什么？有什么令你感到惊讶？这些经验长期中将怎样为你提供帮助？

评分要点与对比数据

自我意识评估

评分要点

技能领域	项 目	评估 学习前	评估 学习后
对于他人反馈的自我表露与开放性	1, 2, 3, 9, 11	_____	_____
对自我价值观、情商、变革取向和核心自我评估的知觉	4, 5, 6, 7, 8, 10	_____	_____
	总分		

对比数据（$N=5\,000$ 名学生）

将你的得分与三个对比标准进行对比：
1. 可能的最高分＝66分；
2. 同班其他同学的得分；
3. 5 000名商学院学生的平均数据。

学习前得分		学习后得分
51.47 分	＝平均值	＝54.52 分
56 分或以上	＝前 25%	＝60 分或以上
52～55 分	＝25%～50%	＝56～59 分
48～51 分	＝50%～75%	＝51～55 分
47 分或以下	＝后 25%	＝50 分或以下

情商评估

评分要点

下列陈述已根据被评估的情商的关键维度进行了重新组织。每个选项旁边的数字代表该选项的分值。圈出你选择的选项，然后加总 12 个项目的得分。

项目	选项	分数
情绪意识		
1	a	10
	b	0
	c	0

解释：只有选项 a 说明你对于自己内在的情绪是了解的。

5	a	5
	b	10
	c	0

解释：如果你很清楚自己的优先顺序，那么选项 a 是没有问题的，但是选项 b 说明你对于各种可能的观点是非常了解的。

9	a	0
	b	0
	c	10

解释：只有选项 c 说明你知道自己的情绪反应并将就其带来的不可避免的不适要求得到补偿。

情绪控制（平衡）

2	a	0
	b	5
	c	10

解释：选项 c 说明你对应付目前的处境非常自信。选项 b 正视了问题然而并非是在受到影响的人面前。

6	a	10
	b	5
	c	0

解释：如果选项 a 在实施时比较巧妙，避免了简单粗暴，则是诚实的。选项 b 则取决于其他人得到间接的暗示。

10	a	0
	b	0
	c	10

解释：只有选项 a 证明了情绪控制。

情绪诊断（共鸣）

3	a	5
	b	10
	c	0

解释：选项 a 在某些情况下可能是适宜的，但选项 b 说明了对于某个情绪议题对其他人的影响的敏感。

7	a	10
	b	5
	c	0

解释：选项 a 显示了识别不同情绪而不被其影响的能力。选项 b 承认不同的情绪视角但可能产生不好的感觉或者情绪随意性。选项 c 则不承认情绪存在差异。

11	a	0
	b	10
	c	0

解释：只有选项 b 对其他人的感受产生共鸣的认可。

情绪反应

4	a	0
	b	10
	c	0

解释：选项 a 和选项 c 可能说明你对于团队的情绪氛围并不敏感，你的举止可能是不适宜的。

8	a	0
	b	5
	c	10

解释：选项 b 如果不是自我陶醉的信号可能是适宜的，而选项 a 则显然是情绪控制的象征。

12	a	10
	b	0
	c	5

解释：选项 b 显示了对情绪控制的丧失，而选项 a 则说明仍处于控制之下。

总分：_____

对比数据（N＝5 000 名学生）

平均值：70 分
前 25％：86 分或以上
25％～50％：71～85 分
50％～75％：55～70 分
后 25％：54 分或以下

问题定义测验

由于滥用或是错误地解释这个测验的可能性很高，因此本测验的作者詹姆斯·雷斯特主张把对评分程序的控制和使用结合起来。有些人也许会把测验的结果解释为内在道德、诚实或个人价值观的体现，但以上没有一个是本测验想要评估的。

我们的目的是在你面临道德困境时，帮助你意识到你最依赖的道德发展阶段。为了帮助决策，下面列出了与每个故事相联系的每句陈述所反映的道德发展阶段。通过考察你在每个情境中决定作出行动时认为最重要的四个陈述，你可以判断自己最常采用的是哪个发展阶段。

越狱犯

1. 在这么长时间里汤普森先生还没有好到足够证实他不是一个坏人吗？（阶段3）
2. 每次人们逃脱罪行的惩罚，难道不会鼓励更多的罪行发生吗？（阶段4）
3. 没有监狱和法律系统的压迫，我们不会活得更好吗？（暗示反权威的态度。）
4. 汤普森先生真的已经向社会偿还了他的债吗？（阶段4）
5. 社会应该拒绝汤普森先生有理由期望得到的东西吗？（阶段6）
6. 把人送入监狱与社会分离有什么好处，特别是对于一个做善事的人？（没有意义的题目，目的是识别那些总选择高调选项的人。）
7. 一个人怎能如此冷酷无情到把汤普森先生送回监狱？（阶段3）
8. 如果汤普森先生逃脱了法律的制裁，对于那些必须服满刑期的罪犯来说公平吗？（阶段4）
9. 琼斯女士是汤普森先生的好朋友吗？（阶段3）
10. 不管什么情况，告发逃犯难道不是一个公民的责任吗？（阶段4）

11. 人们的意愿和公众的利益如何能最好地得到满足?(阶段5)
12. 入狱会对汤普森先生有益或保护任何人吗?(阶段5)

医生的两难问题

1. 这位女士的家人赞成给她用大剂量的药吗?(阶段3)
2. 医生与其他人一样受法律管制吗?(阶段4)
3. 没有社会对人们的生活甚至死亡进行管制,人们会更好吗?(暗示反权威的态度。)
4. 医生是否可以使这位女士由于服用过量药物致死看起来像一次事故?(阶段2)
5. 州政府有权强迫那些不想活下去的人继续生存吗?(阶段5)
6. 对于死亡,社会观点应该高于个人价值观吗?(没有意义的问题,目的是识别那些总选择高调选项的人。)
7. 医生应该同情这位女士的遭遇吗?还是说他应该更多地考虑社会的看法?(阶段3)
8. 帮助结束另一个人的生命算是一种负责任的合作行为吗?(阶段6)
9. 只有上帝能决定一个人的生命应该什么时候结束吗?(阶段4)
10. 在医生的个人行为准则中,他给自己设定了什么价值观?(阶段5)
11. 社会能够让任何人在他希望的任何时间结束自己的生命吗?(阶段4)
12. 社会能够允许自杀或安乐死并且仍保护那些想活着的人的生命吗?(阶段5)

报纸

1. 校长对谁更负有责任?是学生还是家长?(阶段4)
2. 校长是答应了报纸能够长期出版,还是他只是答应了每次只批准一期?(阶段4)
3. 如果校长停办报纸,学生将会提出更多的抗议吗?(阶段2)
4. 当学校的利益受到威胁时,校长有权向学生发布命令吗?(阶段4)
5. 校长在这个案例中有说"不"的言论自由吗?(没有意义的选择题,目的是识别那些总选择高调选项的人。)
6. 如果校长停办报纸,会阻止对重要问题的充分讨论吗?(阶段5)
7. 校长的"停办"命令将失去拉米对他的信任吗?(阶段3)
8. 拉米真的对学校忠诚和有爱国心吗?(阶段3)
9. 停办报纸对学生在批判性思维和判断性教育上会产生什么作用?(阶段5)
10. 拉米发表他自己的意见时,是否以某种方式侵犯了他人的权利?(阶段5)
11. 校长最了解学校的情况,校长应该被一些愤怒的父母所影响吗?(阶段4)
12. 拉米在用报纸煽动仇恨和不满吗?(阶段3)

认知风格指标

评分要点

认识风格：项目 5, 8, 11, 14　　　　　　　　将你的得分相加然后除以 4：_____
计划风格：项目 1, 3, 6, 9, 12, 15, 17　　　　将你的得分相加然后除以 7：_____
创造风格：项目 2, 4, 7, 10, 13, 16, 18　　　将你的得分相加然后除以 7：_____

对比数据（$N=11\,000$ 名学生）

项目	平均值	后 25%	50%～75%	25%～50%	前 25%
认识风格	4.14	3.75 及以下	3.76～4.25	4.26～4.5	4.51 及以上
计划风格	4.20	3.86 及以下	3.87～4.28	4.29～4.71	4.72 及以上
创造风格	3.92	3.57 及以下	3.58～3.99	4.0～4.29	4.30 及以上

内外控量表

评分要点

计算你从下面的列表中选择的项目总数：

2a	5b	9a	12b	16a	20a	23a	28b
3b	6a	10a	13b	17a	21a	25a	29a
4b	7a	11b	15b	18a	22b	26b	

总分 _____

对比数据（N＝5 000名学生）

平均值：5.19分（标准差＝3.04）
前25%：7分或以上
25%～50%：5～6分
50%～75%：3～4分
后25%：2分或以下
进一步比较（摘自Rotter，1966，1972，1982）

范　例	平均值	标准差	来源
俄亥俄州心理学系学生（N＝1 180）	8.29	3.97	1966年
康涅狄格州心理学系学生（N＝303）	9.22	3.88	1966年
和平公司实习生（N＝155）	5.95	3.96	1966年
美国高中生（N＝1 000）	8.50	3.74	1966年
加拿大艾伯塔省（Alberta）市政管理人员（N＝50）	6.24	3.31	1971年
企业管理人员（N＝71）	8.29	3.57	1980年
职业军官（N＝261）	8.28	3.86	1980年
使用本书的学生	5.19	3.04	2006年

模糊耐受性尺度

评分要点

高分表明对模糊情境不能容忍的程度高。具有较高的耐受性意味着你对未来状况的感知是充满危险而不是机遇。不确定性或缺乏信息会使人感到不舒服。模糊性主要有三个来源：新事物、复杂事物和不能解决的事物。本测量工具包含了这三个子量表。

在对这个工具评分时，偶数项必须反向计分。也就是说，7分记作1分，6分记作2分，5分记作3分，3分记作5分，2分记作6分，1分记作7分。

_____ 1. 一位不能给出明确答案的专家可能知道得并不太多。
_____ 2. 我希望能在国外住一段时间。（反向计分）
_____ 3. 实际上没有什么不能解决的问题。
_____ 4. 那些按部就班过日子的人可能失去生活的大部分乐趣。（反向计分）
_____ 5. 好的工作在应该做什么和如何去做这两方面总是很明确的。
_____ 6. 解决一个错综复杂的问题比解决一个简单问题要有趣得多。（反向计分）
_____ 7. 从长期来看，解决小而简单的问题可能比解决大而复杂的问题获得更多的成果。

_____ 8. 最有意思和最让人兴奋的人，是那些不在乎自己是否与众不同，并且富有独创性的人。（反向计分）

_____ 9. 我们往往更偏好熟悉的事而非陌生的事。

_____ 10. 坚持"是/否"型答案的人不知道事情实际上是多么错综复杂。（反向计分）

_____ 11. 过着平常而有规律的生活，几乎没有意外或惊奇发生的人，实际上是有很多乐趣的。

_____ 12. 许多重要决定是基于不充分的信息作出的。（反向计分）

_____ 13. 我喜欢参加那些大多数人我都认识的聚会，而不喜欢参加那些大多数人或所有人都是陌生人的聚会。

_____ 14. 作出模糊安排的教师或上司，让人有机会展示开创性和独创性。（反向计分）

_____ 15. 我们接受相似价值观和思想的速度越快越好。

_____ 16. 一个好老师是使你质疑自己看待事物的方式的人。（反向计分）

奇数项的总分：_____
反向计分的偶数项的总分：_____
总分：_____

在对偶数项反向计分之后，计算你在模糊情境下的三个维度的得分。
N＝新事物评分（2，9，11，13）　　　　　　　　_____
C＝复杂事物评分（4，5，6，7，8，10，14，15，16）　　_____
I＝不能解决的事物评分（1，3，12）　　　　　　　_____

对比数据（N＝5 000名学生）

得　　分	平均值	后 25%	50%～75%	25%～50%	前 25%
维度总分	56.47	49 及以下	50～56	57～62	63 及以上
新事物	××.×	总分还是平均分？			
复杂事物	××.×				
不能解决的事物	××.×				

核心自我评估量表

评分要点

将第2、4、6、8、10项和第12项反向计分。也就是说，对于这些项目，1分记作5

分，2 分记作 4 分，4 分记作 2 分，5 分记作 1 分。将总分除以 12 就是 CSES 平均分。

_____ 1. 我很有信心取得生命中应有的成就。
_____ 2. 有些时候，我会觉得情绪低落。（反向计分）
_____ 3. 只要我付出努力，通常都会成功。
_____ 4. 有些时候，当我失败后我会觉得自己一无是处。（反向计分）
_____ 5. 我能够成功地完成任务。
_____ 6. 有些时候，我觉得无法掌控自己的工作。（反向计分）
_____ 7. 总体而言，我对自己感到满意。
_____ 8. 我对于自己的能力充满疑虑。（反向计分）
_____ 9. 我自己决定自己的命运。
_____ 10. 我觉得无法掌控自己职业生涯的成败。（反向计分）
_____ 11. 我有能力处理面临的大部分问题。
_____ 12. 有时候我感到处境悲凉，充满绝望。（反向计分）

总分：_____
÷ 12（平均分）：_____

接下来，通过将每个维度的总分除以 3 计算你在每个自我评估维度上的平均分。

维　　度	项　　目	平均分
自尊	（1～3）÷3	_____
自我效能	（4～6）÷3	_____
情绪稳定	（7～9）÷3	_____
内外控	（10～12）÷3	_____

对比数据（N＝5 000 名学生）

得　　分	平均值	后 25%	50%～75%	25%～50%	前 25%
维度总分	3.73	3.3 及以下	3.4～3.8	3.9～4.2	4.3 及以上
自尊	×.××	总分还是平均分？			
自我效能	×.××	提示：	计算平均分		
情绪稳定	×.××				
内外控	×.××				

有关海因茨案例的讨论

对于处于自我中心成熟度水平的人来说，偷药可能就是错误的。绝对不能违反法律。

相反，他们可能认为海因茨为妻子偷药是情有可原的，因为他的妻子具有工具性的价值：她可以陪伴丈夫、帮助抚养孩子、提供情感支持……然而，一个陌生人对海因茨没有同样的工具性价值，因此为陌生人偷药是错误的。害怕惩罚是处于这一成熟度水平的人的主要动机。

处于遵从水平的人的判断则基于关系的亲疏以及法律和权威。关系越亲近，海因茨越有义务去偷药。根据这种推理，海因茨有义务为家庭成员偷药，但没有义务为非家庭成员偷药。人们对家庭成员的义务不同于对他人的义务。处于遵从水平的人的另一个指导原则是行为是否违反法律（或社会期望）。如果被抓住的概率比较低，或者偷药这一举动对社会而言没有危害，那么偷药就是正当的。

处于原则性水平的人将判断基于一系列普遍、综合和一致的原则。不论人们的回答是"是"还是"否"，他们的推理都将基于他们自己内化的原则，而不是外在的强加的标准或期望。这些原则具有普遍性，适用于任何情况。例如，他们可能感到有义务为任何人偷药，因为他们视人的生命比财产更有价值。又或者，他们可能认为不管海因茨的妻子受到的威胁有多大，维护社会价值观都是维护社会秩序的必要条件，而偷窃是对社会秩序的威胁。

有关运送零件的讨论

这家公司发生的真实情形如下。内维尔对玛克辛要求的答复是：
- 我们不会发货。
- 我们不会给客户打电话。

我们的理由如下：

1. "我们不会把质量控制问题抛给客户。我们永远不会让客户决定质量问题能否被接受。我们向客户承诺，一定会把事情做好，我们会信守诺言。"

2. "我们对公司长期形象的关注绝不低于对一笔交易可以带来的即时销量或利润的关注。我们绝不会损害我们的长期质量形象。否则接下来可能就会是焊接接头有瑕疵、材料有问题、会涉及百万美元订单或是严重的安全问题。任何客户都不必担心我们的诚信。"

3. "公司内外有很多人在看着我们作出这些决定。我们决不想向他们传达这样的信息：我们愿意退而求其次。任何员工都不应被给予损害诚信和承诺的借口。"

4. "我们渴望成为一家世界级的公司。我们相信世界级的公司不会在某些事情上妥协。世界级的公司不会给顾客提供并非最佳的产品。我们也不会。"

该公司真的加班加点，以高于最初估计的 7.5 万美元的成本重新生产了零件，并按时将其运送给客户。

你是否同意内维尔的做法？请给出原因。

Developing Management Skills

第 2 章

压力管理和幸福管理

技能开发目标
- 消除压力
- 提高心理弹性
- 应对暂时性的压力
- 提高个人的幸福感

技能评估
- 压力管理评估
- 时间管理评估
- 社会再适应量表
- 个人压力源
- 心理健康量表

技能学习
- 管理压力和提高幸福感
- 压力的主要元素 ● 管理压力源
- 消除压力源 ● 提高弹性和幸福感
- 暂时减轻压力的技巧
- 小结 ● 行为指南

技能分析
- 潮起潮落 ● 无效时间管理的案例
- 压力与"千禧一代"

技能练习
- 小量成功策略 ● 生活平衡分析
- 深度放松 ● 监控和管理时间
- 广义互惠

技能应用
- 建议作业
- 应用计划和评估

评分要点与对比数据

技能评估

压力管理和幸福管理的诊断调查

下面简单介绍本章的评估工具。在阅读本章正文前应当完成所有的评估。

完成初步的评估后，将答案先保存下来，等完成本章正文的学习后，再进行一次技能评估，然后与第一次的评估结果进行比较，看看你究竟学到了什么。

- 压力管理评估度量你管理自己生活中的各种压力源的效果以及你的压力管理技能。
- 时间管理评估度量你管理时间的效果以及你践行有效的时间管理原则的程度。
- 社会再适应量表度量过去一年在你生活中发生的事情的相对重要性。每件事情被赋予的权重可以帮助你识别压力的影响。
- 个人压力源问卷通过度量你生活中正在发生的特殊压力来具体分析你在社会再适应量表中的得分。
- 心理健康量表度量你目前的幸福水平。

压力管理评估

第一步：在阅读本章内容之前，请对下面的陈述作出回答，把数字写在左栏（学习前）。你的回答应该反映你现在的态度和行为，而不是你希望它们应该如何。请诚实作答。这一工具的目的在于帮助你评估自己的自我意识水平，借此确定你所需要的特定学习方法。完成调查后，参考本章章末的评分要点，从而确定在本章的讨论中应该掌握的对你最为重要的技能领域。

第二步：当你完成了本章的阅读和练习，尤其是当你尽可能多地掌握了本章后面的技能应用部分后，遮住你先前的答案，对同样的陈述句再做一次回答，这一次是把回答填在右栏（学习后）。当你完成调查后，利用本章章末的评分要点测量你的进步情况。如果你在特定的技能领域中的得分仍然很低，可以根据技能学习部分的行为指南一节做进一步的练习。

评估尺度

1 非常不同意
2 不同意
3 比较不同意
4 比较同意
5 同意
6 非常同意

评估

学习前　学习后

当面对有压力的或时间紧迫的情境时：

_____　_____　1. 我采用有效的时间管理方法，如掌握时间是怎么过的，编制要完成的任务清单并确定每个任务的优先级。

_____　_____　2. 我保持有规律的健身计划。

_____　_____　3. 我与能够分担我的挫折的人保持一种开放的、可信赖的关系。

_____　_____　4. 我知道并采取几种暂时性的放松技巧，诸如深呼吸和肌肉放松等。

_____　_____　5. 我经常确定哪些是我优先要处理的事务，这样不重要的事就不会影响重要的事。

_____　_____　6. 我通过在工作之外追求各种兴趣来保持生活的平衡。

_____　_____　7. 我有一个作为我的指导者或建议者的好友。

_____　_____　8. 我有效地利用其他人来完成工作任务。

_____　_____　9. 当有人带着问题或议题来找我时，我鼓励他们自己想出可行的解决方案，而不仅仅是向我提问。

_____　_____　10. 我努力将问题视为提高的机会。

时间管理评估

请从评估尺度中选择相应的数字填在问卷题目前面的横线上，以反映你进行每一个题目所列举的活动的频繁程度。你的答案应反映你的实际情况而不是你的理想情况。这个问卷结果的有用程度取决于你的答案的准确程度。

本问卷的第一部分适合任何人，而第二部分只适合那些目前担任管理职务的人。

完成问卷后请翻到本章章末查看本问卷的评分要点和结果解释。

评估尺度

0　从不
1　很少
2　有时
3　经常
4　总是

第一部分

_____　1. 我有选择性地阅读，先浏览材料，从中找出重要的部分，然后将注意力集中在上面。

_____　2. 我每天都编制当天要完成的任务清单。

_____　3. 我在工作中确保每一件事都有条不紊。

_____　4. 我根据任务的重要性和紧急程度来安排它们的优先级。

_____　5. 我每次只集中完成一件重要的事，但我会同时进行几项琐碎的任务（诸如一边接电话一边签名）。

_____ 6. 我编制一张 5 分钟或 10 分钟可以完成的任务清单。
_____ 7. 我将大的项目分为更小的、独立的部分。
_____ 8. 我确定那些在我的工作中只占 20% 的任务量，但却占到 80% 产出的任务。
_____ 9. 我将最重要的任务放在一天中我精力最好的时间来做。
_____ 10. 我每天都有一定的时间可以不受干扰地工作。
_____ 11. 我从不拖延，当天的任务当天完成。
_____ 12. 我用诸如时间日志等工具来保持对所用时间的记录。
_____ 13. 我为自己规定最后的期限。
_____ 14. 在等候的时候，我总是做一些事情，不让时间浪费掉。
_____ 15. 我每天有一定的时间专门处理那些冗长的"繁忙的工作"。
_____ 16. 我每天至少完成一件事。
_____ 17. 我每天都会安排一定的个人时间（进行计划、思考、冥想和运动）。
_____ 18. 我只允许自己在一天的某个特定时间思虑某些事情，而不是整天都担忧。
_____ 19. 我已经清楚地知道我现在工作的长期目标。
_____ 20. 我总是努力寻找一些方法来更好地利用时间。

第二部分

_____ 1. 我在一天结束的时候召开例行的会议。
_____ 2. 我站着召开所有简短的会议。
_____ 3. 我在每次会议开始时都确定一个最晚的散会时间。
_____ 4. 我取消计划中不必要的会议。
_____ 5. 我有每项会议的书面议程。
_____ 6. 我紧紧把握会议的议程，并且在每个议题上都达成定论。
_____ 7. 我确保每次会议都有人负责监控会议的时间。
_____ 8. 我按时召开所有的会议。
_____ 9. 我在会议结束后立即准备会议讨论的详细内容，并观察任务是否按该计划得到解决。
_____ 10. 当有下属带着问题来见我时，我要求他们提出解决办法。
_____ 11. 我在办公室外面或走廊上接待那些要到办公室找我的人。
_____ 12. 在合适的时候我会去下属的办公室，这样我可以控制自己什么时候离开。
_____ 13. 我每天至少空出 1/4 的时间来自由支配，而这段时间不受会议和我无法控制的会面的干扰。
_____ 14. 我安排其他人至少在某些时候可以帮我应付电话和接待来访者。
_____ 15. 我有一个地方可以不受干扰地工作。
_____ 16. 对于每一份要处理的文件我都会作出明确的安排。
_____ 17. 在我的工作场所，除了工作所需的材料外，其他的东西我都会清除干净。
_____ 18. 我会委派任务。
_____ 19. 当我给其他人安排一项任务时，我详细说明我期望他们拥有多大程度的主动性。
_____ 20. 我愿意让其他人因其完成的工作而受到褒奖。

社会再适应量表

用社会再适应量表（SRRS）的作者的话来说，SRRS自我评估可以帮助你找出生活中的各种压力，并了解与每个事件相关的压力程度。

等级量表

圈出那些你在过去一年中经历过的事件。根据题目左侧的权重，算出你的总分。

平均值	生活事件
87	1. 丧偶
79	2. 亲密的家庭成员去世
78	3. 比较严重的身体创伤或疾病
76	4. 被看守所或其他机构拘禁
72	5. 身边的家庭成员罹患比较严重的疾病或受到伤害
71	6. 借款/抵押贷款被提前终止
71	7. 离婚
70	8. 成为犯罪的受害人
69	9. 成为警察野蛮行径的受害人
69	10. 夫妻之间不忠诚
69	11. 经历家庭暴力/性虐待
66	12. 和配偶/伴侣分居或接受调解
64	13. 被解雇/遣散/失业
62	14. 遇到财务问题/困难
61	15. 亲密朋友去世
59	16. 从灾难中逃生
59	17. 成为单亲
56	18. 供养生病的或年迈的爱人
56	19. 健康保险/福利的丧失或重大削减
56	20. 自己/亲密的家庭成员因为违法被抓
53	21. 在儿童抚养/监护权/探视权上产生重大的争议
53	22. 经历/卷入一场车祸
53	23. 在工作中被惩戒/降级
51	24. 面临计划外的怀孕
50	25. 成年子女搬进父母家/父母搬进成年子女家
49	26. 儿童成长问题或学习问题
48	27. 遭遇职场歧视/性骚扰
47	28. 尝试矫正自己的成瘾行为
46	29. 发现/尝试矫正一个亲密家庭成员的成瘾行为
45	30. 雇主重组/裁员
44	31. 处理不育/流产
43	32. 结婚/再婚

43	33. 改换雇主/职业
42	34. 未能获得贷款/未能证明具有获得贷款的资格
41	35. 自己/配偶怀孕
39	36. 在工作场所外遭遇歧视/骚扰
39	37. 出狱
38	38. 配偶开始/停止在家庭之外的工作
37	39. 和老板/同事产生严重分歧
35	40. 改变居住地
34	41. 寻找合适的托儿所
33	42. 获得一大笔意外之财
33	43. 改变职位（调动/晋升）
33	44. 增添一名新的家庭成员
32	45. 改变工作职责
30	46. 子女离开家庭
30	47. 获得住房贷款
30	48. 获得除住房贷款以外的其他大额贷款
28	49. 退休
26	50. 开始/停止正规教育
22	51. 收到法院传票

总分：_____

资料来源：Social Readjustment Rating Scale，Hobson，Charles Jo，Joseph Kaen，Jane Szotek，Carol M. Nethercutt，James W. Tiedmann and Susan Wojnarowicz (1998) "Stressful Life Events: A Revision and Update of the Social Readjustment Rating Scale" *International Journal of Stress Management*，5：1-23.

社会再适应量表

大学生可能会发现下面的社会再适应量表中列出的事件更为贴切。

平均值	生活事件
100	1. 父母去世
100	2. 计划外怀孕/流产
95	3. 结婚
90	4. 父母离异
80	5. 身患明显的残疾
70	6. 当了父亲
70	7. 父母入狱超过一年
69	8. 父母分居
68	9. 兄弟姐妹中有人过世
67	10. 在同伴中的地位发生改变

64	11. 姐妹的计划外怀孕
63	12. 发现自己是父母收养的
63	13. 父母再婚
63	14. 密友过世
62	15. 有明显的先天性残疾
58	16. 患了需要入院医治的严重疾病
56	17. 某门课程考试不及格
55	18. 没有参加课外活动
55	19. 父母住院
53	20. 父母被判入狱超过30天
53	21. 与男/女朋友分手
51	22. 开始约会
50	23. 被学校留级
50	24. 开始吸毒或酗酒
50	25. 弟弟或妹妹出世
47	26. 父母间的分歧加重
46	27. 父母失业
46	28. 杰出的个人成就
45	29. 父母的经济状况发生变化
43	30. 被心仪的大学录取
42	31. 成为高中高年级学生
41	32. 兄弟姐妹中有人入院治疗
38	33. 父母在家里的时间减少
37	34. 哥哥或姐姐离开家
34	35. 家里有了第三个成年人
31	36. 成为教堂的正式会员
27	37. 父母间关系缓和
26	38. 与父母的关系缓和
26	39. 母亲或父亲开始工作

总分：_____

资料来源：Pastorino, E. & Boyle-Portillo, S. (2009): What is Psychology? 2nd Ed. Belmont, CA: Thompson Higher Education.

个人压力源

本压力评估问卷是对社会再适应量表的补充。请先完成社会再适应量表，然后再回答本问卷。将你此时此刻正在经受的压力添加到社会再适应量表中得出的压力源，可以对你目前所处的压力水平得出更为综合的评估。讨论和实践本章介绍的压力管理原则时可以参考你的社会再适应量表分数及下面的压力源。

1. 请写出现在正给你造成最大压力的因素。它们给你的生活带来了怎样的影响？

2. 现在请用 1～100 评价这些压力源能产生多大的压力。评分的标准请参照社会再适应量表。举例来说，100 分可能对应配偶或子女的死亡，而 10 分可能对应驾车时遇到一个车速缓慢的司机挡在你的前面。

压力源　　　　　　　　　　　　　　　评分

心理健康量表

研究人员给出了心理健康的若干好处。通过完成本量表，你可以更好地了解你在下述八个心理健康属性方面的表现。这是一个自我诊断评估，请诚实作答。

评估尺度

下面给出的八个陈述你可能同意也可能不同意。用 1（强烈不同意）到 7（强烈同意）中的某个数字来反映你对每个陈述的态度。

1　强烈不同意
2　基本不同意
3　较不同意
4　既不同意也不反对
5　较同意
6　基本同意
7　完全同意

_____ 1. 我的生活是有目的、有意义的。
_____ 2. 我的社会关系能够为我提供帮助。
_____ 3. 我积极参与日常活动，并且感到兴致勃勃。
_____ 4. 我愿意为其他人的快乐和幸福尽一份力。
_____ 5. 对于那些对我来说很重要的活动，我是有能力完成的。
_____ 6. 我是一个好人，过着美好的生活。
_____ 7. 对于未来我非常乐观。
_____ 8. 人们对我很尊重。

总分 _____

资料来源：© Used with permission of Ed Diener and Robert Biswas-Diener. In Diener, E., Wirtz, D., Tov, W., Kim-Prieto, C., Choi, D., Oishi, S., & Biswas-Diener, R. (2009). New measures of well-being: Flourishing and positive and negative feelings. Social Indicators Research, 39: 247–266.

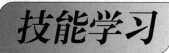

本章我们的目的是帮助你应对两大挑战：一个是有效管理的主要抑制因素；另一个是有效管理的关键促进因素。本章的第一部分关注的是我们每一个人都会遇到的严重问题——经历负面压力。我们在生活中如果面临诸如超负荷、焦虑、冲突、关系紧张、不确定、失败和悔恨等主要压力源，是很难保持心理健康的。我们将介绍可以降低或消除压力的方法，并说明可以如何提升个人的幸福感。我们通过着重介绍提升幸福感的方法为实现卓越的个人效率提供了一些指导。

管理压力和提高幸福感

管理负面压力是有才干的管理者最重要的管理技能之一。美国心理学会估计（2009），不断增加的工作压力问题从国家经济中（每年）抽走了超过 5 000 亿美元。超过一半的工人承认自己由于压力工作效率有所下降，由于压力导致的缺勤天数为 25 天，远远超过由于生病或意外事故而导致的缺勤天数（6 天）。到普通门诊看病的人中，有 75%～90% 的病历都是与压力相关的主诉或不适。而且，情况正在日益恶化。过去 20 年间，感觉"非常有压力"的工人所占比例已经增加了 3 倍，如今已超过 80%。

压力是对工人、管理者和组织产生如此毁灭性的和成本高昂的破坏性影响的最大因素。我们在承受压力时，很难关注其他事情。

关于压力的心理影响的研究显示了压力产生的广泛的、破坏性的影响：压力和心血管系统、压力和呼吸系统、压力和内分泌系统、压力和肠胃系统、压力和女性生殖系统、压力和生殖荷尔蒙、压力和男性生殖功能、压力和免疫抑制反应、压力和神经失调、压力和成瘾、压力和恶性肿瘤、压力和艾滋病病毒的免疫功能、压力和牙齿疾病、压力和疼痛，以及压力和焦虑失调（Hubbard 和 Workman，2002）。几乎生活或健康的每一方面都无法免于压力带来的影响。

下面我们举一个实例来说明与工作相关的压力使人衰弱的效果，下面是美联社报道的一个发生在马里兰州巴尔的摩的故事。

> 故事的主人公是一名救护车的救护员。工作压力越来越大，更不用说家里的麻烦了。长时间轮班、不断目睹各种悲惨的事件，再加上强势的上司，让他感觉难以承受。
> 一天晚上，一切都爆发出来了。
> 他的同事负责驾驶救护车，他坐在后车厢里。第一个电话是关于一个男人，他的腿被火车轧断了。那个人的惨叫和剧烈的痛苦令人感到恐怖。但是第二个电话更糟，这次是儿童打架。在处理那个孩子受伤的身体和折断的骨头时，他想到了自己的孩子，感到怒火中烧。
> 把那个孩子送到医院后，两名救护员又被派去抢救一名心脏病发作的人，有人看

见那个人躺在街上。他们赶到之后才发现根本不是心脏病发作,而是一个酒鬼——醉倒在街上。他们把这个酒鬼抬到救护车上后,一种沮丧和愤怒的感觉直往他们的头上涌。他们决定好好收拾一下这个酒鬼,让他一辈子都忘不了。

救护车在车流中钻来钻去,高速前进。司机尽量把弯拐得很急,那个酒鬼在后车厢里被抛来抛去。对救护员们来说这只是一个玩笑。

突然,这个酒鬼真的心脏病发作了。坐在车里的救护员俯身看着酒鬼,并且冲他大叫:"去死,他妈的,去死吧!"

他看着那个酒鬼战栗,看着那个酒鬼死去。到达医院后,他们对医生说他们到的时候病人已经死了,他们无能为力。

那个救护员在一次心理咨询会上谈到了那天晚上发生的事,这次会议的主题是"职业性衰竭"——这已经成为高压力工作的一个日益突出的问题。

正如这个故事所生动地展示的,当我们在生活中面临沉重的压力时,我们往往会抛弃正常的行为和正常的决策,我们会遭受虚弱效应(Blasco-Fontecilla 等,2012;Contrada 和 Baum,2011;Ganster 和 Tosen,2013;O'Neill 和 Rothbart,2015;Staw,Sandelands 和 Dutton,1981)。因此,本章首先介绍我们都会遇到的主要的负面压力,然后探讨如何应对和尽量减少负面压力,以及如何提升个人幸福感和调节能力。

我们首先列出一个压力的框架,以便更好地理解压力并掌握应付它的方法,这个模型解释了管理者遇到的主要压力源的类型、对压力首要的反应以及一些人比另一些人体验更多负面反应的原因。接下来我们列出了消除或降低负面压力以及提升心理和社会幸福感及调节能力的具体例子与行为指导。

压力的主要元素

理解压力的动力机制的一种方式是把它视为一个"力场"的产物(Lewin,1951)。库尔特·卢因(Kurt Lewin)认为所有的个人和组织所面对的都是一个充满强化或相反力量(如压力)的环境。这些力量会刺激或抑制个体所期望的表现。如图 2-1 所示,组织中个体水平的表现是那些或者互补或者互相抵触的因素作用的结果。一些力量驱动行为的变化,而另一些力量则抑制或阻碍这些变化。

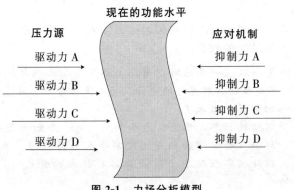

图 2-1 力场分析模型

第 2 章　压力管理和幸福管理

根据卢因的理论，影响个人的这些力量在力场中通常是平衡的。驱动的力量和抑制的力量正好是相互匹配的（在图中，更长的箭头表示更大的力量）。当力量失衡时，表现会发生改变。也就是说，如果驱动力比抑制力更强、数量更多或者时间更长，就会发生行为变化。相反，如果抑制力量变得更强或更多，则会产生方向相反的变化，或者说，人们会越来越抵触变化。

压力源可以被视为模型中的驱动力量。也就是说，它们对个体施加压力，使个人在心理、生理和人际关系上发生改变，如果不加以限制，这些力量可能会导致病理结果（例如，焦虑、心脏病或精神崩溃）。

然而，大部分人都有一定量的心理弹性或抑制力量来对抗压力源和抑制病态的结果。这些抑制力量包括行为模式、心理特性和支持性的社会关系，强有力的抑制力量导致低的心率、良好的人际关系、情绪的稳定性和有效的压力管理。缺乏抑制力量将让人筋疲力尽。

当然，压力同时也会产生正面的影响。如果缺乏压力，人们会感觉非常无聊而且缺乏采取任何行动的动力。要激励人们行动，压力是必不可少的。然而，本章我们讨论的都是负面的、缺乏建设性的压力源。即使个体感受到的压力水平很高，如果有足够的抑制力量，也能很快地重建均衡。例如，在上述救护员的案例中，多个压力源的作用使现有的抑制力量无法承受，导致心力交瘁。

图 2-2 界定了管理者体验到的**压力源（stressor）**（驱动力）的主要类别，以及抑制压力负面后果的心理弹性（抑制力）的主要性质。本章对每一种力量都进行了讨论，这样我们就可以清楚如何找到压力源、如何消除它们、如何增加弹性以及如何暂时性地应对压力。

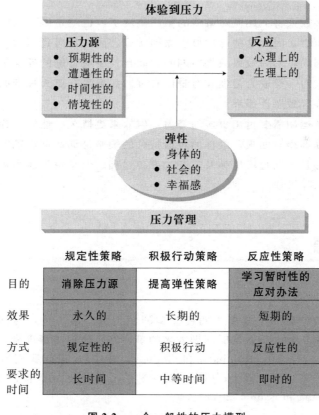

图 2-2　一个一般性的压力模型

应对压力

对压力管理来说，采用某种特定的方法序列已被发现是最为有效的（Kahn 和 Byosiere，1992；Lehrer，1996）。首先，最佳的压力管理是用**规定性策略**（enactive strategy）来消除或削弱压力源，它们可以为个体创造或规定一个没有压力源的新的环境。其次，通过增加自身的弹性来提高全面的压力处理能力。这些办法被称为**积极行动策略**（proactive strategy），它们的作用是采取抵制压力负面效果的行动。最后，当需要立即反应时，开发对付压力源的短期技巧是必需的。这些办法是**反应性策略**（reactive strategy），它们的作用是进行现场治疗以暂时降低压力的效果。

如果个体可以消除有害的压力源和频繁且强烈的压力反应导致的负面影响，则个体可以改善自己的状况。但是，因为大多数人不能完全控制环境，所以他们很难消除所有的有害压力源。在这种情况下，最好的办法是培养对压力导致的负面影响的耐受力和调动压力激发出来的能量。这可以通过提高个人调节能力和幸福感来实现。最后，如果只是从临时性角度来说，个体可以通过使用诸如放松技巧和心理控制等建设性的策略来应对这种状态。这些反应性策略如果应用得当，也可以提高调节能力和增强幸福感。

不幸的是，大多数人将上述应对策略的顺序搞反了，也就是说，他们首先依靠临时性的反应方法来应对压力，因为这些活动可以立即实施。而一旦遇到压力，反应性策略就不得不被重复使用，因为它们的效果只是短期的。而且，一些普遍的反应策略，如喝酒、服用安眠药或让怒气发泄，会成为习惯并对身体有害。如果没有更为长期的策略，单纯依赖重复的反应性策略会导致恶性循环。

积极行动策略的运用需要付出更多的努力，但效果更持久。然而，弹性策略的实施需要时间，因此不能立即得到回报，最佳的且最持久的策略是那些彻底消除压力的策略。它们需要的实施时间最长，而且可能涉及复杂的准备过程。但是由于压力被消除了，所以收益是持久的（Stranks，2013）。

管理压力源

表 2-1 列出了救护员那个故事中四种类型的压力源。第一种，**时间性压力源**（time stressors）：通常是由于要在很短的时间做太多的事。这是公司的管理者面对的最常见、最普遍的压力源（Eliot，2010；Robinson 和 Godbey，2010）。正如我们所预期的，时间性压力源的存在与工作不满意、紧张、感觉到的威胁、心率、胆固醇水平及其他因素之间有着显著关系（Contrada 和 Baum，2011）。

表 2-1　压力的 4 个主要来源	
时间性压力源 ● 工作过载 ● 缺乏控制	**情境性压力源** ● 令人不适的工作环境 ● 迅速的变革
遭遇性压力源 ● 角色冲突 ● 问题冲突 ● 交往冲突	**预期性压力源** ● 令人不快的期望 ● 担忧

正如第 1 章所述，不同国家的文化在时间性压力源方面存在差异（Trompenaars，2011；Trompenaars 和 Hampden-Turner，1998）。例如，某些文化（如菲律宾、美国、爱尔兰、巴西、印度和澳大利亚）有种短期取向，其时间性压力源更为普遍。而较长时间取向的文化（如捷克共和国、奥地利、瑞典和葡萄牙）下，时间要求的迫切性则较不普遍。

第二种，**遭遇性压力源**（encounter stressors）是那些由人际交往而产生的压力。大多数人都曾经因为与朋友、室友或配偶争吵，或者努力与有人际冲突的员工或上级一起工作，或者在一个缺乏信任和凝聚力的团队中努力完成一项任务，而感到心力交瘁。

每一种压力源都产生于某种冲突性的人际遭遇。我们自己的研究揭示了遭遇性压力源对组织的生产力和满意度有显著的负面影响（Bright，Cameron 和 Caza，2006；Cameron，Bright 和 Caza，2004；Cameron 等，2011），其他研究者则发现遭遇性压力是大部分组织运作不良的重要原因（Pieffer 和 Sutton，2006）。不同国家的文化在遭遇性压力源方面也存在差异（Trompenaars 和 Hampden-Turner，2004）。例如，倡导平等主义，强调将人际关系作为完成工作的一种方式的国家（如美国、挪威、爱尔兰和芬兰）通常而言会比等级制或职位取向的国家（如韩国、印度、西班牙和以色列）面对更多的遭遇性压力源。类似地，由于情绪的外向表达，与强调中立的国家（如中国和日本）相比，强调情感的国家（如伊朗和墨西哥）更倾向于体验更多的遭遇性压力源。

第三种，**情境性压力源**（situational stressor）产生于个体生活的环境或周围的环境。最常见的一种情境性压力源是不适的工作条件。对那两名救护员来说，这些压力包括持续的哭喊、长时间的紧张工作以及与其他同事的隔离。

在关于情境性压力源与负面后果之间联系的研究中，得到最好研究的一种联系是快速的变化，特别是生活事件变化的影响（Blasco-Fontecilla 等，2012；Holmes 和 Rahe，1970）。社会再适应量表（SRRS）让被测者回顾过去一年中所经历的变化。因为某些变化被认为会导致更大的压力，所以研究者采用了一种评分方法来评定每个生活事件的权重。自 1995 年以来，已有 3 500 多篇公开发表的研究论文在各种文化、年龄群体和职业群体中使用了这个工具（Goldberger 和 Breznitz，2010）。（你或许已经注意到本章的技能评估部分提供了两个版本的社会再适应量表，一个是针对成年人的，另一个是针对在校学生的。请选择最适合你的量表作答。）

研究发现在各种人群中，生活事件的变化与被调查者的身体疾病和损伤有一致性的统计关系。例如，对于一般人来说，如果得分在 150 分以下，则下一年患严重疾病的可能性要少于 37%；得分如果为 150～300 分，则其可能性增加到 50%；而那些得分在 300 分以上的人，患严重疾病的可能性高达 80%（Blasco-Fontecilla 等，2012；Holmes 和 Rahe，1967；Kobasa，1979；Miller 和 Rasmussen，2010；Scully，Tosi 和 Banning，2000）。

有几项研究是针对大学和高中的运动员的，这些研究的目的在于证实生活事件的变化是否与身体的损伤或疾病有关。一项研究发现：在社会再适应量表上得分最低的运动员的受伤率是35%（他们错过了三次或更多的练习）；那些得分中等的人的受伤率为44%；而那些得高分的人的受伤率竟高达72%。另一项研究显示，对高中生的调查表明，得高分的人的受伤率是得低分的人的5倍。还有一项研究发现，在社会再适应量表上得分较高的人更容易出现诸如头痛、恶心、感冒、背痛、眼睛疲劳等小病小痛（Andersen和Williams，1999；Bramwell等，1975；Coddington和Troxell，1980；Cordes和Dougherty，1993；Scully，Tosi和Banning，2000）。

当然，我们必须注意，在社会再适应量表上得高分并不一定意味着一个人会患病或受伤。许多应对技巧和个人特点可能会抵消这些趋势。关键是情境性压力源是学习和管理压力的重要方面。

第四种，**预期性压力源**（anticipatory stressor）包括受到潜在的、令人不愉快的事件有可能发生的威胁——令人不快的事情还没有发生，但可能会发生。压力来自对事件的预感或恐惧。在救护员的例子中，主人公经常面临预感到会目睹他人的痛苦或死亡的威胁，这就是一个预期性压力源。预期性的压力不一定要非常严重或令人非常不愉快才会导致压力。研究人员通过如下方法就使被试者产生了很大的压力：告诉被试者他们将要体验大的噪声或适度的震动或被试的行为将使某个人不舒服（Milgram，1963）。担心失败或担心在同事面前出丑是一个普遍的预期性压力。关于失业或不被同事们接纳或喜爱的焦虑也是一种常见的预期性压力。

消除压力源

消除**压力源**（stressor）是一种永久性的减压策略，因此它是迄今为止最值得采用的。尽管个体不可能而且没有必要消除遇到的所有压力源，但他们可以有效地消除那些有害的压力源。表2-2列出了消除四种类型的压力源的几种方法。

表 2-2 消除压力源的管理策略	
压力源的类型	消除的策略
时间性的	有效的时间管理
	高效率的时间管理
遭遇性的	打造团队
	做出贡献
	情商与社交能力
情境性的	工作再设计
预期性的	目标设置
	小量成功

通过时间管理来消除时间性压力源

正如前面所指出的,时间压力通常是管理者面对的最大的压力来源。考虑到有如此众多的时间管理书籍、组织家、咨询师、效率提升者和技术时间节省者,你可能会认为我们大部分人在时间管理方面都是非常优秀的。虽然我们有可以利用的各种指导和指示,但我们中的大部分人却变得越来越糟糕。只要看看你周围,谁是优秀的时间管理者,谁没有超负荷,谁没有抱怨时间带来的压力。

毫不令人惊奇,因为21世纪人们所面对的快速变化和大量信息,时间压力在不断上升。一项研究显示,被调查者中有2/3的人表示期望"有更多自由的时间"(Davidson, 1995)。对于每天要处理237~1 073件不同的事情的管理者来说,时间压力几乎是共同的困扰。

有两类技巧对有效管理时间和消除时间压力是重要的:一类是如何高效率(efficiently)地使用每天的时间;另一类是如何在很长时间内有效(effectively)地利用时间。因为有效的时间管理是高效率的时间管理的基础,所以我们首先对它进行讨论。然后我们会回顾高效率时间管理的工具和技巧。

有效的时间管理

几乎每个人都时常感到时间的压力。无论有多少时间,似乎都会被挤得满满的。目前,解决时间压力问题的最常见的办法就是使用日程表和计划表,安排要做的事情的清单,并学会说"不"。但是,尽管几乎每个人都已经尝试过这些技巧,几乎每个人还是会抱怨面临各种各样的时间压力。这并不表示这些日程表、清单和说"不"的方法毫无作用。但是,它们只是高效率的时间管理策略而非有效的时间管理策略。要想消除压力,效率高但无效是不行的。

有效的时间管理意味着:(1)个体应该把时间用于重要的事情,而不只是紧急的事情;(2)人们要能够清楚地区分什么是他们认为重要的,什么是他们认为紧急的;(3)结果而非方法是时间管理策略的重点;(4)人们有理由在必须说"不"的时候不感觉愧疚。

许多时间管理专家指出了"时间管理矩阵"的有用性,这个矩阵将活动按相对重要性和紧急性进行分类(Covey, 1989; Lakein, 1989)。重要的活动是那些能产生所期望的结果的活动。它们可以得到有价值的结果,或者它们能够获得一个有意义的目的。紧急的活动是那些需要立即被注意的活动,它们与其他人所表达的需要相联系,或者与需要尽快解决的令人不舒服的问题或情况相联系。图2-3列出了这个矩阵,并提供了划归每个格子中的活动的类型。

诸如处理员工危机或顾客抱怨的活动是既紧急又重要的(格子1)。紧急的但实际上并不重要的活动包括响着的电话、送来的信件或不在计划中的干扰(格子2)。重要但不紧急的活动包括发展的机会、革新、规划等(格子3)。不重要又不紧急的活动是逃避和例行事务,人们可以做,但不会带来有价值的回报,如闲聊、白日梦、整理文件或争论(格子4)。

位于重要/紧急象限(格子1)里的活动通常在管理者的生活中占主导地位。这个象限里的问题在于我们只能对其作出反应。它们通常被其他人所控制,而且不一定会产生管理者期望的结果。

	紧急性	
	高	低
重要性 高	1 危机 顾客抱怨	3 发展机会 革新 规划
重要性 低	2 电子邮件或短信 响着的电话 被计划外的事情打断	4 逃避 例行公事 争论

图 2-3　决定时间使用的活动类型

不重要/紧急象限（格子2）里的问题更糟。其他人的需要可能得到满足，但对管理者来说这只能使计划好的日程被打断和偏转，从而导致时间压力感。因为它们不能获得有意义的、想达到的或有价值的——重要的结果，时间压力感永远不会被克服。它们会产生过载和失控的体验。管理者只是进行反应。而且当长期体验这些时间压力源时，人们通常会试图逃避到不重要/不紧急的活动（格子4）中以释放自己的压力。他们逃避，与外界隔绝或中断所有的事情。

一个更好的方式是致力于重要/不紧急（格子3）的活动。重要/不紧急的活动可以被称为机会而非问题。它们促使具有高优先级结果的实现。它们抑制问题的发生或建立消除问题的体系，而不是仅仅去应付问题。做准备、预防性的保持、规划、建立弹性和组织都是"不一定非做不可"的活动，但对长期的成功来说却是关键的。但因为它们是不紧急的，所以通常被排除在管理者的日程表之外。重要/不紧急的活动应被置于时间管理安排的首要位置。通过保证这些类型的活动得到优先处理，可以减少遭遇到的紧急问题，时间压力感可以被消除。

在有效的时间管理中，一个人所要做的最困难但却是至关重要的决断之一是：决定什么是重要的、什么是紧急的。没有一定的规则可以将活动、要求或机遇精确地划分到这些类别中。问题出现的时候不会带着"重要/不紧急"的标签。实际上，对某些人来说，每个问题或时间要求可能都有一定程度的重要性，但如果管理者让其他人决定什么是重要的、什么不是，他们将永远无法有效管理自己的时间。

例如，First Chicago 的 CEO 巴里·沙立文（Barry Sullivan）将自己管理时间的方式重新进行了安排。他没有将制定日程表的控制权交给秘书，而是自己决定想要完成什么任务，然后安排完成这些任务的时间段。只有在安排好任务完成的时间段后，他才把日程表交给秘书去安排其他约会。

飞利浦电子集团的现任 CEO 简·蒂默（Jan Timmer）委任一名审计员记录自己使用时间的方式。每个季度，他都会向整个公司报告自己用于完成公司核心目标所花费的时间比例。

优先级和核心价值观

然而，问题仍然存在：人们怎样才能确定自己集中精力完成的活动是重要的，而不只是紧急的？为了帮助你明确判断活动重要性的基础，思考下面的问题：
1. 我推崇什么？我希望为什么而死（生）？
2. 我充满热情地关心着什么？
3. 我希望留下怎样的经历？我希望别人记住我什么？
4. 我想要在 20 年内完成什么样的目标？
5. 我的标志性性格优势是什么？我想怎么展示这些优势？

对这些问题的回答可以帮助你创建个人原则陈述。个人原则陈述是你用于评价什么是重要的标准。其他人通常只是帮助你确定什么是紧急的。但重要性的判断必须基于一系列的个人原则或价值观。表 2-3 列出了两种不同的个人原则陈述。它们可以作为你撰写自己的个人原则陈述的范例。

表 2-3　个人原则陈述范例

圣雄甘地（Mahatma Gandhi）
每天早上起床后第一件事是下决心做到以下几点：
- 我不会害怕地球上的任何人；
- 我不会对任何人有不良意图；
- 我不会屈服于来自任何人的不公行为；
- 我会用事实击败虚假；
- 为了抵制虚假，我会忍受所有的痛苦。

威廉·罗尔夫·克尔（William Rolfe Kerr）
首要的个人和职业原则：
- 首先获得家庭的成功；
- 绝不违背诚实的原则；
- 记住相关的人；
- 今天制订明天的计划；
- 每年掌握一项新的技能或知识；
- 由创造力获得显见的结果；
- 将等待的时间挤出来做一些事情；
- 为同事的成功提供便利；
- 尽力追求卓越；
- 真诚、温和但有决断力；
- 做一个有创造力和创新精神的人；
- 不害怕错误；
- 集中所有的精力完成手头的任务；
- 获得其他人的意见；
- 保护那些不在场的人；
- 倾听的时间是自己说话时间的 2 倍；
- 在工作中和个人生活中有条不紊；
- 保持积极的态度和幽默感。

基于核心原则来判断活动的重要性，这种时间管理方式也是说"不"而不感觉内疚的关键。当你已经决定什么是你所充满热情地关心的，什么是你最想完成的，你想留下什么样的经历，你就可以更容易地对那些不适合这些原则的活动说"不"。因此，有效的时间管理意味着你能用自己的时间来完成那些你希望完成的任务。你怎样完成这些任务与你怎样高效率地使用时间有关，我们接下来将讨论这个问题。

高效率的时间管理

时间管理不仅要从有效的观点来看（例如，让时间的使用与个人的原则相一致），也要采用高效率的观点（例如，通过不浪费时间而在一天内完成更多的任务）。有些技巧可以帮助管理者更高效地利用每天的时间。

一种增加时间利用效率的方法就是对自己低效利用时间的倾向保持警觉。表2-4列出了大多数人利用时间的一般行为模式。在很多情境下，这些倾向可能代表了正确的反应；但在另一些情境下，如果人们不能意识到这些倾向及其可能的后果，它们可能会妨碍高效率地利用时间并会增加时间压力。

表 2-4　典型的时间使用模式

- 我们首先做那些我们喜欢做的，然后才做我们不喜欢做的。
- 我们更多地做那些我们知道如何更快完成的事，而不是那些我们不知道如何去做的事。
- 我们首先做最容易的事，然后才做困难的事。
- 我们首先做那些需要很少时间的事，然后才做那些需要很多时间的事。
- 我们做那些有现成资源的事。
- 我们首先做日程安排中的事（例如，会议），然后才做没有安排的事。
- 我们有时先做计划好的事，再去做不在计划中的事。
- 我们首先做其他人要求的事，然后才做自己需要做的事。
- 我们首先做紧急的事，然后才做重要的事。
- 我们随时准备对危机和紧急情况作出反应。
- 我们首先做感兴趣的事，然后才做不感兴趣的事。
- 我们首先做有助于个人目标的事或者在政治上有利可图的事。
- 我们总是等到最后期限要到的时候才真正开始行动。
- 我们做那些能立竿见影的事。
- 我们这样做是为了回应某人的要求。
- 我们根据做还是不做某件事会对自己有怎样的后果，来决定是否做它。
- 我们首先完成小的工作，然后才完成大的工作。
- 我们按照遇到事情的先后顺序来工作。
- 我们按照"会哭的孩子有奶吃"的原则工作。
- 我们基于对群体可能造成的后果工作。

为了帮助你确定自己的时间管理惯例和时间管理效率，我们在技能评估一节给出了一个帮助你诊断自己的时间管理能力的工具——时间管理问卷。该问卷的原则都是从有关时间管理的研究中得出的，问卷的评分方法会告诉你与其他人相比你的时间管理得如何。下面列出的原则与问卷中的题目是一一对应的。

当然，没有人能够立刻运用所有这些时间管理技巧。运用所有这些技巧要花费大量的时间掌握，这样只能加重时间压力。因此，最好的办法是每次将其中的几条运用于日常生活中。每天节省10%的时间或更聪明地利用额外的30分钟，如此日积月累除了可以降低你的时间压力，还会产生令人吃惊的结果。

原则 1　选择性地阅读。 大部分材料应当像阅读报纸那样跳过大部分内容，而在最重要的部分停下来仔细阅读。如果将你认为重要之处做上标记，你就可以在日后需要的时候迅速加以回顾。

原则 2　列出一张今天要完成的任务清单。关注你想完成的事,而不仅仅是你想做的事。

原则 3　为每件事安排一个位置,并让每件事各就其位。事情如果不能各就其位,就会以两种方式抢占你的时间:你需要更多的时间来寻找你所要的东西;当你做一件事情的时候总会被其他事情打断。

原则 4　确定首要任务。每天你都应当首先致力于重要的任务,然后处理紧急的任务。

原则 5　一次只集中精力完成一件重要的事,但一次可以同时处理几项琐碎的任务。当任务是例行公事,琐碎而无须太多思考时,你可以通过同时处理几件事来完成更多的任务。

原则 6　编制一张 5 分钟或 10 分钟就能完成的可以自由决定的任务清单。这可以帮助你利用每人每天都会拥有的小段时间空隙(等待某事开始的时候,会议或事务之间,接电话的时间等)。

原则 7　将大的项目分割处理。这将帮助你避免产生被大的、重要的、紧急的任务压垮的感觉。

原则 8　确定所有任务中最关键的 20%。帕累托法则说明 20% 的工作产生 80% 的结果。

原则 9　为最重要的事务节省时间。在你精力不够旺盛、思想不够敏锐或不是处在最佳状态时可以处理例行的工作,而将旺盛的精力保留下来用于完成最重要、最紧急的任务。

原则 10　每天为自己保留一些时间可以不受其他人干扰。将这些时间用于处理重要/不紧急的工作,或进行思考。

原则 11　从不拖延。迅速地着手某项任务比拖延更为省时。

原则 12　保持对使用时间的记录。这是最好的时间管理策略之一。在一段时间内记录下每一小时你都干了什么。

原则 13　确定最后期限。工作总是被尽可能地拖延,因此,如果你不规定最后的期限,任务总会超出它应该被完成的时间底线。

原则 14　在等候的时间里做一些有意义的事。在等待的时候,你可以试着阅读、计划、准备、预演、回顾、总结或者背诵。

原则 15　每天仅在预先设定的时间处理繁忙的事务。将你精力最充沛的时间段留下来完成重要的工作。

原则 16　每天至少完成一个任务。完成一个任务,即使是很小的任务,也可以让人有如释重负的感觉,从而释放压力。

原则 17　规划一些个人时间。你需要一些不会受到干扰的时间,这样你可以从快节奏中暂时脱身独自待一会儿。

原则 18　只允许自己在特定的时间担忧,而不要将其他的时间花在忧心的事情上。

原则 19　写下长期的目标。除非你在心里有一个明确的方向,否则尽管你的效率很高、组织得很好,仍然会一事无成。

原则 20　不断致力于寻找提高时间管理水平的方法。定期阅读时间管理提示表。

管理者高效率的时间管理

第二张原则清单列出了管理者的主要活动。前面 9 个原则是关于如何处理会议的——因为管理者报告大约 70% 的时间都用在会议上(Dockweiller, 2018; Mintzberg, 1973;

Panko，1992）。

原则 1　每天结束的时候召开例行的会议。每天早上都是精力和创造力最旺盛的时候，不应浪费在琐碎的事情上。而且，因为要下班，所以会议本身有一个时间限制。

原则 2　站着召开简短的会议。这保证会议会很简短。

原则 3　确定时间限制。在每次会议和会面之前都要规定这种限制。

原则 4　时不时地取消一些不必要的会议。只在有必要时才召开会议。

原则 5、6 和 7　制定会议议程，围绕议题，监控时间。保留会议记录将保证这些决议不被遗忘并得到实施，还将保证每个人都有明确的期望。

原则 8　按时召开会议。按时到场的人应得到奖励，而不是让他们等待迟到的人。

原则 9　准备会议记录，而且保持追踪。记录在案的公开承诺和期望更有可能实现。

原则 10　坚持让下属提出解决问题的建议。它可以消除上行传导的倾向，或者说员工通过询问管理者的想法和解决方案而将难题推回到管理者身上，对管理者来说，在下属提出的几种可供选择的方案中选择一种，比自己提出这些方案更有效率。

原则 11　在门口接待来访者。相对于坐在办公室里，站在门口更容易使会谈保持简短。

原则 12　如果可行的话，到下属的办公室召开短会。其好处在于你可以自由选择离开的时间来控制会谈的长度。

原则 13　不要将每天安排得太满。有效的管理者至少对自己的部分时间保持控制。

原则 14　安排其他人接电话和筛选电子邮件，或者是在计算机里安装过滤软件，从而不必接收无关的信息。

原则 15　有一个可以不受干扰的工作空间。这可以确保当最后期限临近时，管理者能够不被打断地集中精力处理手头的工作。

原则 16　对每一份处理的文件做一些明确安排。这常常意味着把它扔出去。

原则 17　保持工作场所的整洁。这会降低管理者分心的可能性并减少用于查找东西所花费的时间。

原则 18、19 和 20　工作委派，确定接受工作的初始人数和分配给他们的任务量，并且对他们取得的成功表示赞许。这些原则都和有效委派有关，属于关键的管理技巧。最后这三个原则在第 8 章也有涉及。

记住，这些经验之谈只是达到目的的手段而非结果本身，如果使用这些原则导致更高而非更少的压力，那就不应该使用它们。然而，研究表明，使用这些技巧的管理者对时间控制得更好、完成的任务更多、与下属的关系更好，而且消除了大多数管理者通常会遇到的许多时间性压力源（Allen 和 Fallows，2015；Robinson 和 Godbey，2010；Sitzmann 和 Johnson，2012）。记住，每天节约 30 分钟就等于在工作生涯中节约整整一年，即 8 760 个小时的时间。因此，你会发现当你选择其中一些原则加以运用时，你的时间利用效率会提高，而且时间压力会减少。

通过合作和人际能力消除遭遇性压力源

对与其他人，特别是自己的直接管理者或上级的关系不满是工人的主要压力源（这将在第 4 章深入探讨）。这些遭遇性压力源直接源于有摩擦的、冲突性的和反生产力的关系。

即使工作进行得很好，但如果出现遭遇性的压力，那么其他的每件事似乎都错了。当你和其他人闹矛盾的时候，当你感到被冒犯的时候，或者当接纳和友善不再是你重要的工作关系的时候，保持积极的精神是非常困难的。

团队

帮助消除遭遇性压力的一个重要因素是成为一个紧密联系的团队或社团的成员。当人们感到自己是一个群体的一部分，或者被其他人所接纳时，压力就会得到释放。斯图尔特·沃尔夫（Stewart Wolf）博士35年前发现，在宾夕法尼亚的罗塞托（Roseto），居民根本不会得心脏病和其他与压力相关的疾病，他推测居民的保护者就是城镇里非同一般的社会凝聚力和稳定性。这个镇上所有的居民都是100年前来自意大利罗塞托的移民后代。很少有人与该社会群体外的人婚配；第一个出生的孩子总是取祖父母的名字；人们不会相互炫耀自己出众的消费和优越感；团体成员之间的相互支持是他们的生活方式。

沃尔夫预计如果现代社会侵入该群体，当地居民将会出现与美国其他地区水平相当的与压力相关的疾病。情况确如沃尔夫所预料的那样。罗塞托的居民也有了卡迪拉克、农场式庄园、通婚、新的名字和相互间的竞争，冠状动脉疾病的发病率也与其他城镇一样了（Farnham，1991）。这里不再是一个和谐的、团结的部落，而是成了一个自私的和排他的社会。研究表明，以自我为中心对健康是有危害的。

从越南战争和海湾战争中也得到了类似的心理学发现，即压力与小型的独立工作团队相联系。与海湾战争不同，在越南战争中，并没有形成长时间在一起相处的关系紧密的士兵团队。不断有新兵调入，不断有士兵从一个地点调到另一个地点，这使士兵感觉孤立和没有忠诚感，而且容易受到与压力相关的疾病的侵袭。相反，海湾战争期间，士兵在整个战争中都被留在同一个连队，前往海湾时在一起，战役结束后有很多时间可以相互谈论。人们发现紧密联系的团队和社会支持可以最有效地防止战争结束后的创伤。Walter Reed军队研究所的首席精神病学家大卫·马洛（David Marlowe）指出："我们鼓励同一个战斗单元的战友在从战区回家的途中谈论他们的战争经历，这有助于排遣他们心中的不良情绪。这就是我们让他们成队地从海湾地区返回的原因。我们知道这样做是有效的。"（Farnham，1991）。

与他人建立密切的关系对遭遇性压力是很强大的抑制力量。一种发展这种关系的方式是运用斯蒂芬·科维（Stephen Covey，1989）描述的一个概念——情感银行账户。科维用这个类比描述一个人对另一个人建立的信任或安全感。在情感银行账户中的"储蓄"越多，关系就越牢固、越持久。相反，从账户中过多地"支出"将削弱关系，也会破坏信任、安全和信心。

通过友善、谦恭、诚实和一致地对待他人，可以增加"储蓄"。当人们感到他们得到爱、尊敬和关照时，情感银行账户"储蓄"增加；但如果不守承诺、不倾听、不明确期望或不允许进行选择，账户会有"支出"。因为不尊重和独裁的方式会使人觉得受到贬低，而且有损自我价值感。账户被过度支出时关系就会破裂。

人们交往得越多，越需要在情感银行账户中建立储蓄。当你多年后再见到昔日的老友时，你可以立即和他恢复关系，因为情感银行的账户从来没有被动用过。但当你和某人频繁地交往时，关系会不断地被加强或削弱。从每天的交往中可以发现"储蓄"或者"支出"的线索。当情感账户储备颇丰时，错误、失约和小的摩擦可以被轻易地原谅和忽视，但是当已经没有余额时，这些问题就将导致不信任、争吵和压力。

向情感账户中储蓄的最重要的一种方式是帮助其他人增加幸福感。这一原则可以用密歇根大学所做的研究来阐释。

贡献

克罗克（Crocker）和帕克（Park，2004）所做的一项研究对新入学的大一新生进行了为期一年的跟踪。在第一学期开始时，这些学生被要求说出自己的年度目标。学生们的目标可以分为两类。大多数学生同时拥有成就目标和贡献目标两类目标，不过总有一类是占据主导的。成就目标强调实现预期结果、获取奖励、完成后可以带来自我满足感的事情、增强自信心或者是提升自己在其他人心目中的形象（如取得优异的成绩、在团队中一鸣惊人或者是受到大家的欢迎）。贡献目标致力于为其他人造福或者做贡献。这类目标的重点是个体可以付出什么而不是可以得到什么（帮助他人、努力做好事）。贡献目标更多的是源于善举而不是索取的欲望。研究人员发现，侧重贡献目标在长期会让个体产生发展取向，而利己的目标则会让个体产生向其他人证明自己的取向（Crocker 等，2006）。

克罗克和帕克在一个学年间对这些学生进行跟踪，了解他们与室友的相处情况、旷课次数、出现（头疼、恶心、抽筋等）小病痛的次数、充当领导者的次数、年级平均成绩等。贡献目标下，上述每一个方面的表现均优于成就目标下的表现。研究发现，与成就目标或利己的目标相比，贡献目标可以让学生大幅提高学习成绩、得到更好的发展、获得更高的人际信任关系、获得更多人的支持以及减少压力、失落和孤寂的困扰（Crocker 等，2006）。

克罗克和帕克的研究得到了布朗及其同事们（Brown 等，2003，2006）针对接受肾透析治疗的患者所做的研究的支持。布朗等人的研究聚焦两个因素：一个是患者接受其他人（如家人）给予的爱、支持和鼓励的程度；另一个是患者给予其他人的爱、支持和鼓励的程度。尽管在接受治疗时患者被固定在机器上，无法用身体作出回应，但是与接受其他人给予的爱、支持和鼓励相比，当患者感觉到自己通过给予爱、支持和鼓励提高了其他人的幸福感时，他们的健康状况更好。与成就目标相比，贡献目标在精神、情绪和生理方面带来的好处明显更多（也可参见 Koopman，Lanaj 和 Scott，2015）。

在针对人们用来描述工作经历的语言的研究中，彭尼贝克（Pennebaker，2002）发现，大量使用"我们"与大量使用"我"相比，在工作中面临较少的压力、更融洽的人际关系和更高的满意度。换句话说，将成就目标转换为贡献目标可以克服遭遇压力。当我们努力为其他人的幸福感贡献力量而不是只关注自己能够得到什么时，我们就是在向人际关系的情感银行中存款。

社交能力和情商

正如我们在第 1 章所讨论的，情商已经成为合并诸如实践智力、抽象智力、道德智力、人际关系智力、精神智力、机械智力和社交能力在内的多重智力的一揽子短语（Gardner，1993；Mayer，Roberts 和 Barsade，2008；Sternberg，1997）。情商包括一个人对自己的情绪的认知和控制（个人）及对其他人的行为和反应的认知和适当反应（社交）。毫不奇怪，情商和社交能力有助于人们管理因为人际交往带来的压力（Joseph 和 Newman，2010；O'Boyle 等，2011）。

情商的社交方面是指有效管理你与其他人关系的能力，包括 4 个主要的维度：
1. 对于其他人的情绪和行为反应的准确知觉。
2. 从认知上和情绪上了解其他人的反应并与之保持一致的能力。
3. 社会知识或者明白什么是适当的社会行为。

4. 解决社会问题或者管理人际关系难题的能力。

大多数人都很熟悉的最常见的智力形式是 IQ，或称智商。总的来说，智商是超出我们控制的，特别是在出生后的前几年。它是我们的基因序列或天生的禀赋。在一定的阈限水平之上，IQ 和生活成功（如获得高的职位、积累的财富、杰出奖励、对生活满意、同事和上级的高业绩评价）的相关性几乎是零。非常聪明的人与 IQ 得分低的人相比，获得生活上的成功或获得个人的幸福的可能性并不高（Goleman，1998；Spencer 和 Spencer，1993；Sternberg，1997）。相反，社交能力和情商与生活中的成功以及降低遭遇性压力却有很强的关系（Goleman，1994；Joseph 和 Newman，2010；O'Boyle 等，2011）。

例如，在斯坦福大学进行的一项研究中，4 岁的小孩参加测试情商的活动（例如，在他们面前放着一颗糖，他们面临两个选择：现在就吃掉它，或者等监护他们的成年人完成一个差事回来后可以得到两颗糖）。一项后续研究发现，14 年之后当这些儿童从高中毕业时，那些表现出更高情商的人（在糖果任务中选择延迟满足的人）被压力击垮的可能性更低、更不容易发怒，而且面对无理的人更少感到压力，大学入学考试 SAT 平均得分要高 210 分（Shoda，Mischel 和 Peake，1990）。这些学生的 IQ 并没有显著的差异，但情商的差异则很明显。与其他研究结果相一致，情商预测了这些学生在生活上的成功和处理遭遇性压力的能力。

另一项研究显示，当管理者能够准确地识别其他人的情绪并作出回应时，他们在工作和个人生活中都会更为成功（Lusch 和 Serpkenci，1990；Rosenthal，1977），并会被评价为最受欢迎的有能力的管理者（Pilling 和 Eroglu，1994）。

既然社交能力和情商如此重要，那么应该怎样开发它们呢？答案并不简单，包括在本书的每一章中。我们希望帮助你开发社交能力和情商中最重要的成分。通过提高本书中谈到的管理技能（例如，自我意识、解决问题、支持性沟通、激励自己和他人、管理冲突和授权），你的社交能力和情绪能力得分将提高。

这是很重要的，因为一项全国性的调查问卷发现，与那些认为自己的管理者不是支持性的且不具备人际能力的员工相比，那些将自己的管理者评价为支持性的和具有人际能力的员工感到筋疲力尽的比率、压力水平和患与压力相关疾病的比率更低，而其生产力水平、对组织的忠诚度和效率更高（Cote 和 Miners，2006；NNL，1992）。管理者对员工的影响很大，杰夫·普费弗（Jeff Pfeffer，2018）在他撰写的《渴望薪酬》（*Dying for a Paycheck*）一书中通过大量的数据说明慢性病、职场暴力、抑制性焦虑、预期寿命和自杀率等都可以直接追踪到管理者给员工提供的支持力度及其与员工的关系。

通过工作再设计消除情境性压力源

几十年来，从事职业健康研究的专家检查了工作紧张和与压力相关的行为、心理和生理变化之间的关系。

对该研究的回顾显示，对产生压力作用最大的因素是缺乏自由（Greenberger 和 Stasser，1991；Lin 等，2013；Wheatley，2017）。有研究发现，在工作中缺乏自治权的人更容易患冠心病（Mammot 等，1997）。一项针对 Goddard 航天飞行中心的管理人员、工程师和科学家的研究发现，那些在分派任务的决策上拥有更多权力的人体验到更低的时间压力（如角色过载）、情境压力（如人际冲突）和期望压力（如与工作相关的担忧），而没有决策权和参与权的人则显著地体验到更高的压力。

作为对这些发现的反应，哈克曼（Hackman）和同事们（1975）创建了一个工作再设计的模型，该模型被证明可以有效地降低压力，增加满意感和生产力。第5章详细讨论了这种工作再设计模型。该模型指出了让人们精力充沛并避免情境性压力的工作设计方式。它包括工作的五个方面：**技能多样性**（skill variety，在工作中使用多种技能的机会）、**任务完整性**（task identity，完成一个整体性的任务的机会）、**任务重要性**（task significance，看到工作产生的影响的机会）、**自主性**（autonomy，选择工作完成时间和方式的机会）和**反馈**（feedback，得到任务成功完成的信息的机会）。也就是说，为了消除工作中的情境性压力源，应当促进这五个方面的发展。

整合任务 当个体能够完成整个项目及各种相关的任务（例如，编写一个计算机软件包的整个部分），而不是被限于完成一个重复的任务或一个任务的组成部分时，他们会有更高的满意度和投入度。

建立明确的工作单元 当把从事相关任务的个体组成团队时，可以确定如何完成工作，从而大幅减少压力（例如，将工人组建成团队，从头到尾负责整辆汽车的生产，而不是各自在分离的生产线上工作）。工人互相学习其他人的工作，轮换任务，并且在工作中体验到一种成就感。

建立顾客关系 看到自己工作的结果是工作中最令人高兴的一部分。在大多数组织中，很多人并没有机会与顾客或最终用户交流，如果他们有机会的话，会干得更好（Oldham，2012）。

增加决策能力 由于能够影响工作中做什么、何时做以及如何做这三个方面，个体增加了控制感。卡梅伦、弗里曼（Freeman）和米什拉（Mishra，1991）的研究发现，在那些正在裁员的公司中，当公司给予工人权力来决定如何以及何时做所要求的额外工作时，员工在公司中感受到的压力显著降低。

建立反馈的渠道 一个重要的压力源是不知道所期望的是什么，也不知道任务绩效如何被评估。当管理者更明确地传达他们的期望并且及时地给予准确的反馈时，下属的满意感和绩效会得到提高，压力会下降。给人们提供更多的关于他们做得如何的信息总是能减轻压力。

多项研究都证实，运用工作再设计时，生产力得到巨大提高，缺勤现象和错误大大减少，管理者体验到的干扰和压力显著下降（Hackman 和 Oldham，1980；Oldham，2012；Parker，2014；Singh，1998）。总之，工作再设计可以有效地消除与工作本身有关的情境性压力源。

通过优先级、目标设置和小量成功消除预期性压力源

几乎所有人都经历过预期性压力。我们都曾因为要做的报告、要参加的考试、要接受的重要的面试或者是未来会怎样而感到忧心忡忡。这种压力对于我们来说是有好处的，可以让我们更加清醒，准备更加充分。不过，有时候这种压力也可能是近乎毁灭性的。我们可以如何消除或者是减少预期性压力的负面影响呢？下面两种简单的做法可以发挥作用。

目标设定

建立短期目标可以通过将注意力集中在完成当前的行动上而不是担忧将来的事情来帮助消除或减小预期性压力。要想让短期目标有所成效并消除压力，需要实施几个步骤（Locke 和 Latham，2013）。图 2-4 中的模型描述了成功地设定短期目标的四个步骤。

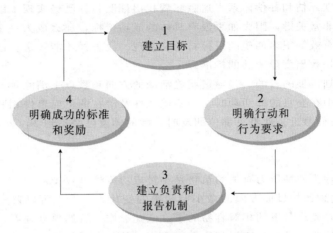

图 2-4　短期计划和目标设定的模型

第一步很简单：只要明确所要实现的目标即可。最佳的目标可以用简写为 SMART 的五个著名的属性来描述：

S＝具体（不要过于笼统）；
M＝可度量（不要过于主观）；
A＝保持一致（不要偏离目标）；
R＝现实（不要异想天开）；
T＝时间约束（不能是无限制的）。

不幸的是，仅第一步并不能导致目标的实现或压力的消除。例如，我们大多数人都会制订新年计划，但很少有人能够实现这些计划。因此，第二步是尽可能详细地确定能实现目标的活动和行为。原则是：目标越难以实现，行为和活动就越需要严谨、具体化和细化。

多年前，一位朋友在接受减肥手术前来找我们。她是一个不满 30 岁的敏感而和善的单身女子。她因为自己的体形而感受到很高的预期性压力。她的体重在 10 多年里一直超过 350 磅。她非常担心由于自己不能减肥而导致的健康问题和社会方面的问题。她制定了一个目标，或者说是一个短期计划，要在 12 个月内减掉 100 磅（第一步）。因为这个目标很难实现，她向我们寻求帮助以协助她实现这个雄心勃勃的目标。

我们首先为她制定了大概 12 项具体活动和指导来帮助她达到这个目标（第二步）：例如，绝不单独或不列清单就去购物，绝不带 25 美分以上的零钱（为了抵抗购买炸面包圈的诱惑），每天下午 5:30 和朋友们一起运动，不看电视以减少零食的诱惑，以及每晚 10:30 上床睡觉。行为的限定是严格的，因为只有这样才能保证实现如此困难的目标。

第三步包括建立负责和报告机制。如果没有其他人知道目标是否完成了，那么结果通常是这个目标不会被完成。这一步的核心原则是"使保持现状比进行改变更困难"。这一步包括使其他人参与进来以保证该计划得到坚定的实施，建立社会支持网络以从其他人那里获得鼓励,以及建立不执行承诺的处罚机制。

除了向同事和朋友们宣布她将减去100磅外,她还重新签订了工作合约,如果不能完成减肥目标,她将接受减薪的惩罚。她的医生为她预约了12个月后的住院治疗,如果她不能减掉100磅,她将住院,每天花费250美元接受静脉注射营养液的治疗。这比她自己实现目标更痛苦而且花费更高。

第四步是建立评估和补偿体系。这意味着找出证明目标已经实现了以及成功后的收获的证据。这一步非常关键,因为如果没有具体的成功指标,那么成为一个更好的朋友、更有耐心、领导更有效等很多期望的目标将无法实现。我怎样才能知道自己已经实现了这些目标呢?方法就是找出度量成功的标准。

这种短期计划模型的目的,是通过明确活动的方向和重点来消除预期性的压力。当心理和生理能量集中在有目的的活动时,与不确定性及潜在的负面事件相联系的焦虑会消失(顺便说一句,我们最近一次看见那位朋友时,她的体重已经不到200磅了)。

小量成功

另一种与消除预期性压力有关的策略是小量成功策略(Weick,1984)。我们说的"小量成功",是指向预计的目标方向的微小但明确的变化。一个人可以首先改变一些相对容易改变的事,接着完成剩下的相对容易的事,依此类推。虽然孤立地看,每一个成功都是相对微小的,但这些小的成功积累起来可以产生一种动力感,给人一种正在向期望中的目标实质性地前进的印象。

将注意力放在小的、具体的成果上可以让我们有机会获得看得见的成功,我们的信心增强了,也更为乐观,从而愿意去获取下一个小量成功。就其自身而言,小量成功看起来似乎不值一提。然而,一系列看似微不足道的任务的成功则可以吸引同盟、让对手感到畏惧,并减低下一步行动会遇到的阻力。我们通过小量成功树立了信心,从而消除了与期望的变化相关的恐惧。当其他人看到我们取得进展时,我们也能获得他们的支持(Amabile 和 Kramer,2011)。

在我们那位超重的朋友的例子中,成功的关键之一是她从可以改变的部分做起,每次只做到一点。立即减掉100磅的体重是一个无法完成的任务。但是她可以改变她购物的时间、上床睡觉的时间和早餐的种类。每一个成功的改变累加在一起就可以产生她期望的、彻底改变的动力。她最终的成功源于众多的小量成功。

总的来说,获得小量成功的原则很简单:(1)确定一些你能控制的容易改变的事;(2)以向你所期望的目标前进的方式进行改变;(3)找到下一件要改变的小事,并且改变它;(4)记录你所做的改变;(5)保持你已经得到的小的收获。因为令人担忧的不确定性已经被取得的成功所代替,预期性压力源将被消除。

提高弹性和幸福感

我们已经研究了压力产生的各种原因,而且列出了一系列预防的方法,现在我们将注意力转向图2-2中的压力模型的第二个成分——提高**弹性**(resiliency)来应对那些不能被消除的压力。这意味着不仅要开发有效管理压力的负面影响,从灾难中复苏以及在困境中生存的能力（Wright，Masten 和 Narayan，2013），而且在困境中也要想办法蓬勃发展，也就是说，要提高幸福感（Diener 等，2011；Speitzer 等，2005）。本章技能评估一节给出的心理健康量表就是用来度量你的个人幸福感或者是你的心理健康程度的。心理健康提供了有效应对压力所需的弹性。

关于弹性的最初研究起源于针对生长在父母虐待子女、酗酒、贫困或患有精神疾病的家庭环境下的儿童进行的调查。研究人员惊讶地发现，其中一些儿童在如此不利的环境中茁壮成长为健康开朗的人。这些人被称为具有高度弹性的个体（Masten 和 Reed，2002）。

我们应付压力的能力相差很大。一些人似乎在压力下崩溃，而另一些人却显得生机勃勃。预测哪些人能够很好地应付压力、哪些人拥有幸福感的一个主要指标，是个体已经培养起来的弹性的量。本节我们将介绍几个有助于人们开发和提高个人弹性并在充满压力的情境下蓬勃发展的关键因素。

生活平衡

如图 2-5 所示的饼状图代表了大多数人生活中的关键活动。每一个扇区代表为了获得弹性必须发展的一个重要的生活方面。最有弹性的个体是那些已经获得**生活平衡（life balance）**的人。他们积极参与饼状图中的每一个扇区的活动，从而在生活中实现了一定的平衡。

如果饼状图的中心代表没有任何弹性，而边缘代表最大的弹性，每个扇区的阴影面积就代表了在该领域获得的弹性的数量（技能练习一节包含了这个练习）。那些最善于应付压力的人应该在每个扇区都占据了相当部分的阴影面积，这表明他们花了大量时间去发展生活的许多方面。过分专注一两个领域而排斥其他的领域，通常在减少部分压力的同时会造成更大的压力。生活平衡是关键（Hill 等，2001；Lehrer，1996；Murphy，1996；Rostad 和 Long，1996；White 等，2003）。

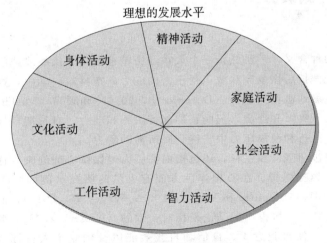

图 2-5　平衡生活中的活动

当然，这似乎是一个违背直觉的描述。通常，当人们感觉到某方面的压力时，如工作安排过紧，他们的反应是投入更多的时间和注意力。虽然这是正常的反应，但基于如下几方面的原因，这种做法反而是不利的。首先，个体越把精力集中在工作上，他们越是受到限制并且创造力会下降。我们会失去洞察力，无法采纳新的观点，并且更容易被压垮。许多解决问题的突破性想法来源于无关活动所激发的思想过程。这就是为什么几家大型公司让高级管理者参加充满风险的野外求生活动，在开董事会之前请剧团来表演，要求参加志愿的社区服务，或者鼓励管理者在工作之外投身完全无关的活动。

其次，放松的和精神振作的大脑能够更好地思考。包括奥多比（Adobe）、网飞（Netflix）和推特（Twitter）在内的越来越多的公司要求员工休假，并在每天的某个时间停止工作。这些公司已经被大量的研究所说服，当员工不被工作重担所消耗和压倒时，他们会更有生产力、更健康。当员工可以获得更为平衡的工作和生活时，生产力和员工幸福感将提高33%（Alterman等，2013）。

再次，最近的大量研究表明，充足的睡眠是生理健康、心理和情绪健康及工作效率的重要预测因素。美国人平均每个月缺少30多小时的睡眠。

最后，如果员工参加丰富多彩的健康计划，与压力有关的疾病带来的花费将显著下降。美国商业健康协会（Association for Fitness in Business）的一项研究表明，公司在促进健康上每投入1美元将得到3～4美元的回报。例如，AT&T由于为员工投资健康计划，在过去的10年中节约了7 200万美元。

相对于那些工作狂来说，发展得很好的人，即那些除了工作还投入时间和精力关心文化、体育、精神、家庭、社会和智力活动的人更有生产力，并且压力水平更低（Adler和Hillhouse，1996；Alterman等，2013；Hepburn，McLoughlin和Barling，1997；White等，2003）。身体健康、精神发展、增进家庭团结等方面的文献资料非常多，因此本节我们仅关注幸福感的两个常见领域：开发心理弹性和社会弹性（Duckworth等，2007）。这些活动不可能在午饭或周末的时间就能完成。获得生活的平衡和弹性需要不断地进取和努力。

心理弹性或毅力

心理弹性有两种含义。一种是指一个人在经历精神创伤、挑战或威胁后恢复初始状态的能力，也就是受挫折后恢复原状或承受压力的能力。在材料科学中，这种能力被称为张力。另一种含义更多地被称为毅力（Duckworth，2016）和顽强（Maddi，2006）。这些术语指的是即使经历了失败和逆境，仍能长期保持决心和动力。对长期目标的坚持和努力有助于培养在挑战、挫折和消极压力中坚持到底所需的耐力。

心理弹性不仅包括坚持和生存，还包括面临压力时保持心理健康。这类似于创伤后成长或者说在困境中越挫越勇。在心理弹性方面有大量的研究（例如，Duckworth，2016；Reich，Zautra和2010；Sutcliffe和Vogus，2003；Wadey等，2012），而有关开发心理弹性的方法，各种研究和人群得出的结论是相对一致的（Ungar，2008）。其中包括建立充满支持和爱的关系、开发自我意识、自信和自我效能以及确立个人目标（Bandura，2012；Maddi，2013；Masten和Obradovic，2006）。

这些主题在本书其他章节都有介绍，这里我们重点介绍三种在压力下可以带来弹性和心理健康的做法，包括有意义的工作、互惠和感激。

有意义的工作

从事有意义的工作可以带来很多积极的成果，如减轻压力、降低离职率和缺勤率、减少不满和玩世不恭，以及增加幸福感、心理弹性、奉献精神、努力程度、授权、满足和成就感（Chen，2007）。因此，培养心理弹性的方法之一就是找出你所从事的工作（或活动）的深远目的和意义。

Wrzesniewski（2003，2012）研究发现，人们通常将工作的意义分为三种，分别为工作、职业取向和使命。那些将工作仅仅视为工作的人主要是为了得到物质回报而工作。他们在工作中不会得到什么个人满足感，而是将兴趣与热情倾注在工作以外的活动中。工作不过是为其他活动提供财务或其他资源的手段（例如，给我派任务吧，我会完成的。这份工作可以帮助我偿还汽车贷款）。

另一些人则是职业取向的。他们受到成就感和成功的激励，努力工作以赢得威望、权力、认可和升职。他们渴望成为所在组织中的杰出人士，利用工作来争取升职，获得名望和头衔。对于他们来说，工作是实现个人发展、获得认可和开发技能的手段（例如，我希望在组织中被提拔到高级领导层，我希望增强我的技能）。

还有一些人将工作视为使命，他们被工作本身所蕴含的意义而驱动。工作中的实际任务提供了内在的激励和深远的目的。他们认为自己的工作本身就有成就感，他们追求的是大众福祉而不是工作所能提供的物质奖励。他们的工作所提供的意义超越了个人利益或者是物质奖励（例如，我非常在意自己所从事的工作，这远比我能获得的酬劳重要）。

极富意义的工作不仅能够减轻压力，而且可以带来积极的成果以及个人和组织的优异表现（Grant，2008）。例如，与具有职业取向或工作取向的工人相比，具有使命取向的工人所承受的压力更低，对管理层的信任感更高，对于组织更为投入，与同事的冲突更少、关系更为融洽，从任务中获得的满足感也更高（Wrzesniewski等，1997；Cook和Wall，1980；Mowday，Steers和Porter，1979；Taylor和Bowers，1972；Wrzesniewski和Landman，2000）。

格兰特等人（2007，2008）在一项针对工作的意义的非常具有启发性的研究中对电话推销员（主要是兼职的大学生）进行了调查。这些大学生的任务是给大学校友们打电话请其捐款。他们得到的答复几乎都是拒绝，除了按要求照本宣科外几乎没有任何培训，对于自己工作的意义也一无所知。这些人的主动离职率几乎达到了350%。

在研究中，一半的电话推销员可以与得到了校友捐款提供的奖学金的学生接触5分钟。这名学生对电话推销员们的工作表示感谢，指出如果没有他们拉来的捐款自己将无缘进入大学校门，电话推销员们筹来的奖学金捐款给自己的生活带来了巨大的变化。另一半电话推销员则没有与得到奖学金的学生接触，也完全不知道这方面的信息。

这项研究的结果令人震惊（Grant，2007，2008；Grant等，2007）。与那些完全不知道自己的工作有何意义的电话推销员相比，接触过拿到奖学金的大学生的电话推销员的工作效率（拨打的电话数）和效果（筹到的款项）都高出了3倍。这一差距不仅在干预刚刚过后（一周后）很明显，在一个多月后仍然存在。如图2-6所示，即使在恶劣的、充满压力的、令人厌烦的工作中，阐明工作的意义仍然可以极大地提升工人的绩效。

值得注意的是，使命感与所从事的工作类型无关。相反，它取决于工作所固有的积极意义（Bellah等，1985；Wrzesniewski，2003）。任何类型的工作，甚至是通常被视为身体上、社会上或是道德上低人一等的工作也可以从正面的角度重新定位（Ashforth和Kreiner，1999；Wrzesniewski等，2013）。换句话说，同一个任务既可以被视为工作也可

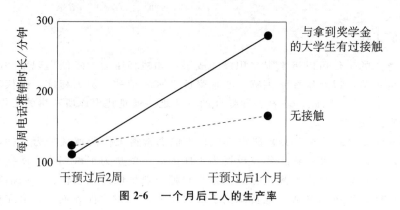

图 2-6　一个月后工人的生产率

以被视为使命，而这取决于人们看待它的角度。即使是最声名狼藉、最令人讨厌的任务也可以被重新解释为具有深远目的的使命（Pratt 和 Ashforth，2003）。

当工作具有如表 2-5 所示的四种关键属性中的一个或多个时，就是有意义的。

表 2-5　赋予工作意义的因素

1. 工作有助于造福人类。
2. 工作与某种重要的美德或者是个人价值相关。
3. 工作的影响超越即时的时间框架或者是具有连锁反应。
4. 工作被重构，以配合和加强个人的价值观、优势和激情。
5. 工作可以营造支持性的关系并培养普遍性的互惠。

1. 工作有助于造福人类（Brown 等，2003；Grant，2008；Grant 等，2007）。美敦力（Medtronic）、谷歌和豪飞（Huffy）等公司定期张贴来自顾客或患者的讲述其生活因公司的产品或服务而改善的来信，或是主动邀请他们在员工聚会上发表演讲。

2. 工作与某种重要的美德或者是个人价值相关（Bright，Cameron 和 Caza，2006；Weber，1992）。例如，添柏岚的 CEO 杰夫·施瓦茨（Jeff Schwartz）决定大幅提高公司生产的服装中使用的有机棉所占的比例，这是为了避免在公司种植的棉田中摘棉花的农民工们接触致癌物质，而实际上消费者和管理机构都没有这方面的要求（Schwartz，2001）。

3. 工作的影响超越即时的时间框架或者是具有连锁反应（Cameron 和 Lavine，2006；Crocker 等，2006）。卡梅伦和拉文（Lavine，2006）关于洛基滩核军火库清理（比原计划提前 60 年，比预算节省 300 亿美元，比美国联邦政府的标准干净 13 倍）的研究为上述影响提供了证明。员工们在工作中找到了深远的意义，他们深信自己的工作会造福后代。具有连锁反应是指当一个人作出了高尚的举动，如帮助身处危难中的人、表达感激、显示仁慈或者表现出勇气时，其他人往往会效仿。

4. 工作被重构，以配合和加强个人的价值观、优势和激情（Berg，Wrzesniewski 和 Dutton，2010；Wrzesniewski 等，2013）。工作重构已经成为组织经常采用的一种工具，以实现员工与其工作之间的最佳契合。研究发现工作重构能够显著提高员工从工作中得到的快乐、幸福感并提高其工作效率。工作重构可以分为任务重构、关系重构和认知重构（或个人对工作的思考方式），可登录 www.centerforpos.com/jobcrafting 查看详情。

5. 工作可以营造支持性的关系并培养普遍性的互惠（Baker，2012，2013；Polodny，Khurana 和 Hill-Popper，2005）。一项针对 48 个科学研究的回顾分析发现，有 30 多万人认为与吸烟、酗酒、肥胖及缺乏锻炼相比，人际关系对于死亡率、心脑血管疾病、癌症及各种感染的预测效果更好（Holt-Lunstad，Smith 和 Layton，2010）。

开发强大的人际关系将在第 4 章讨论，不过本章也描述了一种在遇到负面压力时培养韧性的重要方法。这种方法的核心是广义互惠。

互惠

人类对于互惠有着与生俱来的偏好。所有的经济和交换体系都是建立在互惠原则上的。例如，如果我们给某人帮助而他却不予报答甚至是连"谢谢"也不说，那么我们就会认为这个人自私、感觉迟钝、不合时宜。从店铺里拿走东西却不给钱会被称为偷窃。我们从小就知道社会秩序是建立在互惠基础上的。如果有人给了你一些东西，你即使不作出回报，也应该表示谢意。因此，仅仅说声谢谢，承认别人为你提供的服务，承认别人的积极影响，也有助于培养应对压力的应变能力（Park 等，2017）。

相反，当回馈或给予的意向与得到某种好处并不存在直接的关系时，就是广义互惠（Baker，2014；Baker 和 Bulkley，2014）。付出不会换来任何好处。之所以付出是因为这么做会对其他人带来好处。捐出善款，表现得慷慨大方，为其他人增光添彩，这些也都有助于产生心理弹性。Rand，Greene 和 Nowak（2012）在几项精心控制的科学研究中证明，人类有一种天生的慷慨、利他主义和帮助他人的倾向；也就是说，人们在生理上有慷慨的倾向，就算是不会得到回报。

这种互惠和广义互惠的倾向有助于培养心理弹性，原因正如帕克和他的同事们（2017）在几项研究中指出的那样，身体和大脑以提高幸福感和愉悦的方式被激活。具体来说，当一个人表现出慷慨和承认他人的贡献（互惠）时，大脑腹侧纹状体将会被激活。大脑的这个区域将产生弹性、幸福感和愉悦。

值得注意的是，当人们无私地为其他人付出时，我们往往会将其视为更出色的领导者、更值得交往的朋友以及工作表现更突出的人（Putnam，2013）。

保德信公司（Prudential）前首席执行官吉姆·马洛奇（Jim Mallozzi）出任首席执行官后在一间大礼堂内召集 2 500 名销售人员开的第一次会议上就展示了这一做法。马洛奇让所有与会人员拿出自己的手机并开机（而不是通常会议所要求的关机）。马洛奇要求所有人通过手机发送短信或者是电子邮件来讲述一个有关如何发展新客户、达成销售或者是培养终身客户的好点子。这么做的目的在于帮助公司里的其他人取得更好的业绩。人们分享的点子超过了 2 200 个，马洛奇几年后报告说，其中一些点子仍然在被人们使用。

本章的技能练习一节给出了一个培养广义互惠的练习。这个练习是由密歇根大学的韦恩·贝克（Wayne Baker）提出的，用来帮助在人群中识别新创意及此前未发现的资源（参见 www.humaxnetworks.com）。当团体中的每一个人都提出一个要求时，就结成了互惠网络。人们所提的既可以是个人要求（我离城期间需要有人帮忙喂狗），也可以是与工作有关的要求（我希望知道如何激励我带领的销售团队）。接下来，团队中的其他人会针对这些要求提供资源、知识或者是有可能帮得上忙的社会关系。当提出要求的人与提供资源或帮助的人联系上时，网络就建好了。

感激

另一个用来培养心理弹性和个人幸福感的看似简单却很强大的工具是表达感激。感受并表达感激对于个人和团体都有巨大的影响。例如，埃蒙斯（Emmons，2003）通过布置学生写一个学期的日记来引导学生的感激情愫。有些学生被要求每天或每周都记下"让人感激的事情"。也就是说，他们要写下在一天（或一周）中所发生的让他们有感激之情的事情或事件。其他学生则被安排写下让他们沮丧的事情或事件，另外还有一些学生被安排写下一些近乎中性的事情或事件。

与记录令人沮丧或中性事件的学生相比,写感恩日记的学生所经历的头痛、感冒等身体上的症状更少;对整个生活感觉更好;对未来的一周更加乐观;在清醒、注意力、决心和活力方面的状态更好;更乐于助人;睡眠质量更好;并且更有与别人休戚相关的感觉。除此之外,他们迟到和旷课的比率更低、平均分更高。感激之情对于学生的课堂表现和日常生活都有着显著的影响(Emmons,2008)。

与备感挫败的人相比,心存感激的人心率更稳定、更健康。当心存感激时,人们的心理健康、认知能力和工作绩效都会显著改善,这在一定程度上是因为身体此时处于和谐模式。

埃蒙斯(2008)还发现一个人表达感激往往会促使其他人表达感激,因此表达感激就会形成一个源源不绝的良性循环。感激会引发其他人的积极行为(如他们更愿意借给别人钱,提供富有同情心的支持)。例如,如果服务员在饭店账单上手写一句"感谢惠顾",他得到的小费就会提高11%,并且,如果得到感谢,社工回访的比率会提高80%(McCullough,Emmons和Tsang,2002)。

实证调查发现,上门道谢(纯粹出于表达感激的目的而拜访另一个人)、写感谢信(向另一个人表达感激之情)、记感恩日记(每天写下让你感动的三件事情)和分发每日感恩卡(每天给同事分发写着感谢的话的卡片)都会给个人和组织带来显著的影响(参见Emmons,2008;Seligman,Steen,Park和Peterson,2005)。尽管实施起来很容易,其效果却非常显著,可以极大地提升心理弹性并增强幸福感。

暂时减轻压力的技巧

到目前为止,我们一直将讨论的重点放在消除压力源和发展对压力的弹性上。这些是最佳的压力管理策略。然而,即使在理想的环境下,要消除所有的压力源也是不可能的。此外,发展弹性往往需要耗费时间,因此个体经常需要采取暂时性的反应机制来保持平衡。虽然提高弹性可以防止压力有害的影响,但是,人们有时必须在短时间内立即行动来应付压力。

短期策略的改善可以暂时减轻压力,这样消除压力源或提高弹性的长期策略才可以得到运用。短期策略主要是反应性的,每次遇到压力都要重复使用,因为它与其他的策略不同,它的效果只是短期的。它们在立即消除焦虑和恐惧等感觉方面特别有效。个体可以在被问到自己无法回答的问题时使用它,可以在遇到意外的事件而感到窘迫时使用它,可以在面对一个报告或重要的会议时使用它,可以在突然遇到压力而且必须在短时间内作出反应时运用它。尽管1990年以来有关暂时性的减压技巧的书籍超过了15万种,这里仅简要地列出其中六项最知名、最容易掌握的技巧。前两项是生理的,后四项是心理的。

第一种技巧是**肌肉放松**(muscle relaxation),它涉及以一定顺序放松紧张的肌肉。每个肌肉群先紧张5~10秒钟,然后完全放松。由脚开始,然后逐渐到小腿、大腿、腹部,接着是脖子和面部,你可以使自身的紧张得到释放,练习可以包括身体的任何部位。但有几个部位需要某些特别的动作,头绕脖子转几次,耸肩,将手伸向天花板5~10秒,接下来回复原位并放松肌肉。这样做可以使你暂时放松，并能帮你消除紧张、恢复能量。

第二种技巧是**深呼吸**（deep breathing）。首先，先做几次慢慢的深吸气，保持5秒钟，然后完全呼出来。你应该专注于呼吸，这样在身体放松的同时头脑短时间内也会没有太多的思绪。每次深吸气后，肌肉要有意识地放松。

第三种技巧是运用**意象**（imagery）和**幻想**（fantasy）来转移思想的焦点，从而暂时消除压力。意象包括使用"心理图片"而将一个事件视觉化。在运动员身上运用得越来越多的是，想象自己成功完成动作或者想象自己达到目标。研究已经证实了这些技巧在减轻压力和提高成绩表现上的作用（Andersen和Williams，1999；Deepak，1995）。除了描绘形象外，意象也可以包括回忆声音、气味和结构。将思想集中于可以被生动回忆的愉快经历（如钓鱼、家庭休假、参观、海滩上的休闲时光）。同时，幻想不是过去的记忆，而是使自己相信某个事件或假设。例如，大家都知道儿童经常会构造假想的朋友，假想发生了什么事，或在面对压力时想出特殊的愿望来安慰自己。成年人也会做白日梦或进行其他的幻想使自己顺利度过有压力的情境。这种技巧的目的是通过将思想集中在一些愉快的事情上，暂时释放焦虑或压力，从而可以接着运用更有益的长期性的减压策略。

第四种技巧是**重构**（reframing）。重构只不过是为了找到更积极的选择而以不同的方式看待事件、想法、概念和情感。一项针对正在备考的学生的研究发现，与没有练习认知重构的学生相比，练习认知重构的学生的记忆力有了明显的改善。类似地，认知重构过程中，抑郁、焦虑和应激会显著降低（Ray等，2005）。下面是一些可以激发重构的提示。你只需专注于这些提示中的一个或几个。

- "我理解这种情况。"
- "我以前解决过类似的问题。"
- "其他人可以帮助我摆脱这一困境。"
- "其他人也遇到过类似的情况，并成功渡过了难关。"
- "从长远来看，这真的算不了什么。"
- "我可以从中学到一些东西。"
- "我有几个不错的选择。"

第五种技巧包括各种形式的**冥想**（meditative practices）。这其中包括冥想练习，如仁爱冥想、超验冥想、引导观想、咒语冥想等。例如，仁爱冥想是一种成熟的冥想实践，旨在获得发自内心的对自己和他人的爱、恻隐之心和善意。从本质上说，人们致力于对自己身边的人产生积极的情感。类似的做法包括撰写感恩日记、祈祷和思考精神上的启示。这些都有助于人们反省自己，获得心灵上的宁静。

近期有关这方面的研究结果非常有说服力。研究显示，进行冥想有助于减少与压力有关的皮质醇、失眠、免疫力下降症状、经前综合征、哮喘、陷入抑郁、一般情绪困扰、焦虑和恐慌。冥想有助于控制Ⅱ型糖尿病人的血糖、摆脱负面情绪、实现自我理解和总体幸福感。研究还发现冥想与心率、后叶催产素、迷走神经张力、血压、肥胖症、肿瘤患病率、心脏病、各种感染，尤为让人感到惊异的是大脑皮质厚度之间存在关联（Fredrickson等，2008；Hozel等，2010；Kok等，2014）。

第六种技巧是**预演**（rehearsal）。使用这种技巧，人们尝试不同的情节和各种反应来克服潜在的压力情境。可以在压力发生前，在安全的环境下预演适当的反应，也可以独自在压力情境中预演。就像预演一出戏，使自己暂时脱离压力情境并通过对话或反应来完成，可以帮助个体重新获得控制并减轻眼前的压力。

小结

本章的开篇以相对简单的模型介绍了压力。四种压力源——时间性的、遭遇性的、情境性的和预期性的,使个体产生负面的心理和生理反应。个体为应付压力而培养的弹性可以调节这些反应。最佳的压力管理方式是通过高效的时间管理、扶植社团和做出贡献、提高智商和社交能力、工作再设计、确定优先级、目标设置和小量成功来消除它。这些策略可以产生长期的效果,但是通常需要相当长的时间来实施。

有效性相对次之的压力管理策略是提高自身的弹性。人们可以通过增强心血管系统功能和改善饮食结构来提高生理弹性。通过专注于工作的意义、互惠和感激可以提升心理弹性、耐久力和个人幸福感。这些策略可以带来长期的好处,但是往往无法立即付诸实施。它们是用来在长期内增强耐久力的中期策略。

在个体面对的环境条件无法使用长期策略减压时,短期放松技巧可以暂时缓解压力症状。这些策略只有短期的效果,但它们可以立即应用并可以反复使用。

行为指南

按照下面的行为指南来提高压力管理技巧及个人幸福感。

1. 在面对压力时,首先试着消除压力源,然后专注于开发弹性和个人幸福感来培养困境中的耐久力,最后要学会在短期内减轻压力的各种暂时性减压方法。

2. 运用有效的时间管理练习。确保能通过明确自己的个人使命陈述来有效且高效地利用时间。确保重要性低的任务不会占据完成高重要性任务的时间。运用技能评估一节时间管理问卷中的指导原则来更好地利用时间。相对于紧急的活动,重要的活动应被赋予更高的优先级。

3. 基于相互信任、尊重、诚实和友善,与他人建立合作性的关系。向他人的"情感银行"里"存款"。与和你一起工作的人建立紧密、稳定的关系。

4. 通过学习和运用本书其他章节所讨论的原则来有意识地提高自己的情商。

5. 重申提供了指导原则的优先级和短期目标,专注于相关的活动。按照 SMART 的指导来制定目标。

6. 通过平衡生活来提高心理弹性,并有意识地开发身体、智力、文化、社会、家庭和精神来提高弹性。

7. 运用小量成功策略提高心理弹性。确认并赞赏自己和其他人获得的小量成功。

8. 至少学习一种深度放松技巧并有规律地加以练习。

9. 至少和一个人建立开放、信任、分享的关系来提高社会弹性。增强自己和一名资深员工的导师关系,这个人可以肯定你作为一个人的价值并在压力期间给你支持。

10. 找出与你得到的酬劳相比,你工作中更有意义的地方。

11. 确定有助于你与众不同的一些贡献目标,赋予贡献目标与成就目标至少相等的优先级。
12. 实施至少一种感激实践,如感恩之旅、感恩拜访或者是感谢卡。

涉及压力管理的案例

潮起潮落

不久以前我陷入了很多人时常会遇到的阴郁时期,我突然强烈地感觉到每件事都是沉闷、乏味的,我的能量被耗尽了,热情消失了。这种感觉对我工作的影响是非常大的。每天早上我会咬紧牙关喃喃自语:"今天的生活又会继续它过去的方式。你必须突破它。你必须这么做!"

但平淡的一天又过去了,我变得更加麻木。我知道必须寻求帮助了。我去找了一位医生。不是心理分析师,只是医生。他比我年长,在他板着的面孔下面隐藏着巨大的智慧和热情。"我不知道怎么了,"我向他诉苦,"但我好像已经走进死胡同了。你能帮助我吗?"

"我不知道,"他缓慢地说。他将手指交叉并打量了我一阵儿,然后突然说,"你童年最愉快的地方是哪里?"

"童年的时候?"我回答,"为什么?我想是在海滩。我们在那里有一座夏日小屋。我们都喜欢它。"

他向窗外望去,看那10月的叶子飘落到地上。"你能按我说的度过一天吗?"

"我想可以。"我说道,我准备尝试任何事。

"好的。我需要你这样做。"

他让我明天早上独自一人驱车去那个海滩,9点之前到。可以带一些午餐,但不能阅读、书写、听收音机或与人交谈。"我会给你一些指示,隔3个小时执行一项。"

接着他写了四张纸条,折好,写上编号然后交给我。"9点、12点、15点和18点各看一张。"

"你是认真的吗?"我问道。

他发出一阵爽朗的笑声:"当你拿到我的账单时,你就不会认为我在开玩笑了。"

第二天早上,我驱车前往海滩,独自一人,毫无信心。东北风正在刮,大海看上去灰蒙蒙的而且很汹涌。我坐在车里,时光就这样在我面前流逝。接着我掏出第一张折着的纸条。上面写着:仔细倾听。

我注视着这几个字。"为什么?"我想,"那个人一定是疯了。"他已经禁止了音乐、新闻和与人类的交流。还剩什么呢？我抬起头倾听，四周一片寂静，只有大海的咆哮、海鸥的鸣叫和天上飞过的飞机的嗡嗡声。所有这些声音都是我熟悉的。我下了车。一阵海风啪的一声把车门关上了。"我是不是就要仔细地听这种声音呢？"我问自己。

我爬上一个沙丘，视线越过海滩。海的声音如此之大以至于听不到其他任何声音。但是，我突然想到，声音之中一定还有声音——如果倾听者到足够近的地方去听，有流沙发出的锉刀锉东西的声音，还有风刮过沙丘上的草的声音。

我突然产生了一种冲动，我跳入水中，感觉非常可笑，我把头埋入一丛海草中。我发现：如果你用心地听，你会发现有一个时刻，一切好像都静止了，都在等待，在那个时刻，纷乱的思绪停止了。有一个时刻，当你真的倾听你之外的一些事情时，你必须使内心吵闹的声音安静下来，让思想休息。

我回到车上，靠在方向盘的后面，仔细倾听。当我再次倾听大海深深的咆哮时，我发现自己正在想象风暴的雪白利齿。

我想起了儿时得到的教训。一定量的耐心：你不能使潮汐变快。非常多的尊敬：大海不会对傻瓜幸灾乐祸。意识到广袤而神奇的事情之间的相互依赖：风、潮汐和海流，平静、喊叫和飓风，所有这些结合在一起决定了海面上的鸟和海面下的鱼的路线。而且大海的扫帚每天扫除海岸两次，将所有的一切一扫而光。

坐在那里，我意识到我正在思考一些我之外的事——这使我有一种释放的感觉。

即使这样，早上仍然过得很慢。我已经养成了很强的使自己置身一个问题中的习惯，不这样做我就感觉无所适从。有一刻，当我渴望地看着汽车上的收音机时，一句话跳进我的脑子里："伟大的事物是以静默的方式塑造出来的。"

中午的时候，风已将天空的云刮得不知去向，海面闪烁着平静和快乐的光芒。我打开第二个"处方"。我又一次坐在那里，喜怒参半。这次的几个字是：试着回顾。

回顾什么？当然是过去。但是为什么？我焦虑的只是现在和将来。

我离开汽车，开始沿着沙丘行走。那个医生让我到海滩这里来，因为海滩有我愉快的记忆。这可能就是我来的目的：我已经快遗忘了"快乐"这种财富。

我决定去尝试：我像画家那样给这些模糊的印象涂上颜色并加深轮廓，我将选择特殊的事件并且尽量回忆更多的细节。我将在脑海中回忆那些人的服饰和神态。我将仔细地听他们的声音，他们笑声的回音。

潮汐将要退去了，但仍可以听到浪头拍岸的轰鸣声。我选择了20年前和我的弟弟最后一次去抓鱼的情景（他在第二次世界大战中死在太平洋，并被埋葬在菲律宾）。我发现自己闭上眼睛真的开始回忆，我可以非常清楚地看见他，甚至多年前那个早晨他那幽默而热情的眼睛。

实际上，我可以看见所有的一切：我们捕鱼的象牙形的海滩；东边的天际映出朝阳的光辉。我可以感觉到水流在我的膝盖边打旋，看见我弟弟钓上鱼时竿子的弧光，听见他欢快的叫声。我一片一片地把它们重构出来，仍然那样清晰，没有改变。然后它消失了。

我慢慢坐起来，试着回顾。快乐的人通常是有安全感而自信的人。如果你特意回到过去，触摸到快乐，那里可能有一些没有被释放的力量和能量。

这一天的第二段时间过去得更快。当太阳斜挂在天空时，我的思绪回到了过去，忆起了一些情节，有一些完全被忘记就回忆不起来了。举例来说，在我大概13岁，我弟弟10岁时，父亲答应带我们去马戏团。但午饭时电话响了：一些紧急的生意上的事需要他到市中心去。我们想这次去不成了，但还是强打起精神。这时我听到父亲说："不，我不能去。这件事必须稍后一些处理。"

当他回到餐桌旁时，母亲笑着说："马戏团还会来的，你知道。"

"我知道，"父亲说，"但童年不会有第二次。"

这么多年来我还记着这件事，突然感到的一股温暖使我知道所有的仁慈都不会白费，也不会被遗忘。

15点的时候潮汐已经退了，海浪的声音只是有节奏的私语，就像一个巨人的呼吸。我站在沙地上，感觉放松和充实——还有一点儿自满。医生的药方并不难办到，我想。

但我没有料到下一个处方，这次不是一个和蔼的建议，更像是一个命令：重新检查你的动机。

我的第一个反应完全是防御性的。"我的动机没有问题，"我对自己说，"我想获得成功——谁不想？我想得到某种程度的承认——但每个人都这样。我想得到更多的安全感——谁又不想呢？"

"也许，"我的脑海中出现了一个微弱的声音，"这些动机也许不够好。也许这就是不能前进的原因。"

我抓起一把沙子，任由它们在指缝中流动。过去，每次工作进展顺利时，总有某些东西是自发的、没有图谋的，是自由的。最近，一切都被计划，工作是胜任的——也是死气沉沉的。为什么？因为我将工作视为能给我带来报酬的工具。工作自身已经不再是目标，只是赚钱的工具，用来支付账单。付出、帮助别人、做贡献的感觉已经丧失在对安全的追求中了。

我突然明白，如果一个人的动机错了，没有什么会是对的。无论你是邮差、美发师、保险推销员、家庭主妇都一样。只要你感觉是在为别人服务，你就会做得好。当你只关心帮助自己时，你做得就不那么好。这种法则就像地心引力一样无情。

我长时间坐在那里，我听着浪花拍岸的低吟声变成咆哮声。我身后的阳光几乎沉入水平线下。我在海滩上的时间已经所剩无几了，我感觉自己不得不佩服那个医生有意和巧妙设计的"处方"。我现在知道这些建议几乎对任何遇到困难的人都可能是有价值的。

仔细倾听：使你紊乱的心平静下来，把注意力从内部的问题转到外部的事情。

试着回顾：因为你的大脑每次只能思考一件事，当你接触到快乐的过去时，你会忘记现在的忧愁。

重新检查你的动机：这是这一"治疗"的艰难而重要的核心，它要求你重新进行评价，使自己的动机与自己的能力和良知保持一致。但是做这件事时需要头脑清楚，有充分准备——因此前面经过了6个小时安静的时光。

当我取出最后一张纸条时，西边的天空已如深红色的火焰。这次是一句话。我慢慢地走下海滩，站在离最高的水迹线几码以下，又读了一遍最后一张纸条：把你的问题写在沙滩上。

我让这张纸条随风而逝，弯下身捡起一个贝壳，跪在穹隆一般的天空下，在沙滩上写下了几个字。接着我离开了，而且不会回来，我已经把自己的难题写在沙滩上，潮水将把它带走。

资料来源："The Day at the Beach" Copyright by Arthur Gordon, 1959.

讨论题

1. 这些压力应对策略有何效果？它们为什么能起作用？
2. 你现在面对的麻烦、挑战或压力源中，有哪些可以应用这些策略？
3. 这些处方是有效的压力应对策略，还是仅仅是逃避？
4. 除了这里提到的四条，作者还可以采纳哪些建议？基于你自己应对压力的经历列出一个清单。

无效时间管理的案例

6月23日，星期二，大约早上7:30，Norris公司中央工厂的经理埃博妮·埃尔斯沃思（Ebony Ellsworth）将车从郊区的家中开出，向大约6英里外的工厂驶去，车速保持在城市车速限制的中间水平。天气很好，阳光明媚，刮着凉爽、清新的风。驱车到工厂大约需要20分钟，这段时间埃博妮正好可以不受干扰地思考工厂的一些问题。

Norris公司拥有并管理三家印刷厂，业务范围遍布全美，特别是在高质量的彩色印刷方面。该公司管理比较严格，有大约350名员工，一半的员工在中央工厂就职，中央工厂是Norris公司三个工厂中最大的一个。公司主要的办公地点也在中央工厂的大楼内。

埃博妮从俄亥俄州毕业后就开始了她在Norris公司一帆风顺的职业生涯。3年后，埃博妮被提升为生产督导，两年后被调到中央工厂做经理的助手，一个月后前任经理退休，她接替了该经理的职位（见图2-7）。

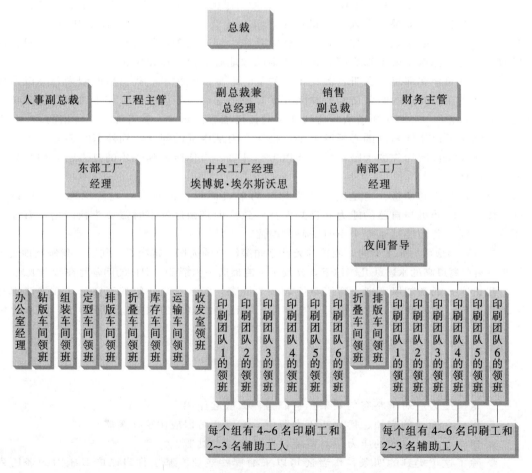

图2-7 组织结构图

她对自己说："今天该真正着手解决问题了。"

她开始思考今天的工作，先是一个项目，接着是另一个，她试图排出这些项目的重要性顺序。几分钟后，她判定机动部门的时间安排可能是最重要的，当然也是最紧急的。当她回想星期五副总裁兼总经理问她对这个项目是否有一些新的想法时，她迟疑了片刻。埃博妮意识到她随后并没有对这个项目进行很多思考。她3个月前就应该着手这个项目了，但好像总有一些事情缠住她。"我必须拿出一段较长的时间，好好完成这个项目的计划，"她对自己说，"我最好今天就搞定它，以免再出问题。"她于是开始分解这个项目的目标、过程和具体实施步骤。当她回顾涉及的原则并大致计算出因此能节约的开支时，不禁露齿而笑，"只是个时间问题，"她对自己说，"这个主意早就应该付诸实施了。"埃博妮记起来，一年半以前她就曾经有过对这个项目进行计划的想法。她曾对她的老板——东部工厂的经理吉姆·昆斯（Jim Quince）说过这个计划，而且两人都同意，该计划值得仔细研究。一个月后她被调到中央工厂，这个想法也暂时被搁置了。

她开始考虑一个能更简便地在中央工厂和东部工厂之间进行运输的计划。在脑海中回忆着桌上放着的记事本的内容，她开始分析一份调查，她需要这份调查来解决一些运送缓慢的原料问题，思考她需要重新审查的控制，以及她需要设计的一个新的特殊的序列表。她还决定今天要安排一个打印员来做简单的办公室材料的打印。她手上还有其他几项回忆不起来的项目，但她可以午餐后再处理它们。"是的，"她对自己说，"今天应该真正地忙起来。"

当她驶入公司的停车场时，她的思路被打断了。她遇上库存车间的领班阿尔·诺伦（Al Noren）。阿尔·诺伦好像遇到了麻烦。"早上好，阿尔，"埃博妮热情地和他打招呼。

"不太好，埃博妮，我的新员工早上没有来。"阿尔嚷道。

"你有他的消息吗？"埃博妮问道。

"没有，现在还没有。"阿尔回答。

埃博妮皱着眉说："这些处理库存的工人总以为你想当然地认为如果他们不在，那他们就是不在，他们用不着打电话来说一声。最好让人力资源部的人给他打个电话。"

阿尔迟疑了片刻回答道："好的，埃博妮，但你能给我找个人吗？我今天有两辆车要卸。"

埃博妮边走边说："我会在半小时内打电话答复你。"

埃博妮在脑子里记下了这件事，然后向办公室走去。她向和办公室经理玛丽莲（Marilyn）挤成一团的那些工人打了招呼，玛丽莲正在和他们讨论今天的工作安排。讨论结束后，玛丽莲拿起几个样本给埃博妮看，并问她这些货是就这样运走还是必须检查一遍。还没等埃博妮回答，玛丽莲又接着问埃博妮是否可以推荐一个操作员来负责售货机的工作，以代替请病假的那个操作员。她还告诉埃博妮，工程师吉恩（Gene）正在等她。

埃博妮告诉玛丽莲继续工作并运走那些样品后，她记下了要找一个操作员，然后打电话给吉恩，答应午餐前到吉恩的办公室去一趟。接着她开始例行的对工厂进行早间巡视。她问了每一个领班他们正在生产的产品类型和数量、现有人数、生产进度以及下一个生产任务；帮助折叠车间领班找了一个暂时存放货物的地方；和一个表现较差的操作员讨论质量控制；将四个人暂时安排到不同的部门，包括为阿尔安排两个人；与运输车间领班讨论当天运输货物的顺序和装卸问题。接下来，在巡视工厂的过程中，她检查了库存是否从原来的地点搬走了。她和另一个印刷工人讨论了他的假期安排变动，又与一个印刷工人进行了深入的交谈，这个人似乎总需要不断地得到认可，然后她批准了不同客户发来的定制芯片订单。

回到办公室后，埃博妮查阅了生产报告，并与最初的生产情况进行比较，发现进度已经落后了。她叫来折叠车间的领班，讨论了机器的阵形，做了几个必要的改动。

在讨论的过程中，总工程师加入进来讨论了几处变动，钻版车间的领班打电话来请示对某个客户的工作进度调整。库存车间的领班打了两次电话，第一次是告诉她有两个标准的、消耗很快的库存部件已经快用完了，第二个电话是告诉她迪莲（Dillion）所急需的工作用纸终于到了。埃博妮给有关的人打电话处理了这些事情。

她接着开始给那些客户和经销商提出的重要但难办的要求安排运货日期（玛丽莲负责处理一般例行的要求）。在做这件事的时候她被打断了两次，一次是西海岸的经销商打电话来要求改变运货日期，另一次是人力资源副总裁的电话，让她安排一个时间对新员工进行入职培训和面谈。

安排好客户和经销商的日期后，埃博妮前去参加行政办公会议室的晨会。在这次会议上，她回答了销售副总裁关于订货、客户抱怨以及长期的订货和新的订货情况的问题。她接着与总经理会面，讨论几个棘手的政策方面的事情并回答老员工关于几项特别的产品和人事方面的问题。在离开会议室之前，她在财务主管的办公室前停住，询问有关硬纸盒、纸张和纸箱的发货情况，并发出了一份新的纸张订单。

在返回自己的办公室的路上，按照事先的约定，她和吉恩讨论了当前的两个工程项目。回到自己的办公室后，她看了下表。现在还差10分钟就到午餐时间了，刚好够做几个她需要检查的细节的记录，以便回答早上销售经理提出的棘手问题。

午饭过后，埃博妮又开始了工作，她首先检查了前一天的生产报告，修改了一些进度安排来处理紧急的订货要求，为早上收到的新订货要求确定了合适的运输日期，并和一个领班讨论了他的个人问题。她花了大约20分钟把与东部工厂双方相关的问题都过了一遍。

在下午过了一半的时候，埃博妮对工厂又进行了一遍巡视，之后她与人事经理会面，共同回顾了一个文员提出的敏感的个人问题、领班提出的假期安排，以及待定的工作评估计划。会谈之后，埃博妮匆忙赶回自己的办公室去完成Universal Waxing公司所需的特殊的统计报告，该公司是Norris最重要的顾客。完成报告之后，她发现已经18:10了，办公室现在只剩下她一个人了。埃博妮感到很累，她穿上外衣离开工厂向停车场走去；在路上她被夜间督导和夜间领班叫住，要求她批准生产安排。

两眼盯着路面，埃博妮开始回顾一天的工作。"繁忙？"她问自己，"简直太忙了——但我完成了什么事吗？"她开始回忆今天的活动，"是，又不是"似乎是这个问题的答案。"今天和往常一样，都是例行公事。工厂保持运转，我想今天的产量一定还不错。有没有做任何创造性的或特殊项目的工作？"埃博妮不情愿地回答道，"没有。"

带着内疚的心情，她进一步地探究，"我是个管理者吗？我被作为管理者付酬、受人尊敬，也被给予了必要的权力。但是公司雇用管理者的最大收益是其创造性的思想和成就。我在这方面做了什么呢？"管理者需要一些时间去思考。今天是典型的一天，就像大多数其他的工作日一样，我几乎没有做任何创造性的工作，今天早上我满怀热情要加以计划的那些项目依然和昨天一样。更重要的是，我无法保证明天晚上或后天晚上这些项目能有任何进展。这正是问题所在，必须予以解决。

在埃博妮的车拐上通向自家的街道时，她脑海中萦绕的问题是："我怎样才能更有效地管理时间？"正想着，她看到自己的孩子向汽车跑过来，喊叫着"爸爸，妈妈回来了"。她的思路被打断了。

讨论题

1. 在这个事例中，埃博妮违反了哪些时间和压力管理原则？
2. 在这个事例中，组织的问题是什么？
3. 埃博妮的哪些性格特点妨碍了她有效地进行时间管理？

4. 如果你被邀请去做埃博妮的咨询师,你将给她提供什么建议?

压力与"千禧一代"

大量研究表明,"千禧一代"比前几代人的焦虑程度要高得多。这代人到底怎么了?

事实上,这代人遇到了很多问题。他们是在互联网上长大的第一代人。他们是第一代体验"直升机式父母"育儿法的人。他们一次又一次在社交媒体上被曝光,同时也被专横的父母一直庇护在羽翼下。他们不是经历过经济不景气的第一代人,但他们的行为却表现得像是这样。这代人很晚才结婚或根本不结婚,他们对家庭和家庭结构的定义正在发生巨大的变化。迁徙自由很容易让人把家庭远远抛在身后,超过50%的"千禧一代"远离了家庭。(研究表明,与家人住得近有助于减少焦虑和抑郁。)"千禧一代"面临的无尽选择也被证明会带给他们压力。虽然金钱是"千禧一代"最大的压力源,但严重的疲劳和个人健康问题也是造成其精神负担的重要原因。"千禧一代"中超过一半的人表示,他们通常在工作日开始时就已经感到疲乏,而大多数人每周有4天在醒来时就会感到疲乏。1/6的人担心自己的恋爱关系缺乏进展,15%的单身一族担心找不到合适的伴侣。一项针对"千禧一代"的调查发现,前十大压力源是:资金/财务;疲倦/睡眠不足;健康问题;工作负荷;国家的未来;助学贷款;父母的健康问题;近期与伴侣发生的口角;与老板/上司的关系;恋爱关系缺乏进展。"千禧一代"采用的应对策略包括:对别人不耐烦;打盹/睡觉;尽量忽视;哭泣;不理睬朋友;吃喜欢的零食/食物;不理睬家人;与朋友谈心;健身。

讨论题

1. "千禧一代"面临的主要驱动力和抑制力是什么?哪些因素增加了这些压力源?
2. 哪些力量可以被加强或削弱?可以如何完成这项任务?
3. 对你的"千禧一代"同龄人你有什么特别的建议?你建议采取哪些策略来帮助消除、适应和/或暂时应对这些压力源?

长期和短期的压力管理的练习

在这一节中,我们将提供五个练习来帮助你练习有效的压力管理,我们极力主张你和一个伙伴一起完成这些练习,这个伙伴可以给予你反馈并监控你提高技能的过程。因为管理压力是一项个人技能,你大部分的练习将会独自完成,但有一个了解你目标的伙伴将有助于你取得进步。

小量成功策略

中国有一句古老的谚语：不积跬步无以至千里。本章中，小量成功这个概念被解释为将大的问题分解，并且在处理这些问题时识别小的成功。每一次进步都反映同一个基本哲理——确认所获得的成就，而且每一次进步都会帮助个体建立对压力的心理弹性。

作业

回答下面的问题，每个问题都给出了一个例子，使你能更好地理解题意，但你的回答不需要与给出的例子相关。

1. 你目前面临的主要压力源是什么？什么令你感到焦虑和不适？（例如："我要做的事情太多了。"）

2. 这个情况的主要特征或因素有哪些？将这个主要的问题分解为小一些的部分或子问题。（例如："我对太多的事情说'可以'了。我工作的最后期限快到了。我手头没有完成所有任务所需的全部资源。"）

3. 每个子问题的子成分又有哪些？继续将这些子问题细化。（例如："我下列任务的截止日期快要到了：一份报告，许多材料还没有阅读，一些家务事，一项重要的发言，需要和某个我关心的人进行一定时间的交流，一次需要我发言的会议。"）

因素1：
因素2：
因素3：
其他因素：

4. 我可以采取哪些行动来应对这些子成分？（例如："我可以请我的一个好友来帮我一起准备发言。我可以写一份短一些的报告。我可以随身带着我要阅读的材料。"）

5. 我过去面对小的压力情境时采用的应对行为中，哪些能有效地帮助我克服问题？（例如："我找到了另一个人分担我的一部分任务。我在候车和吃饭的时候阅读了一些材料。我只为需要我发言的会议准备了一些核心纲要。"）

6. 当我考虑那些我已经或将要应对的压力源时，什么样的小事使我感觉好一些？（例如："过去遇到压力时，我会想我已经完成很多了。当我考虑将要面对的压力时，我会想我已经充分利用了我所能利用的时间来尽可能为应付这个压力事件做准备。"）

每次你面对较大的压力源时，重复这个过程。上述6个问题对你来说可能没有以下两点建议那样重要：（1）先将问题分解为一些子问题，再分别将每个问题进一步细化；（2）确定你能采取的行动，以及那些过去使用过而且有效地应对了压力源中某个成分的行动。

生活平衡分析

保持平衡的生活的建议似乎既是直觉的，又是反直觉的。一方面，生活应该丰富多彩，而且我们每一个人都应该使自己的各个方面得到发展；另一方面，工作、学校、家庭等要求我们投入大量的精力，以至于我们除了完成这些要求外没有更多的时间做其他事情。工作可能占据我们所有的时间，学校或家庭也是。因此，我们大多数人不得不把精力集中在我们生活的少数几个方面，这使我们感到很大的压力，并且使我们无法发展其他的方面。这个练习帮助你发现你忽视了生活的哪些方面，哪些方面需要你给予更多的关注。

作业

利用图 2-8 来完成这个练习。在回答下面的四个问题时，考虑一下你用在每个方面的时间总量、你过去在每个方面的经验和进展的情况，以及每个方面的进展对你来说有多重要。

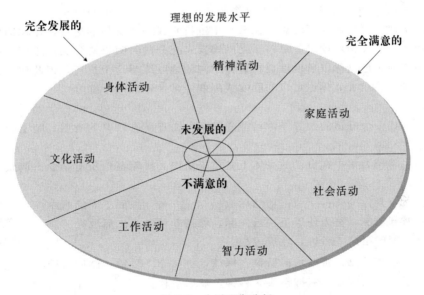

图 2-8　生活平衡分析

1. 在图 2-8 中，每个扇区阴影的大小代表你生活中这个方面得到发展的程度。换句话说，评估你对每个方面得到充分培养的满意程度。

2. 现在请至少写出一件你可以开始做的事，从而改善你需要发展的生活方面。举例来说，你可以进行更多的阅读来提高你的文化修养，请一位外国朋友到家里做客来发展社会关系，定期冥想或健身来修身养性等。

3. 这个练习的目的不是给你的生活增加更多的压力,而是通过生活的平衡来增加你的弹性,因此你需要确定停止做哪些事将使你更有可能获得生活的平衡。

4. 将计划付诸实施,而不是只制订计划,今天就开始做一些你在题目 2 和题目 3 中列出的事情。具体地写出你要做的事以及何时去做它们,不要让这个星期白白地过去而不实施你写下来的事。

深度放松

你需要安排一定的时间,以便不受干扰地进行深度放松练习,这包括认知控制和生理控制。通过集中思想,你可以积极地影响你的心理和生理状况。本练习给出了一个易学、易练的技巧。

下面的深度放松技巧结合了几个知名模式的关键要素。专家建议这个技巧应该一星期练习 3 次,每次 10 分钟。第一次练习这个技巧至少需要 20 分钟的时间。

与你的伙伴(第一次你可能想先在教室中进行)找一个安静的场所,让你的伙伴给你读下面的指示。不要匆匆读过。每一步之间都要有充分的时间以避免匆忙进行。在你完成之后,和他交换角色(你以后也许会在其他不同的地点练习这个技巧,因此你可以将这段指示语制成录音。或者,你也可以与朋友或配偶经常性地做这个练习)。

作业

第一步:找一个舒适的位置。你可能想躺下,松开所有较紧的衣服。闭上眼睛并保持安静。

第二步:将精力集中在自己的身体上并放松肌肉。排除其他所有杂念。调整到一个较顺从的心态。

第三步:绷紧你的每一个肌肉群然后放松 5~10 秒,按照下面的顺序:

前额:皱起前额,努力使眉毛接近发际,保持 5 秒钟,然后放松。

眼和鼻:紧闭眼睛 5 秒钟,然后放松。

嘴唇、面颊和下巴:将嘴角向后拉,保持这种状态 5 秒钟,然后放松。

手:将手臂向前伸出,紧握拳头 5 秒钟,然后放松。

前臂:将手臂向前伸,假想前面有一堵墙,用手推这堵墙,保持 5 秒钟,然后放松。

上臂:弯起肘臂。绷紧肱二头肌。保持 5 秒钟,然后放松。

肩部:将肩部向上耸,靠近耳朵,保持 5 秒钟,然后放松。

背部:将背部拱离地面,保持 5 秒钟,然后放松。

腹部:将腿抬离地面以绷紧腹部,保持 5 秒钟,然后放松。

臀部:绷紧臀部的肌肉,保持 5 秒钟,然后放松。

腿:把腿尽量紧地并在一起。保持 5 秒钟,然后放松。

脚:尽量弯曲脚弯,保持 5 秒钟,然后伸展脚。

脚趾:尽量弯曲脚趾,保持 5 秒钟,然后放松。

第四步：集中注意任何仍然紧张的肌肉，对这些肌肉群重复上面的练习3～4次，直至放松。

第五步：现在注意呼吸，不要刻意地改变它，但注意使呼吸缓慢延长。专心注意自己呼吸的节律，不要管其他的事情，最少进行45次。

第六步：现在注意你的身体的重量和温度，释放身体上所有的能量。不要再想去控制或移动你的身体。

第七步：身体彻底放松之后，放松你的思想。在头脑中构想一个简单的物品，如玻璃球、空的白色花瓶、月亮，或你喜欢的其他物品。不要分析它，不要研究它，只是构想它。让思想至少3分钟完全集中在这个物品上，不要让其他想法进入头脑。现在就开始练习。

第八步：现在睁开眼睛，慢慢地站起来，以良好的精神状态高效地投入工作。

监控和管理时间

时间管理是管理者和商学院学生最常面对的问题。大部分人都至少会在某些时间感到有太多的事要做，却没有足够的时间。但有趣的是，即使人们非常忙，如果他们觉得自己的时间安排是经过考虑的，即他们可以按照自己选择的任何方式来使用它，如娱乐、与朋友和家人相处，或自己独处，他们感受到的压力会较小。因此，增加自主的时间是有效的时间管理的关键。

本练习帮助你界定并更有效地管理你的自主时间。它需要一个星期的时间来完成。要求你在接下来的7天中记录你是如何使用你的时间的。事实上，几乎每一名出色的时间管理者都做过这种练习，而且定期重复这种练习。

作业

完成下面的五个步骤，然后让你的伙伴给你提高和改进计划的反馈意见。

第一步：今天就开始，准备一个时间记录表。记录自己随后的7个24小时每半小时的活动。使用下面的记录格式，记录在你自己的笔记本或日记上。

时 间	活 动	要求的/自主的	有成效的/无成效的
12:00～12:30			
12:30～1:00			
1:00～1:30			
1:30～2:00			
2:00～2:30			
……			
23:00～23:30			
23:30～24:00			

第二步：在"要求的/自主的"一栏写下这半个小时的活动是其他人或其他事情要求的（R）还是自主的（D）。也就是说，你在多大程度上可以选择进行还是不进行这个活动。例如，对于一定的睡眠时间或者上课你不可能选择，但你可以选择是否看电视或者进行社交。

第三步：在"有成效的/无成效的"一栏下面，评估每一个活动在多大程度上是有成效的。也就是说，确定这个活动在多大程度上达到了预定的目标。在多大程度上这个活动实现了你自己的目标或导致某种提高？用下面的评估尺度进行评价：

4　时间使用是有成效的
3　时间使用在一定程度上是有成效的
2　时间使用在一定程度上是没有成效的
1　时间使用是没有成效的

第四步：制订一项计划来增加这个星期你能自主安排的时间。请参考技能评估一节的时间管理问卷，写下你将要停止做的事和开始做的事。

第五步：确定可以使你的自主时间利用得更有成效的方法，特别是在第三步中被评为1、2或3的那些时间段。你要做什么来确定你所控制的时间是为了更长远的利益？你要停止哪些阻碍你有效利用时间的事情？

广义互惠

创建互惠网络要求你是一个团队或组织的一员。互惠网络就是在团队的成员之间形成的。本练习的目的是强化关系，为你提供相互帮助的手段，并且打造一个资源、关系和善意的网络（参见 Baker，2012）。

在团队的成员间创建互惠网络，是先让成员们说出自己的需要或要求，然后让其他成员对这些需要或要求予以回应，说明自己能够提供哪些资源或门路。创建互惠网络可以采取四个步骤。

第一步：在一块板子的上方将团队成员的名字写成一排。可以写在一块白板上，也可以写在翻转挂图页上。然后将写有成员名字的板子挂在墙上。

第二步：团队中的每一位成员都写下自己希望寻求帮助的一个具体要求、需要或问题。这些问题可以是私人的，也可以是与工作有关的。成员在提要求时必须用 SMART 来描述其特征：

S——具体。解决问题的资源或方案必须是可行的。
M——有意义。所提的应当是重要的事情，而不是无关紧要的。
A——行动导向。必须有针对该要求可以采取的行动。
R——实际需求。所提的要求必须与一种真正的需求相关。
T——时间限制。要说明满足需求的时间限制。

与工作相关的要求的例子可以是："我需要找到可以帮助我解决 Excel 表格中的问题的专家。""我需要一种新的 IT 软件系统来优化库存控制。""我需要让组织中的人将我当作潜在的领导者。""我需要确定如何将我的部门人员精简 15%。"

私人要求的例子可以是："我需要搞到两周后的比赛票。""我需要让自己的体型更苗条。""我需要为我的爱人选一份很棒的礼物。""我需要找人帮忙提高我的统计课成绩。"

第三步：成员们依次起身向同伴们阐述自己的要求，然后将要求贴在板子上自己名字的下面。可以先将要求写在即时贴上。

第四步：其他人倾听每个人对要求的描述，然后在即时贴上写下可以对这些要求提供帮助的资源、门路等。每个人都要在即时贴上写下自己的名字，以方便后续的联系。团队的成员可能无法对每一个要求都作出回应，不过每个人应当尽量作出最多的回应。可以通过两种方式给予帮助：一种是你拥有资源，如知识、信息、专业技能、预算、产品、情感支持等；另一种是你认识拥有这类资源的人。你可以予以引荐，让提出要求的人可以与这个人联系上。

第五步：在不同的即时贴上分别写下自己能够提供的帮助后，每个人公开说明自己可以为提要求的人提供的帮助。然后将即时贴粘贴在板子上相应的要求下面。大声分享每个人能够提供的帮助是为了启发其他人，这么做有可能让其他人想到自己也可以提供某种资源或门路。

第六步：当每个人都解释了自己可以提供的帮助后，要留出时间让提要求的人与提供帮助的人交流。当提要求的人与提供帮助的人联系上并交换有价值的信息后，网络就创建成功了。

本练习的一个重要结果是可以发现此前并不知道或并未意识到的新的想法和新的资源。贝克（Baker，2012）发现，提供最多帮助的人通常会被视为最有能力的领导者，在组织中比其他人更具人际沟通能力，表现也更优异。也就是说，那些愿意展现广义互惠——不求回报而为他人提供帮助的人是更加成功的领导者。

提高压力管理技能的活动

建议作业

1. 对你在工作、家庭、学校和社会生活中所面临的压力源进行系统分析。列出你面对的压力源的类型，并确定可以消除或在很大程度上减弱它们的策略。把这个分析记录在你的日记中。

2. 找一个你熟悉的目前正面临许多压力的人。教会他通过运用本章的概念、原则、技巧和练习更好地管理压力。在日记中记下你所教的内容及结果。

3. 从时间管理问卷中或用其他类似方法选择至少 3 种你认为会有帮助的时间管理技巧。用你的时间记录表检查这些技巧在接下来的一个月中为你节省了多少时间。要确定这些增加的时间被有效地利用了。

4. 和一名同事一起确定怎样重新设计你在学校、工作或家里的工作方式以减轻压力和增加产出，用本章的相关内容来指导你的重新设计。

5. 设定一个你希望今年实现的 SMART 短期目标或计划，使它和你生活的最高优先级的活动相一致。确定具体的行动步骤、报告和评价机制，以及成功的标准和奖励。将这个计划告知其他人，这样你完成本课程后还会有动力去实现它。

6. 找出至少一两种与你的成就目标一样重要的贡献目标。确保这些目标是有意义的，并使用目标设定框架来保证取得实际的进展。

7. 至少选择一种深度放松技巧，学习并且有规律地练习。在日记中记下你的进步。

8. 开始一次感恩之旅。

9. 找出与你的工作或者生活中的主要活动相关联的深远的目的或意义。

应用计划和评估

本练习的目的是帮助你在课外环境和实际生活中应用这一系列技术。既然你已经熟悉了形成有效技能基础的行为指导,你将通过在日常生活中尝试这些指导原则来获得最大程度的提高。与班级活动不同,在那里反馈是即时的,并且其他人能通过他们的评估来帮助你,而这里的技能应用活动的实现和评估全部要靠你自己。这个活动包括两个部分:第一部分帮助你准备应用这些技术;第二部分帮助你评估和改进你的经验。务必回答每一个问题,不要跳过任何一个部分。

第一部分:计划

1. 写下这一技能中对你最重要的两个或三个方面。它们也许是弱点所在、你最想改进的地方或你所面临的问题最突出的地方。明确你想要加以运用的这一技能的特定方面。

2. 现在请确定你将要运用技能的环境或情境。通过记录情境的描述来建立一个行动计划。计划中包括谁?你什么时候完成它?在什么地方做?

情境:

涉及哪些人?

何时?

何地?

3. 明确你将运用这些技能的特定行为。使这些技能具有可操作性。

4. 成功绩效的标准是什么?你怎样知道你是有效的?什么能表明你完成得很好?

第二部分:评估

5. 在实施了计划以后,记录结果。发生了什么?你有多大成就?其他人的反应怎么样?

6. 你可以怎样得到提高？下次你将做哪些改进？将来在相似的情境下你会做哪些不同的事情？

7. 回顾整个技能练习和运用的经验，你学会了什么？有什么令你感到惊讶？这些经验将怎样长期为你提供帮助？

评分要点与对比数据

压力管理评估

评分要点

技能领域	项目	评估 学习前	学习后
消除压力因素	1, 5, 8, 9	_____	_____
发展弹性	2, 3, 6, 7	_____	_____
短期应对	4, 10	_____	_____
	总分	_____	_____

对比数据（$N=5\,000$ 名学生）

将你的得分与三个对比标准进行对比：

1. 可能的最高分＝60分；
2. 同班其他同学的得分；
3. 5 000名商学院学生的平均数据。

学习前得分		学习后得分
41.11 分	＝平均值	＝47.84 分
48 分或以上	＝前 25％	＝53 分或以上
44～47 分	＝25％～50％	＝48～52 分
39～43 分	＝50％～75％	＝44～47 分
38 分或以下	＝后 25％	＝43 分或以下

时间管理评估

评分要点

考察你作为自己的时间管理者是多么有效，需要把下面的数字写到你所填的表格中：

点数	频次
0	从不
1	很少
2	有时
3	通常
4	总是

如果你只完成了量表的第一部分，将每一类的得分都乘以 2。将你 40 个项目的得分都加在一起。

第一部分得分_____

第二部分得分_____

总分_____

对比数据（$N=5\,000$ 名学生）

平均值：92 分

前 25％：108 分或以上

25％～50％：93～107 分

50％～75％：78～92 分

后 25％：77 分或以下

注意： 有些时候，在这个工具的不同部分人们可能会给出差异非常大的评分。也就是说，与在个人生活中相比，他们在工作中是更好的时间管理者，或者相反。分别比较两个部分的得分，然后与你的同事讨论你是如何解释这些分数的。

社会再适应量表

对比数据（$N=5\,000$ 名学生）

总分	平均值	后 25%	50%~75%	25%~50%	前 25%
	257.76	122 或以下	123~221	222~346	347 或以上

社会再适应量表的作者认为，150 分或以下的分数说明今后一年中患重病的概率不超过 37%，而 150~300 分时概率增加为大约 50%。SRRS 得分超过 300 分的人患重病的概率为 80%。调研结果还显示，SRRS 得分高的运动员受伤的概率 5 倍于得分低的运动员。

个人压力源

这个练习没有标准答案或者得分数据。

幸福感量表

对比数据

本量表的得分范围为 8 和 56。下面列出了本量表的作者给出的得分百分比数据。

得分	百分比（%）	得分	百分比（%）
25	1	45	44
29	3	46	53
32	5	47	60
34	7	48	70
36	10	49	77

续表

得分	百分比（%）	得分	百分比（%）
37	13	50	83
38	15	51	87
39	18	52	90
40	21	53	93
41	24	54	96
42	28	55	90
43	33	56	100
44	39		

Developing Management Skills

第 **3** 章

分析性和创造性地解决问题

技能开发目标

- 提高分析性地解决问题的能力
- 通过克服概念障碍增强创造性
- 识别个人的概念障碍
- 激发他人的革新性

技能评估

- 创造性地解决问题
- 你的创造性如何
- 创新态度量表
- 创造性风格评估

技能学习

- 解决问题、创造性和革新
- 分析性问题解决的步骤
- 分析性问题解决模型的局限性
- 创造性问题解决的障碍
- 培养创造性的多种途径
- 概念障碍 ● 突破概念障碍
- 跨文化告诫 ● 运用问题解决技术的建议
- 鼓励创新 ● 小结 ● 行为指南

技能分析

- 带芯片的垃圾箱 ● 苹果公司的创造性

技能练习

- 个人作业——分析性问题解决
- 团队作业——创造性问题解决 ● 提高排名
- 以利亚·戈尔德（Elijah Gold）和戈尔德餐馆
- 创造性问题解决方案的实践

技能应用

- 建议作业
- 应用计划和评估

评分要点与对比数据

第 3 章　分析性和创造性地解决问题

技能评估

创造性解决问题的诊断调查

解决问题、创造性和革新

下面简单介绍本章的评估工具。在阅读本章正文前应当完成所有的评估。

完成初步的评估后，将答案先保存下来，等完成本章正文的学习后，再进行一次技能评估，然后与第一次的评估结果进行比较，看看你究竟学到了什么。

- 创造性地解决问题度量的是你有效解决分析性问题和创造性问题的能力以及你的创造能力和创新能力。
- 你的创造性如何度量的是你在与创造性相关的态度、价值和动机方面的表现。
- 创新态度量表度量的是你在日常活动中的创新表现。
- 创造性风格评估度量的是你在创造性方面的个人风格。

分析性和创造性地解决问题

创造性地解决问题

第一步：在阅读本章内容之前，请对下面的陈述作出回答，把数字写在左栏（学习前）。你的回答应该反映你现在的态度和行为，而不是你希望它们应该如何。请诚实作答。这一工具的目的在于帮助你评估自己的自我意识水平，借此确定你所需要的特定学习方法。完成这项调查后，参考本章章末的评分要点，确定在本章的讨论中对你最为重要的、应该掌握的技能领域。

第二步：当你完成本章中的阅读和练习，尤其是当你尽可能多地掌握了本章后面的技能应用部分后，遮住你先前的答案，对同样的陈述句再做一次回答，这一次把回答填在右栏（学习后）。当你完成调查后，采用本章章末的评分要点测量你的进步情况。如果你在特定的技能领域中的得分仍然很低，则可根据技能学习部分的行为指南一节做进一步的练习。

评估尺度

1 非常不同意
2 不同意
3 比较不同意
4 比较同意
5 同意
6 非常同意

评估

学习前　学习后

当我遇到一个常规问题时：

_____　_____　1. 我会清楚地陈述问题是什么。在我还没有确定问题之前，我会避免去试图解决它。

_____　_____　2. 我总是能找到不止一个解决问题的方案，而不局限于一个显而易见的解决方法。

_____　_____　3. 我基于长期和短期结果来评估这些可供选择的方案。

_____　_____　4. 在我试图解决问题之前，我会尽可能多地收集有关信息。

_____　_____　5. 我会逐步实施解决问题的过程，也就是说，在提出可选的问题解决方法之前，我会先确定问题；在选定一个解决方法之前，我会寻找不止一种可能的方法。

当我遇到一个没有简单的解决方案的模糊或复杂问题时：

_____　_____　6. 我设法以几种不同的方式来找到问题。我不把自己局限在单一方式里。

_____　_____　7. 在遇到问题时我会尽量灵活一些，而不总是依赖常规的方法或过去的经验。

_____　_____　8. 我试图在问题的各个元素之间寻找潜在模式，这使我可以发现潜在的维度或原则，从而帮助我更好地理解问题。

_____　_____　9. 我设法通过询问很多关于问题本质的问题来激活我的思想。

_____　_____　10. 我设法同时运用我大脑的左半球（逻辑）和右半球（直觉）来解决问题。

_____　_____　11. 为了理解问题并找到不同的解决方法，我运用隐喻和类比的方法来确定问题还可能出在哪里。

_____　_____　12. 我有时会推翻最初对问题的界定，来看看它的反面是否也是正确的。

_____　_____　13. 在找到其他一些选择方案之前，我并不评估一种解决方案的优点。也就是说，我在找到多种解决方法后，才从中选择一个。

_____　_____　14. 我经常把问题分解为很小的部分，再单独分析每一部分。

_____　_____　15. 我有一些特定的技巧，可以找到具有创造性和变革性的解决方法。

当我试图在和我一起工作的人中引发更多的创造性和变革时：

_____　_____　16. 除了日常的工作安排外，我还为人们安排一些机会来活跃他们的思想。

_____　_____　17. 在每一个复杂的问题解决情境中，我总是确保不同的观点得到阐述和表达。

第 3 章　分析性和创造性地解决问题

_____　_____　18. 我有时提出容易惹人生气的建议,以激励人们找出解决问题的新方法。

_____　_____　19. 我设法从不参与制定决策的人那里获取信息,主要是了解他们的偏好和期望,因为关于问题的决策将会对他们产生影响。

_____　_____　20. 我有时在问题解决的讨论中加入外来人员(如客户或专家)。

_____　_____　21. 我不但认可那些思想活跃的人(思想倡导者),也认可支持他人思想(支持者)以及为实现这些思想提供资源的人(响应者)。

_____　_____　22. 为了追求创造性的解决方案,我鼓励非正式的、打破常规的方法。

你的创造性如何

你的创造性如何?下面的测验能帮助你确定你是否具有与创造性有关的人格特质、态度、价值观、动机和兴趣。它是根据对那些具有创造性思维和行为的来自多种领域和职业的人的态度研究编制而成的。

请如实回答,不要猜测一个有创造性的人会如何反应。通过本章章末的评分要点对你的得分进行分析。

评估尺度

对每一个陈述句,选择适当的字母:

A　同意
B　不确定或不知道
C　不同意

_____　1. 我总是非常肯定:我遵循着解决特定问题的正确程序。
_____　2. 如果我没有希望获得答案,提问题对我来说就是浪费时间。
_____　3. 与大多数人相比,我更关注那些令我感兴趣的事情。
_____　4. 我认为有逻辑的、逐步的方法是解决问题的最好方法。
_____　5. 在小组中,我偶尔会提出一些似乎彻底否定某些人的观点。
_____　6. 我花费大量的时间来思考其他人是怎样看待我的。
_____　7. 对我来说,做我认为正确的事情比设法赢得其他人的赞同更重要。
_____　8. 那些对事情不确定的人会失去我对他们的尊重。
_____　9. 和其他人相比,我更需要做一些有趣而且令人兴奋的事情。
_____　10. 我知道怎样压抑我内心的冲动。
_____　11. 我能坚持处理时间跨度很长的、困难的问题。
_____　12. 有时候我表现得过分热情。
_____　13. 我那些最棒的主意通常是在我没有做什么具体事情时就得到的。
_____　14. 在解决问题时,我依赖直觉以及"正确"或"错误"的感觉。
_____　15. 在解决问题的过程中,我分析问题时工作得很快,而综合我收集到的信息时则很慢。
_____　16. 我有时会打破常规,做一些我并没有想要去做的事情。
_____　17. 我有收集东西的爱好。
_____　18. 白日梦为我的很多重要的项目提供了动力。

_____ 19. 我喜欢客观、理性的人。
_____ 20. 如果我不得不在两种职业中选择，我宁愿成为一名医生而不是探险家。
_____ 21. 我更愿意同那些与我属于同一个社会和商业圈子的人相处。
_____ 22. 我的审美敏感性很高。
_____ 23. 我在生活中追求更高的社会地位和权力。
_____ 24. 我喜欢那些对自己的结论很肯定的人。
_____ 25. 激情对成功地解决问题毫无用处。
_____ 26. 我在争论时，最大的满足是与不同意我观点的人成为朋友，即使是以牺牲我的观点为代价。
_____ 27. 我对提出新观点，而不是把它们推销给其他人更感兴趣。
_____ 28. 我喜欢独自待上一整天，以便做"精神上的反思"。
_____ 29. 我倾向于回避使我觉得自己低人一等的情境。
_____ 30. 对我来说，在评估信息时，来源比内容更重要。
_____ 31. 我讨厌不确定或不可预测的事情。
_____ 32. 我喜欢那些遵循"先干活后娱乐"原则的人。
_____ 33. 自尊比尊重其他人更重要。
_____ 34. 我认为追求完美的人是不明智的。
_____ 35. 我喜欢在一个团队中与其他人一起工作，而不是单独工作。
_____ 36. 我喜欢在我能影响其他人的地方工作。
_____ 37. 我在生活中遇到的很多问题都不能用简单的对或错来解决。
_____ 38. 对我来说，每一件事物都有其位置，每件事物都各归其位是很重要的。
_____ 39. 运用奇怪和生僻词汇的作家不过是想要炫耀一番。
_____ 40. 以下是一些描述人的词汇，请选出 10 个最适合描述你的词。

精力充沛的	警觉的
有说服力的	好奇的
观察力敏锐的	有条理的
时髦的	非情绪化的
自信的	思维清晰的
坚韧不拔的	体谅他人的
有创意的	有动力的
小心谨慎的	对自己苛刻的
受习惯束缚的	优雅的
足智多谋的	勇敢的
自负的	有效率的
独立的	乐于助人的
坚定的	有知觉力的
可预测的	敏捷的
正式的	和善的
非正式的	彻底的
专注的	冲动的
有远见的	坚决的

实事求是的	现实的
开明的	谦逊的
老练的	乐于参与的
压抑的	心不在焉的
有激情的	灵活的
创新的	好交际的
沉着的	受人喜欢的
贪婪的	不安静的
实际的	退缩的

资料来源：改编自 How Creative Are You? By Eugene Raudsepp. Copyright © 1981 by Eugene Raudsepp. Used by permission. Published by Perigee Books/G. P. Putnam's Sons, Inc.

创新态度量表

本量表可以帮助你对比自己在有助于促进创新的一系列态度方面的表现。虽然有很多种要素都会影响创新行为，不过相关的态度是出色的要素。这是一个自我诊断评估，请诚实作答。

指出下面的每一个陈述句与你工作中的实际行为或意向相符合的程度，也就是说，描述你工作的方式。用以下量表来回答。

评估尺度

5 绝对正确
4 非常正确
3 不适用
2 不太正确
1 完全不正确

_____ 1. 我总是试着用不同的方式做事。
_____ 2. 为了看清全局，我喜欢对问题抽丝剥茧。
_____ 3. 我在工作中采取开放的政策，任何人都可以来和我谈任何事情。
_____ 4. 我一直是人们心目中能够用一种创造性的方式来看待旧问题的人。
_____ 5. 我比我的同事或同学更愿意冒险。
_____ 6. 我在小组工作中会提供一个独特的视角。
_____ 7. 我的信条是在充分考虑了各种备选方案前不要对其他人的想法指手画脚。
_____ 8. 我愿意提出问题以获得尽可能多的不同观点。
_____ 9. 我总是设法在日程安排中留出时间来搜寻新的想法、完成可能只让我感兴趣的项目。
_____ 10. 我在开会或上课时总是会发表看法。
_____ 总分

资料来源：Innovative Attitude Scale, John E. Ettlie & Robert O'Keefe (1982), "Innovative Attitude Values, and Intentions in Organizations," *Journal of Management Studies*, 19: 163-182.

创造性风格评估

研究显示有四种创造性风格。这些可以被视为创造性的形式或方法。下面的自我评估测试有助于你搞清楚自己偏好的风格。这是一个自我诊断评估，请诚实作答。

评估尺度

下面每道题都有四个选项。请根据各个选项对你的相符程度将 100 分在这四个选项中进行分配。你的回答应该反映你现在的态度和行为，而不是你希望它们应该如何。这项评估并没有正确答案，因此请尽量准确作答。例如，对于第 1 题，如果你认为 a 选项最符合你的情况，b 有些符合，而 c 和 d 则完全不符合，你可以给 a 50 分，给 b 30 分，给 c 和 d 各 10 分。分数的组合可以是各种各样的，包括 100，0，0，0 或 25，25，25，25。只要确保每个问题各选项的总分是 100 分即可。

1. 面对困难的问题，我通常采取_____
   _____ a. 头脑风暴解决方案
   _____ b. 仔细评估各种可能的方案
   _____ c. 求助于其他人
   _____ d. 迅速作出反应
   100

2. 我的朋友和同事通常认为我_____
   _____ a. 有创造性
   _____ b. 有条理
   _____ c. 有合作意识
   _____ d. 有竞争性
   100

3. 我擅长_____
   _____ a. 亲力亲为
   _____ b. 管理
   _____ c. 给人们授权
   _____ d. 迎接挑战
   100

4. 完成一个项目或任务后，我通常会_____
   _____ a. 提出一个新的项目
   _____ b. 审视项目的结果以找出能够对其做何改进
   _____ c. 与其他人分享自己获得的经验教训
   _____ d. 确定项目结果的等级或估价
   100

5. 我会把自己形容为_____
   _____ a. 灵活的
   _____ b. 有组织的
   _____ c. 能提供支持的

_____ d. 被动的
100

6. 我喜欢从事的项目是_____
_____ a. 能让我尝试些新东西的
_____ b. 能带来实际的改善的
_____ c. 能让其他人参与进来的
_____ d. 能够很快完成的
100

7. 当解决一个问题时，我_____
_____ a. 乐于尝试各种选择
_____ b. 收集大量的数据
_____ c. 与其他人进行充分的沟通
_____ d. 强调把工作做好
100

资料来源：Adapted from "Creative Style Assessment," J. DeGraff and K. A. Lawrence (2002). Creativity at Work. San Francisco：Jossey-Bass, pp. 46-49. © by John Wiley and Sons.

解决问题、创造性和革新

解决问题是每个人在生活的每个方面都需要的一项技能，在每天的每一个小时，人们都面临解决某种问题的需要。管理者的工作本身就是不停地解决问题。如果组织中没有问题需要解决，管理者就没有存在的必要了。因此，很难想象一个不合格的问题解决者会成为一名成功的管理人员。

为了帮助你提高解决问题的技能，本章提供了一些特定的原则和方法。这里着重强调两种解决问题的方法——分析性的和创造性的。虽然解决不同类型的问题需要不同的技巧，但高效率的管理者不但能分析性地解决问题，还能创造性地解决问题。

首先，我们讨论如何分析性地解决问题——这是管理者每天都要多次使用的问题解决方法。然后我们转向创造性的问题解决方法——这是一种较少使用的问题解决方法，但这种创造性的问题解决能力能区分职业的成功和失败、英雄和替罪羊、有成就者和昙花一现的执行官，它也能对组织的有效运作产生动态的影响。大量研究都在强调创造性的问题解决方法和成功的组织之间的正向关系（Csikszentmihalyi, 2013；Sternberg, 1999）。本章对一个人怎样成为更有效率的问题解决者提供了分析性的和创造性的指导方针，最后对管理者怎样创造性地解决问题，以及如何在与之共事的人中间引发变革精神进行了简单的讨论。

分析性问题解决的步骤

大多数人,包括管理者,都不是特别喜欢问题。问题耗费时间,它们会产生压力,而且似乎永远也不会远离我们。

马尔科姆·格拉德韦尔(Malcolm Gladwell)在其引人入胜的《闪烁》(*Blink*)(2005)一书中主张说,人们凭借直觉,可以根据少得可怜的数据(细小的行为片断)进行决策和得出结论。人们在一两秒钟内作出的决策可能与针对某个问题花大量时间进行研究后得出的结论一样有效。他认为,第一印象很关键,大多数时候都是正确的。然而,这些第一印象及瞬间的判断是有效的情况主要出现在下列条件下:问题本身并不复杂、人们以前经历过正在判断的事情、他们开发了符合自己的内在线索的机制(也就是说,他们开发了适当的自我意识和情商)(Gigerenzer 和 Gaissmaier,2011)。

大多数时候,我们面临的问题都是复杂的、多角度的和模棱两可的。上述情况都需要有效的问题解决手段。有效地解决问题依赖于系统化的和逻辑化的方法,这至少涉及四个步骤。

定义问题

表 3-1 概括了被广为接受的分析性的问题解决方法。这一方法已经为企业所熟知并被广泛使用。许多大型组织(如苹果、福特汽车公司、通用电气、惠普和微软)都花了上百万美元来教会自己的管理者使用这种问题解决方法,作为其质量改善过程的一部分。尽管不同的公司对这四个步骤的运用不同(例如,福特使用的是一种包括八个步骤的方法),但它们都源自我们下面将讨论的标准模型。

表 3-1 问题解决模型

步骤	特征
1. 定义问题	● 区分事实和观点 ● 明确背景原因 ● 要求参与的每一个人提供信息 ● 清楚地阐述问题 ● 识别违反了哪个标准 ● 确定是谁的问题 ● 避免把问题描述为隐藏的解决方案
2. 产生备选方案	● 延迟评估备选方案 ● 确保所有参与的个体都提出备选方案 ● 明确与目标一致的备选方案 ● 明确短期和长期的备选方案 ● 以其他备选方案为基础 ● 明确解决问题的备选方案

续表

步　骤	特　征
3. 评估和选择一个备选方案	● 与最佳标准相比较而进行评估 ● 系统地评估 ● 相对目标进行评估 ● 评估主效应和副作用 ● 清晰地阐述备选方案
4. 实施和追踪解决方案	● 在适当的时间，以适当的次序实施 ● 提供反馈的机会 ● 促成受影响的人的接受 ● 建立持续的监控系统 ● 基于问题解决进行评估

第一步是定义问题，包括对情境进行诊断，使焦点放在真正的问题而不是其表象上。例如，假定你必须处理一名员工的问题，他总是不能按时完成工作。工作慢可能是一个问题，但它也许只是另一个潜在问题的表象，如身体不好、士气低落、缺乏训练或不适宜的奖励。因此，确定问题需要广泛地收集信息。收集的信息越多，越可能准确地找到问题。正如查尔斯·凯特林（Charles Kettering）所说："令你陷入困境的，不是你不知道的事情，而恰恰是那些你所确知却并非如此的事情。"

以下是成功定义问题的一些特征：

1. 实际的信息不同于观点或推测，客观数据要与感性认识和假设分离。

2. 所有参与的个体都应作为信息的来源。应该鼓励广泛的参与以收集尽可能多的信息。

3. 问题要阐述得清楚明白，这通常有助于指出问题确定中的模糊之处。

4. 定义问题时要清楚地指出这个问题违反了什么标准或期望，当然，问题肯定要包含对标准或期望的一些违背。

5. 问题的确定必须强调"这是谁的问题"。没有哪个问题是完全与人无关的。

6. 定义问题不能只是找到一个隐藏的解决方案，如"问题是我们需要激励干活慢的员工"是不合适的，因为所陈述的问题其实是一个解决方案。

管理者经常在适当地定义问题之前就提出了解决方案。这可能导致解决的是"错误的"问题或得出误导性的或不适宜的解决方案。有效地识别问题通常是问题解决方案中最为重要的一步。

产生备选方案

第二步是产生可供选择的解决方案，这需要延迟对任一种方案的选择，直至提出多种可选择方案。许多关于问题解决的研究（如March，1999，2006）支持下面的说法：考虑多种方案会使解决方案的质量显著提高。

过早地评估备选方案的问题在于，我们可能忽略了一些好的观点，不再去考虑它们；我们发现了某个听起来很不错的观点，并沿着它走下去，从此再也不考虑长远看来可能更好的观点。

下面是一些成功产生备选方案的经验法则：

1. 延迟对每一个备选方案的评估，直至所有的备选方案都被提出来。
2. 问题中涉及的所有个体都应提出备选方案，广泛的参与会提高解决方案的质量和团队的接受程度。
3. 备选方案应与组织目标或预期结果相一致。
4. 备选方案要考虑短期和长期的结果。
5. 备选方案要彼此相互依靠，如果它们结合起来或被其他的想法所改变，差的想法就可能变成好的。
6. 备选方案能解决已经定义的问题。其他问题可能也是重要的，但如果它不会对正在考虑的问题产生直接影响，就应该被忽视。

评估备选方案

第三步是评估和选择一个备选方案，这一步包括在作出最后的选择之前，仔细地权衡备选方案的优劣。在选择最好的备选方案时，有技巧的问题解决者可以确保对备选方案的判断是基于其解决问题而不引起其他非预期问题的程度；参与的所有个体接受备选方案的程度；备选方案实行的可能性；备选方案与组织限制相契合的程度（如与政策、规则和预算限制相一致）。

有关问题解决中的难点的一个经典描述在50年前就提出来了，现在仍然是问题解决的一条核心原则（March和Simon，1958）：

> 大多数的人类决策，不管是个体的还是组织的，都涉及发现和选择令人满意的备选方案；仅在例外的情况下才与最佳方案的发现和选择有关。达到最佳化需要的过程比令人满意的过程更为复杂。举例来说，就好像从一堆干草里找到一根最锋利的缝衣针和在干草堆中发现一根可以使用的缝衣针之间的区别。

好的评估的一些特征包括：

1. 要相对一个最佳的而不是令人满意的标准来评估备选方案。
2. 有充分的时间评估和考虑备选方案，使每一个方案都被考虑到。
3. 要依据组织的目标和参与的个体来评估备选方案，组织的目标和个人的偏好都应被考虑到。
4. 要依据可能的效应来评估备选方案，问题的副作用和直接效应都要考虑到。
5. 最终选择的备选方案要阐述清楚，这有助于发现潜在的模糊之处。

实施解决方案

第四步是实施和追踪解决方案。令人惊讶的是，大多数时候，人们在面对一个问题时都想在完成前三步之前就直接跳到第四步。也就是说，人们对于问题的反应是试图加以解决,而不是事先确定它、分析它,或产生和评估备选方案。因此,记住这一点很重要,在试图通过解决它来"摆脱一个问题"时,如果没有完成模型中的前三步,通常不会取得成功。

本书的第 10 章讨论了包括克服抵制、激发其他人的努力程度及确保解决方案可持续在内的成功实施解决方案的基本原则。

卡尔文·库利奇(Calvin Coolidge)广为人知的论述非常恰当:

> 世上的任何事物都无法取代毅力。天赋不行,天赋异禀却没有成功的人随处可见。天才不行,一事无成的天才几乎成了一个谚语。教育不行,世界上满是受过教育的弃儿。只有坚持和决心无所不能。

有效的实施还需要追踪,以防止副作用并确保解决问题。追踪不仅有助于确保有效的实施,还能提供信息反馈,这可以用来进一步提高将来的问题解决的质量。

有效实施和追踪的一些特征包括:

1. 要在适当的时间,以适当的次序来实施。它不能忽略限制因素,也不能在问题解决过程中跳过第一、二、三步而超前发生。
2. 实施过程中要采用"小量成功"策略,即一次只采取一个较小的行动,从而可以减少抵制,赢得支持。
3. 实施过程要包括给予反馈的机会。你需要与他人交流你所选择的解决方案效果如何,并进行持续的信息交换。
4. 问题解决会影响一些人,鼓励这些人的参与可以获得支持和承诺。
5. 要为实施的解决方案设置监控系统,评估短期和长期效果。
6. 成功的评估要基于问题解决,而不是附带的其他收益,否则虽然解决方案可能产生一些积极的效果,但由于未能解决被关注的问题,它也是不成功的。

分析性问题解决模型的局限性

很多有经验的问题解决者都很熟悉分析性问题的解决步骤,它建立在实证主义研究结论和牢固的理论基础上(Eisenfuhr,Weber 和 Langer,2010;Hastie 和 Dawes,2009;March,1994;Mitroff,1998)。不幸的是,管理者们并不是总能遵循这些步骤。由于工作的需要,管理者经常绕过一些步骤,获得问题的解决方案。然而,当这四个步骤(确定问题、产生备选方案、评估备选方案和实施解决方案)依次完成后,问题解决的有效性会显著提高。

然而,仅仅学会和实践这四个步骤并不能保证人们能够有效地解决所有类型的问题。如果面临的问题是直截了当的,备选方案很容易确定,相关的信息很容易获得,并且判断一个解决方案正确性的标准很清楚,那么这些问题解决的步骤是非常有用的。

这时主要任务是实现一个唯一的确定结果、收集信息、产生备选方案以及作出一个非正式的选择。但是许多管理上的问题并不属于这种类型,问题的定义、信息、备选方案和标准很少是清晰的或很容易获得的。在复杂的、快节奏的数字化世界里,这些条件越来越难满足。因此,知道问题解决的步骤和能去实施它们并不是同一件事情。

我们可能并不清楚究竟需要多少信息，完整的备选方案是哪些，或者怎样知道一个人获得的信息是否准确。分析性的问题解决也许会有帮助，但要想成功解决这些问题还需要另外一些东西。汤姆·彼得斯（Tom Peters）在描绘管理者所面对的现代世界时说："如果你不感到困惑，那么你一定是没有留意。"

表 3-2 概括了分析性问题解决在日常管理情境中并不总是有效的一些原因。一些问题仅仅是禁不起系统的或理性的分析。充分的和准确的信息并非总是能够获得。后果可能是不可预测的。手段与目的之间的联系也可能并不明显。为了解决这样的问题，需要一种新的思考方式，我们将其称为创造性的问题解决方式。

表 3-2 分析性问题解决模型的一些局限

步　骤	局　限　性
1. 定义问题	• 问题的定义很少一致 • 谁的问题定义将被接受，经常带有不确定性 • 问题通常在已有的解决方案基础上定义 • 表面征候经常混淆了真正的问题 • 混淆性的信息掩盖了问题的识别
2. 产生备选方案	• 当提出备选方案时，经常按顺序进行评估 • 很少有备选方案是人们普遍知道的 • 第一个可接受的解决方案通常被接受 • 备选方案是以过去的成功为基础的
3. 评估和选择一个备选方案	• 每一个备选方案通常只能获得有限的信息 • 信息的搜寻发生在附近，即容易获得的地方 • 获得信息的类型受以下因素的限制，如原始性对近期性，末节对中心，可预期的对令人惊讶的，以及相关关系对因果关系 • 每一个备选方案的信息收集都是有代价的 • 对哪一个是最好的解决方案的偏好并不总能被了解 • 令人满意的解决方案而不是最佳方案通常被接受 • 备选方案经常被疏忽或错误地选择 • 经常在问题确定之前已经实施了解决方案
4. 实施和追踪解决方案	• 解决方案被接受并不是很容易的事情 • 对变化的抵制是一个普遍的现象 • 解决方案的哪一部分应该受监控或测量并不总是很明确的 • 在任何实施中必须控制政治和组织的过程 • 实施一个解决方案可能需要很长的时间

创造性问题解决的障碍

如本章开头所提到的，分析性的问题解决关注的是摆脱问题。创造性的问题解决则关

第 3 章　分析性和创造性地解决问题

注产生一些新东西（DeGraff 和 DeGraff，2001；DeGraff 和 Lawrence，2002）。麻烦在于，大多数人在创造性地解决问题时都会遇到困难。原因有两个：首先，我们大多数人都将创造性错误地解释为单维的，即将创造性局限于产生新的思想。我们没有意识到实现创造性可用的多重战略，因此我们的储备是有限的。其次，我们在问题解决的活动中都制造了某些概念障碍，而我们对此却大都毫无意识。这些障碍使人们无法有效地解决问题。这些障碍大多是个人的，而不是人际间的或组织的，所以需要用技能开发来克服它们。

本章我们主要研究在成为更好的创造性问题解决者的过程中所涉及的个体技能。关于管理者和领导者在组织中如何培养创造性的文献已经有很多了，但这不是我们关注的重点（Mumford，2011；Zhou 和 Shalley，2008）。相反，我们感兴趣的是帮助你加强和开发个人技能，并拓展你进行创造性问题解决的全部技能。

培养创造性的多种途径

培养创造性的最复杂的途径之一是找出获得创造性的四种截然不同的方法。这种途径是以竞争价值框架（Cameron 等，2014）为基础的，该框架识别了描述人们的态度、价值观和行为的竞争或冲突维度。图 3-1 描述了这四种不同类型的创造性及它们之间的关系。这四种类型是我们的同事杰夫·迪格拉夫（Jeff DeGraff）开发的（DeGraff 和 DeGraff，2017；DeGraff 和 Lawrence，2002）。

例如，通过**想象力（imagination）**获得创造性，是指创造解决问题的新想法、新突破和根本方法。以这种方式寻求创造性的人通常是实验者、投机者和企业家，他们把创造性界定为探索、新产品的创新，或者对各种可能性提出独一无二的看法。当面对需要问题解决方案的困难问题的时候，他们的方法主要注重提出革新性的各种可能性以及独一无二的解决方案。知名的案例包括史蒂夫·乔布斯、史蒂芬·霍金和华特·迪斯尼。这些人都通过产生全新的创意来寻求问题的解决方案，其产品创造了一个全新的行业。

不过，人们也可以通过相反的方式来获得创造性，即开发越来越好的替代方案，改进已经存在的方案，或者澄清与问题有关的模糊之处。他们不是革新者和冒险者，而是系统的、小心和严格的人。创新来自寻找方法改进流程或职能的过程。

有一个例子，就是麦当劳巨大的成功背后的魔术师雷·克罗克（Ray Kroc）。20 世纪 50 年代，克罗克还是一名销售人员，他从麦克唐纳（McDonald）兄弟手中购买了他们位于加利福尼亚 San Bernardino 的一家饭店，通过创造性地改变汉堡包的制作和供应方式，他造就了世界上最大的食品服务公司。他没有发明快餐——怀特·卡斯尔（White Castle）和戴瑞·昆恩（Dairy Queen）很早以前就发明了快餐，但是他改变了流程。创建一种有限的、标准化的菜单，统一的烹调程序，一致的服务质量，干净的设施以及不昂贵的食物——不管你在全美（现在是全世界）的哪个地方吃，都表现出一种与众不同的创新方法。克罗克的秘诀并不是具有突破性的创意，而是不断地改进现有的创意。这种类型的创造性被称为**改进（improvement）**。

第三种类型的创造性被称为**投资（investment）**，或者对快速地实现目标和竞争力的追求。利用这种方法寻求创造性的人会直接应对挑战，采取一种竞争性的姿态，并把重点放在比别人更快地实现目标上。他们通过比竞争对手更努力地工作、利用其他人的弱势，以

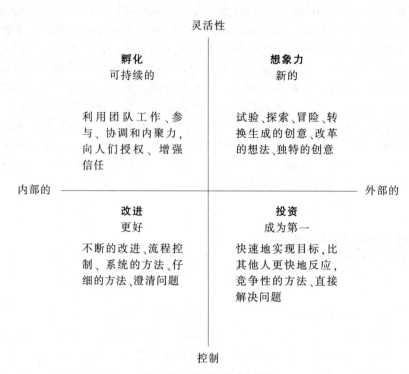

图 3-1 创造性的四种类型

资料来源：Adapted from DeGraff & Lawrence, 2002.

及成为第一个提供产品、服务或创意的人来获得创造性。成为"第一个采取行动的"公司的优势是众所周知的。

这种创造性可以通过"本田雅马哈的摩托车之战"中本田的总裁川岛（Kawashima）来体现。本田于 20 世纪 60 年代成为日本摩托车行业的领导者。70 年代，本田决定进军汽车市场。雅马哈认为这是一个抢占本田在日本摩托车市场上的份额的机会。80 年代初，雅马哈的总裁小池（Koike）在一次公开演说中表示，在摩托车生产方面，雅马哈将很快超越本田，因为本田的新焦点是汽车。本田的总裁回应说："只要我还是公司的总裁，我们就不会拱手让出我们第一名的位置……Yamaha wo tubusu!"——意思是，我们将打破、粉碎、消灭、摧毁雅马哈。

次年，本田推出了 81 种新的摩托车型号，并停产了 32 种型号，对生产线总共做了 113 次改变。在接下来的一年中，本田又推出了 39 种型号，并改变了 50cc 生产线中的 18 种型号。雅马哈的销售额暴跌了 50%，公司在这一年遭受了 240 亿日元的损失。雅马哈的总裁让步了："我要结束这场本田—雅马哈之争……从现在开始，我们将谨慎地采取行动，确保雅马哈仅次于本田的第二位置。"通过投资获得创造性的方法——快速反应、竞争策略以及成为第一个采取行动的人就是本田的总裁川岛获得创造性的方法。

第四种类型的创造性被称为**孵化**（incubation）。这是指通过个体之间的团队合作、参与和协调来获得创造性的方法。通过释放存在于人际网络中的潜力就可以获得创造性。通过孵化获得创造性的人鼓励人们一起工作，培养相互信任和内聚力，并授权给其他人。创造性产生于一种集体的心智和共享的价值观。

例如，圣雄甘地可能是近代史上唯一一位单枪匹马阻止战争的人。单个的人曾经发起过战争，但甘地却拥有足够的创造性去阻止一场战争。他是通过动员人们追寻一种明确的愿景和价值观做到的。如果甘地不擅长利用孵化动力，他很可能就是一位完全没有创造性和影响力的人。通过动员人们步行到海边制盐，或者烧掉象征种族分化状态的通行证，甘地能够实现不可思议的创造性结果。在通过对人们的联系、参与和协调进行孵化方面，他是一位大师。

Alcoholics Anonymous 的创始人比尔·威尔逊（Bill Wilson）也可以说是这样的人，他的 12 步计划几乎是世界上所有赌博成瘾、毒瘾、饮食紊乱等治疗机构的基础。为了克服他自己的酒瘾，威尔逊开始会见有着同样问题的其他人，一段时间后，他创造了一种帮助自己和其他人克服他们的依赖性的具有创造性的方法。Alcoholics Anonymous 背后的本质就是当人类之间的相互关系得到帮助和鼓励的时候所呈现的创造性。

图 3-2 把这四种类型的创造性放置在透视图中。你应该注意到，想象力和改进所强调的获得创造性的方法是相反的。它们在所追寻的创造性想法的大小方面存在差异。想象力注重新的、革命性的解决方案。改进注重的是递增的、可以控制的解决方案。投资和孵化是相对的，获得创造性的方法也是相反的。它们在反应速度上有所不同。投资注重的是对问题作出快速的、富有竞争性的反应，而孵化则强调更深思熟虑的反应。

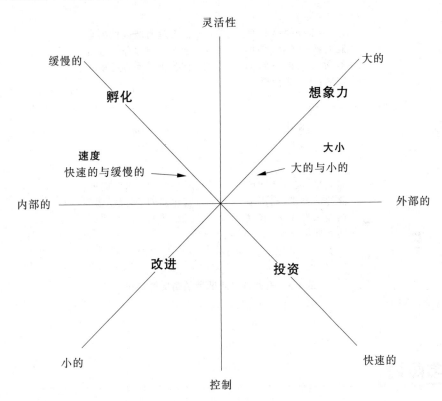

图 3-2　四种创造性的关键维度

资料来源：Adapted from DeGraff & Lawrence, 2002.

很重要的一点是没有一种获得创造性的方法是最好的。不同的情况需要不同的方法。例如，雷·克罗克和麦当劳不是利用想象力战略（革命性的改变）取得成功的，而华特·迪斯尼要是利用孵化战略（小组一致同意）的话就不会非常有效。本田的川岛没时间等待孵化战略（缓慢的深思熟虑的变化）发挥作用，而对于甘地而言，利用投资（一种具有竞争性的方法）获取创造性则是没有意义的。不同的环境需要不同的方法。图3-3分别列出了这四种方法在哪些情况下是最有效的。

图3-3表明，当需要有所突破及原始创意非常必要时，想象力是获得创造性的最适当的方法（新的）。当逐渐改变或固定流程非常必要时，改进就是获得创造性的最合适的方法（更好）。当快速反应和目标的实现占据主导地位时，投资方法是最有效的（成为第一个）。当集体的努力和其他人的参与非常重要时，孵化方法就是最适当的（可持续的）。

你在预评估部分所完成的创造性评估调查有助于你识别你自己对于这些获得创造性方法的偏好。当你解决需要具有创造性的问题时，你可以对自己倾向于想象力、改进、投资或孵化的程度做一个大概的比较。你的剖析图将有助于你确定，当需要创造性时，你倾向于解决哪种类型的问题。当然，拥有对一种方法的偏好并不等于具备使用这种方法的能力，不过，本章接下来的部分以及本书另外几章的内容有助于你开发获取创造性的能力。

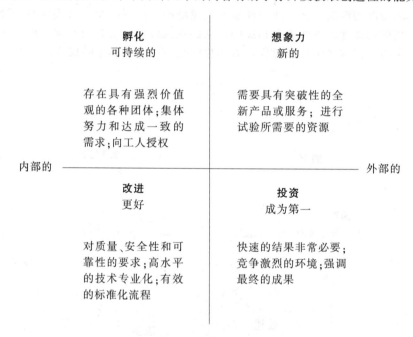

图3-3 各种方法所适用的情况的例子

资料来源：Adapted from DeGraff & Lawrence，2002.

概念障碍

问题在于，所有创造性的解决方法都可能是有限制的。也就是说，除了没有意识到我们能够采取的创造性的多重方法以外，我们大多数人由于存在概念障碍而难以创造性地解决问题。**概念障碍**（conceptual blocks）是限制问题确定的方式的心理障碍，它们会让我们无法有效地发挥创造性的四种类型中的任何一个。概念障碍限制了人们想到的备选方案的数量（Adams，2001；Tan 和 Parnell，2013）。每一个人都有概念障碍，但一些人的概念障碍更多、更深入。这些障碍大多未被识别，或是无意识的，所以人们意识到这些障碍的唯一方法是正视那些因为它们而没有解决的问题。概念障碍大多源自面对问题时解决者采取的思维过程。随着时间的流逝，每一个人都发展了一些概念障碍。实际上，我们需要它们中的一些来应付日常生活，这就是原因。

每时每刻，我们每个人都处于多得无法吸收的信息轰炸之下。例如，你现在可能并不知道房间里的温度、皮肤的颜色、头顶的光照水平，或者你的脚趾在鞋子里的感觉。所有这些信息对你来说都是可以得到的，并且正在被你的大脑所处理，但是你已经屏蔽了一些东西，而专注于其他的东西。随着时间的推移，你必须养成在精神上屏蔽所接触的一些信息的习惯，否则信息过载会让你发疯。这种屏蔽信息的习惯最终会变成概念性的习惯或称障碍。尽管你并没有意识到这一点，但它们会阻止你记录某些类型的信息，从而也会阻止你解决某些类型的问题。

本节我们将重点讨论需要创造性而非分析性解决方案的问题。我们将介绍一些有助于克服概念障碍及开启创造性问题解决的工具和技术。下面两个例子有助于说明需要创造性问题解决技巧的问题类型。

珀西·斯宾塞（Percy Spencer）的磁电管

第二次世界大战期间，英国发明了一种基于磁电管装置的雷达探测器，这是战争期间保持得最好的军事秘密。这种雷达在英国对德国的战争中扭转了战争的局势，并帮助英国击退了希特勒的军队。1940 年，雷神公司（Raytheon）应邀成为生产军用磁电管的几家美国公司之一。

那时即使是造诣高深的物理学家也不太容易掌握磁电管的工作原理，在生产磁电管的公司中就更少有人知道它们是如何工作的了。在早期，检测磁电管是用一只氖管，如果氖管足够亮，磁电管就通过了检测。在测试过程中，科学家们握着氖管的手变得很热。正是这种现象带来了一项重大的创造性突破，最终改变了全世界的生活方式。

在战争后期，雷达的市场萎缩了，大多数公司停止了磁电管的生产。但是在雷神公司，一个名叫珀西·斯宾塞的科学家却一直围着磁电管转，想设法找到这个装置的其他用途。他确信由于氖管中产生的热量，磁电管可以用来烹饪食物。但雷神公司是一家军事装备公司，与它的两个获奖产品——猎鹰和麻雀导弹相比，烹饪装置似乎不合时宜。珀西·斯宾塞深信雷神公司应该继续生产磁电管，即使生产成本相当高。但是雷神公司亏了本，而且磁电管已经没有市场了。斯宾塞设想的消费品并不属于雷神公司的业务范围。

但事实证明，珀西·斯宾塞针对雷神公司的问题提出的解决方案使他发明了微波炉，在世界烹饪史上引发了一场变革。后文我们将分析斯宾塞创造性突破中采用的几个问题解决技巧。

斯彭斯·西尔弗（Spence Silver）的黏合剂

创造性问题解决的第二个例子是斯彭斯·西尔弗在 3M 公司一个临时项目组中的工作

任务。工作组在寻找一种新的黏合剂，因此西尔弗从 AMD 公司购买了一些原材料，它们可用作一种新的聚合物的黏合剂。他这样描述了他所做的一个实验："在研究过程中，我尝试每次实验一种物质，我想看看当我把大量的这种物质放入反应混合物中后，会发生什么。而以往，我们在用量上总是依传统行事。"（Nayak 和 Ketteringham, 1986）

结果他得到了一种物质，但它在所有传统的 3M 黏合剂检测中都失败了。它并不牢固。它似乎更喜欢自己的分子，而不是其他任何物质的分子。它有点黏性，但不那么牢靠。它更像是聚合性的而非黏合性的。它是一种"又黏又不黏"的胶。

5 年中，西尔弗从公司的一个部门到另一个部门，试图找到对他新近发现的物质感兴趣的人，并将其应用于产品中。西尔弗发现了一个解决方案，但他就是找不到可以用它去解决的任何一个问题。不出所料，3M 对此毫无兴趣。公司的目标是生产更加牢固的黏合剂，这种黏合剂能形成不可打破的联系，而不是暂时的联系。

4 年以后任务组解散了，小组成员也被分派到其他项目组。但是西尔弗仍然深信他的黏合剂对某种情形来说是好的，只是他不知道那是什么。后来证明，西尔弗的解决方案成为美国公司创新的原型，它每年为 3M 公司带来高达 5 000 万美元的收入——一种奇特的被称为"即时贴"的产品。

这两个例子从正面描述了以独特的方式解决问题如何造就了惊人的企业成功。然而，为了了解怎样创造性地解决问题，我们首先必须谈一下限制创造力的障碍。

概念障碍的四种类型

表 3-3 概括了限制创造性问题解决的四种概念障碍，下面将以问题或练习的形式分别阐述和讨论它们。当你阅读本章时，我们建议你做完练习，解决问题，因为这样做有助于你意识到自己的概念障碍。最后，我们将详细地讨论你可以怎样克服那些障碍。

表 3-3 限制创造性问题解决的概念障碍

1. 一贯性	
● 纵向思维	以单一的方式来定义问题，不考虑其他观点。
● 单一思维语言	不采用多种语言来定义和评价问题。
2. 承诺	
● 基于过去经验的知觉定式	把现在的问题看作过去问题的变种。
● 忽视共性	不能在看似不同的元素间觉察到共性。
3. 压缩	
● 从背景中分离图形	不能过滤不相关的信息或找到需要的信息。
● 人为制约	过于狭隘地定义一个问题的界限。
4. 满足	
● 非好奇性	不问问题。
● 非思考的	以行动代替脑力劳动的倾向。

一贯性

有一种概念障碍之所以出现，是因为一个人热衷于一种看问题的方式或采用一种方法定义、描述或解决问题。不难看出，**一贯性**（constancy）在问题解决中为什么如此普遍。一贯或一致是我们大多数人高度推崇的一种品质。我们喜欢在我们的生活中至少保持适当的一致，而且一贯性经常是与成熟、诚实，甚至智慧联系在一起的。我们把缺乏一贯性评价为不可靠的、古怪的或多变的。

几位著名的心理学家得出结论，实际上对一贯性的需要是人类行为的主要驱动力（Festinger，1957；Guadagno 和 Cialdini，2010；Heider，1946；Newcomb，1954）。许多心理学研究表明，一旦人们对一个问题采取了某一立场或采纳了某一特定的方法，将来他们似乎也会高度遵从这一方法，而没有任何偏离（更多的例子参见 Cialdini，2008）。

然而，一贯性会限制某些类型的问题的解决。一贯性有时会赶走创造性。一贯性障碍的两个例子是纵向思维和单一思维语言。

纵向思维　纵向思维（vertical thinking）的概念是由爱德华·迪博诺（Edward de Bono，1968，2015b）提出来的，它指的是以单一的方式定义问题，然后无偏离地遵照这个定义直至找到解决方案，不考虑其他可选择的定义。收集的所有信息以及产生的所有备选方案都与最初的定义相一致。迪博诺将横向思维（de Bono，2015a）同纵向思维进行了如下比较：纵向思维关注连续性，横向思维关注不连续性；纵向思维选择，横向思维改变；纵向思维关心稳定性，横向思维关心不稳定性；纵向思维寻求什么是正确的，横向思维寻求什么是不同的；纵向思维是分析性的，横向思维是激发性的；纵向思维关心想法的来源，横向思维关心想法的去向；纵向思维直指目标，横向思维似乎与目标最不相关；纵向思维创造一个想法，横向思维发现一个想法。

很多例子表明，创造性问题解决方案的产生是因为个体拒绝局限于一个单一的问题定义。亚历山大·格雷厄姆·贝尔（Alexander Graham Bell）本来是想发明一种助听器，当他改变定义时则发明了电话；哈兰·桑德斯（Harland Sanders）原本努力把他的食谱介绍给餐馆，当他改变定义时则创办了肯德基快餐店；卡尔·詹斯基（Karl Jansky）本来是在研究电话的静电干扰，转变定义后则在银河系中发现了无线电波，开创了无线天文科学。

在前面谈到的微波工业的发展中，珀西·斯宾塞转变了问题的定义，从"战争末期我们怎样才能挽救军事雷达工业？"到"磁电管还有什么其他用途？"。其他的问题定义也是如此，如"我们怎样能使磁电管便宜一些？""我们怎样大规模地生产磁电管？""我们怎样说服军队以外的其他人来购买磁电管？""我们怎样进入消费品市场？"以及"我们怎样使微波炉变得实用又安全？"等。每一个新的问题定义都会带来思考问题的新方法、新的备选方案，直至全新的微波炉工业。

3M 公司的斯彭斯·西尔弗是另一个转变问题定义的例子，他从"我怎样能获得更强劲的黏合剂？"开始，但随后转向"我怎样能发现粘得并不牢的黏合剂的用途？"。随之而来的是其他的问题定义："我们怎样能使这种新型胶只粘住一面，而不是另一面（如便条纸，但不是普通纸）？""在工作场所我们怎样使之替代钉书钉、图钉和曲别针？""我们怎样能生产和包装这种新的非黏合剂产品？""我们怎样能让人们愿意付 1 美元买便条纸？"

当然，转变定义并不容易，因为它不是自然而然的，它需要人们打破一贯性的倾向。后面我们将讨论一些有助于克服一贯性障碍的建议和工具，同时避免不一致性带来的负面结果。

单一思维语言　一贯性障碍的另一个表现是只使用一种**思维语言**（thinking language），大多数人用语言进行思考，也就是说，他们以口头语言为基础来思考问题及其解决方案，**分析性问题解决方式**（analytical problem solving）强化了这一方法。实际上，一些作家曾经指出，没有语言，就不可能产生思维（Feldman，1999；Vygotsky，Hanfmann 和 Vakar，1962）。但是其他的思维语言也是适用的，如非语言或象征性语言（如数字符号）、感觉映象（如嗅觉或触觉）、感觉和情绪（如高兴、害怕或者发怒），以及视觉映象（如心理图片）。问题解决者可用的语言越多，他们的解决方案就越好、越有创造性。

雷神公司的珀西·斯宾塞是视觉思考者的一个例子。

  一天，当斯宾塞和伊万·格廷（Ivan Getting）先生以及雷神公司的其他几位科学家一起吃午饭时，他们提到了一个数学问题。几个人都拿出了计算尺，但在其他所有人完成计算之前，斯宾塞就给出了答案。格廷先生很惊讶，问道："你是怎么做到的？""求根，"斯宾塞简单地说，"当我是孩子时，就用积木学会了立方根和平方，从那以后，我所做的就是在脑海里想象把它们放在一起的样子。"（Scott，1974，第 287 页）

微波炉就是倚仗了斯宾塞对多种思维语言的应用。更进一步，如果没有视觉语言的魅力，这种新型炉具根本不会面世。

直到 1965 年，当雷神公司正打算放弃磁电管的任何一种消费品应用时，乔治·福斯特（George Foerstner）召开了一个会议，他是前不久刚被收购的 Amana 冰箱公司的总裁。在这次会议上，成本、应用以及生产中的障碍都得到了讨论。福斯特的下列陈述刺激了整个微波炉市场，就像雷神公司的副总裁所做的报告一样。

  乔治说："没有任何问题。它同一台空调一样大，重量也差不多，应该卖同样的价钱，所以我们把它定价为 499 美元。"现在你认为那是愚蠢的，但你停下来思考一下。这有一个人，他对科技一无所知，但与一台空调比起来，需要相同的铜和铁，这些都是基本的原材料。你怎样把它们安装起来，达到工作状态并没有太大的区别。它们都是箱子之类的东西；它们都是由金属制成的，而且它们都需要一些装饰（Nayak 和 Ketteringham，1986，第 181 页）。

在这几句简短的话中，福斯特将第二次世界大战最复杂的军事武器之一理解为并不比空调复杂多少的机器，通过视觉化地描述磁电管，就像是熟悉的物体一样，不是运用计算、公式或图纸。以前还没有人做到这一点。

类似的例子是即时贴，它也导致了一个突破。斯彭斯·西尔弗曾尝试很多年，设法使 3M 公司的人采纳他那并不牢固的黏合剂。3M 公司的另一位科学家阿特·弗赖伊（Art Fry）曾听过西尔弗的发言。一天，他在明尼苏达州圣保罗的 North Presbyterian 教堂唱圣歌时，翻找着他夹在书中区分不同章节的纸条。突然，一个视觉映象闯入他的脑海。

  我想："如果我在书签上加一点黏合剂，它就变成短笺了。"所以我决定在下周的工作中来检测这一想法，我脑子里净是西尔弗的黏合剂……我知道我有一个远大于它的发现，现在我意识到西尔弗的黏合剂的主要用途并不是把它粘在一个固定的表面上，如布告板，那是次要用途，主要用途是把纸和纸连接起来，我立即意识到了这一点（Nayak 和 Ketteringham，1986，第 63~64 页）。

多年的口头描述并没有给西尔弗的黏合剂带来任何应用。触觉思维（触摸这种黏合剂）也没有产生任何想法。但是以视觉的形式思考产品，正如弗赖伊所说的"更好的书签"，引发了新的突破。

为了阐述思维语言间的差别，请考虑下面这个简单的问题：

图3-4显示的是7根火柴棍。只能移动一根火柴棍，使图中的内容变成一个正确的等式（即一边的值等于另一边的值）。在查看本章章末给出的答案之前，设法采用不同的方式来定义问题，并采用不同的思维语言。看看你能发现多少种答案。

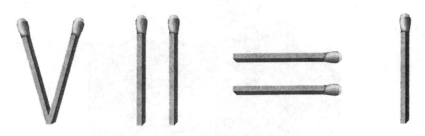

图3-4 火柴棍方程式

承诺

承诺（commitment）也是创造性问题解决的一个概念障碍。一旦人们变得执着于某一特定的观点、定义或者解决方案，他们似乎将坚持这个承诺。例如，西奥迪尼（Cialdini，2008）报告了一项研究，研究者要求在加利福尼亚人的前院草坪中挂上一个写有"小心驾驶"的巨大、难看的牌子。仅有17%的人同意这样做。然而，当要求人们在"保持加利福尼亚的美丽"的请愿书上签字后，他们被再次要求把"小心驾驶"的牌子挂在草坪里，结果有76%的人同意了。一旦他们承诺去做一个积极行动且负责任的公民（例如，保持加利福尼亚的美丽），这种大广告牌就成为他们承诺的视觉证据。多数人都具有与承诺保持一致并加以维持的倾向。

由承诺导致的概念障碍的两种形式是：基于过去经验的知觉定式和忽视共性。

基于过去经验的知觉定式 诺贝尔奖获得者丹尼尔·卡尼曼（Daniel Kaneman，2013）指出，创新性问题解决的一大主要障碍在于，人们倾向于以自己曾经遇到过的问题为基础来定义现在的问题。当前的问题通常被看作一些过去情境下的变式，解决现有问题的备选方案是过去曾经被证明成功了的方案，因此问题的定义和解决方案的提出都受到过去经验的限制，这种限制被称为**知觉定式**（perceptual stereotyping）（Adams，2001）。

当人们接收了关于问题定义的原始线索后，所有随之而来的问题都被纳入原始线索的框架。当然这样并非不好，因为知觉定式有助于在有限数据的基础上组织问题，不再需要仔细分析每一个问题。然而，知觉定式阻碍了个体用新奇的方式看待问题。

即时贴的发明是克服囿于过去经验的知觉定式的例子。3M公司的斯彭斯·西尔弗在打破囿于过去经验的知觉定式的基础上，描述了他的发明。

> 即时贴的关键是做实验。如果当初我坐在那儿先琢磨它、考虑它，我就不会做那个实验。如果我真的打开书本仔细阅读，我就会停止，书上充满了你不能这样做的例子（Nayak和Ketteringham，1986，第57页）。

这并不是说一个人应当避免从过去的经验中学习，或者不能从历史的错误中学习，以免我们一再地重复它们。但是，基于过去经验的承诺有时会阻碍我们以全新的方式看待问题，甚至阻止我们解决某些问题。请以下面的问题为例。

架子上有5卷中世纪文学书籍（见图3-5）。每一卷大约有2英寸厚，封面有1/4英寸厚。一只书虫从第1卷的第一页开始吃，直到第5卷的最后一页，这只书虫吃过的距离有多少？解决这个问题是相对简单的，但它需要你克服定式障碍，从而得出正确答案（为什么正确答案是 8 英寸？）。

图 3-5　书虫问题

忽视共性　承诺障碍的另一个表现是不能识别看起来分散的数据间的相似性，这是创造性中最容易识别的障碍。这意味着一个人会执着于某个特定的观点，执着于各因素之间彼此不同的事实，从而无法建立联系，也不能识别主题或知觉共性。

在两个看起来不同的问题间发现一个问题定义或解决方案的能力是有创造力的个体的特征之一（Sternberg，1999）。不能做到这一点会使问题解决者感到负荷过重，因为它要求个体解决遇到的每一个问题。

青霉素的发现是源于亚历山大·弗莱明（Alexander Fleming）从看起来不相关的事物中看到了共性。弗莱明工作时使用的葡萄球菌偶然受到了感染，感染物是真菌的一种产物，死去的葡萄球菌的聚合物使弗莱明看到了以前从没有人看到的关系，因此发明了一种神奇的药物。

著名的化学家弗里德里克·克库勒（Friedrich Kekule）在他做的一条蛇吞了自己尾巴的梦和有机化合物的化学结构间看到了关联，这种创造性的想法导致他发现，有机化合物（如苯），有着封闭的环形而不是开放的结构。

雷神公司的珀西·斯宾塞看到了磁电管的发热和煮食物需要加热之间的联系，这种创造性的联系使他在微波炉行业取得了突破。斯宾塞的一位同事回忆说："在对磁电管检测的过程中，你的手发热了。我不知道珀西何时真正提出了微波炉的想法，但那时他就已经想到了——而那是在 1942 年。他反复地说这将是烹调食物的好工具。"另一位同事是这样描述斯宾塞的："珀西·斯宾塞的想法是很有趣的，他的头脑使他能够抓住现象彼此间的联系。"（Nayak 和 Ketteringham，1986，第 184、205 页）类似地，弗赖依找到了那种并不牢固的黏合剂和标记乐谱中的赞美诗的联系，导致了革命性的即时贴产业的发展。

为了检验你自己看到共性的能力，请回答下面的问题：哪些共同的术语能同时用于水和金融（例如，金融浮动）？

压缩

作为**压缩**（compression）想法的结果，概念障碍也会发生。过于狭隘地看待一个问题，过滤掉太多的相关数据，以及作出限制问题解决的假设，都是常见的例子。压缩的两个颇具说服力的例子是人为制约问题和不能从背景中区分图形。

人为制约　有时人们给要解决的问题划上界限，或者限制解决的方法，这使问题变得难于解决。这种制约来源于人们对问题所做的隐藏假设。人们假定一些问题定义或解决方案是超出限制的，因此忽略了它们。这种概念障碍的例子见图3-6，不要让你的铅笔离开纸面，画4条直线通过所有的9个点。做完后再看下面的内容。

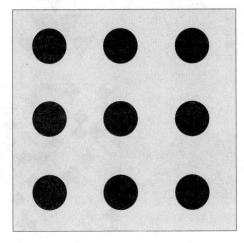

图3-6　9点问题

由于考虑图形时比它的实际受到了更多的限制，使问题变得难以解决。如果打破你自己对问题的局限性假设就会简单得多。现在你得到了提示，你能用3条直线来完成同样的任务吗？你给自己加上了哪些限制条件？

如果你成功了，请尝试用一条线来完成同样的任务，你能确定怎样用一条线穿过所有的点而不使你的铅笔离开纸面吗？三条线和一条线的解决方案可参见本章章末。

人为制约的问题意味着，问题定义和可能的备选方案受到了多于问题要求的限制。创造性的问题解决需要个体能熟练地识别隐藏的假设，并扩展自己考虑的备选方案。

从背景中分离图形　压缩障碍的另一个例子是人工制约的反面，即不能有效地限制问题，以使它们能够得到解决。问题几乎从未有过准确的界定，因此问题解决者必须确定真正的问题是什么。他们必须过滤不准确的、错误的或不相关的信息，以便准确地定义问题并产生合适的备选方案。不能从不重要的东西中区分出重要的，而且无法适当地简化问题，就是一个概念障碍，因为它夸大了问题的复杂性，阻碍了简单的定义。

你过滤不相关信息的水平如何？考虑一下图3-7，对于每一对图形来说，左边的图形被包含在右边更为复杂的图形之中，在复杂的图形中指出被包含的部分。现在试着在每个复杂图形中至少找到两个被包含的部分。

这种压缩障碍——从背景中分离图形和人为制约问题，在微波炉和即时贴的突破中扮演了很重要的角色。乔治·弗斯特对微波炉开发和生产的贡献是压缩了问题，也就是说，忽略了所有不相关的复杂性。磁电管是一只如此复杂的仪器以致很少有人能了解它，弗斯特集中于它基本的原材料、尺寸和功能。通过把它和空调相比较，他摒弃了更多的复杂性

图 3-7 嵌入模式

和神秘感,正如两位分析家所描述的:"他看到了所有研究者都没有看到的东西,而且他们知道他是对的。"(Nayak 和 Ketteringham,1986,第 181 页)

然而,斯彭斯·西尔弗却不得不加入复杂性,以克服压缩,目的是为他的产品找到用途。因为他的胶水在每一个传统的 3M 检测中都失败了,它被归为无用的化合物。产品的潜能受到了有关黏合剂的传统假设——更牢固、更强力的黏合剂是最好的黏合剂的人为限制,直到阿特·弗赖伊看到了一些非传统的应用:更好的书签、布告板、便条纸以及 3M 公司主要产品胶带的替代物。

满足

一些概念障碍的发生并不是因为不好的思维习惯或不适当的假设,而是因为害怕、忽视、不安全感或仅仅是心理惰性。**满足(complacency)** 障碍的两个突出的例子是缺乏好奇心和思维偏见。

缺乏好奇心 有时不能解决问题是因为不愿意提出问题、获得信息或收集数据。人们可能认为如果他们提出问题或设法重新定义一个问题,他们将变得简单或无知。提出问题会使他们面临暴露无知的危险,也可能意味着对他人的威胁,因为这意味着他们接受的可能不是正确的,这会引起其他人的抵制、冲突甚至取笑。

创造性的问题解决本质上是冒险的,因为它潜在地涉及了人际间的冲突。它具有风险性还因为错误与之相伴。正如诺贝尔奖得主莱纳斯·波林(Linus Pauling)所说:"如果你想有一个好的想法,就先要有很多想法,因为它们中的绝大多数将是很差的。"然而多年来的非支持性的社会化阻碍了大多数人的冒险精神和好奇心,我们中的大多数人因为糟糕的想法而没有获得奖励。为了进一步说明,请你自己回答下面的问题:

1. 什么时候学习一种新的语言更为容易,是你5岁的时候还是现在?为什么?
2. 上个月有多少次你尝试了某种事情,而它们成功的可能性不足50%?
3. 你最后一次连问三个"为什么"是什么时候?

为了说明我们在多大程度上缺乏刨根问底的精神,看看你能回答多少下列常识性的问题。

- 人们为什么不受自己身体气味的影响?
- 磨损的轮胎面上究竟发生了什么?
- 糖为什么不会沸腾或发霉?
- 电话键盘的排列为什么和计算器不同?
- 为什么热狗每袋装10个,而小面包每袋装8个?
- 军校学生在足球赛和毕业典礼上将帽子抛向空中,他们怎样再找到自己的帽子?
- 为什么约翰(John)的昵称是杰克(Jack)?

我们中的大多数人太过于满足而不问这样的问题,更别说去寻找答案了。当我们逐渐长大时,我们经常停止发问,因为我们了解有智慧是好的,而有智慧被理解为已经知道答案,而不是问好问题。结果,我们25岁时学的东西要比5岁时少,更少冒险,避免问为什么,在世上依规矩行事而不设法去理解它。然而,创造性的问题解决者常常感到好奇,并且不停地尝试。3M公司的斯彭斯·西尔弗这样描述他对满足性障碍的态度:

> 像我这样的人在发现物质的新特性时感到兴奋。轻微地打乱一下秩序,看看会发生什么,这使我感到非常惬意。我很难说服那些受过良好教育的人这么做。我的体验是人们对仅仅去试一下、试验一下都很不情愿——仅仅是去看看会发生什么(Nayak和Ketteringham,1986,第58页)。

思维偏见 满足性障碍的另一个表现形式是逃避认知活动的倾向。这种障碍同其他大多数障碍一样,是个人偏见,在某种程度上也是一种文化的偏见。例如,假设一天你经过你属下的办公室时,看见他靠在椅背上,两眼盯着窗外,半小时过后你再次经过,他把脚放在桌子上,仍然盯着窗外,而且20分钟以后,你注意到他的姿势并没有多大改变。你的结论是什么?我们中的大多数人都会假定,这个家伙并没有在工作,我们将假定除非我们看到他的实际行动,否则他就没有工作效率。

你最后一次听到一个人说下面这些话是什么时候?"对不起,我不能去参加球赛了(或音乐会、舞会或看电影),因为我不得不思考。"或者"我去刷碗吧,因为我知道你还要想问题呢。"这些话之所以听起来古怪,就是因为人们已经发展出了一种相对于思考而言,对于行动的偏好;或者说,不喜欢抬起双脚,坐在摇椅里,盯着外面,进入安静的认知活动中。这并不是指做白日梦或发疯,而是一种集中思维。

在西方文化中,对于使用右脑进行的思考具有一种特定的概念障碍。对大多数人来说,**左脑思维**(left-hemisphere thinking)是与逻辑的、分析的、线性的或序列的任务有关的,使用左脑进行的思考倾向于是有组织的、有计划的和精确的。语言和数学都是左脑的活动。而**右脑思维**(right-hemisphere thinking)则与直觉、整合、趣味及质量判断有关。与左脑思维相比,它更倾向于是自发的、有想象力的和情绪化的。大多数正式教育都更强调针对左脑的思考,这在东方文化中可能比西方文化的发展更甚。基于推理、逻辑和程序性的问题解决通常受到奖励,而基于感觉、直觉或快乐的问题解决被认为是不可靠的和低等的。

很多研究者已经发现，大多数的创造性问题解决者在思维上是**双向的**（ambidextrous）。也就是说，他们同时运用左脑和右脑进行思考，并能很容易地从一边转到另一边（Hermann, 1981; Hudspith, 1985; Martindale, 1999）。创造性的想法通常在右脑产生，但必须经过左脑的加工和解释，因此创造性的问题解决者必须很好地同时运用左右脑。

试一下表3-4中的练习，它阐述了双向性的规律。有两列单词，用2分钟的时间来记住第一列，然后在一张纸上尽可能多地写下你能记住的单词。现在花2分钟的时间来记忆第二列单词。重复这一过程，尽可能多地写下你记住的单词。

表3-4 检验双向思维的练习

第一列	第二列
夕阳	下降
香水	非常
砖块	模糊
猴子	资源
城堡	学期
吉他	概念
铅笔	关于
计算机	附录
雨伞	确定
雷达	忘记
水疱	数量
棋盘	调查

大多数人记住的第一列单词要比第二列多，这是因为第一列包含的是与视觉有关的词语。它们不仅和左脑活动有关，还同右脑活动有关。人们能描绘关于它们的心理图画和幻想。创造性的想法也是这样，大脑两半球同时运用得越多，想法就越有创造性。

概念障碍的回顾

迄今为止，我们已经讨论了一些概念障碍，它们阻碍了个体创造性地解决问题。这些阻碍缩窄了问题定义的范围，限制了备选方案的考虑以及最佳方案的选择。不幸的是，这些概念障碍很多都是无意识的，只有面临无法解决的问题时，人们才意识到这些阻碍的存在。

通过要求你解决一些需要你克服这些心理障碍的问题，我们已经设法使你意识到了自己的概念障碍。当然这些概念障碍并非总是不好的，不是所有的问题都强调用创造性的方法来解决。但是研究表明：发展了创造性问题解决技巧的人，在处理需要搜寻备选方案的复杂问题时，比受到概念阻碍的人更有效率（Collins和Amabile, 1999; DeGraff和DeGraff, 2017; Kaufman和Sternberg, 2010; Sternberg, 1999）。

下一节，我们将提出一些有助于克服这些障碍、提高创造性问题解决技巧的技术和工具。

突破概念障碍

概念障碍并不能立刻完全克服，因为大多数障碍是多年来的习惯的结果。克服它们需要在长时间内以不同的方式来锻炼思维。仅仅通过阅读本章，你不会成为一个有技巧的创造性的问题解决者。然而，只要意识到了你自己的概念障碍，并且不断地练习下面的技巧，你就能提高**创造性问题解决**（creative problem-solving）的技巧。

创造性思维的步骤

克服概念障碍的第一步是意识到创造性的问题解决是一项可以开发的技能。创造性地解决问题的能力并不是与生俱来的，并非有些人天生就有而另一些人天生没有。雅各布·雷恩博（Jacob Rainbow）是美国专利局的员工，他自己就拥有200多项专利，他是这样描述创造性的过程的：

> 你需要完成三件事情来成为一个有独创力的思考者。首先，你必须拥有大量的信息——如果你希望充满想象力，你必须拥有一个巨大的数据库……然后，你必须乐于寻找点子，因为你对此感兴趣。现在，一些人已经可以做到，而且不以此为一种痛苦。他们就是喜欢做一些别出心裁的事……找到一个新想法非常有趣，即使没人接受它，我也不会有所怨言。因为我只是喜欢做一些奇怪和不同的事情……然后，你必须具备甩掉那些思想垃圾的能力。你不可能总是只产生好想法……这样，即使你没有受过良好的训练，但是如果你有了好想法，而你又不知道它们是好是坏，你可以把它们寄给国家标准局、国家标准机构，那是我工作的地方。我们会对它们进行评估，并有所扬弃（Csikszentmihalyi，1996，第48页）。

换句话说，就是收集大量信息，据此得出很多想法、过滤这些想法并抛弃糟糕的想法。研究者们普遍同意创造性的问题解决包括四个阶段：准备、深思、阐明和检验（见Albert 和 Runco，1999；Kaufman，2016；Kaufman 和 Sternberg，2010；Nickerson，1999；Poincare，1921；Ribot，1906；Wallas，1926）。

准备阶段（preparation stage）包括收集数据、定义问题、产生备选方案以及谨慎地检验所有可获得的信息。有技巧的创造性问题解决和分析性问题解决的主要差异就在于这一步是怎样处理的。创造性问题解决者在数据收集、问题定义、备选方案产生和信息检测上更为灵活和流畅。实际上，在这一阶段，创造性问题解决的训练能显著提高绩效水平，因为其他三个阶段并不太涉及有意识的脑力劳动（Adams，2001；deBono，2015b；Eisenfubr，Weber 和 Langer，2010）。因此，下面的讨论将主要局限于提高这一阶段的能力。

深思阶段（incubation stage）主要包括无意识的脑力劳动，为了达成解决方案，大脑整合不相关的想法。这一阶段不包括意识活动。当猛然醒悟，创造性的解决方案清楚明了时，第三个阶段的**阐明**（illumination）就发生了。**检验**（verification）是最后一个阶段，它涉及依据某种可接受的标准对创造性的解决方案进行评估。

在准备阶段，有两种技术能用来提高创造性的问题解决技巧。一种技术有助于个体更加创造性地思考和定义问题；另一种有助于个体收集信息，产生更多的备选方案。

高效的、创造性的问题解决者和其他人的一个主要区别是：创造性的问题解决者更少受限制。他们在问题的定义和选择方案的数量上允许自己更为灵活（Reiter-Palmon, 2014）。他们开发了很多解决问题的方法。简言之，他们所做的正如塞克斯哈里（Csikszentmihalyi, 1996）所描绘的"愉快而又孩子气"。他们尝试更多事情，更少为他们错误的开始或失败而担忧。正如Interaction Associates（1971，第15页）所解释的：

> 思维的灵活性对于好的问题解决是很关键的。问题解决者应当像好的拳击手一样，在问题周围挥拳击打，不陷入任何一个地方，没有停滞。在任一时刻，好的问题解决者必须能运用大量的策略（用于找出可选择的定义和解决方案）。而且，好的问题解决者通过对策略的理解和问题解决的经验，发展一种适宜感，即在某一特定时间，什么可能是最有用的策略。

现在我们提供一些特别有效并且相对容易运用的工具和提示，它们有助于使你从日常的怀疑、分析方法中解脱出来，并增强趣味性。它们同定义问题和产生备选方案有关。

改善定义问题的方法

定义问题可能是创造性问题解决中最关键的一步。一旦问题被定义，解决就变得相对简单了。但是如表 3-2 所解释的，人们倾向于以他们熟悉的方式来定义问题。即使是受过良好训练的科学家也受着这一问题的困扰："优秀的科学家研究他们认为能够解决的最重要的问题。"当遇到陌生的问题或问题似乎没有很容易的解决方案时，问题要么不被定义，要么依据一些熟悉的方式来重新定义。

不幸的是，新问题可能和老问题并不相同，所以依靠过去的定义可能会阻碍解决当前问题的过程，或者导致了解决"错误的"问题。在创造性问题定义中运用这些技术有助于人们从不同的角度看待问题，从而使定义更少受到局限。下面讨论了三种提高和扩展定义过程的技巧。

使陌生变得熟悉和使熟悉变得陌生

提高创造性问题解决的一个有名且有效的技术被称为**群体生态学（synectics）**（Gordon, 1961；Nolan 和 Williams, 2010；Roukes, 1988）。群体生态学技术的目标是帮助你把一些你不知道的变成知道的，反过来也是如此。也就是说，通过分析你所知道的，并把它运用到你不知道的地方去，你可以发展新想法、新观点。群体生态学技术的过程依赖于类比和隐喻的使用，并以这种方式工作。

首先，你形成对某一问题的定义（使陌生变得熟悉）。然后，你设法改变这个定义，使之偏离焦点、被歪曲或改变（使熟悉变得陌生），运用群辩法——类比和隐喻来产生这种歪曲。在研究类比或隐喻时，延迟对问题的初始定义，然后把分析强加在初始问题上，看看你能发现什么新的想法。

例如，假定你已经确定了一个问题，你团队成员的士气低落，通过回答下列问题，你可以形成类比或隐喻：
- 这提醒了我什么？
- 它使我感觉怎样？
- 这和什么相似？
- 这和什么不相似？

例如，你的回答可能是这样的：这个问题提醒了我在寒冷的天气里要尽量保暖（我需要增加活动量）；这种感觉同参观医院的病房时差不多（我需要微笑，努力去同情别人）；这好像是篮球赛结束后，失败者的更衣室（我需要找到另一个目标）；这辆汽车运转好像并不良好（我需要认真检查一下）；如此等等。隐喻和类比应把你较少确定的（初始问题）和较多确定的（隐喻）联系起来。通过分析隐喻或类比，你可以识别以前不明显的问题的特质，从而产生新的想法。

许多创造性的问题解决方案都是由这种技术产生的。例如，威廉·哈维（William Harvey）是第一个将"水泵"的类比运用于心脏的人，这使他发现了血液循环系统。尼尔斯·博尔（Niels Bohr）将原子和太阳系进行比较，取代了拉瑟福德（Rutherford）关于物质构建的流行的"干果布丁"模型。咨询师罗杰·冯奥克（Roger von Oech，1986）通过将饭店和公司的运作进行类比，扭转了一家计算机公司的局面。当分析饭店，而不是公司时，真正的问题才显现出来。

组织行为学领域的大多数贡献都是在其他类型的组织中运用类比时出现的，如机器制造、控制论或开放系统、力场和党派等。也许最有效的类比是耶稣（Jesus）采用的教育原则，而其他一些对于个体来说可能难于掌握（如放荡子、善良的撒马利亚人、牧羊人和他的羊群）。

当构建类比时，需要铭记一些提示：
- 在类比中包括行为或动作（如驾车、烹饪食物和参加葬礼）；
- 在类比中包括可以被视觉化或图片化的事物（如马戏团、足球比赛和拥挤的购物场所）；
- 选择相似的事物或情境（如家庭、亲吻和就寝时间）；
- 设法将不相似的事物联系起来（例如，将组织比喻为一个巨大的人群就没有将组织比作一个灵魂的监狱或一场纸牌游戏那么生动）。

建议运用四种类型的类比：**个人类比（personal analogies）**，个体设法发现自己就是问题（"如果我是问题，我感觉怎样，我喜欢什么，什么可能满足我？"）；**直接类比（direct analogies）**，个体运用事实、技术和平常的经验（如布鲁诺看到船上的虫子爬进了管道里，解决了水下建设的问题）；**象征性类比（symbolic analogies）**，把符号或想象强加给问题（如数字化地塑造问题或图示流程）；**想象类比（fantasy analogies）**，个体问这样的问题："在我最荒诞的梦中，我希望问题怎样得到解决？"（例如："我希望所有的员工都在没有监督的情况下工作。"）

详述定义

一旦问题已经被定义，就可以有很多方法用于扩大、改变或替代问题的定义。一种方法是对每一个问题定义产生至少两个备选假设；也就是说，除了初始接受的定义外，再至少确定两个可接受的问题定义。以复数而不是单数的形式进行思考。不问"问题是什么？""它的含义是什么？""结果是什么？"而是问"问题是些什么？""这些问题的含义是什么？""这些问题的结果是什么？"等问题。

例如，参见图 3-8，选择一个与其他所有图形不同的图形。

从下面 5 个图形中选出一个与众不同的。

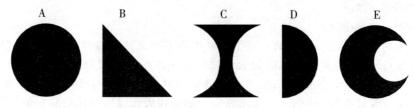

图 3-8　5 个图形问题

大多数人首先会选 B。如果你也是，你就对了。图形 B 是仅有的全部由直线构成的图形；而有些人会选 A，如果你也是这些人之一，那么也是正确的。它是唯一一个由连续线构成的图形，没有间断的点；而且 C 也是对的，它是唯一一个由两条直线和两条曲线构成的图形；类似的，D 是仅有的由一条直线和一条曲线构成的图形；而 E 则是唯一一个非对称的图形。关键在于，经常有多于一个的问题定义，多于一个的正确答案，多于一个看待问题的观点。

阐明定义的另一种方法是采用问题清单。这一系列问题能帮助个体根据他们接受的定义来考虑备选方案。一些富有创造性的管理者愿意与我们分享他们富有成效的一些问题：

- 还有其他定义吗？
- 反过来也是正确的吗？
- 有更为一般的问题吗？
- 谁会对它有不同看法？

Nickerson（1999）报告了一个常用的缩写字——SCAMPER，用于提醒一些问题，它们是替换（Substitution）、组合（Combination）、改编（Adaptation）、修正（扩大/缩小）(Modification，Magnification-minimization)、用于其他用途（Putting to other uses）、消除（Elimination）和重排（Rearrangement）。

作为一个练习，现在用 1 分钟的时间来考虑一个你当前遇到的问题，把它写下来，正式定义它。现在通过回答清单中的每一个问题来操纵定义。如果你无法想出一个问题，试着用下面这个问题来做练习。从三个形容词中选择一个："我不像我期望的那样有吸引力/聪明/有创造力了。"

颠倒定义

提高和扩展问题定义的第三个工具是颠倒问题的定义，也就是说将问题反转、倒置。颠倒你考虑问题的方式，例如下面的问题：

在俄亥俄州的 Sandusky，一个人尽皆知的传统是"7 月 4 日游行"。它是这个城市每年举办的最大型、最受欢迎的活动。现在，1988 年，市长收到了一个令人震惊甚至是灾难性的消息。俄亥俄州要求为所有参加者——彩车、乐队和领队上一份保险。这份保险是为了向每位参加者对可能出现的伤害或事故提供保护，因此每个参加者都必须上一份。

显然，麻烦在于，推行为每位参加者上保险的政策需要一大笔支出，远远超过了该市的负担能力。巨大的参加人数和设备使保险费用数额巨大，对该市而言是一项不可能的支出。一方面，市长不愿意取消这一重要的传统活动，人们都对它满怀期待；另一方面，如果照常举行的话，将会超过该市的预算。如果你是市长的顾问，你有什么建议？

对这一问题常见的建议包括以下一些：

1. 尝试和保险公司商谈一个较低的费率（然而，这样做仅仅是将风险转嫁给了保险公司）。

2. 举行筹资活动，以凑足资金购买保险，或者为游行寻找一位富有的资助者（然而，这样做可能会排挤其他公共服务机构的资金，或形成竞争，如 United Way、红十字协会或当地教堂，它们也都需要捐助）。

3. 向每一位参加者收取"参加费"作为保险费用（然而，这可能会使许多高校、中学和小学的乐队和彩车不再参加。它还可能减少一些彩车的组织者和捐助组织对游行的实际支出。这对于游行来说是致命的）。

4. 向游行的观众收取费用（然而，这必须对参与游行加以限制。建立收费和售票的管理组织，还会破坏这一传统游行一向的公众参与的感觉）。

每一个方案都是好的，但是所有的方案都停留在单一的问题定义上。每个方案都假定问题的解决方法与解决保险费用带来的财政问题相联系。因此，每一个建议都会带来一些破坏传统的风险，甚至会将这个传统活动整个取消。如果将问题颠倒一下，其他通常不被考虑的方案就变得明显了；也就是说，对于保险的需求可以加以强调。

下面这则报道揭示了这个问题是如何解决的：

  Sandusky，俄亥俄（AP）"7月4日游行"没有被取消，但是由于保险的问题，它改为静止的了。乐队跟着鼓点原地踏步，乡村女王在一辆固定的花车上向她的臣民挥手示意。

  这一新版的公众游行开始于早上10点。它沿着城市最北端的华盛顿大道，并一直待在那里直到晚上。"实话实说，这都是债务的问题，"吉恩·克兰丁斯特（Gene Kleindienst）说，他是城市学校的校长和庆典的组织者之一。"因为不再进行移动的游行，我们极大地减少了债务问题。"他说道。

  静止的游行包括由群众组织的20辆花车和演出。游戏、表演和小摊则安排在附近的公园里。游行主席朱迪·希尔（Judee Hill）说有一些群众还不太理解。"有些人问我，她是不是来晚了，而且她不明白为什么游行整天都在这里。"

  那些不感到困惑的人则对这种静态的游行大加赞赏。"我喜欢这样，我可以看见更多了，"67岁的威廉·A.西布莉（William A. Sibley）说，"我已经丧失了八成的视力，现在我可以看见那里的东西了。"他指着一辆彩车说。

  观众埃米·普拉特（Emmy Platte）更喜欢这种静态的游行，因为它不再需要观众"跟着好几英里"，结果筋疲力尽。"你不再需要那些小鼓手穿过街道了。"她评论道。

  军乐队指挥女郎塔米·罗斯（Tammy Ross）说她在静止的时候表演得更好，"你能指挥得更好。你不用再担心会那么容易失手了。"她解释说。

  克兰丁斯特先生说群众的反应良好。"我想我们开创了一项新的传统。"他说道。

通过转换问题，Sandusky 不仅没有通过丢弃传统或向保险公司及其他社会群体转嫁风险来解决问题，它还增加了一些内容，使至少是一部分人可以更好地享受它。

这种转换与罗滕伯格（Rothenberg，1979，1991，2014）指出的**双面思维（Janusian**

thinking）很相似。雅鲁斯（Janusian）是罗马的双面神，他能看到相反的方向。双面思维的意思是同时考虑相互矛盾的观点，也就是说，认为两个相对立的观点都是正确的。在研究了54名高创造力的画家和科学家（如诺贝尔奖获得者）后，罗滕伯格得出结论，绝大多数的科学突破和艺术杰作都是双面思维的产物，有创造力的人积极阐述对立的思想，并解决它们，作出了科学和艺术史上最有价值的贡献，经常产生知识的巨大突破。

一个例子就是爱因斯坦（1919，第1页）描述的"我一生中最快乐的想法"。他发展了这样的概念："一个观察者从房顶上做自由落体，在他下落的过程中，没有引力作用……在他的周围。如果此时观察者释放任何物体，相对于观察者来说，它们将处于静止状态，因此（下落的）观察者的状态也可以理所当然地被视作静止的。"换句话说，爱因斯坦得出结论，两个似乎矛盾的状态，运动和静止是可以同时存在的。这种认识导致了广义相对论的发展。

在另一项创造性潜能的研究中，罗腾伯格和豪斯曼（Hausman，2000）发现如果给个体呈现一个刺激词，要求回答他们头脑中闪过的第一个词，高度创造性的学生、诺贝尔奖获得者们以反义词作为反应的次数要显著地多于一般创造性的个体。基于这些结论，罗滕伯格认为创造性的个体与其他人相比，更多地从反面考虑（这一发现已经被大量研究所证实）。

为了扩展考虑角度的数量，我们颠倒或抵触现在可接受的定义。例如，问题可能是团队中的士气太高而不是（或除了）士气太低（我们也许需要更多的训练），或者员工需要更少的而不是更多的动机来提高生产率。反向的看法或回顾经常能增强创造性。

提高创造性问题定义的3种技术见表3-5的总结。它们的目的并不仅是为了有别的选择才帮助你生成替代的定义，而是扩展你的视角，帮助你克服概念障碍并产生更多的优质（如高质量和节约的）解决方案。

表 3-5　提高问题定义的技术

1. 使陌生变得熟悉和使熟悉变得陌生（例如，类比和隐喻）
2. 详述定义（例如，问题清单和SCAMPER）
3. 颠倒定义（例如，双面思维和反向）

产生更多备选方案的方法

由于一个常见的倾向是基于可用的解决方案来定义问题（问题根据已经拥有的解决方案或第一个可接受的方案定义，如Kahneman，2013），我们中的大多数人只能在解决问题的过程中考虑最低数量的可选方案，或者局限在很窄的范围内。但是大多数专家认为，高效的创造性问题解决者的基本特征是他们思维的流畅性和灵活性（Sternberg，1999）。**流畅性（fluency）**是指在一定时间内产生的想法或概念的数量；**灵活性（flexibility）**是指产生的想法或概念的多样性。大多数问题解决者考虑的是一些相似的备选方案，而创造性的问题解决者更多地考虑异类的备选方案。

下列技术有助于你在遇到问题时，提高产生多种和广泛的可变备选方案的能力，如表3-6所示。

表 3-6 产生更多备选方案的技术

1. 延迟判断（例如，头脑风暴法）
2. 扩展当前的备选方案（例如，细分）
3. 整合不相关的特质（例如，形态学综合法和关系算法）

延迟判断

产生备选方案的最常用的方法可能是奥斯本（Osborn，1953）提出的**头脑风暴法（brainstorming）**。这个工具非常有用，因为大多数人对每一个信息或遇到的每一个备选方案都会作出快速的判断。头脑风暴法是用来帮助人们得到解决问题的备选方案，而不过早地评估并因此而舍弃它们。头脑风暴法是让一群人聚在一起，一次仅就一个问题分享各自的想法，并分配一个人记录大家提出的建议。头脑风暴法有 4 个主要原则：

1. 当产生备选方案时，对任何一种都不做评估。个体的精力要花在产生想法，而不是定义它们上。
2. 鼓励最荒诞、最另类的想法。局限于备选方案要比打开思路容易得多。
3. 想法的数量要优先于质量。强调质量会导致判断和评估。
4. 参与者应当构建或改变其他人的想法。经过添加或改变的不好的想法经常能变成好点子。

头脑风暴法最好在个体之间能彼此激发灵感的团队中采用。然而，应当注意：通常，在头脑风暴法刚开始时，会有大量的备选方案涌现，然后想法的数量会快速减少。但是停止是对头脑风暴法的不恰当的运用。通常，当没有可以很容易地得到的解决方案时，真正有创造性的备选方案才会在头脑风暴中产生，所以不要停止。应用本章介绍的一些工具来扩展定义和备选方案。头脑风暴法通常起始于一连串一闪即逝的想法。如果头脑风暴继续并鼓励成员们超越这一点接着思考，随着较不寻常或人们较不熟悉的选择方案被提出来，人们经常会萌发突破性的想法。随着头脑风暴的这一阶段的到来，最好的做法往往是结束这一过程，着手对想法进行润色和整合。

然而最近的研究发现，由于坐享其成者、不明智的评估和生产障碍等，用于小组中的头脑风暴往往没有它的其他变体形式有效。一个被广泛应用的头脑风暴的变体技术是让小组成员独自产生想法，然后提交到小组中一起进行研究和评估（Paulus and Nijstad, 2003）。另外，电子头脑风暴法中的个体运用聊天室和个人计算机来产生想法，也显示了积极的结果（Siau，1995）。从研究中我们可以清楚地看到，运用小组形式比起独自一人能产生更多、更好的想法。

感受头脑风暴小组的威力的最好方法是亲自参与。基于一群学生和大学教授遇到的一个实际问题，试做下面的练习，在小组中至少花 10 分钟时间产生头脑风暴式的想法。

> 商学院的教师们越来越关注现代商务实践中的道德问题。企业高管的总体声誉处于低潮。他们被评价为贪婪、不诚实而且不可信赖。教师们或者说学校能够做些什么来帮助解决这个问题呢？

你如何定义这个问题？你能想出哪些主意？遵循头脑风暴法的规则，产生尽可能多的想法。10 分钟以后，评估你们小组产生的想法的流畅性（数量）和灵活性（差异）。

扩展当前的备选方案

有时，小组中的头脑风暴无法进行或代价太高，因为需要太多的参与人和时间。面对快节奏的 21 世纪环境的管理者，可能会发现头脑风暴太缺乏效率。而且人们有时需要外在的刺激或对障碍的打破来帮助他们产生新的想法。一个可以有效地扩展备选方案的技术是**细分**（subdivision），即把一个问题分解为小部分。

马奇和西蒙（1958，第 193 页）指出，细分通过加快产生和选择备选方案的速度，促进了问题的解决。

> 细分的模式对问题的几个方面取得同步的进展有影响，对问题的因式分解越具体，可能同时进行的活动就越多，从而问题解决的速度就越快。

为了了解细分如何帮助产生更多的备选方案以及提高问题解决过程的速度，考虑在创造性文献中常用的问题，列出一个熟悉物体的多种用途。例如在 5 分钟之内，你能列出乒乓球的多少种用途？

你列出的用途越多，思维的流畅性就越好；你的清单越多样化，你思维的灵活性就越高。在你的清单中可能包括以下用途：钓鱼线的浮漂、圣诞节的装饰物、猫的玩具、齿轮的旋钮、分子结构的模型、用一根细线垂下的风力计、手指木偶的脑袋，以及小型篮球。你的清单可能更长。

现在你已经列完了你的单子，下面运用细分技术对乒乓球的一些具体特征进行识别，也就是说把它分解为一些元素特质，例如重量、颜色、质地、形状、强度、硬度、化学特性及传导性能都是乒乓球的特质，有助于扩展你可能考虑到的用途。通过在头脑中把一个物体分解为更多具体的特质，你可以找到更多的用途（例如，反射镜、切成一半后的容器、昆虫的巢或彩票抽奖用的球等）。

为了阐述这一技术，我们曾让学生和管理人员做过一个练习，让他们尽可能多地写下他们能想到的管理压力。大多数人相对容易地列出了 10～12 项特质。然后我们分析了管理者角色的不同维度、管理者从事的活动以及大多数管理者面临的来自组织内部和外部的挑战等。然后我们要求这些人再写下另一张清单，这张清单几乎是上一张的两倍还要多。通过找到问题的子成分，而不是把问题看作一个总体，产生了更多的备选方案。

自己来尝试一下。将你的生活按照你所充当的各种不同角色（学生、朋友、邻居、领导者、哥哥或姐姐等）进行分配。你针对每个角色列出你的优点，这个清单会比你只是笼统地列出自己的优点得到的清单要长得多。

整合不相关的特质

有助于问题解决者扩展备选方案的第三个技术是整合看起来不相关的元素。创造性问题解决的研究表明，从离散的元素间看到共性的能力是区分创造性与非创造性个体的一个主要因素（Feldman，1999）。运用的两种方法是形态学综合法（Koberg 和 Bagnall，2003；Molina 等，2015）和关系算法（Crovitz，1970）。

形态学综合法（morphological synthesis）包括四个步骤：第一步写下问题；第二步列出问题的特质；第三步列出每一特质的可选项；第四步将来自特质清单的不同可选项整合起来。

这似乎有些复杂，我们来举例说明。设想你遇到这样一个问题，一位操作员几乎每天都延长午餐休息时间，尽管你提醒她要准时。考虑一下解决这个问题的备选方案。大多数人头脑中的第一个想法是坐下来和操作员谈话（或威胁她），如果还不奏效，我们中的大多数人会解雇或调离她。但是通过采用形态学综合法，看一看可能产生哪些备选方案（见表3-7）。

表 3-7　形态学综合法				
第一步	问题陈述：操作员每天延长午餐时间，和朋友们待在餐厅里			
第二步	问题的主要特质：			
	时间总量　　开始时间　　地点　　和谁　　频率			
	1个多小时　　中午12点　　餐厅　　朋友们　　每天			
第三步	可选择的特质：			
	时间总量　　开始时间　　地点　　和谁　　频率			
	30分钟　　11:00　　办公室　　老板　　每周一次			
	90分钟　　11:30　　会议室　　同事　　每周两次			
	45分钟　　12:30　　餐厅　　管理小组　　隔天			
第四步	整合特质：			
	1. 每周一次和老板在会议室里，从12:30开始共进30分钟的午餐			
	2. 每周两次和同事在会议室里，从11:30开始共进90分钟的午餐			
	3. 每隔一天和管理小组在餐厅里，从11:00开始共进45分钟的午餐			
	4. 隔天自己在办公室里，从12:00开始吃30分钟的午餐			

当你把不明显相关的特质联系起来后，你能看到多产生了多少备选方案。特质的矩阵可以产生可能解决方案的一长串清单。在更复杂的问题里——如怎样提高质量、怎样更好地服务于顾客、怎样改善奖励系统，备选方案的潜在数量会更多，因此需要更多的创造性来分析它们。

问题解决中整合不相关特质的第二个技术是**关系算法**（relational algorithm），即运用连接词，在一个问题的两个元素间建立关系。下面是一些关系单词的清单：

关于	通过	在……之后
相对的	相反	或者
之外	在……之中	和
与……一样	在	在……之上
在……周围	仍然	因为
之前	在……之间	但是
因此	然后	虽然
通过	向下	为了
由	如果	在……之内
在……附近	不	在……之下
上面	当……时	现在
……的	从……离开	在……上面
在哪里	和……	

为了说明这一技术的运用，假定你遇到下面的问题：我们的顾客对我们的服务不满意。这个问题中的两个主要元素是顾客和服务，它们是由"不满意"这个词组相连的。采

用关系算法技术，去掉问题陈述中的连词，用其他一些连词代替，看看能否发现备选方案的新思路。例如，考虑下面运用新连词的联系：
- 顾客在服务之中（如顾客与服务人员相互作用）
- 顾客作为服务（如顾客把服务传递给其他顾客）
- 顾客和服务（如顾客和服务人员一起工作）
- 顾客为了服务（如顾客监督小组有助于改善我们的服务）
- 顾客身边的服务（如改变服务地点使之更贴近客户）
- 顾客之前的服务（如在顾客到来之前做好服务的准备）
- 通过顾客的服务（如利用顾客提供额外的服务）
- 有顾客时的服务（如在顾客需要的时候及时提供服务）

通过以不同的方式联系问题的两个元素，就可能产生新的问题解决方案。

跨文化告诫

本章的视角明显地偏重于西方文化。它集中强调了一些特定问题的分析性和创造性问题解决方法。提高创造性有一些特定的效果，可以使一些特定的问题得到更好的解决。然而，在东方文化中，创造性通常有着不同的定义。创造性更少地关注问题解决，而更多地关注启蒙教化、一个人的真我，或者整体及自我实现的达成（DeDreu，2010；Iyanger，Evans 和 Abrams，2006；Marris 和 Leung，2010）。它的目标是与无意识建立联系。然而，在东西方文化中，创造性都得到了积极看待。例如，创造力之神在西非文化（Olokun）和印度教（Vishvakarma）中都受到人们的崇拜，而且，创造力常被视为神秘或具有宗教色彩的事物，而非管理性或实践性的事物。

在鼓励创造性的问题解决的国际环境中，或与来自不同国家的人相处时，特姆彭纳斯和汉普顿—特纳（2012）的模型非常有用，它使人们理解了为什么要把这些告诫常记心中。例如，国家的不同导致内控（加拿大、英国和美国）和外控（中国、捷克和日本）的差异。在内控文化中，环境被视作可变的，因此创造力直接针对问题。在外控文化中，由于人们认为对环境的控制较少，因此创造力并不太关注问题解决，而更多集中于寻找灵感或与自然的统一。改变环境通常并非人们的目标。

类似地，强调**精确定向（specific orientation）**的文化（丹麦、法国、瑞典和英国）比起强调模糊的文化（中国、印度、尼日利亚和新加坡），更多地强调对权威的挑战和寻找问题解决的新途径。后者中的忠诚、统一和长远关系更多地阻碍了个体创造性的努力。

这与强调普遍主义（中国、印度、韩国和委内瑞拉）和强调排他主义（德国、瑞士、瑞典和英国）的国家之间的差异相似。强调普遍主义的国家倾向于得出可以泛化的结论以及一致的规律或程序。排他主义文化则更多地倾向于从常规中寻找独特的越轨者，因此有更多进行创造性问题解决的倾向。换言之，鼓励打破概念障碍和创造性问题解决的管理者会发现，有些人比起另一些人来，会更偏好分析性问题解决中规律导向的程序，而更不偏好创造性问题解决中的趣味和实验。

运用问题解决技术的建议

当然,并不是每一个问题都适合采用这些技术和工具,我们呈现这6种方法的目的是帮助你扩展问题定义和产生更多的备选方案。当问题不直接、复杂、模糊不清或定义不具体时,它们最为有用。我们中的每一个人都有巨大的创造性潜能,但是日常生活的应激和压力,以及概念化习惯的惯性通常湮没了潜能。这些建议有助于开发它们。

当然,了解相关技术或想变得有创造性本身并不足以提高你的创造性。虽然研究肯定了这些技术在改进创造性问题解决上的有效性,但它们仍取决于应用和实践,以及鼓励创造性的环境。这里有6种实用提示,能帮助你提高应用这些技术的能力,并改进你的创造性问题解决能力。

1. 给自己一些休息时间。工作强度越大,你就越需要彻底休息,有时打破常规会解放你的思想,给新思想以空间。

2. 找到一个你能思考的地方(物质空间)。这个地方不应有任何干扰,至少在一段时间内如此。将你最好的时间用来思考。

3. 与其他人谈论观点。孤立思考产生的想法远少于交谈。列出能刺激你思考的人的名单。花时间和他们一起讨论。

4. 向其他人询问他们对问题的看法。了解其他人是怎样考虑问题的,分享你的问题时不必感到窘迫,但是不要依赖其他人为你解决问题。

5. 大量阅读。每天至少阅读一篇你专业领域以外的文章,从阅读中追踪新的思想。

6. 防止自己成为思想的扼杀者。不要在"黑洞"——也就是那些吸收你全部精力,却不予回报的人身上花时间。不要让自己或其他人过早消极地评价你的想法。

你会发现这些提示是非常有用的,它们不但能提高创造性解决问题的能力,也能提高分析性解决问题的能力。图3-9概括了两种问题解决过程——分析性的和创造性的,以及在确定应该怎样处理问题时需要考虑的因素。简言之,当你遇到一个直截了当的问题,即结果是可预测的,能获得充足的信息,手段和目标间的联系很清楚时,分析性的问题解决技术最适用。你应当运用四个不同的、顺序性的步骤。当问题并不是很直接的,即信息是模糊的或不可获得的,备选方案并不明显时,为了改善问题定义和有利于备选项的产生,你应当运用创造性的问题解决技术。

鼓励创新

当然,开发你自己的创造性潜能并不足以使你成为一名成功的管理者。一个巨大的挑战是同时在其他人身上开发潜能。在与你一同工作的人中鼓励创新和创造性,至少与提高你自己的创造性一样艰巨。在本章的最后一节,我们将简要讨论一些有助于你更好地完成鼓励创新的任务的原则。

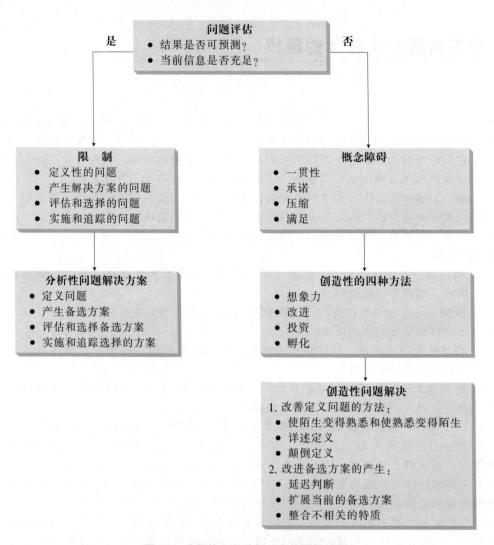

图 3-9 分析性和创造性问题解决的模型

管理原则

如果没有管理支持系统对创造性问题解决的培育和对创新的追求,那么珀西·斯宾塞和斯彭斯·西尔弗都将无法在其创造性思想上获得成功。在每一个例子中,组织都存在相同的特征,管理者通过对周围环境的培育,使创新成为可能。本节我们将关注管理者可以完成的培育创新的活动。表 3-8 概括了有助于培育创新和创造性问题解决的三条管理原则。

表 3-8　培育创新的三条原则

原　　则	例　　子
1. 将人们分开，将人们集合起来	● 既让个体单独工作，又让他们以团队的形式工作 ● 鼓励少数人的意见，使"魔鬼代言人"的角色合法化 ● 鼓励团队成员的异质性 ● 独立的竞争小组或小群体
2. 监控和激励	● 和顾客对话 ● 售前及售后发现顾客的偏好 ● 使人们负有责任 ● 采用明确的刺激
3. 奖励多种角色	● 思想冠军 ● 资助者和导师 ● 响应者和促进者 ● 打破规律者

将人们分开，将人们集合起来

珀西·斯宾塞的磁电管项目涉及消费品的生产，是偏离雷神公司的导弹及其他防御设施的主流产品的。当一个研发黏合剂的任务偏离 3M 的日常活动时，斯彭斯·西尔弗的新型黏合剂面世了。给予足够的时间和空间，Macintosh 计算机在公司外部开发出来了。来自个体的许多新思想都是在给予时间和资源后，在组织的常规活动以外产生的。建设棒球练习室、练习运动场或沙地被证实是在体育锻炼中发展新技巧的很好的方法，同样它也适用于商业。因为大多数生意运营被设计成能精确地生产到第 1 万个部件，或者有效地服务到第 1 万个顾客，但它们在生产第一个部件时却做得并不好。这就是为什么把人们分开对引发变革和创造性是必要的。一些创新型组织，如 3M、苹果、脸书、谷歌和微软，每周都会给员工一定的时间，让他们在正常的工作任务之外从事自己的创新项目。

此外，形成团队（将人们集合起来）通常也比独立工作更有效率，但这样的团队有一些特征。例如，若干研究发现当团队内存在少数派的影响时，创造性显著增加。例如，当"魔鬼代言人"的角色被合法化时，在最后的报告中总会包括正式的少数人的报告，而且分配到团队中工作的个体具有多样的背景或观点。当存在少数派的观点时，人们更容易被激发去关注情况的更多方面，他们以不同的方式思考，他们似乎更容易觉察到新的解决方案或作出新的决定（DeGraff 和 DeGraff，2017；Runco，2014）。研究发现，即使当不同的或少数人的观点是错误的时候，对团队也有积极的益处。

类似的，贾尼斯（1971）发现通过对同一问题设立竞争组、外部人在组内的参与、分配组内关键评估人的角色、组内人由跨部门人员构成等，能很好地克服组内的思维狭隘，即**群体思维（groupthink）**（Sunstein 和 Hastie，2015）。最有效率的小组通常具有如下特征：成员间不固定的角色、大量成员间的互动和扁平的权力结构。相反，太多的多样性、太多的分歧、太多的流动性会使团队偏离正轨，所以故意唱反调的人必须意识到什么时候该转而支持大多数人的决定。他们的职责是帮助团队重新思考那些没有经过深思熟虑的草率决定或解决方案，而不是阻挠团队决策或解决问题。

因此，通过将人们分开（给他们空间）和将他们集合起来（形成团队），你能在你管理的人中间培养创新精神。

监控和激励

珀西·斯宾塞和斯彭斯·西尔弗都不被允许无责任地在项目里工作，最后两人都不得不就他们的实验和想象结果进行报告。例如在3M公司，人们被期望从公司的业务中抽出15％的时间用于产生新的、创造性的想法。他们甚至可以挪用公司的资源来工作。但是，人们必须对他们的决定负责。他们必须报告他们在"业余时间"获得的成果。

实际上，使人们对结果负责是提高绩效水平的一个重要刺激物。娱乐业的两位革新者用下面一段话道出了这个原则：

"最终的灵感产生于最后期限，也就是你不得不做必须做的事情时。事实上，每年有两次，为了明天的贸易展览做准备，这个国家的创造性天才会努力工作到深夜，这对经济来说是非常好的。没有这种压力，事情就会变得像土豆泥一样。"（von Oech，1986，第119页）

Dana公司的首席执行官伍迪·莫科特（Woody Morcott）用来保证人们对创新负责的一种方式，就是让他们每月至少提出两条改进性的建议。而至少70％的新想法必须得到执行。莫科特承认这是他参观一家日本公司时偷来的想法，在那里他注意到工人们围坐在桌子旁，在便笺上涂写着怎样改进工作的想法。在Dana公司，这一要求是每人工作安排的一部分。奖励是和这些想法的优劣有关的。在墨西哥奇瓦瓦州（Chihuahua）的一家工厂，员工每提出一个想法会得到1.89美元的奖励，如果想法被采用，则再得到1.89美元的奖励。莫科特（在私人交流时）说："我们刺激员工，使之对通过创新来保持工厂的竞争力负有责任。"

除了责任心外，革新也可以被Johnson Controls的吉恩·古德森（Gene Goodson）所说的"明确的激励"所激发。接管公司的汽车小组之后，古德森发现，通过发布一些需要变革的命令，自己能激发创造性的问题解决。类似的命令是："在我们的任何一处工厂都将不再有铲车。"乍一听这个命令有些蛮横。好好考虑一下，你有一个几千平方米的工厂，停泊的码头在建筑物的一侧，有若干吨的原材料每周从码头穿越整个工厂运到工作地点。唯一的途径就是通过铲车。因此，淘汰铲车将会毁了工厂，不是吗？

并非如此。这个明确的激励要求工厂中的人们找到方法，使工作地点离原材料很近，或者改变运送的原材料的规格和数量。淘汰铲车的革新为公司节省了大量花费在原材料处理和时间损耗上的金钱，并极大地提高了质量、生产率和效率，也使Johnson Controls可以从日本的竞争对手那里抢到一部分生意。

产生有用激励的最好方法之一是定期监测顾客的偏好、期望和评价。很多最有创造性的想法都来自顾客，预先发现他们的偏好以及事后监测他们对产品或服务的评价是获得创新思想的好方法。所有的员工都应当定期和顾客联系，询问问题并监测绩效。

总的来说，你可以通过使人们对新想法负有责任以及定期的激励来激发创新。最有效的激励通常来自顾客。

奖励多种角色

3M即时贴的成功不仅仅是一个关于斯彭斯·西尔弗的创造力的故事，它也表明在创新中人们扮演多种角色的必要性，以及识别和奖励那些扮演这种角色的人的重要性。没有这些人扮演多种角色，斯彭斯·西尔弗的黏合剂可能仍待在某个架子上。

创新过程中的四种主要角色是：**思想倡导者（idea champion）**（提出创新性问题解决方案的人）、**资助者（sponsor）**和导师（帮助思想倡导者为实现其想法提供资源、环境和鼓励）、**协调者（orchestrator）**或促进者（为创造性想法的实施组成跨部门的小组，并提供必要的政策支持），以及**规则打破者（rule breaker）**（跨越组织界限和障碍，确保创新成功的人）。在组织的大多数重要革新中都有这些角色，下面用即时贴的例子来加以说明。

这个故事包括以下四个主要部分。

1. 斯彭斯·西尔弗，学术文献显示他发现的化学结构没有用处，他对此感到困惑，进而发明了并不很黏的黏合剂。西尔弗花了很多年时间为 3M 公司中的任何可能的听众做报告，设法使他的黏合剂应用在某一部门，为它找到实际的用途。但是没有人对此感兴趣。

2. 亨利·考特尼（Henry Courtney）和罗杰·梅里尔（Roger Merrill）开发了一种物质，使胶水只粘住一面，这使生产一种永远都只是临时性黏附的胶水成为可能，也就是说，想拿下时可以很容易地撕开，而非牢固地粘着。

3. 阿特·弗赖伊发现了适合斯彭斯·西尔弗的解决方案的问题，他发现这种黏合剂可以作为"更好的书签"和便条纸。3M 公司没有设备生产用胶水只粘住一面的纸，因此弗赖伊把 3M 公司的设备和工具带回自己的工作室，在那里他设计和制作了自己的机器以生产即时贴。由于机器太大不能移出工作室，他就在墙上凿了一个洞，把机器搬回 3M 公司。然后他将工程师、设计者、生产部的经理和维修师们集中在一起，激发他们生产产品的热情。

4. 杰弗里·尼科尔森（Geoffrey Nicholson）和约瑟夫·拉梅（Joseph Ramsey）开始在 3M 公司内部为产品开拓市场。同时他们将产品上交进行标准的 3M 市场检测，产品很悲惨地失败了。没有人想为一叠便条纸支付 1 美元。但是当尼科尔森和拉梅打破了 3M 公司的规则，以个人眼光观察市场并免费派发样品后，消费者对这一产品着了迷。

在这个场景中，斯彭斯·西尔弗既是打破规律者又是思想倡导者；阿特·弗赖伊是思想倡导者，但更重要的是，他作为协调者使各种各样的工作组集合起来，使创新不停留在表面上。亨利·考特尼和罗杰·梅里尔支持了西尔弗的创新，提供了可以使他梦想成真的物质。杰弗里·尼科尔森和约瑟夫·拉梅使产品为大众所接受，既是打破规律者也是支持者。在每一种情况下，这些人不但扮演独一无二的角色，还带着极大的热情去工作。他们对自己的想法很自信，作为拥护者愿意为此付出时间和精力。他们不但在自己的专业领域寻求支持，还从外部小组寻求支持。大多数组织倾向于对那些自信、坚持努力并足够聪明以转变他人的人作出让步。

并不是每一个人都能成为思想倡导者，但是只要管理者奖励与认可那些支持和响应其他人的思想的人，就可以增加组织内的创新，团队由此形成，支持者代替了竞争者，创造性从而提高了。促进多种角色开发是变革性的管理者的工作。图 3-10 对这一过程做了总结。

```
┌─────────────────────────────┐
│  学习问题解决方法            │
│  ● 分析性问题解决步骤         │
│     ·定义问题                │
│     ·产生备选方案            │
│     ·评估和选择备选方案      │
│     ·实施和跟进              │
│  ● 创造性问题解决工具         │
│     ·改进问题定义            │
│     ·改进备选方案提出方式    │
└─────────────────────────────┘
```

```
┌─────────────────────────────┐
│  应用创造性问题解决方法      │
│  ● 想象力                    │
│  ● 改良                      │
│  ● 投资                      │
│  ● 孵化                      │
└─────────────────────────────┘
```

```
┌─────────────────────────────┐
│  培养他人的创造性            │
│  ● 将人们分开；将人们集合起来 │
│  ● 监控和激励                │
│  ● 奖励多种角色              │
└─────────────────────────────┘
```

图 3-10　培养他人的创造性

小结

　　21 世纪，几乎不再有哪位管理者或哪家企业可以一成不变，仅仅依靠以往的经验，逃避创新。在快节奏的环境中，人们半生的知识可能只够用 3 年，而半生的计算机科技则只够用几周或几个月。创造性的问题解决由此越发成为成功的前提条件。数字革命使新想法的快速产生成为必需。当然，这并非是在贬低分析性问题解决的重要性。20 世纪八九十年代的质量革命已经给我们上了重要一课，使我们意识到谨慎思考、连续的和分析性的问题解决过程的重要性。在生产和服务企业中，如果自觉地采用分析性的问题解决方法，它们的错误率、反应时间和误工率都会大幅下降。

　　在本章中，我们提出了一个成熟的问题解决模型。它包括 4 个独立且依次发展的阶段：定义一个问题；产生备选方案；评估和选择最好的解决方案；实施所选择的方案。但是，这个模型主要对解决直截了当的问题有用。很多管理者面对的问题并不是这种类型的，管理者需要实践创造性的问题解决技巧。也就是说，他们必须拓宽看问题的视角，发现那些不是那么显而易见的问题解决方案。

　　我们讨论了四类创造性并鼓励你在面临创造性的需要时同时考虑这四种类型。然而，我们也阐述了八种主要的、限制大多数人创造性问题解决能力的概念障碍。概念障碍是指人为限制问题定义和解决方案，并阻止大多数人成为有效率的创造性问题解决者的心理障碍。克服这些概念障碍涉及思维技能开发和实践，而不是固有的能力。通过实践，每个人都能成为有技巧的创造性问题解决者。意识到这些思维限制有助于克服它们。

我们还讨论了提高创造性的问题定义的三个主要原则，以及提高创造性的备选方案产生的三个主要原则，并提供了一些有助于实施这六个原则的建议。

在结尾，我们提供了一些关于怎样在其他人中间激发创造力和变革意识的提示。自己成为一个有效率的问题解决者固然重要，但有成效的管理者还能在其下属、同事和上级之间加强这种活动。

行为指南

以下是具体的行为指南，它有助于你练习问题解决、创造性和引发变革技巧。

1. 在解决直截了当的问题时，遵循表3-1中列出的四个步骤。保证每一步的独立性，不要抄近路——定义问题，产生备选方案，评估备选方案，选择最佳方案并加以实施。
2. 当遇到一个难题或复杂问题时，要记住，创造性的解决方案不一定是革命性的产品和崭新的想法。你可以选择的创造性有四种类型——想象力、改进、投资和孵化。
3. 有意识地进行下列心理活动，以克服你的概念障碍：
- 除了纵向思维外，运用横向思维
- 运用多种而不是单一的思维语言
- 对基于过去经验的知觉定式进行挑战
- 找到看起来不相关的因素间的共性
- 研究问题时，去除不必要的信息，填补重要的遗漏信息
- 避免人为限制问题的界限
- 克服不愿意发问的心理
- 运用左、右脑思维
4. 为了加强创造性，使用诸如下面这样的阐释问题的技巧：
- 运用隐喻和对比，使陌生变得熟悉，使熟悉变得陌生
- 创建备选（相反的）定义，并应用问题清单
- 颠倒定义
5. 为了加强创造性，使用诸如下面这样的阐释可能的备选解决方案的技巧：
- 延迟判断
- 将问题细分为各个特质
- 整合不相关的问题特质
6. 通过以下做法，在与你工作的人中间引发创新：
- 提供自主权，让个体自己去试验并尝试各种想法
- 让持有不同观点的人在一个团队中一起解决问题
- 运用明确的激励来激发新思维
- 发现、奖励和鼓励多重角色者的参与，包括思想倡导者、支持者、协调者和打破常规者

技能分析

涉及问题解决的案例

带芯片的垃圾箱

史蒂文·亨德森（Steven Henderson）对诺福克东南区政务委员会同意试用的带芯片的垃圾箱系统有着深深的担忧。英国致力于减少垃圾填埋场的生活垃圾，为此开展了一些试点。诺福克东南区政务委员会会长史蒂文·亨德森所在的委员会被选中在家庭垃圾箱上试用芯片。这项试点将涉及5万多个家庭。该委员会的12辆垃圾车都装有价值4万美元的扫描设备。加装扫描设备是为了方便环卫工能够识别每个家庭的垃圾箱并对其进行称重。捕获的信息将被传送到垃圾车的车载电脑上。每个垃圾箱在被举起的过程中将被称重6次，在被放下的过程中也将被称重6次，以确保准确性。有了这些信息，委员会就可以准确地对每个家庭进行收费，对垃圾量超出规定的家庭收取更高的费用，而减少对垃圾量低于规定的家庭的垃圾收费。

这一举措被称为"带芯片的垃圾箱"或"扔多少垃圾付多少费"。很多居民，包括环保人士和新闻媒体，都认为这是政府增加税收的一种方式。然而，这个系统存在致命的缺陷：这项技术不起作用。亨德森意识到该技术必须得到家庭的信任，它必须在一年中的每一天能够称对每一条街上的每一个垃圾箱的重量。亨德森也对环卫工成为政府收税员感到不安。

扫描设备遇到过电气、机械、液压和数据故障。很多次，扫描设备出现故障，环卫工不得不进行维修或重新启动设备。试点开始两周后，亨德森与回收和垃圾收集部门及来自中央政府的代表开了一次会。第一个坏消息是，"乱丢垃圾"增加了250%。垃圾被丢弃在垃圾场和路边。居民们通过将垃圾丢弃在野外以避免支付更高的费用。第二个坏消息是，该委员会下属的两个回收站报告说，运往这些地点的不可回收垃圾数量增加了300%。被送到回收站的物品是不收费的，居民们为了不支付垃圾费而选择了这一方案。回收站周边道路拥堵成了一个大问题，回收站的站长报告说，员工们已经不堪重负。

亨德森倾听了手下的经理和员工的问题与抱怨。他考虑了"带芯片的垃圾箱"试点给他的部门带来的额外压力。他的公关主管比阿特丽斯·沃特金斯（Beatrice Watkins）总结了亨德森的感受：

这是一场公关灾难，使委员会名誉扫地。如果居民对委员会失去信心，并将我们经过深思熟虑的回收政策视为对他们征收更高税收的一种方式，那么我们将失去民心。在过去的几周里乱丢的垃圾已经超过上一季度的总和。我听说，英国将要进入第二阶段试点的其他地区的居民正在将条形码和芯片从垃圾箱上剥下来,以示抗议。

我觉得在这方面我们对公众的说明还不够。我们正在失去他们的信任。我建议尽快结束试点。

亨德森同意她的意见,但他却不能说出来。他接受了中央政府近100万英镑的拨款和其他款项,条件是要进行为期一年的试点。这项合同具有法律约束力,亨德森担心终止这项计划会有严重后果。在亨德森表态之前,中央政府的代表举手,亨德森请他发言。这名代表说:

这不是扔多少垃圾付多少钱或省多少钱的问题。市政税不会增加。这项试点得到了公众的支持,针对乱丢垃圾也有相关的法律规定。根据欧盟的数据,英国的垃圾回收比例仅为18%,而德国的这一比例是58%。只有希腊和葡萄牙的回收率比英国低。英国面临欧盟对垃圾填埋的严厉惩罚,因此,对每个人来说,这些更严格的目标是不可避免的。

亨德森察觉到了这名代表话中隐含的威胁。他决定先不表态,而是在和顾问们谈过之后,在一周内再次召开会议。他需要找到一种方法来提高回收率,将垃圾从垃圾填埋场转移出去,充分利用政府资助的技术,以及重新赢得诺福克东南部居民的信任。亨德森想到:"我们需要的是激励计划,而不是支付计划。我想要找到一种更具创新性的方法来鼓励人们回收利用,而不是如果他们不回收就向他们收费。"

亨德森还没来得及跟顾问们商量,就接到了英国环境、食品和农村事务部的电话。打电话的人是部长的高级顾问:

亨德森先生,本着诚意,政府已经给你们委员会进行这一试点拨了款。我们不明白你为什么没有果断采取行动。你几乎没有给试点机会。头几周不可避免地会出现问题,这是意料之中的。除此之外,你还应该加强针对乱丢垃圾的执法力度,对乱丢垃圾的行为予以起诉,并限制居民去回收站的次数。居民把垃圾带到回收站会破坏整个试点。根据合同,你有义务进行试点,我们部门希望你毫无保留地给予支持和重视。

亨德森只是简单地回答:"好的。"

一小时后,亨德森与最信任的顾问们召开了紧急会议。他对委员会被置于这一境地深感忧虑,因为居民们将问题归咎到了他们。他听取了各种观点和事实,即如果委员会违反合同条款,则必须在30天内偿还政府拨款的一半。

"我们有多少钱?"他问财务主任。

"够了,但还了款后应急基金就什么都不剩了。"财务主任回答说。

"还款吧,终止合同,"亨德森决定,"但我们需要让人们看到光明的一面。与我们的试点同时进行的有一项为回收提供奖励的新的试点。他们的试点显示回收率提高了,家庭可以根据回收的数量获得可兑换的奖励积分。我明天想见见那些人,这样在我们公开时也有话可以说。"

次日9:30,亨德森和沃特金斯与环保银行(Envirobank)达成了一项协议,实施一项试点计划,每周根据居民回收的材料数量给予奖励。这正是亨德森想要的——奖励而不是税收。但是,委员会每年需要为此支付25万美元。亨德森没有和财务主任商量就做出了这个决定。

之后,亨德森和沃特金斯准备了一份新闻稿,重点放在积极的方面。对亨德森来说,最重要的是,居民们不再因为使用带芯片的垃圾箱系统而支付额外的费用,而是将获得回收利用的奖励。该试点计划将根据居民回收利用的数量，给予他们可兑换的奖励积分，居民们可以在附近的一些参与该试点的零售商那里消费。类似的计划在美国和其他国家都很成功。

亨德森知道接下来会接到一些令人不快的电话。但为了阻止自己打退堂鼓，他给所有相关人员发了邮件，称本周末将终止带芯片的垃圾箱的试点。现在没有回头路了。

亨德森在英国环境、食品和农村事务部的联络人平静地接受了这一消息，但还是说了下面一段话：

> 我希望你明白你的决定意味着什么。拒绝带芯片的垃圾箱，你将使每个家庭的市政税至少增加160美元。英国每次在垃圾填埋场掩埋垃圾都会被欧盟处以罚款。这笔钱必须有地方出，你的居民会为此买单。我不希望让你在增加市政税还是关闭老年人日间活动中心、游泳池或没有足够的钱修路之间做出决定，但我想这是你的决定。

讨论题

1. 识别本例所展示的概念障碍。
2. 概述亨德森和委员会解决问题的步骤。分析性问题解决的哪些步骤被跳过或回避了？
3. 如果你是亨德森的顾问，根据你对问题解决的了解，你会提供什么建议来帮助他推动解决问题的进程？什么样的打破概念障碍方法可能对亨德森有用？
4. 你从这个案例中学到的哪些知识将有助于你就微软与欧盟委员会或英国机场管理局的反竞争行为案例（竞争委员会要求微软出售其在伦敦的两个机场）向微软提供建议？换句话说，你从这个分析性问题解决出错的案例中得到了什么实用的提示？

苹果公司的创造性

苹果公司著名的首席执行官史蒂夫·乔布斯骄傲地描述苹果公司："创新，就是我们所做的事。"而且，他们也在革新他们所拥有的产品。乔布斯及其同事斯蒂芬·沃兹尼克（Steve Wozniak）和麦克·马库拉（Mike Markkula）在1997年推出了苹果Ⅱ代，开创了个人计算机市场。1980年，苹果公司成为世界上最大的个人计算机销售商。

2008年《财富》杂志将苹果公司评为美国最受推崇的公司，2013年苹果公司超越可口可乐公司，在鸿蒙集团（Omnicom Group）"全球最佳品牌"报告中荣膺全球最有价值品牌。截至2017年12月，苹果公司在22个国家拥有499家零售店，并且拥有线上的苹果商店和iTunes商店。iTunes商店是全球最大的音乐零售商。苹果公司从市值上说，是全球最大的上市公司。2018年年初，苹果公司的市值约为7 000亿美元。苹果公司的5年平均收入增长率超过30%，5年平均利润增长率为45%。无论从市值、收入还是增长来看，苹果公司都是有史以来最为成功的初创公司。令人感到震惊的是，2011年7月，由于美国债务上限危机，苹果公司的财政储备居然超过了美国政府。

苹果公司所取得的这一系列成就得益于其在新产品开发方面非凡的创造力和创新能力。然而，市场也不禁怀疑苹果公司能否保持这一增长势头，始终雄霸世界级创新工厂的地位。

当然，苹果公司的成功是源于其在个人计算机市场上的表现，首先是苹果Ⅱ，然后是麦金托什（Macintosh）和OS操作系统。苹果公司利用自己的麦金托什机器建立了第一个计算机网络，而以Windows为基础的个人计算机直到20世纪90年代中期才建立了网络。苹果公司推出了第一台手持的笔触计算装置，命名为Newton，随后又发明了无线鼠标、可以在黑暗中工作的闪光键盘，以及2003年市场上最快的计算机。2003年，苹果公司还推出了第一家合法的数字音乐商店——iTunes，用于下载歌曲，同时推出的还有其可以兼容的技术产品iPods。这之后是iPhone、iPod Plus、iPad、iTV、苹果商店和iCloud。如今苹果公司正在大力开发iCar。换言之，苹果公司处于产品和技术创新的前沿几乎长达40年的时间了。苹果公司一直是行业内最有创造力的公司，也是全世界最有创造力的公司之一。

在商业新闻和更宽泛的全球社会上响亮而醒目地传递的信息是：创新和创造力是成功的关键。"变革或死亡""创新或灭亡""创新以取得成功"。具有侵略性的、以市场为基础的资本主义社会所立足的一个关键原则就是创造性地破坏理念。也就是说，没有创造力和创新，个人和组织将成为热力学第二定律的牺牲品——瓦解、消亡、分裂，然后死亡。要保持顾客的愉悦，就需要新的产品。过时的东西无处不在。因而，创新和创造力被奉为成功的核心。要想看到更多的证据，只需在登录亚马逊网站，并使用关键词"创新"进行搜索时，浏览一下出现的30多万本书的标题即可。

再考虑一下美国近代史上最有创造性的一些公司。施乐公司著名的Palo Alto研究中心为世界带来了激光印刷、Ethernet、Windows排版软件、制图用户界面以及鼠标，但是，众所周知的是，这个研究中心根本没有赚到什么钱。Polaroid推出了即时信息的概念，然而却在2001年申请破产。20世纪90年代末的互联网泡沫现在被认为是毫无价值的创新。柯达在1974年发明了数码相机，却没有在这方面投入足够的力量，这导致该公司如今面临生存危机。安然可能是有史以来最具创新性的金融公司，但却禁不住诱惑，采取了旨在实施不道德行为和非法活动的创新做法。

亚马逊、戴尔、eBay、西南航空公司和沃尔玛是取得难以置信的成功的公司典范。但是，它们并没有发明任何新产品或技术。它们是以创新和创造力而著称的公司，但是它们根本不能与苹果公司相提并论。它们没有发明新的产品，而是发明了新的流程、新的交货方法、新的分销渠道和新的营销方法。众所周知，亨利·福特并没有发明汽车，他只是发明了组装汽车的新方法，这种新的组装方法使汽车的成本很低，连他自己的工人都买得起。而发明汽车的那个人则几乎没有挣到一毛钱。

问题是，当创新被应用于商业流程——制造方法、销售和营销、员工激励机制，或者领导力开发的时候，通常会被认为是单调、不够坚定、缺乏自信、乏味、没有想象力和令人厌烦的。能够引起人们注意的具有创造性的人和具有创造性的公司一般都是那些提出伟大的新产品创意或具有引人注目的特征的人和公司。看一下《财富》"500强"的公司名单，有多少公司是产品型的，有多少公司是流程型的。你自己判断什么是经济增长的驱动力吧：是有效的创新还是良好的管理？

讨论题

1. 考虑一下创新的四种方法。苹果公司采用的是哪种（些）方法？行业内其他的公司遵循的是什么替代方法？苹果公司可以运用其他什么替代方法？

2. 假设你是苹果公司首席执行官的一名顾问。关于苹果公司应该如何利用它的创新，你会给出什么建议？苹果公司应该如何基于自己善于按特定方式追求创新的倾向来赚钱？

3. 苹果公司现在面临的主要困难和概念上的障碍是什么？员工应该密切关注什么？

4. 适用于苹果公司的培养创造性的问题解决方案的工具是什么？哪些工具是无效的？你认为哪种工具是苹果公司最常用的？

打破概念障碍的应用练习

本练习旨在帮你尝试问题解决——无论是分析性的还是创造性的。下面提供了两个场景。它们都是管理者在实际中遇到的真实问题。你自己的商学院或当地的商家也可能遇到类似的问题。你的任务是明确每个案例中需要解决的问题。你要通过两种方式做到这一点：首先，使用分析性的问题解决技术，然后，使用创造性的问题解决技术。第一种方式——分析性问题解决，你必须自己完成。第二种方式——创造性问题解决，你必须以团队方式完成。你的工作是通过应用问题解决的原则，为这些问题找到现实的、具有成本效益而且有效的解决方法。单独考虑每一个场景，在完成每一个分析性的问题解决任务时，你的时间不能超过10分钟。然后用20分钟完成创造性问题解决的工作。

个人作业——分析性问题解决（10分钟）

1. 在读完第一个案例后，写下一个具体的问题定义。你要解决的问题的精确表达是什么？完成下面的句子：我将要解决的问题是……

2. 现在确定至少4~5种解决方案。你对解决这个问题有什么想法？完成这个句子：解决这个问题的可行方式包括……

3. 接下来，评估你提出的每一个解决方案。在你还没有找全你的所有解决方案之前，确保不去评估任何一个。请用下面的标准对你的备选方案进行评估：这一备选方案能否解决你定义的问题？这一备选方案从成本效益上看是否现实？这一方案能否在短时间内实施？

4. 现在写下你提出的问题解决方案。具体写出要做什么以及什么时候去做。做好和团队成员分享你的解决方案的准备。

团队作业——创造性问题解决（20 分钟）

1. 现在由 4～5 人组成一个团队。每个团队成员必须和他人分享自己对问题的定义。它们不一定相同，因此确保你对每一个都加以注意。现在添加至少 3 种可行的问题定义。为了做到这一点，你要至少应用两种在前面论及的扩展问题定义的技术。每个问题的定义必须存在本质上的不同，而不仅仅是对问题起因的表述上的不同。

2. 现在检查每个问题的定义。选择一个团队所有成员都同意的定义。既然你无法马上解决一个多方面的问题，那么就仅选择一个问题定义予以解决。

3. 和他人分享你提出的 4～5 个问题解决方案，即便它们和你们团队定义的特定问题没有关联也没有关系。注意团队成员提出的每一个问题解决方案。在团队所有成员都提出了自己的方案后，针对你们要解决的问题再想出至少 5 种解决方案。使用至少两种本书介绍的扩展备选方案的技巧。

4. 从所有备选方案中，选出你认为最具创造力，并且最有可能取得成功的 5 条。

5. 从每个团队中选择一个人组成裁判团。这个裁判团的任务是挑出一个团队，该团队的问题解决方案最富创造力、最有可能成功。团队成员不能给自己所在的团队投票。

6. 现在每个团队和全班同学分享他们的 5 个解决方案。裁判团选出胜利者。

提高排名

商学院似乎正在失去评估自己的质量和有效性的能力。随着商学院的排行榜在流行刊物上的出现，判定质量的角色似乎已经由出版物充当，如《商业周刊》（*Business Week*）、《美国新闻与世界报道》（*U. S. News and World Report*）和《金融时报》（*Financial Times*）。商学院的委员会 AACSB 主要评定一所学校值得信赖的程度，从 0 到 1 进行区分，因此各个商学院的可信度参差不齐。更精细的区分则由流行杂志给出，如排名前 50、前三甲和前 20。每个出版物依据的标准都略有不同，但每个排行都主要依据知名度、可见度或公众赞许度。在一些调查中，有 50% 的比重放在了学校的声望或坏名声上。当然，这存在一定的问题，因为名声是可以造假的。最近的一项调查评出哈佛和斯坦福的本科商学项目位于全美的前 3 名，尽管这两所学校都没有这一本科项目。普林斯顿的法学院曾多次被排进前 5 名，也许你已经猜到，这所学校根本就没有法学院。

还有一些标准在各种排名中被加以采用，如生源的选择、学生的就业率、毕业生的起薪、毕业生收入和学费的比较、教师发表的文章、学生满意度、新生满意度，等等。尽管如此，在很大程度上，学校知名度仍是最重要的因素。它有助于预测申请的学生人数、聘请杰出教员的能力、申请资金的机会及企业合作等。

许多商学院迫于这种压力，都在努力提高知名度，如刊登广告、与其他学校和媒体进行交流，或雇用额外的员工来推销学校。大多数商学院的院长每周都会收到来自其他学校的 20 多份出版物，而《商业周刊》的编辑则称他每周会收到多达 100 份的出版物。一些院长意识到花费在这些活动中的资源本可以用于增进学生和教员的教学经验，并深感不平。考虑到有限的资源和每年超过消费价格指数的学费的增加，将经费花在这一活动上必然会妨碍其他活动。但是，大多数院长也承认，这是进行这项游戏的唯一途径。

作为增加可见度的策略的一部分，一家商学院聘请了世界知名建筑师弗兰克·格里（Frank O. Gehry）为学校设计一所新建筑。这是一栋价值 7 000 万美元的建筑，全院的教学活动都可以在里面进行。最近，该商学院没有出现在排名前 20 的名单上。然而，和世界上另外 75 家商学院一样，它也的确想要达到那个水平。也就是说，这家学校想要从排名前 20 的学校中挤走一家。这一标志性建筑的一个问题在于，它过于不同寻常、过于前卫，以至于甚至不被认为是一座建筑。在第一次看见这些照片的时候，有些人甚至不知道他们看到的是什么。如果这家商学院的方式也颇具创造性的话，那么将为它超越排在前面的商学院提供一个机会。但显然，挑战在于，没有人确切知道应该怎样去做。

讨论题

1. 假设你是你所在商学院院长的顾问。你会提出什么建议？
2. 在分析性问题解决过程的每一步，哪些要素是适当的？为院长具体说明一下。
3. 哪些创造性的问题解决步骤是适当的？为院长具体说明，并就如何更好地实施这些步骤提出建议。
4. 编写一份详细的咨询报告，说明你对问题的定义、备选方案、对最佳方案的评估、对创造性和创新性备选方案的建议，以及至少一个有助于提高学院排名的方便实用的方法。
5. 哪些概念障碍阻碍了这一进程？

以利亚·戈尔德（Elijah Gold）和戈尔德餐馆

以利亚·戈尔德清楚地知道他所期望的是什么，他知道员工对他的感觉。这就是他向员工发放问卷的原因。他需要信心，当他除了经营两家餐馆并拥有 400 万美元的年收入外，正在努力创建戈尔德餐馆有限公司的时候，他需要感到员工对他的支持。

收集完匿名问卷后，戈尔德回到他位于密歇根州安娜堡的小办公室。和他的一位合伙人一起，他急切地撕开了第一个信封，就像百老汇的制片人在阅读公演当晚的剧评一样。他的眼睛径直移到这个问题上，即要求员工用 1～10 点尺度对三个雇主的绩效进行评分。

一个 0。员工潦草地写了一个大大的 0。"查查这是谁的笔迹。"他对合伙人蒂龙·莱布森（Tyrone Laibson）说。

他又撕开一个：又是 0，又一个，两个。"我们要解雇这些人。"戈尔德冷冷地对莱布森说。

又一个 0。

一个 1。

"去为其他人工作吧，该死的！"戈尔德大喊着。

不一会儿他已经从他的 230 名员工中解雇了 10 名。"似乎很多人都憎恨我。"他说。

然而，戈尔德的怒气在第二天稍微平息了一些。"你想，我为这些人做了这么多，他们却认为我是一个完全不关心他们的家伙，"他说，"最后你不得不照照镜子，想想'也许他们是对的'。"

对于戈尔德来说，现实一片混乱。他曾在一家大型连锁餐厅工作，受尽苛待。他从那种挫折中站了起来，于 3 年前开办了这家公司。如果说戈尔德的公司有一项使命的话，那就是要证明餐馆不一定要苛待员工。

他以为自己成功了。直到他打开那些调查问卷之前，他都以为自己的公司是一个让员工感到有价值、被重视、受赏识的地方。"我没想到我们对待人们如此不好。"他说。不知什么时候，在日复一日的经营中，他失去了和员工的联系，把他创办以员工为取向的公司这一宗旨抛在脑后了。

戈尔德在大型连锁餐厅的 13 年工作经历给他的感受是，每天经过面包炉的烘烤后浑身软得就像一摊烂泥。在佐治亚州的 Ponderosa，佛罗里达州和田纳西州的 Bennigan，以及得克萨斯州、田纳西州和印第安纳州的 TGI Friday's，次次如此。在 Friday's 的 6 个月期间，他获得了两次提升、两份奖金以及两次加薪。然后他的老板离开了，他也就被解雇了。戈尔德已经厌烦了大型连锁餐厅。

在他 29 岁的时候，他回到了安娜堡，作为一名大龄学生进入密歇根大学就读。在那里他遇到了乌玛·哈恩（Uma Hahn），一家餐馆的经理，一个同样疲惫的 29 岁的年轻人。据她自己说，"她已经开始失去信仰了"。哈恩和戈尔德开始筹备开自己的餐馆，在那儿员工喜欢工作，就像顾客喜欢吃东西一样。他们计划把目标放在连锁店忽视的小市场上，用从一个朋友那里得到的资助，他们创办了戈尔德餐馆。

为了实现员工取向的目标，股东们设法让员工觉得更受赏识，而不像他们自己曾在连锁店体验到的那样。在每一班后他们给员工提供免费饮料和用餐，允许他们拿走开胃食物和甜点，每年为他们提供一周的带薪休假。

一种特殊的友情在员工之间产生了，毕竟他们是在离职率高达 250% 的行业工作。在戈尔德餐馆开业前一天的晚上，75 名员工在酒吧旁边的树下围成一圈，手拉着手，默默祈祷了两分钟，戈尔德说，"树有着神奇的力量"。

也许果真如此吧。到开业的第三天晚上，戈尔德餐馆的 230 个座位已经预订一空，餐馆如此拥挤，以至于 3 个月后业主决定增加 58 个座位。然后他们又不得不重新布置厨房以满足需求。在前三个半月中，戈尔德餐馆的营业额高达 41.5 万美元，年底赤字不过略超过 11 万美元，主要是因为股东立刻偿还了 16.2 万美元的借款。

餐馆成功的消息传到了底特律。当地一家汽车厂的经理甚至顺路拜访他们请其担任合伙人。在几乎没做任何市场调研的情况下，他们于 18 个月后在底特律开了第二家戈尔德餐馆。在安娜堡的第一家餐馆仍旧红火，第一年就创下了高达 200 万美元的营业额纪录，而边际损失只有 1.6 万美元。

到仲夏时节，拥有 200 个座位的底特律餐馆每周的营业额在 3.5 万美元左右。然而，安娜堡的餐馆却出现了一些问题。就在底特律店开业不久，安娜堡的营业额下降了 15%。但是业主们对此不屑一顾。由于一些安娜堡的顾客住得离底特律更近，所以这家餐馆可能拉走了原来那家餐馆的一些顾客。不过，那里还是顾客盈门。戈尔德告诉他的合伙人："我们只是把市场收缩了一点。"当安娜堡又丢掉了 10% 的顾客，而底特律的营业额下降了 5% 时，戈尔德则把它归因为安娜堡把限制饮酒的年龄提升到了 21 岁，因而减少了酒精饮料的销量。

到了年底时，公司的营业额近 350 万美元，账面亏损为 9.5 万美元。然而，人们的奉承及对金钱、名车的渴望已经开始给他们开办餐馆的真实目的蒙上了阴影。"戈尔德餐馆生于艰难时世。"戈尔德说。现在，挫折已经没有了。"你被拉往许多方向，以至于找不到感觉了，"莱布森说，"你忘记了很多事情。"

在成功的喜悦中，股东们忘记的恰恰是他们的根。

"成功滋生了自我，"戈尔德说，"自我滋生了满足。"他可以从展销会或房地产会议上兴高采烈地回来。"难道不高兴吗？"他问一名员工，"我们明年又要开办一家新餐馆了。"当那名员工茫然地转过头去的时候，戈尔德格外愤怒。"我不明白他们为什么不激动。"他说。他并没有注意到，当他的世界不断成长、扩大时，员工的世界却每况愈下。他们总是忙于整理桌子或烘烤汉堡，他们在想："忘记新餐馆吧。你好几个月没有向我问好了。顺便说一句，你为什么不修理一下茶水机？"

"我就是感觉太好了、太忙了，因此忽略了员工培训。"他说。所以他决定培训新员工，制作一部影片，就像他在 Bennigan 工作时一样。在影片中，戈尔德告诉了新员工关于他的一个有趣的故事，顾客走进一家连锁店，发现自己似乎在向一个无主人的招牌询问问题，因为他找不到一个人。寓意是：戈尔德餐馆永远也不会像人们对一个招牌说话那样没有人情味。

因为戈尔德没有太多的时间待在餐馆，他并没有注意到员工们已经开始成群地离开。正如他自己所说的，甚至安娜堡的厨师长荷塞·瓦尔迪兹（Jose Valdez）的离去也没有带走他"荣耀自我"的光环。

在 TGI Friday's 的时候，瓦尔迪兹曾是戈尔德的厨师长，当底特律餐馆开业的时候，戈尔德聘请他担任厨师长。几个月以后，瓦尔迪兹来到戈尔德的办公室，告诉戈尔德他想回印第安纳波利斯。

"这儿赚的钱是不少，"他直言不讳地说，"你却不关心你的员工。"戈尔德很震惊。"只要下一个餐馆一开业，我们就会使事情变得像他们熟悉的一样。"他回答道。但是瓦尔迪兹并没有让步，"以利亚，"他挖苦地说，"你已经变得和其他公司一样了。"戈尔德很无奈地答道："我们是一家大公司，我们就应该做大公司的事情。"

瓦尔迪兹摔门而去。戈尔德仍然不理解他已经复制了他自己原本很反感的公司，他打消了反对它们的念头。在创办公司的高强度压力下，他只想掌握那些经过尝试而被证明是正确的方法。"我正在使公司变成我们所憎恨的那样，因为我认为它是不可避免的。"他说。

3 个月以后，戈尔德餐馆的两名高级经理宣布，他们将去西海岸开办他们自己的公司。戈尔德笑了笑，"我们的员工学得真快呀，"他自夸道，"他们都准备开自己的餐馆了。"

在他们离开之前，戈尔德和他们坐在底特律的会议室里，小心地问："你们认为我们怎样能使事情变得好起来？"3 个小时以后他仍然在倾听。其中一名高级经理悲哀地说："我们热爱的戈尔德餐馆已经不复存在了。"

戈尔德被惹恼了。他的员工怎么能如此不领情？难道他们没有看到每一个人是怎样分享成功的吗？谁给他们上了健康保险，今年谁给他们上了牙科保险？谁——不是每一个人都重视这一点，打算在明年实施收益分享计划？

两个餐馆的营业额仍在下降，这时，饮酒法律没有变化，也没有新餐馆出现。但是员工们觉得被忽视、被抛弃了，餐馆不再拥挤，上的食物也不热气腾腾，服务员也不经常微笑服务了。但是股东们仍在自欺欺人，假装没有看见。他们感到困惑。"看起来那些使我们公司成功的东西正在一点点地失去。"莱布森说。

由于受到近来所有背叛的震动，戈尔德需要增加一些自信。所以他发了一页纸的调查问卷，要求员工评估老板的绩效。他被这个结果压垮了。出于好奇，他后来询问一个助手，寻求一些帮助。你能算出我们的离职率吗？回答是："220%，先生。"

戈尔德决定通过管理专家的书籍、录音带和讲演获得启迪。"你们不是想要员工取向的管理吗？"他想，"很好，我把它给你们。"

戈尔德和莱布森花了几个月的时间参观了东南部的 23 家最优秀的餐馆。在驾驶途中，他们收听有关管理的录音带，并在关键处停下来，说："我们为什么不像这样尝试一下呢？"晚上，他们阅读管理书籍，画下重要的地方，寻找答案。

"过去人们总说人是一切的核心。"戈尔德说，"我们应该开始把我们的员工看作一种资产了，"他们决定。"而且我们要使我们的资产增值。"戈尔德要把戈尔德餐馆变成倒金字塔的形状，员工在最上面，他对此感到兴奋。他现在明白了，留住员工意味着保持员工对组织的投入。

他听一位顾问说，保持员工投入的明智之举是把他们的薪水和绩效联系起来，戈尔德餐馆每季度给管理者下达指标，如果他们完成了一半的目标，就得到一半的奖金。听起来不是很合理吗？不，顾问告诉他，你不能在管理者没有认真工作时还给予奖励。要么是全部，要么没有。"从现在开始，"戈尔德坚定地告诉管理者，"不再有一半奖金了。"

戈尔德还发动了员工之间的竞赛。因为他从阅读中学到，竞争是一种激发员工动力的好方法。

因此诞生了 CUDA（客户无条件获得关注，Customer Undeniably Deserves Attention）竞赛。在底特律和安娜堡，他把员工分为6组，获胜组将赢得1 000美元。比赛基于与顾客的交谈、保持餐馆整洁以及加班加点工作。

员工每天早上来上班，穿上制服，就投入竞赛中去。几星期后，两组获得了领先位置。管理者似乎也有了新的活力。在戈尔德看来，他们似乎愿意付出任何代价来降低食物成本，提高营业额，使边际收益直线上升。这也恰恰是那些收费高昂的顾问所承诺的结果。

但是大约6个月以后，似乎只有一个店的管理者可以获得那份或全或无的奖金。在管理者会议上，戈尔德开始听到了抱怨。"你的劳动力成本为什么那么出格呢？"他问道。"赫克（Heck），我无论如何也得不到那份奖金，"一名管理者这样回答，"那么还何苦去试呢？""听我说，以利亚，"另一个说，"我很长时间没拿到奖金了，我已经忘了它是什么样的了。"一些管理者非常想得到奖金，以至于他们工作中人手短缺，不修理机器，甚至供应短缺。

CUDA 竞赛已经恶化为妒忌和不舒服。第一个月以后有三组远远地落后，在那些组中人们开始斗嘴和埋怨："我们不能获胜，那还有什么用？"竞赛似乎有着戈尔德没有预期到的副作用。"有些人真的想自杀。"他说。准确地说，有12人。还有另外100多位员工意志消沉。

戈尔德生气了。毕竟还是有那么多员工抱怨他没有为他们做足够多的事情。那么，好吧，他想听听他们怎么说。"寻求反馈，"管理顾问建议道，"找出你的员工在想什么。"于是，戈尔德宣布每月雇主将和员工进行一次非正式的、开诚布公的谈话。

"现在是你们说话的时候了。"戈尔德告诉参加的员工。在大多数的时间里，只有3~5个员工主动参加，其他人则是被股东们从工作中拽过来的。现在没有什么还需要被了解，戈尔德知道这一点。他已经清楚了什么是没有效果的。他现在需要的是明确地知道哪些会是有效果的。

资料来源：INC：The Magazine for Growing Companies by J. Hyatt. Copyright 1989 by Mansueto Ventures LLC. Reproduced with permission of Mansueto Ventures LLC in the format CD-ROM via Copyright Clearance Center.

讨论题

1. 假设你是以利亚的顾问。你会提出什么建议？
2. 在分析性问题解决过程的每一步，哪些要素是适当的？为以利亚具体说明一下。
3. 哪些创造性的问题解决步骤是适当的？为以利亚具体说明，并就如何更好地实施这些步骤提出建议。
4. 编写一份详细的咨询报告，说明你对问题的定义、备选方案、对最佳方案的评估、对创造性和创新性备选方案的建议，以及至少一个以利亚及其团队可以实施的方便实用的方法。
5. 哪些概念障碍阻碍了这一进程？

创造性问题解决方案的实践

在一个同事团队中，尽可能多地运用创造性的问题解决方案工具为下列问题制订可选择的解决方案。不同的团队可以处理不同的问题，然后向全班汇报他们的解决方案。你可以用你目前面临的问题来代替你可以选择的问题。有意识地打破你概念上的束缚，应用可以帮助你扩展问题的界定和你认为相关的选择方案的线索。牢记四种不同的获得创造性的方法。

问题 1：现在，消费者有成千上万套节目可以根据自己的喜好收看。在线娱乐正在取代电视，成为大众收看娱乐和新闻节目的首选。电视节目的收视率正在逐渐下滑。你会如何解决这个问题？

问题 2：在现代媒体中至少会定期出现 20 种不同的学校排名方法。学生都被吸引到排名较靠前的学校中去了，资源也倾向于流向排名靠前的学校而不是排在末尾的学校。你可以做些什么来改变你所在学校的排名？

问题 3：自动驾驶汽车和顺风车的增多有可能减少全世界每年销售的汽车数量，而包括美国在内的大多数国家的制造业基础都离不开汽车制造。你如何确保汽车公司不倒闭？

问题 4：在过去几十年中，报纸行业在慢慢衰退。人们对报纸的依赖性越来越小。应该做些什么来扭转这种局面？

成立一个观察员团队，在方案公布之前观察整个分析和创新的问题解决流程，向个人和团队提供关于他们运用分析性和创造性问题解决技术的效果的反馈。

创造性问题解决的活动

建议作业

1. 教会一个人怎样创造性地解决问题，根据你自己的经验对指导给出解释，并举出实例。在你的日记里记录你的经验。

2. 想一个现在对你来说很重要，但没有明显解决方案的问题。它可能和你的家庭、你在学校的经历、你的工作环境或者一些人际关系有关。运用本章中讨论的原则和技巧来找到问题的创造性解决方案。花些时间把这项工作做好，即使需要几天的时间。在日记中描述你的经验。

3. 采用本章讨论的技巧来指导一个小组（你的家庭、室友、社团、教堂等），无论是分析性的问题解决过程，还是创造性的练习。在日记中记录你的经验。

4. 写信给你所在学校的校长或一家公司的 CEO，提出几种他领导的组织所面临的复杂问题的备选方案，并阐述你的观点，确保要提供有建设性的方案。这需要你预先采用本章中讨论的问题解决原则。

应用计划和评估

本练习的目的是帮助你在课外环境和真实的生活中应用这一系列技能。既然你已经熟悉了形成有效技能基础的行为指导，你将通过在日常生活中尝试那些指导原则来获得最大程度的提高。与班级活动不同，在那里反馈是即时的，并且其他人能以他们的评价来帮助你，这里的技能应用活动的实现和评估全部要靠你自己。这个活动包括两个部分：第一部分帮助你准备应用这些技术；第二部分帮助你评估和改进你的经验。务必回答每一个问题，不要跳过任何一个部分。

第一部分：计划

1. 写下这一技能中对你最重要的两个或三个方面。它们也许是弱点所在、你最想改进的地方或你所面临的问题最突出的地方。明确你想要加以运用的这一技能的特定方面。

2. 现在请确定你将要运用技能的环境或情境。通过记录情境的描述来建立一个行动计划，计划中包括谁？你什么时候完成它？在什么地方做？

情境：

涉及哪些人？

何时？

何地？

3. 明确你将运用这些技能的特定行为。使这些技能具有可操作性。

4. 成功绩效的标准是什么？你怎样知道你是有效的？什么能表明你完成得很好？

第二部分：评估

5. 在你实施了计划以后，记录结果。发生了什么？你有多成功？其他人的反应怎么样？

6. 你怎样可以得到提高？下次你将做哪些改进？将来在相似的情境下你会做哪些不同的事情？

7. 回顾整个技能练习和运用的经验，你学会了什么？有什么令你感到惊讶？这些经验将怎样长期为你提供帮助？

评分要点与对比数据

创造性地解决问题

评分要点

技能领域	项目	评估 学习前	评估 学习后
理性问题解决	1,2,3,4,5	_____	_____
创造性问题解决	6,7,8,9,10,11,12,13,14,15	_____	_____
推动革新	16,17,18,19,20,21,22	_____	_____
	总分	_____	_____

对比数据（$N=5000$ 名学生）

将你的得分与三个对比标准进行对比：
1. 可能的最高分＝132 分；
2. 同班其他同学的得分；
3. 5 000 名商学院学生的平均数据。

学习前得分		学习后得分
98.59 分	＝平均值	＝107.47 分
114 分或以上	＝前 25％	＝118 分或以上
106～113 分	＝25％～50％	＝109～117 分
102～105 分	＝50％～75％	＝98～108 分
101 分或以下	＝后 25％	＝97 分或以下

你的创造性如何

评分要点

圈出每个项目中的适当选项并把每个项目的分值加起来。分值如下：

项目	A 同意	B 不确定或不知道	C 不同意	项目	A 同意	B 不确定或不知道	C 不同意
1	0	1	2	21	0	1	2
2	0	1	2	22	3	0	−1
3	4	1	0	23	0	1	2
4	−2	0	3	24	−1	0	2
5	2	1	0	25	0	1	3
6	−1	0	3	26	−1	0	2
7	3	0	−1	27	2	1	0
8	0	1	2	28	2	0	−1
9	3	0	−1	29	−2	1	2
10	1	0	3	30	0	0	3
11	4	1	0	31	0	1	2
12	3	0	−1	32	0	1	2
13	2	1	0	33	3	0	−1
14	4	0	−2	34	−1	0	2
15	−1	0	2	35	0	1	2
16	2	1	0	36	7	2	3
17	0	1	2	37	2	1	0
18	3	0	−1	38	0	1	2
19	0	1	2	39	−1	0	2
20	0	1	2				

40. 下面的分值为 2：

精力充沛的　　　　　好奇的
观察力敏锐的　　　有动力的
坚韧不拔的　　　　对自己苛刻的
有创意的　　　　　勇敢的

足智多谋的　　　　　　　乐于参与的
专注的　　　　　　　　　有知觉力的
有激情的　　　　　　　　创新的
下面的分值为 1：
自信的　　　　　　　　　非正式的
有远见的　　　　　　　　开明的
警觉的　　　　　　　　　彻底的
坚决的　　　　　　　　　不安静的
其余的分值为 0
总分　_____

对比数据（$N=5\,000$ 名学生）

总分	平均值	前 25%	25%～50%	50%～75%	后 25%
	55.99	66 分或以上	56～65	48～55	47 分或以下

创新意识量表

对比数据（$N=5\,000$ 名学生）

总分	平均值	前 25%	25%～50%	50%～75%	后 25%
	72.41	80 分或以上	74～79	67～73	66 分或以下

创造性风格评估

评分要点

将你在所有"a"选项、"b"选项、"c"选项和"d"选项上的分数分别加总，然后除以 7 得出每个选项的平均分数。

a 选项的总分：_____ ÷ 7　a 选项的平均分数：_____ 想象力
b 选项的总分：_____ ÷ 7　b 选项的平均分数：_____ 深思
c 选项的总分：_____ ÷ 7　c 选项的平均分数：_____ 投入
d 选项的总分：_____ ÷ 7　d 选项的平均分数：_____ 改善

对比数据（$N=5\,000$ 名学生）

维度得分	平均值	前 25%	25%～50%	50%～75%	后 25%
想象力	24.70	29.30 或以上	24.30～29.29	20.01～24.29	20 或以下
深思	25.92	30 或以上	25.72～29.99	21.44～25.71	21.43 或以下
投入	25.47	30 或以上	25.72～29.99	20.72～25.71	20.71 或以下
改善	24.04	28.58 或以上	23.30～28.57	18.58～23.99	18.57 或以下

第 2 部分

人际关系技能

第4章　通过支持性沟通建立关系
第5章　获得权力和影响力
第6章　激励绩效
第7章　谈判与化解冲突

Developing Management Skills

第 4 章

通过支持性沟通建立关系

技能开发目标

- 在给出负面反馈时仍建立支持性关系
- 避免人际沟通中的防御状态和不一致
- 提高运用支持性沟通原则的能力
- 通过个人管理面谈改善工作关系

技能评估
- 支持性沟通
- 沟通风格

技能学习
- 建立积极的人际关系
- 有效沟通的重要性
- 什么是支持性沟通
- 辅导和咨询
- 支持性沟通的原则
- 个人管理面谈
- 跨文化告诫
- 小结
- 行为指南

技能分析
- 找其他人谈
- 遭拒绝的计划

技能练习
- 联合化学公司
- 拜伦（Byron）与托马斯（Thomas）
- 主动倾听练习

技能应用
- 建议作业
- 应用计划和评估

评分要点与对比数据

技能评估

支持性沟通的诊断调查

下面简单介绍本章的评估工具。在阅读本章正文前应当完成所有的评估。

完成初步的评估后,将答案先保存下来,等完成本章正文的学习后,再进行一次技能评估,然后与第一次的评估结果进行比较,看看你究竟学到了什么。

- 支持性沟通评估度量的是你进行支持性沟通的能力,特别是你在给出负面的或纠正性的反馈时的表现。
- 沟通风格评估有助于识别你在面临问题或者需要提供支持时的主导性的沟通风格。

支持性沟通

第一步:在阅读本章内容之前,请对下面的陈述作出回答,把数字写在左栏(学习前)。你的回答应该反映你现在的态度和行为,而不是你希望它们应该如何。请诚实作答。本工具的目的在于帮助你评估自己的自我意识水平,借此确定你所需要的特定学习方法。完成这项调查后,参考本章章末的评分要点,从而确定在本章的讨论中对你最为重要的、应该掌握的技能领域。

第二步:当你完成本章的阅读和练习,尤其是当你尽可能多地掌握了本章后面的技能应用部分后,遮住你先前的答案,对同样的陈述句再做一次回答,这一次是把回答填在右栏(学习后)。当你完成调查后,采用本章章末的评分要点测量你的进步情况。如果你在特定的技能领域中的得分仍然很低,可根据技能学习部分的行为指南一节来做进一步的练习。

评估尺度
1 非常不同意
2 不同意
3 稍有不同意
4 稍有同意
5 同意
6 非常同意

评估

学习前 学习后 在我不得不给出负面反馈或提出纠正建议时:

_____ _____ 1. 我十分清楚什么时候适合向别人提出建议,什么时候适合给予指导。

_____ _____ 2. 当我为别人提供咨询时,我帮助他们认识到他们自己的问题。

_____ _____ 3. 即使反馈的内容是负面的,我也会在反馈中保持绝对诚实。

_____ _____ 4. 我所给出的反馈通常都是针对问题和解决方案的,而不是针对个人的。

_____ _____ 5. 我总是把负面的反馈与未达到的标准或期望联系起来。

_____ _____ 6. 当我试图纠正某人的行为时,我们的关系几乎总是加强的。

_____ _____ 7. 在给予别人负面反馈的时候,我所做的是描述事实。也就是说,我客观地描述事件、结果及我的感受。

_____ _____ 8. 对于我试图纠正其行为的人,我总会提出具体的可选择方案。

_____ _____ 9. 在我与其他人沟通时,我强化他们对自我价值的认同和自尊心。

_____ _____ 10. 我总是对别人的观点表现出诚恳的兴趣,即便我不赞同它们。

_____ _____ 11. 对于那些权力比我小、掌握信息比我少的人,我不用高人一等的口气对他们讲话。

_____ _____ 12. 虽然我坚信自己的观点,但在陈述它们的时候,我仍然表现得很灵活,愿意接受新信息。

_____ _____ 13. 与持不同观点的人讨论时,我努力找出大家都赞同的领域。

_____ _____ 14. 我的反馈总是具体并且有针对性的,而不是宽泛的或是含糊的。

_____ _____ 15. 我不支配与别人进行的谈话。

_____ _____ 16. 我对我所陈述的观点负责,我会说"我认为",而不是"他们认为"。

_____ _____ 17. 在讨论某个人的问题时,我通常的反应是表示理解而不是给出意见。

_____ _____ 18. 当为了更好地理解别人的观点而向他们提问时,我通常会问"是什么",而不是"为什么"。

_____ _____ 19. 我同与我一起工作或生活的人保持经常的、私人的会面。

_____ _____ 20. 我十分清楚什么时候应该给别人指导和建议,什么时候不应该。

沟通风格

本评估工具分为两个部分。

在第一部分,四个人抱怨他们在工作中面临的问题。每个抱怨后面都有五个可能的反应。选择你最有可能的反应:3 表示你的第一选择;2 表示你的第二选择;1 表示你的第三选择。

评估的第二部分描述了一些特定的情境,下面有几对描述。在每对描述中选择你在这种情境中最有可能的反应。不要选择你希望自己产生的反应,而是选择你现在最有可能表现出来的行为反应。

翻到本章章末,对你的得分进行分析。

第一部分

1. 这个工作我已经做了 6 个月,可我几乎不认识这个公司中的任何人。我看起来好像不能与别人交朋友,或者不能被别人接受。多数人都很忙,不会花时间与别人交往。我觉得自己很孤立并且被排除在所进行的事情之外。

_____ a. 不要过早地担心不能交朋友。你会看到,随着你在公司时间的延长,事情会变得好起来。
_____ b. 当你第一次遇到别人时，你会说什么？是你先表示友好的吗？
_____ c. 由于公司的员工都十分繁忙，大概没有人有时间来建立亲密的社会关系。对此你的期望不能太高。
_____ d. 这么说，你感觉公司中的人不能接受你？
_____ e. 事情并不像你感觉的那样严重。当我第一次进入公司工作的时候，也花了我不止6个月的时间来调整。现在，我仍然不认识几个部门中的一些同事。

2. 我不能忍受我的老板。他是你所能想象得到的最独裁、最苛刻的人。我还没有遇见任何像他这样不关心员工的老板。他的麻木不仁和缺乏人性使这里成为一个令人痛苦的工作场所。
_____ a. 听起来，你在应付严格的控制和权力时遇到了困难。
_____ b. 我能体会你的感受，因为去年我们部门也有一个女人，她几乎使每个人都无法忍受。她是极端专横的老板。
_____ c. 如果你不解决这个问题，你会有很多麻烦。我认为你该找他，并告诉他你的感受。
_____ d. 你确实很难适应你的老板，对吗？
_____ e. 为什么只有你对他感觉如此强烈？

3. 我想知道的是，上一次的晋升决定中到底发生了什么。我以为我将会得到这个晋升机会。我确信在我的部门中没有人比我更有经验，而且我听到的传言也表明只要我想要，这个工作就是我的。你从外面调入别人让其位于我之上，这真的使我十分失望。我认为这是不公平的。无论如何，我想知道在这里获得晋升需要什么。
_____ a. 是什么使你认为这次的晋升机会是属于你的？你知道这个工作的要求和我们要寻找的是哪种人吗？
_____ b. 不要气馁，你的工作干得很好，如果你耐心等待，我保证你会有其他机会。我会帮助你为下一次机会做准备的。
_____ c. 我认为你对此有错误的看法。对于这个新的职位，标准十分明确，那个人只是更适合它。
_____ d. 换句话说，你现在是对你和公司的关系觉得有点迷惑。
_____ e. 你把这次晋升决定理解为对你的技术能力的挑战吗？

4. 嗨，为什么不同意我配置一台新计算机的要求？在工作中我真的需要它。我们的工作越来越多，一台计算机已经不能应付了，我们在用手完成一些本该由电子表格完成的工作。不要再跟我说公司要压缩支出的老论调，我等待新设备已经很长时间了。
_____ a. 我很理解你对没有批准你的要求十分心烦。
_____ b. 为什么在已经有一台计算机的情况下，你还需要添置一台新的呢？当你确实感到工作过多时，能不能先借一台计算机来工作？
_____ c. 你知道，其他人也面临同样的问题。利用现有的设备完成必要的工作确实很困难。
_____ d. 我知道你很心烦，但是如果你耐心点，我保证我可以解决你的问题。
_____ e. 很抱歉，但资源十分紧张是事实。这也是我们拒绝你的原因，所以你只能继续用一台计算机工作。

第二部分

假设你是卡罗尔·舒尔特（Carole Schulte）的经理。卡罗尔是一位58岁的管理者，已经为公司工作了21年。她将在62岁的时候退休,这是她有资格得到全额退休金的第一年。但麻烦的是,她的业绩正在下滑;在工作需要时,她也不愿意花额外的精力和时间;而且有时候她甚至对她的工作敷衍了事。一些生产线的工人和消费者抱怨她对待他们相当无礼,而且办事不灵活,尽管顾客服务至上是公司的信条。她并没有做什么足以让公司开除她的事情,但是她不能达到你所期望的水平。假定你正在你的办公室里与她进行每月一次的单独谈话。在每一对陈述中,你最可能会选择哪一个?

_____ 1. a. 我已经听到你的一些顾客的抱怨,你没有遵循公司的标准来满足他们的要求。
   b. 看起来你不再有把工作做得更好的动机,卡罗尔。

_____ 2. a. 我知道,作为管理者你已经干得很不错了,但是还有一点小问题我要给你提出来,这就是顾客的抱怨,也许它不是那么严重。
   b. 我对你工作中的一些方面比较担忧,我想与你讨论一下。

_____ 3. a. 不久前,你的一个下属打电话抱怨你当众批评他的工作,我开始担心。我建议你与他坐下来解决这个问题;他可能仍怀有不满情绪。
   b. 当然,你知道当众批评你下属的工作是你的不对。这必定会导致士气低落。

_____ 4. a. 我想要看到你的业绩在下面三个方面的改变。
   b. 我有一些建议可以帮助你改善绩效,但是首先,你自己有什么想法?

_____ 5. a. 我必须告诉你,我对你的业绩十分失望。
   b. 我们的一些员工对你近来的表现似乎不太满意。

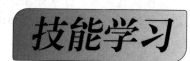

建立积极的人际关系

  大量研究都支持这样一种思想:**积极的人际关系**(positive interpersonal relationships)是创造人们生活中积极能量的关键(Baker,2000;Dutton,2003)。当人们经历积极的交互作用时——即使是非常短暂地遇到,他们会得到提升、鼓励,甚至是新生。积极的人际关系可以产生积极的能量。我们所有人都遇到过给我们积极能量的人——与他们相处令人愉快,他们鼓舞我们,并帮助我们蓬勃发展。我们也都遇到过具有相反作用的人——与他们打交道的时候,我们会感到筋疲力尽、不够活泼,并且在感情上很疲惫。这种相遇对个人而言是削弱其能量的。

  不过,积极关系的影响不仅仅是让人感到幸福或情绪高涨,它远比这些更强烈,持续的时间更长。当个人能够建立积极的可以产生能量的人际关系时,它还会产生重要的心理、情感、智力和社会后果。例如,人们的身体健康会极大地受到他们的人际关系的影响。处于积极的人际关系中的人从手术中恢复的速度是处于冲突的或消极的人际关系中的人从手术中恢复速度的两倍。他们得癌症和心脏病的概率更低,而且即使得了癌症或心脏病,他们恢复的速度也会更快。他们得一些小毛病(如感冒、流感或头疼)的概率也更低；他们能更好地处理压力；他们出现意外（例如，在错误的时间出现在错误的地方）的时候也更少。可以预期，他们的寿命会更长。之所以产生这些好处是因为积极的人际关系能够增强免疫系统、心血管系统和荷尔蒙系统（Dutton，2003；Heaphy 和 Dutton，2008；Reis 和 Gable，2003）。

积极的人际关系还能帮助人们更好地完成任务和工作，更有效地学习。因为积极的人际关系能够使人们感到安全，从而能够更集中精力于手头的工作（Carmeli，Brueller 和 Dutton，2009）。他们很少受到焦虑、挫败或不确定性等感觉的困扰，而这些感觉几乎在所有非积极的人际关系中都会存在。人们更倾向于从积极的、充满活力的人那里寻求信息和资源，如果与那些让人消耗能量的人打交道，那么人们很少可以获得取得成功所需要的东西。在积极的人际关系的情况下，与其他人交换、分享和贡献信息的数量更多，因而工作的效率和取得的成功也更多（对研究的回顾见 Dutton，2003；Dutton 和 Ragins，2007）。

积极的情感（如高兴、兴奋和兴趣）是积极的人际关系的产物，并且这些情感能够扩展人们的心智能量。例如，高兴和兴奋的感觉会产生行动、学习和为他人做出贡献的愿望。除此之外，在积极的人际关系下，人们所关注信息的数量、所处理资料的范围，以及所做决策和判断的质量都会得到加强。当经历积极的人际关系时，人们的心智能量得以扩展（智力的敏锐性扩张），他们的学习更有效率，所犯的错误更少（Fredrickson，2001，2009）。

毫无疑问，当员工之间呈现积极的人际关系时，组织的绩效也会得到提高。积极的人际关系能够促进人们之间的合作，所以，横在取得高度成功的绩效之前的障碍（如冲突、分歧、混乱和模糊、毫无益处的竞争、愤怒或个人怨恨）都被降到最低（Cameron 等，2011）。当存在积极的人际关系时，员工对于他们的工作和组织更加忠诚，而且信息的交换、对话和知识的传递都会大大增强。当员工之间呈现积极的人际关系时，创造性和创新能力以及系统适应变化的能力都会大大提高（Gittell，2003；Gittell，Cameron 和 Lim，2006）。

高质量联系

积极的关系通常意味着与他人保持持久或持续的联系。我们的同事简·达顿（Jane Dutton）给出了高质量联系的特征（Dutton，2003，2014）。联系一词指的是与另一个人的暂时性的互动。联系与关系的不同之处在于，联系时互动是短暂的，只持续很短的一段时间，而且并不预期互动会持续下去。高质量联系的例子包括与收银员、乘务员、牙医办公室的接待员或社交活动中的陌生人的愉快互动。达顿的研究表明，高质量联系有三个特点：联系双方都感受到活力；在互动中感受到响应和合作；增强的生理变化，如心率、血压和能量（Dutton 和 Heaphy，2003；Heaphy 和 Dutton，2008）。

也就是说，这些短期的暂时的互动所产生的积极影响是长期关系的积极影响的写照。高质量联系还有助于拓展思维、提高学习能力、培养韧性、改善自我形象、加强协调、增强信仰、增加适应性、减少挫败感和愤怒。

高质量联系的四个属性可以帮助我们每个人在这些瞬间的、临时的接触中表现更加出色（Dutton，2014）。图4-1总结了这四个属性。

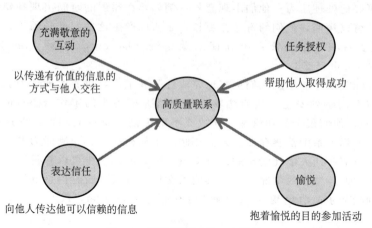

图 4-1　高质量联系的四个属性

1. 充满敬意的互动。充满敬意的互动意味着向对方传递信息，让他感觉自己受到重视和尊重。这可以通过简单的眼神交流、悦耳的语调、全身心地关注谈话来完成。通过言语或非言语的方式表示你在听，通过传达对对方所说的话的兴趣，你传递了一个信息，即互动值得你花时间和精力。你的沟通方式是尊重他人的关键。

2. 任务授权。任务授权是指帮助他人解决问题、实现目标或向前迈进。如果互动只不过是暂时的社交，那么这并不总是必要的。不过，每个人都可以因为互动而得到提升和进步。有时候，这意味着仅仅是交流有用的信息，提供情感支持，或者仅仅是对他人的关注敞开心扉。同样，你的沟通方式也是任务实现的关键。

3. 表达信任。传递对他人的信任意味着传递一个信息，表明你相信他在互动中是开诚布公的。互动是真心实意的。当你把良好的意图归因于他人，并因此愿意在自己的沟通中坦诚相待时，就表达了信任。与高质量联系的其他属性一样，沟通方式是传递信任的关键。

4. 愉悦。在互动中，愉悦可以通过幽默、微笑、表现出正能量和脆弱来传达。它涉及自发的交流。愉悦有助于建立轻松有趣的关系。同样，你的沟通方式也是培养愉悦的关键。

问题的关键

很难解释为什么人们不想与其他人建立并强化积极的人际关系。积极的人际关系有这么多的优点，几乎没有什么负担。创建这样的关系听起来就像是一个简单的处方，当然，说起来容易做起来难。与跟我们相像的人、对我们有吸引力的人，或者按照我们的预期行事的人建立积极的人际关系并不困难。但是，当我们遇到态度粗暴无礼的人、我们不太喜欢的人，或者犯了很多错误或严重错误的人的时候，建立这样的人际关系就很难了。换言之，在消极的环境中或者与消极的人建立积极的人际关系需要特殊的技能。

可以论证的是，在建立和增强积极的人际关系方面，最重要的技能是以一种能够增强信任、开放和支持感的方式与人们沟通的能力。本章我们主要帮助你开发并提升这种技能。

当然，我们所有人都在不断地沟通，而且我们都感觉自己做得相当好。如果不能有效沟通，我们就不会在生活中取得现在的成就。通过不断的研究，人们发现沟通问题是组织获得积极的人际关系和积极的绩效所面临的唯一的最大障碍（Carrell 和 Willmington，1996；DaVito，2015）。本章主要讲述有效的管理者必须具备的最重要的技能：进行支持性沟通的能力。

有效沟通的重要性

在电子沟通的时代，向其他人传递信息的最常用方式是利用电子技术。由 140 个或更少的单词组成的信息如今主宰了人际沟通。然而，调查明确地显示，管理者们认为，面对面进行有效沟通的能力是决定晋升可能性的最关键的特征（见 Brownell，1986，1990；Furnham，2008；Goleman，1998；Hargie，1997；Steil，Barker 和 Watson，1983 的调查报告）。事实上，研究发现，对于沟通的电子形式（如短信、推特）的日渐依赖降低了人际沟通的效率（Nie，2001）。

不出所料，管理者与员工之间的沟通质量也相当低（Madlock，2008；Yrle，Hartman 和 Galle，2002），但对大多数管理者来说，面对面、一对一的沟通仍是决定其管理成败的最主要的沟通方式。在所有类型的组织和部门的一项又一项研究中，在所有的管理技能中，包括倾听在内的人际沟通技能被评定为最重要的技能（DeVito，2015）。

经理们至少有 80% 的清醒时间花在口头沟通上，所以，关注用以改善人际沟通的各种方法也就不足为奇了。学者们撰写了大量有关传播学、语义学、修辞学、语言学、控制论、符号关系学、语用学、心距学和渠道化的文章；有关沟通过程的物理现象——编码、解码、传递、媒体、知觉、接收和噪声的书籍有数千种之多。同样，关于有效的公众演说技巧、进行正式产品演示以及组织沟通过程的大量文献比比皆是。大多数学院和大学都有专门的语言沟通领域的专业；大多数商学院都设有商业沟通的课程；很多组织中都有公共沟通部门和组织内沟通专家，如业务通讯编辑和演讲稿的写作者。所有这些关注都是可以理解的，正如我们对正在经历大规模变革的主要制造组织的研究所表明的那样。

我们提了两个关键的问题：(1) 在试图推行组织变革的过程中，你遇到的主要问题是什么？(2) 在过去有效地管理组织变革的经验中，成功的关键因素是什么？对于这两个问题，大多数管理者给出了相同的回答——沟通。

沟通问题

尽管这些关于沟通过程的信息都是可以获得的，而且很多组织付出额外努力以实现更好的沟通，但是大多数管理者仍然表示其最大的问题是不良的沟通（McNaughtan，2012；

Schnake 等，1990）。一个原因是大多数人都认为自己是十分有效的沟通者。他们感觉沟通中存在的问题是其他人的不足造成的，而不是因为他们自己（Carrell 和 Willmington，1996；Cupach 和 Spitzberg，2007；DeVito，2015）。与培养高质量的人际关系或积极的长期关系不同，沟通问题往往是阻碍人际关系发展的罪魁祸首。

人们仍然彼此冒犯，制造侮辱性的言论，笨拙地进行交流。人们仍然在以有摩擦、迟钝和低效的方式进行沟通。这样做不仅不会建立和加强积极的关系，反而会破坏关系。通常，阻碍有效信息传递的正是人际方面的沟通，而不是不能准确地传递信息（Cupach 和 Spitzberg，2007；Golen，1990）。

无效的沟通会导致个体之间互相厌恶、互相冒犯、对别人失去信心、拒绝倾听别人说话、与别人发生争执以及其他大量的人际问题。这些问题反过来常常导致有限的通信流、不准确的信息和对意思的错误理解。

为了说明这一点，请考虑下面的情境。拉提莎（Latisha）在组织中引入新的目标设定计划以克服一些生产率问题。管理委员会上，在拉提莎做完其精心准备的发言之后，何塞（Jose）举手发言："我的观点是，这个方法对于解决我们的生产率问题是幼稚的。要考虑的因素比拉提莎所了解的复杂得多。我不认为我们应该浪费时间实行这个计划。"

何塞的观点也许是合理的，但是他表达这个信息的方式可能会抵消一些它本应有的客观性。相反，拉提莎接收的可能就是"你太幼稚""你很愚蠢"或"你无能"之类的信息。如果拉提莎的反应是防御性的或是敌意的，我们一点儿也不会感到奇怪。两人之间原有的任何好感都会受到危害，而他们的沟通也可能只局限于对自我形象的保护。拉提莎的提案的优点会因为个人的防御而被忽略。二人之间的进一步沟通也可能会降低到最低限度。

什么是支持性沟通

本章，我们关注一种能够帮助管理者准确、真诚地沟通（尤其是在困难的条件下），而不危害人际关系的人际沟通方式。当事情进展得很顺利或者当人们所做的事情很符合你的心意时，表达你的信心、信任和坦率，进行支持性沟通并不困难。但是当你不得不纠正某人的举止或者进行负面的反馈，又或者指出某人的缺点时，采用能够建立并加强彼此间关系的方式进行沟通则非常困难。

这种沟通被称为**支持性沟通（supportive communication）**。支持性沟通力图在解决现有问题的同时保持沟通者之间积极的人际关系。它使你在给予负面反馈时或者在与他人解决一个棘手难题的同时加强你们之间的关系。支持性沟通的一个主要优点是，它能在不舒服的、消极或无礼的环境中建立或加强关系。而且即使问题解决不是交互的重点，它也能发挥作用。

如表 4-1 所示，支持性沟通具有八大特性。在本章后面的部分，我们将会详细分析每一种特性。使用支持性沟通，你不仅能准确地传达信息，而且沟通双方的关系因此得到了支持，甚至改善了。这样就会产生积极的人际关系。即使所传递的信息是负面的，人们仍会感到充满活力、昂扬向上。

表 4-1　支持性沟通的八个属性

- **一致的，而非不一致的**
关注真实的信息，使口头陈述与心中所思所想是一致的。
例如，"你的行为真的使我很不安。"而不是"我看起来很烦吗？不是的，每件事都很好。"
- **描述的，而非评估的**
关注描述客观事实、你的反应，并提供备选方案。
例如，"这就是所发生的事情；我的感觉是这样的；这样做可能更好。"而不是"你所做的事情是错的。"
- **以问题为导向的，而非以人为导向的**
关注可以改变的问题和事情，而不是人及其特点。
例如，"我们怎么样能解决这个问题？"而不是"因为你才有了问题。"
- **有效的，而非无效的**
关注传达尊重、灵活、协作以及求同的陈述。
例如，"我是有一些想法，不过你有什么建议？"而不是"你不会理解的，所以我们按照我的方式行事。"
- **具体的，而非笼统的**
关注具体的事件和行为，避免宽泛的、极端的或者模棱两可的陈述。
例如，"会议期间，你打断了我三次。"而不是"你总是试图得到注意。"
- **有联系的，而非无联系的**
关注所做的进一步的陈述，使前后配合。
例如，"关于你刚才所说的，我还想再提一点。"而不是"我要讨论这件事（而不管你想讨论什么）。"
- **负责任的，而非事不关己的**
关注对你所说的一切负责，使用个人化的字眼（"我"）。
例如，"我已经决定拒绝你的要求，因为……"而不是"你有一个相当不错的想法，但是他们是不会赞同的。"
- **支持性倾听，而非单向的信息传递**
关注使用多种恰当的反应——倾向于思考性的反应。
例如，"你认为阻碍改进的障碍是什么？"而不是"正如我以前所说的，你犯了太多错误。你做得真的不好。"

支持性沟通的目标不仅是得到人们的喜爱或者被认定为一个好人。它也不是仅仅用来使个体被社会接受。如前所述，积极的人际关系在组织中具有现实的和有益的价值。例如，研究者发现，鼓励这种关系的组织比关系不太积极的组织获得了更高的生产率，可以更快地解决问题，实现更高质量的产出，而只面临更少的冲突和破坏行动（Huselid, 1995; Stephens, Heaphy 和 Dutton, 2012）。

此外，如果没有支持性沟通，提供完善的顾客服务几乎是不可能的。顾客的抱怨和误解经常需要支持性沟通的技能来解决。因此，管理者不仅自己需要有效地使用这种沟通，还必须帮助下属开发这种技能。

例如，汉森和沃纳菲尔特（Wernerfelt, 1989）发现，在 5 年内，40 家大公司中，管理者和下属之间呈现出的良好人际关系对收益的预测，比其他 4 个最有力的变量——市场份额、资金紧张、公司规模和销售增长率之和还要高 3 倍。因此，支持性沟通不仅是一种"好人技巧"，对管理者和组织来说，它也是一种被证实了的竞争优势。

辅导和咨询

说明支持性沟通原则的方法之一是探讨管理者以及父母、朋友和同事所扮演的两种相同的角色：为其他人提供辅导和咨询。就辅导而言，管理者给予建议和信息，或者建立标准帮助其他人提高工作技能。就咨询而言，管理者帮助其他人认识到思想的、情绪的或个性上的问题，并帮助解决它们。所以说，辅导关注能力，而咨询关注态度。

当然，它们也同样应用到更广泛的多种活动中，例如处理顾客的抱怨，向上传递批评性的或是负面的信息，处理其他人之间的冲突，或商议某个具体职位等。因为我们大多数人都曾经有过辅导与咨询的经历，我们将用它们来举例说明和解释有关的行为原则。

辅导与咨询的情形是不同的，两者的差异对于营造牢固的、支持性的关系是非常重要的。要了解辅导和咨询情形的差异，让我们考虑下面的两个情境：

情境1：杰格迪普·阿瓦尔（Jagdip Ahwal）是你所在公司销售部门的经理，公司制造和销售航空工业元件。他直接向你汇报。杰格迪普的部门总是无法完成销售计划，其销售人员的收入也低于公司的平均水平，而且杰格迪普每月的报告也总是迟交。在收到杰格迪普最近一期的销售数据后，你约了一个时间去找杰格迪普，但是当你到达时杰格迪普却不在他的办公室里。他的秘书告诉你几分钟前杰格迪普手下的一名销售经理来找他，向他抱怨一些员工早晨上班迟到，而且喝咖啡的时间也超时。杰格迪普立即同这名销售经理到他的部门对销售人员进行了一次"鼓舞士气的讲话"，然后提醒他们注意销售业绩的期望值。在他回来之前，你等了15分钟。

情境2：贝齐·克里斯滕森（Betsy Christensen）从一个很有声望的学校获得了MBA学位，最近她加入了你所在公司的财务计划小组。她拥有很有说服力的推荐信和获奖证书。然而，她似乎以贬低同组中其他人为代价来提高自己的声望。最近你听到越来越多的抱怨，说贝齐行为傲慢，爱表现，对其他组员的工作公开进行批评。在你与她进行的有关其在组内工作业绩的第一次谈话中，她不认为自己有问题。她说如果确实有问题，那也是因为她通过提高对所在小组的要求来对小组施加积极的影响。在最近一次收到她的同事对她的抱怨之后，你安排了另一次会谈。

在上面两个例子中，基本的问题是什么？哪一个是涉及辅导方面的问题，哪一个主要是咨询方面的问题？你如何能使问题得到解决，同时加强你与杰格迪普和贝齐的关系？你会说什么？你将怎么说？怎样才能得到尽可能好的结果？尽管没有哪种情境是如此泾渭分明的，在杰格迪普·阿瓦尔的例子中，基本的需要是**辅导（coaching）**。辅导情境是指那些管理者必须给予建议和信息或是为其他人设定标准的情况。人们就其如何更好地完成他们的工作及在辅导下实现更好的业绩得到建议。辅导问题通常是由于缺乏能力、信息或理解不充分，或者是人们的不胜任造成的。在这些例子中，管理者传递信息的准确性是十分重要的。其他人必须清楚地理解问题是什么以及如何克服。体育项目的教练是一个很好的例子。

在杰格迪普·阿瓦尔的例子中，杰格迪普接受来自下属的向上指派工作，不允许他们解决自己的问题。通过第2章的学习，我们已经知道向上指派是导致无效的时间管理的一个主要原因。由于杰格迪普坚决不支持下属提供的解决问题的建议，而且直接干预下属的属员的问题，所以他使自己超负荷。他不允许其下属做他们应该做的工作。当一个人试图解决所有的问题并操控整件事情时，生产率几乎总是会受损。杰格迪普需要得到关于如何避免向上指派工作及如何有效地委派责任和权力的辅导。

贝齐·克里斯滕森的例子则说明了**咨询（counseling）**的问题。当问题来源于态度、个性碰撞、防御或与情绪有关的其他因素时，管理者需要给下属进行咨询而不是辅导。贝齐的资格和技能不成问题，但是她不愿意承认存在的问题，或是没有认识到对于她来说需要管理者通过咨询而改变的那部分。贝齐对于自己的职位是非常胜任的,所以辅导或提建议都不会是有用的方法。相反,咨询的一个重要目标是帮助贝齐认识到已经存在的问题,并且找到解决问题的方法。

辅导用于解决能力问题,管理者的方法是"我能够帮助你做得更好"。咨询用于解决态度问题,管理者的方法是"我能够帮助你认识到已存在的问题"。

这就是问题所在。大多数情况下,人们在遇到问题时倾向于指导或建议他人。"我建议你这样做。"然而,当遇到问题的人被问及他想要什么样的帮助时,绝大多数人的答案是以增进理解和增加洞察力为重点的咨询。正如我们将在本章后面讨论的,咨询比指导更受欢迎。

尽管很多问题都同时涉及辅导和咨询,但认识到两种问题的区别仍是很重要的,因为沟通方法的错误匹配不仅不能解决问题,还会使之恶化。在咨询的情境中给予明确方向与建议(辅导),经常会加大对变化的防御和抵抗。

例如,建议贝齐·克里斯滕森如何完成她的工作或她不应该做什么事情(如批评别人的工作),可能只会加大她的防御,因为她不认为她存在这个问题。同样,在辅导的情境下采用咨询也只是躲开了问题而并没有解决它。例如,杰格迪普·阿瓦尔知道存在的问题,但是他不知道如何解决它。此时需要的是指导,而不是对问题的认知。

需要解决的问题是:"我如何有效地为另一个人提供辅导或咨询?什么样的行为指导可以帮助我在这些情境中有效地工作?"辅导和咨询都依赖如表4-1总结的同一套支持性沟通原理,下面我们将进一步讨论。

防御与否认

辅导或咨询下属时,如果没有遵循支持性沟通的原则,就会产生两个比较大的麻烦,这会导致很多种负面结果(Burleson,2009;Cupach和Spitzberg,2007;Czech和Forward,2010;Gibb,1961)。这两个问题是防御和否认(见表4-2)。

表 4-2　有效人际沟通的两个主要障碍
支持性沟通会引起支持、理解和有帮助的感觉。它可以帮助克服不良人际沟通产生的两个主要障碍。
防御 ● 沟通的结果使个体感觉受到威胁或是攻击 ● 自我保护成为最重要的考虑因素 ● 精力被用在构筑防御而不是倾听上 ● 侵犯性、愤怒、竞争性,抑或回避是常见的反应
否认 ● 沟通的结果使个体感觉自己无能、没有价值,或无关紧要 ● 优先考虑尝试恢复自我价值 ● 精力被用在试图建立自尊而不是倾听上 ● 炫耀、自我中心的行为、退缩,抑或失去动机是常见的反应

防御(defensiveness)状态是个体感到不安、疏远、迷惑及需要反击的一种情绪和生

理状态（Gordon，1988）。如果个体感觉在沟通中受到威胁或是惩罚，就会产生防御状态。如果我觉得你在攻击我，那么我就会自我防卫。也就是说，自我保护变得比倾听更为重要，因而防御既损害了信息传递，也破坏了人际关系。精力都花在了制造防御感而不是倾听上。挑衅、愤怒、竞争或逃避是常见的反应。

第二个障碍是**否认**（disconfirmation）。当沟通的一方感觉由于沟通而带来遏制、无效或无意义时，就会采取否认的做法。沟通的接收者感觉到他们的自我价值受到怀疑，所以他们更关注提升自己而不是倾听。他们的反应通常是自我夸大或是炫耀行为、失去动机、退缩以及对于冒犯性的沟通者的不尊敬。

支持性沟通的八个属性将为克服防御性和否认提供行为指导。它们也是以建立及加强关系的方式提供负面反馈和关键信息的指导原则。支持性沟通是建立高质量关系和长期友好关系的关键。

支持性沟通的原则

1. 支持性沟通是基于一致性的，而非不一致性的

多年前的一篇经典文章提出了"人际关系的普遍法则"。该法则指出，所有高质量联系和长期的关系都是基于**一致性**（congruence）的概念（Rogers，1961）。罗杰斯根据自己40多年医治受到心理问题困扰的病人的临床经验得出结论，这个法则是建立积极的人际关系的根本。具体而言，无论是口头的还是非口头的交流，都必须与交流者的思想和感觉相匹配（Dyer，1972；Hyman，1989；Knapp和Vangelisti，1996；Rogers，1961；Schnake等，1990）。一致性仅仅意味着在传达信息时诚实可信。

可能有两种**不一致性**（incongruence）。一种是在一个人体验到的与他认为的事情之间的不匹配。例如，你可能完全意识不到自己正在向别人发怒，甚至是愤怒已经确实存在的时候。在某些情况下，治疗师必须帮助个体在经历与意识之间达到更大的一致性。人们压抑内心深处的愤怒、悲伤或恐惧。他们并没有真正意识到困扰自己的是什么。

第二种不一致性，也是与支持性沟通关系更密切的是，一个人所感觉到的与传达的内容之间的不匹配。例如，你可能已经意识到愤怒的情绪，但是却否认这种情绪的存在。人们有时候对自己的所思所想感到内疚，认为这些想法是不适宜的或是错误的。更常见的是，人们认为表达自己的真实感受会冒犯对方。

在建立人际关系时，在辅导和咨询其他人时，诚恳、坦率的陈述总是比假装或欺诈的陈述更好。抑制其真实情绪或观点，或是不表述其真实心意的管理者，会给人造成一种隐藏了某些问题的印象。其他人会感觉有些话没说出来，或者某种想法或观点没有表达出来。所以，他们不怎么相信沟通的对方，不是去倾听或试图改进，而是试图找出隐藏的信息。沟通双方的关系将停留在表面的和互不信任的水平上。因此，如果沟通不是基于信任和尊重，或者不被感知为是相互信任和尊重的，那么就会给人错误的印象并造成错误的沟通结果。一致性是信任的先决条件，而信任是积极关系的核心。

当然，努力达到一致性并不意味着一个人应该不遗余力地压抑不快，也不意味着一个人不能压制一定的不适当的情绪（如愤怒、失望和攻击性）。我们还需要运用支持性沟通的其他原则，为了达到一致性而损害其他的因素并不是富有成效的。

相反，在棘手的交流中，当必须给予反馈时，个体可能表现出较少的一致性，而不是较多的一致性。这是因为很多人都害怕用完全诚实的方式进行回应，或者不确定如何进行没有攻击性的一致性沟通。这通常是由于不清楚怎样达到一致性。

考虑这样一个问题，有一个人的业绩没有达到预期的水平，当暗示他本部门的评分已经受到负面影响时，他表现出无动于衷的态度。你说些什么，才能既可以解决问题，又能加强与这个人的关系？如何传达坦诚的情感和观点，而且仍能保持客观？如何做到在不冒犯其他人的情况下完全坦诚？

当你要对口气很难闻的人或者吃相不佳的人进行支持性反馈时尤为困难。反馈越是针对个人，要做到完全的一致就越困难。这也是你必须实施不止一种支持性沟通原则的原因。

2. 支持性沟通是描述性的，而非评价性的

要孤立地，也就是说，在不使用其他支持性沟通原则的情况下保持一致性并不容易。如果你的朋友问你："我做得如何？"而他的表现差强人意，很难想到既不冒犯他又能诚实地作出反馈的方法。我们担心伤害其他人的感情，因此关键是将描述性沟通与评价性沟通区分开来（Czech 和 Forward，2013；Harvey 和 Harris，2010）。

评价性沟通（evaluative communication）会给他人或他们的行为作出一个裁决或贴上一个标签："这件事你做错了"或"你不称职"。这些评价通常使人感觉受到攻击，并作出防御性反应。可能的反应是，"我没有做错"或"我比你更称职""我最好还是放弃吧"。争执、不满情绪和消极避世都会导致人际关系的恶化。

当问题非常情绪化或当个体感到人格受威胁时，评价他人的倾向最强。当作为一个情境的结果，人们对问题的感觉很强烈或体验到威胁时，他们会倾向于给他人的行为作出负面的评价。有些时候人们试图通过给他人加标签来排解自己的不良感受或降低自己的焦虑："你很笨"就意味着"我很聪明"，这样，他们会感觉好些。有时候，他们的这种感觉太强烈了，以至于他们想要惩罚那些违背他们期望或标准的人："你所做的事情应该受到惩罚。这是你应得的。"往往，评价的产生仅仅是因为他们脑子里没有其他可选择的方式。如果不去评判或评价他人，他们不知道如何保持内心的和谐。

这种方法的问题是，评价性沟通往往是作茧自缚。给他人加标签通常会导致那个人也给你加标签，这会使你接下来的反应是进行防御。如果你是防御性的，而对方也是防御性的，那么很难实现有效的沟通。沟通的准确性以及关系的质量都会受到损害，争执和指责也会随之产生。

评价的替代选择就是采用**描述性沟通**（descriptive communication）。如果没有一些可选的策略，就会很难避免评价他人，描述性沟通则可用于帮助降低采取评价和进行防御性交互作用的倾向。它既是有益的，又可以使人保持一致性。描述性沟通涉及三个步骤（见表 4-3）。

> **表 4-3　描述性沟通**
>
> **第一步：尽可能客观地描述事件、行为或环境。**
> - 避免指责。
> - 出示数据或证据。
>
> 例如：有三位客户向我抱怨，这个月你一直没有对他们的要求给出回应。
>
> **第二步：关注行为和你自己的反应，而不是其他人的态度。描述你自己的反应和感受。**
> - 描述产生或可能产生的客观结果。
>
> 例如：我很担心，因为这些客户警告说如果我们还不给予更多的回应，他们将不再和我们做生意。
>
> **第三步：关注解决方法。**
> - 避免讨论谁对谁错。
> - 提出可被接受的选择方案。
> - 鼓励其他备选方案。
>
> 例如：我们不仅需要赢回客户的信任，向他们表示我们可以作出积极反应；我还建议你主动对他们的系统做一次免费的分析。

第一，尽可能客观地描述发生的事件或需要改正的行为。尽量客观、不带倾向性地谈论所发生的一切而不是所涉及的人。这个描述应该确认具体的行为要素，在其他人看来这些行为应该是可以被证实的。行为应该与大家都接受的标准进行比较，而不是与个人的观点或偏好相比较。应避免对其他人的动机的主观印象和归因。诸如"这个月，你比同一个部门中其他人完成的项目少"的描述就能够被证实（可以利用客观的记录）。它们与观察到的行为或客观标准，而不是人们的动机或个人特点有关。由于对行为没有评价式的标签，也没有针对人的攻击，其他人感到被不公平地对待的可能性就很小。与评价一个行为相比，描述一个行为的做法是相对中立的。

第二，描述你自己（或其他人）对行为或其结果的反应。与其把问题的缘由投射给他人，不如将焦点放在行为产生的反应或后果上。这要求沟通的人要意识到自己的反应，还要能描述这些反应。用一个词对情绪进行描述常常是最好的方法："我很担心你的生产效率。""你的业绩水平使我很失望。"同样，也可以指出行为的结果："这个月的利润没有达标""部门的质量评定很低"或"你的意见导致其他人停工了"。

由于对问题的描述是建立在你的感受或客观结果的框架中，而不是建立在其他人特性的框架中，描述感受或结果也可以降低防御的可能性。如果那些感受或结果不是以一种谴责的方式进行描述的，沟通的主要精力就能放在问题的解决，而非对评价的防御上。也就是说，如果"我"非常关心，那么"你"就更不应该觉得受到了冒犯。

第三，提出一个更容易被接受的选择。即关注对所提方案而不是对个人的讨论。由于个体与行为分割开来，这有助于保留对方的面子，让对方觉得人格没有受到诋毁。人的自尊受到了保护，因为需要改变的是某些可以控制的事情，而不是整个人。

当然，小心不要给出这样的信息："事情像现在这个样子是不行的，那么你打算怎么做？"改变不只是所沟通的另一方的责任。相反，强调的重点应该在于找到大家都能接受的解决方法，而不是决定谁对谁错，或谁应该改变谁不应该改变。例如，"我建议你找出能帮助你完成比上个月多6个项目所需要的条件"或者"我想帮助你确认妨碍你达到更高业绩的因素""在得出最终判断前，你或许应该问几个问题以便收集更多的信息"。

对于描述性沟通，值得关注的一点是，除非对方也了解这个规则，否则这些步骤不一定有效。我们都听说过，如果双方都了解支持性沟通，它是行得通的；否则那个不想给予支持的人就可能破坏任何积极的结果。

例如，一个人可能会说，"我不在乎你的感受"或"对所发生的事情，我有解释的理由，因此那不是我的错"或"如果这样会激怒你，那太不幸了，可我不打算做任何改变"。你打算怎样对付这种反应呢？放弃描述性沟通的原则，以评价性和防御性沟通作为反击吗？

还有另一种选择。现在，这种漠不关心或是防御的姿态已成为首要的问题。只要你与其他人之间的更重要的人际关系问题阻碍进展，低绩效的问题就很难解决。实际上，焦点必须从辅导转移到咨询，从关注能力转移到关注态度。如果两个人不能就问题齐心协力，对低绩效结果的大量沟通也不会有什么结果。相反，沟通的焦点应转移到在关系中的漠不关心或者阻碍齐心协力改进绩效的障碍物上。坚持对问题的关注、保持一致性、使用描述性语言，则变得至关重要。

因此，你不会放弃这三个步骤。你只是变换焦点。你的反应可能是："听到你说你不在意我对这个问题的感受，我很吃惊（第一步）。你的反应使我很担心，我认为这对于我们团队的生产率可能有很重要的影响（第二步）。我建议我们花更多的时间来寻找那些你觉得可能妨碍我们就此共同努力的障碍（第三步）。""或者，我建议我们请第三方来帮助我们解决我们之间的差异。"

我们的经验是，很少有人会完全拒绝作出改进。如果他们相信沟通者是真的关注其利益的，也很少有人会完全不愿意解决问题。大多数人都希望成功地完成工作，加入一个富有创造力的、令人满意的团队，能够有所贡献。当你不是把支持性沟通原则作为操纵性的策略，而是作为一种真诚的技术来鼓励发展与改进时，我们很少发现人们会不接受这种真诚的、和谐的措辞。这一点对于全世界的所有文化都适用。

需要记住，描述性沟通的步骤并不意味着一个人应当进行所有的改变。通常，实现协商妥协的状态能使双方都满意（例如，一个人对于复杂精细的工作变得更有耐心，另一个人则意识到要以更快的速度工作）。当然，有时候进行评价性陈述是必要的。此时，评论应该基于一些确定的标准（例如，"你的行为不符合规定的标准"）和可能的结果（例如，"继续你的行为会导致更糟糕的结果"），或者与其过去的成功相比较（例如，"这个行为不如你过去的好"）。重要的一点是避免引起对方的否认或防御。

3. 支持性沟通是以问题为导向的，而非以人为导向的

以问题为导向的沟通方式关注问题和问题的解决胜于关注人的特质。以人为导向的沟通关注个人的特点，而不是事件。"这是问题所在"而不是"因为你才产生这个问题"，这两种说法揭示了以问题为导向和以人为导向的沟通方式之间的区别。即使是在要求对个人进行评估时，以问题为导向的沟通也是有用的，因为它关注行为和事件。相反，以人为导向的沟通常常关注那些不能被改变或控制的事情，它传达的信息就是个体是不合格的。

诸如"你是独裁者"和"你感觉迟钝"的陈述是以人为导向的，而"我被排除在制定决策之外"和"我们看待事情的角度似乎不同"就更偏向于对问题的描述。把动机归罪于个体是以人为导向的（例如，"因为你想要控制别人"），而清楚描述行为则是问题导向的

（例如，"你在今天的会议上进行了几次嘲讽性的批评"）。

以人为导向的沟通存在这样一个问题：尽管大多数人可以改变他们的行为，但很少有人能改变他们的本性。由于一般人很难对以人为导向的沟通给予任何配合，这就会导致人际关系的恶化而不是解决问题。以人为导向的沟通常常试图劝说另一方"你应该这样想才对"或者"你就是这样的人"（例如，"你是一个不称职的管理者、一名懒惰的员工或者一位感觉迟钝的办公室同事"）。但是既然大多数人都认为自己是不错的，他们对待以人为导向的沟通通常的反应就是进行自我防御或者干脆完全否认。甚至在沟通是积极的时候（例如，"你是个非常棒的人"），如果不与具体的行为或成绩联系在一起，也不一定被认为是可信的（例如，"你对我们的组织付出了额外的努力，我觉得你真了不起"）。没有确实的参照证据是以人为导向的沟通方式最大的弱点。

在建立积极的、支持性的关系时，问题导向的沟通应该与公认的标准或期望相联系，而不是与个人的观点相联系。与那些将行为和公认的标准或绩效做对照的陈述相比，个人的观点更容易被理解为人际导向的，并且会引起自我防御。有效的支持性沟通不需要回避个人观点的表达或者对他人行为或态度的感觉。但是，当这么做的时候，应该牢记下面将要谈到的其他原则。

4. 支持性沟通对个体是有效的，而非无效的

有效沟通（validating communication）帮助人们感觉自己得到承认、理解、接受和重视。**无效**（invalidating）的沟通会引起对自我价值、同一性以及与他人关系的消极情感。它否认他人的存在、唯一性或重要性（Ellis，2004；Waller，Corstorphine 和 Mountford，2007）。例如，当你不允许其他人把话说完，采取竞争的、一争输赢的姿态，给出混乱的信息，或者取消其他人做贡献的资格时，沟通就是无效的。有四种方式会造成沟通的无效，即优越取向、强硬、漠不关心和不通情理（Brownell，1986；Cupach 和 Spitzberg，1994）。

优越：优越取向的沟通给人的感觉是，别人无知而自己见多识广，别人无能而自己能力强，别人不合格而自己能干，别人轻如鸿毛而自己有权力。在沟通者和接受信息者之间就会出现障碍。**优越取向的沟通**（superiority-oriented communication）采取的是一种打击别人的行为方式，使别人看起来很糟糕，这样沟通者本人就看起来很好。或者说，它采取的是一种"胜人一筹"的行为方式，沟通者自己试图提高别人对自己的尊重。"胜人一筹"的一种形式就是自负地保留信息（"如果你懂得有我这么多，你现在就不一样了"）或者忸怩地挑剔别人（"如果你问过我，我肯定会告诉你委员会会不会批准你的建议"）。自夸几乎总能使对方感到不舒服，主要是因为这旨在传递优越感。

优越取向的沟通的另一种常见的形式是采用行话、首字母缩略词或使用排斥别人或在关系中制造障碍的用词方法。众所周知，医生、律师、政府官员和其他很多专业人士为了排斥别人或提高自己而使用行话或首字母缩略词。另外，在不会外语的人面前讲外语也会制造优越性的印象。在大部分情况下，使用对方不能理解的词或语言是不礼貌的，因为这会使对方觉得自己无能。

强硬：沟通中的强硬（rigidity in communication）是无效的第二种主要类型，沟通被描绘为绝对的、不容置疑的或者毫无疑问的。其他任何意见或观点都没有被考虑的可能。以武断的、"自以为博学"的方法沟通的人经常会这样做，为的是把别人的贡献减少到最

低，或者使别人的看法无效。

不过，表达强硬可以用另外的方法，而不只是武断。强硬还有如下表达方式：
- 重新解释其他所有观点来使它们与自己的观点一致。
- 绝对不说"我不知道"，对任何事自己都有答案。
- 表现出不愿意容忍批评或不同观点。
- 把复杂的问题归纳为简单化的定义或结论。
- 在陈述后加上感叹号，从而会产生一种印象，即这个陈述是总结性的、完整的或绝对的。
- 拒绝接受个人反馈。

漠不关心：当无视别人的存在或重要性时，就会表现出**漠不关心（indifference）**。这可以通过采用沉默、对其他人的陈述没有言语反应、回避目光或任何面部表情的接触、频繁地打断其他人、使用没有人情味的词语（用"一个人不应该"而不是"你不应该"），或者在交谈过程中加入无关的活动，表现出不在意其他人，并给人不受其他人感受或看法的影响的印象。表现冷漠就是拒绝理睬他人，好像他们并不在场一样。

不通情理：**不通情理（imperviousness）**意味着沟通者不承认对方的感觉或意见。他们要么被贴上不合理的标签——"你不应该那样觉得"或"你的意见不正确"，要么被贴上幼稚的标签——"你不懂""你的信息是错误的"或（更糟）"你的想法真幼稚"。不通情理就意味着无视或者不重视其他人的个人感情和思想。它排斥其他人对谈话或关系的贡献，使其他人觉得自己是无理的或不重要的。漠不关心给人的感觉是"我不在乎你"，而不通情理给人的感觉是"你不值得我关心"。

在辅导和咨询中，无效化方法甚至比批评或不同意见更有破坏性，因为批评和不同意见至少承认其他人所说或者所做的是需要改正、作出回应或者值得注意的。正如威廉·詹姆斯（William James，1965）所说："再也想不出来什么可怕的惩罚办法，比一个人在社会中被完全抛弃并完全不被其他成员关注更加残酷的。"

相反，有效的沟通使人们感到被承认、理解、接受和尊重。它有四个属性：它是平等的、灵活的、双向的，是基于一致意见的。

平等：尊重的、平等的沟通（respectful，egalitarian communication）（与优越取向的沟通相反）在地位较高的人与地位较低的人沟通时尤为重要。例如，当在指导者/咨询者与下属之间存在等级差别时，下属很容易有无力感，因为他们比管理者获得的权力和信息要少。不过，通过以平等的姿态进行交流，支持性沟通者会帮助下属感到他们在确认和解决问题中也负有责任。他们将下属视为有价值的、有能力的和有洞察力的；并且，他们强调共同解决问题而不是突出优越的地位。达到同样效果的另一种方式是通过采用灵活的（而不是刻板的）陈述。然而，即使不存在级别差异，尊重地、平等地进行沟通也是非常重要的。例如，当来自不同民族、不同道德群体或者不同性别的人彼此沟通时，几乎总有一些人容易感觉受到了排斥或低人一等。在这些情况下，平等和包容性的陈述对于培养支持性的关系尤为重要。

灵活：沟通中的灵活性（flexibility in communication）是辅导者或咨询者乐意接受可能存在其他的资料和选择性，其他人能为问题解决和对相互关系做出重大贡献的事实。它意味着真正谦虚的沟通——不是自我贬低或妄自菲薄，以及乐于学习和接受新的经验。正如本杰明·迪斯雷利（Benjamin Disraeli）所说："意识到你的无知，是向知识迈出的伟大的第一步。"

在灵活的沟通中，感知和观点并不是作为事实被表达出来的，它们是适时而定的。

没有人能保证所说的观点或假想是完全真实确定的。"我可能错了，不过……"就是不灵活的。灵活沟通表达了希望共同参与问题解决过程的愿望，而不是希望控制其他人，或假定一种主人/老师的角色。然而，灵活并不等同于缺乏判断力。"哎呀，我不能下决心"就是缺乏判断力的表现，而"我有我自己的意见，但是，你是怎么想的？"就是灵活的建议。

双向：双向沟通（two-way communication）是尊重和灵活性的潜在结果。当向个体提问，给予个体"通话时间"来表达他们的意见，以及鼓励个体参加辅导和咨询程序时，个体会感到自己是有价值的。双向沟通传达的信息是下属受到管理者的尊敬，这是建立合作和协作的先决条件。

达成一致：当你在沟通中找到相互一致的范围和共同承担的义务时，可以使其他人感到自己的价值。确定双方可以达成的共识和共同致力于追求的目标对双方都是有效的。几乎所有类型的协商、团队建设和冲突解决都要求找到所有人都能够接受的协议领域。表达认可的一种方式是确定每个人都能同意的积极行为、积极态度和积极后果。协议让发展成为可能。

这方面的一些例子包括指出重要的观点先于不重要的观点，一致的领域先于不一致的领域，其他人陈述的优点先于缺点，恭维话先于批评，积极的下一个步骤先于过去的错误。关键是，使人们感到有价值有助于建立自我价值感和自信的情绪，可以转化为自我推动和提高业绩。而无力感则极少产生这种积极结果，然而，当人们觉得自己需要作出批评或进行纠正时，它却是常见的回应形式。

5. 支持性沟通是具体的（有用的），而非笼统的（无用的）

具体的陈述是支持性的，因为这些陈述指出了可以很容易理解和据此实践的事情。一般来说，陈述越具体，就越起作用。例如，"你是个差劲的时间管理者"这种陈述就太笼统而不会起作用，而"你今天花了一个小时安排会议，那本该是你的助理做的事情"就是为行为改变提供基础的具体的信息。"你是一个差劲的沟通者"与更具体的陈述相比就差很多，"在这个角色扮演中，你60%的时间都在使用评价性的陈述，描述性陈述的时间只占10%"。

具体：具体的陈述会避开极端性和绝对性。以下是导致防御或否认的极端陈述：

A：你从不征求我的意见。
B：不，我征求了。我在做决定之前总会向你请教。
A：你没有考虑别人的感受。
B：我考虑了。我总是考虑得很周全。
A：这个工作干得非常差。
B：你错了。这个工作完成得很好。

另一个笼统沟通的类型是非此即彼的陈述，例如，"要么你按我说的做，要么我解雇你""生活要么是勇敢的冒险，要么就什么都不是"（海伦·凯勒），以及"如果美国不降低债务水平，我们的孩子将无法达到我们今天享受的生活水平"。

极端的和非此即彼陈述的问题在于，它们否认任何其他的选择。沟通接受者的可能的反应受到严格的约束。对这种陈述的唯一反应是反驳或拒绝它，而这只会导致防御和争论。希特勒（Adolf Hitler）在1933年说明了这一点："德国的每一个人都是民族社会主义者——此外的极少数人不是疯子就是白痴。"

我们的一位朋友应邀担任一个劳工管理委员会的顾问。当他步入房间的时候，委员会主席宣布："要么他离开，要么我离开。"你将怎么做？在委员会主席做了一番排斥你或者取消谈判的泛泛的陈述之后，你将怎么运用支持性沟通呢？我们的这位朋友的回答是："我希望能有其他更多的选择。为什么我们不试图发现一些呢？"

行为： 在辅导和咨询中，具体的陈述更有用，因为它们关注行为事件，并指出事情发生的程度。上述例子更为有用的形式如下：

　　A："昨天你做的决定没有征求我的意见。"
　　B："是的。虽然我通常都会征求你的意见，但这次我不认为有这个必要。"
　　A："你对我的要求进行了讽刺挖苦，这给了我一个印象：你不在意我的感受。"
　　B："很抱歉。我知道我经常讽刺别人，却没有考虑它会给别人带来什么影响。"
　　A："按时完成的压力影响了我的工作质量。"
　　B："既然按时完成是我们工作的一部分，我们就讨论一下如何应付这种压力吧。"

如果具体陈述所关注的是对方无法控制的事情，则可能没有任何用处。例如，"我讨厌下雨"也许可以缓解一些个人的挫败感，但是人们对此无法作出任何改变。同样，传递这种信息（甚至暗示）"我不喜欢你的声音（或者你的个性、体重、品位、方式等）"只会给对方带来挫败感。这样的陈述通常被认为是人身攻击。可能的反应是，"我能怎么办呢？"或者"我根本不懂你这是什么意思"。具体沟通只有在其关注一个可辨认的问题或可改变的行为（例如，"在图书馆你说话声音太大了，使别人无法集中注意力"）时，才是有效的。

甚至当对另一个人表示恭维时，具体也比笼统或泛泛而谈效果好。例如，在向某人进行正面反馈时说"你是个好人"就不如描述给人带来这种印象的某件事情或某个行为——"每次我遇见你时，你都面带微笑，而且你对我的工作表现出兴趣"。虽然上面两种说法都让人爱听，具体的陈述却比泛泛的陈述更为有效。

6. 支持性沟通是有联系的，而非无联系的

联系性沟通（conjunctive communication）是用一些方法来结合先前的一些信息。它促成平滑的过渡。**无联系性沟通**（disjunctive communication）与以前提过的内容无关。

沟通至少以三种方式表现出无联系性：第一，缺乏说话的平等机会。当一个人打断别人的时候，当一个人控制"说话时间"，或当两个或两个以上的人试图同时说话的时候，沟通就是无联系性的。谈话之间的过渡不平滑。

第二，延长的停顿是无联系的。当发言者在发言过程中停顿了很长时间，或在回答前有很长的停顿时，沟通是无联系的。停顿不一定是完全的沉默；这段时间可以用"噢""啊"或重复先前讲过的事情来填充，但是沟通没有向前进行。

第三，话题控制可能造成无联系性。当一个人单方面地决定谈话的主题（与此相反的是双方决定）的时候，沟通是无联系的。例如，个体可以转换主题，完全不考虑刚才所谈的内容，或者他们可以通过教导别人应该如何应答来控制沟通主题。齐伯格（Sieburg,

1969）发现，在小群体讨论中作出的陈述，有25%以上都没有涉及甚至是理会先前的发言者或他们的陈述。

这三个因素——依次讲话、时间管理和主题控制构成了所谓的"交互管理"。在一次针对感知到的沟通能力的实证研究中，威曼（1977，第104页）发现，"交互作用的管理越顺利，管理者被认为越有能力"。轮流发言的人，说话中避免过多停顿或是说起来没完的人，以及在发言时注意提及其他人的发言内容的人，被视为有能力的沟通者。实际上，在威曼的研究中，交互管理被总结为是对感知到的沟通能力的最强有力的决定因素。对采用联系性沟通的个体的人际沟通能力的评定，显然高于采用无联系性沟通的个体。

要实现联系性的沟通，你可以直接基于其他人先前的陈述来提问，或者在给出回答之前等着对方把话说完（即不接话），以及在停顿之前一次只说两三句话，以便给其他人机会补充。我们所有人都遇到过这种情景：某个人不停地说啊说，不给其他人发言或插话的机会。要实现支持性沟通，必须有互动、交流和互换意见。图4-2描述了从联系性到无联系性的连续体。

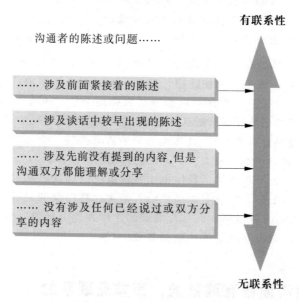

图4-2 联系性陈述的连续体

7. 支持性沟通是负责任的，而非事不关己的

负责任的沟通（owned communication）是指对所做的陈述负责，并承认这个思想的来源是你自己的而非其他人或团体的。使用第一人称的词语，如"我""我的"，表示认同沟通。**事不关己的沟通**（disowned communication）表现为使用第三人称或第一人称复数："我们认为""他们说"，或"一个人可以说"。事不关己的沟通是将自己的陈述归因于一些未知的人、团体或外源（例如，"许多人认为"）。你回避对消息负责，因此逃避对相互交流做出贡献。这就传达出一种信息，即你是冷淡的人，或对接收信息的人漠不关心，或者没有足够的信心对所表述的意见承担责任。建立信任关系在很大程度上取决于负责任的沟通。

格拉瑟（Glasser，1965，2000）的心理健康方法——现实疗法的概念基础是对自己的沟通和行为负责任。格拉瑟认为，健康人对自己所做的陈述和行为负责。不健康的人则将自己的感受或言论归咎于其他人或事物（例如，"我脾气不好不是我的过错，因为我的室友总是熬夜，还把音乐放得很大声"）。事不关己式沟通的一个结果是，听的人不能确定信息代表了谁的观点："如果我不知道我该对谁反应，我该怎样反应呢？""如果我不理解这个信息，我能问谁？""如果你不愿意为自己的观点负责，我为什么要信任你？"

此外，与事不关己式沟通有关联的隐含信息是，"我想保持你与我之间的距离"。你的沟通行为更像是一个代表，而不是一个人，更像是信息的传递者，而不是有利害关系的个体。相反，负责任的沟通却表现出愿意投入相互关系中，以同事或者助人者的角色行事。

最后一点表明，辅导者或咨询顾问应该鼓励他人对自己所做的陈述负责。这可以通过榜样的作用来实现，也可以通过要求对方复述不负责任的言语来实现，例如：

下属：其他人都说我的工作做得不错。

管理者：这么说，除了我之外再没有人对你的工作表示不满或认为有待改进？

下属：嗯……马克抱怨过我做事马虎，让他收拾烂摊子。

管理者：他的抱怨合理吗？

下属：呃，大概是吧。

管理者：你为什么很马虎呢？

下属：我的工作太多了，我感到有太多的事情我无法应付。

管理者：这种情况经常发生吗——你的工作积得太多，你就草草完成？

下属：确实超出了我能承受的范围。

在上面的例子里，管理者就是用了联系性的问题引导下属不去推卸责任，而是承认自己影响他人绩效的行为。

8. 支持性沟通要求倾听，而非单向的信息传递

前面所述的支持性沟通的七个属性都是集中于信息的传递，而你则是沟通的发起者。但是，支持性沟通的另一个方面——也就是倾听并且有效地应答别人的陈述至少与传递支持性的信息同样重要（Bodie 等，2012；Imhof 和 Janusik，2006；Johnston，Reed 和 Lawrence，2011）。有句俗语说得好："在任何谈话中，说得最多的人是向别人学习得最少的人。因此，好的辅导者必须成为一个好的倾听者。"

尼科尔斯（Nichols，2009）发现，随着年龄的增长，人们在倾听方面的效率逐渐下降。一项有关倾听效率的研究发现，一二年级的学生中有90%的人是出色的聆听者，初中生中有44%的人是出色的聆听者，而高中生中仅有28%的人是出色的聆听者。然而，克雷默（Kramer，1997）发现，出色的倾听技能在有效领导的行为中占40%。为了确定成为一名管理者最重要的技能是什么，克罗克（1978）对300家企业和产业的人事主管做了一项调查，结果是，有效的倾听技能列于榜首。事实上，被认为最"睿智"或者最具"智者"特征的人——因此，也就是人们最希望与之交流的人，也是最佳的倾听者（Kramer，2000；Sternberg，1990）。

尽管倾听对管理的成功是重要的，尽管大部分人的沟通时间中至少有45%用于倾听，

但是大部分人还是不能充分发挥倾听的技能。例如，测验表明，个体在倾听中大概有25%是有效的（Bostrom，1997），也就是说，他们对沟通的内容只能听到和理解1/4。格迪（Geddie，1999）报告说，一项在15个国家进行的调查发现，倾听是人们掌握得最差的一个沟通技巧。

当个体优先关注的是满足自己的需要时（例如，保住面子、说服别人、获胜、避免被卷入），当他们已经进行了先期判断时，或者当他们对沟通者或沟通的信息抱有消极的态度时，他们就不能有效地倾听。因为人每分钟能够听500个词，而通常每分钟仅仅能说125～250个词，所以倾听者的心思可以有一半的时间做其他的事情。因此，做一个优秀的倾听者既不是简单的，也不是自发的。我们需要开发倾听与理解其他人给出的信息的能力，还需要加强个体之间相互作用的关系。

通过保持与交流对象的眼神接触，时不时地给出言语或非言语暗示，如点头、微笑、说"嗯哼"或"我明白了"，或者将身体对着说话者的方向前倾，可以改善倾听的效果。重点是要让自己处于一个全神贯注于交流对象并屏蔽有可能分散注意力的事物的位置。如果倾听者不给出某种类型的反应，人们就不知道自己是否正在被别人倾听，所以提供小的反应几乎总是与有效的倾听联系在一起。支持性倾听者的一个标志是对他人的陈述作出适当反应的能力（Bostrom，1997）。

反应

图4-3列出了四类主要的反应类型，并把它们编成一个连续体，从最具有指示性的、封闭的反应，到最不具有指示性的、开放的反应。封闭的反应剔除了对谈话主题的讨论，直接给个体指示方向。其表现是倾听者可以控制谈话主题。它们最常与辅导联系在一起。相反，开放的反应允许谈话者和倾听者同时控制谈话主题。它们最常与咨询联系在一起。这些反应类型中，每种都有一定的优点和不足，而且没有一种可以在任何情况下都适用。

图4-3　支持性倾听中的反应类型

大部分人都习惯于一两种反应类型，并且无论情况如何都会使用它们。平均看来，绝大多数人的反应中约有80%是评价性的（Bostrom，1997；Rogers，1961）。然而，支持性倾听者会避免把评价和判断作为第一个反应。相反，他们依赖于反应类型的灵活性和反应与环境的适当匹配。我们将在下面讨论四种主要的反应类型。

建议

假设有人走到你的面前说："我跟朋友闹翻了，我不知道应该怎么办。"**建议反应（advising response）**提供方向、评价、个人意见或指示。这样的反应从倾听者的角度把观点加诸于沟通者，并造成倾听者对谈话主题的控制。

建议反应的优点是，它帮助沟通者理解先前可能不清楚的事情，有助于寻找问题的解决方案，能够明确表达沟通者应该如何行动或理解这个问题。当倾听者拥有沟通者所没有的专家意见时，或者当沟通者需要指导时，这种反应是最适合的。有时支持性倾听意味着确实由倾听者来说话，但只有在沟通者专门请求建议或指示的时候，这才是合适的。大部分倾听者提供的建议和指导都倾向于超出实际需要的水平。

建议反应有四个潜在的问题。建议的第一个问题是它会造成依赖性。个体可能习惯于让别人来给出回答、指示或进行澄清。他可能无法想出解决问题的方法，而是将其交给你解决。

建议的第二个问题是，它可能造成沟通者不被倾听者所理解的印象。罗杰斯（1961）发现，大多数人即使看起来是在寻求建议，其实也主要是渴望被理解和承认。他们希望听的人在沟通中与他们分享，而不是掌控这个问题。建议的问题是它取消了沟通者对谈话的控制；它将注意力放在建议本身，而不是沟通者所提的问题上。

建议的第三个问题是人们往往更关注建议的合理性或者是否有其他备选方案，而不仅仅是在认真地倾听。当倾听者被期待给出建议和指示时，他们可能更关注自己的体验，而不是沟通者的体验。很难同时做到既是好的倾听者又是好的建议者。

建议的第四个问题是，它暗示着沟通者没有足够的理解力、专门知识、洞察力或成熟度来解决自己的问题。你可能给沟通者造成你认为他之所以需要帮助是因为无能这样的印象。

因此，当有人寻求建议或者给出建议是适当的反应时，应当使建议听起来只是你自己的意见或感觉（亲身经历、具体的、经过了验证），而且还有其他的选择（灵活的）。询问对方的看法或者是观察他反应（相关的）。这就允许对方可以选择接受或是拒绝建议，而不会让他觉得必须接受你的建议否则就会冒犯你。

转移

转移反应（deflecting response）把焦点从沟通者的问题转移到一个由倾听者选择的问题上。这种反应将关注点从最初的问题或最初的陈述上转开。倾听者完全改变了主题。倾听者可以用他们自己的体验代替沟通者的体验（例如，"让我告诉你一些我身上发生的类似事情吧"）或完全介绍新的话题（例如，"那使我回忆起……"）。

当需要比较或保证时，转移反应是最合适的。这些反应可以通过传达信息来提供移情作用和支持，"我理解，因为曾经在我（或者别人）身上发生过"。它们还能传达保证，"事情会变好的。别人也有这样的经历"。转移也经常被用来避免沟通者和倾听者陷于尴尬。当所讨论的问题让人感到不舒服或尴尬时，改变话题或者答非所问就是常见的做法。

转移反应的不足是，它会暗示沟通者的信息是不重要的，或倾听者的经验比沟通者的经验多得多。它可以造成竞争感或倾听者获得优势的感受。转移可以解释为"我的经验比你的更值得讨论"。或者，它可以仅仅把对沟通者来说重要的话题变成不重要的话题。（"我想谈谈对你很重要的事情，然而你却根据自己的经验改变了话题。"）

当它们是联系性的，即当它们正好与沟通者刚才所说的相联系时，当倾听者的反应直接导向沟通者关心的事物时，当转移的理由显而易见时，转移反应是最有效的。也就是说，如果沟通者在话题焦点的改变中感到被支持、被理解，而不是被无效化，转移就能够带来辅导和咨询所期望的结果。

探求

探求反应（probing response）询问有关沟通者刚才所说的内容或倾听者所选话题的问

题。探求的意图是获得额外的信息，来帮助沟通者更多地谈论关于这个话题的内容，或帮助倾听者作出更适当的反应。例如，避免评价和评判、避免诱发防御性反应的有效方法是继续提问。提问帮助倾听者接受沟通者的参照框架，从而在辅导情境中建议能够具体化（而不是笼统的），在咨询情境中陈述能够是描述性的（而不是评价性的）。提问的语气往往比直接陈述更为中立。

例如，针对高级管理层团队沟通的一项研究发现，高绩效的团队能够平衡询问（问问题或探求）和支持（宣布或支持某个看法）。问题和调查在团队成员的互动中获得相同的时间与重视。低绩效的团队将精力主要放在支持（如讲述、建议）上，而疏忽了询问和探求（Losada 和 Heaphy，2004）。

然而，提问有时会产生将注意的焦点从沟通者的陈述转向其潜在原因的不受欢迎的结果。例如，"你为什么那样想？""为什么这对你来说是个问题？"等问题就可能强迫沟通者为自己的感受或知觉辩护，而不仅仅是进行报告。同样，探求反应也可能将注意力从实际问题转移到一系列与问题无关的内容上（例如，"其他人的行为有什么结果？"）。探求反应也许会使沟通者失去对谈话的控制，尤其是在讨论困难的话题时（例如，"你为什么要等到现在才提出来？"不管合适不合适，这时可以提出其他各种问题）。

要更有效地进行探求反应，应牢记两个重要的提示。第一个提示是"为什么"的问题决不如"是什么"的问题有效。"为什么"的问题导致话题的改变、逃避和猜度，而不是引向确切的信息。例如，"你为什么会这么想"的问题，会导致诸如"因为我的自我不能充分地控制我的本我"或"因为我的父亲酗酒，我的母亲打我"或者"菲尔博士是这么说的"等异乎寻常的回答。这些都是极端的，甚至是愚蠢的例子，但是它们说明了"为什么"问题是多么无效。"你所说的是什么意思？"则可能带来更多的成果。

第二个提示是根据情境来探求。例如，在会谈中有四种有益的探求类型。当沟通者的陈述不包含足够的信息，或者部分的信息不能被理解时，就要采用**细节探求（elaboration probe）**（例如，"关于那件事，你能告诉我更多的细节吗？"）。当信息不清楚，或有歧义时，**澄清探求（clarification probe）**就是最好的（例如，"你所说的是什么意思？"）。当沟通者避开话题，或者不答复先前的问题时（例如，"再问一遍，你对此怎么看？"），**重复探求（repetition probe）**是最好的。当沟通者被鼓励继续在同一个话题上谈论得更有深度时（例如，"你说你很气馁？"），**反射探求（reflection probe）**是最有效的。表4-4总结了这四种提问或探求方式。

表4-4 探求反应的四种类型

类　　型	解　　释
细节探求	当需要更多的信息时使用（"关于那件事，你能告诉我更多的细节吗？"）
澄清探求	当信息不清楚或模糊时使用（"你所说的是什么意思？"）
重复探求	当转移话题或者陈述不清楚时使用（"再问一遍，你对此怎么看？"）
反射探求	鼓励对相同话题的深入探讨（"你说你遇到难题了？"）

探求反应在把有敌意的或有冲突的谈话转变成支持性的谈话时是尤其有效的。提出问

题经常能把攻击变成共识、把评价变成描述、把一般陈述变成具体陈述，或者把关注人的说明变成关注问题的说明。换句话说，探求经常能够被用来在人们事先没有接受训练指导时，帮助他们使用支持性沟通。这些问题有助于理解和澄清。

反射

反射反应（reflecting response）的主要目的是把听到的信息像镜子一样反射给沟通者，并表明倾听者的理解与接受。用不同的词语反射出信息使发言者感到被倾听、被理解、能自由地发表更深入的见解。反射反应包括对信息的解释和阐述。支持性倾听者不仅仅是简单地模仿沟通者，还允许沟通者继续他们所选择的话题并表现出对谈话的期望、理解和接受。

很多作家和治疗师主张，这样的反应在支持性沟通中最为典型，应该在辅导和咨询中得到最大的运用（Brownell，1986；Steil，Barker 和 Watson，1983；Wolvin 和 Coakley，1988；Dutton，2011）。它会带来最为清晰的沟通、最双向的交流及最为支持性的关系。例如：

主管：杰里，我想了解过去几周你在工作上有没有遇到什么困难。

下属：你不觉得应该有人去看看办公室的空调吗？每天下午这儿都像个烤炉。他们几个星期前就说会来修。

主管：听上去他们的延误真的使你很生气。

下属：当然生气！维修工似乎总是吊儿郎当的，而不是反应迅速。

主管：这真是让人沮丧和失望。

下属：上帝啊！对了，我还想提一件事情……

反射反应的潜在不足是沟通者可能感到自己不被理解，或者没有被仔细地倾听，抑或是对方只是在机械地重复自己刚刚说过的话。如果他们听到的反射总是他们刚刚说的内容，他们的回答就可能是，"我刚才已经说过了，你没有在听我说话吗？"换句话说，反射反应可能被知觉为虚伪的"技巧"，或是对信息敷衍性的反应。

因此，当使用反射反应时，你应当牢记下列规则：

1. 避免重复使用相同的反应，如"你觉得……""你是在说……？"或者"我听你说的是……"。

2. 避免刻意模仿沟通者的言语。相反，在重复你所听到的内容时，应该以帮助你了解此信息并有助于对方知道你的确了解的方式进行。

3. 避免这样的交流方式：倾听者没有对谈话作出同等贡献，而只是充当模仿者的角色（当对谈话的深度和意义负有同等责任的时候，一个人才能采用理解或反射反应）。

4. 对个人的而不是与个人无关的内容进行反应。针对人总是比针对环境或事情进行反应更为重要。

5. 在对表达的内容作出反应前，先对表达的感情进行反应。当一个人表达某种感觉或情感时，这是信息中最重要的部分。如果它没有得到承认，就会妨碍双方进行清楚的沟通。

6. 用认同和接受的方式反应。一方面要避免完全客观、冷漠、与人产生距离的极端做法；另一方面要避免过分认同（把感觉作为一个人所独有的而接受）的极端做法。

7. 避免表现出对陈述的赞成或不赞成。使用反射以及其他倾听技巧帮助沟通者探索和分析问题。之后，你才能利用这种信息形成一个解决方案。

个人管理面谈

支持性沟通的八个属性不仅对通常的谈话和问题解决情境有效,而且可以在设计和进行与下属的具体交流中得到最有效的运用。有效管理者与无效管理者之间的一个重要差别,就是为下属提供收到定期反馈,使下属感到得到支持、得到辅导和咨询的机会的程度。不过,提供这些机会是困难的,因为这会使管理者花掉大量的时间。很多管理者都想为下属提供指导、咨询和培训,但他们没有时间。因此,应用支持性沟通以及为下属提供发展和反馈机会的重要机制,就是实施一种**个人管理面谈计划**(personal management interview program)(Cameron,2012)。

在我们开展的管理教育培训中,个人管理面谈计划有可能是管理者们最常用来改善与下属和团队成员的关系的工具。我们收到的关于个人管理面谈计划的成功的反馈高于我们所分享的其他所有管理改善计划。在组织中以及在家庭、社区团体或运动队中,个人管理面谈计划都是实施支持性沟通和培养积极关系的一种简单易行的方法。

个人管理面谈计划是在管理者和下属之间定期进行的、一对一的会谈。在一项对不同组织中的工作部门和独立团队的研究中,博斯(Boss,1983)发现,如果管理者每两周或每月与下属进行定期的、保密的会谈,效率会显著地提高。在一项对进行定期个人管理面谈的卫生保健组织的研究中,实施了个人管理面谈计划的组织与没有实施这一计划的组织相比,在组织绩效、员工绩效和满意度以及个人压力管理的得分上均有显著差异。实施了个人管理面谈计划的组织在个人和组织绩效的所有维度上都获得了很高的分数。图4-4比较了实施此计划与没有实施此计划的团队和部门的业绩效果。

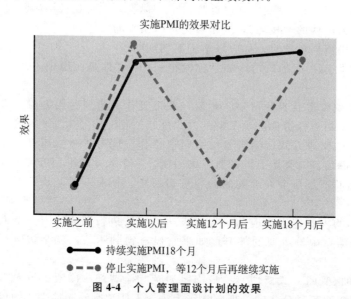

图4-4 个人管理面谈计划的效果

我们自己的个人经验与实证研究的发现也是一致的。我们在各种专业性组织和教会组织中,都实施了个人管理面谈。我们也对家庭成员应用了这项计划。这不是强迫行为和沟通的虚伪手段,而是一对一地与每个小孩进行的。面谈产生了令人难以置信的好效果。它带来了亲密的关系、信息和情感的分享(每月),会谈本身也被我们和孩子们所热切期待。

制订个人管理面谈计划由两个步骤构成。第一步,进行角色协商会谈,明确期望、责任、评价标准和上下级关系等。会谈应尽可能在关系建立之初进行。如果没有这样的会谈,大多数人都不清楚组织对他们的期望,或评价他们的标准是什么。大多数人从职位描述中已经清楚地了解了自己的工作职责,但是非正式的期望、人际关系、价值观和组织文化及评估流程往往并不很清晰。在角色协商会谈中,可以解决这些不确定性。

管理者和下属共同协商所有与工作有关而政策或指令没有规定的问题。写下来的记录应该由协议和责任组成,会谈的结果可以作为管理者与下属之间非正式的契约。角色协商会谈的目标是明确双方对于彼此的期望、目标和标准是什么,关系建立在哪种程序上等。因为这种角色协商不是对抗性的,而是关注支持性和团队建设,所以,这种交流应该以支持性沟通的八个属性为特征。

在我们的家庭中,这些协议一般围绕家务杂事、假期计划、父女和父子活动等。这种角色沟通会谈只是用来创建基本程序、清楚地说明期望并澄清标准。它提供了一个建立关系的基础并有助于鼓励管理者与下属提高绩效。

个人管理面谈计划的第二步(也是最重要的),是安排管理者与每个下属定期进行一对一的面谈。这些会谈是定期的(不是只有当下属犯错误或出现危机时)、保密的(不被别人听到)。这不是一次部门员工会议、一次家庭团聚,也不是每天下班前的检查。会谈是一对一的。我们的观察表明,会谈的频率如果低于每月一次,将是没有成效的,无论是组织还是家庭都是如此。大多数时候,管理者都会选择以更高的频率进行会谈,这取决于其工作周期以及他们所面临的时间压力。

这一会谈使双方有机会自由、开放、合作地进行沟通。这个会谈让管理者为下属提供辅导和咨询并帮助其改善自己的技能和工作业绩。因此,每个会谈都应该进行45分钟到1小时,将焦点放在以下问题上:(1)管理和组织的问题;(2)信息共享;(3)人际关系问题;(4)对进步的阻碍;(5)管理技能培训;(6)个人需要;(7)对工作绩效和个人能力的反馈;(8)事业心;(9)个人的担忧和问题。

这种会谈不只是花时间坐下来聊天。它有两个起决定性作用的关键目标:鼓励进步和加强关系。如果会谈之后没有产生效果,则说明会谈的方式有问题。如果长期来看关系没有得到加强,则说明有些因素并未发挥作用。会谈总是给出下次会谈之前的行动条目,一些是下属提出的,一些是管理者提出的。在会谈的最后总结这些行动条目,在下次会谈开始时再次回顾这些条目。针对要改进的问题明确责任。

这次会谈不是单纯地为了会谈而举行的。如果不在将采取哪些行动,以及双方将承担的责任方面达成共识,那么就有可能是在浪费双方的时间。双方都为会谈进行准备,而且双方也都带来要讨论的议题。它不是管理者所说的正式评估会谈,而是管理者与下属都努力进行的发展和改进会谈。对下属来说,这是有单独时间与管理者见面以解决问题、汇报信息、接受辅导和改善绩效的机会。

因此,这些会谈有助于去除意外的干扰和团体会议的冗长与低效。每一次后续的会谈,都会审查上一次会谈中的行动条目,这样就会鼓励持续的改善。换句话说,会谈成为一种持续的制度化的改善活动。它也是现代组织中形成协作和开展团队工作的关键。表4-5概括了个人管理面谈计划的特点。

表 4-5 个人管理面谈计划的特点

1. 面谈是定期的和保密的。
2. 面谈的主要目标是持续提高个人的、人际的和组织的业绩,所以会谈是行动取向的。
3. 管理者和下属都要为会谈准备议题。这是为改善双方进行的会谈,而不只是管理者进行评估用的。
4. 对于相互交流要有充分的时间,一般大约为 1 小时。
5. 采用支持性沟通,这样才会得到共同解决问题和持续改进的结果(在任务完成和人际关系中)。
6. 第一个议题是讨论上一次会谈中形成的行动条目。
7. 会谈可能包括的主要议题是:
   - 管理和组织的问题;
   - 组织价值观与愿景;
   - 信息分享;
   - 人际关系问题;
   - 对进步的阻碍;
   - 培训管理技能;
   - 个人需要;
   - 对工作绩效的反馈;
   - 个人的担忧和问题。
8. 在问题解决中加入表扬和鼓励。
9. 在会谈结尾回顾会谈得出的行动条目。

举行这些 PMI 会谈的最大障碍当然是时间的缺乏。大多数人认为自己无法在日程表中挤出时间来与每位小组成员、下属或子女进行一对一的会谈。博斯(1983)的研究发现,执行这个计划会给团队带来很多种好处。它不仅仅提高了它们的有效性,而且改善了个人责任心、部门会议的效率和沟通的顺畅性。管理者们事实上发现了更多的可选择利用的时间,因为这个计划减少了干扰和无计划的会谈。而且,参与者也把它定义为一次成功的经历。当必须传达纠正性的或负面的反馈时,当需要进行辅导或咨询时(这在某种程度上几乎是所有管理者—下属关系的典型),支持性沟通可以帮助在解决问题和改进业绩的同时,加强人与人之间的关系。总之,在那些执行这个计划的组织中,为管理者和下属安排正式的、结构化的面谈交流时间,是以支持性沟通为特征的,显著地提高了盈亏底线。

跨文化告诫

我们在前面的章节曾说明,应该牢记,有时文化的差异需要我们对本书所讨论的技巧进行修正。例如,亚洲的管理者常常不愿意在谈话的开始阶段表现出开放性,他们认为美国或者拉丁美洲的管理者是鲁莽的和具有攻击性的,因为他们的谈话可能过早地表现出私人化。同样,某些反应类型在不同的文化中也有所不同,例如,与西方文化相比,转移反应在东方文化中更加普遍。各种文化的语言模式和结构可以有极大的不同,但是要注意,大量的证据表明当个体能承认、理解和利用个体间存在的差异时，个体就能展现最大限度的情商和最高的人际效率。

尽管不同的个体和文化间存在风格上的差异，但是某些有效沟通的核心原则对于有效沟通来说仍然是至关重要的。在不同文化和国家中进行的人际沟通的研究证实，支持性沟通的八个属性在所有的文化和国家中都是有效的（Davito, 2015; Gudykunst, Ting-Toomey 和 Nishida, 1996; Triandis, 1994）。这八个属性在解决人际问题时几乎拥有普遍的适用性。

我们使用了特姆彭纳斯（1996, 1998）的文化多样性模型来确认在不同文化背景中成长的人们存在哪些关键的差异（本书第1章详细解释了各种价值维度）。例如，情感取向和中立取向间的差异。与中立取向的文化（如东亚、斯堪的纳维亚）相比，情感型文化（如中东、南欧和南太平洋）更倾向于在人们的回应中富有表现力和私人化。分享私人化信息并快速进入敏感话题对某些文化中的人来说也许很舒适，但对来自其他文化背景的人来说可能就不舒服。因此，不同文化中沟通的时间选择和语速都会存在差异。

同样，个别型文化（如中国、印度尼西亚和韩国）更倾向于让个体以自己的方式解决问题；而一般型文化（如挪威、瑞典和美国）则更倾向于有一个共同的模式或方式。这就意味着反射反应可能在个别型文化中更普遍，而建议反应在一般型文化中更典型。例如，如果个体被假定拥有很大的个体自治权，那么在人际问题解决中辅导型反应（指导、建议和修正）就没有咨询型反应（认同、探求和反射）那么普遍。

然而，特姆彭纳斯和汉普顿—特纳（Hampton-Turner, 2011）、古迪康斯特（Gudykunst）和廷—图米（Ting-Toomey, 1988）所做的研究明确地指出，文化差异还不足以否定或显著修改本章所描述的原则。无论与你交流的人来自何种文化背景，以问题为中心的、一致性的、描述性的、有效的、具体的、联系性的、负责任的及支持性倾听的沟通技能，都是评价管理能力的指标，它们有助于构造有力的人际关系。对人际差异和风格的敏感性也是有效沟通的一个重要的先决条件。

小结

组织中有效沟通的最主要的障碍就是人际关系。虽然过去20年间已经在改善组织中信息传递的准确性上有了很大的进步，但是沟通问题仍然存在于管理者及其下属和同伴之间。这些问题的一个主要原因是，采用的沟通类型并不支持积极的人际关系。相反，它还常常造成不信任、敌意、防御和无能感以及低自尊。你可以询问任何一位管理者在其组织中存在的主要问题是什么，沟通问题毫无疑问将是最有可能的答案。

这种功能失调型沟通很少与表扬、祝贺、奖金或发生其他积极的相互交流的情况相联系。在正面的或者称赞的情况下，大多数人几乎都不存在任何有效沟通的问题。相反，当给予的反馈是有关不良的业绩、否决对方的提议或要求、解决两个下属之间观点的不同、纠正问题行为、接受别人的批评，或面对其他消极的相互交流时，最可能出现潜在的有害的沟通模式。以增强人际间关系和建立更牢固的积极关系的方式处理上述情境是优秀管理者的特质之一。即使在传达负面消息时，也应采用支持性沟通建立和促进关系，而不是对关系造成伤害。

　　本章中，我们指出了有效沟通者遵循的支持性沟通原则，因此，在使别人感到被接受、有价值和受到支持的同时应确保对信息的阐释和理解。当然，在试图引入这些原则的过程中，有可能过分关注应用某种技巧或遵循某种规则，从而摒弃了支持性的目标。但是，一个人如果只注意技巧，而忽视诚实和关怀，就会变得造作或不一致。然而，如果在每天的相互交流中实践并有意识地实施这些原则，它们就会成为改善沟通能力的重要工具。

行为指南

　　下面的行为指南将有助于你实施支持性沟通：

　　1. 区分要求给予建议和指示来帮助促进行为改变的辅导情境与要求理解和问题认知结果的咨询情境。

　　2. 承认你的真实感受和想法，实现一致性沟通。确保你的陈述与你的所感所思是一致的。

　　3. 在一致性沟通中，通过利用支持性沟通的八个原则来避免防御性或不一致性。

　　4. 采用描述性，而非评价性的陈述。客观地描述所发生的事情；描述你对它们的反应和它们的客观结果；提出能够接受的选择项。

　　5. 采用问题取向的而非个人取向的陈述，也就是说，关注行为参照和事件特征，而不是个人的观点。

　　6. 采用承认其他人的重要性和唯一性的有效的陈述；通过证明你对其他人的尊重表达你对这个关系的投入并通过证明你对新想法或新数据的开放态度证明你的灵活和谦卑；促进双向沟通而不是控制或打断对方；在指出不同点或负面特征之前确定相同点和积极的特征。

　　7. 采用具体的而非笼统的（非此即彼）陈述；当试图改正行为时，关注对方能够控制的事情而不是那些不能改变的因素。

　　8. 使用有联系的陈述，与先前所说的内容平滑过渡；确保所有人有平等的发言机会；不要暂停过长时间；不要完全控制话题；认可他人先前所说的内容。

　　9. 对自己的陈述负责并鼓励其他人采取相同的做法：使用与个人有关的词语（"我"），而不是与个人无关的词语（"管理层"）。

　　10. 表现出支持性倾听。用眼神交流以及进行非言语回应。依据你是在进行辅导还是咨询，对其他人的陈述采取不同的反应。倾向于使用反射反应。

　　11. 为了给予下属辅导、咨询并促进其个人的发展，执行以支持性沟通为特点的个人管理面谈计划。

技能分析

关于建立积极关系的案例

找其他人谈

罗恩·戴维斯（Ron Davis）是 Parker 制造公司机械加工车间刚上任的总经理，他正在参观集团的一家工厂。他安排了与迈克·伦纳德（Mike Leonard）的一次会谈，迈克·伦纳德是他手下的一名工厂经理。

罗恩：迈克，我安排这次会谈是因为我看过了绩效数据，想给你一些反馈。我知道我们还没有面对面地谈过话，但是我认为我们这次该审视一下你现在的工作状况。恐怕我必须说一些你不太爱听的话。

迈克：好的，既然你是新的老板，我想我不得不听。我以前与那些新到工厂并认为自己知道该怎么做的人进行过这样的谈话。

罗恩：听着，迈克，我希望这是一次双向的交流。我不是在这里把最后结论读给你听，我也不是在这里告诉你该如何做你的工作。我只是想指出需要改进的地方。

迈克：当然，没问题，我以前听过这些。只是你叫它会谈。说吧，然后采取严厉的惩罚。

罗恩：迈克，我不认为这是在采取严厉的惩罚。但是，有一些情况你需要听一听。一个是我视察工厂时注意到的。我认为你与你的一些女职员过于亲密。你知道，她们中的某个人可能会起诉你性骚扰。

迈克：算了吧。你以前没有来过这家工厂，你不了解我们这里非正式的、友好的人际关系。办公室职员和这层楼的女人们喜欢时常被注意。

罗恩：也许是这样，但是你需要更小心些。你也许对她们真正的情况不够敏感。但这又使我想起另一件我注意到的事情——你车间的外观。你知道在 Parker，整洁和干净的厂房是多么重要。今天早上，当我走过的时候，我注意到它不像我希望看到的那样整齐洁净。把事情搞得很混乱对你可不是什么好事，迈克。

迈克：我会拿我的工厂与 Parker 对整洁的要求进行对比。你可能看到一些工具没有放在应该放的位置上，那是因为有人正好在使用，但我们对于我们工厂的整洁感到很自豪。我不知道你怎么能说事情是混乱的。你在这里没有经验，凭什么指手画脚呢？

罗恩：那好，我很高兴你对整洁的问题很敏感。我只是认为你需要注意这个问题，这就行了。但是，说到整洁的问题，我注意到你穿得不像一名工厂管理者。例如，我认为你不系领带就给人一种不合标准的印象。随意的穿着可能让那些真正穿着肮脏工作服的工人当作借口。而这是不安全的。

迈克：听着，我不同意在管理者与员工之间进行严格的区分。我认为，与车间的人一样穿着，让我们排除了很多障碍。另外，衣服每天都会沾上油污，我也没有钱买那么多衣服。那对我来说太挑剔了。

罗恩：我不想看上去过分讲究，迈克。但是，我真的对我提的问题有很强的感觉。还有其他一些事情需要改进。一个是你交给总部的报告经常有拼写错误，而且我怀疑数字也有错误。我想知道你是否很注意这些报告。

迈克：如果有一件事情我们要给于很多的关注，那就是报告。我要花 3/4 的时间来填写报告表格，为总部的一些主管部门提供资料。我们的报告远超出我们业务的范围。你为什么不给我们一个机会让我们干自己的工作而减少这些文书工作？

罗恩：迈克，你和我都清楚，我们需要认真监控我们的生产率、质量和成本。你只需要更认真地对你的部门责任。

迈克：好的。我不与你争执。这场仗我输了。总部中没有人会降低他们对报告的要求。但是，听着，罗恩，我对你也有一个问题。

罗恩：好的。是什么问题？

迈克：你为什么不挑别人的刺？我需要回去工作了。

讨论题

1. 这个例子违背了哪些支持性沟通和支持性倾听的原则？
2. 可以如何改变这种交流以产生更好的结果？
3. 给每一个表现出具有或违背支持性沟通原则的陈述命名，并进行分类。
4. 进行角色扮演。解决罗恩和迈克间存在的关键问题。指出你在这次具有建设性的谈话中所使用的原则。如果你扮演的是罗恩的角色，你会在与迈克接下来的会面中做些什么？

遭拒绝的计划

下面的对话发生在一家大公司的两名员工之间。对话显示了一些支持性沟通的特征。

苏塞特（Susette）：你昨天与施密特（Schmidt）先生的会谈怎么样？

莱昂纳多（Leonardo）：哦，它……没什么大不了的。

苏塞特：看上去，这次会谈让你很心烦。

莱昂纳多：是的。真是一次彻底失败的经历。我，我只想说我希望忘了一切。

苏塞特：事情看来不是像你所希望的那样。

莱昂纳多：的确如此！但那个家伙不可理喻。我认为我提交的计划是非常清楚的，而且是很好的设计。但他拒绝了整个计划。

苏塞特：你是说，他不接受它们中的任何一个？

莱昂纳多：你猜对了。

苏塞特：莱昂纳多，我以前看过你的工作。你的工作总是一流的。我很难想象为什么你的计划会被施密特拒绝。他怎么说的？

莱昂纳多：他说它们不现实，而且太难执行，并且……

苏塞特：真的吗？

莱昂纳多：是的，他这么说的时候，我感到他是在攻击我。另外，我生气是因为我认为我的计划非常好，而且，你知道，我注意了这些计划的每一个细节。

苏塞特：我相信你这么做了。

莱昂纳多：那只是针对我的责备。

苏塞特：我相信就是这样的。如果是我，我也会很心烦的。

莱昂纳多：施密特总会和我对着干。

苏塞特：虽然你为你的那些计划投入了所有的努力，但你仍然不能断定施密特拒绝的是你还是你的计划，对吗？

莱昂纳多：是的，没错。你怎么知道的？

苏塞特：当你认为施密特的行为是无理的而感到困惑和不确定时，我其实非常能理解。

莱昂纳多：我只是不理解他为什么这么做。

苏塞特：当然。如果他说你的计划是不现实的，他是什么意思呢？我的意思是说，你怎么应对这样的理由？它太空泛了——甚至没有意义。它涉及的事情是特定的吗？你要求他指出这些问题，或者更清楚地解释他拒绝的理由了吗？

莱昂纳多：说得好。但是，你知道……我对他的拒绝感到太失望了，以至于我希望自己逃到太空。你明白我的意思吗？

苏塞特：是的。这真是一次令人灰心丧气的经历。你做了如此大的努力，你只想尽可能快地摆脱它，以保留你仅剩的一点自尊。

莱昂纳多：确实是这样的。我很难过，在我想说点什么之前，我只是想离开那里。

苏塞特：然而，在你的内心深处，你也许能想到施密特不至于因为不喜欢你这个人，而拿公司的未来去冒险吧。但是……计划是好的！现在似乎很难解决在这一点上的矛盾，不是吗？

莱昂纳多：正是。我知道我应该力争从他那儿得到更多的信息。但是，我只是像块木头一样站在那里。但现在你能做什么呢？牛奶已经被泼掉了。

苏塞特：我不认为全盘皆输，莱昂纳多。我的意思是，从你所告诉我的一切——他说了些什么和你说了些什么，我不认为可以得出你说的结论。也许他不理解这个计划，或者，也许这一天他正好应该休息。谁知道，可能有很多原因。你认为通过一点一点地询问施密特而使他明确说明拒绝的理由会如何？你认为再与他谈一次会有帮助吗？

莱昂纳多：好的，我确信至少会比现在知道得多一些。像现在这样，我不会知道该从什么地方着手改变，或者修改计划。你是对的，我真不知道施密特是如何看待我或我的工作的。有时我也是有点小题大做，或者没有证据地推测。

苏塞特：也许是……也许再进行一次会谈会有更好的结果。

莱昂纳多：好的，我想我应该开始我的工作，并在下周安排一次与他的会面。我很想找到计划的问题或我的问题。（停了一下）苏塞特，谢谢你帮助我想清楚这件事情。

讨论题

1. 根据支持性沟通的特点或对描述进行的反应，对这个例子中的每个陈述进行分类。例如，莱昂纳多说的第一句话显然是不知所云，而第二句更是如此。

2. 这段谈话中哪些陈述是最有帮助的？你认为哪些会造成防御或结束这段谈话？

3. 如果你是苏塞特的顾问，你将如何帮助她成为更好的支持性沟通者？虽然莱昂纳多是面临难题的人，你能怎样指导他在沟通中表现出更好的支持性？

技能练习

诊断沟通问题和促进了解的练习

联合化学公司

管理者的角色不仅包括与员工的一对一辅导和咨询，还包括经常帮助其他人理解辅导和咨询原则。例如，有时它意味着相互交流，帮助别人了解正确的支持性沟通的原则。这也是本练习的任务之一。在团体情境中，因为多重的信息与多重动机相互作用，辅导和咨询变得更加困难。不过，熟练的支持性沟通者有助于团队中的每个成员感到在对话中得到了支持和理解，即使对问题的解决方法可能不是他所喜欢的。

作业

在这个练习中，你应该应用你在本章中读到的支持性沟通的原则。首先，你需要组成一个 4 个人的团队。接下来，阅读资料，并在你的团队中分配下列角色：马克斯（Max）、玛奎塔（Marquita）、基肖恩（Keeshaun）和观察员。假定下面案例中的事件结束后马克斯、玛奎塔和杰克马上要进行会谈。扮演你被分配到的角色，并努力去解决问题。观察员在练习结束时，应该给 3 位扮演者提供反馈。

观察员反馈表见本章章末。

案例

联合化学公司是美国一家大型日用化学品生产和批发商，它在美国有 5 家生产工厂。位于得克萨斯州 Baytown 的主要工厂不仅是生产工厂，而且是公司的研究和工程中心。

工序设计团队由 8 名男工程师及其上司马克斯·凯恩（Max Kane）组成。这个团队已经在一起工作了很多年，并且在全体成员中发展了很好的人际关系。当劳动负荷增加的时候，马克斯雇用了一名新的设计工程师——玛奎塔·戴维斯（Marquita Davis），她最近刚从一所一流的工学院获得硕士学位。玛奎塔被指派参与一个扩展现有生产设备的生产容量的项目。另外 3 名设计工程师和玛奎塔一同分在这个项目组：基肖恩·凯勒（Keeshaun Keller）（38 岁，在公司工作了 15 年）；山姆·西姆斯（Sam Sims）（40 岁，在公司工作了 10 年）；兰斯·麦迪森（Lance Madison）（32 岁，在公司工作了 8 年）。

作为一名新员工，玛奎塔对能在团队中共同工作感到很兴奋。她非常喜欢她的工作，因为它很有挑战性，而且这使她有机会应用在大学中学到的知识。在工作中，玛奎塔没有与他人共享信息，而是独立进行设计工作。她和项目中其他成员的关系很友好，但是在工作期间或工作后,她从没有与他们进行过非正式的谈话。

玛奎塔很勤奋,对待工作的态度也很认真。当出现难题时,她会为了想出解决方案而在下班后再待上几个小时。由于她的持续努力,加上她掌握的新知识,她经常能够比同事提前几天完成自己负责的工作。这使她很恼火,因为她不得不找马克斯要求额外的工作以使她能够有事情做,直到别的同事追上她。开始时,她想帮助基肖恩、山姆和兰斯完成他们的任务,但是每次她都被很生硬地拒绝了。

在玛奎塔参加这个设计团队5个月后,基肖恩由于团队中存在的问题而要求见马克斯。马克斯和基肖恩之间的谈话如下。

马克斯:基肖恩,我知道你有问题想与我讨论。

基肖恩:是的,马克斯,我不想浪费你的时间,但是,其他的设计工程师们希望我能和你讨论玛奎塔的事情。她无所不知和爱炫耀的态度使每个人都很恼火。她不是我们希望一起工作的那种人。

马克斯:我不能理解,基肖恩。她是一名很出色的员工,而且她的设计工作也总是完成得很好,基本上没有缺点。她所做的每件事都是公司希望她做的。

基肖恩:公司没有要求她破坏团队的士气,或者告诉我们该如何完成我们自己的工作。我们团队中的憎恨情绪会导致整个团队的工作质量降低。

马克斯:我打算这么办,玛奎塔下周与我有次会谈,讨论她6个月的业绩。我会记着你的看法,但是,我不能保证她会改进你和其他一些人认为的爱炫耀的态度。

基肖恩:她的行为是否立即改进不是问题,主要问题是她没有权力去指导别人,而她却这么做了。她公然指导别人该做什么。你不妨想象她是以那些高难度的无用的公式、定理给高级班讲设计课。最好马上调走她,否则我们这些人会辞职或调职的。

第二个星期,马克斯仔细地考虑了他与基肖恩的会谈。他知道基肖恩是设计工程师的非正式的领导,而且通常代表其他的团队成员讲话。在隔周的星期四,马克斯叫玛奎塔来他的办公室对她进行年中评估。谈话的一部分内容如下。

马克斯:我想和你谈谈有关你的业绩的另一方面的问题。正如我刚才所讲,你的业绩很出色;不过,你与别人的关系存在一些问题。

玛奎塔:我不明白。你说的是什么问题?

马克斯:具体地讲,设计组的某些成员已经对你表现出的"无所不知"的态度,告诉他们要如何完成他们的工作而有所抱怨。你必须对他们有耐心,并且不要公开地大声谈论他们的表现。这是一个很好的工程师的团队,而且他们共同工作了很多年,相互更能接受。我不希望团队存在任何会引起生产效率下滑的问题。

玛奎塔:让我解释一下。首先,我并没有公开地批评他们的表现。开始时,当我比他们先完成工作时,我提议帮助他们完成工作,但是被直截了当地告知别多管闲事。我听取了这些暗示,并仅仅关注我自己工作的部分。你不理解,在这个团队工作了5个月之后,我得到的结论是,现在的情况是对公司的欺骗。其他的工程师在偷懒;在工作进度上,他们比他们能够达到的速度放慢了很多。他们对山姆收音机中的音乐、地方足球队和他们打算去的TGIF酒吧更感兴趣。我感到很遗憾,但这不是我从小被教育应该采取的工作方法。最后,他们从不把我当作一名合格的工程师,而是看作破坏了他们职业规范的女人。

资料来源:United Chemical Company. Szilagyi, A. D. and M. J. Wallace, Organizational Behavior and Performance, Third Edition, pp. 204-205. © 1983. Glenview, Il: Scott Foresman.

联合化学公司观察员反馈表

作为观察员,要评定角色扮演者有效执行下列行为的程度。使用下面的量表评估每一个人的得分。确定每个人能够做哪些具体事情来改善其表现。

1　非常不同意
2　不同意
3　既不同意也不反对
4　同意
5　非常同意

沟通属性	角色1	角色2	角色3
1. 和谐地沟通			
2. 采用描述性沟通			
3. 采用问题取向的沟通			
4. 采用有效的沟通			
5. 采用具体的和适宜的沟通			
6. 采用有联系的沟通			
7. 认同的陈述和采用第一人称			
8. 注意倾听			
9. 采用各种适宜的反应			

评论:

拜伦(Byron)与托马斯(Thomas)

有效的一对一辅导和咨询是一种技能,在生活中的很多情境中它都是必需的,而不仅仅是在管理中。很难想象父母、室友、少年棒球协会的教练、房管员或者好朋友不会从支持性沟通的训练中受益。不过,因为支持性沟通包括很多方面,所以有时很难记全它们。这就是伴随着观察和反馈的实践如此重要的原因。当你尽心尽力地进行实践,并从同事那里得到反馈时,这些支持性沟通的属性就能成为你与人交流的方法中很自然的一部分。

作业

在下面的练习中,一个人扮演哈尔·拜伦(Hal Byron)的角色,另一个人扮演朱迪·托马斯（Judy Thomas）的角色。要逼真地扮演角色，不要只是读各自的角色描述。你阅读完材料后，进行一次哈尔·拜伦和朱迪·托马斯之间的会谈。第三个人扮演观察员的角色。帮助提供反馈的观察员反馈表见本章章末。

哈尔·拜伦，部门领导

你是哈尔·拜伦，一家大银行公司运营小组——"后台部门"的领导。这是你工作的第二年，而且你在银行已经晋升得相当快了。你很喜欢为这家银行工作，它享有这个地区最好的银行的声誉。原因之一就是银行为员工管理开发和培训提供资助。另外，每名员工每个月都有机会进行个人管理面谈，而且这些会谈通常都是有作用的、发展式的。

这个部门的一个成员朱迪·托马斯在该部门已经工作 19 年了，而且有 15 年都是做相同的工作。她在自己的岗位上干得相当好，而且她总是准时而高效率地工作。她通常比大部分员工早到办公室，这样就可以阅读《美国银行家》（American Banker）和《今日美国》（USA Today）。你几乎能根据朱迪每天去休息室并在每天下午给她女儿打电话的时间来校准自己的手表。

你对朱迪的感觉是，尽管她是个很好的员工，但是她缺乏想象力和主动性。过去 5 年的工作表明，她的工作缺乏绩效的改进，事实上她完成同样的工作已经有 15 年了。她满足于分配给她的那些工作，而不希求更多。你的前任肯定给过朱迪暗示，无论如何她应该争取晋升，因为朱迪已经向你提过不止一次。因为她已经在她的岗位上工作了如此长的时间，所以她的工资已经达到了顶点，如果不晋升，她就不会得到高于基本生活费用的工资调整。

朱迪所做的超出她的基本工作要求的一件事，就是帮助培训刚进部门的年轻人。她对他们非常有耐心，而且也有方法，她好像以帮助他们学到诀窍而感到自豪。她毫不犹豫地给你指出了这个贡献。不幸的是，这个条件并不符合朱迪晋升的要求，而且她也不可能调到培训和发展部。有一次你建议她在地方学院进修一些课程，费用由银行负担，但是她却平淡地说自己上了年纪，不适合再去上学。你推测她可能由于自己没有大学文凭而感到自卑。

尽管你很想提升朱迪，但是似乎没有什么办法可以问心无愧地做到这一点。你曾经试着增加她负责的工作，但是，她的生产率好像在下降而不是增加。工作还需要做，而扩展她的工作角色却不得不一拖再拖。

即将到来的这次会谈或许就是你对朱迪说实话的时候了。你当然不想失去她，但除非她显著地改变她的绩效，否则她的职位在很长一段时间里都不会有变化。

朱迪·托马斯，部门成员

你是一家大银行公司运营小组的成员。你已经为银行工作了 19 年，其中有 15 年做的是相同的工作。你喜欢在这家银行工作，因为它友好的气氛和它在当地享有的声望，身为这家银行的员工是件值得自豪的事情。不过，最近你感觉不满，因为你注意到一个接一个的人来到银行并在你之前获得提升。你的老板哈尔·拜伦比你年轻差不多 20 岁。另一位与你同时加入银行的女士，现在已经是高级副总经理了。你不能理解为什么你被忽视了。你的工作是高效率的、准确的，你的出勤记录是近乎完美的，你认为自己是名好员工。很多时候你都不怕麻烦特意去帮助培训和指导刚进入银行的年轻人。他们中的几个人后来都给你写信告诉你，你的帮助对他们获得晋升是多么重要。你真的做了很多好事。

你能想到的唯一一件不利于你的事情就是你没有大学文凭。然而，有些没有文凭的人也获得了晋升。你没有享受过由银行付款的进修学院课程的好处，不过在工作一天之后，你也不想再去上 3 小时的课程。此外,你在晚上才能见到你的家人,你不想再占用这些时间。无论如何,你的工作不是去得到一个大学文凭。

你与部门领导哈尔·拜伦一个月一次的管理面谈就快到了,你已经下了决心这次要得到答复。一些事情需要有所解释。不仅是你没有得到提升,还有你在 5 年内都没有得到一次加薪。对于你为新员工做的额外贡献,或是你稳定的、可信赖的工作,你没有得到任何褒奖。人们能因为你对此觉得痛苦而责备你吗?

拜伦与托马斯观察员反馈表

作为观察员,要评定角色扮演者有效执行下列行为的程度。使用下面的量表评估每一个人的得分。确定每个人能够做哪些具体事情来改善其表现。

1　非常不同意
2　不同意
3　既不同意也不反对
4　同意
5　非常同意

沟 通 属 性	角色 1	角色 2	角色 3
1. 和谐地沟通			
2. 采用描述性沟通			
3. 采用问题取向的沟通			
4. 采用有效的沟通			
5. 采用具体的和适宜的沟通			
6. 采用有联系的沟通			
7. 认同的陈述和采用第一人称			
8. 注意倾听			
9. 采用各种适宜的反应			

评论:

主动倾听练习

找两位对下列任一主题持不同意见的同事与你组成讨论组,就下列任一主题讨论 10 分钟或 15 分钟。就每个议题选择自己的立场,举例支持你所持的观点。说服你的同伴,让他们相信你是对的。然后,完成下面这份简短的调查表,并一起讨论结果。向你的同事提供你认为适宜的任何有用的反馈。

1. 美国应该对外国货物征收关税吗?

2. 是否应该允许孕晚期堕胎？
3. 全球变暖是个严重的问题吗？
4. 美国政府应该起诉并驱逐非法移民吗？
5. 英语应该成为美国的官方语言吗？
6. 国际媒体是否具有自由主义偏见？这是个问题吗？
7. 商学院排名是利大于弊还是弊大于利？
8. 世界上最危险的人是谁？
9. 是否应该允许职业运动员参加奥林匹克运动会？
10. 联合国是否应该存在？

根据下列标准对两位同事的表现打分：
1 非常不同意
2 不同意
3 既不同意也不反对
4 同意
5 非常同意

项目	同事 1	同事 2
我的同事……		
1. 保持目光接触和兴趣	1 2 3 4 5	1 2 3 4 5
2. 使用的质询多于认可	1 2 3 4 5	1 2 3 4 5
3. 打断别人的谈话	1 2 3 4 5	1 2 3 4 5
4. 表现了适当的忠诚度	1 2 3 4 5	1 2 3 4 5
5. 使用了多样的回应方式	1 2 3 4 5	1 2 3 4 5
6. 使用了反射反应	1 2 3 4 5	1 2 3 4 5

对项目 3 反向计分，然后将每位同事的得分加总。将上述得分在小组中分享，并讨论这一结果。相互提供有用的反馈。

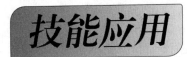

支持性沟通活动

建议作业

1. 录下与同事、朋友或配偶的会谈。关注他当前面临的问题或挑战。根据不同的情况决定你应该充当辅导者还是咨询顾问。在谈话中使用本章所介绍的支持性沟通原则

("遭拒绝的计划"的例子提供了这种谈话的模板)。通过听录音，找到你可以在哪些方面提高支持性沟通的技能。

2. 向其他人讲授你知道的支持性沟通和支持性倾听的概念。提供你自己的解释和例证，这样其他人才能明白你所谈论的内容。在日志中描述你的经历。

3. 想想有谁与你有过分歧、矛盾或者不和。这个人可能是你的室友、父母、朋友或者老师。找到这个人并要求与他进行一次有关人际关系的谈话。要想取得成功，你会发现支持性沟通原则在沟通中有多重要。谈话结束后，尽可能详细地把这次经历记录下来。你说过什么，对方又说了什么？哪些是特别有效的，哪些是不怎么有用的？找出你需要提高的地方。

4. 写出两个微型案例研究。一个应该详细叙述一个有效的指导或咨询的情境。另一个应该详细叙述一个无效的指导或咨询的情境。这个案例应该基于真实的事件，既可以来自你自己的经验，也可以是你所熟知的其他人的经验。在你的案例中，使用支持性沟通和倾听的原则。

应用计划和评估

本练习的目的是帮助你在课外环境和真实的生活中应用这一系列技术。既然你已经熟悉了形成有效技能基础的行为指导，你将通过在日常生活中尝试这些指导原则来获得最大程度的提高。与班级活动不同，在那里反馈是即时的，并且其他人能以他们的评价来帮助你，这里的技能应用活动的实现和评估全部要靠你自己。这个活动包括两个部分：第一部分帮助你准备应用这些技术；第二部分帮助你评估和改进你的经验。务必回答每一个问题，不要跳过任何一个部分。

第一部分：计划

1. 写下这一技能中对你最重要的两个或三个方面。它们也许是你的弱点所在，是你最想改进的地方或你所面临的问题最突出的地方。明确你想要加以运用的这一技能的特定方面。

2. 现在请确定你将要运用技能的环境或情境。通过记录情境的描述来制订一个行动计划，计划中包括谁？你什么时候完成它？在什么地方做？
情境：
涉及哪些人？
何时？
何地？
3. 明确你将运用这些技能的特定行为。使这些技能具有可操作性。

4. 成功绩效的标准是什么？你怎样知道你是有效的？什么能表明你完成得很好？

第二部分：评估
5. 在你实施了计划以后，记录结果。发生了什么？你有多成功？其他人的反应怎么样？

6. 你怎样可以得到提高？下次你将做哪些改进？将来在相似的情境下你会做哪些不同的事情？

7. 回顾整个技能练习和运用的经验，你学会了什么？有什么令你感到惊讶？这些经验将怎样长期为你提供帮助？

评分要点与对比数据

支持性沟通

评分要点

技能领域	项目	评估 学习前	学习后
辅导与咨询的知识	1, 2, 20		
提供有效的负面反馈	3, 4, 5, 6, 7, 8		
支持性沟通	9, 10, 11, 12, 13, 14, 15, 16, 17, 18, 19		
	总分		

对比数据（$N=5\,000$ 名学生）

将你的得分与三个标准进行对比：

1. 可能的最高分＝120 分；
2. 同班其他同学的得分；
3. 5 000 名商学院学生的平均数据。

学习前得分		学习后得分
90.91 分	＝平均值	＝99.75 分
99 分或以上	＝前 25%	＝108～120 分
92～98 分	＝25%～50%	＝100～107 分
84～91 分	＝50%～75%	＝93～99 分
83 分或以下	＝后 25%	＝92 分或以下

沟通风格

对比数据

把你在第一部分中对备选答案给出的数字相加,从而确定你作为一个辅导者或咨询顾问的反应模式。本章讨论了每一种反应模式的优点与缺点。最有技巧的支持性沟通者在反射反应上的得分高于或等于9分,在探求反应上的得分高于或等于6分,在建议反应上的得分低于或等于2分,在转移反应上的得分低于或等于4分。

第二部分中,在你所选择的项目上画圈。最有技巧的沟通者的选择是:1a、2b、3a、4b和5a。

第一部分

1. a. 转移反应
   b. 探求反应
   c. 建议反应
   d. 反射反应
   e. 转移反应

2. a. 反射反应
   b. 转移反应
   c. 建议反应
   d. 反射反应
   e. 探求反应

3. a. 探求反应
   b. 转移反应
   c. 建议反应
   d. 反射反应
   e. 探求反应

4. a. 反射反应
   b. 探求反应
   c. 转移反应
   d. 转移反应
   e. 建议反应

第二部分

1. a. 问题取向的陈述
   b. 个人取向的陈述

2. a. 不一致/极小化的陈述
   b. 一致的陈述

3. a. 描述性陈述
   b. 评估性陈述

4. a. 无效的陈述
   b. 有效的陈述

5. a. 认同的陈述
   b. 否认的陈述

第 5 章

获得权力和影响力

技能开发目标
- 提高个人权力和职位权力
- 运用影响力出色地完成工作
- 抵制不恰当影响的企图

技能评估
- 获得权力和影响力
- 运用影响策略

技能学习
- 建立坚实的权力基础并聪明地运用影响力
- 获得权力的机会
- 将权力转变为影响力
- 决断地行动:抵制影响企图
- 小结
- 行为指南

技能分析
Dynica 软件公司

技能练习
- 修补管理系统中的权力失败
- 卡琳娜·伊万诺夫(Kalina Ivanov)的建议
- Cindy 快餐店
- 上午 9:00 到晚上 7:30

技能应用
- 建议作业
- 应用计划和评估

评分要点与对比数据

技能评估

获得权力和影响力的诊断测量

下面简单介绍本章的评估工具。在阅读本章正文前应当完成所有的评估。

完成初步的评估后，将答案先保存下来，等完成本章正文的学习后，再进行一次技能评估，然后与第一次的评估结果进行比较，看看你究竟学到了什么。

- 获得权力和影响力评估度量的是你在工作时获取权力和影响力的能力。
- 运用影响策略评估度量的是你对于本章将介绍的三种影响策略的偏好。

获得权力和影响力

第一步：在阅读本章内容之前，请对下面的陈述作出回答，把数字写在左栏（学习前）。你的回答应该反映你现在的态度和行为，而不是你希望它们应该如何。请诚实作答。本工具的目的在于帮助你评估自己的自我意识水平，借此确定你所需要的特定学习方法。完成调查后，参考本章章末的评分要点，从而确定在本章的讨论中对你最为重要的、应该掌握的技能领域。

第二步：当你完成本章的阅读和练习，尤其是当你尽可能多地掌握了本章后面的技能应用部分后，遮住你先前的答案，对同样的陈述句再做一次回答，这一次是把回答填在右栏（学习后）。当你完成调查后，采用本章章末的评分要点测量你的进步情况。如果你在特定的技能领域中的得分仍然很低，可根据技能学习部分的行为指南一节做进一步的练习。

评估尺度

1 非常不同意
2 不同意
3 稍有不同意
4 稍有同意
5 同意
6 非常同意

评估

学习前　学习后　在一种十分有必要获得更多权力的情境中：

_____　_____　1. 我一直致力于使自己对业务精通。

_____　_____　2. 我总是对与我共事的人表示友好、诚实和真诚。

_____　_____　3. 我总是对我的工作付出超出期望的努力和主动性。

_____ _____ 4. 我十分支持企业的庆典活动。
_____ _____ 5. 我与组织中各种层次的人形成了一个广泛的关系网。
_____ _____ 6. 当别人成功地完成了某件事情，或者我需要传递一些重要的信息给他们时，我通常给他们写一封私人信件。
_____ _____ 7. 在我的工作中，我一直致力于产生新的想法、开创新的活动，并且尽量减少例行的任务。
_____ _____ 8. 我一直试图寻求使我成为组织或部门的外部代表的途径。
_____ _____ 9. 我不断更新我的技术和知识。
_____ _____ 10. 我十分注重改善个人形象。
_____ _____ 11. 我通常比大多数同事工作得更努力。
_____ _____ 12. 我经常鼓励新员工言行一致地支持组织中重要的价值观。
_____ _____ 13. 我努力通过成为沟通网络的核心人物来获取重要的信息。
_____ _____ 14. 我一直致力于寻求对自己的工作进行报告的机会，尤其是对上级汇报。
_____ _____ 15. 我努力确保我所执行任务的多样性。
_____ _____ 16. 我努力使自己的工作与组织的核心使命相联系。

当因为某种特定的目的需要影响某人时：
_____ _____ 17. 我一直强调理性和事实型信息。
_____ _____ 18. 我可以很自如地根据特定的情况运用各种不同的影响技能。
_____ _____ 19. 我努力回报那些同意我的观点的人，因此能创造一种互惠的环境。
_____ _____ 20. 我运用一种直接的、坦率的方法，而不是采用一种间接的、操纵的方法。
_____ _____ 21. 我避免运用威胁和命令来将自己的意愿强加于人。

当需要抵抗针对我的具有不恰当影响的企图时：
_____ _____ 22. 我运用我所控制的资源和信息来应对命令和威胁。
_____ _____ 23. 我拒绝与采用高压式谈判策略的人讨价还价。
_____ _____ 24. 我通过指出后果将如何影响我的责任和义务，来解释我为什么不能服从那些听起来似乎合理的要求。

当需要影响组织中在我之上的其他人时：
_____ _____ 25. 我通过有效地陈述他们所关注的事件的重要性来帮助决策。
_____ _____ 26. 我使他们相信我想要关注的事情与组织的目标和将来的成功是一致的。
_____ _____ 27. 我帮助他们解决那些他们没指望我能帮忙解决的问题。
_____ _____ 28. 我既努力使自己获得个人的成功，又努力使他们看起来也很出色、很成功。

运用影响策略

评估你运用下列每种策略来使他人服从自己意愿的频繁程度，在空白处填上适当的数字。评估尺度从1到5，1表示"很少"，3表示"有时"，5表示"经常"。完成问卷后，

第5章 获得权力和影响力

用本章章末的评分方法分析你的结果。

_____ 1．"如果你不服从，我将让你为此感到后悔。"
_____ 2．"如果你服从，我将奖励你。"
_____ 3．"这些事实表明我的立场的价值。"
_____ 4．"团队中的其他人都同意了，你意下如何？"
_____ 5．"如果你（不）服从，那些你看重的人对你的评价将更高（低）。"
_____ 6．"团队需要你的帮助，为了我们所有人的利益做这件事吧。"
_____ 7．"如果你服从的话，我就不再唠叨了。"
_____ 8．"因为我过去给过你好处，你应该服从我。"
_____ 9．"这是我所需要的，你能帮帮忙吗？"
_____ 10．"如果你现在不行动的话，你将失去这次机会。"
_____ 11．"我已经调整了我最初的立场，现在我希望你同样理性。"
_____ 12．"这个要求与你过去作出的其他决策是一致的。"
_____ 13．"如果你不同意帮忙，其后果将对其他人造成损害。"
_____ 14．"（现在）我只要求一个很小的承诺。"
_____ 15．"服从将使你实现个人的重要目标。"

建立坚实的权力基础并聪明地运用影响力

"能够使自己的想法取得进展并在组织中获得认可的人与没有这种能力的人之间的区别并不是谁的想法更出色。他们的区别在于谁的政治能力更强。政治能力并不是与生俱来的，而是通过后天学习获得的。这是一种奇妙地规划政治范围、结成联盟并让他们接受你的想法的过程。"上面是康奈尔大学教授塞缪尔·巴卡拉克（Samuel Bacharach）的论点，他将自己的职业生涯倾注在协调强大的纽约商界与工会的关系上（Bacharach，2005，第93页）。

政治能力在当今的职场尤其重要，传统上由身经百战、懂得如何获取权力和影响力的高手所占据的位置，现在正被年轻的管理者获得。对于"千禧一代"（这些人如今正是二三十岁的年纪）来说，局面可能尤其严峻，他们在进入职场时对于权力的看法与前辈们是大相径庭。研究人员和咨询师丹·肖贝尔（Dan Shawbel）认为，"千禧一代"从内心里反感职场的等级分明，认为自己在组织中应当拥有与前辈们相同的话语权（Shawbel，2012）。这可能也是一些年轻的、没有经验的管理者报告说，他们难以"向上"管理——让他们的老板尊重他们，也难以"向下"管理——让年长的下属尊重他们的原因（Leger，2000）。

没有什么比觉得自己对某个明显的组织问题有创新性的新想法或独到见解，却无能为力更让人感到沮丧了。那些每年奔向就业市场的年轻的大学毕业生们往往会体验到这种感觉。他们是充满激情的、乐观的，并对他们的"使人们敬畏的"能力、受到的尖端培训有十足的自信,还认为他们不知疲倦的能量可以使他们在公司的地位飞速地上升。然而,很多人不久便会变得失望并且充满怨恨。他们谴责"保守者"阻碍他们的驰骋,对新观点不能采取开放的态度。这种挫败感促使他们去其他公司寻求适合新手发展的地盘——而这只会使他们再次遭受抵触和失败。一位这样的"受害者"沮丧地说道:"我明明有比其他人更妙的主意,但就是得不到支持,真让人痛苦。"

尽管"千禧一代"对等级制度非常反感,但是大多数组织仍然依靠地位来决定如何做事。因此,年轻的管理者们不能天真地认为自己的建议会被采纳。要想改变局面,他们必须开发可以影响其他人的技能。《影响者》(*Influencer*)一书的作者克里·帕特森(Kerry Patterson)及同事在书中讲述了一群接受了高水平培训并试图改变自己所在的职场的员工。很多人都失败了。但是那些实施了一系列富有技巧的新的理念的员工却获得了影响力。他们"……颇有技巧地挑战了上司的权威。对于那些混日子的同事,他们直言不讳。最终,他们有机会与高级管理层(而他们的愤世嫉俗的同事们却对这些人敬而远之)对话,向其反映他们认为阻碍了组织发展的政策和做法"(Grenny等,2013)。对于这些员工来说,培养自信心和清楚地表明自己的看法的技能是其获得影响力的原因。

获得权力:两极分化的观点

在本书讨论的所有主题中,在组织中"获得权力"的概念可能是最两极分化的。我们将首先研究担心权力对他人及行使权力的人的影响的观点,然后研究更为积极的观点,即强调权力对行善的效用,最后介绍我们自己的观点。

权力腐败

约翰·加德纳(John Gardner)曾经说过:"在美国以及在大多数民主制度下,权力是一个坏名词,许多人劝自己相信自己应该与权力没有任何关系。"(1990)对这些人来说,权力不过是一个"庸俗的字眼",它使人联想到报复性、压制性的老板和投机的、狡猾的下属。人们将它与那些残忍的人所热衷的肮脏的办公室政治联系在一起——残忍的人是那些把《通过胁迫取得胜利》(*Winning Through Intimidation*)作为公司游击战指导手册的人,那些符合海因里希·冯·特赖奇克(Heinrich von Treitschke)哲学所描述的人:"即使你的邻居可能把你看成是抵制你们共同畏惧的另一种权力的自然联盟,但只要能安全做到,他就会时刻准备以你为代价获取他的利益……任何无法使自己的权力增强的人,如果其他人的权力得到增强的话,他自己的权力都会被削弱。"(Mulgan,1998,第68页)

那些厌恶权力的人认为,教导管理者或未来的管理者如何增强他们的权力,与认可他们使用原始的统治手段是等同的。他们举出近几十年滥用组织权力所导致的灾难来支持自己的观点,如杰夫·斯基林(Jeff Skilling)的自大的欺骗导致了安然公司(Enron)的倒闭,伯纳德·麦道夫(Bernard Madoff)用史上最臭名昭著的庞氏骗局鲸吞了对其满怀信任的无辜者的财富。再想想接连不断被揭发出来的组织中的性骚扰引发的"我也是(受害者)"运动及对天主教会改革的呼吁,阿克顿爵士(Lord Acton)的著名格言——"权力导致腐败,绝对的权力导致绝对的腐败"显然并非仅见于19世纪的英国政治。

在索福克勒斯(Sophocles)的希腊戏剧中,观众得到的是这样一个印象:权势滔天的统治者被他们过去的成功所改变,因此他们充满了对自己的价值和重要性的自豪——傲慢十足，这使他们不再耐心听取他人的建议，并且不愿听到不同于自己的意见。然而，最终他们被自己遇到的事件所摧毁，令他们痛苦的是，他们无法控制这些事件。俄狄浦斯（Oedipus）在人们称颂他"简直就像上帝"（并且他相信了）之后不久就被摧毁了；克里奥（Creon）国王在他的政治和军事权力处于巅峰时被推翻，因为他不公正而且坚信自己的判断决无错误。

商贸期刊的标题总是大肆宣传商业精英们现代版的傲慢自大（Bunker，Kram 和 Ting，2002）。一个近期的例子是切萨皮克能源公司（Chesapeake Energy）的 CEO 奥布里·麦克伦登（Aubrey McClendon）。他在《商业周刊》（*Business Week*）评出的"2012年最差 CEO"榜单上排名相当靠前（Lavelle，2012）。麦克伦登的恶行包括罔顾公司的财务状况，出于个人目的使用公司的直升机并让手下员工在工作时间为自己跑腿，还利用公司的资金赞助自己拥有的一支专业运动队。他还利用职权从公司借了一笔三年期的 10 亿美元贷款，却并未向外界披露。

索福克勒斯告诫我们，在看到权贵们的结局之前，永远不要羡慕他们。由权力而滋生的傲慢最终将导致他们的失败和悲惨结局。对成功的和失败的行政长官的调查结果反映了现代社会对这种跨越时空的告诫的支持（McCall 和 Lombardo，1983；Shipper 和 Dillard，2000）。创造性领导中心的学者们将 20 名达到公司最高位置的管理者与一群同他们相似，但没有实现自己的职业追求的 20 名管理者进行对照。在早期，两组有着同样发展前景的人进入他们各自的组织。他们之间的准备程度、专门技术和受教育水平等因素都没有显著的差异。然而，过了一段时间，第二组人由于个人的缺陷而逐渐脱离了其职业生涯的轨道，见表 5-1。

表 5-1　导致管理者的职业生涯脱轨的特征

- 对他人感觉迟钝；粗暴无礼并胁迫他人
- 冷淡、孤僻、傲慢
- 背叛他人的信任
- 有过分的野心；玩弄权术，总想被提升
- 不能授权给他人或建立团队
- 过分依赖他人（如，顾问）

资料来源：Based on Psychology Today，Copyright © 2006 www.psychologytoday.com.

认识到这些问题中有多少与我们在人际关系中不恰当地使用权力有关，可以让我们更清醒。总而言之，这群人印证了阿克顿爵士的格言和索福克勒斯的告诫。他们被给予了一点权威，然而他们在更有价值的职业考验中失败了。

这种对"个人权力"的负面观点在看重归属而非成就、看重集体主义而非个人主义的文化中尤为普遍（Triandis，1994；Trompenaars，1996）。那些从归属角度看待人际关系的人，相信权力依附于稳定的个人特质，如年龄、性别、受教育水平、民族或者社会阶层。因此，将组织成员的关注焦点集中在"获得成功""担起责任"及"促使事情发生"上的人，就与正常的社会秩序背道而驰。那些强调集体主义的人也容易对我们的方式感到不满，但这是由于另一种原因——他们担心过于强调增加某一个人的权力也许不符合更广泛的群体利益。出于这些原因，有些人可能觉得本章关注的开发个人权力过于注重"美国"文化。然而，尽管我们承认，我们对如何在企业界获得权力的处理具有西方（欧美）文化所特有的强烈的个人主义色彩，但我们对权力的概念化用强烈的社会责任感调节了个人成就的价值：利用自己的权力为他人谋利。

权力赋能

权力腐败并非不可避免的，有大量有关位高权重的人利用自己的影响力造福周围的人和整个社会的例子。管理大师沃伦·本尼斯（Warren Bennis）就对此持支持态度。他通过与90名在我们的社会中被公认为最具影响力的领导人面谈，来寻找成功领导者的精英特征。本尼斯发现这些人拥有一个共同的显著特征：他们使别人觉得自己是有权力的。这些领导人有影响力，因为他们运用自己的权力去帮助他们的同伴和下属超乎预期地完成任务（Bennis 和 Nanus, 2003）。

较早对组织权力开展研究的学者罗莎贝恩·坎特（Rosabeth Kanter）指出，强有力的管理者不仅能够更好地达成自己的意愿，而且能将更多的信息传递给下属，使他们获得更多的资源。因此，人们喜欢"有影响力"的老板。当老板在组织中有相当强的影响力时，他的下属倾向于觉得自己在组织中有更高的地位，并且他们的士气也更高。与此相比，坎特认为，无权者倾向于发展控制权，而不是进行真正的领导。她指出："至少在大型组织中，无权者经常导致低效、散漫的管理，以及狭隘的、独裁的、教条的管理风格。"（1979，第65页）

坎特（1979）列出了几项表明管理者在组织中拥有向上和向外扩展的权力的指标。这些指标列于表5-2中。在某些方面，这些指标可以作为我们对权力和影响力进行讨论的一套行为目标。

表 5-2　管理者拥有向上和向外扩展权力的指标

强有力的管理者能够：
- 代表遇到困难的人的利益出面调解
- 给有天分的下属一个合理的安置
- 得到超预算支出的批准
- 在政策会议上控制项目讨论的议程
- 能迅速接近高层决策制定者
- 与高层决策制定者保持日常的、频繁的联络
- 提早得到有关决策和政策调整的信息

资料来源：Reprinted by permission of Harvard Business Review. Indicators of a Manager's Upward and Outward Power. From "Power failures in management circuits" by R. Kanter, 57. Copyright © 1979 by the Harvard Business School Publishing Corporation；all rights reserved.

这一思路与大卫·麦克莱兰（David McClelland）的研究发现是一致的。他用了许多年研究被他认为是人类的基本需求之一的"权力需求"（McClelland 和 Burnham, 2003）。根据麦克莱兰的观点，领导者们能否长期保持权力取决于他们使用权力的动机。运用自己的权力去推进组织目标的管理者可以拥有持续的影响力，而利用权力服务于其个人利益的管理者则会面临权力滥用者的可悲下场。近期的实验室研究逐渐揭示了动机对于人们利用权力的方式的影响。塞雷纳·陈（Serena Chen）及其同事指出，利己主义者手握权力后，往往会让其他人承担更多的工作；相反，具有社会责任感的人在掌握权力后却会承担更多的工作（Chen, Lee-Chai 和 Bargh, 2001）。种种研究显示，权力对人们的改变并不太多，真正起作用的是人们的真实动机。权力掌握在不同的人的手里时，对于群体和组织的影响是不同的（Bunderson 和 Reagans, 2011）。

我们所描述的权力和个人效力的关系见图5-1。缺乏权力和滥用权力都是无力的，也是达不到预期目标的。本章的目的是帮助管理者站在"权力曲线的顶峰"，正如坎特在表5-2中列出的那些组织权力的指标所描述的那样。这是通过下面三种人际交往技巧

完成的：(1) 获得权力（克服无权的感觉）；(2) 将权力转化为人际影响力；(3) 果断采取行动：消除那些试图影响你的不必要、不适当的企图。

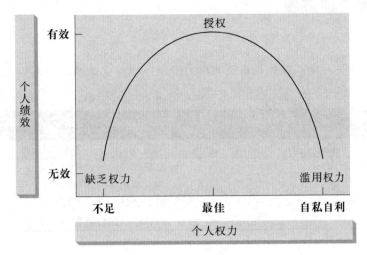

图 5-1　个人权力：踏脚石还是绊脚石

我们将权力定义为影响行为的潜力。我们对权力和权威作了区分，权威是影响他人的权利，通常与一个人在组织中的地位有关。因此，这些内容对于被任命管理他人的人和渴望得到这种任命的人同样重要。

获得权力的机会

到目前为止的讨论应该被视为一个忠告，我们不需要避免使用权力，而是需要学会如何明智地使用权力。在当今组织中各种变化（如电信发展以及由彼此之间可能并无上下级关系的人组成的"无边界"组织）飞速出现的情境下，这一点尤为重要。电信发展意味着管理者必须影响那些本人并未到场的人。这些变化促成了传统管理者的角色从指挥者发展为指导者和咨询顾问。在这些条件下，权力可能更少地来自组织中的职位，更多地来自个人的工作能力。这些情况使授权这一概念对于当今组织中的效能尤其重要。

有两个基本的因素决定了个人在组织中的权力：个人特征和职位特征。当然，每个因素的重要性随组织背景的不同而不同。例如，职务头衔在一个高度等级主义的体系（如军队或行政机构）中显得极其重要，而个人权力在非层级背景下可能更为重要。尽管如此，专家们通常认为同时开发职位权力和个人权力对于管理方面的成功是至关重要的。例如，伯特（Burt，1977）认为有较高的职位权力的管理者能更好地利用他们的个人权力，因为他们的社会关系使他们能有效地利用自己的个人知识和能力。与此同时，职位较低的人可以凭借自己所掌握的所有职位权力来提升个人权力（Sauer，2011）。因此，管理者应该寻求增加他们在某个组织中的影响力以增强这两种权力资源。

个人权力的来源

表 5-3 列出的四种个人特征是重要的权力来源,即专业技能、个人吸引力、努力和合理性。

表 5-3 个人权力的决定因素

特 征	描 述
专业技能	掌握相关的知识和经验
个人吸引力	与友谊相关的理想特征
努力	投入的时间高于期望
合理性	与核心组织价值观相符的行为

专业技能

专业技能在崇尚技术的时代是权力的重要来源之一。在电子商务的环境中,最热门的技术往往被那些没有正式工作的青少年所拥有,而不是他们工作了 20 多年的父母;百万富翁的平均年龄更接近 30 岁而不是 60 岁。所以,将专业技能在商务中称为"皇冠上的明珠"并不为过。而且,在找工作的时候,你知道些什么比你认识谁更重要,在技术上你能做什么也成为你在组织中发展的关键。**专业技能(expertise)**,或者说与工作相关的知识,是组织的关键武器,因为它来自先前的教育、自我指导的学习或者工作经验。

由于在小的网络公司,管理职位的优势不如更大、更多样化的企业,所以我们把关注焦点放在将专业技能作为个人权力来源的组织环境中。专业技能在发展较好的企业组织中尤为突出,因为它们更偏好高度理性的决策过程(Bunderson, 2002; Pfeffer, 1977)。在通过对支持每一种选择方案的信息进行客观考虑而作出选择的环境中,掌握技术的人很容易得到权力,这是因为人们开始将其视为可信赖的专家。与此同时,对于资历较浅的员工来说,专业技能可能会造成问题。当下属明显掌握更多的专业技能时,管理者有可能会觉得忌妒或者是感觉受到威胁。因此,掌握专业技能的下属应当采用一种不使管理者的权力受到威胁的方式,使知识传递到更高层,影响决策制定。

专业技能是职位权力低的人获取影响力的一个重要途径。与总经理相比,组织中正式职位相对较低的人可能不那么耀眼,他们的工作往往是日常事务,他们的任务一般也不与公司最核心的目标和焦点相联系。然而,普通职员可以通过掌握组织生活中某一特定方面的专业技能来弥补职位权力的不足。这可能涉及一种新的财会系统、税收漏洞、安全和污染方面的法规,或者最近有关并购的法律案例。

然而,专家权力面临一个不可逾越的障碍。在某方面成为专家需要大量的时间和努力,在使用变化很快的技术的组织中,个体必须不断地更新其技能从而避免知识过时(Grove, 1983)。由于保持在一个特殊专业领域的技能需要很大的投资,成为某一方面的专家后很容易被定型为这方面的专家。事实上,成为专家可能让你在认知上根深蒂固,也就是说,你在解决问题和提出新的观点时缺乏灵活性(Dane, 2010)。如果你有兴趣转移到一般的管理层,专家的标签将成为一个障碍。由于现代组织所面对的动态环境,过于专门化可能会导致退化。有抱负的年轻管理者必须十分谨慎,不要因为将自己的注意力放在商业活动中一个很窄的方面而限制了自己的发展机会,而这对于一名迫切想建立自己的权力基础的人来说,是很有诱惑力的。在组织中往往存在一些小环境,可以使急于获得权力的新手很快拥有话语权。但只有当他们落入专家的陷阱中时,他们才会意识到建立一个关于组织活动的各个方面的宽泛的知识基础的价值,它是使自己获得提升的长期魅力。

个人吸引力

我们认为个人**吸引力**(attraction)从三种角度来说是个人权力的来源:感召力、令人愉快的行为和外表特征。

首先,有感召力的领导者已经成为各种学术研究的主题(Yukl,2002)。感召力一词源于希腊语,本意是指上帝的偏爱和赐福。有感召力的领导得到上帝垂青的说法源于这样一种共识:他们激发人们的奉献精神和热情的非同寻常的能力是一种天生的禀赋——一种看似神秘的气质,它无法通过研修班上的技能开发而获得。这种气质也体现在如下的说法中:"当她在管理会议上演讲的时候,她的表现是如此有力,不管什么信息听起来都是好的""他迷人的个性使他吸引了最有能力和最忠诚的人去他的部门工作——每个人都想为他工作。"这些评论与研究是相符的,都显示了领导者的感召力与其在追随者中的较高人气是紧密相关的(Erez 等,2008)。

既然感召力归因于他人,人们很自然地想知道哪些领导特征可以与感召力联系在一起。对于这一问题的研究(Conger 和 Kanungo,1998)发现,如果拥有如下的特点,领导者更有可能被认为是有感召力的:(1)提出振奋人心的愿景;(2)唤起个人的奉献感,甚至愿意牺牲个人的幸福以追求这个愿景;(3)倡导非传统方法的使用;(4)对有可能发生什么似乎具有不可思议的预知能力,包括敏锐的时间感;(5)吸引不满现状的追随者;(6)表现出高度的自信和热情。研究还显示,人们往往将感召力归因于绩效优异的组织的领导者(Agle 等,2006)和在组织沟通网络中举足轻重的人(Balkundi 等,2011)。这个研究意味着把感召力当成个人的、天生的特性是错误的。尽管把领导者形容为有感召力还不太普遍(而且人们不太可能接到宣传面向"有感召力的领导者"的研讨会海报),但与这种类型的领导者相联系的行为和特征却绝对不是神秘的或不可理解的。

与个人吸引力有关的另一个来源则普通得多,但也是同样有力的。对人际间吸引力进行研究的社会心理学家分离出了几种决定人们是否具有令人愉快的行为。这些行为是人们通常将其与友谊相联系的那种行为。大多数这种研究旨在了解友谊的实质成分。这类研究已经确定了增加人际间吸引力的几个主要因素。表 5-4 列出了其中的一部分(Anderson 等,2001;Canfield 和 LaGaipa,1970;Furman,2001)。

表 5-4 令人喜爱的人的特征

我们喜欢他们,当我们有理由相信他们将:
- 建立一种开放、诚实、忠诚的关系
- 通过情感上的易接近性培养亲密关系
- 提供无条件的积极关注和认可
- 在关系要求的情况下,他们能作出一些牺牲
- 以同情或移情的方式提供社会支持
- 关注为维持关系而必需的社会交换

资料来源:Adapted from Canfield and LaGaipa,1970.

我们应该如何将这些有关友谊的信息与崇尚实际的管理世界联系在一起？难道这意味着你应该同你的同事、下属或老板成为朋友吗？不一定。与办公室中的某个人建立亲密的友谊往往是不合适的。但是那些具有对同事有吸引力的人格特征的人往往会让人感到具有权威（Hogg，2001；Mechanic，1962）。

这种看法已被大量证据证明是正确的。例如，研究显示，说服者如果被听众所喜爱将更容易获得成功。相对那些不受人喜爱的人来说，受人喜爱的人被认为是更值得信任的、更公平的。被上司所喜爱的下属通常也会在绩效评估中受益。研究同样显示，老板在影响他所喜爱的下属时，往往运用奖励手段，而不是高压政策（Allinson，Armstrong 和 Hayes，2001；Tedeschi，1974）。事实上，一项研究显示，人们在选择工作伙伴时，更多地考虑的是对方是否受自己喜爱而不是是否有能力；我们通常更愿意与随和的人而不是能力超强的人一起工作（Casciaro 和 Lobo，2008）。

我们并不想过分强调这一点，也不想暗示"好孩子"总是会赢，但是有大量的证据表明，拥有令人愉快的性格的人，往往比那些性格不招人喜欢的人更有影响力。他们的意见会得到更多的信任，他们的影响企图会受到更少的抵抗，并且当他们升职时，同事感受到的威胁也更小。

个人吸引力的第三个基础——外表，与个性甚至行为都无关（Hosoda，Stone-Romero 和 Coats，2003；Langlois 等，2000）。研究表明，被判断为拥有富于吸引力的外表的人，往往也被判断为具有社会上所称颂的个人品质，以及过着一种更成功的生活。他们甚至也被假定为会拥有优越的工作并且是出色的婚姻伴侣和父母。另外，有吸引力的人被认为可以主宰自己的命运——带着一种使命感去追求自己的目标，而不被环境的力量所击败。总之，这表明人们假定有吸引力的人也将是善良的和高效的。

有相当多的证据表明这并不是简单的假想和归因。在某些方面，有吸引力的人的确更为成功。调查发现，平均来看，外表上有吸引力的人得到的报酬比组织中其他条件与其相似的人多（Judge，Hurst 和 Simon，2009）。社会双重标准显示，收入最高的女性的体重低于平均水平，而收入最高的男性的体重则超过平均水平（Judge 和 Cable，2011）。在职场中，有吸引力的人的文笔被认为更好，并且上司对他们的绩效评价也比其他人高（Hosoda 等，2003；Langlois 等，2000）。

对个人吸引力的这些发现显然是最难被转化为对个人发展的具体建议的。一名成年人很难从根本上改变自己的外表。然而，由于以下两个原因，这些信息对管理者来说还是很有用的。第一，很多实验研究发现，学者们通过衣着和修饰就可以增加自己的吸引力（Thompson，2001，第141页）。因此看起来，对大多数人来说，求助于外科整形或者其他的人工修形手段以增加自信是没有必要的。第二，无论自己的外表如何，人们通常都可以提升其他人对自己的印象。表现得自信、彬彬有礼可以增加你在其他人眼里的吸引力。

努力

高水平的个人**努力（effort）**是员工受到高度赞赏的特征之一，因为这意味着他们是值得信赖的、可靠的人力资源。如果人们在技术出现故障后会自动加班解决问题，赶早班飞机去会见有合作潜力的新客户，或者读夜校学习新的软件程序，他们将赢得同事们和上司的信任。被大家认为是为了完成任务而"付出一切"的人，是宝贵的人力财富，特别是在当今高度不确定的、迅速变化的商业环境中。诸如一篇经典文章所指出的，员工可以通过加倍努力工作来博得自己不堪重负的上司更多的好感，从而让级别较高的组织成员产生亏欠感（Mechanic，1962）。

除了营造一种亏欠感之外，高度努力也能加强其他个人特征。例如，对某个任务十分努力的人很可能会扩充他在这方面的知识。因此，对于这方面的问题，人们更可能去寻求他们的建议，他们也更容易收集组织中的其他成员关注的信息。

个人努力在 ESPN 30 年历史中任职时间最长的总裁乔治·博登海默（George Bodenheimer）的职业生涯中获得了丰厚的成果。与大多数从其他地方聘来的高级管理人员不同，博登海默是 ESPN 自己培养起来的。年轻时，博登海默对有线电视业产生了浓厚的兴趣，决心到 ESPN 这家体育电视台求职。然而，他只能到收发室工作。他仍然全身心地投入这份工作，并且很快引起了组织中其他人的关注。多年来，博登海默曾在 15 个职位任职，包括营销、财会和销售。他优异的工作表现最终使他跻身管理层。在担任 ESPN 总裁期间，ESPN 的业务扩展到很多新的充满创意的领域，博登海默也在有线电视和传媒业被誉为先锋。

在结束这个话题之前，我们想区分一下非凡努力和非凡形象这两种概念。有些人费尽心机就是为了在其他人面前表现自己，给其他人留下深刻印象。增加露脸时间或者是吸引人们对自己的格外关注有可能适得其反，特别是当你并未给组织创造真正的价值时。杰克·加巴罗（Jack Gabarro）和约翰·科特（John Kotter，2007）通过对一些大公司中有效的上下级关系的细致研究，总结了几种非常有效的行动指南，可以指导你使自己的努力符合老板的利益。如表 5-5 所示，其中包括不仅要评估你自己的需要和长处，还要理解你的老板的压力和关心的事情。对这方面的了解有助于你将努力用在刀刃上以提高绩效。

表 5-5 管理与老板的关系

确保你了解你的老板，包括：
- 老板的目标和希望
- 老板受到的压力
- 老板的优点、缺点和盲点
- 老板喜欢的工作风格

评估你自己，包括：
- 你自己的优点和缺点
- 你的个人风格
- 你对权威人士的依赖倾向

发展并维护这样一种关系：
- 使你们的需求和风格相匹配
- 以相互的期望为特征
- 经常向老板汇报
- 基于相互信赖和诚实
- 有选择性地使用老板的时间和资源

资料来源：Adapted and reprinted by permission of Harvard Business Review. From J. J. Gabarro. and J. P. Kotter. Managing the Relationship with Your Boss，May-June 1993. Copyright © 1993 by the Harvard Business School Publishing Corporation; all rights reserved.

合理性

个人权力的另一个重要来源是**合理性**（legitimacy）。当你的行为与组织中占主导地位的价值体系相一致时就会实现合理性。合理性增加了一个人在组织中的接受性，而接受性也是个人影响力的关键因素。例如，宾厄姆及其同事（Bingham 等，2014）指出，相对于那些只会交际的员工，帮助实现组织目标的员工拥有更高的影响力。

组织的领导者在保护组织的核心价值观，以及对新成员的思维和行动模式进行恰当的社会化方面十分警觉。新成员和外来者往往不能理解组织文化在表达和维护组织存在的理由方面所起的关键作用。他们可能会认为组织文化显得奇怪和过于守旧。然而，新员工必须了解组织的价值观和文化对于自己的成功是非常重要的。

组织的价值观无论在历史上还是战略上都非常重要，原因如下：优秀的管理者知道，要使组织成为市场的领导者，前提是组织要被感知为市场中独一无二的参与者（例如，不仅仅是又一个计算机公司）。他们努力创造独树一帜的特点来吸引金融界、潜在员工及客户的注意。这些特点可能是优异的质量、经济、价值观、服务、对员工的忠诚，或者是其他核心价值。这种独特性是内部组织自豪感和外部优越性体现的基础。

这种观点最初被理解为组织的主要领导人（往往是创建者）的愿景，并且经过制度化而成为组织文化（Deal 和 Kennedy，1982；Peters，1978；Schein，1999）。领导者利用文化来表达"如何"以及"为什么"用"正确"的方式从事商业经营。价值观由强权领导者所宣称的一致性信念而形成。例如，ITT 的哈罗德·吉尼（Harold Geneen）强调"寻求不可动摇的事实"；Northrop 的汤姆·琼斯（Tom Jones）强调"Northrop 的每一个人都在做营销"；AT&T 的约翰·德巴茨（John Debutts）对员工宣传"系统就是解决方案"；State Farm 的埃德·拉斯特（Ed Rust）经常问他的同事"一个好邻居会怎么处理这件事"。

通过各种事例（为挽救一个项目，工程师连续工作了 72 小时）、仪式（毕业或晋升典礼）、象征性事物（制服、经理没有私人办公室），组织的新成员受到教导，了解什么是可接受的行为。聪明的新成员不仅了解正式的职位说明，还力图寻求一系列问题的答案，诸如"什么是组织中的'神牛'（即不可冒犯的人或规则）？""什么事最容易使人陷入困境？""组织荣誉的来源是什么？""谁是公司中的英雄人物？"以及"受推崇的传统是什么？"等。

许多组织实务只有被看作对组织基本价值观的象征性支持时，才有意义。例如，一家大型保险公司规定，只有当个人获得保险业职业证书（如人寿保险资格证书）之后，才可能被提升到某一级别之上。从事数据处理、财务和人事工作的新员工对这项规定感到很恼火，因为这使他们不得不去学习那些保险业务的细节。其实他们并没有理解这项要求的象征性含义。公司的创建者认为组织成功的关键在于拥有一批致力于提供最好的产品和服务而不是只看重所在部门利益的员工。因此，对保险课程的承诺就等同于对组织使命的承诺，而组织承诺是组织发展的试金石。

这并不表明背离行为规范的人不能到达组织的上端。这仅仅表明，这些人需要在个人权力的其他方面（如专业技能和努力）保持更高的标准。在大多数公司的晋升评议会上会听到的一段话体现了上面的情况："我有时候搞不清他的背景，但是他的确非常聪明，工作非常努力，提升他是我们的唯一选择。"

在结束对组织文化和个人合理性的讨论之前，指出下面这一点非常重要：我们前面所作的讨论只是描述性的而不是标准化的，即我们所叙述的是要想在组织中获得权力应该怎么做，尤其是当个体处于一个很强的文化价值观之中时。这并不表明严格一致在道德上是正确的，也不表明为了公司的长期利益保持严格一致是必需的。事实上，有证据表明，成功的组织中既有通过适应通行的价值体系来获取权力的人，也有运用权力来挑战通行信念体系的人，而在某种程度上，他们正是依靠这种价值体系获得权力的（Pascale，1985）。无可争辩的观念往往会妨碍公司对不断变化的竞争对手和不断调整的环境的适应能力。然而，如果挑战是由对组织承诺最为忠诚的成员所引发的，这种挑战最为成功。"做自己该做的事"产生合理性，而合理性是进行有效批评的先决条件。

综上所述，我们强调了个人权力的四种来源。从某种意义上说，依附于个体的被看重的组织资产正是这些，而不是他们所占据的职位或者获得的头衔。这些个人特征有一个共同点——它们都是信任的前提（Dirks 和 Ferrin，2001；Hosmer，1995）。"值得信任"一词的意思是"不会遭到怀疑"。因此，被同伴认为是值得信任的人，将是组织中拥有权力和影响力的职位的候选人，因为组织的权力掌握在他们的手里带来的威胁较小。表 5-6 列出了我们讨论的个人权力的四个基础与个人信任的要求之间的直接关系。基本上，个体的陈述、许诺或者忠诚的可信任度取决于两个因素：（1）这个人能够履行他的承诺的可能性有多大？（2）这个人将如何履行他所承诺的一切？换句话说，关于信任的问题就转化成对那些根据能力和动机可能会有表现进行评估。这就是为什么许多组织非常强调在高信任级（实权）岗位上安置经过考验的执行者。

表 5-6　个人权力的来源与个人信任之间的关系

个人权力的来源	相关的个人特质	个人信任的要求
专业技能	可靠	能力：他们**能够**很好地履行自己的承诺吗？
努力	可信赖	
个人吸引力	迷人的	动机：他们**愿意**很好地履行自己的承诺吗？
合理性	可接受的	

职位权力的来源

并不是所有的权力都来源于个人特征，个人的职位和任务分工的特点也起着重要的作用。下面是产生权力能量的四个重要的职位特征：中心性（centrality）、灵活性（flexibility）、可见性（visibility）和相关性（relevance）（Fiol，O'Connor 和 Aguinis，2001；Kanter，1979；Pfeffer，1994），见表 5-7。

表 5-7　职位权力的决定因素

特　征	描　述
中心性和经纪业务	可获得社交网络中的信息
灵活性	在此职位上拥有判断权的程度
可见性	任务绩效被组织中有影响力的人看到的程度
相关性	所分配任务和组织优先目标的相关程度

社会资本

就我们的目的而言，**社会资本（social capital）**被概念化为嵌入在通过网络连接访问的社会网络中的资源，这些资源可以被用于生产目的（Adler 和 Kwon，2002；Coleman，1988）。一家咨询公司基于十多年来收集的大量数据证实了社会关系在组织中的重要性，并得出结论："不能与同事和下属建立牢固的关系和协作是造成 61% 的新聘用人员及升职失败的罪魁祸首。"(Fisher，2005)。

社会资本研究将个人在社会网络中的位置作为其社会资本的指标。用来描述在社会网络中有利位置的术语有很多。我们将介绍两个：网络中心性和连接结构孔洞（经纪人）。

想象一下由7个人组成的三种不同的网络配置：他们可以连接成一个圆圈、一条线和一颗星星。显然，位于六角星中心的人，在获取社会资本方面处于最有利的位置。正如这幅想象中的图形所示，在组织中得到权力的最重要的方法之一是在广阔的人际关系网中占据具有**中心性（centrality）**的职位。鉴于如下的重要原因，网络对有效的绩效是至关重要的：除了日常工作之外，任何人都不能拥有为达成他的期望所必需的所有信息和资源。实际上，针对有效管理绩效的决定因素的一项调查得出结论，区分绩效高低的关键因素是通过网络建立非正式人际关系的能力。在非正式网络中处于孤立地位，将无法收集到信息。资源承诺及个人支持是出色完成重要任务的必要条件（Kaplan和Mazique，1983；Sparrowe，Liden和Kraimer，2001）。然而，那些在工作中建立广泛的社会网络的人，比那些拥有深入但狭窄的关系网的人能获得更高的工资，也更为成功（Pfeffer和Konrad，1991；Sparrowe等，2001）。

通过增加一个职位在沟通或工作流动网络中的中心性来增加其权力的方法，与一般策略有很大不同。一般来说，组织中年轻有抱负的成员往往认为只有通过在组织的阶梯上往上爬才能增加他们的权力。他们错误地假定权力是等级性职位的专利权。如果他们的晋升不如他们希望的那样快，他们就会认为是因为自己完成特殊任务的能力比别人差。那些不熟练的、效率低的组织成员抱怨没有获得使任务得以完成的足够的正式权力，并且觊觎更高水平的影响力。

相反，聪明的组织成员明白，对任何级别的人来说，非正式的网络权力都是可以获得的。事实上，仅仅是能够"阅读"社交网络就可以获取权力。在一项经典研究中，克拉克哈特（Krackhardt，1990）发现，能够更加准确地描述组织中的建议网络（他们知道谁在向谁寻求建议）的人在其他人看来更有权力。大量的研究显示，在组织网络中处于核心地位的人不仅在人们眼中职位更高，而且薪水更多，长期而言事业更成功。因此，刚加入组织的成员需要知道非正式的个人权力产生于正式的组织权力之前，而不是之后。晋升只不过是上级管理人员对个人运用非正式网络完成工作的能力的正式承认。

有关网络中心性的最有趣的研究结论之一是一个人打造的网络类型非常重要。大多数人与跟自己具有类似的背景和经历的人结成网络。他们的社交联系人往往彼此相识，因此这种网络具有很高的密度，彼此联系。这样一来，一个人在这类社交网络中所处的地位并没有什么优势，因为每个人都有平等的机会接触网络中的其他成员。

罗恩·伯特（Ron Burt，1992）等人认为，最有效的却是那些具有很多结构孔洞的网络。当你的网络中的两个人彼此没有联系时，就存在一个结构孔洞。此时，你就成为连接这两个不同的消息来源的桥梁。你的价值也因此增加，因为你可以监控在两者之间的信息流动并为这两个跟你有联系的人提供独特的价值。例如，如果在社交网络中存在结构不连通的多个密集连接组，则存在结构孔洞。（想象一个组织中彼此并不直接打交道的三个部门。）相反，如果一个人充当两个或多个原本孤立的团队的唯一连接链路（网桥），则称之为经纪人。处于这一位置，你对其他人的价值会增加，因为你可以监控各方之间的信息流动，并为你所联系的两个人中的每一个人提供独特的价值。因此，研究表明，经纪业务提高了工作绩效、晋升可能性和创新能力，也就不足为奇了（Burt，1992）。

对于大多数人来说，打造具有很多结构孔洞的网络并不是简单的事情。这意味着要扩大活动范围去结交背景与自己大相径庭的人。事实上，有研究显示，成为走非典型职业发展道路的"与组织格格不入"的人反而会增强你的影响力;与众不同的背景让你有机会为组织提供独特的信息并在结构孔洞间牵线搭桥,从而更有机会影响别人(Kleinbaum,2012)。

亚当·里夫金(Adam Rifkin)正是打造多样化网络的好处的活生生的例子。20 世纪 90 年代初,里夫金还在大学里攻读计算机工程博士学位,他同时也是绿日(Green Day)乐队的粉丝。他为绿日乐队创建了一个粉丝网站,这在当时还是新奇的事物。1994 年,他收到了一封电子邮件,其中抱怨说他不应该把绿日乐队定性为朋克乐队。里夫金决定好好考虑一下这个问题。他与这位投诉者联系,并最终决定修改自己对绿日乐队的描述。根据经验,他创建了另一个网站,将追随者们引导到其他的朋克乐队去。那封电子邮件的发件人被里夫金的反应打动了。5 年后,里夫金考虑创建社交媒体网站。为了多方搜集意见和利用资源,他开始翻阅以前的电子邮件,希望从中找出可以为自己提供帮助的人。他注意到了那封抱怨绿日乐队被定性为朋克乐队的电子邮件,于是与发件人格雷厄姆·斯宾塞(Graham Spencer)联系。那时候斯宾塞已经创建了 Excite 这个颇受欢迎的搜索引擎,并在一年前将其以 67 亿美元的价格售出。斯宾塞还记得里夫金,并欣然为其提供帮助。在斯宾塞的帮助下,里夫金创建了成功的社交媒体网站。他是 Renkoo 的创始人,3 600 万人正在使用的脸谱(Facebook)和 MySpace 的应用程序就是该公司开发的。里夫金目前担任著名的社交网站 PandaWhale 的 CEO(Grant,2013)。

这个例子说明了利用不可预知的情况建立广泛的组织联系网络的好处。一个人在其管理生涯的初期犯的最大错误就是变得孤立。有些人假定在他们的部门中取得的成功足以使他们在组织中也取得成功。其结果是,他们把全部的注意力集中于与他们的直接同事建立牢固的关系。如果只考虑组织的垂直结构,你将看到单一部门在沟通网络里是多么孤立。相反,成为组织沟通网络,而不仅是部门沟通网络的中心角色十分重要。这可以通过与其他部门的人共进午餐,阅读所有部门的年度报告,主动要求参加部门间的任务组,寻求需要与其他部门协作的边缘性职位等方法来实现。

对试图形成广泛的社会网络的管理者来说,了解社会关系在不同文化情境中的区别十分重要。特别是,研究表明,不同文化中的成员在如下问题上存在差异:在工作中愿意结交多少朋友,愿意形成社会情感的和工具性的社会联系的程度,以及形成向上、水平或向下的社会网络的可能性(Morris,Rodolny 和 Ariel,2000)。例如,美国的商业关系是以市场规范为特征的(必须是有利可图的)。与此不同,中国的商业关系是家族导向的(做任何对组织有利的事情),德国的商业关系是法制官僚导向的(按规则办事),而西班牙式关系则是联合导向的(社交和友谊)(Morris 等,2000)。

灵活性

构建权力基础的一个必要条件是**灵活性(flexibility)**,或者称为决断力,即进行自我判断的自由。没有进行即兴创作和革新的自由,或者不能把握主动权的人,将很难成为有权力的人。在一个有灵活性的职位上,控制工作完成方式的规定和程序更少。另外,当管理者需要作出非常规的决定时,不需要寻求上级管理者的批准。处于灵活性职位的人负责的工作需要大量的判断。

灵活性与职位的生命周期有关。新任务比旧任务更不容易成为例行公事。同样,控制职位规则的数量往往与以前在此职位上的人的数量正相关。相同的逻辑也适用于决策过程的生命周期。一个团体开会讨论一项议题的时间越长,就越难对它的商议过程施加重大的影响。有关讨论应该如何进行、哪些证据应该被核查、哪个方案恰当等问题的重要决定，早已在团体的历史中确定了。因此，要想有所建树，从一开始就参与其中是非常重要的。

职位拥有的另一个灵活度指标是控制它的报酬体系。如果一个职位上的人因为可靠以及行为可预测而得到奖励，这就意味着组织将惩罚那些自行决定的人。相反，如果人们出色的绩效和革新方案得到奖励，自行决定权将得到鼓励。例如，公司可以教导销售员如何完成一笔交易，但同时鼓励他们发掘完成任务的更好的方法。渴望权力的人应当回避那些有明确的绩效标准的职位，即使从其他角度看该职位非常诱人，这是因为这样的职位会剥夺其必要的权力。

一些拥有较低的自行决定权的管理者可能觉得自己完全无法将灵活性用作权力的来源。然而，近期的研究指出，具有**主动性人格（proactive personality）** 的人经常可以创造自己的灵活性。主动性人格被定义为倾向于在所处的环境中发起变化（Bateman and Crant，1993）。具有主动性人格的人注重寻找新的机会、主动出击，并且持之以恒地实现积极的改变。学者们给出了足够的证据来说明具有主动性人格的人会更快地获得升职和加薪的机会（Seibert 等，1999）。他们通常也会收到上司更高的绩效评价，但前提是他们要善于经营人际关系从而让自己的行动可以获得其他人的支持（Thompson，2005）。在工作中实现灵活性对于员工自己的行动与对于角色的特点一样关系密切。通过积极地采取措施增加价值和解决问题来实现灵活性是提升自己本身并无太多自行决定权的角色的权力。

可见性

一位明智的公司总经理曾忠告一位年轻、有抱负的 MBA 学员："晋升的关键是出色的绩效被别人知道。"当然，显而易见的糟糕绩效不能赢得晋升，但是这个劝告的真正含义在于，有出色的绩效，但是不为人所知，同样也得不到晋升。当然，没有人喜欢总是在炫耀，要求受到关注的人。但是获取权力的确需要你在组织中实现**可见性（visibility）**，从而让人们知道你，并且看到你所做的贡献。

提升可见性的方法之一是与高级官员、决策者和非正式的领导者频繁接触。如果你的正式工作并不提供与重要人物接触的机会，那么你可以通过积极参与公司内部或外部的项目、会晤和会议来提升可见性。许多年轻的员工通过在行业大会或董事会会议上做精彩的报告而奠定了自己的职业基础。自告奋勇地做演示，从而充当所在部门的"脸面"是提升可见性的一个绝佳途径。

由于认识到这一点，某芝加哥大型联合企业的一名有抱负的初级经理把握住了一次能给董事长留下深刻印象的机会。经过一系列神奇的境遇，这名年轻的经理被要求顶替董事会秘书，在股东大会上记笔记。他早早到达会场，欢迎每一个进入会议厅的人，然后向房间里的其他人介绍这个人。这位青年能使每个人都感到很自在（更不用说他还能记住那么多陌生人的姓名），这给董事长留下了深刻印象，以至于他频频提供机会让他在组织中得到迅速发展。

面对面的沟通在获得可见性方面具有无与伦比的重要性。例如，没有经验的管理者经常假定，提交出色的报告后，其荣誉自然就属于作者。不幸的是，对一名好作者来说，现实并不总是如此。如果团体中的一个成员写了一份非常好的报告，而另一个成员在董事会成员面前就此报告做了很好的汇报，那么汇报者可能占去对这项工作的赞誉中很大的一块份额。对忙碌的经理们来说，那些在会议中看到的东西，往往比在办公室里读到的东西更能给他们留下深刻的印象，尤其是如果在会议中他们注意到其他经理赞许的点头和微笑的话。这种积极反馈的好处往往会由此时出现在他们面前的人获得。

另一个获取可见性的重要机会是加入问题解决工作组。被要求加入问题解决工作组这一事实就向其他人传达了你拥有有价值的专业技能。更重要的是，如果工作组的报告得到上级的认可，因为这个"突破"，你的名字将和团体责任联系在一起。用一种战略性接触模型的语言来说，可以通过帮助别人应付不确定性而得到权力。例如，从历史的角度上看，功勋卓越的政府领导通常是那些在大危机期间建议改革的人。温斯顿·丘吉尔通过帮助英国熬过第二次世界大战而得到人们的信任。小到一家商业公司，这种规律也是存在的。一个人获得的权力与他在成功应对变化或危机时的可见性有直接的关系。

另一个可见性的来源是名字识别。被推选的官员们认识到在全体选民面前重复他们的名字的价值，所以他们将印有自己名字的标牌放在州和城市的边界处，以及通往欢迎旅行者的公共交通入口处。在组织中，也存在提高你的可见性的类似机会。例如，如果你的办公室经常将信息传递给公众或其他部门，你可以试着加上一个署名的封面。如果你对组织来说是新成员，那么要向其他成员介绍你自己。如果你有好想法，那么应亲自与相关人员进行正式的沟通，并在后续备忘录上署名。如果一个人最近完成了重要的任务，那么应送去一封短信表达恭喜和赞扬。

相关性

决定职位权力的第 4 个重要特征**相关性（relevance）**，是指要保持与那些同组织的中心目标和事件直接相关的活动的联系。正如一位管理者所说："因为我所管理的职责仿佛是组织的血液，所以我的同伴们都很尊敬我。我管理那些需要递交重要文件的人，因而，我出现在他们的办公室就意味着有这样或那样的重要任务需要他们处理。"（Kaplan 和 Mazique，1983，第 10 页）

细究这个一般性的论点，保罗·劳伦斯（Paul Lawrence）和杰伊·洛尔施（Jay Lorsch，1986）指出了采用多种技术的公司中的"主要竞争性事件"。这种主要的竞争性事件是那些最能增强公司对产业中其他成员的竞争力的组织活动。人们发现，运用技术流程形式的公司，如炼油厂或化工厂，对有效的行销最为依赖，因为他们需要大量的资本投资，而产品可变化的范围很小。与此相反，采用技术的标准化生产线模式的公司拥有稳定的生产线和已建立起来的客户群，他们最依赖生产过程的效率。最后，高科技企业或生产用户定制设计产品的企业，当具有出色的研发部的时候，公司最为成功。那些将自己与其在组织的主要竞争活动中的角色挂钩的员工最有可能基于相关性获取权力。

对于那些在并不直接与组织的主要竞争事件相关的部门工作的员工来说，考虑相关性可能尤其重要。例如，康德乐（Cardinal Health）的前任首席行政官托尼·鲁奇（Tony Rucci）认为，在如今的精益企业环境下，人力资源管理部门必须向管理层证明自己对公司的利润的贡献。正如《华尔街日报》所指出的："出色的人力资源管理部门如今将重点放在了提升生产率上，帮助员工更好地理解组织对其有何要求并向管理者说明如何提高效率。"（Rendon，2010）

这些趋势对任务的相关性有着深刻的意义。寻求有影响力职位的人必须对自己所在部门的活动与公司的关系非常敏感。例如，为石油公司工作的设计工程师不太可能比为电气公司工作的工程师更有影响力，运营研究人员在拥有完善的产品生产线和总装流水线的生产流程的公司更有影响力。计算机专家在软件开发公司中将比保险公司或公共机构中更有权力。在后者的组织中，计算机专家仅仅被认为起支持性作用，只对公司收益产生间接影响。

当然，仅仅为了增加一个人的相关性而改变职能并不总是一帆风顺的。然而，要想增加一个人现有职位的相关性，总是有其他的手段，例如，承担一个扩展的角色有可能将自己与相关的职能或项目联系起来。员工可以充当对于组织非常重要的项目或事业的代表或支持者。另一个关键角色是评估员。被组织指定为检查点的职位因他们被信赖的事实而变得更有权力。由处于这些职位的人所控制的认可权，与那些必须接受检查从而获取组织报酬的人关系很密切。新员工培训人员或导师的角色是另一个有权力的职位。它将你放到一个减少新成员的不确定性，实质性地改善其绩效的重要职位上。新成员通常是有理解力的，并且，他们会对你的帮助充满感激。另外，担任这种开发性角色，成功的绩效将使你得到那些因你有效的培训而受益的同事的尊敬和赞扬。

综上所述，我们讨论了对获得权力至关重要的组织职位的四个方面。如表 5-7 所示，中心性和相关性鼓励个体通过水平关系获得权力。换句话说，源于中心性和相关性的权力是建立在这个职位与组织中其他支线职位和活动的关系的基础上的。然而，可见性和灵活性与等级性权力有关。灵活性反映在一个职位被上级授予的自我决策权的大小上。高可见性的职位与更高的权力等级有密切关系，因此出色的绩效会得到更多的认可，这是组织中个人向上晋升的一个重要前提。

将权力转变为影响力

前面讨论了获得权力的技能，现在我们将注意力转到如何将权力转变为影响力上。这个概念需要我们理解权力和影响力之间的差异。如本章开始所述，很多关于这一主题的畅销书都指出，权力本身就是一种目的。我们这里的目的不是帮助人们为了权力本身而获取权力。当弱小者寻求权力仅仅是因为他们对被呼来喝去感到厌倦时，暴政一般会紧跟着他们的升迁而产生。相反，我们所关心的是如何帮助人们出色地完成组织任务，并帮助他们认识到这通常需要政治权力。本意很好但在政治上无知的人极少对组织有重要的贡献。因而，我们的焦点是你如何能变得既有权力又有影响力。

有影响力的人拥有权力，但是并非所有有权力的人都有影响力。影响力确保你真正获得与你共同实现目标的其他人的赞同。很多有权的人不能做到这一点，就如同美国总统们无力确保美国国会通过他们认为重要的法律那样。把权力转换成影响力的技能在于以激发支持和承诺而不是抵抗和憎恨的方式获得他人的赞同。

影响策略：3R

当其他人愿意根据权力持有人的愿望采取行动的时候，权力就转换成了影响力。管理者为了得到他人的服从，所采用的影响策略可以归纳为三个 R：惩罚（retribution）、互惠（reciprocity）和劝服（reason）（Allen 等，1979；Kipnis，1987；Kipnis，Schmidt 和 Wilkinson，1980）。表 5-8 列出了这些策略及相应的直接和间接途径。这些策略的具体例子见表 5-9（Cialdini，2001；Marwell 和 Schmitt，1967）。

表 5-8　影响策略

策　略	直 接 途 径	间 接 途 径
惩罚：强迫他人按你说的做	1. 强迫（威胁）	2. 胁迫（加压）
互惠：使他人愿意按你说的做	3. 交易（互换）	4. 讨好（使承担义务）
劝服：帮助他人认识到为什么他们应该按你说的做	5. 摆出事实（或需求）	6. 迎合个人价值观（或目的）

　　你对这些条目可能有复杂的反应。其中一些策略对你来说可能是有效的，而另一些可能是不恰当的，甚至可能是操纵性的或不诚实的。我们列出这些条目的目的并不是表明一个类别中的所有策略都应该被采用。我们将所有影响策略都列出来，是为了便于你根据情况采用让你感到最舒服的策略，以及当别人企图影响你时，你能够了解这些策略。

　　这三个影响策略取决于获取服从的不同机制。**惩罚（retribution）** 基于个人威胁，它往往来自正式的权威。这种方法的直接形式包括，如果管理者的意愿没有得到遵从，则通过施加明显的威胁来获取赞同。认识到老板能对自己施以处罚的可能性，下属通常会不情愿地服从。

表 5-9　影响策略的例子

惩罚（强迫和胁迫）	
一般形式	"如果你不做 X，你将为此而后悔。"
威胁	"如果你不服从，我将惩罚你。"
社会压力	"你的团体中的其他人都同意了，你的决定是什么呢？"
足够了吗？	"如果你同意，我将不再唠叨。"
感知的紧迫和时间压力	"如果你不立刻行动，你将失去这次机会/给别人带来麻烦。"
避免引起他人的痛苦	"如果你不同意，将对他人有害/不利。"
互惠（交易和讨好）	
一般形式	"如果你做 X，你将得到 Y。"
许诺	"如果你服从，我将给你回报。"
尊重	"如果你（不）服从，那些你看重的人对你的评价将更高（低）。"
预支	"我将为你做一些你喜欢的事，那么你能否为我做这件事呢？"
义务	"因为我过去给过你好处，你应该服从我。"（如果我服从了，将来就没有义务了。）
互惠承诺	"我已经降低了我的最初要求/价码，现在我希望你作出回报。"（不管你的最初要求是多么不合理）
承诺的扩大	"我只对一个很小的承诺感兴趣。"（但马上我会要求更多的承诺。）
劝服（基于事实、需求或个人价值观的说服）	
一般形式	"我希望你做 X，因为它是与……一致的/对……有利/必需的。"
证据	"这些事实/专家的观点表明我的立场/要求的优势。"
需求	"这是我所需要的，你能帮帮忙吗？"
目标达成	"服从将使你达到个人的重要目标。"
价值观一致	"这个行动同你对 X 的承诺是一致的。"
能力	"如果我们能依靠你的能力/经验，就可以事半功倍。"
忠诚	"因为我们是朋友/少数派，你会做这件事吗？"
利他	"这个群体需要你的支持，为了我们大家的利益做这件事吧。"

胁迫是惩罚的一种间接形式，因为威胁是通过暗示给出的。管理者的人际间胁迫风格显示了对于不服从而造成的全组织范围的制裁，即使他并未公开进行威胁。胁迫可以采取多种形式，例如，管理者公开地批评一位下属的报告，管理者在开会时经常性地忽视某位下属，或者是安排下级管理者去做不可能完成的任务。

胁迫的行为通常伴随对权力持有者的强大权威的特别强调。任务分配一般以一种高度正式化的方式在老板的办公室下达，这就隐含着对目标可能的打击（例如，提及他的学历低或在组织中的任期短）。这为一个隐性的威胁铺好了道路（例如，"如果我们不愿为这个项目加班工作，公司总裁将减少我们的预算，这将使许多较年轻的员工遭殃"）。

胁迫也可以通过同伴压力产生。如果一个管理者知道有多数下属支持一个有争议性的行动，就可以运用压力来使少数派服从。可以通过如下说法来说服少数派：一个决策必须是全体通过的，通过获得全体成员的承诺来证明领导力是他们的义务。或者，管理者可以强调一致性、相互支持，以及为集体的共同利益而努力，从而给不服从者施加直接的压力。

获得他人服从的第二个策略是运用互惠规范。**互惠（reciprocity）** 所依据的原则是满足双方的自我利益。这种途径的直接形式是直接地讨价还价，在交互过程中双方都从中获利。在讨价还价中，双方都知道与这场交易相关的成本和收益，他们的谈判主要在于达到一个使双方都满意的共同点。而"讨好"这个策略更为微妙。它包括通过友谊和恩惠来引发社会义务。当人们被要求服从或支持时，过去得到的好处就成了他们的债务。近期的一项研究显示，私底下的讨好远比公开的讨好更有效（Stern 和 Westphal，2010）。其他研究则显示，讨好会带来一些负面效果，被讨好的对象往往会表现得过于自负，不愿意作出所需的改变（Park 等，2011）。

管理者通过多种形式采用互惠原则。这其中包括同有影响力的观念领导者谈判，使他们支持一个新项目；以延长的周末假期换取下属加班工作；帮老板一些小忙，这样可以偶尔延长自己的午餐时间；与下属进行正式的谈判，使他们接受不愉快的任务。

比较惩罚策略和互惠策略，可以清楚地看到前者比后者在伦理上更值得怀疑。惩罚策略不顾他人的权利和公平规范，而互惠策略却重视这两点。对惩罚的强调会导致对双方关系质量的忽视，而互惠原则表明了对加强双方相互依赖性的认可。

第三个策略是基于管理者的说服能力。它不是通过向目标个人突出他们之间的关系来获得服从，而是求助于**劝服（reason）**。管理者认为由于请求所固有的好处，服从是理所当然的。在这里，重点是让他人理解为什么你的想法是有意义的。如果管理者被认为对这个主题了解很多，或者他的个性对目标个人来说具有吸引力，往往会出现这种情形。说服的直接途径取决于支持它的事实的吸引力。一番有说服力的陈述常常伴随着一个具体的要求。例如，"如果你不加班工作的话，我们将损失价值5 000美元的产品。你能不能努力工作，帮我们解决这个问题？"管理者也可以采用一种间接的方式，强调其他人的个人价值和目标。这可能包括强调利他，一个忠诚的团队成员，被尊为专家，以及使顾客满意等。

因为说服有时会与操纵相混淆，这里有必要对两者进行区分。说服性请求是清晰和直接的，而操纵性的行为是隐晦和具有欺骗性的。说服者尊重决策者的自主性，相信他能够合理地对证据进行判断。相反，操纵者低估决策者的能力，并不相信他们能作出好的决策。操纵者与独裁的领导者有同样的目标，他们只不过采用了一些更为狡猾的策略。因此，操纵型管理者往往被那些不细心的观察者视为采用一种民主化的领导。实际上，他们是"假民主主义者"，因为虽然他们的行动看起来是民主的，但他们却没有分享权力的意愿。他们之所以采用一种民主的风格只不过是因为这可以减少其他人的抵抗，从而在他们的权力攻势下变得更脆弱（Dyer，1972）。

每种策略的正反面

如表 5-10 所示，每种方法都有其优势和局限（Cuming，1984；Mulder 等，1986）。惩罚策略产生立即的行动，并且工作完全按照管理者的规定来执行。但是惩罚策略会带来很高的成本。在这三个策略中，它是最容易引起反抗的，大多数人并不喜欢被强迫去做某件事。有效的管理者只是有限地运用这种方法，往往将它留到紧要关头或者在其他方法都失效时才使用。这最适合团体间的目标是相互竞争和独立的情况。这个方法只有当目标个体觉察到管理者既有权力又有要将他的想法进行到底的决心的时候才有效。否则，被影响的人可能有理由认为管理者是在虚张声势。并且，威胁的制裁必须是足够严厉的，以至于不服从是不可想象的。

表 5-10 影响策略的对比

影响策略	运用时机	可能的优势	可能的缺点	可能的抱怨
惩罚	• 权力不平等，对影响者有利 • 承诺和质量并不重要 • 紧张的时间约束 • 严重的违背 • 争论对目标不重要 • 如果争论是重要的，不适合采用惩罚策略 • 要求是具体而明确的 • 要求有可能受到反抗	• 迅速、直接的行动	• 抵制承诺和创造力 • 对老板的不安全感 • 造成怨恨 • 为保持压力而必须增加威胁的严重性	• 侵犯他人权利 • 违反道德
互惠	• 各方相互依赖 • 各方都有对方所看重的资源 • 有充分的时间谈判 • 交换规范已经存在 • 每一方都被认为是值得信赖的 • 对广泛目标和价值观的承诺不是十分重要 • 需求是特殊的和短期的	• 怨恨的低发生率 • 对没有提到的要求进行辩解	• 造成对工作的工具性的观点（期望特殊的行动获得特殊的回报） • 鼓励人们认为任务是有谈判余地的	• 不公平、破灭的期望、操纵
劝服	• 有充分的时间进行广泛的讨论 • 共同的目标和价值观 • 各方之间相互尊重和信任 • 各方之间一直保持关系	• 被监督的需要上升	• 需要相当的时间建立信任（人员增加时，时间也会增加） • 要求有共同的目标和价值观	• 不同的观点、对重点问题的相冲突的知觉

如果频繁使用惩罚策略，所产生的怨恨和疏远往往会导致公开的或隐蔽的反抗。由于这些条件往往会抑制主动性和创新行为——甚至在获得个体服从之后也有可能，组织的绩效可能会受到损害。

既然双方都从协定中获得利益，互惠策略可以使管理者在不引起怨恨的情况下赢得下属的服从。当每一方都控制其他方所看重的结果，并建立了控制交易的规则时（包括对申诉的裁决），互惠策略最为适合。即使在这种情况下，也需要一定程度的信任，尤其是当协定不是正式文件时。如果一方在过去的协定中食言，那么其谈判方的信任就会变成疑虑。互惠策略也最适合权力持有者要求目标个体执行明确任务的情况。

这个策略的主要缺点在于，当频繁使用时，它可能造成对工作的高度工具化的看法。其他人开始期望每一个要求都是可以谈判的，每一个完成的任务都可以得到等价的回报。结果，这种方法会使成员们过于算计而削弱内在的承诺，不论是否有个人获得，都会降低通过努力工作来实现组织目标的价值。

第三个策略的优点和缺点则更为复杂。理性策略的目标是一种更高形式的服从，换句话说，就是内在的承诺。尽管服从的焦点是可接受的行为，承诺仍然要求相互信任。承诺依靠教导下属正确的原则，解释合理的需求，以及相信下属的好意和合理的判断可以导致正确的行为。它的理想形式是，承诺使基于责任的监视的必要性降低，并增强了下属的主动性、承诺和创造力。

理性或劝服方法的最主要的缺点在于，为了使它有效运作，需要大量的时间建立相互信任和理解。随着涉及人数的增加，需要的时间也会不断增加。另外，因为这种策略的成功要求目标和价值观（而不是一个人所控制的回报或制裁）的一致性，当各方具有不同的背景、支持不同的竞争哲学，或者被分配了相冲突的责任（如质量控制与保证最后期限）时，这种方法很难实行。

施密特（Schmidt）和基普尼斯（Kipnis）在其对影响策略的经典研究中，提供了有力的证据来证明基于理性的劝服方法的优势（Schmidt 和 Kipnis，1987；Kipnis 和 Schmidt，1988）。主要依靠理性和逻辑来影响他人的人被老板评定为高效的，并且，他们往往报告低水平的工作压力和高水平的工作满意度。相反，经常用其他方法来达到自己目的的人会得到更低的绩效评价，却要承受更高水平的个人压力和工作不满。

从整体上看，表5-8中较高编号的策略似乎比低编号的策略更有效。这种排列反映了本书中所体现的总的价值观体系：直接比间接好；开放比封闭好；交换比威胁好；真诚地要求比狡猾好。

得到这个结论的理由之一就是较高编号的策略更有可能被感知为公平和公正的，因为它们往往伴随着解释。关于组织变化的研究反复证明，如果人们理解了变革的原因，他们会更愿意接受改变。例如，在一项针对7家刚迁址的商业公司的187名员工的调查中，当员工理解了这个行动背后的原因时，他们评价这一过程是公正的，即使他们感到改变是令人不愉快的（Daly，1995）。

我们需要指出，将文化偏好纳入对影响策略的选择也是非常重要的。第一，你的影响策略应该与你的个人文化价值观保持一致；第二，它应该与你的影响"目标"的文化价值观保持一致；第三，它应该与关系所依附的广泛的文化背景保持一致。作为这三种情境因素的一个极端的例子，你可以想象一位日本管理者在一家德国的汽车工厂里试图影响一名非洲的员工。为了揭示文化协调的重要性，我们关于这些影响策略的优缺点的描述是明确地局限在美国的文化规范中的，这包括平等的关系、直接的交流和个人主义。相反，在强调社会义务的文化中，其成员更偏好互惠的影响策略。此外，在强调诸如讲故事和进行推理等间接沟通方法的文化中，成员更喜欢间接的策略而非直接的策略。同样，看重等级关系的人也许更习惯使用强硬策略（Thompson，2001）。

劝服策略的特例：上行"推销观点"

有一种特殊的影响形式值得特别关注。我们关于"3R"的讨论在很大程度上都假定，影响企图总是包含一名同事或者下属。显然，在影响目标中，"老板"的角色被忽略了。鉴于本章前面曾讨论过，坎特（1979）认为组织权力可以根据个体对"规则的例外"的控制能力来测量，所以研究向上施加影响的策略也是很重要的。你可以回忆一下，表5-1列出了许多下属认为拥有一位"有影响力的老板"能带来的许多例外。例如，代表遇到困难的人的利益出面调解，给有天分的下属一个合理的安置，以及得到超预算支出的批准。

既然我们强调在组织中运用权力去营造一种积极的和有建设性的影响力，那么强调管理者通过施加向上和向下的影响力让下属获益也是非常重要的。如果下属认为自己的老板的影响力可以保护他们不受外来压力的困扰，可以帮助他们消除人为的组织障碍以顺利完成工作，他们自然会倾向于加强自己老板的权力基础。

在这个双赢的过程中，协作是显而易见的。不幸的是，你的老板可以有效影响其上司的方式却不是显而易见的。有一种受到许多关注的方式，即**观点推销（issue selling）**（Dutton和Ashford，1993）。有效的推销方法能够吸引其他人关注这些观点和问题，尽管还有其他无数问题等着上司的关注。忙碌的领导者通常对于他们认为最重要的事情给予关注。因此，有效的向上影响力意味着你需要说服你的老板相信你提出的观点是值得关注的。表5-11总结了可以通过有效的推销方法实施向上影响力的关键策略（Dutton和Ashford，1993；Dutton和Duncan，1987）。

表5-11　向上推销的方法

原则	说明
一致性	问题必须与你的职位或角色一致。由市场部门的人推销有关计算机的问题就不如信息专家有效。
可信性	问题必须以一种诚实、开放、非自我服务的方式提出。表明你对问题的兴趣不仅仅是为了个人利益。看上去只对你自己有利的问题比较难推销。
沟通	问题必须通过广泛的通信网络传达。使用多种沟通途径，包括面对面谈话、书面备忘录、电子邮件、会议或新闻剪辑等。
兼容性	问题必须与公司文化有兼容性。避免与公司文化冲突的问题。
可解决性	问题必须是可解决的。要清楚地说明问题是可以解决的。表明还有其他的备用解决方案。无法解决的问题不能引起关注。
盈利	清楚地说明解决该问题可以为组织或管理者带来长期的好处。可能的益处越高，问题就越有可能受到关注。
专业知识	找出解决问题所需的专业知识。如果解决问题的专业知识在组织中是明确的，问题更有可能受到关注。
责任	指出高层管理者解决问题要承担的责任。
强调	忽略问题或者不解决问题可能产生的负面后果。

续表

原则	说明
表达	确保问题以简洁的、积极的语言表达,并提供支持性的材料和最新的信息。复杂而令人费解的信息无法引起注意,所以问题必须以简洁和简单的语言表达。
捆绑	将该问题与高层管理者感兴趣的其他重要事件捆绑起来。指出你的问题与其他已被关注的问题之间的联系。
联合	问题必须得到愿意帮助解决这个问题的人的援助。与支持者建立联盟会使这个问题难以被忽略。
可见性	在公共论坛而不要在私人会谈上表述和推销该问题。听到该问题的人越多,它被列入老板议程的可能性就越大。

资料来源:Adapted from Dutton and Ashford,1993.

领导力和变革管理中心的主任迈克尔·尤西姆(Michael Useem)针对向上影响力给出了其他看法。在一次关于他所著书籍《如何领导您的上司——双赢策略》(Leading Up: How to Lead Your Boss So You Both Win)的采访中,尤西姆坦率地说,"如果人们害怕帮助他们的上司进行领导工作,那么他们的上司就会失败。"(Breen,2001)他针对自己所声称的"向上领导力"提供了几个技巧。首先,你要大声地抢着说。有好想法的人,或者拥有关于错误决策或被曲解报告的相关知识的人往往会保持沉默。他指出,即使在海军陆战队,如果上级下达了一个有缺陷的命令,他们也希望指挥官们能够指出来。其次,在向上领导之前,先要获得团队协作。当你提供的信息要求一个重要的转变过程的时候,找到同盟尤其重要,特别是那些能够为你的论点增加可信性的人。再次,向上领导,而不是与上司争论。在提供一个相反的观点的时候,不要令人不愉快地提出不同意见。通过树立没有偏见的、支持的和信任的典范,你提出不同意见的方式可能会成为你所传递的最重要的信息,尤其是在高压和存在冲突的时候。最后,试图面面俱到的人可能会一无是处。上级更愿意从那些判断力可以依靠、忠诚度无须怀疑的下属那里听到不好的消息。想让每一个人都高兴,或者从事的议程过多,都会干扰一个人的判断力,并导致其他人怀疑你的忠诚度。

决断地行动:抵制影响企图

一般来说,如果管理者认为其他人是通情达理的、善意的和有动机的,管理者会更加有效。不幸的是,在某些情况下,这些假设被证明是错误的。这个时候,我们必须准备避免自己受到所不希望的、其他人对自己的不利影响。回忆图5-1,权力不足的感觉与明目张胆、滥用权力一样对个人绩效有害。因此,有技巧地抵抗不必要的影响企图,与有效并恰当地影响他人的行为同样重要。尤其是在维持个人的主动性较为困难的工作环境中,这种技能显得更为重要。表5-8和表5-9列出了许多给人深刻印象的影响策略。能否抑制这套已发展成熟、考虑周到的影响工具?很多人屈服于这些影响企图,因为他们没有觉察到影响其决策的社会动力学,或者是因为他们被迫没有任何抵抗地屈服。避免处于权力位置的人企图让别人对自己产生依赖,已经成为近期有关"组织中专制的危害"研究的重点(Bies和Tripp,1998)。这个研究总结了滥用权力的老板的特征(如表5-12所示)。在研究抵制不恰当的影响企图的策略时,你也许会发现把这些滥用权力的特征作为参照框架是很有用的。

表 5-12　滥用权力的老板的特征

- 微观型管理者——过于纠缠细节，追求完美
- 以绝对口气发布模糊指令——把所有的事情都当作最紧要的事，要求即时的、完全的关注
- 情绪善变——反应完全无法预测
- 坚决推崇忠诚与服从——你要么支持我，要么就是反对我
- 地位贬低——在公开场合批评下属，使其无地自容
- 反复无常——以霸道和伪善著称
- 运用职权获得个人财富——认为拥有"战利品"的所有权

资料来源：Adapted from Bies and Tripp, 1988.

抵制他人的惩罚策略

强迫和胁迫的行动是为了基于依赖来创建权力的不平衡。这是影响的最有害的一种形式，因而，它应该受到最有力、最直接的抵抗。你可以采用几种方法，它们会形成一种回应等级（从第一步开始，有必要的话再进行其他步骤）。

1. 运用抵消力量把依赖转换为相互依存。个体（尤其是老板）主要将惩罚带来的威胁作为影响策略的原因在于，他们意识到存在权力的不平等。显然，组织中的老板有最后的话语权，但是他所知觉到的权力差异越大，剥削无权者的诱惑就越强。为了避免受到惩罚，应当让老板将注意力集中于你们之间的相互依赖，即你们的相互依存关系上。指出不尊重你的权力和不能合作共事会带来的负面后果。作为这次讨论的一部分，我们可以探讨满足老板要求的更可接受的方式。

2. 直接对抗剥削者。所有人——无论他们的工作或组织地位如何，都必须保护他们的个人权利。这些权利之一就是要被看作智慧、成熟、值得信赖的成年人。为了有效地提出不满申诉，关键的要素包括根据行为、后果、情感对问题进行描述，直到问题被充分理解，并作出具体的建议。这些技巧可以在强调你所关心的问题的严重性的情况下使用。如果有必要，你可以声明你想要采取的用以制止胁迫行为的举措。例如，揭发就是向外部监管部门表示不满的一种形式。

3. 主动反抗。作为最后的手段，你应该考虑"满怀热情地点燃战火"。消极怠工、不服从命令，或者将问题报告给更高的管理者都是必要的。另外，只有在对付不必要的威胁和要求的其他努力都失败之后，才应该采取这一步。

抵制他人的互惠策略

在销售和广告中所采用的说服策略就属于这一类。在市场上，你关心的是如何避免被欺骗。在职场上，你关心的是如何避免被操纵。下面列出的行动对这两种情境都会有所帮助。这里也是先从第一个回应开始，如果有必要再继续其他的步骤。

1. 核查任何赠予礼物或给予恩惠的行动的意图。当他人向你表示好意或赠予礼物的时候，你应该考虑这个人的动机、这种行为的适当性及可能产生的后果。你应该问你自己类似"他想要从中获得什么好处？""这种交换会不会是不适当、不道德或者不合法的？""他是否有明显的或暗含的互惠的期望？并且，如果没有礼物或恩惠，我会同意吗？"等问题。总之，在对施恩者的目的产生疑问时，思考上述问题或者婉拒对方的好意。

2. 对抗使用操纵性交涉战术的人。在这些情境下，所使用的共同策略是激发承诺（"[现在] 我仅仅对一个小承诺感兴趣"）以及互惠性的妥协（"我已经降低了我的［极端

的］最初立场；现在我希望你［出于公正的精神］也作出妥协"）。只把你的注意力投向这些操纵性的企图，那么你也将在关系中提高你的权力。表明你不赞成操纵性的策略；接着，提出一个替代的交换方案，强调这件事的好处或产品的实际价值，而不是谈判者的狡猾。你将能改变交换过程，并避免被操纵。

3. 拒绝与使用高压战术的人讨价还价。如果第一步和第二步失败了，你应该拒绝继续讨论，除非对方放弃高压战术，如强加不现实的时间制约，或者强调生活用品或服务的限量供应。如果你怀疑谈判过程中的波动蒙蔽了你对产品价值或议题重要性的判断，问问你自己："如果商品供应无限制，或决策没有最后期限，我是否对这个项目感兴趣？"如果回答是否定的，那么或者从协商过程中脱离出来，或者使你的注意力集中在其中的不平等上。通过将注意力从内容转换到过程上，你可以对抗经验丰富或者强权的商谈者。除非去除对时间和供应的人为控制，否则应拒绝继续，从而保证更公平的交易。

抵制他人的劝服策略

虽然基于劝服的策略是影响企图中最平等的一种，但它们仍可能产生或加深不平等的情况。下列指导方针将帮助你避免这些情况。

1. 解释服从对绩效的负面效果。其他人所强调的重点事件对你来说往往是偶发事件。仅仅因为一个人能出示合法、有说服力的证据，并不表示你应该答应其要求。例如，一个要求也许是合理的，但是它的时间选择性很差；服从将意味着你可能错失重要的个人的最后期限，或者忽视你的顾客。你应该与影响者讨论这些问题。通过了解其他人的需求，解释你对个人服从所关心的问题，然后试图发现可取舍的途径，这样你可以在不冒犯对方的情况下避免被过度利用。

2. 保护你的个人权利。如果你已经采取了第一步，但你的说服者仍坚持，可将讨论聚焦于你的个人权利。如果因为他们没有管理好他们的时间或资源，而频频寻求你的帮助，要求他们考虑对公正的感觉。询问你为了将他们从困境中解放出来，而使自己的工作落在后面是否正确。同事有在危急中要求你帮助的权利，但是，即使是合理的要求，如果那将使你陷于十分不利的境地，或者如果要求是由于别人的玩忽职守或过分依赖造成的，你也有说不的权利。

3. 坚决地拒绝。如果你前面的努力都不起作用，就应该坚决地重新表明你的拒绝，并终止讨论。一些人感到他们的理由是如此强硬，以至于很难相信别人会不应允。如果你的同事仍"不愿接受否定的回答"，那也许是你的"不"说得不够坚决。

性骚扰特别案例

任何形式的性骚扰的存在都是真正的不幸。在组织中，这是特别令人发指的滥用权力的例子，无论是个人权力还是职位权力。正如全球"我也是（受害者）"运动所揭示的，由于害怕报复，无数女性多年来一直生活在性骚扰的情感伤疤下，隐藏着自己的伤口。难怪性骚扰的发生率被严重低估。

研究发现，受害者是否会提交投诉受性骚扰的严重程度和感知到的后果等因素的影响（Gruber 和 Smith，1995）。除了与所发生的性骚扰相关的特定因素外，受害者是否会提交投诉还受到组织因素的影响。当员工害怕受到同事的抵制时，他们也不太可能提交正式投诉，因为这加剧了受到报复的恐惧心理（Vijayasiri，2008）。此外，如果组织对性骚扰投诉的处理不得当，可能会导致受害者对裁决程序缺乏信任，进而影响在今后受到性骚扰后提交投诉的可能性（Vijayasiri，2008）。

性骚扰之所以值得特别关注，原因之一是它在许多国家都是违法的。在美国，平等就业机会委员会（EEOC）是负责反性骚扰的联邦执法机构。其网站对性骚扰定义如下（https://www.eeoc.gov/laws/types/harristing.cfm）：

- 性骚扰是一种性别歧视，违反了1964年《公民权利法》第七条。
- 不受欢迎的性行为、性恩惠请求及其他带有性暗示的口头或身体行为，当这种行为明确或暗示地影响对方的就业，不合理地干扰对方的工作表现，或造成恐吓、敌意，或者恶劣的工作环境时，就构成性骚扰。

如果你觉得自己在工作场所受到骚扰，可以登录该委员会的网站（https://www.eeoc.gov/eeoc/newsroom/wysk/harassed_at_work.cfm）寻求指导。

平等就业机会委员会的条例还明确规定，管理者有责任提供安全的工作环境，保护员工免受性骚扰。管理者应定期提醒团队成员，组织对任何形式的歧视，包括与性别有关的歧视，都是零容忍的。管理者还应明确指出，是否构成歧视是基于被冒犯者的看法，而不是其他人认为什么是适当的。最后，管理者应该请任何经历了或目击了性骚扰的人立即报告。对任何形式的歧视视而不见的管理者，都是在承认自己的无能，因为害怕遭到报复而畏缩不前。有关忽略这类违法行为的潜在法律责任的信息，请参见EEOC网站。

小结

图5-2中强调了本章讨论的两种技能——获取权力和将权力转换为影响力。我们从讨论权力的来源，如个人特征和职位特征来源开始。如果一个人想要将自己作为权力持有者的潜力增加到最大限度，这两个来源都需要得到开发。一个在弱职位上的强者和一个在强职位上的弱者都是不利的。理想的情况下，一个人应该成为在强职位上的强者。

管理者为了完成工作以及获得对重要目标的承诺，必须建立一个权力基础。但是，没有影响力的权力是不够的。因此，我们讨论了如何通过选择适当的影响策略，并尽量使抵抗被减少到最小，来将权力转换为影响力。一般来说，当管理者使用表5-8中编号更高的策略的时候，这种情况更有可能发生。说服倾向于建立信赖，鼓励内在的承诺，而强迫和胁迫腐蚀信赖，仅仅产生表面上的服从，并鼓励奴性。

无拘束地使用权力容易造成下属的抵抗，并转而腐蚀管理者的权力基础。它也改变了管理者对下属进行管理的性质。管理者对下属的控制越强，下属就越依赖于管理层的主动性。其结果是，管理者倾向于过分估计自己对员工工作绩效的贡献（"没有我，他们将迷失方向"）。这种自我重要性的得意感鼓励管理者对权力的滥用，削弱了管理者的影响力，并且可能使其他人要求管理者辞职。因此，权力的滥用对组织和个人来说都是具有破坏性的。

然而，权力不应该被滥用。充分掌权的管理者在公认的制约范围内工作，但是他们努力找出处理事情的正确方法。他们对下属的绩效、承诺以及下属在组织中的成员资格承担全部的责任。

将权力转换为影响力不应该仅仅是向下的（仅仅针对组织中的下属），也应该是向上的（针对组织中的上级）。向上影响的失败会使管理者的职业生涯迅速地脱轨，而有效的向上影响可以明显地促进其职业生涯的发展。通过帮助高层管理者制定议程（议题推销），并成功地为高级管理层工作（使老板获利），管理者的影响力能显著地增加。不过，在应

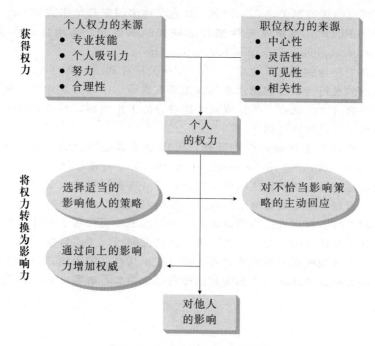

图 5-2　权力和影响力的模型

用这两个原则的时候，管理者应该被激励，但不是被自我扩张的渴望所激励，而是出于一种使公司获利和巩固老板地位的真诚愿望。

耶鲁大学前任校长兼棒球联合总会委员巴利特·吉亚玛提（A. Bartlett Giamatti）最近提出的主张，很好地支持了上述讨论的结论："当你不能运用你所有的权力时，最好将权力假想为知识的一部分……任何一个知道如何保持和有效运用权力的人都会发现……权力向他涌去。"（1981，第169页）

行为指南

组织中的有效管理包括获得权力和聪明地施加影响力。获得权力的关键的行为指南包括：

1. 通过下列方式加强你在组织中的个人权力：
- 拓展你的知识和技能，成为一名得到认可的专家。
- 提升个人魅力，例如，培养友谊特征（真诚、亲密、可接受性、自我价值确认、宽容及社会交换）。
- 向别人证明你是非常值得信赖的，并且在适当的时候能付出超出人们期望的努力。
- 将你的行为和决策与组织的核心价值观协调起来。

2. 通过下列方式加强你的职位的中心性：
- 拓展你的沟通网络。
- 使信息通过你来发送。
- 成为他人的信息来源。

3. 通过下列方式增加你的工作的自由行动范围和灵活性：
   - 减少例行工作的百分比。
   - 拓展任务的多样性和新奇性。
   - 激发新想法。
   - 参与新项目。
   - 参加决策过程的早期阶段。
   - 寻求不寻常的和设计导向的任务，而不是那些重复的、维持导向的任务。
4. 通过下列方式增加你的工作绩效的可见性：
   - 增加你和高层人士接触的次数。
   - 对书面工作进行口头报告。
   - 参加问题解决型工作小组。
   - 邀请高层管理者帮助你认识到你的工作团队的重要成就。
   - 寄送个人短笺表示恭喜，或者在报告或有用信息上附张便条。
5. 通过下列方式增加你的任务与组织的相关性：
   - 成为内部协调者或对外的代表。
   - 给其他部门提供服务和信息。
   - 监控和评价你自己单位内的活动。
   - 拓展工作活动的领域。
   - 参与组织最重要的核心活动。
   - 成为新成员的培训者或导师。

有效影响他人的通用行为指南包括：将你的影响策略与特定的情境相匹配；当别人试图不适当地影响你的时候，断然地行动；对他人授权。一般来说，劝服策略应当比互惠策略更经常使用，互惠策略应当比惩罚策略更经常使用。使用开放的、直接的方法优于间接的、有操纵性的方法。

6. 在下列情况下使用劝服策略：
   - 只有极少的时间制约。
   - 主动权和革新必不可少。
   - 人际间有高度的信任。
   - 关系是长期的。
   - 人与人之间没有很大的冲突。
   - 个人的目标相一致或都被双方所推崇。
   - 理解为何作出如此要求对其他人来说十分重要。
7. 在下列情况下使用互惠策略：
   - 各方之间相互依赖。
   - 有控制人际间交换的明确的特定规则。
   - 对共同目标和价值观的长期承诺不重要。
   - 有足够的时间去达成各方满意的协定。
8. 在下列情况下使用惩罚策略：
   - 双方之间存在较大的权力不平衡。
   - 他人持续的承诺不重要。
   - 质量和革新不重要。
   - 反对是可接受的（例如，在必要时可进行人员替换）。
   - 可以进行广泛的监督。

- 没有其他可供选择的方法。
9. 为抵制劝服的影响策略，你可以：
- 解释服从的负面结果。
- 捍卫你的权利。
- 坚决地拒绝。
10. 为抵制互惠的影响策略，你可以：
- 核查任何礼物或恩惠赠与行为的意图。
- 对抗使用操纵性交涉战术的人。
- 拒绝与使用高压战术的人讨价还价。
11. 为抵制惩罚的影响策略，你可以：
- 运用抵消力量把依赖转变为相互依存。
- 直接对抗剥削者。
- 主动反抗。
12. 为了向高层管理者推销你的观点：
- 选择适合你职位或角色的问题。
- 诚恳地报告问题，并且不要让人感觉是出于你自己的私心。
- 坦白地表述问题。
- 选择与组织文化有兼容性的问题。
- 选择可解决的问题。
- 指出能带来的利益。
- 确认需要的专业知识。
- 指出高层管理者对问题所负的责任。
- 简洁地、富有感情地表达，提供支持数据和新颖的信息。
- 把问题与其他类似的重要问题捆绑在一起。
- 寻找支持者。
- 利用公共论坛。

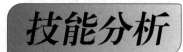

技能分析

涉及权力和影响力的案例

Dynica 软件公司

Dynica 软件公司最近宣布了创建 River Woods 工厂的计划，用来替代公司位于总部 Edgemont 附近的生产厂。在宣布创建新工厂时，公司表明将最大限度地聘用 Edgemont

工厂的员工，其他员工将被调到 Dynica 软件公司设在附近各州的工厂。

Dynica 软件公司的管理层认为 River Woods 工厂是一个前景良好的工厂，它有着新的生产方法、更低的加工成本和人力要求以及最尖端的环境标准。在最近的一次新闻发布会上，Dynica 软件公司的首席执行官提到，他们正在利用比竞争对手的工厂更加环保的新的工厂来替代曾经是行业内最不环保的工厂。

Dynica 软件公司还在利用 River Woods 工厂试验一种新的分散式管理结构。在过去，公司的营销活动直接受制于总部的副总裁。加工业务和其他一些部门受到公司的高级副总裁的控制。在这种中央集权的职能性的安排下，公司的四个工厂都没有总经理。相反，在一个工厂中，每个部门都要在直线形的基础上向总部在职能上与之对应的人（如生产主管、工程主管）报告。相比较而言，River Woods 工厂的总经理将负责除营销和销售之外的所有职能和人员方面的管理。

高级管理层团队一致认为公司的长期生存能力取决于这种创新的成功。不过，有些人也表现出了对 River Woods 总经理所面临任务的困难性的担忧。他们指出了从职能上的直线形沟通和责任向整个工厂水平上的沟通和责任的转变，以及在下列情况下所面临的挑战：Edgemont 工厂员工技能的升级，家具设计和生产过程中所应用的高级加工流程中缺陷的解决，以及对来自员工的不可避免的抱怨的处理，这些员工可能来自小城镇，对于新的任务不满意，或者可能会作为催化剂促使这家美国唯一一个没有成立工会的家具加工企业成立工会。

讨论题

1. 如果你是 River Woods 工厂总经理职位选举委员会的一员，基于你在本章中学到的关于个人权力来源的知识，描述你认为理想候选人的资质是什么。

2. 如果你得到了 River Woods 工厂总经理的职位，基于你所学的关于职位权力的来源，你将采取什么行动确保自己作为公司的第一任总经理拥有必要的权力来履行所分配的职责？

3. 利用本章后半部分关于影响战略的信息作为指导，为你要接受 River Woods 工厂总经理的职位而可能会遇到的挑战制定战略。

获取权力的练习

修补管理系统中的权力失败

罗莎贝恩·坎特（1979）指出组织中所谓的"坏的管理"大部分只不过是人们在保护

他们缩小了的权力基础。她提出不应该批评这些管理者不能胜任，而是应该加固他们对个人权力的感觉。如果解决了被感知的权力缺乏这个真正的问题，糟糕的领导所表现出来的不合意的症状往往会消失。这个观点与本章所讨论的原则是一致的。

任务

本练习要求你为感到无权的个人提供建议。对于下列每个情境，组成小组来探索提升这3个人的权力基础的途径。准备报告你的建议。

情境1：一线监督员

6个月前，凯特·谢林（Kate Shalene）从销售助理的职位被一举提拔成为某高档百货商场配件部的经理。她对她新近的提升感到自豪，但是也很吃惊地发现自己越来越感到没有权力。这个职位不是一块踏脚石，她越来越感觉这是一条死胡同。在她之上的管理者都与她的年龄相当，但他们在公司中扩张权力的愿望还没有实现。她不是组织的中心人物，她感到如果她没有出什么乱子，就不会有人注意到她。她被期待成为下属的支持者，但是他们从不回报她的好意。她被期望在没有上级支持的情况下接受他们的想法。通常，她感到虽然她一直"从两方面来考虑问题"，但她的工作还是被规范极为严格地束缚着，因此她对自己所做的事情和处理问题的方法很少有决断权。她对下属的工资和奖金只有很有限的权力，因为工会协议没留下多少灵活性。因此，她感到自己无力以真正起作用的方式来奖励或惩罚他们。

结果，她发现自己越来越习惯于强加规则，让下属按她的要求做事。对于下属取得的任何成功或受到的任何赏识，她变得越来越忌妒，因此常常切断他们与组织更上层的联系，阻碍他们得到充分的信息。她不再喜欢不拘礼节，而是愈加僵化地遵循标准的操纵程序。可以预言，她的下属将变得越来越低效并充满抵触情绪。

情境2：人力资源专员

陶亮（Tao Leung）一年前作为人力资源高级专员加入了组织。他相信这一职位可能是自己引起高层重视的一个途径。但是实际上他感到被孤立和遗忘了。作为一名专业人员，他几乎从未拥有在他狭窄的专业领域之外的任何决策权。组织中发生的大多数事情都没有他的参与。革新和创业活动完全与他无关。虽然一些财务和营销人员得到了职业发展的机会，但似乎没有人关心他是否更有经验和能力。他们只是把他看成专家。因为他的工作不需要与部门以外的人交流，所以他几乎没有什么机会可以培养能够与接近上层的人进行接触的人际关系。

让他痛苦的是，一名顾问多次被请来负责本该属于他的领域的项目。他认为，既然可以聘请顾问来做他的工作，那他对于组织肯定不是那么重要。

陶亮发现自己越来越小心翼翼了。他不希望其他人进入自己的专业领域。他试图向他人证明他的能力，但是他越这样做，他就越被认定为专家，处于组织的主流之外。总之，他感到自己在职业发展的道路上一步步后退。

情境3：首席财务官

亚迪亚·拉格哈里（Aadhya Laghari）已经担任首席财务官3年了。当她获得这个职位的时候，她感到她职业生涯的最终目标已经达到了。现在她却没这么确信了。她惊奇地发现有无数的条条框框在限制她的判断权和创新性。例如，她的工作有过多的相关要求和细节，以至于她没有时间从事任何长期的规划。往往有看起来更为紧要的事情需要她予以关注。不幸的是，这种制约多数来自她无法控制的来源，如政府的法规、对董事和股东明确责任的要求、工会关系和平等雇用法令等。她已经建立了作为一名成功的管理者具有创业精神、创造力和革新性的声望，但是这些特点中没有一个适合她现在的工作需要。此外，因为她深陷于这些事务性工作，她变得越来越与组织的信息流脱节了。她对一些事情必须保密，但是这使别人不愿意和她共享信息。她有几名助理，他们应该对组织进行监控，为她提供信息，但是她常常感到他们只告诉她那些她想听的事情。

亚迪亚听到了有关某个特殊利益集团要求她从高层中退下来的传闻。她的反应是变得越来越独裁和具有防御性，结果是组织变得越来越保守并以控制权为导向。她感到自己处在下降的螺线上，但是她找不到扭转这种趋势的方法。她沉思道："我原以为'高处不胜寒'只是一种比喻。"

有效地运用影响力的练习

在组织中，管理者由于其职位被赋予正式的权力。不过，他们常常发现权威并不能被很容易地转换为实际的影响力。尤其是当他们与同等地位的人一起工作的时候，他们发现必须通过交易、说服等方法来发展非正式的关系。这些关系在组织中形成了真正的影响力基础。

作业

在阅读下列案例之后，假设你扮演的是卡琳娜·伊万诺夫（Kalina Ivanov）的职员角色。组成小组，展开非正式的讨论，设计一个能对卡琳娜的同事和上级施加影响的方案，使他们支持她的建议。第一，确定哪个影响策略（或者哪些策略组合）最适合这一情境；第二，利用表5-7建议的特定行动来执行你的策略。准备对你的建议及其理由进行报告。

卡琳娜·伊万诺夫的建议

卡琳娜·伊万诺夫最近被 Challenge 产品公司（CPC）聘为高级市场经理。她此前在 Pearces（一家主要的竞争者）的经历为她赢得了"有创造力、勤奋的管理者"的评价。在 Pearces，她所在部门的销售额在过去5年中每年至少增长15%，并且《当代管理》（*Contemporary Management*）的一篇文章介绍了她的事迹。正是这种能力和魅力的结合吸引了 CPC 的 CEO 约翰·迪尔沃思（John Dilworth）的注意。约翰正在为电子产品的销售额连续两个季度下降的问题而烦恼。电子商品是 CPC 业务的核心，他不能冒失去市场占有率的风险。

过去，CPC 的产品占据了相当大的市场份额，具有讽刺意味的是，市场营销并没有被认为是很重要的。生产部门吹捧其高质量和低成本，采购部门强调其对保持低成本的贡献，而工程部门则强调其设计的耐久性。很多人认为 CPC 产品是"酒香不怕巷子深"。

但这是在来自亚洲的更便宜、"看起来相似"的产品在折扣商店泛滥之前的事情。CPC不能再凭借它是历史最悠久、最有名、最可靠的品牌来获得顾客的高度忠诚。卡琳娜确信为了使CPC保持竞争力,公司需要拓展生产线,在不同的价格水平上提供更多的选择。她感到他们还需要扩展"潮流设计",来响应现代年轻人的生活方式。

这些改变在CPC的其他部门存在很大的分歧。首先,他们表示工程部门将不得不缩短设计周期,为更宽的产品范围提供支持,并且要强调以顾客为导向而不是以功能性特点为导向。这些变化显然不能被生产部门所赞同,该部门戒备地保护自己以往仅仅以标准订货和相对较少的型号变化为基础的长期生产运行模式。他们也强调了装配和流水线的简洁。另外,还需要为购买非标准化的部件寻找新的货源,这样将更难得到批量折扣和质量保证。

在CPC工作3个月之后,卡琳娜觉得自己已准备好向约翰提出建议了。在约翰去度假之前,她要给员工加点儿压力,为她的计划画上圆满的句号。她没有失望,约翰认为这是获胜的方法。他很兴奋,并且准备"拍板"。但是他也现实地考虑到了要说服其他人相信这些变化的必要性所面临的困难。约翰在生产、采购和工程部门里的对手一定会反对。"这将是一次困难的推销,但是我相信你已经有了一些好点子。"他说道,"当我外出的时候,我希望你为得到其他部门的合作制订计划。你可以从我这儿得到一般性的支持,但是我们的组织文化与制定规则迫使他人接受这种做法是不一致的。你将不得不找出其他一些方法获得他们的支持。"

抵制不需要的影响企图的练习

变得有权力和影响力的一个重要方面是减少不适当的依赖。显然,社会上和工作上的相互依存是组织生命整体的一部分。大部分相互依存的形式是自然的和健康的。然而,有时个体试图通过实行不适当的影响将相互依存变为单向依赖,其目的在于通过创造权力的显著不平衡来增加他们超越他人的权力。

作业

下面是两个角色扮演的练习。在每个练习中,设想一个需要抵制不必要的影响的人的角色(伊莎贝拉或阿马利娅)。在角色扮演开始之前,复习相关的行动指南,确定哪个组合是最恰当的,并且计划你处理这个问题的策略。不要读关于其他角色的描述(比尔或爱子)。在角色扮演之后,指定的观察员将给你提供反馈。

Cindy 快餐店

伊莎贝拉·加西亚(Isabella Garcia),助理经理

你是Cindy快餐店位于大学城的一家快餐连锁店的助理经理。你是为数不多的毕业后留下的学生员工之一。因为家庭原因,你不准备去其他城市发展,而当地也没有很多工作机会。毕业前的春天，老板给你提供了助理经理的工作。这个时机刚刚好。你在 Cindy 的工作激发了你对商业的兴趣，而且你教学实习的经历并不太成功。尽管你的父母不太高兴——他们为你在昂贵的私人文学艺术学院交了 4 年的学费，却换来你"烤汉堡包"的工作，但当你解释你拥有发展机会，并且有可能获得特许经营权的时候，他们的态度缓和了。"另外，"你告诉他们，"我将只在这个职位上待 3 年，然后我可以再考虑是否申请经理的职位，或是再次尝试找个教书的工作。"

难以相信现在已是毕业后两年了。你的老板比尔已经为帮助你学习当经理做了尽责的工作。他迫使你拼命地工作，但这也给了你很好的培训。你为他的帮助而感到欠他的人情。你们已经成了亲密的朋友，虽然让你感到不快的是他不时说些低级的笑话，并且在休息时与一些家伙在后面的房间里进行男性至上主义的讨论。

一天夜里，在其他员工回家之后，你还在忙于当天的文书工作。晚上加班是这份工作的不好之处。在你即将关灯离开时，比尔进来了。他在关门前随便进来并没有什么异常。他单身，喜欢在工作后打保龄球，有时在要回家时会顺便进来。当他请你进他的办公室的时候，你正好在穿外套。他关上门，将一张椅子拉到你身边。"伊莎贝拉，我已经非常清楚地看到了你的表现。你工作很努力。员工们欣赏你的管理风格，同样我也喜欢你。我想我有一个好机会可以转到辛辛那提的一家更大的店去。我很高兴能离开这个小镇，离公司总部更近，获得更多的关注。"

当他移动椅子更靠近你时，你开始变得有点紧张。"我认为你将是我很好的接班人，但是你没完成你全部的助理期。我需要申请公司给予政策上的特殊照顾。并且，我将不得不为你向老板说好话。无论如何，这对我来说有一些风险，因为地区经理是在原则上非常坚持己见的人，并且我已经请他为我推荐辛辛那提的工作。但是，我愿意在某种条件之下冒险。"当他等待回答的时候，你非常清楚地知道了这次谈话的意义何在。

比尔，经理

你为伊莎贝拉所吸引已经有一段时间了，你发现她非常有魅力，喜欢有她的陪伴。你有几次制造借口来和她聊天或和她单独待在一起。你认为伊莎贝拉也发现你很有吸引力。最近她似乎特别友好。你猜想她或者为了谋求你的工作，或者向你发送信号，告诉你她想使你们的关系超越严格的工作关系，或者两者都有。另外，你感到她欠你点儿什么。为了培训她你付出了很多努力，并且你已经向老板暗示你认为伊莎贝拉已具备晋升的资格了。

上午 9：00 到晚上 7：30

阿马利娅·彼得罗夫（Amaliya Petrov），贷款官员

你在一家小消费贷款公司工作。该公司的职员由你、另一个贷款官员和秘书构成。上个月，一家更大的金融机构收购了你所在的公司，并做了一些人事变动。另一位贷款官员（你与他共事了 4 年）被佐藤爱子（Aiko Sato）替代了。你与爱子几乎同时进入公司，你们已经认识好几年了。实际上，你曾与她一起在安娜堡分部工作过一年。在那段时间，你们两个都是单身，并且一起享受底特律夜生活的乐趣。你听说爱子还是单身，并"过着一种躁动的生活"。与此相反，你已经结婚 3 年了。你期待和爱子再次共事，但是你也担心，你失去对夜生活的兴趣是否会影响你们的关系。爱子得到有能力但懒惰的评价。大家都知道她会接受许多贷款申请，然后与同事讨价还价，或者诱使他们帮忙完成烦琐的信用检查过程。你怀疑这是否与她叔父是银行的创办合伙人有关。

在爱子到来之后，你对你们在工作态度和生活方式上的差异感到震惊。你对自己说："好家伙，3年会产生多大的差异啊！"你和你先前的同事吉姆都结了婚，并且你们两人都喜欢在上午9:00到下午5:15之间精力充沛地工作，在方便的时候吃午餐。你和吉姆有很好的工作关系，并且，你经手的贷款量稳定增加。大家甚至开始讨论增加人手的问题。相反，爱子喜欢悠闲的早晨，从10:30才开始工作，午餐像墨西哥人的午休时间一样长，并且在下午4:00到晚上7:30之间埋头工作。

你和丈夫的婚姻正在经历一些波折，你觉得晚上回家非常重要。你的丈夫在上夜校，会在晚上8:00去学校。这个为期三年的教育项目是极端紧张的磨炼。不幸的是，这种压力似乎让人无法承受。当你在办公室待到很晚时，你不仅失去了与他共进晚餐的机会，你甚至只有在他下课之后才能看到他。当你们俩都很疲惫时，就没有机会共同度过美好时光。而在周末，似乎大部分的时间都要忙于做家务。

因为办公室职员太少，所以工作节奏上的差异给你带来了很多困难。爱子在早晨效率不高，并开始抱怨你一到下班时间就冲出门外。慢慢地，你们的关系开始紧张起来。你清早处理大部分未预约的业务，在你的办公桌上吃午餐，并且最晚在下午5:30之前做完你分内的工作。相反，爱子在下午4:00才进入高运转阶段。因为公司规定需要相互检查贷款审批，所以当你说你不能等到下午5:00之后检查她的工作时，爱子变得急躁起来。有几个晚上你的态度有所缓和，待到晚上7:00或8:00，但是，你的丈夫非常不高兴。当你不待到很晚的时候，你早晨又得面对办公桌上的一堆工作，这使你很难会见新顾客。并且，爱子已经几次试图让你对她的贷款申请书做信用检查，并说新业务非常紧急。

事情必须改变！你决定今天和爱子一起吃午餐，对她说你有怎样的感受。

佐藤爱子，贷款官员

你已经为公司工作10年了，你的工作十分出色。在这段时间，你曾经拒绝过一家大金融机构提供的工作机会，因为你喜欢在小公司工作的灵活性。另外，你的家庭富裕，所以你不必为赚钱操心。

在其他办公室，你的同事都乐于适应你的工作风格。他们认为你是公司最好的贷款官员之一——并且你的叔父是银行的创办人之一——因此他们容忍你的特殊。

但是，你的新办公室同事（并且你认为是老朋友）是一个例外。自从你到任之后，你们的关系由于你们不同的时间表而变得紧张。你不理解她为什么不能给你的工作风格以更多的宽容。毕竟，你将工作完成了，而这是真正重要的。另外，你寻求援助的要求并不是那么不讲理，其他的同事总是乐于应允的。

你想到即将进行的讨论，你意识到让阿马利娅改变她的工作习惯使之与你保持一致是多么重要。并且，你希望能说服阿马利娅在你落后的时候能努力投入并帮助你。你在上班途中默想，"我的意思是，这是同事（并且是老朋友）应该答应的，不是吗？"在讨论的时候，你打算强调你的要求的合理性。别人没有坚决地反对，为什么阿马利娅会这样？如果这不见效，你计划尝试与她进行一点交易。也许你会为阿马利娅在你叔父（公司的一位创建者）面前说些好话。阿马利娅的职位上升得并不快，并且，她可能很想调到大城市更大的办公室去。有可能，她可以晋升为高级贷款官员。

技能应用

获得权力和影响力的活动

建议作业

1. 选择一位曾对你抱怨自己在组织职位上无权的朋友或伙伴。此人既可以是在学校组织中处于比较重要的领导位置也可以是处于一个工作组织中较低职位的人。也许这个人感到他的个人能力没有在那个职位上得到尊重。同这个人一起坐下来，指导他如何在组织中获得权力（你可以运用本章开头的评估量表作为诊断工具）。作为谈话的一部分，制定具体的行动方案来增加权力的职位基础和个人基础。同你的朋友讨论计划的结果，并报告他的成功。

2. 运用获取权力的行为指南，制订一个计划来增加你在某个组织情境中的权力。描述这个组织情境，包括使你感到无权的因素。用你在评估量表上的得分作为诊断的辅助工具。阐明用来使你的职位和个人权力得到提高的详细的策略。就你的结果做汇报，描述变得更有权的好处。

3. 在一段时间之后，分析你影响其他人的努力。运用"3R"模型对你的策略进行分类。考虑你使用每个策略的理由。你是否重复地依靠一个或两个策略，或者，你是否根据情况改变了你的方法？不断跟踪每个尝试的结果信息。你对某个策略的运用是否可以获得更多的成功？接着，选择一个你试图影响的人，一个你们有亲密的、持久的关系的人。和那个人一起讨论不同的影响策略，问他每个方法的使用频率会对你们的关系产生什么影响。

4. 看至少两部现实题材的电影、戏剧或电视剧。观察各种角色所使用的影响策略。他们使用最频繁的是哪种形式的影响策略，为什么？是否某些人表现出对某种策略的特别偏爱？如果是这样，这个策略是以个性特征、性别角色、权威关系，还是以情境性因素为基础的？这些影响尝试如何取得成功，并且它们对现有的关系有什么影响？

5. 识别一种特定的关系，在这种关系中你通常被要求去做你不愿意做的事情。运用相关的行为指南来抵制这种不必要的影响，设计一种策略对下一个企图作出斩钉截铁的回应。与你的朋友或同事用角色扮演的方法演练这种策略，并采纳他的建议。在实现你的计划之后，就其结果做汇报。其反应是什么？你对自己立场的表达是否成功？是否就将来的相互交往达成了一个更为公正的理解？根据这种经验，检查这种策略对其他关系是否恰当。

应用计划和评估

本练习的目的是帮助你在课外环境和真实的生活中应用这一系列技术。既然你已经熟悉了形成有效技能基础的行为指导，你将通过在日常生活中尝试这些指导原则来获得最大程度的提高。和班级活动不同，在那里反馈是即时的，并且其他人能以他们的评价来帮助你，这里的技能应用活动的实现和评估全部要靠你自己。这个活动包括两个部分：第一部分帮助你准备应用这些技术；第二部分帮助你评估和改进你的经验。务必回答每一个问题，不要跳过任何一个部分。

第一部分：计划

1. 写下这一技能中对你最重要的两个或三个方面。它们也许是弱点所在、你最想改进的地方或你所面临的问题最突出的地方。明确你想要加以运用的这一技能的特定方面。
2. 现在请确定你将要运用技能的环境或情境。通过记录情境的描述来建立一个行动计划，计划中包括谁？你什么时候完成它？在什么地方做？

情境：

涉及哪些人？

何时？

何地？

3. 明确你将运用这些技能的特定行为。使这些技能具有可操作性。
4. 成功绩效的标准是什么？你怎样知道你是有效的？什么能表明你完成得很好？

第二部分：评估

5. 在实施了计划以后，记录结果。发生了什么？你有多成功？其他人的反应怎么样？
6. 你怎样可以得到提高？下次你将做哪些改进？将来在相似的情境下你的反应会有何不同？
7. 回顾整个技能练习和运用的经验，你学会了什么？有什么令你感到惊讶？这些经验将如何长期为你提供帮助？

评分要点与对比数据

获得权力和影响力

评分要点

技能领域	项目	评估	
		学习前	学习后
获得权力			
专业技能（个性特征）	1		

续表

技 能 领 域	项　目	评　估	
		学习前	学习后
人际吸引力	9		
	2		
	10		
努力	3		
	11		
中心性（职位特征）	5		
	13		
可见性	6		
	14		
灵活性	7		
	15		
相关性	8		
	16		
使用影响力	17		
	18		
	19		
	20		
	21		
抗拒影响力	22		
	23		
	24		
增加权威	25		
	26		
	27		
	28		
	总分		

对比数据（$N=5\,000$ 名学生）

将你的得分与三个标准进行对比：

1. 可能的最高分＝168 分；
2. 同班其他同学的得分；
3. 5 000 名商学院学生的平均数据。

学习前得分		学习后得分
134.93 分	＝平均值	＝142.95 分
145 分或以上	＝前 25%	＝154 分
136～144 分	＝25%～50%	＝144～153 分

126~135 分　　　=50%~75%　　=134~143 分
125 分或以下　　=后 25%　　　=133 分或以下

使用影响策略

评分要点

惩罚		互惠		劝服	
项目	得分	项目	得分	项目	得分
1		2		3	
4		5		6	
7		8		9	
10		11		12	
13		14		15	
总分		总分		总分	

主要影响策略（最高分）：_____
次要影响策略（第二高分）：_____

Developing Management Skills

第 6 章

激励绩效

管理技能目标
- 了解哪些因素有助于提升工作绩效
- 培养高绩效
- 识别造成不合格绩效的原因并予以纠正

技能评估
- 诊断低绩效并增强动机
- 激励绩效评估

技能学习
- 增进动机和绩效
- 了解成功完成任务的先决条件
- 培养高绩效
- 诊断造成不合格绩效的原因并予以纠正
- 小结
- 行为指南

技能分析
- Electro Logic

技能练习
- 乔·钱尼
- 激励绩效评估
- 工作设计调查

技能应用
- 建议作业
- 应用计划和评估

评分要点与对比数据

技能评估

激励绩效的诊断调查

下面简单介绍本章的评估工具。在阅读本章正文前应当完成所有的评估。

完成初步的评估后,将答案先保存下来,等完成本章正文的学习后,再进行一次技能评估,然后与第一次的评估结果进行比较,看看你究竟学到了什么。

- 诊断低绩效并增强动机评估度量的是你激励其他人从而根据你的特定需要有的放矢地学习的能力。
- 激励绩效评估用来度量你自己在当前(或近期)的工作环境下的激励和绩效。

诊断低绩效并增强动机

第一步:在阅读本章内容之前,请对下面的陈述作出回答,把数字写在左栏(学习前)。你的回答应该反映你现在的态度和行为,而不是你希望它们应该如何。请诚实作答。这个工具的目的在于帮助你评估自己的自我意识水平,借此确定你所需要的特定学习方法。完成这项调查后,参考本章章末的评分方法,从而确定在本章的讨论中对你最为重要的、应该掌握的技能领域。

第二步:当你完成本章的阅读和练习,尤其是当你尽可能多地掌握了本章后面的技能应用部分后,遮住你先前的答案,对同样的陈述句再做一次回答,这一次是把回答填在右栏(学习后)。当你完成调查后,采用本章章末的评分方法测量你的进步情况。如果你在特定的技能领域中得分仍然很低,可根据技能学习部分的行为指南一节做进一步的练习。

评估尺度
1　非常不同意
2　不同意
3　比较不同意
4　比较同意
5　同意
6　非常同意

评估

学习前	学习后	当别人需要被激励时:
_____	_____	1. 在处理绩效问题时,我总是最先弄清楚这是由于缺乏激励,还是由于缺乏能力所导致的。
_____	_____	2. 我总是为所期望的绩效设立一个明确的标准。

3. 我总是主动提供培训和信息，而不是亲自去完成任务。
_____ _____ 4. 我能够坦诚并直接地提供绩效反馈，并且评估改进的机会。
_____ _____ 5. 我利用多种奖励方式以增强出色的绩效。
_____ _____ 6. 当需要教导时，我会给出具体的改进建议。
_____ _____ 7. 我对所分派的任务进行设计，以使它们具有趣味性和挑战性。
_____ _____ 8. 我尽力提供与每个人价值相符的报酬。
_____ _____ 9. 我确保人们能感受到公平和平等的待遇。
_____ _____ 10. 我确保人们能够得到关于工作绩效的及时反馈。
_____ _____ 11. 在采取任何挽救或惩戒行动之前，我会仔细地诊断拙劣绩效的原因。
_____ _____ 12. 我总是帮助人们确立富于挑战性的、具体的、有时限的绩效目标。
_____ _____ 13. 重新分派或解雇一个绩效拙劣的人，仅仅是我迫不得已时才采用的方法。
_____ _____ 14. 只要有可能，我就会确保高绩效与有价值的报酬相联系。
_____ _____ 15. 当下属的努力低于期望或能力水平时，我总会进行惩戒。
_____ _____ 16. 我力图结合或轮换任务（工作），从而使人们能够使用多种技能。
_____ _____ 17. 为了达到团体的相互支持，我力图安排一个人在团队中与其他人一起工作。
_____ _____ 18. 我确保人们能够使用现实的标准去衡量公平性。
_____ _____ 19. 对于富有意义的成就，我能够立即给予表扬或采取其他的认可方式。
_____ _____ 20. 我总是要确定一个人是否具有必要的资源和支持来完成一项工作。

激励绩效评估

请以你目前的或以前的工作情形为基础对下列陈述作出回答，然后翻到本章章末查看评分要点。

评估尺度
1 非常不同意
2 不同意
3 无所谓
4 同意
5 非常同意

_____ 1. 我相信我的老板分配报酬时存在偏颇。
_____ 2. 如果能接受更多的训练，我可以干得更出色。
_____ 3. 我大多数时候并不喜欢我的工作。
_____ 4. 我相信我的本领和能力与我的工作职责很匹配。
_____ 5. 我相信我的老板的期望是不明确和不现实的。
_____ 6. 如果我表现出色，我可以获得的奖励和机会对我个人来说很有吸引力。
_____ 7. 我觉得我受过的训练足以完成目前的工作任务。
_____ 8. 我的主管表示，我并没有尽我所能去完成工作任务，而我对此并不同意。
_____ 9. 我相信我有足够的资源可以做好我的工作。

_____ 10. 我认为我的工作对于我的能力而言太难了。
_____ 11. 我了解我的老板的期望，并且总的来说觉得这些期望是现实的。
_____ 12. 我并不觉得高绩效者可获得的报酬和机会很有吸引力。
_____ 13. 我的工作总体上是令人愉快和充实的。
_____ 14. 我相信奖励是基于绩效公平分配的。
_____ 15. 我的上司和我对我的工作表现意见一致。
_____ 16. 我认为我的工作表现受到资源缺乏的阻碍。

技能学习

增进动机和绩效

犹他州一家拥有 23 000 名员工的保健组织 Intermountain HealthCare（IHC）的焦点小组所做的一项调查表明，大多数一线工人不会放弃他们的工作，除非其他雇主承诺薪酬增长 20%，津贴至少增长 30%（IHC 员工意见调查数据库）。对受雇工作有这样的承诺和热情，在我们当今的经济中是极为珍贵的。大多数组织都努力想留住他们最好的员工，激励他们达到更高的绩效水平。来自 IHC 的三位一线员工的话表明，通过他们所感受到的激励和奖励性的工作环境以及 IHC 强调的价值观，IHC 赢得了员工的忠诚［艾莉森·麦基（Alison Mackey）访谈］。

"我之前从来没在一个如此关心员工的环境中工作过。所以我们会用同样的态度对待我们的顾客。"

"我认为 IHC 是一个非常关心员工的组织，这样它才能吸引拥有技术和人际沟通方面的知识与经验的员工。"

"IHC 所倡导的价值观让我从没想过要离开。"

IHC 为建立一个激励绩效的工作环境所做的努力，提高了其临床保健水平和利润。2016 年，IHC 被《福布斯》评为"美国最佳雇主"，并第五次被盖洛普评为美国"最佳工作场所"之一。同样值得一提的是，2017 年 IHC 旗下的 4 家医院被 Truven 评为"百强医院"，这在美国的医疗机构中是绝无仅有的。此外，IHC 的董事长兼首席执行官被《现代医疗保健》（Modern Healthcare）杂志评为"50 位最具影响力的医生高管和领导者"，2017 年总排名为第 10 位（https://intermountainhealthcare.org/about/transforminghealthcare/awards-and-recognition）。

不论在卫生保健还是在重工业领域，像 IHC 这样高度激励员工的组织在任何市场竞争中都是有备而来的。与所有杰出的竞争力一样，员工忠诚度是很难获得的——如果很容易的话，那它也就没有什么竞争价值了。

在连续破纪录地 7 次获得 NBA 教练头衔之后，菲尔·杰克逊（Phil Jackson）被问及他激励专业篮球运动员的方法。他回答说："我并不激励我的球员。你无法激励他们，你所能做的就是提供一个激励性的环境,这样队员就会激励他们自己。"(Jackson,2000)我们相信,在对这位当代最成功的教练的访谈中反映出来的"教练式管理者"和"帮助式激励"模式为我们的讨论提供了恰当的背景框架。无论管理者面对的是一群钢铁工人、计算机程序员、艺术家还是篮球运动员,他们都面临培育激励的工作环境这一共同挑战。

本章的内容有助于你成功地履行这一基本管理责任。为此,我们首先要解决一个基本问题:"为什么有些人的表现比其他人优异?"研究了任务绩效的预测因素之后,我们将重点放在其中一个方面——个人动机,这也是本章的中心内容。我们利用一个四步骤模型来深入探讨管理者可以采取哪些行动以加强动机→绩效环节。在最后一节中,我们将提供指导,帮助那些绩效低于预期的团队成员找出阻碍绩效提高的因素。

了解成功完成任务的先决条件

一般来说,管理者的基本职责是帮助下属取得高绩效。培训项目和相关指南通常集中在一些关键的想法和实际建议上。我们的目标是通过广泛了解成功完成任务的先决条件来对这些材料进行补充。

我们首先讨论如何有效地管理工作绩效,要回答的问题是"数十年的研究揭示了工作绩效的预测因素是什么?"。几位学者(例如,Gerhart,2003;Steers,Porter 和 Bigley,1996;Vroom,1964)指出了任务绩效的关键要素。

根据图 6-1 中的公式,绩效是期望乘以能力再乘以动机的乘积。公式中的乘法函数表明所有因素都是必要的,它们是先决条件。例如,让具有所要求的 100% 的动机和 75% 的能力的工人去完成一项任务,他们可以取得平均水平之上的绩效。然而,不管这些人拥有多少能力,如果他们没有动机,那么他们的表现将是不可接受的。如果这些人只有所要求能力的 10%,那么无论多少动机都无法使他们令人满意地完成任务。简单地说,个人或团体的表现(在生活的任何方面)都可以用这个公式来解释。

$$\text{绩效} = \underset{(\text{应当做})}{\text{期望}} \times \underset{(\text{能够做})}{\text{能力}} \times \underset{(\text{将会做})}{\text{动机}}$$

图 6-1 成功完成任务的先决条件

绩效期望(performance expectations) 是指与职位、角色或工作相关的绩效要求。期望给出了衡量执行任务的个人绩效的标准。绩效期望要解决的是主观问题:"我应该做什么来满足期望?"

就我们的目的而言,能力要解决的是主观问题"我能完成预期的任务吗?"。这是一个非常宽泛的范畴,涵盖了一个人做好工作所需的除了动机以外的一切,包括一个人的天赋、与任务相关的培训及相应的组织资源。

在线商务词典(businessdictionary.com)将动机定义为"激发人们对工作、角色或主题持续感兴趣和投入,或努力实现目标的欲望和能量的内外部因素"。因此,动机有两个组成部分:参与一项任务的愿望和保持参与的承诺。在工作环境中,动机通常等同于可以观察到的:与任务相关的努力(高动机=高努力,即努力工作)。这与表达出来的愿望、先前的努力或承诺的表现并不相同。动机反映在第三个主观问题上："我会做预期的事吗？"

这里需要谈谈管理者在"激励他人"方面的作用。对于管理者来说，假设员工在接受新的工作或被分配了新任务时决心努力工作并做好工作是个好主意。这意味着随后的缺乏努力是一种"习得的反应"，也就是说它反映了一个人的在职经历，而不是某种先天的倾向。因此，虽然管理者没有责任"激励"与自己一起工作的人，但使用本章所介绍的方法增强人们的初始动机，是符合每个人的最佳利益的。

如图 6-1 所示，动机是成功完成任务的三个先决条件之一。正如本章的题目"激励绩效"所反映的，我们的重点是管理者如何加强动机→绩效环节。我们关注动机对绩效的贡献的理由有三个：(1) 缺乏对特定任务的绩效预期的共同理解很少是问题，而且误解可以很快消除；(2) 如果员工没有完成任务的能力，他们通常会大胆地说出来；(3) 由此可见，在日常工作中，动机对绩效的影响最大，而管理者每天所做的事情对动机的影响最大。但在探索加强动机→绩效环节的方法之前，我们需要了解第三个因素（满意）是如何融入其中的。

本书的一位作者定期举办关于这个主题的研讨会，要求参与者按照他们认为最有效的因果顺序排列这三个概念。总会有人给出如图 6-2 中模型 1 所示的顺序。这一观点的支持者被告知，这是 20 世纪中期学者们的主流观点。然而当那个时代的研究人员对模型进行测试时，他们发现模型 2 而不是模型 1，更符合他们的结果。在如模型 2 所示的修改后的概念中，一个人的动机被视为其绩效的主要驱动力，后文我们将详细研究这么做的原因和方法。尽管满意已经转移到了绩效的另一边，但它对动机的影响通过"反馈回路"得以保留。模型 3 的最后一次迭代增加了"结果"，以澄清个人满意感指的是绩效（如奖励）的个人后果，而不是绩效本身。这个"四要素模型"将充当我们的组织框架。

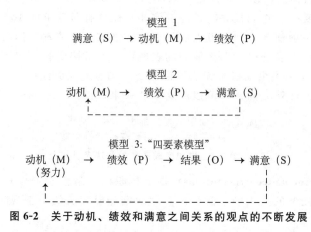

图 6-2　关于动机、绩效和满意之间关系的观点的不断发展

模型 3 提出，人们会被激励去完成一项任务，如果他们相信：(1) 付出更大的努力会产生更高的绩效水平（M→P）；(2) 他们的表现将反映在他们得到的结果中（P→O）；(3) 这些结果对个人来说是显著的，因为它们满足了重要的需求（O→S）。这些信念用问题总结出来就是："如果我努力工作，我的表现有多大可能满足我和其他人的期望？""如果我能达到这个水平，我有多大可能获得预期的回报？""这些奖励令个人满意的可能性有多大？"

培养高绩效

我们现在准备解决的问题是:"管理者如何在团队中培养高绩效?"我们将牢记"一条锁链的强度取决于它最脆弱的那一环"这句格言,确定模型 3 中会加强或削弱每一个连接环节的因素。学者们把这些称为缓和条件,或者简单地说,是缓和剂。这些是影响特定结果的前因条件(积极或消极、微弱或强烈)的影响因素。每种缓和剂都被绘成一个指向连接环节的箭头。

加强动机→绩效环节

动机→绩效环节反映个人对自己的努力将促使绩效目标实现的可能性的估计。图 6-3 说明了我们使用缓和条件对这一联系的强化。生活经验告诉我们,我们付出的努力很少能达到我们的绩效目标。从图 6-1 推断,我们现在了解到动机对绩效的影响取决于两个调节因子:期望和目标;能力。

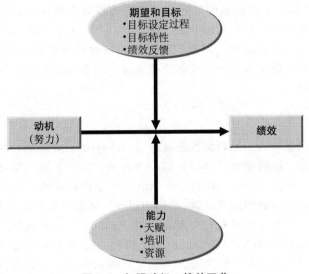

图 6-3　加强动机→绩效环节

期望和目标

励达管理顾问公司根据 1993 年以来收集的数据报告说,跳槽的经理人员中有 1/3 的人在开始新职位的 18 个月内就碰壁了（Fisher，2005）。根据这项研究，要想获得一个好的开始，最佳的方法是询问你的老板他对你有何期望以及你需要在多短的时间内达到这一期望。然而，具有讽刺意味的是，与在初级工作岗位任职的人相比，在管理岗位任职的人的岗位描述没有那么清晰，对其绩效的期望也没有那么详细。组织的态度往往是，"我们付钱雇人就是为了不用下命令，他们就知道该干什么。"

如果我们设想一个连续的绩效评级（不合格—合格—优秀），那么绩效期望就是合格绩效需达到的标准。也就是说，绩效期望给出了必须做到什么程度才能避免受到惩罚。管理者可以使用的为下属制定适当的绩效期望的一种方法，至少在概念上，就是从他们所在团队的绩效期望入手。也就是团队必须完成什么样的任务才能让管理者获得合格的绩效评级，才能免受惩罚。接下来，可以使用团队层级期望为团队内的个人、角色、职能等设置适当的绩效期望。

一个相关的概念——**绩效目标（performance goals）**，则给出了高于预期的绩效水平，达到该水平就能得到奖励。尽管绩效目标可以用来修正不合格的绩效，但它们更常用作对优秀绩效的激励。还应该注意的是，绩效目标不必局限于"生产的小部件数量"。举例来说，当一名新的经营副总裁被分派到位于中西部的钢铁厂时，他制定的三个目标是：将成品的退货率降低 15 个百分点（质量）；将平均运输时间缩短 2 天（顾客满意度）；在 48 小时内回应员工的所有建议（员工满意度）。

也许在组织行为领域，可能没有哪个概念获得的经验检验能够与出色的目标设定增强人们的努力程度相比（Latham 和 Locke，2006；Locke 和 Latham，2002；Latham，2004）。此外，大量研究表明，有目标的团队明显优于没有目标的团队（O'Leary-Kelly，Marocchio 和 Fink，1994）。目标设定理论说明目标是与提高的绩效联系在一起的，因为它们激发努力和直接的关注，并鼓励坚持和策略开发（Sue-Chan 和 Ong，2002）。然而，并非所有的目标都能够发挥作用。要想让目标对我们的努力和绩效有所促进，就必须融入某种特征。总而言之，有效的目标设定有三个重要的组成部分：出色的目标设定过程、正确的目标特性和持续进行的反馈。

目标设定过程

显然，如果下属觉得他们是**目标设定过程（goal-setting process）**的一部分，他们更有可能会"接受"目标。这就是选择自己目标的团队的绩效高于被指派任务的团队的绩效的原因（Sue-Chan 和 Ong，2002）。判断目标设定过程是否有效的一种方法是倾听人们如何谈论个人和团队目标：他们用的是"我/我们的目标"还是"他们的目标"？

在任何层面上，参与性的目标设定都可以简单地问："考虑到你过去的表现，你觉得什么才是合适的目标？"这样的问题不仅增加了目标获得"认同"的可能性，而且为管理者提供了深入了解团队成员个性的机会。例如，有研究表明，当有明确的目标时，具有责任心人格特质的人会更自在（Colbert 和 Witt，2009）。对于这些人来说，问题不在于他们是否采用了目标，而在于他们的个人目标与其上司认为合适的目标的对应程度如何。

然而，有时候很难在设定工作目标的过程中允许大范围的参与。例如，一个计算机编程部门可能无权决定本部门所分配到的应用程序，或者将来的任务应先分配给谁。但是，管理者仍可以让该部门成员参与决定对于每一任务应配置多少时间（"完成这一任务的现实的目标是什么？"）或者由谁来承担所分配的任务（"你认为什么类型的程序富于挑战性？"）。

目标特性

从过程转向内容的研究表明，**目标特征（goal characteristics）**显著地影响实现目标的可能性（Latham 和 Locke，2006；Latham，2004；Locke 和 Latham，2002）。有效的目标是具体的、一贯的和有适当挑战性的。

具体的（specific）目标是可测量的、清晰的和可执行的。具体的目标可以减少对什么行为会得到奖励这一问题的误解。诸如"可靠""努力工作""发挥主动性"或"尽全力"等告诫太过泛泛，而且很难衡量，因此限制了激励的价值。

目标是否具体还表现在一个方面。制定目标的方式影响个体是愿意合作、竞争还是独立行动（Latham 和 Locke，2006）。如果有人可能曲解你青睐的方法，那么就需要消除歧义。共同或单独工作、分享或囤积信息的短期做法可能对一个单位的文化产生长期影响。

目标还应该是**一贯的（consistent）**。某个大型城市银行的一名努力工作的助理副总裁抱怨说，她既不能增加一周中她所写的报告的数量，也不能增加她下"基层"去见员工和客户的时间。目标是不一贯的，也就是说，同时完成这些目标在逻辑上是不可能的，而这会导致挫败感和精神错乱。近期的研究显示，制定了很多彼此间相互冲突的目标的组织会面临"绩效凝固"，因为员工们不知道哪个行为是最重要的，在挫败感之下干脆不知如何是好（Ethiraj 和 Levinthal，2009）。当下属抱怨目标不一致或不一贯的时候，管理者应当保持灵活以重新考虑他们的期望。

目标最重要的特性之一是它们是有适当**挑战性的（challenging）**（Knight，Durham 和 Locke，2001）。简单说来，如果一个人具有必要的技能和知识，那么目标难度与绩效之间就存在线性关系（Latham 和 Locke，2004）。对此的一个解释是所谓的"成就动机"（Atkinson，1992；Weiner，2000）。根据这一观点，受到激励的员工根据他们成功的机会和预期成就的价值来衡量新的工作。实现一个任何人均可以达到的目标，还不足以满足有较高成就动机的人。为了使他们感到成功，他们必须相信目标的实现代表一个有意义的成就。赋予他们成功和成就的意愿，毫无疑问，这些员工将会受到富于挑战性的、可实现的目标的极大激励。

虽然并没有单一的难度标准适用于所有的人，但重要的是要牢记：高期望通常会促成高绩效（Davidson 和 Eden，2000）。正如一位有经验的管理者所讲的，"我们得到了我们所期望的"。《潜意识的阴谋：为什么领导者领导无方》（*The Unconscious Conspiracy: Why Leaders Can't Lead*）的作者沃伦·班尼斯（Warren Bennis）也表示同意，他说，"一项针对教师的研究证实，只要教师对其学生抱有较高期望，就足以使学生的智商分数提高 25 分"（Bennis，1984，2003）。

针对目标难度与目标设定之间的相互作用的研究表明，保持目标难度不变，无论目标是分配的还是参与设定的，绩效通常是相同的。然而，对于复杂的任务，"当需要更聪明而不是更努力地工作时，当需要知识而不是努力（动机）时，如果参与决策能增加找到执行任务的适当战略的可能性，如果能增强人们的信心，使他们相信这项战略能够得到有效实施，就会带来更高的绩效"（Latham，2004）。

绩效反馈

除了选择正确的目标类型，一个有效的目标计划还必须包括**反馈（feedback）**。目标设定和反馈是自我管理的重要组成部分（Latham 和 Locke，2006，第 334 页）。绩效反馈为讨论如何评估绩效、澄清期望、调整目标难度和确定阻碍实现绩效目标的因素提供了机会。为了实现绩效反馈的最大效益，应该经常进行反馈。如果完成一项任务或达到一个目标所要求的时间很长，这些"进展报告"尤为关键。例如，反馈对于诸如编写庞大的计算机程序、为本地的慈善机构募集 100 万美元等项目是十分有益的。在这些情形中，反馈应当与中间阶段的实现或具体目标成分的完成相联系。

除了反馈的时间安排外，反馈的内容也会显著影响其提高绩效的潜力。根据经验，为了增加绩效反馈的激励潜力，应尽可能具体地包括示例。记住，反馈，不管是积极的还是消极的，本身就是一种结果。给人们提供绩效反馈的主要目的是强化有利于生产的行为，消除不利于生产的行为。但只有当反馈集中在特定行为上时，才会发生这种情况。为了说明这一点，比较以下同样积极的信息的强化价值："你是团队的伟大成员，没有你团队将一事无成。""你是团队的伟大成员。特别是，我注意到，为了在最后期限前完成任务你会不遗余力。"

当一个人的绩效处于边缘或不合格状态时，管理者提供准确、诚实和具体的反馈尤为重要。在长期低绩效的情况下，在下一次正式绩效评估之前定期进行非正式对话尤为重要。管理者在与不满意的员工打交道时不愿意"实话实说"的原因有很多。传递任何坏消息都不是件愉快的事。因此，如果你相信自己是为了即将听到坏消息的人好，那么你很容易就会认为对坏消息加以粉饰是合理的。然而，很难想象一个演砸了的表演者始终得不到详细、诚实、准确的反馈却能取得进步。

能力

在图 6-3 中，能力的作用可以这样总结：管理者需要通过消除与个人和组织能力相关的障碍来实现目标。我们对能力的广义概念包括三个部分：天赋、培训和资源。

能力的组成部分

天赋是指一个人可在工作中使用的本领和能力。天赋包括生理和心理能力，对于许多以人为本的工作来说，还包括个性特征。我们的大部分内在能力都可以通过教育和培训来提高。事实上，我们所说的成年人的天赋才能，很大程度上可以追溯到以前的技能提升经验，如模仿父母或兄妹的社交技能。

不过，将培训视为能力的一个单独组成部分是有益的，因为它是提高员工绩效的一个重要机制。在职位匹配过程中，应根据职位的技能要求筛选申请人，以评估其能力。如果申请人在技能方面有轻微的缺陷，但有其他许多可取的特点，可以利用强化培训方案来提高申请人从事这项工作的资格。

能力的第三个组成部分是与任务相关的组织资源。在某些情况下，由于没有资源（技术、人员和/或政治资源）来有效地执行任务，能力强、训练有素的人被置于抑制其绩效的境地。资源短缺有多种形式，包括缺货、推迟新项目的准备工作、削减预算和推迟招聘申请。

将目标设定和能力联系起来。研究表明，如果一个人缺乏实现目标所需的知识和技能，给他一个具有挑战性的目标比简单地告诉他尽最大努力，有时候他的表现更差。在这些情况下，分配高学习目标的活动是明智的，这些活动可以帮助一个人学习如何掌握任务，这可能有助于实现更高的绩效（Latham 和 Locke，2006）。

我们强调确保员工具备良好绩效所需的能力,这就引出了管理层参与的更广泛主题,即"我应该在多大程度上参与为团队成员提供与能力相关的帮助?"。提出这个问题的管理者希望避免"过多"和"过少"参与的极端情况,他们凭直觉就知道没有"一刀切"的方法。

适当的帮助水平

我们将借助**领导的"路径—目标"理论**("path goal" theory of leadership)来分析(House 和 Mitchell, 1974; Schriesheim 和 Neider, 1996; Shamir, House 和 Arthur, 1993),如图 6-4 所示。该模型背后的研究表明,管理者的参与程度应根据三个因素而有所不同:(1)下属到底需要多少帮助;(2)他们有多期待帮助;(3)他们能从其他组织渠道获得多少支持。

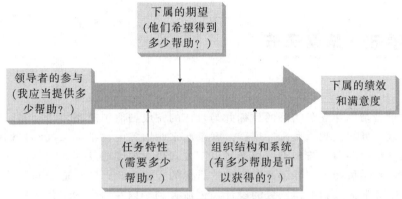

图 6-4 领导卷入和下属绩效

影响管理层参与的适当水平的第一个因素是所执行任务的性质,分为两个维度:结构和难度。一个高度结构化的任务(有很多内在的顺序和方向,并且容易完成)不需要广泛的管理指导。如果管理者提供过多的建议,他们会变得控制过严、专横或者挑剔,这是因为就任务本身的性质而言,下属已经很清楚自己应当做什么了。而对于一项非结构化的(模糊不清)、困难的任务,在问题解决活动中,管理层的指导和强有力的干预会被认为是积极的和令人满意的。

影响管理层适当干预的第二个因素是下属的期望。影响员工对管理层参与的期望的特性是自主的愿望。注重自主权和独立的人宁愿管理者具有乐于分享的、谦虚的领导风格,因为这给予他们更大空间去控制他们所做的事情。

根据该模型,影响员工期望的另一个因素是他们自己的能力和经验。能干的和有经验的员工会觉得他们不太需要管理者的帮助,因为他们得到了足够的培训,知道如何获取必要的资源,并且可以解决与其他部门当事人间的政策上的纠纷。

领导的路径—目标理论认为确定管理层的干预程度的第三个重要因素应当是组织支持的可获得性。管理层干预应当充实所提供支持的组织来源,而不是在某一来源上简单地复制。特别是,当其他团队成员、培训计划或自助工具无法满足员工的工作需求时,管理者应该提供更多的干预。

简言之,路径—目标模型鼓励管理者根据具体情况确定其管理风格,如表 6-1 所示。管理者的直接干预水平应根据工作的性质、组织支持的可获得性,以及个人的经验和技能等因素加以调整。如果管理者对这些权变因素不敏感,那么他们就可能被某些下属认为是在干涉他们探索自己方式的意愿,而另一些人将会感到迷失。

表 6-1　影响管理层干预程度的因素

权 变 因 素	适合管理层高干预的条件	适合管理层低干预的条件
任务结构	低	高
任务熟练度	低	高
下属对自主性的要求	低	高
下属的经验	低	高
下属的能力	低	高
团队规范的力量	低	高
组织控制和奖励的有效性	低	高

加强绩效→结果环节

一旦管理者帮助建立了明确的目标并为目标的完成扫清了道路，激励绩效的下一步就是通过将绩效与外部结果（奖励和惩罚）联系起来并培养内在结果来鼓励目标的实现。为了加强绩效→结果环节，管理者可以通过以下方式最大限度地发挥外在强化和内在强化的绩效潜力：（1）尽可能证明外部奖励与绩效目标的实现相关；（2）适当利用外部奖励和惩罚；（3）通过日常实践和工作任务的设计，创造有利于内在激励的工作条件。这些临界缓和条件如图 6-5 所示。

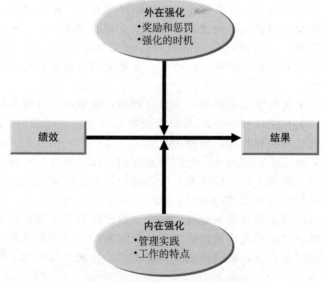

图 6-5　加强绩效→结果环节

在详细研究这些问题之前，我们必须首先讨论如何衡量绩效。必须指出的是，我们对绩效的讨论始终基于采用了客观、相关和商定的绩效衡量标准。我们在前文曾警告说，如果绩效预期不明确且被明确接受，员工在获得低绩效评级后可能会反驳说"这不是我被告知/理解的"。相比之下,如果此时员工表示"我不同意你对我的绩效评估",那问题就更严重了。在第一种情况下,管理者可以澄清自己的期望从而让此事告一段落。然而,如果员工不接受衡量其绩效的方法,那么将绩效评级与外部结果联系起来,也很难增强员工提高绩效的动机。

外在强化

外在动机是指由外在奖励(如金钱、名望、成绩或表扬)或逃避惩罚的欲望所驱动的行为。顾名思义,这些结果是由任务执行者以外的某个人控制的,在我们的例子中是稽查人员。简单地说,如果表现出色的个人或团体认为他们没有得到比其他人更多的奖励,或者如果他们看到很少有人"纠正"不端的行为,那么他们实现绩效目标的动机就会受到影响。

"绩效很重要!"

当管理者将奖励与理想行为相联系时,它们就强化了这种行为(Luthans 和 Stajkovic, 1999; Stajkozic 和 Luthans, 2001)。这些奖励还让组织中的其他人知道什么是最被看重的。强化有利于生产的行为传递出一个明确的信息,即"绩效很重要"。关于奖励系统的最主要的权威人士之一——埃德·劳勒(Ed Lawler)也强调了这一点。他说:"组织的早期奖励系统在塑造其组织文化中往往是至关重要的。它们强化了某种行为模式,表明不同的个体被组织看重的程度不同。它们也吸引了某一类型的员工并以许多细微的方式说明了组织的原则和价值观。"(Lawler, 2000a,第 39 页)

某些现代管理实践似乎并不符合奖励应当与绩效挂钩这一原则。很多公司正在通过提供娱乐设施、图书馆服务、日常保健以及对所有员工均有吸引力的股权方案等具有吸引力的通用福利来缩小员工之间的差异。法国的一家航空公司试图通过允许员工在上班时间利用公司的设备创作自己的工艺品来增进员工与公司之间的个人联系(Anteby, 2008)。Cognex 公司提供的奖励则包括在当地电影院包场播放免费电影和娱乐节目,以及可以乘坐 5 个小时的豪华轿车。公司的 CEO 罗伯特·希尔曼(Robert J. Shillman)说:"给员工 500 美元,他们只会将其存入银行,而根本不会记住。我们希望做一些让人们记忆犹新的事情。"(Lublin, 2006)

虽然将通用福利作为激励项目的核心显然可以激励那些获得了提升生活质量的额外津贴的员工,但是组织也面临无法充分激励高绩效员工的风险。尽管有证据显示有些公司通过采取创新性激励措施降低了员工的离职率,但是排他性地实施人人有份的激励措施也是有代价的。忽视绩效与报酬之间的重要联系有可能让组织很难吸引并留住高绩效者(Pfeffer, 1995)。

这听起来可能不言而喻,但希望提高团队绩效的管理者必须明确表明"绩效很重要"。无论通用(组织层级)奖励与绩效的联系有多紧密,管理者都应该使用部门(团队层级)奖励来提高绩效。以下是一些有效利用奖励方面的技巧:(1) 公开地给予奖励;(2) 不要太频繁地使用奖励;(3) 融入一个可信的奖励程序;(4) 使用奖励陈述以答谢过去的获奖者;(5) 确保奖励在组织文化中是有意义的(Lawler, 2000a,第 72~73 页)。

除了正式的认可之外,管理者与下属的日常互动也是强有力的绩效强化剂。正反面的例子包括：当遇到有挑战性的问题时，你会征求谁的意见；你会把谁列入升职名单；你会挑选谁负责重要的项目；会让谁代表团队去做报告；你会要求谁在你不在的时候代替你发号施令；你在项目报告中关注的是什么。

如果管理者总是将自己的行为与高绩效的期望保持一致，那么他们就可以避免"希望是B，但却对A进行奖励的愚蠢行为"（Kerr，1995）。我们以一位不能容忍冲突和不确定性的研发副总裁为例。她实际上可能希望自己的团队做出创造性的突破。但是如果她总是奖励那些避免与其他人不一致的团队，那么她的下属就不会愿意提出富有挑战性的新点子。从某个方面看，只奖励团结和协调意味着她下意识地在惩罚那些试图推动自己超越现状的团队。换句话说，她原本"希望B（创新性），但却愚蠢地对A（一致性）进行奖励"。

下面是一个经常会被用来说明管理者的日常行为如何影响团队成员的行为的例子。让我们想象一下，有一名希望他所管理的人采取更主动的行动的管理者。他不希望下属把每一个细节都交给他审批，而是希望他们能够自己解决更多的问题。为了实现这个目标，表6-2列出了两个积极或消极培养主动性的行动清单。

表6-2　培养下属的主动性

提　　倡	反　　对
询问"我们将如何处理这种情况？我能做些什么来帮助你达到这个结果？我们怎么利用这些结果？"这意味着你们两人将共同努力，取得双方都将受益的结果。	告诉他们："这是你的责任。如果你失败了，我们都会失败。"
提出能够显示你感兴趣的能够获得即时的真实信息的开放式问题。	以质问的方式提问，只允许员工回答"是"或"否"。
允许员工根据自己的最佳判断来分析和评估组织问题。	将员工的分析和建议视为对管理层的人身攻击，因而拒绝认真对待。
明确说明组织的目标，允许员工提出改进建议。	以专横的口吻或独断的行为提出改进要求。
解释他们忽视了某些方面或过分强调了其他方面，要求他们进一步进行调查或分析。	对他们的计划文案进行批改，划掉你不同意的内容。

资料来源：Reprinted with the permission of Simon & Schuster Adult Publishing Group, from Putting Management Theories to Work by Marion S. Kellogg, revised by Irving Burstiner. Copyright © 1979 by Prentice Hall. All rights reserved.

正如这个例子所表明的，在老板看来无关紧要的行为和反应，往往对下属有强烈的强化作用。因此，"管理者得到的只是他们强化过的而不是他们想要的"以及"人们做的是被检查的事情，而不是被期望的事情"，这些都是真理。的确，管理者对下属行为的反应的潜在强化作用是十分巨大的，这是人们所公认的，"在工作情境中，改变一个人行为的最好方法就是改变他的管理者的行为"（Thompson，1978，第52页）。

奖励和惩罚

通常被称为"行为主义"的行为心理学研究是由斯金纳（B. F. Skinner，1953）开创的。它对"你可以观察和测量的事物"的关注非常吸引人，并且很快成为社会科学的主导范式。行为主义的核心术语"操作性条件作用"是用来描述通过将奖惩与行为联系起来以修正他人行为的过程（Miltenberger，2008）。这种方法使用了各种激励策略，包括正面或负面的强化剂的提出或撤ండ。**强化（reinforcement）**是指任何增加行为频率的行为。**正面强化（positive reinforcement）**是指添加令人愉快的内容；**负面强化（negative reinforce-**

ment）是指移除令人不愉快的内容。相关的术语——**惩罚**（punishment），是指发生不希望的行为时，添加一些负面的东西。为达到我们的目的，我们将注重使用正面强化（奖励）来增加绩效提升行为的频率，并使用惩罚来减少绩效抑制行为的频率。在讨论奖励和惩罚的使用之前，必须指出，希望对消极行为"不予回应"会产生与惩罚相同的后果是徒劳的。人们可能认为不予回应是对不利于生产的或不为世人所接受的言行的忽视（不在意）。

如果一个人行为不当，是因为过去这种行为得到了积极的强化，那么一贯忽视这种行为，最终会导致这种行为的消除，或者说"灭绝"。例如，带着孩子在商场排队结账的人，当孩子尖叫哭闹时，出于绝望，买了一块糖果来让孩子安静下来。如果在未来，孩子的家长能够忍受排队结账时孩子的尖叫哭闹而消除正面的强化剂，则最终会消除负面的行为。在组织环境中，性别歧视、粗鲁的言行可能会得到志同道合的同龄人的微笑、眨眼或笑声等正面奖励。但是，在过去工作中并没有得到正面强化的持续的负面行为又会如何呢？

从心理学中我们了解到，人类被迫解释（理解）自己所处的环境，特别是他人对自己行为的反应，人们的倾向是将这些反应编码为正面（赞同）或负面（不赞同）反馈。在这种二进制编码方案中，基于参与者期望的反应，不予反应被解释为负面反应或正面反应，更具体地说，对它们的解释与期望刚好相反。对于不利于生产的或不为世人所接受的行为，如果被有权纠正的人忽视，没有预期的惩罚很可能被解释为正面反应。（"因为与我的预期相反，我的老板并未反对我刚才的言行，所以今后再有类似的言行也没关系。"）所以，尽管看起来很奇怪，但忽视不良行为与奖励不良行为的效果是一样的。对于忽视不良行为的无心后果，有两件事要记住："什么也不做也是有后果的，"更具体地说，"不存在对不良行为的中立无反应。"

值得注意的是，不奖励积极的行为同样会对绩效造成损害。在这种情况下，对积极行为不予反应可能会被解释为惩罚。（"本周我自愿加班完成了一个大项目，好像没人在意——连一句'谢谢'都没有。我再也不会这么干了。"）一项有趣的研究说明了不给予承认是如何让人们无法坚持的。研究中的学生实验对象被要求完成不需要动脑筋的文书工作，而报酬则少得可怜。他们被告知可以随时退出。实验对象每完成一页纸就将其交给实验人员，而实验人员可能对这页纸表示肯定（看看这页纸，然后在将其归档前点头表示认可）、忽视（看也不看就归档）或者将其撕碎（看都不看就将其放入碎纸机）。正如你可能想到的，自己上交的纸张被撕碎的实验对象是最早退出实验的。不过让人惊讶的是，自己上交的纸张被忽视的实验对象退出实验的速度几乎与前者一样（Ariely，Kamenica 和 Prelec，2008）。对员工的出色工作不予承认造成其不再努力的速度几乎与毁掉他们的工作成果时一样。

尽管对不良或积极的行为没有反应会产生不可靠的结果，我们还是将注意力放在惩罚和奖励策略的正确使用上，如图6-6所示。**惩罚**（disciplining）的方式涉及对一个员工的行为进行负向的反应，其意图是阻止这一行为在未来的发生。例如，如果一名员工总是迟到，那么主管可能会训斥他，并希望这种行为能够减少员工的迟到行为。另外一个例子是，责备那些没有遵守安全规定的员工。

奖励（rewarding）是将所希望的行为与对员工有价值的结果联系在一起。当一名实习生适时地完成一份报告时，主管就会对其迅捷守时给予称赞。如果一位高级经理主动去解决棘手的、费时的问题，她可能会被给予一些额外的时间到风景迷人的地方去出差。不幸的是，即使像这样简单的奖励看起来也只是一种例外，而不是既定的规则。诺埃尔·尼尔森（Noelle Nelson）博士撰写了一本关于赏识在职场的影响力的著作（2005）。她指出，

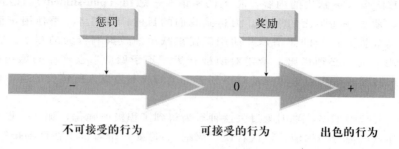

图 6-6 行为塑造策略

根据美国劳动部的数据，人们离职的头号原因是感觉未受到赏识。她还指出，盖洛普所做的一项调查发现，65%的工人声称自己在过去一年中没有听到一句鼓励或赏识的话。尼尔森针对这些数据进行了详细分析，认为即使是最精力充沛、最有效率的员工，如果其出色的工作很少获得认可，而在犯错误时却被吹毛求疵的话，他们也会感到疲惫不堪。

如果使用得当，惩罚和奖励都是培养绩效的有用工具，它们中的任何一个都可以纳入管理者的有效激励方案。如图 6-6 所示，每一个技巧都是与不同的行为矫正的目标相联系的。惩罚应当被用于消除不可接受的行为。但是，一旦一个人的行为达到了可接受的水平，那么负向的反应将不能使这一行为达到出色的水平。图 6-6 的左边表明，下属努力避免其不喜欢的反应，而不是去获得所希望的奖励。相反，正如图 6-6 的右边所示，正面强化为员工提供了他们想要的，从而激励他们实现更高水平的绩效。

图 6-6 强调惩罚和奖励与不可接受和可接受行为的各种匹配，说明了强化原则的两种常见的误用。首先，高绩效者总是感到心烦，因为他们觉得"管理层对那些总把事情搞砸的家伙太手软了"。某些管理者认为，出色的管理总是向上的和乐观的，应该阻止负面的影响，所以他们试图通过忽视错误、尽量对人为造成的事故保持平静，或者鼓励高绩效者变得更加宽容和耐心等方式，来淡化错误的严重性。虽然有许多理由认为管理者应当持有积极的态度，并且给予绩效拙劣的人质疑的机会，但是他们没有进行批评并更改不恰当的行为，会导致两种不希望出现的结果：工作单位的士气受到严重的威胁，而绩效拙劣者的行为并没有改进。有关恰当使用惩罚方面的困难将在后文详细讨论。

正如一些管理者发现对低绩效者进行斥责是不愉快的一样，其他管理者很难去赞扬出色的绩效。其结果是，下属抱怨"任何事情都不能使他满意"。负向反应的行为塑造策略的这种误用的后果，正如不加区分地使用表扬所导致的功能紊乱。这些管理者错误地相信，激励人的最佳方式就是一直使期望稍微高于他们下属的最佳绩效，并对他们的缺陷进行指责。在这一过程中，他们冒了激怒其下属或轻率地鼓励低绩效的风险（"我们永远无法让他满意，为什么还要这么费劲地去尝试呢？"）。

不幸的是，很多管理者天真地认为，这是在所有情形中最好的管理方法。他们将其角色定义为一只"牧羊犬"，绕着群体转圈，在后面追着咬那些开始迷路的羊。他们设立了一个可接受行为的相当广泛的范围，然后处罚那些超出这些界限的人。这一消极的、散漫的管理风格导致了一种消沉的工作环境，并且无法促成出色的绩效。相反，员工被激励去等待上司的方案，并且避免做任何无用的事或未尝试过的事。革新和投入都被消除了，寻常的绩效不但成为可接受的，而且变成所期望的了。

对误用惩罚和奖励的后果进行探讨之后，我们现在将注意力转移到行为塑造技巧的正确使用上。卓越管理者的标志是他们培养其下属卓越行为的能力。这可以通过一个由九个步骤组成的行为塑造过程来最好地实现,这一过程可以广泛地应用于下属的行为之中。管理者可以使用这些步骤使不可接受的行为变成可接受的行为,或者将可接受的行为转变为卓越的行为。它们是用来避免有害的影响的,尤其是我们在前一部分探讨的有关错误使用惩罚而导致的危害(Wood 和 Bandura,1989)。它们还可以确保奖励被恰当地使用。我们很难通过批评、威胁或者其他有关的惩罚形式,来鼓励员工表现出色。有时候管理者觉得面对个人的绩效问题是很不舒服的,因此,除了那些极为恶劣的错误之外,他们愿意忽视所有的错误。

关于将奖励作为绩效激励的最后一个忠告是:要注意关于个人奖励和团体奖励的可取性的文化差异。来自集体主义文化的人(大部分来自亚洲)倾向于在团体层面上提供奖励(Graham 和 Trevor,2000;Parker,2001;Triandis,1994)。因此,除了在开发激励措施时必须考虑的所有因素外,管理者还必须考虑不同文化基础上关于什么是衡量和奖励绩效的恰当的分析单位(团体或个人)的假定。如果某位管理者正在计划针对由持集体主义和个体主义价值观的不同个体组成的一个工作组的奖励计划,那么这位管理者在奖励计划的设计中应该考虑这些冲突的因素。

强化的时机

一般来说,推迟发放奖励的时间越长,其强化价值就越低。具有讽刺意味的是,在最坏的情形中,在错误的时间给予奖励可能会强化不希望出现的行为。例如,如果管理者在员工抱怨奖励(薪酬)系统不公平之后才给下属加薪则可能会加强抱怨而不是出色的工作绩效。而且,当所希望的行为出现时却未能给予奖励,那么在将来加强这一行为将会更难,因为他们对于持续努力工作后会得到奖励的信心可能会丧失。

不幸的是,虽然时机是奖励强化作用中至关重要的一方面,但在日常的管理实务中却往往被忽视。许多组织的正式管理机制常常拖延对员工绩效的反馈达数月之久。正式指定的考核面谈通常会限制对员工绩效的深入探讨,而这些面谈通常每6个月或12个月才进行一次("我要在一段时间后正式评论这一问题,为什么现在要先做一遍?")。在绩效和反馈之间的迟延,削弱了任何作为评估过程结果的奖励或惩罚的有效性。

相反,有效的管理者了解迅速的、自发的奖励的重要性。他们利用正式的绩效评估过程去探讨绩效的长期趋势,解决阻碍绩效的问题,并设定绩效目标。但是他们并不期望这些稀少的、一般性的讨论能够带来更好的激励。有鉴于此,他们依赖简短的、频繁的、高度清晰的绩效反馈。

彼得斯(Peters)和沃特曼(Waterman)在其经典的《追求卓越》(*In Search of Excellence*,1982)一书中,通过下面这则有趣的逸事强调了迅速采取行动的重要性:

> Foxboro 公司早期为了求生存,特别重视技术的开发。一天晚上,一名研发人员带着一个工作原型冲进总裁的办公室。这是一个十分出色的解决方案,总裁对此感到震惊,一时间不知如何进行奖励。他支起身子,翻寻他办公桌的所有抽屉,找到了一样东西。他隔着桌子靠向那个研发人员,说:"给!"拿在他手中的是一根香蕉,这是他唯一能够迅速拿在手里的奖励。自那以后,小小的"金香蕉"别针便成为 Foxboro 公司中的最高科技成就奖章。(第70~71页)

这对有效管理的启示是显而易见的:有效的奖励是自发的奖励。那些变得高度常规化的奖励计划,特别是那些与正式的绩效评估系统相关的奖励计划,失去了其及时性。

强化的另一个至关重要的方面是:奖励实施的一贯性。每当一个行为出现时便给予奖励，这称为**持续强化（continuous reinforcement）**。间歇地给予奖励（使用同样的奖励，但并不是每次都给）是指**部分强化（partial reinforcement）**或**间歇强化（intermittent reinforcement）**。这两种方法并没有确定的优劣之分，各有利弊。持续强化是塑造新行为最快的方法。例如，如果一位上司一贯对使用管理者所偏好的格式书写报告的下属予以表扬，那么下属将乐于接受这种格式以便获得更多的奖励。但是，如果这个上司突然长时间离开，那么这个习得行为将会是极容易消退的。因为强化的模式被打破了。相反，虽然部分强化导致很慢的学习，它却是非常不容易消退的。持久性的赌博行为说明了部分强化程序具有成瘾的性质。不知道下次赌赢是在什么时候，这可能会助长增加赌注再最后试一次的想法。

持续的强化系统除非是机械地投入工作之中，如计件工资方案，否则在组织中是不太可能出现的。认识到这一点十分重要。很少有人在每次进行了出色的报告或有效地处理一桩客户投诉之后都能被奖励。当我们认识到组织中大多数非流水线工作通常由部分强化程序来指导时，我们就会对管理者角色中令人沮丧的一面有更深的了解。例如，它会有助于解释为什么一名新员工似乎永远在奉迎上司，按上司所希望的方法做事。它也可以解释为什么很难消除过时的行为，特别是在那些老员工中。

内在强化

到目前为止，我们关于管理者如何促进高绩效的研究主要集中在利用外部结果来强化绩效提升行为："当你做 A 时，你将得到 B。"**内在动机（intrinsic motivation）**，有时又被称为自我激励，是指人们为了自己的利益而进行的活动，或获得与个人发展有关的自我管理奖励，如成就感或掌控感。"我很喜欢我的工作，即使没有报酬我也会继续做"这句话就反映了内在动机。值得注意的是，早期关于内在动机的研究被认为是对行为主义主导范式的一种急需的对抗手段。恰当地说，内在动机被广泛引用的概念是自我决定理论（Deci 和 Ryan，1985）。

如今，人们普遍认为，从事本质上令人满意的活动的人会有一种目标感、成就感、增强自尊及开发新技能和兴趣的感觉（Ryan 和 Deci，2000）。研究证明，由于这些有益的结果，加上控制自己的生活的强烈内在欲望，具有内在动机的人比那些只寻求外在回报的人更成功（Ryan 和 Deci，2017；Pink，2017）。

内在动机理论认为，内在动机是由满足某些人类需求而激活的：能力（掌控）、自主性、支持性关系（社会关系）和目的感（Deci 和 Ryan，2017；Pink，2017）。**能力（competence）**是指我们天生的对自己所做的事情及在某些事情上表现出色的渴望。**自主性（autonomy）**是指对自我管理的渴望，即控制做什么以及何时和如何做的能力。**支持性关系（relatedness）**是指我们希望以有意义的方式与他人联系，包括给予和接受关怀与支持。**目的感（purpose）**与我们寻找意义的欲望有关，它回答了这样一个问题："为什么我每天都在做这件事？"

有些人对于内在奖励的需求远远超过其他人。例如，研究者发现高智商者报告的工作满意度水平与他们在工作中遇到的困难的程度紧密相关（Ganzach，1998）。此外，年轻的员工似乎更加重视内在奖励和工作意义。"千禧一代"（1981—1996 年出生的人）通常被认为是理想主义者，专注于做有意义的工作。

《施与得》（*Give and Take*）一书的作者亚当·格兰特（Adam Grant）认为人们全身心地付出并帮助别人时工作表现是最佳的。例如，他的研究显示，那些在大学电话募捐会工作（随机拨打校友的电话，请其捐款）的学生当听到一位奖学金获得者倾诉来自校友的捐助给其带来的巨大帮助后筹款效率提升了400%。3个月后，这次谈话仍然在影响着员工们的绩效（Grant，2011）。研究人员还发现，很多人渴望感受到工作的"召唤"，这是一种对于自己所做的正是自己命中注定该从事的有重要意义的工作的信念。这方面的一个例子是动物饲养员，他们感受到的工作召唤促使其在有限的外在奖励下全身心地为自己饲养的动物作出牺牲（Bunderson 和 Thompson，2009）。

管理实践

管理者从直觉上就会理解内在激励的重要性。不管管理者使用多少外部奖励，如果人们觉得自己的工作乏味且没有成就感，业绩也会受到影响。支持这些直觉的研究表明，与外在动机相比，内在动机与更高的绩效、面对困难时更强的毅力和更高的创造力有关（Deci 和 Ryan，1985；Ryan 和 Deci，2017）。总之，内在动机强于外在动机，部分原因在于内部奖励是自我实施的。

鉴于内在动机的明显优点，Kinley 和 Ben Hur 进行的研究（2015）就令人有些费解。他们询问来自多个国家的500多名管理人员是什么激励了他们。这些人的回答中包含与自主性、掌控、支持性关系和目的感相关的元素。然而，当他们问这些管理人员是如何激励下属时，大多数人都提到了加薪、奖金和奖励等。从管理者的角度来看，这一发现并不奇怪。与管理者常规地管理组织的一揽子奖励相比，创造有助于培养内在动机的工作环境的挑战似乎是难以克服的。

好消息是，在日常工作中，高效的管理者所做的事情有助于培育这种工作环境。值得一提的是，本书有关人际交往技能和团队技能章节中描述的很多管理实践有助于满足员工对能力/掌控、自主性、支持性关系和目的感的需求。下面给出这方面管理实践的几个例子。

- 能力/掌控：通过轮岗、参与跨部门项目和海外任务，为员工提供扩展技能的机会。通过培训和教育鼓励技能开发。通过寻求对重要决策的意见来认可员工的专业知识。设定具有挑战性的绩效目标。提供及时、准确、诚实的绩效反馈。庆祝员工取得的成就。
- 自主性：通过让他人参与决策和目标设定来促进自我管理。赋予下属权力和责任。创造积极的工作环境，让员工感到被重视和被欣赏。鼓励员工提出改进建议，包括激进的想法。如有必要，利用个人权力和影响力将这些提议"推销"给更高级别的管理层。以建立而不是破坏主动性和自信的方式提供负面反馈。
- 支持性关系：通过使用有助于建立关系的角色和任务，帮助他人建立支持性的社交网络。利用支持性沟通培养与团队成员的积极人际关系。通过在团队内外提供实现绩效目标所需的资源来支持团队成员。采用使双方对结果表达支持，并感到自己得到了公平对待的方式管理人际冲突。运用权力和影响力让合格的团队成员得到升职加薪的机会。以公平的方式为表现优异的员工提供激励。
- 目的感：致力于理解员工的价值观和人生目标。询问他们认为自己的工作最有收获的地方，并努力增加这些机会。帮助员工了解他们的贡献对团队绩效期望和目标的重要性。帮助员工了解他们个人的工作任务及团队的工作如何有助于实现组织的使命和宗旨。

工作特性

在众多提高内在动机的方法中,最重要的莫过于以使其愉快和充实的方式来组织工作活动。**工作设计(work design)**是将工作特性与员工技能和兴趣相匹配的过程(Hackman和Oldham,1980)。**工作重塑(job crafting)**是工作设计的一个变体,它允许工人重新设计自己的工作,以提高工作满意度和参与度(Wrzesniewski和Dutton,2001;Berg,Dutton和Wrzesniewski,2013)。

最出色的工作设计模型确定了一组工作特征,这些特征解释了工作的激励潜力(Hackman和Oldham,1980;Oldham和Fried,2016)。尽管这些作者使用的术语与之前引用的作者有所不同,但却是培养内在动机和满意度的一种行之有效的方法。图6-7给出了该模型的框架的三个组成部分之间的关系:核心工作维度(特征),它们在员工中产生的心理状态,以及由此产生的个人和工作结果。

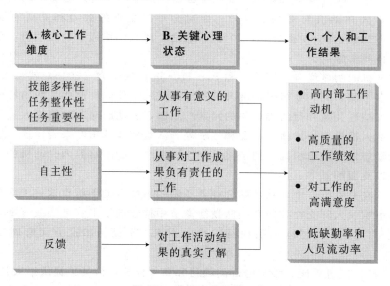

图6-7 设计高动机的工作

资料来源:Hackman/Oldham, Work Redesign, © 1980. Reprinted by permission of Pearson Education, Inc.

一个人在执行任务过程中所能够使用到的技能越多,这个人就越会觉得这一任务是有意义的或值得做的。同样,一个人越能够从头至尾完成一项完整的工作(任务整体性),而且该工作对他人的工作或生活越具有直接的影响(任务重要性),那么员工就越会将这一工作视为有意义的工作。而当工作只需要很少几项技能,所完成的只是任务的一部分,或者似乎不会影响他人的工作时,员工所体验到的工作的意义就会较低。

此外,工作中的自主性(自主选择如何及何时进行特定的工作)越多,员工越能感受到对其成功或失败所承担的责任。责任感的增加会引起个人对工作承诺的增加。管理者提高员工自主性的方法有很多,例如可以设立灵活的工作时间安排,决策的分散化,或者取消打卡等正规化的控制。自主性对于从事知识密集型工作的员工来说尤为重要(Haas,2010)。

最后,员工得到的关于自己工作表现的反馈越多,他们对如何改进工作的了解就越多。近期的研究显示员工在提供了更多、更出色的反馈的任务中投入了更多的时间(Northcraft, Schmidt和Ashford, 2011)。管理者可以直接向员工反馈,也可以创造机会让其通过与客户的直接联系获得反馈。

一项关于工作设计的研究寻找了缓和图6-7中描述的两种关系（A→B，B→C）的条件（Oldham和Fried，2016）。最大的可能包括一个人的个性、知识和技能水平、实际工作环境和所处职业生涯阶段。工作设计研究的作者提出了一个他们称之为成长需要力量（GNS）的调节因子（Hackman和Oldham，1980）。GNS是指一个人对个人成就、学习和发展的需要的强度。这些"GNS需求"类似于自我实现、成长和成就的需求，突出体现在我们将在下一节讨论的人类需求的广义概念中。有人认为，较高的GNS分数会增加A→B和B→C的影响，反之亦然。

关于工作设计的探讨表明，管理者可以采取五个行为指南来增加所希望的个人和工作成果（见表6-3）。第一个行为指南是组合任务。根据定义，组合任务是一项更具挑战性、更复杂的工作分配。它需要员工使用更多的技能，而这能使工作更具挑战性、更有意义。与此相关的第二个行为指南是，组成明晰的工作单位从而提高任务的可识别性和重要性。例如，在一家大保险公司中，有80名员工从事秘书工作，工作由职能性任务组成。为了获得更高水平的任务整体性和任务重要性，公司将秘书人员重组为8个全能的小组，每组处理与特定客户有关的所有事务。这样一来，他们因为使用更多的技能、参与完成一个完整的任务而且可以更清楚地看到自己的贡献而觉得自己的工作更有意义。

表6-3　增加对分配的工作的潜在动力的方法

组合任务 →	增强技能多样性和任务的重要性
组成明晰的工作单位 →	增强任务的明确性和重要性
建立客户关系 →	增进自主性、任务的明确性和反馈
增加权威 →	增进自主性、任务重要性和任务的明确性
开放反馈渠道 →	增进自主性和反馈

改进工作的第三个行为指南是建立客户关系。客户关系是指员工（生产者）与客户（消费者）之间长久的私人关系。建立这一关系可以提高自主性、任务同一性和反馈。与工作的受益者接触对于员工的卖力程度和工作效率具有惊人的促进作用（诸如我们在前面章节提到的通过电话寻求捐款的员工）。认真遵从这一行为指南的一家公司是卡特皮勒（Caterpillar），研发部门的每一位成员都被指派去与他们的主要客户定期接触。

第四个行为指南增加权威是指授予员工更多的权力进行有关工作的决策。主管授予越多的权力和责任给下属，他们的下属就越会觉察到自主权、责任及任务整体性的增加。过去，在自动装配线上工作的员工没有决策权。但是，随着对质量关注的上升，现在许多工厂都允许员工调整设备、拒绝不合格的原材料，如果明确了主要问题，甚至可以暂时关闭生产线。

第五个行为指南是开放反馈渠道。如果期待某种改善，那么员工需要知道他们的工作做得有多好或者多差。年轻的员工尤其希望得到反馈。一项研究显示，"Y世代"（20世纪八九十年代出生）的人中有85%希望获得"经常性的开诚布公的绩效反馈"，而只有一半的"婴儿潮"时期（1947—1960年）出生的员工这么想。这一趋势促使某些组织寻求能够为员工提供更多反馈的创新机制。例如，安永（Earnst & Young）就开发了名为"反馈地带"的制度，员工可以随时要求或者提交反馈（Hite，2008）。

工作再设计干预的整体表现令人印象深刻。从以往的经验来看，认真进行工作再设计的企业通常会在生产率、工作质量及员工满意度上有显著的提高（而缺勤率则会降低）。

例如，Social Security Administration 的一个由 50 名员工组成的小组的生产率提高了 23.5%；通用电气开展了工作再设计后，产品质量提高了 50%；而 Travelers 保险公司数据处理员的缺勤率则下降了 24%（Kopelman，1985）。此外，对 33 项工作设计干预措施的回顾表明，工作设计有助于提高工作绩效和个人幸福感（Daniels 等，2017）。

作为衡量团队内在满意度水平的一种方法，如果情况允许，管理者可以与团队成员公开探讨这一主题，可以作为定期绩效评估讨论的一部分，也可以作为专门讨论这一主题的不同谈话的重点。通过这些谈话，管理者可以更好地理解：（1）员工对内在满足感的价值观；（2）工作的哪些方面最让他们感觉不愉快；（3）他们对为了更好地匹配如图 6-7 所示的属性而重塑被指定的任务的兴趣。

加强结果→满意环节

我们现在将注意力转向框架中的第三个组成部分：个人对基于绩效的奖励的满意度。如图 6-8 所示，有两个调节条件决定了结果→满意环节的强度。**奖励显著性**（reward salience）是指某个结果因满足一个重要的需要而受重视的程度。**感知公平**（perceived equity）是指一个人认为有价值的结果是公平分配的。我们将研究管理者如何确保满足这两个条件。

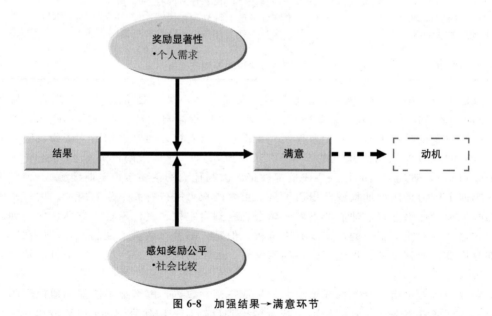

图 6-8　加强结果→满意环节

个人需求

管理者在实施"奖励计划"时，可能犯的最大的错误之一，就是误解了下属对激励的偏好。例如，管理者通常假设大多数人更偏好现金激励。然而，2004 年芝加哥大学进行的一项研究显示，在与非现金奖励挂钩时，绩效提升得更快（现金奖励下绩效提升 14.6%，而非现金奖励下绩效提升 38.6%）（Cook，2005，第 6 页）。管理者在采取某种激励措施之前，需要搞清楚员工的个人需求与动机。

学者们提出了大量了解人类需求的方法。这些方法可以分为层次和非层次。**需求层次理论**（hierarchical needs theories）认为，人们为了满足其没有实现的最基本的需求而受到激励。也就是说，如果更低等级的需求没有被满足，更高等级的需求就不会被激发。需求层次理论最早也是最著名的例子是由亚伯拉罕·马斯洛（Abraham Maslow，1970，1954）提出的。他认为有五种层次的需求：生理需求、安全、归属感、尊重和自我实现。克雷·奥德弗（Clay Alderfer，1977）提出了一个只包括三个水平或类别的更为简略的层次模型：生存（马斯洛所说的生理需求）、关系（社交）和发展（自我实现）。有关上述需求层次模型的对比见表 6-4。与马斯洛一样，奥德弗认为被满足的需要呈休眠状态，直到环境发生剧变才凸显出来。例如，一位在敌对的兼并活动中被解雇的中层经理可能突然发现自己对个人成长的兴趣已经被安全需要的压力所取代了。

表 6-4 需求层次理论对比

马斯洛	奥德弗
自我实现	发展
尊重	
归属感	关系
安全	
生理	生存

虽然这类逸事的例子给需求层次理论带来了可信度，但批评者认为，研究未能验证这些需求的排序，也未证实存在一个明确的层次结构（Rutledge，2011）。例如，有人认为，任何人的需求都需要社会关系来满足。因此，尽管需求层次理论很流行，但管理者在使用它们预测他人的积极需求时应该保持谨慎。

大卫·麦克莱兰（David McClelland，1988）提出了一种替代这些需求层次理论的方法。麦克莱兰认为，所有人，不论年龄、性别、种族或文化，都有三个基本需求：成就、归属感和权力。这与需求层次理论不同，需求层次理论是根据需求的内在强度（饥饿是一种比自我实现更强烈的需求）对需求进行分类的。根据麦克莱兰的研究，多重需求可以同时表现出来，然而根据生活经验，其中一种需求可能成为主导。麦克莱兰的一大贡献是他对每一种需求如何表现为一种行为模式的研究。

成就需求（need for achievement）被定义为"争取达到卓越标准的行为"（McClelland，Arkinson，Clark 和 Lowell，1953，第 111 页）。具有高成就动机的人具有如下特征：(1) 倾向于设定适当难度的目标；(2) 强烈希望对工作活动承担个人责任；(3) 致力于专心完成一项任务；(4) 强烈希望获得关于工作绩效的详细反馈。有证据表明，成就需求是工作绩效的有效预测指标。此外，它与个人对拥有更大责任和自主权的美差的偏好高度相关。

麦克莱兰提出的第二种需求，**亲和需求**（need for affiliation），涉及对他人的吸引力以感到安心和被接受（Birch 和 Veroff，1966，第 65 页）。具有高亲和需求的人具有如下特征：(1) 对他人的情感具有真诚的兴趣；(2) 倾向于遵从他人的期望，特别是那些他们看重的人；(3) 强烈希望从他人身上得到安全感和赞同。与成就需求相反，亲和需求似乎与工作绩效没有太大的关系。

在麦克莱兰的模型中，最重要的是**权力需求（need for power）**，它代表了一种影响他人、控制其环境的希望。具有高权力需求的个体寻求领导职位，并倾向于以一种开放的、直接的方式影响他人。麦克莱兰和伯纳姆（Burnham, 2003）指出，宽泛的权力需求有两种表现形式。具有高度个人权力需求的人往往是出于目的本身而去寻求权力和影响力。对他们来说，控制、主导和征服是个人效能的重要指标。这些领导者激发下属去完成英雄的事业，但这只是为了领导者本身，而不是组织。与此相反，拥有高度制度权力需求的人更倾向于运用其影响力去推进群体或组织目标的实现。麦克莱伦对他们描述如下：（1）他们是心怀组织的，认为对推进组织目标负有个人责任；（2）他们喜欢工作，乐于以有条理的方式完成任务；（3）他们常常愿意为了组织而牺牲自己的个人利益；（4）他们有很强的正义感和平等主义思想；（5）他们寻求专家意见，在其想法遭到批评时，不会表现出防御性。

奖励显著性

要记住，管理者不能控制组织中提供的所有成果，其中许多成果仅仅基于成员资格，了解个人需求有助于管理者预测自己能够掌控的报酬对特定个体来说是不是有效的强化因素。在实践中，这表示管理者需要理解能够激励自己的每一位下属的是什么。表 6-5 给出了这一任务的困难度。尽管这些数据不是最新的，但它们显示了组织成员可能认为的工作的高度激励方面的差异。例如，平均来看，该项研究中的所有员工都对"有趣的工作"赋予最高的价值，而对"为个人问题提供富有同情心的帮助"赋予最低的价值，我们还看到了这两项因素在不同的性别、年龄和收入类型上的差异。根据其他许多利益和奖励，也很容易识别不同的员工所表现出来的完全不同的成果偏好。表 6-5 左侧一栏中的要素是商业公司经常用来吸引、挽留和激励员工的元素。

表 6-5 组织成员想要什么，按小组排列

	所有的员工	男人	女人	30岁以下	31~40岁	41~50岁	50岁以上	25 000 美元以下	25 001~40 000 美元	45 001~50 000 美元	50 000 美元以上	技术不熟练的蓝领	技术熟练的蓝领	技术不熟练的白领	技术熟练的白领	较低程度的不监督	中等程度的不监督	较高程度的不监督
有趣的工作	1	1	2	4	2	3	1	5	2	1	1	2	1	1	2	3	1	1
对所完成工作的完全欣赏	2	2	1	5	3	2	2	4	3	3	2	1	6	3	1	4	2	2

续表

	所有员工	男人	女人	30岁以下	31~40岁	41~50岁	50岁以上	25000美元以下	25001~40000美元	45001~50000美元	50000美元以上	技术不熟练的蓝领	技术熟练的蓝领	技术不熟练的白领	技术熟练的白领	较低程度的不监督	中等程度的不监督	较高程度的不监督
在做事情的感觉	3	3	3	6	4	1	3	6	1	2	4	5	2	5	4	5	3	3
工作安全感	4	5	4	2	1	4	7	2	4	4	3	3	7	3	7	5	2	4
优厚的工资	5	4	5	1	5	5	6	1	5	6	8	3	4	6	6	1	6	8
在组织中的晋升和成长	6	6	6	3	6	8	9	3	6	5	7	6	5	4	3	6	5	5
良好的工作条件	7	7	10	7	7	4	8	7	7	9	2	7	7	7	7	7	7	4
对员工的个人忠诚度	8	8	8	8	9	6	5	7	8	8	8	8	9	6	6	8	8	7
严谨的纪律	9	9	9	8	10	9	10	9	9	10	7	10	10	9	9	9	9	10
对个人问题的同情帮助	10	10	7	10	8	10	6	9	10	9	9	8	8	10	10	10	10	9

*从1（最高）到10（最低）排列。

资料来源：由 **George Mason** 大学提供。结果是1995年通过对1 000位员工的调查研究得来的。

看一眼表6-5中的数据，我们可以看到基于单一属性的刻板印象是愚蠢的。我们始终需要记住，显示基于性别、年龄、收入、工作分类或组织职位的偏好差异的数据是每个子组的"平均响应"。因此，虽然我们在每个子组的偏好中看到了差异，但这些属性中的任何一个都不能完全解释个人对与绩效相关的奖励的重视程度。

一般来说，不难理解具有不同人口统计特征和经济特征的人拥有不同的需求，从而对工作场所具有不同的预期。这些数据对有效的激励实践的有用性在另一个类似的研究中得到了强调。然而至少有一项研究表明，管理者并不能准确地预知他们的下属将如何排列表6-5中所显示的成果（LeDue，1980）。该项研究还特别指出，管理者容易把"什么能激励你的下属？"这个问题的答案建立在两个有缺陷的假定基础之上。第一，他们假定其下属的成果偏好都是同质的。第二，他们假定自己的个人成果偏好与下属的成果偏好是类似的。了解到这一点，就可以知道表6-5中所显示的数据表明了具有一定性别、年龄和收入特征的管理者有多么容易误解具有不同特征的下属的突出需求。除此之外，也不难想象导致一个人的偏好与那些具有相似的人口统计特征和经济特征的人的偏好有很大不同的个人情况。总而言之，这些数据强调了管理者足够了解其下属的重要性，只有这样，他们才能有效地将对个人和组织的绩效预期与个人突出的成果匹配起来。

获取这种具体的个人信息的重要性可以通过一个案例来证明：一位股票经纪人被提升为办公室经理，因为总部办公室的高级管理层认为他"最具资格、最值得提拔"。不幸的是，他们没有询问股票经纪人本人是否愿意被提升。他们因为自己曾经为了获得管理职位而努力工作，就假定所有努力工作的员工都只是为了得到提升。在因为杰出的绩效而得到"奖励"的两周后，这位从超级销售人员转变为经理的员工因为压力过大而住进了医院。

管理者获得有关具有显著性的需求和个人价值观的信息的一种方法是与下属就期望、责任、挑战和机会进行非正式的谈话。在进行这种谈话的时候，重要的是要记住，员工可能看重的回报之间总是存在权衡。因此，观察一个人对于同事的新工作能够提供更高的薪水但要付出每周离家三个夜晚的代价的反应可能是非常有用的。类似的，参与新生产线设计的机会也可能意味着更长时间的工作、更高水平的个人压力，以及因不能满足高期望而对团队成员产生负面影响的可能性。

表6-5所报告的数据与为整个组织制定工资和福利组合的职位也有关系。浏览一下这些结果，很容易找出蓝领与白领、非熟练工人与熟练工人、低层员工与高层员工对各项因素排列的差异。认识到大多数大型企业中的员工对结果偏好的排列存在广泛的差异性之后，许多公司，从投资银行到制造公司，都试验过"自助餐厅式"的激励体系（Abbott，1997；Lawler，1987）。这种方法通过在比较的过程中让员工有发言权来剔除大部分与个人的组织成员资格和具有个人突出成就的工作绩效有关的猜想。利用这一方法，员工收到一定数量的以绩效、资历或任务的困难程度为基础的工作信用，他们可以用这些信用换取各种各样的福利，包括升级了的保险组合、财务规划服务、延长的假期、教育项目的学费补偿等。

感知公平

如果团队成员认为自己看重的成果没有得到公平的分配，那么与管理者尽最大努力使强化因素与每个人的显著需求相匹配的满意度可能会降低（Cropanzano和Folger，1996）。

奖励显著性与获得期望的结果相关,感知公平则与获得应得的结果相关。

更具体地说,**公平(equity)** 是指员工对薪酬分配是否公平的看法(Adams, 1963; Walster, Walster 和 Bershcheid, 1978; Lawler, 1968)。对公平的评价是以社会比较过程为基础的,在这一过程中,员工将他们在工作关系中的收获(成果)与他们在工作关系中付出的东西(投入)进行比较。成果包括诸如薪酬、附加收益、职责的增加及威望等,而投入则可能包括工作小时数、工作质量以及教育和经验。然后将成果与投入的比率与其他人相应的比率进行比较,以判断其是否为一个恰当的比较群体。这种比较过程所得到的结果表明了他们对报酬是否公平的信念。

如果在对比自己与其他人的投入/产出比时员工感到不公平,那么他们就会通过某种方式来重获公平。他们试图重获公平的方法之一是改变行为。例如,他们可能要求加薪(试图增加自己的收益)或者是降低在工作上的付出(减少投入)。员工还可以通过认知调整来重获公平。例如,他们可能会安慰自己说,自己的投入可能并不如自己认为的那么有价值(也就是说,他们的能力或所受的培训比不上其他同事)或者是自己的同事实际上比自己原先所认为的更努力(或更有效率)。

人们渴求公平的强烈程度强调了管理者密切监控其下属对公平的知觉这一需要(Janssen, 2001)。在某些情形下,管理者可能通过与员工的交流,发现他们的比较过程是错误的。例如,员工可能误解了经验与专业技能或数量与质量等不同投入的重要性;或者他们可能对自己或他人的绩效存在不切实际的看法。大多数人都觉得自己的领导技能要比其他人高,因此这种错误是经常存在的。

然而,这些讨论往往也揭示了真正的不公平。例如,某个员工的计时工资可能没有跟上当前技能的提高或工作职责的增加。认识和纠正不公平的行为,可以在员工中产生强烈的承诺和忠诚度。例如,某计算机公司的一位管理者觉得自己被其竞争者不公正地排除在晋升机会之外。利用公司的开放政策,他将情况反映给公司的更高管理层。在进行了全面的调查后,原来的决定被撤销,那位竞争者也受到了谴责。这位管理者对此的反应是:"自从他们给我平反以后,我可能再也不会离开公司了。"

对于公平和公正,我们应当牢记一个重要的事情,即我们所处理的是知觉。因此,不管它们是正确的还是歪曲的,合理的还是不合理的,它们在知觉者的认识中都是正确的、合理的,直到它们被证实不是这样的。社会心理状况的一个基本原则指出:"被知觉为真实的,就会产生真实的影响。"因此,有效的管理者应当提出若干问题,例如,"你认为管理者应当更多/更少地强调晋升、薪酬等方面的哪些标准?""相对于组织中与你类似的其他人,你觉得你的工作任务、晋升等是合理的吗?""你认为爱丽丝为什么在最近的晋升中超过了杰克?"等,始终对其下属对公平的知觉进行"真实的检查"。

为了总结我们对如何激励高绩效的研究,图6-8中添加了从满意到激励的反馈回路(虚线)。这种联系提醒我们,满意本身并不能提高绩效。相反,正是满足感对动机的影响增加或减少了个人为实现绩效目标所付出的努力。

诊断造成不合格绩效的原因并予以纠正

探讨了培养高绩效的方法后,我们将重新研究管理者面临的最困难的挑战之一,即以既能提高绩效又能显示出对个人的真正尊重和支持的方式提供负面绩效反馈。我们应对这一挑战的方法强调，在探索可能的补救办法之前，必须正确诊断导致绩效不合格的根本原因。正如我们将看到的，管理者的诊断在很大程度上决定了不可接受的表现是否会得到纠正。在诊断阶段之后，管理者可以利用上一节介绍的方法来激励出色的表现。

诊断框架

这里将本章开头介绍的绩效公式（见图 6-1）用作诊断工具（见图 6-9）。在前面我们使用这个公式来解释绩效，理论上，图 6-9 中添加的箭头用作发现个人（或团队）绩效不合格的原因的指导。双方就绩效不合格的原因达成一致后，即可使用前面章节介绍的方法予以解决。

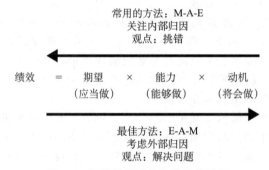

图 6-9　识别导致不合格绩效的原因

人类的本能就是要寻找事情发生的原因。众所周知，小孩子们在试图了解自己的环境时，会不停地问"为什么"。心理学中将人们对行为的解释称为**归因（attributions）**。**外部归因（external attributions）**将一个人的行为解释为由情境条件引起的，包括文化价值观和社会规范、贫困和教育。**内部归因（internal attributions）**将原因归结为个人的属性，如智力、个性、兴趣和动机（Heider, 1958; Choi, Nisbett 和 Norenzayan, 1999; Sanderson, 2010）。

研究归因的心理学家发现归因过程中存在一种常见的偏见（Ross, 1977, 2017）。所谓**基本归因错误（fundamental attribution error）**，是指人类倾向于基于内在的、倾向性的因素来解释他人的行为，并低估外在的、情境性的因素的影响。这可能是因为当一种行为发生时，观察者的注意力自然地集中在个体身上，而不太关注其不太明显的生活经历和情境影响（Heider, 1958）。

诚然，研究表明，当员工没有达到期望的绩效水平时，管理者往往会认为责任在于员工工作不够努力——没有全力以赴或态度不好（Bitter 和 Gardner, 1995）。在图 6-9 中，这一倾向被描述为 M-A-E，即"从右到左"的诊断，从给出动机缺陷的解释开始，通常也以此为结束。

正如我们在前面提到的，采用 M-A-E 诊断方法有双重危险。首先，采用这一方法的管理者倾向于认为，缺乏动力足够解释为什么业绩不合格。这种诊断最差的情形是错误的，最好的情形也是不全面的。这种诊断有可能出错的一个原因是，对观察者来说，很容易混淆低动力和缺乏能力,因为它们都表现为不够努力。如果人们不愿意或者没有足够的能力、培训或资源,他们就不太可能努力工作。

我们来考虑一些可能导致员工不付出最大努力的工作条件。据估计,1/3 的美国工人被分配了不规则的时间安排(常常包括夜间工作),也就是大家所知道的夜班。一篇关于按班轮换的工人所面临的挑战的文章描写了一位主管向人力资源部提出申请,要求解雇一名员工,理由是这名员工常常四处走动与人聊天,还时不时地在工作时打瞌睡。主管认为该员工缺乏从事这项工作的动力。然而,关于轮班工人的研究表明,我们需要超越对于不良行为的"低绩效等同于低动机和低承诺"的简单解释。例如,夜班工人一般比白班工人每夜少睡 2~3 个小时,并会因为在错误时间吃了错误食品而有高 4~5 倍的可能性患上消化系统紊乱病症;80% 的夜班工人报告说有长期疲倦感,75% 的人报告说在工作中感到被孤立,长期夜班工人滥用药品和酗酒的可能性是常人的 3 倍(Perry,2000)。显然,除了激励不足以外,还有其他原因。

M-A-E 诊断的第二个问题是,它总会产生有害的后果。想象这样一个绩效评估,在告知员工其绩效不合格后,管理者会直接或间接地将问题归咎于员工不够努力,可能是因为缺少兴趣、缺乏奉献精神或态度不好。而在员工看来,这种做法让他觉得难以承受和不公平。尽管他可能已经感觉到绩效反馈会是负面的,但他不太可能预料到绩效不合格会变成"个人的"问题,即找他的毛病。

下面介绍关于归因的第二个发现。研究表明,在解释我们自己的行为时,情境因素作为消极结果将被夸大,而性格因素作为积极结果将被夸大(Lillenfield,Jay 和 Woolf,2010;Malle,2004;Heider,1958)。因此,如果主管认为绩效不合格是由于下属控制范围内的事情造成的,则将与下属认为是由其控制范围外的事情造成的观点相冲突。不难想象,建立在相互冲突的归因基础上的令人不满意的绩效评估,将如何被关于谁该受责备(员工、老板、其他员工、不可能完成的日程安排等)和如何解决问题(帮助员工康复、提供更多支持)的争论所阻碍。争论无助于提出建设性的改进计划。

E-A-M 方法的优点

相比之下,图 6-9 中位于下方的箭头,指出了从左到右的 E-A-M 诊断方法,更有可能培养一种专注于解决问题的导向,而不是责怪——改进并规划积极的未来,而不是针对令人遗憾的过去挑毛病。不管这三个因素中的哪一个主要导致了不合格的绩效评级,E-A-M 诊断法都是达成双方均认可的绩效改进计划的最佳方式。下面解释一下原因。

预先发出信号,表示愿意考虑个人无法控制的原因,有助于将谈话的重点放在一个共同的问题上,而不是申斥员工。表明这一意图的一种方式是,主管在开始讨论时就明确表示会考虑有关其绩效预期的某些因素可能造成了绩效问题。例如,主管可能会要求员工反馈他们的期望是否被理解和接受。缺乏理解可能意味着期望没有明确地给出,缺乏接受可能是由于对员工或任务的普遍期望应用不当。按照这个箭头的轨迹,接下来的诊断过程将探讨员工是否有能力(个人和组织能力)来圆满地完成任务。E-A-M 诊断法接下来会表明,愿意从下属的角度来看待这一消极结果——首先寻找可能的外部原因。

回顾对归因的研究,E-A-M 诊断法有两个明显的好处:它迫使管理者抛开做出内部归因的自然倾向,并表明管理者愿意考虑下属对外部归因的自然偏好。不管下属的归因是否准确，姑且相信他们的话，都反映出管理者关心的是员工的福利的而非绩效。这种"宽容的"观点反映在管理者诊断问题的语言和语气中："我清楚地说明了对你的期望是什么吗？""我是否忽略了一些你需要满足这些期望的东西？""你喜欢你的工作吗？""你对我如何更好地支持你和你的工作有什么建议吗？"

在某些情况下，前两个诊断问询（"这是预期问题吗？"和"这是能力问题吗？"）不会给出令人满意的解释。在这些情况下，第三个诊断问题，"这是一个激励问题吗？"就被提了出来。当这是剩下的唯一可能性时，员工更有可能以开放和协作的方式进行探寻。如果有人愿意探究你的归因，而不是将他的归因强加给你，你将很难生他的气。

为了避免你对我们提出的诊断和纠正不合格绩效的方法有所误解，下面给出一些澄清和补充。首先，我们希望对"归因理论"的简要介绍能帮助管理者理解，低绩效者倾向于使用外部归因来解释这种负面结果，这与其说是低绩效者的人品有问题，不如说管理者自然倾向于使用内部归因。

其次，我们并非建议刻板地按照 E-A-M 的顺序对绩效不合格的原因进行逐一探究："如果不是由那个原因引起的，那么这个原因呢？"显然，发起这项联合调查的最佳方式是询问员工，为什么他们认为自己最近的表现不佳。我们建议采用 E-A-M 方法的主要目的是使管理者认识到他们倾向于在开展此类调查的时候就已经认定员工有过错。除了作为平衡物的效用外，使用 E-A-M 方法来引导谈话有助于在早期表明愿意在不带偏见的情况下考虑员工可能提到的外部归因。

最后，将所有提议的解释（无论是内部的还是外部的）都视为假设（需要检验的可能性）是最好的做法。例如，该员工获得不让人满意的绩效评分有多久了？如果该员工长期表现不佳，则内部归因可能适用。为了确定所提议的外部归因是否正确，管理者可以询问以下旨在了解事实的问题："你能回忆一下［缺乏必要资源］妨碍你表现的具体事件吗？""你知道其他人在执行类似任务时遇到过这个问题吗？""你是什么时候开始意识到这个障碍的？""你做了什么来纠正它？""你建议采取什么补救措施？""如果我们采用你建议的补救措施，你对下一次绩效评估会合格有多大信心？"

小结

我们对管理者如何促进绩效的讨论始于确定绩效的先决条件：期望、能力和动机。我们认为，每一个要素都是必要的，它们共同构成了令人满意的绩效的必要条件。从主观的角度来看，期望回答的是问题"我该怎么做？"，满足这些期望的感知能力回答的是问题"我能做到吗？"。反过来，这又引出了一个激励性的问题："我会这么做吗？"根据我们对这些绩效构成要素的考察，从管理者的角度来看，激励是最重要的先决条件。

介绍过上述基础知识后，我们追踪了学术界对动机、绩效和满意度之间关系的理解，最终给出了被用作组织框架的四因素模型。这个框架假设人们执行一项任务的动机是由动机、绩效、结果和满意之间各环节的感知强度决定的。员工对三个连接环节强度的主观评价可以用一系列问题来表示：

1. "如果我努力工作，我达到预期水平的可能性有多大？"（动机→绩效环节）。
2. "如果我能达到这个水平，我有多大可能获得预期的回报？"（绩效→结果环节）。

3. "这些奖励令个人满意的可能性有多大?"(结果→满意环节)。

图 6-10 是我们讨论的模型的总结,显示了完整的四因素模型及各个环节强度的调节因素。经验丰富的管理者在其激励措施中融入了该模型的所有组成部分,而不是集中在最喜欢的子集或最容易实现的部分上。在激励员工持续地实现高绩效方面,既没有捷径也没有简单的建议。下面举例说明。管理者倾向于忽略绩效考核周期结束后所发生的事情的激励性后果,如图 6-10 右边的三分之二所示:绩效→结果和结果→满意。管理层对员工过去的表现所做的反应,决定了他们为实现未来的绩效目标将付出多大努力。

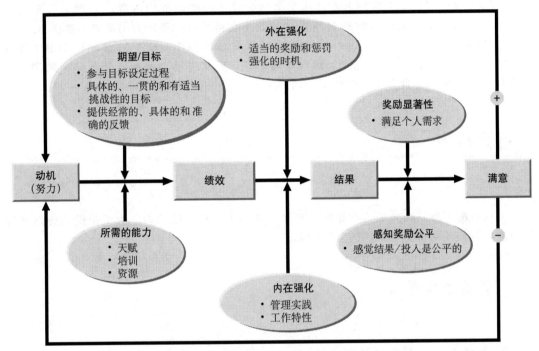

图 6-10 激励员工提高绩效的总结模型

从模型的左侧开始,动机→绩效环节的强度取决于两个因素:期望/目标和能力。期望和目标的有效性取决于三个调节因素:(1)促进对目标的理解和接受的参与性目标设定过程;(2)能够指导行为、具有适当挑战性且与其他目标一致的目标;(3)经常、具体、准确地反馈我们的想法的进度报告。最后,激励对绩效的影响取决于一个人的能力:天赋、培训和资源。从管理者的角度来看,领导的"路径—目标"理论为适当的监督参与水平提供了指导,可以帮助下属努力做好工作。

模型的下一部分(绩效→结果),着重于将积极的和消极的结果与绩效联系起来。加强外部激励的有效性取决于对惩罚和奖励的恰当运用及适时管理。内在动机可以通过满足个体对自主性、能力、社会关系和目标的需求来增强。促进员工参与及有意义的关系的管理实践最为有效。管理者能够对内在动机做出的最大贡献是与员工一起设计满足这些需求的工作。

模型的最后一个部分,奖励显著性和感知奖励公平对结果→满意环节的强度的贡献是最大的。奖励显著性是指个体在满足个人需求的基础上,对绩效激励的主观价值。虽然人类的需求清单似乎是无限的,但在管理领域,对成就、归属和权力的需求却十分突出。重点在于,对个人价值很低的奖励只有很低的激励潜力。第二个调节条件——感知奖励公平,是指对奖励分配是否公平的感知。这种判断是基于个人与他人相比的感知到的产出/投入。当一个人认为自己受到了不公平的对待时,就会通过减少投入,尤其是减少努力程度,来平衡自己的产出/投入。

根据对自己所获得的基于绩效的结果的感知价值和公平性,一个人会体验到不同程度的满意度。高满意度创造了一个积极的反馈回路,增加了个人的动力,表现为努力程度的提高。相反,低满意度会导致工作努力减少,从而降低绩效和回报。如果不加以纠正,这种模式最终可能导致旷工或离职。

最后一节特别指出了管理者在给出负面绩效反馈时所面临的挑战。心理学家称之为基本归因错误的概念被用来解释管理者对绩效不合格的员工所持有的偏见。在图 6-9 中,这种偏颇的诊断方法显示为强调内部归因的 M-A-E 诊断顺序。E-A-M 诊断则考虑了外部归因的可能性。关于 E-A-M 模型,值得注意的是,除了"能力倾向"外,总结模型(见图 6-10)关注的是不合格绩效的外部归因。

行为指南

下列有助于激励绩效的行为指南是根据本章的主要章节组织的。为了帮助实施这些行为指南,我们还给出了说明性的诊断问题。

培养高绩效

A. 加强动机 → 绩效环节

绩效期望/目标
- 建立明确的、现实的、被理解和接受的绩效预期。
- 如果可能的话,共同制定目标。
- 制定具体的、一贯的和有适当挑战性的目标。
- 提供频繁的、具体的、准确的绩效反馈。

能力
- 根据员工对相关任务的掌握程度,将任务与员工的能力相匹配。
- 将任务与员工培训相匹配,或为所需培训作出安排。
- 确保员工拥有执行任务所需的组织资源,如技术信息、财务支持、人员及与其他单位合作的许可。
- 把你作为领导者的参与程度与员工期望得到多少帮助、你对需要些什么的评估及在其他方面能得到多少帮助联系起来。

B. 加强绩效 → 结果环节
- 使用奖励来强化绩效提升行为和促进特定绩效目标的实现。
- 使用惩罚来纠正影响绩效的行为和不合格的绩效水平。
- 千万不要以为对不可接受的行为不予反应会被行为人解释为负面反馈。

- 及时奖惩。
- 通过管理实践和有助于满足员工能力（掌控）、自主性、支持性关系（社会关系）和目的感需求的工作属性，培养内在激励。

C. 加强结果 → 满意环节
- 利用个人认为突出的奖励。
- 以公平的方式分配奖励。

诊断造成不合格绩效的原因并予以纠正

A. 共同调查导致业绩下滑的原因。
- 请员工解释他们的低绩效。
- 使用 E-A-M 诊断顺序来消除"基本归因错误"的不良影响。
- 通过寻求理解他人的观点，包括适当考虑其外部归因，找到解决问题的方法。
- 把所有归因都当作假设，根据相关事实加以检验。

B. 对绩效改进进行纠正并制订计划。

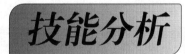

涉及动机问题的案例

Electro Logic

Electro Logic（EL）是家小型的研发企业，位于美国中西部的一座大学城中，与一所著名大学相邻。它的主要任务是完成一项名为"Very Fast, Very Accurate"（VFVA）的新技术的基础研究与开发。EL 由史蒂夫·摩根（Steve Morgan）于 4 年前创立，他是位电气工程学教授，也是位技术发明家。虽然 EL 计划在年内将 VFVA 技术及装备面向非政府组织进行营销，但它的主要资金来源却是政府合同。

政府对 VFVA 十分感兴趣，因为它可以提高雷达技术、机器人技术及其他许多重要的国防技术应用。EL 最近收到了政府鼓励研究并开发这项技术或其他任何技术的最大的小企业合约。合约的第一阶段刚刚完成，而政府答应了签订第二阶段的合约。

EL 的组织结构如图 6-11 所示。公司目前有 75 人，大概有 88% 的人是工程师。工程师的头衔等级以及对每一级别的要求见表6-6。对主管的任命是以他们掌握的 VFVA 技术的知识及其管理能力为依据的。实际上，EL 的总裁对这些人的任命可以说是独断的，大多数主管曾经是或现在就是总裁的研究生。层级提升并没有预先规定的年限框架。但是，晋升与绩效考核直接相联系。

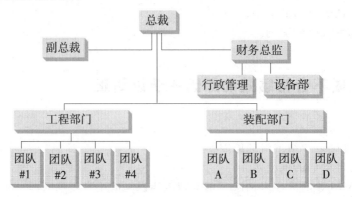

图 6-11 Electro Logic 公司组织结构图

直接与工程师一起工作的是技术员。这些人一般只有高中学历，不过其中有些人也有大学学历。他们是按照工作进行培训的，不过其中有些人已经在当地社区大学学习了微技术制造课程。技术员负责工程部门的日常工作：进行测试、安装电路板、制造 VFVA 芯片等。他们中大多数人是全职的计时工人。

表 6-6 工程头衔及要求

头　　衔	任　职　要　求
技术员	BSEE，MSEE
高级技术员	PhD，MSEE，具有 2 年本行业的工作经验； BSEE，具有 5 年本行业的工作经验
研究工程师	PhD，具有 2 年本行业的工作经验； BSEE 或 MSEE，具有 7 年本行业的工作经验
研究员	PhD，具有相应的研究经验
高级研究员	PhD，具有相应的研究经验和本行业工作经验

行政管理部由经理（一位有著名大学 MBA 学位的女性）、会计、人事主管、图形设计师、采购代理、项目主管、技术编辑和秘书等人员组成。大多数行政人员是女性。除了经理、人事主管及项目主管以外，其他员工均为计时工人。图形设计师和技术编辑是兼职员工。

设备部由经理和维护人员组成。EL 在三栋不同的建筑里办公，设备部的主要职责是确保每一栋建筑中的设备运行良好。另外，设备部人员往往被召集起来对建筑的各个部分进行改造，所以人员持续增加。

EL 准备开展一项庞大的招聘活动以增加其人员总量。特别是，EL 在寻找更多的技术员和工程师。但是，在开展招聘活动前，EL 的总裁从外面聘请了一位咨询顾问来评估员工的需要以及公司的士气和整体效率。咨询顾问在 EL 进行了三周的观察，并记下了她对公司的印象和观察结果。

咨询顾问对 EL 的观察笔记

设备：EL 在三栋不同的建筑里办公。其中两栋建筑是经过改造的，一栋是一所旧的学校建筑。高层管理者和工程师在学校建筑里上班，而其他人员则分散在另两栋建筑中。

会议：公司每周在主办公地点召开一次员工会议，会议内容主要是讨论目标并编制和评价进度表。

社会关系：核心员工经常通过社会活动进行交际，如体育运动、聚会。行政管理人员在工作时庆祝生日。总裁偶尔参加。

工作配置：工程师需要支持人员完成各项工作，其中包括技术员和行政管理部门的人员。员工在安排所要求工作的优先级时有很大的自主权，当然这是基于工作中的和睦关系和意愿的。

离职率：行政管理人员和技术员的离职率最高。与工程师的离职面谈表明，他们辞职是因为公司的危机管理风格、在大公司中有更好的发展机会和安全保障，以及对 EL "许多规矩"的不满。责任和权力最大的工程师的离职率最高。

薪酬和福利：总的来说，EL 的工资处在全美和当地标准水平。一小部分研究人员和工程师确实拿到了相当高的薪酬，而且还有十分诱人的福利，包括股票期权。新进工程师的薪酬和福利往往与他们的专业水平相联系。

办公室和设备：只有 EL 总裁、副总裁和财务总监拥有自己的办公室。工程师根据项目任务被聚在小隔间里。在这些工作场所很少有什么隐私，打印机发出的噪声使人心烦。行政部门的经理与人事主管、设备部经理及项目主管在一间屋子里办公。每个办公地点有 1～3 名秘书被安置在接待区或附近。较大的办公楼的接待区有一名员工看管 3 台自动售货机。这里还有一间咖啡屋和茶室。较小的办公楼在接待区里只有一台饮料售卖机。

咨询顾问对员工的访谈

做了上述观察之后，咨询顾问在各个部门进行员工访谈，从而编制针对全体员工的调查问卷。下面是这些访谈的摘录。

帕特·克劳森 (Pat Klausen)，高级技术员

顾问：EL 的哪些方面让你最为满意？

帕特：我真的喜欢这份工作。我是说，我一直喜欢做研究，参与 VFVA 的研究是一个令人难以置信的机会。再次与史蒂夫（EL 的总裁及 VFVA 的发明者）一起工作是令人兴奋的。你知道，我 6 年前曾是他的研究生。他真的喜欢与员工亲密工作——有时候也许太亲密了。有时我完全可以在较少督导的情况下完成工作。

顾问：工作中的哪些方面令你最不满意？

帕特：我可能永远无法确定的事实是，我们下个月能否拿到资金，还有国防预算的问题及我们研究的试验性。我需要养家糊口，就其财务状况而言，EL 并不是很稳定的。可能我们一旦投入商业生产，这种状况就会改观。谁知道呢？

顾问：你已经给出了关于 EL 的一些总体的积极的和消极的看法。你能将你日常的事务谈得再具体一点吗？对于这里的日常工作，什么是好的，什么是不尽如人意的？

帕特：你保证这不会传给别人知道？那么，嗯，总之我对我们总是中途更换人员这一做法不满意，如果你明白我的意思的话。在过去的 7 个月，我手下的 3 个工程师和 4 个技术员被调离了我的项目，而转到比我的项目更紧迫的项目中去了。现在我面临项目的最后期限，我正想要求得到更多的人员。但我必须花大量的时间向他们作介绍，也许我还是自己去完成项目会更好。此外,史蒂夫总是告诉我们必须关注 EL 的总体目标,而不要只关心我们个人的事务——你知道,我们必须成为"团结的工作者""家庭中的好成员"。但很难应付的是,当你的期限已到、火烧眉毛的时候,你的团队成员却并不在意。如果你自己处理这些事务而不去抱怨,那么上司可能会对你更好一些。然而,我觉得对这些项目的管理应该有更好的方法。

顾问:你日常工作中有哪些积极的方面?

帕特:嗯,这里的人全都努力地工作。他们了解自己的工作或者可以迅速学会。我倾向于做一个社会化的人,而我真的喜欢与这些人交往。我们一起玩垒球和篮球,度过愉快的时光。我很喜欢。我在这里有一些好朋友,他们帮助我的工作订单迅速获得签批。

鲍勃·克里斯滕森(Bob Christensen),技术员

顾问:你刚才说史蒂夫是你的硕士导师。那么你已经认识他很长时间了。

鲍勃:是的,没错。我认识摩根教授——史蒂夫——8 年了。我以前上过他教的几门本科的课;当然,后来他是我读硕士研究生时的导师,现在我已经在 EL 工作了两年。

顾问:看起来你好像很喜欢与史蒂夫一起工作。

鲍勃:哦,是的。但我实际上并不直接与他一起工作。我会在会议等类似的场合见到他,仅此而已。

顾问:所以他不是你的直接上级?

鲍勃:不是。但就我与主管在一起的时间而言,与史蒂夫在一起的时间也不算短。我的主管跟我也许每三周有一次会谈,看看是否一切都还妥当,仅此而已。剩下的时间,我就忙我自己的了。我以前有问题的时候就去找史蒂夫谈,但是现在他太忙了,很难见到他——你需要提前几天预约。

顾问:你觉得你的主管对他的所有员工都是这样的吗?

鲍勃:说实话,我听到了一些抱怨。事实上,大约 6 个月前,情况是如此糟糕,以致我和其他一些人与他进行了一次会谈。他答应他将会多与我们相处,而这只持续了一个月。后来我们接了一个新的项目,于是又很难见到他了。所以实际上没有什么改变。现在我们就要完成这个项目了,我要去见他,问一些问题,这非常重要。我向他提交了几份草案,他的反馈是以他自己的方式写的,而没有对草案的改变进行解释。有时我觉得他对我就像是对一个什么都不懂的人,好像我从来没有受过培训。我意识到他的眼睛是一直在盯着这个项目的,但有时他好像太忙了而不愿与我们交谈。

克里斯·陈(Chris Chen),研究工程师

顾问:一个人要想在 EL 从事研究工作,他应该具有什么样的特征呢?

克里斯:哦,技术知识当然是很重要的。我在面试来求职的刚毕业的大学生时,我总是关注他们的 GPA。如果有可能,我喜欢见到一长串 A。但对于一名有经验的研究人员来说,技术知识大多表现在他们的著作记录中。所以我会去读他们的论文。我也认为一名研发人员应当是高度自我激励的而不是寻求他人的赞扬等诸如此类的东西。特别是在 EL。如果你想让某人告诉你说你工作得很出色,那么你要等很长的时间。我并不清楚这里的研发人员是否真的得到了我们所需要的其他人员的支持。工作订单经常丢失,或者由于这样或那样的原因被耽搁。高层人员好像比研发人员得到更多的技术,而他们当然受到史蒂夫更多的注意。有传言说,这些家伙的薪水也比研发人员高;用他们的话说,这是为了保持薪酬的公平比率——你知道,他们被认为是对公司更有价值的。当然,人人都知道大多数

高层人员都是史蒂夫以前的研究生,所以他当然会关心他们。令我感到不满的一件事情是,我需要保持我的文章发表数量以确保我的职业选择权。但是,发表文章在 EL 是不被鼓励的,因为这会占用工作时间。我已经被告知我的文章不能发表,因为知识产权或者保卫部门考虑到信息的机密性。但是如果有什么重要的人与我一道工作并需要发表文章的话,情况就会不一样了。

顾问:你好像对你的工作不太满意。

克里斯:这和我的工作没多大关系。我真的很喜欢干这项工作——毕竟,它是很前沿的。问题是我从来无法完全确定我工作的方向。在一个项目中我做我的一部分,除非我走出去与别人交谈,否则我永远不会知道整个项目的最终成果。你在这里干你就会知道——你只是这个不太开放的系统的一部分。

梅格·桑切斯(Meg Sanchez),行政主管助理

顾问:你不久前才到这里的,对吗?

梅格:是的——刚刚一年多。

顾问:你为什么来这儿工作呢?

梅格:嗯,我在大学的最后一个学期正在找工作,就像大多数大四的学生那样。当时我的未婚夫——现在他是我丈夫——已经在 EL 工作了,并发现这里有个空缺。于是我就申请了。

顾问:那么你在学校里是主修商科的?

梅格:哦,不。我是历史专业。

顾问:你喜欢你的工作吗?

梅格:这里待遇很好。我所干的工作薪酬很不错。而且我学到了许多东西。我希望公司能让我去上一些管理方面的课,像会计之类的。审计人员常问一些很难回答的问题。史蒂夫说我们应当雇一名专业人员,但我仍有职责去监督这个人。

顾问:你的工作中有没有什么特别的方面使你真的感到满意?

梅格:哦,让我想想。我想我要去做许多不同的工作,所以事情并不那么令人厌烦。我不喜欢每天总干同样的事情。许多时候,我到图书馆去做调研,这是令人愉快的,因为我可以走出办公室。

顾问:在你的工作中,有什么是你不喜欢的?

梅格:嗯,我常觉得行政管理是不重要的。你知道,没有我们,工程师可能会干得相当出色,也许他们也是这么想的。整个部门的结构表明,我们是部门的垃圾袋;如果你不适应其他的地方,那么他们就把你推到这儿来。也许这样做的部分原因在于我们部门主要是女性——实际上,在所有的女性员工中,有 95% 的人从事行政管理工作。有时很难与工程师一道工作,因为他们对你的态度就像你什么都不懂似的,而且他们总想让事情按他们的方式去完成。史蒂夫可能会说,工程师得到更多的钱和重视,而我们为整个团队做出了相当大的贡献。的确,我们得到了庆祝我们生日的聚会,但这似乎仍是有一点儿要欠人情的。我们很少被允许去看研究人员们正在做什么。我问过许多工程师具体的问题,而他们只是面无表情地看着你,给你一些简单的回答。在我看来,如果你想建立一个家庭——就如总裁所说的,你就不能像对待一个差劲的家人那样对待行政管理人员。

P. J. 吉奈利(P. J. Ginelli),技术员

顾问:我想你已经通过了你的年中绩效考核。感觉怎么样?

P.J.：正如我预想的一样。没有什么可奇怪的。

顾问：你觉得这些考核有用吗？

P.J.：当然有用。我可以发现他对我的工作是怎么想的。

顾问：就这些吗？

P.J.：嗯，我觉得这是一个了解我主管的期望的好机会。有时在一年其余的时间中，他总是不那么明确的。我想在他与我谈话之前，更高层已经给他下达了具体的目标，所以他是明白的，那么我也就清楚了。

顾问：你喜欢你正在做的工作吗？

P.J.：嗯，是的。我觉得最好的就是我不在主要办公地点工作，所以不用去迁就"重要"人物，你懂吗？我以前听其他技术员讲过，那家伙真的很麻烦——你要力图去做好，但这真的很麻烦。我的意思是，当总裁一直在你身边看着的时候，你怎么去完成你的工作呢？不过，如果总裁知道你的名字，那么我想这对提薪或晋升来说是一件好事。但我们的总裁是凭技术起家的，他会公平地对待我们。

顾问：你觉得你在EL能够有所发展吗？

P.J.：发展？你是指成为工程师或别的什么？不，我真的不想干那个。这儿周围的每个人都催促我争取晋升机会。我害怕告诉人们我的真实感受，因为我怕他们认为我不适合在高科技环境中工作。我不想成为"家庭中的异类"。我喜欢我现在的位置，如果工资会涨上去，我就一直会喜欢这里。我的一个孩子明年要上大学了，我需要钱给她交学费。我得到许多加班费，尤其是当合同期限临近的时候。我想合同期限的迫近使某些人十分头痛，但对我而言，我不在乎。否则的话工作就太缓慢了，所以至少我是总在工作的，其他一些人也是。但我的家人希望我的工作安排能更可预测一些。

顾问：你认为你会一直为EL工作吗？

P.J.：我不知道我是否该回答。我们刚才谈到了，我的绩效考核还是不错的，我希望我的薪酬能有所增长。为了这些我愿意留下来。

查莉达·蒙哥马利（Chalida Montgomery），技术员

顾问：总的来看，你对你在EL工作的感觉如何？

查莉达：嗯，我觉得我的工作相当不错，但是我也觉得我所做的是令人厌烦的、沉闷的工作。用我主管的话说，我所做的事情就是电气工程专业的学生在最后一个学年所做的事情。我猜想他们的毕业设计是制造电路板，而这也就是我每天所做的。

顾问：你喜欢做什么呢？

查莉达：嗯，能够对这些电路板的设计提供一些想法就好了。我知道我没有博士学位或其他学位，但我有许多经验。但由于我只是名技术员，工程师们并不认为我能提供多少建议——即便我装配电路板，而且可以看懂设计图纸，从而实现设计者的意图。我也喜欢在我的部门指导其他的技术员。你知道，取得一些进步是好的。所以许多技术员向我请教，而我当然会帮助他们。但后来功劳却归他们。在这里你必须拥有一纸证书，以便在他们让我正式去帮助别人之前证明我受过教育。

讨论题

1. 利用行为指南及图6-11，从激励的角度来讲，EL有哪些优势和弱点？

2. 在给 EL 的总裁史蒂夫·摩根的咨询报告中，你建议采取的最迫切的行动是什么？请注意那些能够用于更好地利用员工能力，并培育一个更富于激励的工作环境的具体行动。

诊断工作绩效问题的练习

正确的诊断对于有效的激励管理是至关重要的。由于管理者不了解所观察到的绩效问题的原因，他们常常有挫败感。他们可能会试着进行各种"治疗"，但是这种试错过程的无效性往往只会增加他们的失败。而且，由此而产生的误解会给管理者—下属关系造成额外的损害。这通常使绩效问题更加明显，反过来又会促使管理者采用更激烈的反应，并旋转向下导致恶性循环。

我们采用的方法假定，如果工作环境鼓励的是努力工作和优异的绩效，员工就会这么做。因此，这一诊断过程不是为了推断拙劣绩效的原因是人格特质的缺陷还是恶劣的态度，而是帮助管理者关注管理措施及工作环境的其他方面的改进。

乔·钱尼

作业

阅读乔·钱尼（Joe Chaney）的案例，自己运用诊断模型（见图 6-9 和图 6-10）指出真正的绩效问题。然后在小组中讨论你个人的评估并列出你要向乔询问的具体问题——这些问题是为了从他的角度出发准确地确定他实现高绩效的障碍。最后，用头脑风暴法探讨合理的解决方案。准备代表你的小组进行角色扮演，即与乔就问题的解决进行面谈。

乔·钱尼两年前来到你的建筑公司从事绘图员的工作。他今年 35 岁，自从两年制技术学校毕业以来就从事绘图员工作。他已经结婚了，并有 4 个孩子。12 年来，他在 4 家建筑公司工作过。

乔带着他前任雇主评价低劣的推荐信到你的公司来，而你却雇用了他，因为你极其需要人手帮忙。由于当地建筑业的迅速发展，公司的工作量极大，结果却忽略了许多有助于形成支持、管理良好的工作环境的做法。例如，你无法记起你上一次进行的正式绩效面谈，或者你没有进行任何职业生涯咨询。而且，周五早上进行办公室交流这一传统也被放弃很久了。不幸的是，由于不堪忍受的时间压力和缺乏足够的人手，有些日子办公室的工作紧张程度非常高。晚上和周末加班已经成为家常便饭，而不是例外事件。

总之，你对乔的绩效感到惊喜。在出现问题之前，他努力工作并始终完成高质量的工作。另外，他总是自愿地承担特殊的项目，为改善工作环境提出很多建议，并且他具有建筑设计等方面的高深的实践知识。但是，在过去的几个月里，他明显地退步了。他对他的工作似乎不再感兴趣了，而且有好几次你发现他趴在桌上打瞌睡。另外，他在最近的项目中与建筑师就设计程序的规范和正确性发生了好几次激烈的争吵。

在其中一次争吵之后，你无意中听到乔向他的同事抱怨道："在这里没有一个人尊重我的意见。我只是一个小小的绘图员。我与那些炙手可热的建筑师懂得一样多，但只是因为我没有学历，他们就忽视我的投入，而我又是在干一些无聊的工作。这真是往伤口上撒盐，我妻子不得不去工作以补贴家用。我肯定是公司中薪资最低的人。"一位同事问他为什么不去拿一个建筑学的大学学位，乔回答道，"你知道养家糊口有多难吗？缴西雅图的税，加班，做一个通情达理的好父亲、好丈夫，还要去上夜校。算了，现实点儿吧！"

激励绩效评估

评估
请以你目前的或以前的工作情形为基础填写下表。
评估尺度
1　非常不同意
2　不同意
3　无所谓
4　同意
5　非常同意

_____　1. 我相信我的老板分配报酬时存在偏颇。
_____　2. 如果能接受更多的训练，我可以干得更出色。
_____　3. 我大多数时候并不喜欢我的工作。
_____　4. 我相信我的本领和能力与我的工作职责很匹配。
_____　5. 我相信我的老板的期望是不明确和不现实的。
_____　6. 如果我表现出色，我可以获得的奖励和机会对我个人来说很有吸引力。
_____　7. 我觉得我受过的训练足以完成目前的工作任务。
_____　8. 我的主管表示，我并没有尽我所能去完成工作任务，而我对此并不同意。
_____　9. 我相信我有足够的资源可以做好我的工作。
_____　10. 我认为我的工作对于我的能力而言太难了。
_____　11. 我了解我的老板的期望，并且总的来说觉得这些期望是现实的。
_____　12. 我并不觉得高绩效者可获得的报酬和机会很有吸引力。
_____　13. 我的工作总体上是令人愉快和充实的。
_____　14. 我相信奖励是基于绩效公平分配的。
_____　15. 我的上司和我对我的工作表现意见一致。
_____　16. 我认为我的工作表现受到资源缺乏的阻碍。

2. 根据本章章末评分要点中的说明对你的回答进行评分。
3. 用1分（低）到5分（高）的标准来评估你实现高绩效的动机（愿望、承诺、努力）。_____ 你认为你的上司会给你多少分？_____

4. 得分分析

A. 在小组中，比较你的激励绩效评估总分，以及八个绩效要求的最高分和最低分。以图 6-9 和图 6-10 为指导，讨论可能会影响你得分的具体工作条件（例如，你所在团队的工作类型、你的主管和同事的经验、组织政策和程序）。

B. 在小组中，报告你在动机方面的两个得分。如果这两个得分有显著差异，讨论你认为为什么会这样，以及你可以做些什么来消除认知上的差异。将你的动机得分与八个绩效要求的得分进行比较。讨论你的高分/低分与你的动机得分之间的关系，着重强调那些似乎对你的动机得分贡献最大的因素。

C. 总结你所在的团队从这些讨论中学到的关于管理者如何有效激励他人实现高绩效目标的知识。

评估工作特点的练习

工作诊断调查

接下来将给出有关你的工作的几种不同的问题。每个部分的开头都给出了具体的说明。

请仔细阅读。填写整个问卷的时间不能超过 10 分钟。请快速作答。这些问题是为了了解你对工作的看法及反应。

工作特点——Ⅰ

本部分问卷要求你尽可能客观地描述你的工作。

请不要用本部分问卷来显示你有多喜欢或不喜欢你的工作。关于这方面的问题将在稍后提出。相反，尽量让你的描述准确客观。

下面给出一个问题示例。

A. 你的工作要求你在多大程度上使用机械设备？

1 ——— 2 ——— 3 ——— 4 ——— 5 ——— ⑥ ——— 7

很少；这项工作几乎不需要接触任何机械设备。　　中等　　非常多；这项工作几乎离不开机械设备。

你要圈出最能准确描述你工作的数字。

例如，如果你的工作需要你在大多数时候使用机械设备，但也需要做一些文书工作，你可以圈出数字 6，如上面的例子中所示。

1. 你的工作有多大的自主性？也就是说，你的工作在多大程度上允许你自己决定如何继续工作？

1 ——— 2 ——— 3 ——— 4 ——— 5 ——— 6 ——— 7

很少；这份工作让我对如何和何时完成工作几乎没有"发言权"。　　中等；很多事情都是标准化的，不在我的控制之下，但我对工作可以有一些决定权。　　非常多；这项工作几乎让我能够全权决定工作的方式和时间。

2. 你的工作在多大程度上涉及做一件"完整的"可识别的工作？也就是说，这项工作是一项有着明显的开始和结束的完整工作吗？或者它只是由他人或是自动化设备完成的整个工作的一小部分？

1 _____ 2 _____ 3 _____ 4 _____ 5 _____ 6 _____ 7

我的工作只是整个工作的一小部分，我的贡献在最终产品或服务中是看不到的。　　我的工作在整个工作中占据中等份额；我所做的贡献可以在最终结果中看到。　　我的工作包括从头到尾做整个工作；我的贡献很容易在最终产品或服务中看到。

3. 你的工作的变化性有多大？也就是说，这份工作在多大程度上要求你运用你的各种技能做很多不同的事情？

1 _____ 2 _____ 3 _____ 4 _____ 5 _____ 6 _____ 7

很少；这项工作要求我一遍又一遍地做同样的事情。　　中等　　非常多；这项工作需要我运用不同的技能做很多不同的事情。

4. 一般来说，你的工作有多重要？也就是说，你的工作成果是否可能对他人的生活或福祉产生重大影响？

1 _____ 2 _____ 3 _____ 4 _____ 5 _____ 6 _____ 7

不太重要；我的工作成果不太可能对其他人产生重要影响。　　中等　　非常重要；我的工作成果会以非常重要的方式影响其他人。

5. 工作本身在多大程度上为你提供了有关你的工作表现的信息？也就是说，除了同事或主管可能提供的任何"反馈"之外，实际工作本身是否提供了关于你做得如何的线索？

1 _____ 2 _____ 3 _____ 4 _____ 5 _____ 6 _____ 7

很少；这项工作本身就是为了让我可以一直工作下去而不知道自己做得有多好。　　中等；做这项工作有时会给我提供"反馈"，有时则不会。　　非常多；这项工作的设置确保了我在工作过程中可以得到持续的"反馈"。

工作特点——Ⅱ

下面列出的是可以用来描述某项工作的陈述，在每个陈述前面的空白处写下符合其尺度的数字。

你要指出每个陈述对你的工作的描述是否准确。

再次强调，请尽量客观地判断每个陈述对你的工作的描述有多准确——无论你是否喜欢你的工作。

下列陈述对你的工作描述得有多准确？

1	2	3	4	5	6	7
非常不准确	大多不准确	有点不准确	不确定	有点准确	大多准确	非常准确

_____ 1. 这项工作需要我运用一些复杂或高水平的技能。

_____ 2. 这项工作的安排使我没有机会从头到尾做一件完整的工作。

_____ 3. 仅仅做这项工作所需要的事情，就为我提供了很多机会，让我知道自己做得有多好。

_____ 4. 这项工作很简单，而且重复性很强。

_____ 5. 这项工作完成得如何会影响很多人。

_____ 6. 干这项工作，我根本没有机会利用我的主动性或判断力。

_____ 7. 这项工作让我有机会完成我牵头的工作。

_____ 8. 这项工作本身对于我是否表现良好几乎不提供任何线索。

_____ 9. 这项工作给了我很大的机会，让我在工作中可以获得独立和自由。

_____ 10. 这项工作本身在更大的计划中并不重要。

工作特点——Ⅲ

下面列出了一些可能适用于任何工作的特征。人们对于自己的工作具有哪些特征持有不同的看法。我们希望了解你对于你的工作可以具有下列每个特征的态度。

请使用下面的量表，指出你对于你的工作可以具有每个特征的态度。

注：下面量表上的数字距离与以前的量表上的数字距离不同。

4	5	6	7	8	9	10
中等或以下			希望有该特征			非常希望有该特征

_____ 1. 我的上司给予我高度的尊重和公平的待遇。
_____ 2. 有刺激性和挑战性的工作。
_____ 3. 有机会在工作中独立思考和行动。
_____ 4. 工作很有保障。
_____ 5. 同事非常友好。
_____ 6. 从工作中学到新东西的机会。
_____ 7. 薪水高，福利好。
_____ 8. 有机会在工作中发挥创造力和想象力。
_____ 9. 能够很快得到晋升。
_____ 10. 工作中个人成长和发展的机会。
_____ 11. 对自己工作的成就感。

技能应用

激励绩效的活动

建议作业

1. 确定一种情形，在这一情形中你负责的一些人的绩效明显低于你的期望。运用技能练习部分的工作绩效评估问卷，选出个人对该情境的知觉的有关信息。使用本章给出的诊断模型（决策树），具体识别所知觉到的绩效问题。将这些结果与你自己对这一情形的看法进行比较。与个人进行面谈并讨论这些结果，明确意见不同之处。依据这一讨论，确定一个双方都接受的行动计划。如果问题出在能力不足上，那么就采取再补充、再培训、再修整、再安置或解雇等补救措施。如果问题出在努力不够上，那么就采取本章探讨过的谴责、更正和强化等措施。将这一计划应用一段时间，然后报告应用效果。

2. 关注工作中你觉得绩效低于你（或别人）的期望的那些方面。利用工作绩效评估问卷，明确绩效改善的具体困难。然后确定克服这些阻碍的计划，包括别人的行为。与影响这一计划效果的人讨论你的计划，并达成各方都接受的行动方案。将这一计划应用一段时间，并报告应用效果。你进行的改变有多成功？你的绩效是否如期望的那样得到了改进？根据这些经验，确定你工作中可以以相似方式进行改进的其他一些方面。

3. 向你所雇用的几个人讲授你所学到的关于内在强化的重要性。解释内在的满足感来自满足掌控、自主性、支持性关系和目的感的工作条件。讨论本章中描述的有助于满足这些需求的管理实践。请他们给他们的主管在工作中是否践行了这些做法打分。邀请他们制定一份他们可以与主管讨论的建议改进列表。

4. 对几个人进行工作诊断调查。用他们的分数来教授他们工作设计的基础知识，使用图 6-7 和表 6-3 作为视觉辅助工具。介绍工作设计的概念，并邀请他们编制一份工作分配的具体改进列表，以提高他们的激励潜力得分。帮助他们制订与主管讨论其建议的计划。

应用计划和评估

本练习的目的是帮助你在课外环境和真实的生活中应用这一系列技术。既然你已经熟悉了形成有效技能基础的行为指导，你将通过在日常生活中尝试那些指导原则来获得最大程度的提高。与班级活动不同，在那里反馈是即时的，并且其他人能以他们的评估来帮助你，而这里的技能应用活动的实现和评估全部要靠你自己。这个活动包括两个部分：第一部分帮助你准备应用这些技术；第二部分帮助你评估和改进你的经验。务必回答每一个问题，不要跳过任何一个部分。

第一部分：计划

1. 写下这一技能中对你最重要的两个或三个方面。它们也许是弱点所在、你最想改进的地方或你所面临的问题最突出的地方。明确你想要加以运用的这一技能的特定方面。

2. 现在请确定你将要运用技能的环境或情境。通过记录情境的描述来建立一个行动计划，计划中包括谁？你什么时候完成它？在什么地方做？

情境：

涉及哪些人？

何时？

何地？

3. 明确你将运用这些技能采取的具体行为。使这些技能具有可操作性。

4. 成功绩效的标准是什么？你怎样知道你是有效的？什么能表明你完成得很好？

第二部分：评估

5. 在你实施了计划以后，记录结果。发生了什么？你有多成功？其他人的反应如何？

6. 你怎样可以得到提高？下次你将做哪些改进？将来在相似的情境下你会做什么不同的事情？

7. 回顾整个技能练习和运用的经验，你学会了什么？有什么令你感到惊讶？这些经验将怎样长期为你提供帮助？

评分要点与对比数据

诊断低绩效并提高动机

评分要点

技能领域	项目	评估 学习前	评估 学习后
诊断绩效问题	1	_____	_____
	11	_____	_____
建立期望和设定目标	2	_____	_____
	12	_____	_____
提高绩效（增强能力）	3	_____	_____
	13	_____	_____
	20	_____	_____
将绩效与奖励和惩罚相联系	5	_____	_____
	14	_____	_____
	6	_____	_____
	15	_____	_____
使用明显的内部和外部激励	7	_____	_____
	16	_____	_____
	8	_____	_____
	17	_____	_____
公平地分配报酬	9	_____	_____
	18	_____	_____
提供及时的、直接的绩效反馈	4	_____	_____
	10	_____	_____
	19	_____	_____
	总分	_____	_____

对比数据（N＝5 000 名学生）

将你的得分与 3 个标准进行对比：
1. 可能的最高分＝120 分；
2. 同班其他同学的得分；
3. 5 000 名商学院学生的平均数据。

学习前得分		学习后得分
96.33 分	＝平均值	＝103.23 分
104 分或以上	＝前 25%	＝112 分
97～103 分	＝25%～50%	＝104～111 分
90～96 分	＝50%～75%	＝97～103 分
89 分或以下	＝后 25%	＝96 分或以下

激励绩效评估

评分要点

1. 记下你每一个项目的得分和总分。对第 1、2、3、5、8、10、12、16 项反向记分。对于这些项目，如果你得了 5 分，把它改成 1，把 4 改成 2，3 不变，把 2 改成 4，把 1 改成 5。

2. 将各项得分相加得出你的总分。最高得分为 80 分。

1. _____（反向）
2. _____（反向）
3. _____（反向）
4. _____
5. _____（反向）
6. _____
7. _____
8. _____（反向）
9. _____
10. _____（反向）
11. _____
12. _____（反向）
13. _____

14. ＿＿＿＿＿＿
15. ＿＿＿＿＿＿
16. ＿＿＿＿＿＿（反向）

总分：＿＿＿＿＿＿

3. 将你在本次评估中的"高绩效要求"项目的分数进行加总。

绩效要求：	项目：		加总后的分数
绩效期望	11. ＿＿＿＿	5. ＿＿＿＿	＿＿＿＿
能力/天赋	4. ＿＿＿＿	10. ＿＿＿＿	＿＿＿＿
能力/培训	7. ＿＿＿＿	2. ＿＿＿＿	＿＿＿＿
能力/资源	9. ＿＿＿＿	16. ＿＿＿＿	＿＿＿＿
绩效水平	15. ＿＿＿＿	8. ＿＿＿＿	＿＿＿＿
奖励公平	14. ＿＿＿＿	1. ＿＿＿＿	＿＿＿＿
奖励显著性	6. ＿＿＿＿	12. ＿＿＿＿	＿＿＿＿
内在强化	13. ＿＿＿＿	3. ＿＿＿＿	＿＿＿＿

工作诊断调查

评分要点

示例：假设你对衡量技能多样性的三个项目的得分如下：
部分Ⅰ，项目♯4　6
部分Ⅱ，项目♯1　5
部分Ⅱ，项目♯4　2
根据各项目的答案，计算你的技能多样性得分。
部分Ⅰ，项目♯4＋＿＿＿＿　6
加上部分Ⅱ，项目♯1＋＿＿＿＿　5
减去部分Ⅱ，项目♯4－＿＿＿＿　2
总和　$\boxed{9}$
调节　＋8
总计 $\boxed{17} \div 3 = \boxed{5.67}$
这就是技能多样性的得分。

Ⅰ. 工作特性

A. 技能多样性

部分Ⅰ，项目♯3＋＿＿＿＿

加上部分Ⅱ，项目#1+_____

减去部分Ⅱ，项目#4-_____

总和　□

调节　+8

总计　□÷3=□

B. 任务完整性

部分Ⅰ，项目#2+_____

加上部分Ⅱ，项目#7+_____

减去部分Ⅱ，项目#2-_____

总和　□

调节　+8

总计　□÷3=□

C. 任务重要性

部分Ⅰ，项目#4+_____

加上部分Ⅱ，项目#5+_____

减去部分Ⅱ，项目#10-_____

总和　□

调节　+8

总计　□÷3=□

D. 自主性

部分Ⅰ，项目#1+_____

加上部分Ⅱ，项目#9+_____

减去部分Ⅱ，项目#6-_____

加总　□

调节　+8

总计　□÷3=□

E. 来自工作的反馈

部分Ⅰ，项目#5+_____

加上部分Ⅱ，项目#3+_____

减去部分Ⅱ，项目#8-_____

加总　□

调节　+8

总计　□÷3=□

F. 激励潜力得分（MPS）

$$\text{MPS} = \left[\frac{\text{技能多样性}+\text{任务完整性}+\text{任务重要性}}{3.0}\right] \times \text{自主性} \times \text{来自工作的反馈}$$

$$\text{MPS} = \left[\frac{\Box+\Box+\Box}{3.0}\right] \times \Box \times \Box$$

MPS＝☐

Ⅱ．个人成长需求优势

部分Ⅲ，项目＃2＋_____

加上部分Ⅲ，项目＃3＋_____

加上部分Ⅲ，项目＃6＋_____

加上部分Ⅲ，项目＃8＋_____

加上部分Ⅲ，项目＃10＋_____

加上部分Ⅲ，项目＃11＋_____

加总　☐

调节　－18

总和　☐ ÷6＝☐

对比数据（$N=5\,000$ 名学生）

分　　数	平均数
技能多样性	4.7
任务完整性	4.7
任务重要性	5.5
自主性	4.9
来自工作的反馈	4.9
MPS	128
GNS	5.0

上述数据是基于 JDS 对在遍布美国各地的 56 个组织从事 876 种各不相同的工作的大约 6 930 名员工的调研结果（Hackman 和 Oldham，1980）。

Developing Management Skills

第 7 章

谈判与化解冲突

技能开发目标
- 有效地进行谈判
- 诊断冲突的焦点和来源
- 运用适当的冲突管理策略
- 采用协作方法解决人际冲突

技能评估：冲突管理的诊断调查
- 人际冲突管理
- 冲突处理策略

技能学习
- 组织冲突的普遍性
- 有效地进行谈判
- 成功地解决冲突
- 采用协作方法解决人际冲突
- 小结
- 行为指南

技能分析
- 教育养老金的投资

技能练习
- 海边的家
- SSS 软件管理问题
- 红牛烧烤店
- Avocado 计算机
- Phelps 公司
- 萨布丽娜·莫法特
- 拉里能适应吗？
- 哈特福特制造公司的会议

技能应用：解决冲突的活动
- 建议作业
- 应用计划和评估

评分要点与对比数据

技能评估

冲突管理的诊断调查

下面简单介绍本章的评估工具。在阅读本章正文前应当完成所有的评估。

完成初步的评估后,将答案先保存下来,等完成本章正文的学习后,再进行一次技能评估,然后与第一次的评估结果进行比较,看看你究竟学到了什么。

- 人际冲突管理评估度量的是你在工作环境中管理冲突的能力。
- 冲突处理策略评估用来度量你对于本章将介绍的五种冲突管理策略的偏好。

人际冲突管理

第一步:在阅读本章内容之前,请对下面的陈述作出回答,把数字写在左栏(学习前)。你的回答应该反映你现在的态度和行为,而不是你希望它们应该如何。请诚实作答。这一工具的目的在于帮助你评估自己的自我意识水平,借此确定你所需要的特定学习方法。完成此调查后,参考本章章末的评分要点,从而确定在本章的讨论中对你最为重要的、应该掌握的技能领域。

第二步:当你完成本章中的阅读和练习,尤其是当你尽可能多地掌握了本章后面的技能应用部分后,遮住你先前的答案,对同样的陈述句再做一次回答,这一次是把回答填在右栏(学习后)。当你完成调查后,采用本章章末的评分要点测量你的进步情况。如果你在特定的技能领域中的得分仍然很低,可以根据技能学习部分的行为指南一节做进一步的练习。

评估尺度

1. 完全不同意
2. 不同意
3. 比较不同意
4. 比较同意
5. 同意
6. 完全同意

评估

学习前　学习后　当我看到别人做了一些需要改正的事情时:
_____　_____　　1. 我避免进行个人攻击和把自私性动机归因于他人。

_____ _____ 2. 在说明我所关心的事情时，我将其作为自己的问题提出来。
_____ _____ 3. 我简单地对问题中出现的行为、它的结果以及我对此事的感受进行描述。
_____ _____ 4. 我明确指出被违反的规则和规定。
_____ _____ 5. 我作出明确要求，详细描述一个更有可能被接受的选择。
_____ _____ 6. 我坚持解释自己的观点直到它被其他人了解。
_____ _____ 7. 我鼓励双向交流，邀请当事人表达他的看法并提出问题。
_____ _____ 8. 当有许多问题需要处理时，我逐步接近问题，从容易和简单的开始，逐渐过渡到那些困难和复杂的问题。

当某人抱怨我所做的事时：

_____ _____ 9. 我找出我们观点一致的地方。
_____ _____ 10. 即使我不赞成，也会表现出真诚的关心和兴趣。
_____ _____ 11. 避免自我辩护和防卫。
_____ _____ 12. 通过提问寻找更进一步的信息，提问提供了更具体的、描述性的信息。
_____ _____ 13. 每次只关注一件事。
_____ _____ 14. 找寻抱怨中自己能够接受的部分。
_____ _____ 15. 向对方询问更多可接受的行为。
_____ _____ 16. 在计划的修改阶段力求达成共识。

当其他两人发生冲突，而我是调停人时：

_____ _____ 17. 我承认冲突的存在并将其看作严肃和重要的事。
_____ _____ 18. 我帮助建立一个旨在解决问题的会议的议程，确定讨论的问题，每次一个。
_____ _____ 19. 不站在任何一方，保持中立。
_____ _____ 20. 帮助使讨论集中于冲突对工作表现的影响上。
_____ _____ 21. 我保持对事不对人。
_____ _____ 22. 确保任何一方都不会支配谈话。
_____ _____ 23. 我帮助双方找到多种选择方案。
_____ _____ 24. 我帮助找出双方的共同点。

冲突处理策略

在空格处填上合适的数字，说明你使用它们的频率如何。从1~5的尺度中选择一个，1="很少"，3="有时"，5="总是"。完成调查后，使用本章章末的评分要点解释你的结果。

_____ 1. 我固执地为自己的观点辩论。
_____ 2. 我试着优先考虑其他人的需要。
_____ 3. 我试着达成双方都能接受的妥协结果。
_____ 4. 我力图避免卷入冲突。
_____ 5. 我力求彻底和共同地调查问题。

_____ 6. 我试图挑剔其他人的观点。
_____ 7. 我力求促成和谐。
_____ 8. 我通过商议使自己的建议获得部分认可。
_____ 9. 我避免对有争议主题的公开讨论。
_____ 10. 我在解决纠纷时开放地和他人共享信息。
_____ 11. 我喜欢在辩论中占上风。
_____ 12. 我总是赞同其他人的建议。
_____ 13. 我寻找中间立场来解决不合。
_____ 14. 我不对外流露真实情感以避免与人交恶。
_____ 15. 我鼓励开放地分享忧虑和问题。
_____ 16. 我不愿意承认自己错了。
_____ 17. 我试着帮助其他人避免在冲突中"丢面子"。
_____ 18. 我强调"平等交换"的好处。
_____ 19. 我鼓励其他人带头解决争论。
_____ 20. 我认为自己的观点只是一种看法而已。

技能学习

组织冲突的普遍性

组织中的冲突是不可避免的。据估计，管理者20%~40%的时间是用来解决冲突的（Runde 和 Flanagan，2012，第17页）。但并非所有冲突都是消极的。澄清问题、探索可行的方案和制定解决方案是解决组织冲突的必要且富有成效的方法。而一些组织，特别是那些创造力对生存至关重要的组织，实际上鼓励相互竞争的想法或解决方案之间的冲突。此外，战略决策的某些形式中包括使用"魔鬼代言人"，即指派一个人反对采纳某项提案。

有相当多的证据表明，管理不善或功能失调的冲突会损害组织的生产力，增加自付成本和风险，降低决策能力及组织实现战略目标的能力。这些是丹尼尔·达纳（Daniel Dana，2014，1984）研究了组织中冲突的成本后得出的结论。达纳在个人层面上确定了冲突的四个主要的消极后果：浪费时间、削弱员工努力的动机、增加员工的不满和流动及为了在空间上隔开有宿怨的员工而实施颠覆性重组。

美国著名心理学家亚伯拉罕·马斯洛（Abraham Maslow，1965）观察发现人们通常对冲突的价值有高度的矛盾心理。一方面，管理者承认冲突和竞争的价值。他们承认冲突是自由企业体系的一个必要的组成部分；另一方面，他们的行为往往表现出对冲突的厌恶，导致他们尽可能地回避冲突。

畅销书《关键对话》（*Crucial Conversations*）介绍了人际冲突难以解决的原因（Patterson 等，2012）。冲突导致情绪升级，产生生理上的逃避或战斗反应，或作者所说的"沉默或暴力"。沉默可能被看成是软弱，暴力可能被理解为恐吓和欺凌。这两种反应都不可能解决分歧，它们都对个人和关系有害。

作为人际冲突普遍存在和人们在解决冲突时所面临挑战的证明，互联网上充斥着各种补救建议，通常是以列表的形式出现。我们很同情那些试图从网上寻求解决破坏性冲突问题的人。本书给出的基于技能的方法更加广泛和全面。我们首先探讨有助于达成旨在防止冲突的协议的谈判进程。然后，我们将讨论冲突和冲突的解决，包括各种形式的冲突、可能的原因及解决冲突的方法。正如你将看到的，关于协商和冲突解决的文献，其基本原则、目标和一些词汇是相同的。谈判与解决冲突的一个主要区别是，谈判通常用于解决涉及有形资产分配等问题的冲突，而解决冲突则用于解决以问题为焦点和以个人为焦点（人际）的冲突。

在这一广泛的概述之后，我们为解决一种特别具有挑战性的人际冲突提供了指导，这种冲突以引发沉默或暴力而闻名。人际冲突是由个人抱怨他人行为的有害后果而引发的。我们将介绍如何将一个极具争议性的对话转化为一个协作解决问题的过程。

有效地进行谈判

谈判是多方达成协议的过程。初级的谈判可能发生在两个人之间，而复杂的谈判则在全球范围内发生，如联合国开会讨论时。大多数谈判都是很小的，几乎每一次与他人的交流都可以看作是一次谈判。

想想走在走廊或人行道上时，看到有人在对面朝你走来。为了避免撞到他，你向左避让。不幸的是，他同时在向右避让。于是你换了个方向，向右避让，可你没想到的是，他也改为向左避让。你们继续以平稳的步伐向对方走去，彼此眼神交流，都往各自的右边避让，从而擦身而过。这是一种每天都在发生的无处不在的非言语谈判。双方都希望取得积极成果。各方都会做一些初始的动作来指示自己的首选方向，最后达成一个适合双方的决定。

大多数谈判只是我们与周围人的对话。当你的经理分配给你一个任务，而你请一个小团队来帮助你完成这个任务时，就是在谈判。让同事替你补班，好让你可以去看牙医，这也是一种谈判——你的同事可能会要求一些东西作为回报，或者他只要能赚到额外的工时就很满意了。

大多数人每天都要经历多次谈判，谈判通常分为两类：一方赢一方输（分配式）和双赢（整合式）。不过这两类谈判往往是有交叉的。

谈判的分类

分配式谈判 (distributive negotiation)，又称输赢谈判，似乎是大多数人在谈及谈判时所想的，谈判中会有赢家和输家，一方得到的东西必须来自另一方。有一定数量的东西（通常是钱），一方得不到的就是另一方得到的。这种类型的谈判通常感觉像是两个人之间的一场战斗。这一特点决定了分配式谈判更适合关系不重要的非重复谈判。当你在谈判结束后还要继续与另一方或多方合作时,最好采用整合式谈判。

整合式谈判(integrative negotiation),又称为双赢谈判或基于利益的谈判,侧重于使各方获得尽可能好的结果。双方通常都会表达自己的利益和优先事项。例如,建筑公司可以与电气公司谈判,以获得更低的单价,并签订排他性合同。这样一来,建筑公司就可以省钱,而电气公司未来的收入来源也有了保障。两家公司还可以建立更好的工作关系。

整合式谈判旨在为所有相关方找到最佳解决方案。有关各方试图通过这种谈判找到一个能够满足所有人需求的解决方案。虽然有些观点可能是分配式的,但整体效果是,各方愿意放弃不太重要的项目,以便在更重要的领域取得进展。

例如,一个新员工的合同中规定了基本工资。围绕这笔钱进行的谈判几乎都是分配式的,不过如果双方都持有整合的视角,则整体合同的谈判不一定是分配式的。例如,大多数公司都愿意就提供更长的假期、更好的福利和支付的搬家费用等事宜进行协商。可以对起薪附加补偿条款,即如果新员工在两年内离开公司,必须偿还奖金。这有助于降低公司的离职率,并让员工可以获得更多的奖金。公司可能会提供绩效激励,如根据员工的绩效发放奖金或额外津贴。通过谈判除工资外还涉及其他事宜的雇佣合同,双方可以达成一个整合式的双赢的协议。

谈判的基础知识

在介绍了一些通用的术语和原则之后,我们将更详细地研究整合式谈判。

ZOPA 和 BATNA

可达成协议的空间(Zone of Possible Agreement,ZOPA)是指可以满足谈判双方需要的协议范围(Fisher 和 Ury,2011;D. Malhotra 和 M. Bazerman,2008)。例如,马克打算买一辆汽车,他的预算是 1.8 万美元。简想卖掉她的车,但她不愿意以低于 1.2 万美元的价格卖掉。本例中 ZOPA 为 1.2 万~1.8 万美元,在此范围内的任何金额都能满足双方的要求。如果简打算以至少 2 万美元的价格卖掉她的车,则不存在 ZOPA;马克只能另寻别的车,或者说服简接受更低的价格;简必须找到愿意支付 2 万美元的人,或者说服马克增加他的预算。

谈判协议的最佳替代方案(Best Alternative to a Negotiated Agreement,BATNA)是指如果对方拒绝谈判,你能达成的最佳结果(Fisher 和 Ury,2011;D. Malhotra 和 M. Bazerman,2008)。如果你在汽车经销商处进行谈判,如果你不买车,你会采用哪种交通方式?如果你的车刚刚报废,没有交通工具,你的 BATNA 将是继续租车、乘公共汽车、搭便车或步行。如果你是想买第二辆车,则你的 BATNA 可能是继续只开一辆车、等待一位更好说话的销售人员,或者去另一家经销商处试试看。BATNA 应当是谈判失败后,你心目中最理想的选择。

如果你有一个更好的 BATNA,你就有了更多的谈判力量。在前面的例子中,寻找第二辆车的人在任何潜在的谈判中都处于优势,因为他可以毫不费力地终止谈判。车子刚刚报废的人可能急于买车,在谈判中处于弱势。他必须买辆车,否则就会面临出行不便。精明的销售人员可能会试图评估买家的 BATNA,以了解如何最好地与其谈判;这就是为什么你经常会听到销售人员提的第一个问题是"今天是什么风把您吹来的?"。他们试图弄清楚你的 BATNA 有多强大，即你的谈判能力有多强。

由于与你的 BATNA 相关的力量很重要，你应该就何时分享或分享多少制定策略。我们从不提倡撒谎。然而，有时隐瞒某些信息是有帮助的。例如，在车辆刚刚报废的情况下，没有理由告诉销售人员你的车报废了，你可以只是说你想买辆新车。相反，在购买第二辆车的情况下，让销售人员知道你已经有辆车了，只是随便看看，会让他们更卖力地帮你，从而会让你拿到更加优惠的报价。

再强调一遍，我们从不提倡说谎或暗示虚假信息。我们坚决声明，你必须本着诚意进行谈判，决不应歪曲事实。谈判并非道德灰色地带，只存在道德的谈判方式和不道德的谈判方式。故意误导就是不道德的。

预定价格

在进行谈判之前，先要有一个**预定价格（reservation price）**。要知道什么时候该放弃谈判。预定价格通常与你的 BATNA 有关，但将其放在谈判中会有所帮助。

预定价格应在进行谈判前确定，并应得到你所在谈判方所有成员的同意，也就是说在团队谈判时，团队内的所有人都应当知道预定价格。在谈判过程中才试图决定自己能接受多高或多低的价格水平，你会很容易犯错误，答应一些对你不利的交易。

我们以考虑购买第二辆车的人为例。他应该想好不同购买条件下的预定价格，如利率低于 2.5% 和建议零售价基础上至少 10% 的折扣。如果经销商不愿意满足这两个基本条件，买家就会一走了之。

锚定

几乎每一次谈判的一个重要方面都是**锚定（anchoring）**，即对你方可接受的报价设定一个期望值。研究表明，富于攻击性的更精确的锚往往会让提供锚的人具有优势（Agndal 等，2017；Loscheldera 等，2017；Caputo，2013）。如果你要卖一辆车，你应该对它的价值有一个现实的预期。如果这辆车价值 5 000 美元，你可以将价格定为 5 500 美元，甚至是 6 000 美元，从而给想买这辆车的人有压价的余地。如果你需要从销售中获得至少 4 000 美元的收入，则不要把锚定在 4 000 美元，因为你会没有让步的空间。

锚定可以让你设定谈判的阶段。许多招聘人员会问应聘者的一个问题是，他们上一份工作挣了多少钱。然后，招聘人员将使用这个数字作为锚定，提供的薪酬可能低于其权限内可以给予该职位的薪酬，因为招聘人员知道这一薪酬水平对应聘者来说已超出预期。

如果另一方锚定了谈话，而你对锚定的位置不满意，那么可以进行重新锚定。例如，在上述情况下，如果招聘人员将你以前的薪酬作为薪酬的依据，你可以对该职位在类似公司的平均薪酬进行市场调查，并用这个数字重新锚定你们的谈话。虽然并不一定总是奏效，但重新锚定有助于在谈判过程中专注于你的目标。

目标

在谈判过程中保持专注的另一个方法是确保你已经明确地说明了你的谈判目标。分配式谈判中，目标可以是相当简单的——尽可能高卖或尽可能低买。然而，你越是具体，在谈判过程中就越能集中精力。你选择的目标会影响你在谈判过程中的行为，从而影响谈判的结果。研究表明，更积极的目标会（间接）为设定目标的谈判者带来更好的结果（Agndal 等，2017）。

整合式谈判中，目标可能更加复杂。维持关系通常比任何单独的谈判都重要，因此必须把维持关系囊括在目标中。而且，由于整合式谈判是基于利益的，所以试图获得绝对最低的价格往往对你并没有好处，尤其是它有可能导致关系恶化或谈判破裂，使你痛失供应商或客户的时候。

所有谈判的目标都应该是最佳情境下的合理方案。在几乎任何情境下，将供应商的价格压低99%的目标都是不合理的，因此，基于该目标的行动也将是不合理的。然而，如果你的目标是通过从供应商处多采购一种新产品来获得2%～5%的成本降低，则更可能实现目标，因为你有一个实现合理目标的具体计划。

成功开展整合式谈判的关键

如前所述，整合式谈判与分配式谈判存在多种差异，最大的差异在于整合式谈判中各方都在努力"做大馅饼"，而不是"分馅饼"（Fisher和Ury，2011；D. Malhotra和M. Bazerman，2008）。在分配式谈判中，各方都在试图获得尽可能多的钱或花费尽可能少的钱，以便尽可能多地保住馅饼。在整合式谈判中，各方都在积极地寻找让馅饼变大的方法。各方都希望所有参与方从谈判中得到比谈判前更多的好处。

由于整合式谈判的重点是为各方创造利益，因此整合式谈判的过程与分配式谈判的过程有很大的差异。第一个差异是对关系的关注。基于利益的谈判通常涉及与其他各方的工作关系，而且具有未来谈判的潜力。因此，在开始谈判之前，应审慎地衡量这种关系的重要性。如果关系很重要，则应该更加小心，确保谈判不会使关系恶化。

对谈判持积极态度的一种方法是提问，以了解对方在意的是什么。而要实现这一目的，最佳的做法是进行互谅互让的沟通，为了建立信任而提供真实的信息。各方在分享和索取信息的过程中建立了信任，达成积极协议的可能性也随之增加。

当然，也存在一方不愿意或无法提供信息的整合式谈判。我们并不是建议你公开分享你的所有信息，而不索取任何回报。必须建立信任，给予不愿意回报的人信任是存在风险的。此外，共享信息的某些方式比其他方式更安全。我们推荐一种保守的信息共享方式，即表明你愿意在不损害自己利益的情况下建立信任。

当然，提问总是伴随着倾听回答。为了建立信任，你必须留意谈判中其他各方对你说的话。因为不记得对方的回答而多次问同一个问题，只能说明你对谈判并不投入。

搞清楚每个相关方看重的是什么有助于你提出考虑到各方对不同利益的看重程度的解决方案。很少出现谈判中的各方都同样看重谈判的各个方面的情况，因此，倾听对方提出什么问题、他们提出这些问题的频率，以及他们在不同问题上作出让步的意愿，将有助于你了解每个相关方最看重的是什么。

一旦你知道每一方对每个问题的看重程度，你就可以开始"投桃报李"的过程。该过程是指在你不太看重的问题上让步，以便获得对方在你更看重的问题上的让步。例如，如果合同期限对你来说不那么重要，但对另一方来说却非常重要，那么你可以对此做出让步，以确保得到对你来说更重要的东西，如交货时间。下列经证实的做法将有助于你努力达成双方都满意的结果。

关注利益而不是立场。 立场是要求或主张，利益则是藏在要求背后的原因。经验表明，如果更宽广、更多侧面地看问题，人们更易于在利益的基础上达成共识。这一步包括重新定义和广泛讨论问题，使其易于掌握。这涉及询问"为什么"以更好地理解对方的观点。

确立总体的共同目标。为了营造合作的氛围，争论的双方都要将注意力集中在他们的共同点上。例如，双方可能达成共识，将提高生产率和降低成本，或改善对新买家的服务作为共同目标。从共同目标入手可以使双方意识到达成协议的互惠性。

应用客观标准来评估备选方案。不管谈判双方如何好说话，总是存在一些互不相容的利益。与其将它们视作测试意愿的机会，不如决定什么意味着公平，这更有建设性。与其抓住这些机会拒绝一项协议，不如提出公平的替代协议，这样更有成效。从"得到我想要的"转到"决定什么是最重要的"，这种想法上的转移能够培养开放、合理的态度。它鼓励当事人避免对其初始立场的自负或过分约束。对任何已提出的与你想要的不完全一致的协议进行客观的衡量，将有助于防止你断然拒绝。

用真正的所得，而不是假设的损失，来定义成功。如果管理者寻求10%的提高但仅仅达到了6%，那么这一结果既可以被看作6%的提高，也可以被看作4%的失败。第一种解释集中于收益，第二种解释集中于损失（本例中，是指没有实现的期待）。结果是相同的，但是管理者的满意程度却大相径庭。我们对结果满意与否取决于我们的判断标准，认识到这一点是非常重要的。因此，协作性的问题解决者依靠合理的标准判断解决方案的价值，以利于协议的达成。

为相互的利益创造机会。这一步致力于提出创造性的解决方案。通过使双方的注意力集中在集思广益提出双方达成一致的新的解决方案上，人际互动自然从竞争转移到了协作上。另外，可能的选择和组合数越多，达成一致的可能性就越大。这一步可以概括为："既然我们已经充分了解了每个人的利益和目标，让我们共同开动脑筋，寻找双方都满意的解决方案。"

有时谈判会面临没有一方愿意让步的僵局，气氛会变得紧张起来。此时走出房间，稍作休息，可以缓解室内积聚的紧张气氛，让各方都有机会喘口气，控制情绪。

这些都是在双赢谈判中达成令人满意的解决方案的好方法，它们都秉承一个基本原则：帮助每个人得到他们最想要的。当每个人都能接受结果，一致认为其他任何结果都会导致整体满意度降低时，谈判就达到了**帕累托效率**（Pareto efficiency）。

帕累托效率是大多数整合式谈判的目标，但很少能实现。下面举例说明。A、B和C三家公司之间的谈判刚刚结束。它们的谈判是围绕一个合作项目，其中包括X、Y和Z三个事项。对于三家公司达成的协议，A公司的满意度是97%，B公司的满意度是94%，C公司的满意度是88%，总体满意度是93%。然而，如果各方同意将Y事项增加1%，则B公司的满意度将增加到95%，C公司的满意度将增加到91%，而A公司的满意度将保持在97%不变。这个解决方案将更接近帕累托效率，因为总体满意度将提高到94%。

一种更容易达到帕累托效率的方法是谈判后谈判。在各方达成协议后，你可以选择参加谈判后谈判，这种谈判可以更充分地发挥创造性。最初的协议仍然有效，但所有有关各方可以集思广益，看看是否有一个对各方来说都更好的解决方案。如果找到更好的解决方案，原协议可以作废，以实施更好的协议；如果没有找到更好的解决方案，协议仍然有效，不会造成任何损害。

如果有关各方愿意继续谈判，则谈判后谈判可能是一个有价值的工具。没有了急于找到令人满意的解决方案的压力，谈判各方往往更愿意寻找比原来的解决方案能更好地满足各方利益的创造性解决方案。因为满足各方利益是基于利益的谈判，谈判后谈判可以成为非常有价值的工具。

本章技能学习部分末尾的行为指南和技能练习部分的谈判计划文件中给出了有关计划和实施谈判的详细建议。

成功地解决冲突

冲突在组织中是普遍存在的,如何管理冲突是预测组织能否取得成功的一个越来越重要的因素(Memeth,2004)。未解决的冲突,无论是涉及全球化和合资企业、劳动力多样性还是团队内部的局部冲突等问题,都必然会造成有害的结果。尽管诸如性格不合、意识形态差异、关于无法改变的事情的争论等一些冲突很难解决,但大多数冲突都可以借助正确的工具得到解决。一般来说,可以借助的两个基本工具是:(1)了解特定冲突的焦点和来源;(2)选择适当的方法或策略来解决冲突。

理解不同类型的冲突

由于人际冲突的表现形式各异,我们进行技能学习的第一个任务是学会诊断人际冲突的艺术。在任何一个临床情境中,从医学到管理,有效的干预基于准确的诊断是一个常识。图7-1给出了一个诊断冲突类型的分类设计,它基于两个关键的识别特征:冲突的焦点和冲突的来源。通过了解冲突的焦点,我们可以识别争论的本质(是什么助长了冲突),而通过对源头(或称冲突的来源)的更多了解,我们可以更好地了解冲突是怎样开始的(导火索)。正如在医学领域,正确的诊断对于有效的治疗是必不可少的。

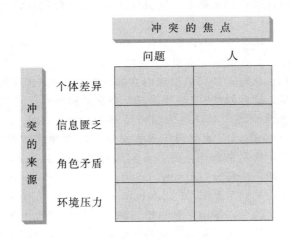

图7-1 不同的冲突类型

冲突的焦点

我们可以根据它们主要是针对人还是问题对冲突进行分类(Eisenhardt等,1997;Jehn和Mannix,2001)。换句话说,冲突可能来自相互竞争的想法、建议、利益或资源,也可能来自人们之间的关系(如性格和价值观方面的差异,因为过去的不愉快经历带来的恶感，对于另一个人的话感到不满）。根据以人为焦点还是以问题为焦点对冲突进行区分可以帮助我们理解为什么有些管理者相信冲突是他们组织的血液，而另一些管理者相信每一个或所有冲突都会吸干组织的血。研究表明，以人为焦点的冲突会威胁到关系，而针对问题的冲突则会增进关系，因为人们对此在心理上感觉安全（Bradley 等，2012），并且感到可以有效地、公开地解决它（Bradley 等，2013；de Dreu 和 Weingart，2002；Jehn，1997）。因此，当人们谈论"有价值的冲突"的益处时，他们实际上指的是以问题为焦点的冲突。

以问题为焦点的冲突（issue-focused conflicts） 可能采取谈判的形式，可以被看作一种"两个或更多的人达成如何对稀缺资源进行分配的人际决策过程"（Thompson，2001，第2页）。在以问题为焦点的冲突中，管理谈判者更像是代理商那样行动，表达其部门、职能或项目的兴趣所在。虽然谈判者在怎样利用稀缺资源的优先权上存在冲突，但组织内部的大多数日常谈判被认为是为了找到令每个部门都感到公平的和平解决方式所必需的。这种对公平的渴望至少在一定程度上反映了这样一个事实，即基于特定问题的冲突很少是最后的结果。换句话说，知道各方必须定期解决因其固有的不同观点和需求（例如，不同的产品线或业务职能）而产生的分歧，往往会减轻赢家通吃的心态。

当然，所有的人际冲突都涉及人，但**以人为焦点的冲突（people-focused conflict）** 特指面对面的对抗，这种对抗会导致情绪激动，因为一方或多方会认为因另一方的行为受到了人身伤害。这些争端往往是由道德上的愤慨引起的，其特点是对伤害的指责、对正义的要求和怨恨情绪。简言之，在以人为焦点的冲突中，冲突的主体是另一方，而不是他们所代表的群体或角色。虽然这些争执中有一些可以通过纠正对谁做了什么以及出于什么原因的错误认识而迅速解决，但大多数个人纠纷极难解决，纠纷对人际关系的长期影响可能是毁灭性的。这种纠纷持续的时间越长，冲突双方之间的嫌隙就越大。

本节的内容侧重了解冲突的来源和类型，并利用这些信息选择适当的冲突管理方法。在对冲突管理进行一般性讨论的基础上，更具体地讨论如何借助已证实的行为准则解决以人为焦点的冲突。

冲突的来源

现在我们将诊断焦点从对于冲突类型或内容的理解（"这是关于什么的？"），转向冲突的源头或起源（"它是怎样开始的？"）。管理者，特别是那些对于冲突感到不适的管理者，经常把人际冲突当作人性缺陷来对待。他们给经常卷入冲突的人贴上"惹麻烦的人"或"坏家伙"的标签，并且企图以将他们调职或解雇作为解决冲突的方法。尽管某些人即使在最好的环境中也会显示捣乱的倾向，并且看起来好像是出于恶意，但是事实上，"坏秉性"只是组织冲突来源的一小部分（Hines，1980；Schmidt 和 Tannenbaum，1965）。

这一假设被绩效评估的研究所证实（Latham 和 Wexley，1994）。研究显示，管理者往往将低绩效归因于员工的个人缺陷，如怠惰、缺乏技能或动机不足。然而当员工被问及他们表现不好的原因时，他们通常认为问题在于他们所处的环境，如没有足够的支持或同伴不合作。这里显然包含保全面子的托词，但这一系列的研究提醒管理者注意一点，就是不要假定有不好行为的人就是不好的人。事实上，那些表现出进攻性的、粗野的举止的人通常是出于好意，只是不懂得如何处理强烈的情绪体验。

与个性缺陷的冲突理论相反，我们在表 7-1 中提供了人际冲突的 4 种来源。**个体差异（personal differences）** 是冲突的一种常见来源，因为个体将不同的背景带入他们在组织中的角色里。他们的价值观和需求由不同的社会化过程塑造，取决于他们的文化和家庭传统、教育水平、阅历等。因此，他们对事件的解释以及对于在组织中同其他人关系的期待是非常不同的。基于不相容的个人价值观和需要的冲突通常是一些最难于解决的问题。这些问题通常是高度情绪化的，并且涉及道德问题。在这种情况下，关于什么才是真的正确的争论，很容易演变成关于谁是在道德上正确的冲突。

表 7-1 冲突的来源	
个体差异	知觉和期望
信息匮乏	错误的信息和表达
角色矛盾	目标和责任
环境压力	资源缺乏和不确定

乍看起来，个体差异与以人为焦点的冲突似乎是一回事。然而事实上并非如此。如果把个体差异想象成组织中每个成员用来理解日常经历的镜子，可能会有所帮助。他们通过这个镜子作出道德判断，得出孰对孰错、恰当与否的结论。如果一个人长期以来一直使用某种镜子或者是某种视角，那么这个人可能就永远不会对此产生疑问。很容易看出来这种根深蒂固的世界观是怎样引发人际冲突的。然而，这并不一定意味着冲突会变成人身攻击。即使当一个人深信不疑的信念遭到挑战时，这个人对于争论形式仍然是有选择余地的，即究竟是针对问题的（例如，我们的看法和价值观是不同的），还是针对人的（例如，我对你的能力、意图、承诺和理解存在质疑）。

对于那些处在以广泛的人口多样性和价值观为特征的企业中的管理者，这一问题特别重要。一方面，这种多样性劳动力可以是组织的战略资源（Cox，1994）；另一方面，差异巨大的人们很容易产生严重的冲突——可能变成组织的一个负担（Lombardo 和 Eichinger，1996；Pelled，Eisenhardt 和 Xin，1999）。对组织多样性的各种研究（Cox 和 Blake，1991；Morrison，1996）得出的一些一致性看法表明，对多样性劳动力进行有效管理的好处包括：

- 少数族裔员工离职率的降低带来成本节约；
- 由于观点和文化习惯的范围更加广泛，创造力和问题解决能力得到提高；
- 在工作场所有公平、平等的感觉；
- 灵活性的增加，这对动机产生积极影响，并使工作和非工作要求（如家庭、个人兴趣和休闲）之间的冲突最小化。

研究显示，与同质的团队相比，多样化的团队对于自己的表现可能缺乏自信，但是他们的表现实际上更出色（Phillips，Liljenquist 和 Neale，2009）。然而，好的变化必然伴随着同样巨大的挑战。古语云："两个无关的事物相碰，才能激起火花。"团队中创造性的火花可能也需要在多样化视角与创造之间产生碰撞。例如，假设某个团队中有一位成员脾气随和、做事随意，喜欢天马行空地提出富有想象力的想法。相反，另一位成员做事情一板一眼，注重细节且容易焦虑。这两个成员间截然不同的风格显然会引发基于个人的冲突。然而，如果他们可以学会管理彼此间的差异，那么他们也可以实现高度的协同。注重细节的团队成员刚好可以帮助富有想象力的成员将其想法付诸实施。

人际冲突也可能因为来自不同道德和文化群体的人通常对人际纠纷持有不同的观点与判断而产生（Adler，2002；Trompenaars，1994，1996）。换句话说，我们的文化背景为我们的观点涂上了色彩，影响我们对于什么是值得"奋斗"的、怎样才是"公平竞争"的判断（Sillars 和 Weisberg，1987；Weldon 和 Jehn，1995；Wilmot 和 Hocker，2001）。

当摩擦涉及一个组织中的多数族裔和少数族裔时，发生这种有害冲突的可能性会更大。这时对于"多样性敏感"的管理者来说，考虑下面的问题会有所帮助：组织中所有的参与者都是来自主体文化吗？如果有一个人来自少数族裔，这种多样性对组织有多大的价值？这些少数族裔和主体文化的员工在多大程度上彼此理解，且看重这种多样性劳动力带给组织的价值？这一特定的少数族裔群体或个体是否存在与组织发生冲突的历史？如果有，是否存在涉及理解个体差异的更多问题需要加以强调？

组织成员间冲突的第二个来源或起因是**信息匮乏（informational deficiencies）**。重要的消息不能及时被传达、老板的指令被曲解，或者决策者由于使用不同的数据库而得出不同的结论。由于信息匮乏或误解而导致的冲突基本上是"就事论事"型的。因此，澄清背景信息和及时更新信息通常能够解决争端。这可以通过重述老板的指令、调查不同的数据来源，或重新分派误投的信息来解决。这种类型的冲突在组织中很常见，也比较容易解决。因为它并没有挑战人的价值系统，所以这种冲突不是那么情绪化。一旦信息系统故障得到修复，争论者通常能不留痕迹地解决他们的不合。例如，一位员工原本认为该自己负责的某个项目被交给了同事，她感觉很受伤害。假设她的上司因为某种原因对她有所不满，因此她与上司保持距离，将上司的一举一动都解释成上司对自己不满的证据。然而一段时间之后她发现上司之所以没有把项目交给自己，是因为她那时即将获得提升，将无法从头至尾地负责这个项目。她的不满自然一扫而空，而且就自己根据不完整信息而引发冲突的行为向上司道歉。她的道歉被上司欣然接受。

组织成员间冲突的第三个来源是**角色矛盾（role incompatibility）**，这在组织内部成员的任务高度相关的复杂组织内是固有的。这种类型的冲突的典型例证，就是发生在一线工人和管理层之间、生产部门和销售部门之间，以及营销部门和研发部门之间的组织目标相互抵触。每个部门在组织内有不同的责任，因此它们在不同的地方对组织目标（如消费者满意度、产品质量、生产效率、遵守政府规则等）有不同的优先级。在那些拥有多种生产线，而各生产线之间要争夺稀缺资源的公司中，这种矛盾也很常见。

冲突的另一个主要来源是**环境压力（environmentally induced stress）**。当组织被迫削减预算时，它的成员更有可能卷入对于职责范围和资源索取的争论。匮乏导致信任的降低，会增加民族优越感，并减少对于决策的参与。这些都是培养人际冲突的温床（Cameron，Kim 和 Whetten，1987）。

当一家大型的东方银行宣布大规模裁员计划时，员工的自身安全受到严重威胁，从而导致长期而密切的工作关系的破裂。甚至友谊在这种匮乏导致的压力作用下，也不具有免疫力。长期一起打高尔夫球的同伴和互相搭车的人，也会因为彼此之间的关系高度紧张而反目。

另一个产生冲突的环境条件是不确定性。当个体总是无法明确自己在组织中的地位时，他们就会变得非常焦虑，而且容易与他人发生冲突。这种"挫折冲突"通常是由急速、频繁的改变带来的。如果在任务分配、管理理念、财务程序和权威指导方面经常发生改变，员工就会觉得难以应付由此产生的压力，进而在一些看似琐碎的事情上容易爆发激烈、严重的冲突。这种类型的冲突通常很激烈，但是当变化转为常规、个体的压力水平下降时，这类冲突就很容易驱散了。

当一家大型的宠物食品生产企业宣布其 1/3 的管理者将参加三班倒的轮岗时，对于打破个人和家庭常规的恐惧导致许多管理者竞相想办法另谋职位。另外，关于谁将被要求在夜间值班的不确定性如此之大，以至于日常的管理工作也被这种形势和争斗打乱了。

在结束关于这些人际冲突的来源的讨论之前,我们有必要指出,来自不同文化背景的人可能会卷入不同类型的冲突之中。例如,格尔特·霍夫施泰德(Geert Hofstede,1980)的研究发现,文化价值观的一个重要维度是对于不确定性的容忍度。在一些文化(如日本)中,对于不确定性就是高回避的;而在另一些文化(如美国)中,则对不确定性有更多的容忍性。从这些发现中可以推断,如果一家美国公司和一家日本公司在某个高不稳定性行业成立了一家合资企业(如生产内存芯片),我们可以预期,日本管理者比起美国的同行可能会体验到更多由不确定性带来的冲突。相反,由于美国文化极端推崇个人主义(霍夫施泰德的文化价值观中的另一关键维度),我们可以预期该合资企业中的美国管理者会体验到更多由于他们的角色对日本同行的依赖而导致的冲突。

选择适当的冲突管理策略

我们已经从冲突的焦点和来源了解了不同的冲突类型,下面将把注意力转向管理这些冲突的方法上。正如你在技能评估一节看到的,人们对于人际摩擦的反应大致分为五类:强制、适应、回避、妥协和协作(Volkema 和 Bergmann,2001)。这些反应可以按两个维度组织,如图 7-2 所示(Ruble 和 Thomas,1976)。这五种对待冲突的方式反映了合作与武断的不同程度。合作的反应是指倾向于满足对方的要求,而武断的反应则倾向于满足自身的需要。合作维度反映了关系的重要性,而武断维度则反映了问题的重要性。从下面的介绍中可以看到,合作维度和武断维度并非互斥的。

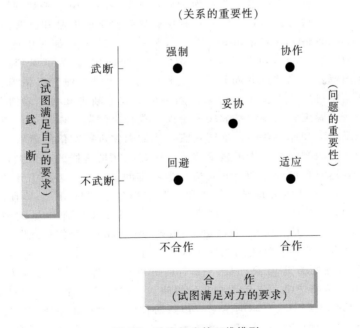

图 7-2 冲突行为的二维模型

资料来源:Adapted from Ruble & Thomas, 1976.

冲突管理方法

强制反应（forcing response）（武断，不合作）是企图以对方为代价，满足自己的需要，包括使用正式权威、身体恐吓、权谋或忽略对方要求等方式。露骨地使用工作中的权威（"我是老板，所以要照我说的办。"）或反映了自以为是领导风格的其他威胁方式，通常是领导者缺乏自信的表现。采取强制策略的管理者尽管在领导风格上会尽力表现出民主，但他们实际上可能忽略那些会威胁到自己的利益的建议，也可能采取操纵策略以达到自己的目的。

长期使用这类冲突管理方式的问题在于，它会导致敌意和怨恨。虽然观察者有理由钦佩独裁或权术型的领导者，因为他们看似能完成大量工作，但是他们的管理风格从长期来看通常会导致低效，因为员工最终会对忍气吞声产生厌恶。下属们往往会想方设法破坏这种权威领导者的权力基础。

适应方法（accommodating approach）（合作，不武断）着重满足对方的需求而忽视自己的需要。不幸的是，一些董事会在与破产公司管理层的互动中采取了适应方法，而忽视了原本应行使的重要监督责任。习惯性地使用适应方法导致的困难是过分重视维持友好关系，却以丧失个人利益和批评意见为代价。这容易导致其他人利用你，当你发现自己被他人用来完成他们的目标，而你却无力推进自己的任何计划时，你的自信会降低。

回避反应（avoiding response）（不合作，不武断）通过对冲突置之不理或拖延的方法，忽视双方的利益。回避是一种双输的选择，因为双方的实际利益都未获得保障。这一策略通常是那些在情绪上没有准备好应对与冲突有关的压力的管理者的典型反应；或者，它也可以说明双方的关系没有强到能容忍激烈冲突所带来的冲击。反复应用这种方法将导致其他人强烈的挫败感，因为问题似乎永远不能得到解决，真正麻烦的问题由于其隐含的冲突而总是被回避。管理者将回避策略作为冲突管理策略时，由于感到领导不力，员工会从四面八方来"填充"权力真空，在这一过程中会导致严重的混乱和仇恨。

妥协反应（compromising response）是合作水平和武断水平都居中的一种反应方式。妥协是企图获得双方满意的领导方式，即所谓的"半个面包"。为了做到这一点，这种方法要求双方都作出牺牲，以维持共同利益。这种管理方式对管理者有相当实际的吸引力，但是随意应用该策略将造成很多不良后果。如果员工被不断告知要"妥协"，他们可能由此推断，他们的管理者更感兴趣的是解决争论而不是解决问题。由此会创造一种权宜之计的气氛，这会鼓励员工和你耍花招、敷衍塞责，比如向你进行双倍的索取。

公司合并中常见的错误是，为了显示公平，在裁减冗员这样的事情上，在两个竞争性的团体之间，也要达成政策和行动上的妥协。当决定的基础是"各打五十大板"或"你一半，我一半"，而不是基于各方优势时，"和气"就超越了"价值"。具有讽刺意味的是，在"以和为贵"的名义下结成的联盟，时常由于员工间持续的矛盾和冲突加剧而瓦解。

与整合式谈判类似，**协作方法（collaborating approach）**（合作，武断）是试图同时顾及双方的立场和观点，通常被称为问题解决模式。在这种方式下，主要意图是查找冲突的原因以使双方都满意的方式解决问题，而不是挑剔或责备。这样，双方能感到他们都"赢"了。这是五种策略中唯一能实现双赢的策略。回避方式的结果是"双输"，妥协、适应和强制的方法都会导致一输一赢的结果。虽然协作的方式并非在所有情况下都适用，但是如果使用得当，它能使冲突双方都获得最大限度的利益。它在确认了竞争的情况下，鼓励合作和信任。它鼓励员工将注意力集中在他们的主题和问题上，而不是个别人身上。最后，它培养所需的自我管理技能，从而产生有效的问题解决机制。解决问题和解决冲突的协作方法在开放、坦率和平等的环境中,能够获得最好的效果。《公司》杂志的编辑们在乔布斯创办 NeXT 电脑公司后接受其采访时,就做名人老板的风险问了他以下问题:"你必须吸引拥有最好头脑的人到你的新计算机公司(NeXT)工作,而一旦他们来到这里,他们是否就要被迫按照一个固定的模式工作?"乔布斯是这样回答的:

> 这取决于文化。NeXT 的文化明确地表示了独立性,而且我们时常会有建设性的冲突——在各个层面上。新人过了多久就会发现,人们觉得公开表达与我不同的看法并没有什么不好。那不意味着我只能同意他们的看法,而是说好主意才是对的。我们的态度是,我们想要最好的想法,谁有好想法都可以提出来。我们会选出最好的一个,并加以实现(Gendron 和 Burlingham, 1989)。

下一节将给出使用协作方法的行为准则。

表 7-2 给出了五种冲突管理策略的比较。这张表里列出了每种策略的基本原理,包括它的目标、如何用陈述的观点表述这一目标以及支持它的理由。另外,对每种策略的结果也进行了概括。

表 7-2 冲突管理策略的比较

策略	目标	观点	原因	可能的结果
1. 强制	开拓自己的路	"我知道什么是正确的选择,不要怀疑我的判断和权威。"	宁可冒险引起别人的反感,也不能放弃已做的选择	你感到自己很有道理,但是对方感到受挫,也许还会感觉受到羞辱
2. 回避	避免去处理冲突	"我对此保持中立。""让我想一想。""那是其他人的问题。"	反对总是不好的事,因为会使人与人之间关系紧张	人际冲突得不到解决,会引起长期的焦虑并通过各种方式表现出来
3. 妥协	迅速达成一致	"让我们找到一个双方都能接受的方法,以便工作能够继续下去。"	长期冲突会干扰人们工作,并且引起烦恼和痛苦	人际问题没有得到解决,导致长期的摩擦以不同方式显现
4. 适应	不要让其他人心烦	"在这件事上,我怎样才能帮助你感觉好一点?""我的感觉并不重要,不值得为它去冒破坏我们关系的风险。"	我们最重要的目标是保持和谐的关系	其他人可能会利用你
5. 协作	共同解决问题	"我的想法是这样的,你的呢?""我正在力图找到最好的解决办法。""实际情况是怎么样的?"	双方的重要性是一样的(尽管观点可能存在差异)。决策的性质对双方都是同等的,决策过程也是公平的	问题最有可能得到解决,双方都对解决问题作出承诺并且对公平的对待表示满意

选择标准

每种策略在组织生活中都有其用武之地。因此,对于优秀的冲突管理者来说,问题不在于"哪种策略是最好的?",而是"在这种情况下我应该使用哪种策略?"。管理策略的适宜程度取决于它同个人偏好及情境因素的匹配程度。

个人偏好

如本章技能评估部分的冲突处理策略调查所反映的,了解我们管理冲突的个人偏好非常重要。如果我们对某一特定策略感到很不舒服,无论怎样劝说我们相信那是特定冲突情境中最有效的解决工具,我们也不大可能使用它。虽然包括基本的个性差异在内的很多因素会影响我们处理冲突的个人偏好,但民族文化和性别是其中尤其值得注意的两种。

研究显示,民族文化强烈影响我们对刚刚讨论过的五种反应的个人偏好(Seybolt等,1996;Weldon和Jehn,1995)。例如,来自亚洲文化的个体偏好妥协和回避这类没有摩擦的风格(Rahim和Blum,1994;Ting-Toomey等,1991;Xie,Song和Stringfellow,1998),而与此相反,美国人和南非人则偏好强制方式(Rahim和Blum,1994;Seybolt等,1996;Xie等,1998)。总体而言,妥协是各文化普遍偏好的方式(Seybolt等,1996),这可能是因为妥协被看作成本最低的方法,而且最容易达到让双方都感到满意的接受水平。

对于偏好的冲突管理风格与性别之间的关系的研究,并未发现这么清晰的划分。一些研究报告说,男性更喜欢使用强制方式,而女性则倾向于选择妥协方式(Kilmann和Thomas,1977;Ruble和Schneer,1994)。相反,另一些研究则发现,性别在个体对冲突反应的偏好上几乎没有影响(Korabik,Baril和Watson,1993)。总体而言,性别对于个体的冲突管理风格似乎并不存在强大的预测作用,但人们在预测冲突管理偏好时仍然持有性别角色预期(Keashly,1994)。

情境因素

尽管人们对于不同的冲突管理策略存在偏好,但是有必要指出这些偏好仅是大体倾向。大多数人都有不止一种冲突管理风格。由于冲突的原因和形式五花八门,有效的冲突管理需要使用多种策略。

表 7-3 提出了四种重要的事件特定性情境,可以用来选择适当的冲突管理策略。

表 7-3 冲突管理策略与情境因素的匹配

情境因素	冲突管理策略				
	强制	适应	妥协	协作	回避
问题的重要性	高	低	中	高	低
关系的重要性	低	高	中	高	低
相对权力	高	低	相等	低—高	相等
时间限制	中—高	中—高	低	低	中—高

1. 争论中的问题有多重要?(高:极其重要;低:一点儿也不重要)

2. 关系有多重要？（高：决定性的、持续的、独一无二的合作关系；低：一次性交易，可以被轻易替换）

3. 争论双方的相对权力或权威水平如何？（高：老板对下属；相等：同事；低：下属对老板）

4. 对于解决争论的时间限制有多强？（高：必须尽快解决纠纷；低：时间不是一个重要因素）

利用表7-3，你可以对情境进行快速评估，从而判断一个特定的冲突管理策略是否适宜。如下面的描述所说明的，重要的是要记住，在选择一种特定的策略时，并非所有的情境因素都同等重要。

当涉及价值观或政策的冲突并且一个人感到必须为"正确"的观点而战时，当涉及上下级地位关系时，当维持一种亲密的、支持的关系并不重要时，或者当情境中有紧迫感时，强制型的管理方式是最合适的。这种情况的一个例子是，管理者坚持让一名暑期实习生遵守公司重要的安全规定。

当维持良好工作关系的需要胜过其他所有考虑时，适应方法最为适当。问题的性质和时间的紧迫性在决定这种策略选择时扮演辅助角色。当问题不涉及你的利益并且必须很快解决时，适应方法尤为合适。

当问题很复杂、重要性一般、没有简单的解决办法，而且双方对问题的不同方面都有很强的兴趣时，努力达成妥协是最恰当的方式。另一个必需的客观条件是有充裕的时间进行谈判。典型的案例是管理层和劳工代表为避免计划好的罢工而进行的谈判。经验表明，在双方享有同等权力且都承诺愿意维系长期良好关系时，谈判的效果最好。

在处理重大的、需要保持同伴间长期的支持关系且没有时间限制的问题时，协作是最适合的方式。虽然协作在处理上下级关系时也是有效的，但必须记住，当冲突所涉及的人员地位平等时，协作方法比强制反应或适应方法都有效。

当冲突的内容不是一个管理者需高度负责的内容，而且没有足够的个人理由卷入其中时，回避是最适合的方式，而不管产生矛盾的人是上级、下级还是同僚。尽管妥协或协作等其他策略可以较好地解决问题而不会破坏关系，然而使用这些策略所需的时间过长，在某些情况下只能放弃。有些时候，紧急的时间限制使回避反应成为最佳策略。

显然这是关于如何选择解决冲突的适当方式的理性观点。你可能会怀疑，在现实中，一个处在情绪化摩擦中的人是否会退回来对情况进行这种细致的、系统的评估。我们观察到，优秀的冲突管理者可以迅速掌握这种分析方法，几乎本能地实施最适合当前情境的策略。

虽然我们鼓励你采取一种深思熟虑的、分析性的方式来解决争端，但并不意味着你可以指望冲突中的其他人会同意你对于情境的分析。例如，当冲突涉及来自不同文化传统的人时，在怎样解决他们的分歧，甚或是否应当解决冲突这种问题上，通常会存在不一致。如果冲突各方对于时间、权力、含糊程度、常规或重要的关系持有非常不同的态度，可以预期，他们将很难在如何解决他们的争端的适宜行动过程上达成一致（Trompenaars, 1994）。简单地说，如果你们在怎样达成一致上还存在分歧，那么讨论什么是一致并没有多大益处。因此，优秀的冲突管理者必须在冲突管理过程的初期就澄清假设、解释和预期。

无论你在冲突管理风格方面的个人偏好如何，延伸你的"舒适带"并精通各种可选方法，对你来说都是很重要的。同样重要的是，将你对冲突管理策略的选择与明显的情境因素相匹配，包括问题和关系的重要性、相对权力和时间限制。最后，争论各方就如何更好地解决他们的分歧的假设进行讨论是非常重要的，尤其是当他们的背景截然不同时。

采用协作方法解决人际冲突

到目前为止，我们对冲突管理的讨论相对广泛且具有分析性。我们的目标是帮助你正确识别各种类型的冲突，并选择解决冲突的适当方法。最后，我们将以实际的方式讨论如何使用协作的方式。我们之所以选择这一方式进行技能开发，是出于两个原因。第一，正如我们的讨论中已经说明的，就各方对冲突解决进程和结果的满意程度而言，协作最有可能产生积极成果。基于这些原因，优秀的管理者将协作视为解决冲突的默认选项，除非有迫不得已的原因，否则他们一定会采用这一策略。第二，在任何情况下，它都是最难以有效实施的方法。在基普尼斯（Kipnis）和施密特（Schmidt, 1983）早期的研究中，大多数管理者表达了对于协作方法的普遍支持，但是当事情看上去不是那么回事时，他们就转向了更具命令性的方式。根据我们的观察，出现这种模式的一个原因是，一些管理者对自己以协作方法解决冲突的能力缺乏信心。管理者通常认为协作方法听起来不错，但是要成功实施却需要管理者具有很高的人际交往能力。

同样，对于管理者而言，改变他们的意愿或许容易，但是要想在解决不和时真正采用协作方法却是一个复杂且费力的过程。结果，当情境条件表明协作方法最为适宜时，缺乏技能的管理者通常会选择挑战性更小的方式。为了帮你获得应用协作方法的能力，本章剩余的部分描述了采用协作方法有效解决人际摩擦的行为准则。

考虑到这一点，我们将深入介绍如何在可能最具挑战性的冲突类型中有效利用协作方法来解决：A（投诉发起人）指控 B（投诉回应人）对 A 造成人身伤害。根据我们的经验，除非发起人或回应人选择采用协作方法来解决这类以人为焦点的冲突，否则问题不大可能得到让双方都满意的解决。除了发起或回应个人投诉外，管理者有时还需要调解团队成员之间的这类冲突。

为了强调解决冲突的协作方法的问题解决性质，我们对行为指导进行的详细讨论将围绕问题解决过程的四个阶段展开：（1）问题确认；（2）生成解决方案；（3）制订和通过行动计划；（4）实施及跟踪。（有关问题解决的更详细的内容，请参见第 3 章"分析性和创造性地解决问题"。）在激烈的交锋中，前两个阶段是最关键的也是最难有效实施的步骤。如果你能够就问题是什么和怎样解决它达成一致，那么协议的细节，包括追踪计划，也会自然而然地随之产生。因此，我们将把技能培训集中在最需要熟练应用的部分。

我们的指导原则将围绕争议中的特定角色（发起人、回应人和调停人）展开。对于每一个角色，你的目标应该是培养一种协作方法，而不管对方说什么或做什么。如果你是个人投诉的发起人，那么可以说你是有时间排练台词的。大多数情况下，投诉对象在收到投诉或对方情绪爆发之前几乎不会得到任何警告。管理者在给出负面绩效反馈或纠正负面行为时，可以使用发起人行为准则。回应人行为指南则有助于管理者避免对个人投诉做出负面回应。因为当有人闯进你的办公室对你所做的事情指手画脚地抱怨时，你将很难心平气和地思考，所以我们建议你要牢记回应人行为准则。调停是一个私人的、自愿的过程，在这个过程中，一名不偏不倚的人促进各方之间的沟通，以促成双方都同意的解决方案。当工作团队的成员存在无法解决的冲突时，团队管理者可能决定对僵局进行调停。担任该角色时，管理者可以利用调停人行为准则或指导卷入冲突的下属如何利用发起人和回应人行为准则解决他们的问题。

发起人

投诉的发起方式会影响投诉的接收方式。因此，应等到能够控制你的情绪，不会说出事后会后悔的话之后再发起投诉。利用发起人行为准则来梳理你将要说的话有助于保持问题解决的焦点，并增加回应人同样关注问题解决的焦点的可能性。

问题确认

A. 保持问题的个人属性。当你感到焦虑和沮丧时，那是你自己的问题，而不是别人的问题，认识到这一点非常重要。你也许觉得你的老板或同事是你的问题的来源，但是解决问题的第一步是确认使你不快的问题。假设有位客人喷了刺鼻的古龙水，你的办公室一整天都会有股味道，这一事实可能会让你气恼，但这种气味对你温文尔雅的客人来说并不成问题。决定问题归属的一种方法是搞清楚谁的需要没有得到满足。在本例中，你对清洁的工作环境的需要没有得到满足，因此充满刺鼻古龙水味道的办公室是你的问题。

当抱怨开始时，确认问题归属的好处在于它能够减少防御性（Adler, Rosenfeld 和 Proctor, 2001; Alder 和 Rodman, 2003）。为了使问题得到解决，问题回应人不应该从你对问题最初的表述中感受到威胁。如果在开始交谈时你就要求回应人帮助你解决问题，那么你就能立即营造问题解决的氛围。例如，你可以说："比尔，你有时间吗？我有个问题要和你谈谈。"

B. 从行为、结果和感觉的角度简单描述问题。戈登（Gordon, 2000）描述了一个有助于你有效阐述你的问题的有用模型："我有一个问题，当你做 X 时，导致了结果 Y，而我的感觉是 Z。"尽管我们不提倡使用记忆公式来改善沟通技能，但是记住这个模型有助于你理解"问题陈述"中的三个重要元素。

第一，描述给你带来问题的具体行为（X）。这有助于你在急于反馈时避免给出一种评价性的或泛泛的回答。一种可行的方式是，明确被违反的期望或标准。例如，下属可能没有在截止期限前完成指定的任务，你的老板对交给你的任务越俎代庖，或者会计部门总是不及时为你提供重要会议要用的数据。

第二，列出这些行为详细的、可见的后果（Y）。简单明白地告诉他人其行为给你造成的问题，通常是使他们发生改变的有效刺激。在快速变化的工作环境中，人们通常对自己行为的后果感觉迟钝。他们不想引起不快，但是他们整天忙碌，被迫应付"推出产品"的最后期限，还要从他人那里接受各种负面反馈。此时提醒他们注意其行为的结果，常常能促使他们改变。

不幸的是，不是所有问题都能被这样简单地解决。经常是，冒犯者意识到了他们的行为的消极结果，但仍然坚持不改。这时，这种方法对引发问题解决的讨论仍是有效的，因为它以无威胁的方式触及问题。很有可能，回应人的行为受到了他的老板的影响，或者他所处的部门当前刚好人手不足。回应人自身可能无法改变这些局限，但是这种方法会鼓励他和你讨论这些问题，从而一起解决问题。

第三，描述你对问题结果的感受（Z）。重要的是不仅要使回应人了解哪些行为妨碍了你，而且要解释它如何通过带给你挫折、愤怒或不安全等感受来影响你。解释这些感受在怎样干扰你的工作。它们可能使你难以集中注意力，或难以和客户打成一片，或无法与你的老板通力合作，或者不再愿意为了赶时间而作出个人牺牲。

我们建议你把这个三步模型作为一般性的指导来使用。每个部分的顺序可能会有所变化，而且你不要总是使用相同的词语。观察表7-4中"XYZ"模型中的关键元素是怎样以不同的方式被使用的。

表7-4 采用"XYZ"模型陈述问题的实例

模型：
"我有一个问题。当你做X时［行为］，导致了Y［结果］，而使我感到Z。"

实例：
我必须告诉你，当你在别人面前拿我的坏记性开玩笑时［行为］，我是多么难堪［感觉］。事实上，我气愤极了，甚至想要把你的缺点也摆出来作为报复［结果］。

我有一个问题，你说6点到这里，却7点以后才来［行为］，晚餐泡汤了。我们看演出也迟到了［结果］，我感觉受到了伤害，因为看上去我对你来说并不重要［感觉］。

员工想让管理层知道，不事先通知就要求我们加班，我们的工作一直很辛苦［行为］。这大概就是你提到的怨言和缺乏合作的原因［结果］。无论如何，我们希望让你知道这一政策已引起许多工人的憎恨［感觉］。

资料来源：Adapted from Adler, 1977.

C. 避免给回应人评价和赋予动机。当争论双方都心存报复之念时，一方对另一方的行为的判断常常与事实存在很大出入。通常情况下，每个人都相信自己是对方攻击行为的受害人。在国际冲突中，敌对的国家都相信自己是在防卫而不是在侵略。同样，在较小规模的冲突中，一方总是从自身的伤痛和进行"防御"的动机中得到扭曲的观点（Kim和Smith，1993）。因此，在提出你的问题时，应该避免指控、对动机或意图进行猜测，或将回应人的不当行为与个人的缺陷相联系这样的陷阱。例如，"你总是打断我。""自从那天我在董事会上反对你以后，你就对我有偏见。"和"你从没有时间听听我们的问题和建议，因为你对自己的时间管理不善。"这种陈述对问题解决没有作用。

另一个减少防御的关键是推迟得出解决方案的时间，直到双方对问题的看法取得一致。当你对某人的行为感到不满，并开始抱怨时，通常是因为该人已严重违反了你的理想角色模型。例如，你可能认为你的管理者在设定目标的面谈中应该避免教条并更加注意倾听。因此，你可以据此表达你的感受，认为对方的举止应该更民主或更敏感等。

除了引发防御以外，以暗示一种改变来引发问题解决的主要不利之处在于，它阻碍了问题解决的过程。在完成问题澄清阶段以前，你已经通过假定你知道对方行为背后的所有理由和限制，而直接跳到了产生备选方案阶段。如果你在提出一个可能的解决方案之前，表达自己对问题的看法，并彻底就此进行讨论，你就能得到更好的、更易于被接受的解决方式。

D. 坚持下去直到被了解。有时回应人没有清楚地接收和认识信息，即使它们得到了最有效的表达。例如，假设你要与合作者共享以下信息：

我已经被某件事烦扰许久了，我想和你分担它。说实在的，当你说脏字时［行为］，我觉得不舒服［感觉］。我不介意偶然用用"该死"（damn）或"见鬼去"（hell），但是其他词令我难以接受。近来我发现自己在回避你［结果］，这样也不太好，因此我想让你知道我是怎么想的。

用这种非评价式的方法，很有可能使对方了解你的感受，并试图改进他的行为来迎合你的需要。此外，还有许多不那么令人满意的方式：

听着，现在每个人都那么说。另外，你大概已经知道自己的错误了，你一定知道！[你的同事变得防卫，并计划着反击。]

对，我承认我已经发过许多次誓了，总有一天我会对它做些什么的。[这只是给你的发言以简单的回应，但根本没有了解到问题对你有多严重。]

听着，如果你仍然对我前几天忘记告诉你开会的事感到生气的话，你知道我感到很抱歉，我不会再这样了。[完全误解了。]

谈到回避，你最近见过克里斯吗？我不知道他是不是出了什么事。[对你的沮丧感到不舒服，因此改变了话题。]

在每一个案例中，你的同事都不了解或不愿意了解所发生的问题。在这种情形下，你必须多次重复你的内容，直到它能作为问题被解决。否则，问题解决过程将在这里终结，而一切照旧。为了重复你的主张，你可以多次重复相同的话语，或者用不同的词语或例子重申你的观点，使它们越来越容易被理解。为了避免涉及新内容，或使语气从描述变成评价，应记住以"XYZ"的方式进行反馈。

E. 通过邀请回应人提问并表达他们的观点来鼓励双向讨论。你可以通过鼓励回应人提出澄清性问题并表达他们对问题的理解来营造解决问题的氛围。别人的烦扰行为可能是有原因的；人们看问题的角度可能从根本上存在差异。这样的信息越快被引入会谈，问题越有可能得到解决。

依经验而言，发起人的开场陈述应当尽可能简短。问题的开场陈述越长，越有可能引发防卫性反应。我们讲得越多，达到目的就越难，越有可能违反支持性沟通原则。因此，对方开始感觉受到威胁，并寻找反击的漏洞，并且不再以同情的态度倾听我们关心的事。一旦讨论陷入这种循环，协作策略通常依情况不同而被适应策略或强制策略所取代。这时如果没有第三方的介入，则不太可能达成双方都满意的问题解决方案。

F. 一次只关注一个问题：建立融洽的关系和相互理解。缩短开篇陈述的一种方式是逐步解决复杂问题。最初先集中于简单或基本的问题，比一开始就同时面对一系列问题要好。然后，当你对对方的观点有了进一步的认同，并获得一定成功后，再去讨论更有挑战性的问题。当你要解决的问题涉及与你的工作绩效有关而又不存在长期关系的人时，这一点尤其重要。你越不了解对方的观点和个性，以及影响其行为的情境约束，就越应该通过寻求事实和建立融洽关系来解决问题。最好的方法是选择大问题的一个小方面，然后开始与对方交谈。例如："比尔，我们昨天在按时完成那份订单方面遇到了困难。你认为问题出在什么地方？"

生成解决方案

A. 将共同性作为引发变化的基础。双方一旦清楚地了解了问题，讨论就应转向解决方案生成阶段。多数争论者都会有一些相同的个人的或组织的目标，遵循许多相同的管理基础原则，并在实施过程中受到相同的局限。这些共同性可以充当生成解决方案的起点。改变另一个人的令人不快的行为的最直接方式是请求。如果这种要求与公众利益相联系，更可以加强其合法性。这些可以是相同的价值观，如公平对待同事，坚持履行合同；或者是相同的限制，如按时交报告和严格遵守预算。当双方在过去难以取得一致时，这种方法特别有效。指出回应人行为的改变将给你们的共同命运带来的积极影响，会减少防卫，例如，"简，在审计组里，我们尽力营造的东西之一是相互的支持。我们尽全力在下周第三季度截止期限前完成工作。你能否重新考虑你关于不加班的立场？至少是在我们共同努力渡过这次危机之前？"

回应人

现在我们将关注点转向回应人的角色——被认为是问题根源的人。在工作场合，如果你的员工对你说你的要求不合理、你的上级指责你没有遵章办事或者是你的同事指责你将她的创意据为己有，那么你扮演的就是回应人的角色。下列处理抱怨的指导方针可以帮助你针对发起人的行为给予回应，从而获得建设性的问题解决体验。

问题确认

A. 通过表露诚恳的兴趣和关心来营造协作式问题解决的氛围。 当有人向你抱怨时，不要轻视那些抱怨。虽然这说起来很容易，管理者因为总是在忙于其他事情，经常会错误地试图尽快掩盖问题。因此，如果你现在的时间很紧迫，使你无法集中精力，除非另一个人的情绪状况表明必须立即处理问题，否则你最好另外安排一个会谈时间。

在大多数情况下，发起人会期望你为会谈定下基调。如果你反应过度或变得防卫，你会很快破坏协作的方式。即使你不同意对方的抱怨，而且感到它毫无道理，你也应该对发起人所阐述的问题表示同情。你可以通过你的姿势、语调和面部表情来传达你的兴趣和感受，从而做到这一点。

要想为你的讨论营造一种适宜的氛围，最困难的一个方面在于，你需要对发起人的情绪给出适当的反应。有时，在你涉及抱怨的实质之前，你可以先让当事人发泄一下。在某些情况下，表达对老板的消极情绪足以使下属满意。在高压力的工作情境下，这种事情经常发生，因为强烈的压力常常导致暴躁情绪。

然而，情绪爆发对于解决问题来说可能是非常有害的。如果一名员工开始对你或其他人进行言语攻击，并且显然是想进行私人报复，而不是解决人际间的问题，你就可以打断他或插嘴以使问题能沿着协作的方向解决。你可以平静地向对方解释，你愿意讨论真正的问题，但是不会宽容个人攻击或当替罪羊，这样一来，你很快就能确定发起人的真实意图。多数情况下，他会道歉，效仿你的情绪基调，并且开始对问题进行有用的陈述。

B. 通过发问寻找更多的信息，或对有关问题的信息进行澄清。 如图7-3所示，未经训练的发起人的抱怨常常过于宽泛，而且有过多的评价，因此不是一种有效的问题陈述。你很难对一种宽泛的、模糊的评论作出反应，如"我们开会时你从不听我说话"，再加上一个评价性、批评性的评论，如"你显然对我所说的内容没有兴趣"。如果你与发起人想将这种针对个人的抱怨转化为共同的问题，你必须对谈话的方向重新定位，从泛化的、评论性的控诉转向对具体行为的描述。

问题在于，当你遭到不公平、不公正的指控时，你很难做到不予以回击（"哦，对呀，本来我并不想这么说你，但是既然你提到了这个问题……"）。可以使你保证自己的思想集中于将个人攻击转化为共同的问题解决的唯一最佳方式就是，将你的反应局限在问题上。正如《关键对话》一书的作者所说："当大多数人怒气冲冲时，我们需要保持好奇心。"

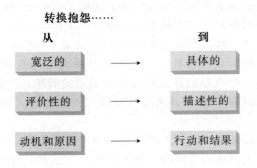

运用澄清问题：
"你能给我举个例子吗？"
"你那个名词/概念是什么意思？"
"你能帮我弄清楚你得出结论的基础是什么吗？"
"它何时成了你的问题？"
"它多久发生一次？"
"哪些具体的行动使你觉得我对这个问题置之不理？"
"我的决定有哪些有害的后果？"

图 7-3　回应人有效使用澄清性问题

（Patterson 等，2012，第 157 页）如果你坚持澄清问题，你会得到更高质量的信息，并且达成共同解决问题的承诺。

如图 7-3 所示，做到这一点的最佳方式之一是要求给出例证（"你能否举一个例子，我在员工大会上做了什么，让你觉得我没有听你说话？"）。将我们的讨论建立在发起人行为准则中提及的"XYZ"模型上，你会发现要求给出一个你的冒犯行为及其有害结果和他们的受挫感觉（"你能否给出一个我的行为影响到你的具体例子？""当我那么做时，对你的工作有什么特别的影响？""当那件事发生时，你的感受如何？"）的方法非常有效。

C. 接受抱怨的某些方面。这一点很重要，但是有些人却难以接受，因为他们奇怪，自己怎么可能同意某些自己都不相信的东西呢？同时，他们也担心会对抱怨的行为造成强化。在实践中，这一步骤可能是对回应人进行检验的最好方式，看他们是否真正如所承诺的那样在冲突管理中使用协作方法，而不是回避、强制或适应方法。使用强制方法的人会先是勉强自己咬紧牙关听发起人的意见，但同时在等候机会反击。或者他们只是简单回答："对不起，我就是那么做的，你不得不习惯它。"妥协型的人先道歉并要求宽恕。回避冲突的人则会肯定和同意发起人的意见，但仅仅是在表面上，因为他们实际关心的是如何尽快结束这场不愉快的谈话。

相反，协作型的人会同时表现出对合作和决断的关注，寻找发起人意见中他们真正赞同的部分。在坚持自己立场的前提下接受对方的观点通常是可能的。甚至在最恶毒和敌对的言语攻击中（这种攻击更多地反映了发起人的不安，而不是你的无能），也存在真实的成分。几年前，某商学院的一个很有能力的下级职员在晋升审查中受到其高级同事的非常不公平的评价。然而下级职员知道该高级职员正处在严重的个人危机中，因此他没有对此耿耿于怀，而是认为这种批评不过是偏见，无关紧要。然而，有句话——"人往往会钻牛角尖"总在不断地提醒他。下级职员觉得有些东西是不能忽视的。他没有将反馈单纯地当作报复性的羞辱，而是思考其是否存在合理性。最终，这位下级职员采纳了高级职员不公平的评价中的某个小意见，作出了一个重大的事业决策，并取得了非常积极的结果。此外,他当众对高级同事的建议表示接受,也从实质上加强了他们之间的关系。

有许多方法能使你接受部分意见而不是全盘接受(Adler 等,2001)。你能从中找到某些事实,就像刚才的例子一样。或者你能从原则上给予同意,但仍保留争议:"我同意管理者应该作出好榜样"或"我同意销售员在商店营业时在岗是很重要的"。如果你实在不能找到任何可以同意的内容,你总是能同意发起人对情境的看法:"很好,我知道你是怎么想的。我知道有人在故意推卸责任。"或者你可以赞同他的感受:"显然,我们以前的讨论令你非常不安。"

在这些例子里,你都没有必要对发起人的结论或评价表示赞同,也没有必要从你的立场退让。你在试着去了解,去促进问题解决,而不是争吵。通常,发起人在抱怨时,会在心里将所有证据分类,用来支持自己的观点。一旦讨论开始,他们会提供大量证据以使其观点令人信服;也就是说,他们将一直辩论到你表示同意为止。因此,建立达成一致的基础是从问题确认到问题解决的关键。

生成解决方案

A. 要求对可接受的备选方案给出建议。一旦你确定自己已经完全理解了发起人的抱怨,就可以通过询问发起人有什么解决方案来进入方案生成阶段。将注意力从消极转向积极、从过去转到未来,将触发讨论的重要转变。这也将你的看法传达给了发起人。一些管理者耐心倾听下属的抱怨,对反馈表达赏识,并表示将改进问题,然后结束讨论。这会引起发起人对会谈结果的猜测。你会认真处理抱怨吗?你真的会改变吗?如果是,改变会解决问题吗?因此,要对行动计划达成一致,从而消除这种模棱两可的情况。如果问题特别严重或复杂,应当写下具体的协议,包括委派的人员和截止期限等,作为随后会面的检查记录。

调停人

管理者有时发现有必要对员工之间的纠纷进行调停。下面介绍的行为准则可以帮助调停人避免犯如表 7-5 所示的与这一角色相关的错误。

表 7-5 作为调停人应避免的 10 个错误
1. 只听一会儿,就开始用非言语信息表示你对讨论的不快(如,往后一靠,变得烦躁不安)。
2. 向两者之一表达赞同(如,通过面部表情、姿势、椅子位置等)。
3. 表示你不能在工作时谈论这件事情,或者让别人听到你的谈话。
4. 阻止情绪宣泄,建议双方冷静下来后再谈。
5. 认为双方都有错误。指出其各自存在的问题。
6. 在讨论中途暗示你可能不是那个有助于解决问题的人。
7. 看看双方是否都会攻击你。
8. 淡化问题的严重性。
9. 换话题(如,要求帮助解决你自己的问题)。
10. 在双方处于冲突中时表达你的不快(如,暗示这样会破坏工作群体的团结)。

资料来源:Adapted from Morris & Sashkin, 1976.

问题确认

A. 承认存在冲突，并提出一种协同解决问题的方法。当需要一位调停人时，说明纠纷双方未能成功解决问题。因此，有效调停的第一步是建立一个问题解决的框架，以便找到双方都能接受的解决方案。为了做到这一点，调停人必须认真对待双方的问题，绝不能轻视。也许你希望你的下属可以自行解决纠纷，而不要来打搅你，但现在不是说教的时候。说教只会让纠纷双方变得有防御性并妨碍认真解决问题的努力。说教很少有助于解决问题。

调停人不得不尽快决定的是，究竟是召集双方一起进行问题解决的对话，还是先分别与他们谈谈。表7-6中给出的诊断标准能帮助你衡量得失。

表 7-6　选择调停方式

因　素	进行联合会谈	先分别会谈
警觉性和动机水平		
● 双方都对问题表示关心	是	否
● 他们解决问题的动机相同	是	否
● 他们都接受你作为正式调停人	是	否
关系的性质		
● 双方地位相当	是	否
● 他们经常一起工作	是	否
● 他们的关系总体来看不错	是	否
问题的本质		
● 一个独立的问题（不是重复发生的）	是	否
● 抱怨的性质具体而明确	是	否
● 双方对问题产生的根本原因看法一致	是	否
● 双方有相同的价值观和工作目标	是	否

第一，争论双方当前的立场是什么？双方都注意到了问题的存在吗？他们对解决问题有同样强的动机吗？双方在意识和动机上的相似之处越多，越应该进行联合会谈。如果双方在意识和动机上存在严重差异，调停人应在共同讨论前，通过一对一的会谈来减少分歧。

第二，当前争论双方的关系怎样？他们的工作需要他们经常进行合作吗？良好的工作关系对他们各自的工作表现重要吗？他们从前的关系如何？他们在组织里的正式职位有什么区别？如前所述，同等地位、共同工作的人之间的对话对问题的解决最有帮助，这并不意味着上司和下属之间不能进行共同对话，而是说，这时需要为对话做仔细的准备。特别地，当部门领导被卷入一位员工和一位主管之间的纠纷时，部门领导务必不要使员工感到会谈将是两个管理者合伙教训他的借口。

如果双方以前就存在冲突，尤其是那种本来应该在没有调停人的情况下解决的冲突，那么在双方正式会谈之前，分别进行调查就尤其重要。这种背景通常说明纠纷的一方缺乏管理冲突或解决问题的技能，或者源自双方可控之外更广阔的问题。在这些情形下，事先的分别会谈能增加你对根本原因的理解，从而增进个人解决他们的差异的能力。个别会谈和联合会谈中，调停人事实上是在对双方进行解决冲突的训练，这对他们是很好的学习机会。

第三，问题的本质是什么？抱怨是真实的并能被证实吗？如果问题是基于相互矛盾的角色责任，并且双方的反应都是正常的，那么联合会谈的问题解决方式可能更可取。然而，如果抱怨在于管理风格、价值观、个性特征等方面的差别，立即将冲突双方集合在一起进行讨论就有可能严重破坏问题解决的方式，因为它可能对双方的自我形象造成威胁。为了避免个体觉得他们在会谈中遭到伏击，你应该私下和他们提早讨论重要的个人抱怨。

B. 担任协助者，而非裁判。 对于调停人非常重要的是应避免被怂恿去"给予判决"，如"很好，你是老板，告诉我们哪一个是正确的"。有效调停的一个关键是以非评判的方式帮助争议双方探索问题的多种解决途径；调停人充当法官角色的问题在于，它给有效解决人际冲突帮了倒忙。双方将忙于指责对方的错误，表明自己的清白，而不是力求在调停人的帮助下改善自己的工作关系。他们会争论过去发生了什么，而不是将来该怎样做以达成一致。

C. 找到双方的出发点，对争论——如果不是问题，保持中立的态度。 有效的调停需要公平。如果调停人在联合会谈中显示出个人对某一方的倾向性，另一方可能会扭头就走。但是，这样的个人偏见更可能在私下的会谈中出现。例如，"我真不能相信他会那样！"和"好像现在每个人都很难和查理一起工作"，暗示了调停人是站在某一方的，并且任何在联合会谈中表现公平的企图都会变成好像是在安抚另一方。这些做法可能是出于好意，但它们最终会破坏调停人的可信度。相反，有效的调停人尊重双方的观点，并且尽力使双方的想法都能充分表达出来。

有时候，对问题可能做不到完全的公平。一个人可能违反了公司的政策，与同事进行不正当的竞争，或破坏个人协议。在这种情况下，调停人面临的挑战是将错误与犯错人分开。如果一个人明显错了，他的不当行为需要改正，但是不应使他感到他的形象和工作关系受到了永久的挫伤。要做到这一点，最有效的方式是私下对其进行惩戒。

D. 确保会谈的公平——保持讨论的问题导向，而不是个人导向。 调停人必须在会谈中始终保持问题解决的氛围。这并不是说，会谈中不应该有情绪化的阐述。人们通常将平静理性的讨论与有效的问题解决联系在一起，而爆发的情绪容易导致人身攻击。然而，平静的、理智的讨论不一定能解决问题，而激烈的讨论也不一定会引起攻击。此时的关键在于关注问题和持续的冲突给绩效带来的影响。优秀的调停人会将讨论集中在特定的行为而不是"性情乖僻"上。对动机的归因或从具体事件泛化到个人气质上，都会使双方偏离问题解决的过程。非常重要的是，调停人必须建立和保持这一基本规则。

调停人的另一项重要任务是确保双方都不会支配讨论。开始时的相对平衡能改善最终结果的质量。它也增加了双方接受最终决定的可能性，因为对问题解决过程的感觉与对最终结果的态度之间有很高的相关性。如果一方倾向于支配讨论，调停人可以通过直接询问被动的一方来保持平衡，例如，可以问："我们已经听过比尔对那件事的看法，你怎么看呢？""这一点很重要，布莱德，让我们看看布赖恩是否也同意。布赖恩，你是怎么想的？"

生成解决方案

A. 通过关注共同的利益而非不同的立场来探索解决问题的选择。 如前所述，立场是要求，而利益才是要求背后潜在的需求、价值观、目标或关心的东西。将重心仅仅放在立场上有可能导致当事人觉得自己具有不可调和的差异。调停人可以通过指明立场背后的利益来调和。

调停人的工作就是帮助当事人找出他们不能直说的利益，并揭示其利益的联系和冲突。为了澄清双方的利益，问"为什么"的问题："为什么他们采取这种立场？""为什么这和他们有关？"注意，这些问题大多没有单一、简单的答案。每一方都会有多个内容，每个内容都和一个特殊的利益相关。

双方都已明确各自的利益后，帮助他们明确彼此一致和可以调和的地方。强烈冲突的双方常常会觉得他们在所有问题上都立场相反，几乎没有共同点。帮助他们认识到彼此一致和可以调和的地方，通常是解决长期不和的重大转折点。

B. 以争议为契机，传授员工解决问题的技能，并制定解决争议的规程。当存在长期人际关系问题的当事人必须密切合作时，传授解决问题的技能往往比解决具体争端更为重要。可以将发起人和回应人的行为准则用作教学工具。此外，管理者最好为应该引起他们注意的问题制定指导方针，剩下的问题则留给员工自行解决。这种理解有助于管理者避免因为他们同意听取或是解决每一个分歧而在无意中强化消极行为。

所有角色

行动计划和后续行动

A. 确保各方理解且支持商定的解决方案，并制定后续操作流程。问题解决的最后两个阶段是：（1）对一个行动计划达成一致；（2）继续下去。这里将结合调停人的角色进行讨论，但它们与其他角色同样相关。

无效的调停人常犯的错误是过早结束讨论，认为问题已经在原则上得到了解决，剩下的细节可以由争论双方自行解决。或者，调停人可能会假定因为一方已经提出合理且可行的解决方案，另一方就会乐于实行。

为了避免这些错误，一定要坚持调停的过程，直到双方对行动计划的细节都达成一致。你可以使用熟悉的计划模板——谁、什么、如何、何时及何处，作为确保计划完成的检查清单。要仔细探究当事人任何一方是否心怀犹豫（"汤姆，我感觉你对苏的提议不太热情。有什么困扰着你吗？"）。

当你相信双方都支持这一计划时，检查一下以确保他们意识到了各自的责任，然后形成一个监督机制。例如，你可以计划召开另外一次正式会议，也可以要求双方提交进度报告。在不破坏已经取得的一致价值观的前提下，鼓励对提案进行一些"有价值"的修改以适应执行中不可预见的问题，是一个不错的主意。可以考虑随后召开会议来庆祝纠纷的成功解决，并讨论从中学到的可供未来借鉴的"教训"。

小结

冲突是困难而有争议的主题。在大多数文化中，它带有否定的意味，因为它违背了我们认为应该与人友好相处的观点。虽然许多人理性上了解冲突的意义，但真正面对它时仍然会感到不舒服。他们的不适可能起因于缺乏对冲突过程的理解，或缺乏有效处理人际冲突的训练。本章我们通过介绍技能分析和技能行为,已经探讨了这个问题。

正式和非正式的谈判是冲突管理的一个重要组成部分。冲突管理在冲突发生后发挥作用,而协商则用来防止发生冲突。成功的谈判能够达成协议,但同时可能还需要解决冲突的工具。

本章的重点是冲突管理的汇总模型,如图7-4所示。该模型包含四个元素:(1)诊断冲突来源;(2)选择适当的冲突管理方式;(3)尽量采用协作性问题解决过程,有效实施冲突管理策略;(4)成功解决纠纷。应该注意,该模型的最终结果是要成功地解决纠纷。既然我们已经在介绍部分指明了冲突在组织中扮演重要角色,因此我们必然会看到,有效冲突管理的目标是成功解决纠纷,而不是彻底消除冲突。

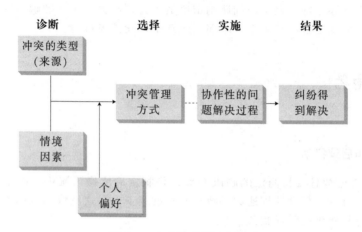

图 7-4 冲突管理的汇总模型

该模型的诊断部分包括两个重要成分。第一个重要成分是,评估冲突来源或类型以便了解摩擦背后的"为什么"。我们考虑四种常见的冲突原因:个体差异、信息匮乏、角色矛盾和环境压力。这些冲突的"类型"在频率和强度上各不相同。例如,以信息为起因的冲突经常发生,但它们很容易解决,因为冲突的结果和纠纷双方个人的关系都不大。相反,那些由于知觉和期望差异导致的冲突往往比较严重,而且难以解决。

诊断过程中的第二个重要成分是评价相关的环境因素,以确定反应的可行性。我们需要考虑的重要环境因素包括问题的严重性、关系的重要性、纠纷双方的相对力量及时间的紧迫性。

模型中诊断阶段的目的在于从五种冲突管理方式(回避、妥协、协作、强制和适应)中明智地选择一种。这些方式反映了武断与合作的不同程度,或者是满足个人需求与满足其他部分需求的优先性。

如图7-4所示,个人偏好反映了一个人的文化伦理、性别和人格,它在我们的有效冲突管理概念中也扮演了重要角色。如果我们偏好某种方式,我们会倾向于有效地使用它。然而,尽管有效的问题解决者在使用一种工具时应该感到得心应手,但是不能因为使用上的不快而放弃一种适宜的工具。出于这个原因,冲突管理者应该通过技能开发训练来拓展他们自身的"舒适范围",这一点非常重要。

这也就是我们在图中特别针对一种在任何情况下都行之有效的冲突管理方式进行讨论的原因,但它也是最难适应和技能化的方式——协作性问题解决。下面的行为指南反映出我们在情况允许时应尽可能采用协作性问题解决方式作为冲突管理策略。

行为指南

谈判

情境评估

1. 评估你在谈判中的处境。
（1）考虑你的目标、谈判协议的最佳替代方案（BATNA）及预定价格。
（2）写下你在谈判中的优势和你希望达到的目标。
（3）确定谈判中最适合你的目标的谈判风格和策略。
2. 评估谈判各方。
（1）考虑他们的目标、BATNA 和目的。
（2）估计每个问题对他们的重要性。
（3）考虑他们可能采用的策略，并计划如何应对这些策略。

谈判行为

1. 关注利益而不是立场。通过将注意力转移到利益上，你可以让各方之间的合作更有可能为所有相关人员带来有利的结果。
2. 创造互利的选择。不要把重点放在赢得谈判上，这往往会导致糟糕的商业或个人关系，而要把重点放在改善各方的处境上。
3. 努力实现帕累托效率。朝着最佳解决方案努力，有助于为当前谈判取得更有利的结果，并为今后更有利的谈判奠定基础。
4. 确立总体的共同目标。在谈判开始时设定目标有助于确定对话的基调，并确保优先讨论各方最为关注的事项。
5. 应用客观标准来评估备选方案。谈判中很容易带入个人情绪，因此设定客观的标准有助于避免不假思索地拒绝好的提议。
6. 用真正的所得，而不是假设的损失，来定义成功。以全新的心态开始谈判，有助于将注意力集中在谈判中实际发生的事情而不是可能发生的事情上。

冲突的解决

冲突评估和解决方法

1. 通过确定冲突的焦点（以问题为焦点、以人为焦点）和来源（个体差异、信息匮乏、角色矛盾、环境压力），了解当前的冲突类型。

2. 选择适当的冲突管理策略。考察相关的情境因素，包括问题的重要性、关系的重要性、纠纷双方的相对力量及时间的紧迫性。

3. 将你使用不同冲突管理策略的个人偏好考虑进来。这些偏好能够反映你的个性，其中包括民族文化、性别和性格。

4. 尽量使用协作性的冲突管理策略，除非具体条件显示可以使用其他策略。

采用协作方法解决人际冲突

发起人

问题确认

A. 保持问题的个人属性。（"我有个问题想谈谈。"）

B. 从行为、结果和感觉的角度，简单地描述你的问题（"当你做 X 时，导致了 Y，而使我感到 Z"）。

C. 避免对回应人作出评价性和动机性的结论。

D. 坚持下去直到被了解。

E. 通过邀请回应人提问和表达其观点来鼓励双向讨论。

F. 一次只关注一个问题，建立融洽和理解。

生成解决方案

A. 将共同的东西（原则、目标或局限等）作为首选方案的基础。

回应人

问题确认

A. 营造共同解决问题的氛围。
- 表达真正的内容和兴趣。即使不同意抱怨的内容，也要以同情的态度回应。
- 适当照顾发起人的情绪。如果必要的话，在安抚他之前，让他"发发脾气"。

B. 查找有关该问题的其他信息。
- 通过提问使发起人的评论从泛化到具体，从评价性到描述性。

C. 对抱怨的一些方面表示赞同。
- 通过对事实、观点、感受或原则表示同意来显示你的改正诚意。

生成解决方案

A. 征求意见和建议。
● 为避免争论单个建议是否合适，通过头脑风暴产生多种备选解决方案。

调停人

问题确认

A. 承认存在冲突并提出解决问题的方法。
B. 在寻求理解双方观点的同时，对问题或至少是对争议双方保持中立的态度。
C. 扮演促进者而不是法官的角色。
D. 确保讨论的公平性。确保讨论是问题导向的，而不是个人导向的。

生成解决方案

A. 通过关注共同的利益而非不同的立场来探索解决问题的选择。
B. 以争议为契机，传授员工解决问题的技能，并制定解决争议的规程。

所有角色

行动计划和后续行动

A. 确保各方理解并支持商定的解决方案，并制定后续操作流程。

涉及人际冲突的案例

教育养老金的投资

位于纽约的教育养老金基金会（EPI）对教育界的养老金进行投资。它雇用了75

人，其中25人负责实际投资活动。该公司管理约50亿美元的资产，每年从中获得约1 000万美元的收入。

该公司于近30年前由一群想掌握自己退休后命运的大学教授发起成立。他们希望在养老基金中，他们的投资将是可靠和安全的。公司经历了技术的飞速变化和经济上的反复无常。公司的领导层抵住了"将它做大"的诱惑，而是安于利润较低但相对安全的投资。

丹·理查森（Dan Richardson）在沃顿商学院获得了MBA学位，并且是EPI的创办者之一。他一开始在研究部门工作，此后在每个部门都干过。其他合作者因为赞赏丹保守又不失灵活的个性，13年前选举他担任CEO。从此，丹被称为"伟大的平衡器"。他努力工作，务必使决策反映所有合伙人的意志。日积月累，他变成其他资深人员的知己以及下一代的良师益友。丹的管理哲学植根于忠诚的概念。他最喜欢说的话是："我的父亲是一个小城镇的银行家。他告诉我，'照顾别人，别人也会照顾你。'这听起来老掉了牙，我知道，但是我坚定地信奉这一哲学。"

由于丹始终坚持有序而安全地进行投资，EPI的增长显然已经越来越跟不上其他投资机会的节奏。因此，丹开始强迫自己考虑其他更激进的投资策略。这种考虑因为一些年轻的分析师的抱怨而变得更迫切。他们开始认为EPI是"榆木疙瘩"，一些人甚至离开EPI，去其他更激进的公司谋求职位。

一天晚上，丹与他的合伙人兼老友麦克·罗思（Mike Roth）谈起他的考虑。麦克碰巧也是投资经纪人。麦克拥有伊利诺伊大学MBA学位，他在研究方面的成就让他获得了很多人的认同。人们尊敬他渊博的知识、他的工作操守以及他预测发展的神奇能力。

当麦克听到丹所关心的有关EPI前景和进取型策略的想法时，他暗示他的朋友，看来EPI需要的是一些新鲜血液，能给组织注入热情的人——就像他一样的人。他告诉丹："我能帮助你改变现状。事实上，我已经发展了一些对于EPI来说完美的理念。"

丹在之后的董事会议上提出雇用麦克的提议，但是提议引起的是警示和怀疑。"不错，他在纸面上拥有很好的供职履历，"一位高级合伙人说，"但是他从未在一个地方任职足够长以成就他的成功。看他的个人简历，在过去7年中，他去过4家不同的公司，干过4个不同的岗位。"

"的确如此，"丹说，"但是他的资料都是确凿的。事实上，他被形容为上升之星，进取而有独创性。他就是我们所需要的，帮助我们开拓新天地的人。"

另一位合伙人回答说："我的一位和麦克一起工作过的朋友说，麦克是不错，但他在投资事业以及为人方面都非常不合群。这是我们在EPI中真正想要的人吗？"

在整个讨论中，丹都在维护麦克。他多次指出麦克给人深刻印象的表现。他维护麦克的名誉，声称他是一位忠诚和值得信任的朋友。在丹的极力推荐下，其他合伙人同意了，虽然有几分勉强。EPI雇用了麦克。在丹提供给麦克工作的同时，他向麦克许诺，应他的要求，他拥有操作部分资金的自由和灵活性。

麦克上任了，并且在EPI用非凡的手段履行了他的职责。的确，对于公司所管理的资产增长150%，他功不可没。不过，这一增长也有着相应的代价。从他上任的那一天起，初级分析师就非常喜欢和他一起工作。他们喜欢他的活力、创新，并且被不同凡响的结果所鼓励。这招来了其他合伙人的妒忌，他们认为麦克在大力改变公司讲求可靠真实的传统。不同寻常的分歧在员工会议上显现出来，一些合伙人甚至要气愤地冲出会议室。每到这个时候，丹总会试图平息不满以保持信任和忠诚的氛围。

麦克似乎忘记了所有的混乱都是由他而起的。他还是乐观地看待潜在的增长机会。他相信声控技术、3D打印和云数据库都是"未来的新浪潮"。出于这一信仰，他想直接将他部门的重点指向这些技术。"投资从事这些工业的小公司的股票，再加上积极抓住市场时机的策略，将在绩效上产生50%的增长。"他不仅在EPI的年轻成员之中，而且在投资EPI的养老基金管理者中寻求支持。麦克维护他的观点并对传统的投资哲学表示蔑视。"我们必须在安全与完成尽可能多的实际增长间达成协调，"麦克说，"如果我们做不到，我们将使投资者丧失信心，并最终失去他们。"

大多数资深合伙人都不同意麦克的做法，他们认为公司的多数投资者强调的是资金的安全性。他们也不同意利润方案，认为"我们能从8%上升到12%，也能下降到4%，这主要取决于你用谁的统计数据"。他们提醒麦克，"公司最基本的目标是为大学养老金投资人提供安全且有适度收入的共同基金。那是在投资开始时我们所奉行的哲学，也是我们有责任保持的目标。"

几个月过去了，分歧在管理层中不断加深。麦克开始与更年轻的EPI员工一起批评在讨论中持不同意见的人。另外，他指定研究部门人员去负责涉及科技的投资，使他们无暇顾及对更传统方向的调查研究。这干扰了EPI其他管理人员的运作，因为他们对资金的利用效率依赖于研究员以及其他支持人员的及时投入。在迅速恶化的紧张情绪中，投资合伙人之一汤姆·沃森（Tom Watson）某一天找到丹。沃森是那种比较小心谨慎、会巡视办公室并总是有时间停下来聊聊天的合伙人。他打开了话匣子。

"丹，我为大多数高级职员说句话，我们被麦克的加入弄得非常烦恼。我们为取得麦克的理解，已尽力表达自己的意思了，但是他无视我们的话。他迟早会惹出大麻烦。"

"我能理解你的顾虑，汤姆。"丹回答，"我也遇到了麻烦。我们通过采用麦克的新主张，得到了吸引新客户的机会，并且年轻职员喜欢跟着他做项目。但是他确实引起了许多混乱。"

汤姆表示同意。"真正的问题在于，EPI已不再坚持原有的目标，麦克藐视我们的基金所追求的目标。我们的一些老客户也不喜欢这样。"

"你说得对，汤姆。可另一方面，我们的一些新客户确实被麦克的方式所鼓舞，而且他的经营记录也确实令人刮目相看。"

"得了，丹。你和我都知道，许多专家已经感到市场过热。麦克纸面上的收益很可能很快被预算中无法逆转的赤字化成灰。我们不能将基金的名誉绑在一些高风险的技术股票上。丹，其他高级合伙人都同意这一点。麦克必须要么服从这种哲学来管理这家基金的投资，要么辞职。"

在这种情形下，丹意识到他所面对的是他在事业中遇到的最大挑战。他感到在帮助麦克成功的做法中，有很强的个人成分。他不仅无视一些同事的异议雇用了麦克，而且亲自帮助麦克在EPI"摸到了窍门"。丹的确实现了自己对麦克的承诺，使他有充分的自由度和灵活性去实现他的投资计划。但是，显然这种灵活性导致了EPI的内部问题。

最后，迫于同僚的压力，丹叫麦克来开会，希望找到一些达成和解的基础。

  丹：我叫你来，是想让你知道高级合伙人已经表达了一些对你的做法的意见。

  麦克：我猜你已经和汤姆谈过了。的确，我们在本周早些时候确实有过一些小小的争执。

  丹：按汤姆的说法，你肆意藐视公司的目标并且表示不顺从。

  麦克：是吗，看起来沃森认为公司的进步会使他失去权力。

  丹：没有那么简单，麦克。当我们成立EPI时，我们大家都同意保守的策略最好。现在，经济指标出现疲软征兆，许多专家都认为它仍是最好的选择。

  麦克：丹，你的依据是什么——预测还是绩效？这些观点仅仅是令其他公司管理者分散对具体绩效指标的注意的烟幕弹。我们应该重新审视并扬弃陈腐的观念。否则在速度上如何赶上我们的竞争对手？

丹：我同意我们需要改变，麦克——但是需要循序渐进。你有很好的主意和非凡的能力，但是你不能在一夜之间改变一家有着 30 多年历史的公司。你能帮助我促进改变，但是你推进得太快了，其他人无法适应。改变的速度与方向一样关键。

麦克：这不用你说。而且速度的改变并不比我们在方向上的改变更大。

丹：麦克，不要如此愤世嫉俗。如果你停止蔑视他人对你绩效的评估，并试着从他们的角度看问题，我们就能解决问题。然后也许我们能开始建立共识。

（麦克的情绪表露出他在协调公司步伐方面的急躁心情；他变得很激动。）

麦克：我总是钦佩你的判断，并且珍惜你的友谊，但是我真诚地认为，你是在自欺欺人。你认为你能使基金进步，摆脱平庸的过去，却想不冒任何风险，毫发无损地完成这一切。你关注的是外观还是实质？如果你只注重外观，最好雇用有良好履历的人。如果你注重实质，那么让我回去，然后我们将刷新公司的盈利纪录。不要再当老好人，丹，你会撞到南墙的。

丹：麦克，没有那么简单。我不是 EPI，我只是它的管理人。你知道我们这里依靠共识进行决策；这是共同基金存在的基础。向前开拓的时候，必须赢得其他人的信心，尤其是那些资深的人。坦白地说，你不合作的名声，使赢得其他人支持并忠实于你的计划变得很困难。

麦克：你雇用我的时候就知道我的风格。还记得你如何强调给予我灵活性和自由度吗？我现在没有这些了，丹。我得到的只有伤心，即使我每天绕着你的保守同僚们转。

丹：不错，你说的对。但是你的锋芒……

麦克：嗯，好吧。跑车、单身的生活方式、凌乱的办公室。但是，再说一遍，那是外表，丹，不是实质。绩效才是实质的东西。为什么我可以做到这一步，这些是我付出的代价。你知道我能离开这里，进入本市的任何一家投资机构并开始实施我自己的计划。

丹：对，但没有理由这样匆忙做决定。

麦克：你真的相信还能挽回？我不这么想。也许现在我该走人了，这是你叫我到这里来的原因吧。

（丹感觉很不舒服，于是将视线转向窗外，凝视着纽约的天空，停了很久才继续说话，但仍然凝视着窗外。）

丹：我不知道，麦克。我感到我已经失败了。我宏大的改革计划已经让公司内部出现分裂；我们不得不两面作战。不过，你到这里来以后，工作非常杰出。如果你离开，EPI 无疑将丧失一部分它最好的客户。你有一批忠诚的拥护者，不管是客户还是员工。如果你离开，他们也会离开我们——留下我们自己去面对未来。

麦克：好像是你自己做错了什么似的，丹，该死的，你总是自己承担一切责任，即使是我使你如坐针毡。你心里明了一切——你仅仅是不能做关键性的致命一击。你和我都知道 EPI 急需改变基金的发展方向。不过看起来它还没有为此做好准备。而且我肯定也不愿慢慢地改变。

丹：是的。也许吧。下决心放弃真的很难……［长时间的沉默］哦，为什么不在今晚的聚会后再谈这个话题呢？你来吧，见见乔妮（Joanie）和孩子们。此外，我太想炫耀我的新船了。

麦克：我可不喜欢航行。懒洋洋地在温和的微风中航行对我来说就是浪费时间。

丹：留着我们的事以后再说吧，"速度之王"，我得为今晚的聚会做准备了。

讨论题

1. 本案例中冲突的来源是什么?
2. 本案例中的角色采用什么方法进行冲突管理?效果怎样?
3. 基于协作方式的行为指导方针,丹如何能更有效地对冲突进行管理?

谈判练习

DeTienne 联合出版公司
经著作权人许可转载。
未经出版方明确许可,不得进一步复制。

案例编号 1-2014-1
2016年2月19日

KRISTEN BELL DeTIENNEKristen _ DeTienne@byu.edu

海边的家

完成下面基于实际情况的练习,即正在出售公寓的建筑商和有兴趣购买公寓的人之间的谈判。你将根据任课教师的指派,扮演买家或卖家的角色。在谈判之前,先填写有助于你为谈判做准备的计划文件。参考本章中有关谈判的内容确定你的 BATNA 和预定价格等。

仅供琼(买家)知晓的角色信息

本案例是基于 2012 年发生的真实情况,涉及位于加利福尼亚州日落海滩的公寓式住宅的销售。

肯是公寓的卖家。他刚从事房地产开发,在加利福尼亚州奥兰治县海滨的一个地块上建造了两套相邻的公寓。每套公寓的面积为 4 800 平方英尺,包括一个可容纳两辆车的车库。肯还购买了同一条街上的另外两块地,计划在上面建四套公寓。他想以尽可能高的价格出售,因为这两套公寓的售价将为他计划在街上其他地段出售的其他四套公寓设定比较售价。

正如在全美大部分地区发生的那样,日落海滩的房地产价格在 2008 年前后出现了下滑。在崩盘之前,与肯要出售的公寓的类似的公寓售价为 250 万美元,预计未来两年该地区的房地产价格将上涨。

琼的丈夫是美国职业棒球大联盟某个球队的老板，两人刚刚分居。她打算搬到加利福尼亚海边。她三周前刚花 140 万美元买下了另一套公寓。那套公寓的面积也是 4 800 平方英尺，是临街的。琼想买下这套公寓给儿子斯蒂芬住。这两套公寓几乎一模一样，都是 4 800 平方英尺，只不过这套公寓是在巷子里。

以下信息只有你自己知道：你真的想给儿子买下这套公寓。这是唯一一套紧邻你刚给自己买的公寓的房子。在购买第一套公寓前，你做了"尽职调查"，因此知道 190 万美元是第二套公寓的公平市价。此外，你和你分居的丈夫的家庭净资产是 27 亿美元。因此，虽然你想尽你最大的努力谈个好价格，你不想做冤大头，但价格对你来说不是一个大问题。你比较孤僻，不太愿意与陌生人比邻而居，所以你不希望这套公寓被卖给别人。**你已经准备好了 190 万美元现金。你在这次谈判中的目标是以尽可能低于 190 万美元的价格买下这套公寓。**

仅供肯（建筑商/卖家）知晓的角色信息

本案例是基于 2012 年发生的真实情况，涉及位于加利福尼亚州日落海滩的公寓式住宅的销售。

肯是公寓的卖家。他刚从事房地产开发，在加利福尼亚州奥兰治县海滨的一个地块上建造了两套相邻的公寓。每套公寓的面积为 4 800 平方英尺，包括一个可容纳两辆车的车库。肯还购买了同一条街上的另外两块地，计划在上面建四套公寓。他想以尽可能高的价格出售，因为这两套公寓的售价将为他计划在街上其他地段出售的其他四套公寓设定比较售价。

由于 2008 年美国房地产崩盘，日落海滩的房地产价格下降了。在崩盘之前，与肯要出售的公寓的类似的公寓售价为 250 万美元，预计未来两年该地区的房地产价格将上涨。

琼的丈夫是美国职业棒球大联盟某个球队的老板，两人刚刚分居。她打算搬到加利福尼亚海边。她三周前刚花 140 万美元买下了另一套公寓。那套公寓的面积也是 4 800 平方英尺，是临街的。琼想买下这套公寓给儿子斯蒂芬住。这两套公寓几乎一模一样，都是 4 800 平方英尺，只不过这套公寓是在巷子里。

以下信息只有你自己知道：你已经买了三个彼此相邻的地块，每个地块花了你 62.4 万美元。你在每个地块上建造两套公寓的费用是 95 万美元。因此，你建造每一套公寓包括土地在内的净成本是 78.7 万美元。因为建筑成本超出了你的预期，你如今面临资金短缺的问题。因为资金短缺，大约 6 个月前你无力偿付第三个地块的贷款。贷款人已经开始对你进行止赎。要想阻止止赎，你需要尽快偿还第三个地块的贷款。

购买第三个地块你花了 62.4 万美元，其中 30 万美元用的是自有资金。你在购买后的头几个月里还了 8 000 美元的贷款。现在，贷款人将出售第三个地块，价格是贷款余额（31.6 万美元）加上利息和下周的滞纳金，总计 39.8 万美元。在该价格下，预计该地块很快就能卖出去。对于该地块，你已经付了 62.4 万美元，预计建造费是 95 万美元。因此，你建造两套公寓的成本是 150 万美元。如果每套的售价是 140 万美元，则你的利润约为 130 万美元。如果贷款人取消赎回权，你将失去 30 万美元的定金，而且还将损失出售第三个地块上的两套公寓能够赚取的 130 万美元的利润。

日落海滩最近被亨廷顿海滩收购了，所以你预计将少花 20 万美元的基础建设费。这样一来，第三个地块上两套公寓的建造费可能低至 75 万美元。

如果你失去了第三个地块，日落海滩上唯一一个在售地块的售价是 87.5 万美元。那块地还没有进行地质勘查，有可能不适合在上面建房。此外，如果贷款人取消了你的赎回权，你将很难再找到愿意给你贷款的银行，所以你真的很想留住你的第三个地块。

琼是今天唯一表示对你的公寓感兴趣的买家。很不幸，你没能跟其他买家达成交易，你就快没有时间拖延第三个地块的贷款人了。可以说，你必须把这套公寓卖给她才能保住第三个地块。**以最低35万美元的价格出售这套公寓对你来说仍然是有利的，因为你可以继续偿还贷款，而只要能留住那块即将被止赎的土地，你就可以通过在该土地上建造两套公寓赚130万美元。你在这次谈判中的目标是以尽可能高于35万美元的价格出售这套公寓。**

谈判计划文件

姓名：_____ 谈判：_____

角色：_____ 担任另一个角色的学生姓名（如已知）：_____

什么问题对你很重要？请列出你关心的所有问题，按重要性排序，根据需要添加行。

问题及立场	优先级（等级）	兴趣（你为什么想要它？）
1.		
2.		
3.		
4.		
5.		

你的BATNA是什么？

你的预定价格是多少？

你的目的是什么？

你的力量来源是什么？

对你的对手来说，什么问题最重要？对你的对手所关心的所有事情做出最好的估计，将最高优先级的项目排在第一位。

问题及立场	优先级（等级）	兴趣（你为什么想要它？）
1.		
2.		
3.		
4.		
5.		

你的对手的 BATNA 是什么?

你的对手的预定价格是多少?

你的对手的目的是什么?

你的对手的力量来源是什么?

你的开场白是什么?

你打算采取什么策略?

你要问对手的问题主要有哪些?最好的提问方式是什么?

诊断冲突来源练习

SSS 软件管理问题

为了更有效地管理他人之间的冲突,注意到早期的警告信号非常重要。了解意见不合背后的潜在原因同样重要。没有得到管理的冲突,或者管理上的无效,都会降低工作团队的效率。有效地管理冲突的关键在于尽早发现冲突,并理解其根源。

作业

重读导论介绍过的 SSS 软件公司公文筐练习中的备忘录、传真、语音邮件及电子邮件。通过检查每个文档,寻找组织冲突的证据。当你扮演克里斯·佩里罗的角色时,确定两个你认为最重要的冲突。通过分辨它们可能的来源和起因开始你的分析。根据冲突的来源和焦点，使用图 7-1 作为诊断工具来定义冲突的类型。准备好发布你的分析结果，并以从备忘录中得到的证据作为支持。对冲突原因的分析会如何影响解决冲突的方式？将你的想法与大家分享。

选择适当的冲突管理手段练习

冲突并不完全相同，因此不能以完全相同的方法进行管理。有效的管理者能精确地评估冲突的真实原因，并选择最适当的冲突管理策略与之相匹配。

作业

对下面每个简单的场景选择一个最为合适的冲突管理策略。参照表 7-3，将情境因素与战略相匹配。

红牛烧烤店

在国外度长假期间，你决定带全家到红牛烧烤店吃饭以庆祝你儿子的生日。作为一位单身父亲，你很难及时回家准备一顿像样的晚餐。因为知道当地规定餐馆要提供单独的无烟区，你让老板娘将你们安排在无烟区，因为你的女儿肖娜（Shauna）对烟草烟雾过敏。在前往你们座位的路上，你注意到尽管是周一晚上，这家餐厅的就餐者似乎很多。

落座并点过菜后，你和孩子们开始谈论接下来的假期安排。在谈话当中，你还不时和儿子开着玩笑，讨论他是否已经长大，不需要再在晚餐中戴"皇冠"了——这是生日中的一个家族传统。

突然，你发现你女儿开始打喷嚏、流眼泪。你四处看了一下，发现在你们后方的桌子就餐的是一群商人，他们每个人都在吸烟。你觉得他们是在为一些特定的原因进行庆祝。回头看看肖娜，你意识到必须马上采取行动。你让儿子送肖娜到外面待一会儿，你自己冲到前厅去找老板娘。

讨论题

1. 这里主要的情境因素是什么？
2. 什么是最适当的冲突管理策略？

Avocado 计算机

当 Avocado 计算机公司的总裁因为自动化生产设备而遇到生产问题时，他将你从竞争对手那边挖过来。这意味着你的收入将大幅增加，而且有机会管理高科技的产品设备。此外，在硅谷还很少有其他女性产品管理经理。现在你已经工作一年了，并且你高兴地看到你的员工开始像一个团队一样工作，一起解决问题，改善质量，以及提高能力。通常，老板比尔也和你们在一起干。他精力旺盛，处事公平，并且是个很好的业界带头人。你感到幸运的是能处在这样一个理想的位置，处在一家"明星"企业，处在一个高速发展的行业。

然而，有一件事使你心烦。比尔对清洁、秩序和外观等事情非常挑剔。他想要所有的机器人都漆相同的颜色，计算机内部的零件要完全排列整齐，工人穿着整洁的工作服，而且地板也要一尘不染。你对这种强迫症似的做法深感困扰。"的确，"你想，"当潜在的客户来参观生产设备时，它可以加深客人的印象，但是它真的那么重要吗？毕竟，有谁会看计算机的内部呢？消费者为什么要关心制造他们的计算机的机器人的颜色呢？而且，老天，谁会在工厂野餐？"

今天是你和比尔的第一次年度考评会谈。在为会谈做准备时，他给你的备忘录大纲列出了"优秀的方面"和"需要注意的方面"。你骄傲地看到，优秀的方面占绝大多数，显然比尔对你的工作是满意的。但是你有点儿生气地注意到，唯一要注意的一项是"需要进一步保持工厂设备清洁，包括员工仪表"。你在头脑里仔细考虑这项"缺点"，思索如何在面谈时回答这个问题。

讨论题

1. 这里主要的情境因素是什么？
2. 什么是最适当的冲突管理策略？

Phelps 公司

你叫菲利普·曼纽尔（Philip Manual），是 Phelps 公司——一家办公用品公司的销售部经理。你的下属主要在洛杉矶市区面向小型企业进行销售。Phelps 公司正在为这片迅速成长的市场做准备。新上任的公司总裁琼斯·奥尔特加（Jose Ortega）多次对你施压，要你增加销量。你感到主要的障碍来自公司关于扩大信用的政策。信用部经理西莉斯特（Celeste）坚持所有的新客户都要填写额外的信用申请。信用风险必须保持在较低水平；信用条件和审核过程是相当严格的。你能理解她的想法，但你觉得并不现实。你的竞争对手在信用审核中相当宽松；他们在信用问题上愿意冒更高的风险；他们的信用条件更加有利；并且他们还允许更大的超支。你的销售人员时常抱怨他们不是和对手"在一个层次上"竞争。你曾和琼斯谈过，他叫你去和西莉斯特协商。他的要求并没有显示任何偏向于某一方的迹象。"的确，我们要增加销量，但是小型商家在本地区的失败率是最高的，所以我们必须小心不要作出糟糕的信用决定。"

你决定现在和西莉斯特严肃讨论一下这个问题。

讨论题

1. 这里主要的情境因素是什么？
2. 什么是最适当的冲突管理策略？

解决人际冲突练习

冲突管理的核心在于解决强烈的、情绪化的摩擦。我们已经讨论过在这种情境中应该使用协作性（问题解决）方式来进行冲突管理。假设协作性方式适合特定的情境，一般性的指导原则可以被发起人、回应人或调停人加以利用。

作业

下面的三个情境涉及人际冲突和分歧。在阅读完分配的角色后，复习一下适宜的行为指导。除了分配给你的角色外，不要阅读对其他任何角色的描述。

在第一个情境中，练习应用发起人角色的行为指南。在第二个情境中，重点在于对情绪化的责难作出适宜的反应，你将要扮演回应人的角色。在第三个情境中，你将会练习调停两名下属之间的冲突。一名观察者将被安排对你的表现给出反馈，用本章章末的观察员反馈表作为指导。

萨布丽娜·莫法特

萨布丽娜·莫法特，Sunburst Solutions 公司产品经理

萨布丽娜·莫法特在美国南部某个低收入家庭的 7 名子女中排行第四。萨布丽娜 14 岁时，她的父母搬到了威斯康星州，好让子女们有更好的受教育机会。在莫法特夫妇选择的安家地点，学校里的大多数学生都是白人。虽然莫法特夫妇希望孩子们以身为非洲裔而感到自豪，但他们也希望孩子们学会在作为少数族裔的环境下表现出色。为了照顾好家人，莫法特夫妇都身兼多职。他们极为重视教育的重要性，要求孩子们学业有成。

萨布丽娜在高中表现优异，学习成绩在班里名列前茅。她还结交了一群志同道合的朋友，她们的目标都是进入大学深造。尽管她是班里唯一的一名非洲裔学生，她却能感受到同学们的接纳。不过，萨布丽娜常常感觉到老师和学校管理人员对她有些不一样。有些老师或学校管理人员在和她说话时显得高高在上，另一些人则明显在讨好她，就好像必须小心翼翼地跟她打交道一样。例如，一位辅导员曾经建议萨布丽娜不要申请四年制的普通大学，而应该进入专科学校就读。谈到原因时，他说："你或许会发现你在那种环境下适应得更好。"这番话激怒了萨布丽娜，因为她感觉这位辅导员是根据自己的肤色得出这一结论的。然而她的父母建议她不要让这件事情影响自己，而要通过出色的表现证明自己的能力。

毕业后，萨布丽娜收到了几所顶尖大学的录取通知，不过最终决定选择离家很近的威斯康星大学，专业是数学。第一学年即将结束时，经过一番挣扎，她决定公开承认自己是同性恋。萨布丽娜的父母最初的反应是震惊和失望，这让她情绪极度低落。而当她新结交的一些朋友开始疏远她时，她感到惊讶和深深的伤害。接下来的学期，萨布丽娜的成绩大幅下滑，丧失了对学习的兴趣。她先是休学一个学期，然后又两次改变专业。她甚至打算干脆退学，但是她想起了父母对于教育的重视以及他们为自己所做的牺牲。尽管他们并不愿意接受萨布丽娜的性取向，萨布丽娜仍然不希望让父母失望，她决定继续完成学业，过上比父母更好的生活。

决心已定，萨布丽娜重新将精力放在学业上。她发现自己对商业充满兴趣，于是将专业改成了管理。萨布丽娜的父母慢慢地接受了女儿的性取向，表露出了越来越多的支持。在大学求学5年之后，萨布丽娜以GPA 3.4分的成绩毕业，虽然远远低于她最初的目标，但是考虑到她经受的磨难，这个成绩足以让她骄傲。

大学毕业后，萨布丽娜面临几个工作机会可供选择，其中包括芝加哥一家大公司的可以快速晋升的管理项目。然而，她放心不下自己的父母，最终认为修复与父母的关系才是最重要的。她婉拒了那些待遇优厚的工作机会，回到了家乡，在一家小生产企业找到了一份人力资源管理工作。这段时间，她修复了与家人的关系，但是在工作中却备受挫折。在工会组织的环境下工作，萨布丽娜必须努力赢得工人们的尊重。她觉得工人们之所以将自己称为"傲慢的家伙"或"眼高于顶的人"，多半是因为自己的性别和肤色。尽管她在这个民风相当保守的小镇上不敢透露自己的性取向，但每当有人在窃笑时，她都不免怀疑人们是否猜到自己是同性恋。

经过4年的职业低谷，在父母的敦促下，萨布丽娜决定攻读MBA学位。取得了优异的GMAT成绩后，萨布丽娜被位于芝加哥的西北大学的MBA项目录取。萨布丽娜被这一充满知识氛围的MBA项目所激励，重新找到了已经失落多年的目标。在那里的第一年，萨布丽娜遇到了在西北大学攻读化学博士学位的非洲裔学生乔思林·沃克（Jocelyn Walker）。她们成为至交密友，认识不到一年就同居并确立了长期而固定的关系。她们一起毕业，乔思林受邀在凤凰城的一所大学教书。而萨布丽娜则开心地在凤凰城的高科技企业Sunburst Solutions公司找到了一份工作。她的职位是产品经理，手下管理着8名初级技术员。

萨布丽娜很惊讶地发现自己原来是这家成立时间并不太久的企业的第一位非洲裔管理人员。她还是管理层中唯一一位同性恋者。她在工作中小心翼翼地避免透露自己的性取向，也很少跟别人提起乔思林。随着时间的推移，她了解到有几位初级技术员也是同性恋者。不过，他们中的两人告诉萨布丽娜最好不要在公司提及自己的性取向，因为这样会受到露骨的歧视。这让萨布丽娜更加谨慎，不敢在工作场合谈论自己的私人生活，而且她自然而然地愿意与那些同为同性恋的同事们交往。然而，上任6个月后，萨布丽娜所在部门的主管凯尔·黄（Kyle Huang）开始有意无意地暗示萨布丽娜没有很好地与同为管理层的同事们搞好关系。例如，有一天他在经过萨布丽娜身边时说："我猜你今天又要和你那些蓝领朋友们共进午餐了？"

萨布丽娜与顶头上司凯尔之间的关系从一开始就很紧张。凯尔今年37岁，属于工作努力、寻求升职加薪的类型。他经常在公开场合表现出对自己保守的社会观的自豪，并且乐于就政治问题与人争论。凯尔很得Sunburst Solutions公司总裁的赏识，被其视为接班人。萨布丽娜觉得凯尔跟自己交流的方式与跟部门内其他管理者交流的方式不同。他总是更快地纠正萨布丽娜的话，而且似乎总爱事后质疑她的决定，有时候甚至当着她的下属的面质疑她的计划。萨布丽娜再次感到需要超越通常的标准来证明自己。

萨布丽娜遇到挫折时能找到的最好的听众就是乔思林。一天晚上，萨布丽娜对乔思林说："我已经受够了总被事后质疑。我觉得自己这辈子一直在与陈规旧习作斗争，这实在让人筋疲力尽。我在工作时不能随心所欲。虽然我的业绩不比公司里其他任何一位经理差,但是凯尔对待我的样子就好像我能力不足似的。他的偏见太明显了。他今天宣布让戴尔·韦斯特兰 (Dale Westlund) 负责得克萨斯州的一个新的重要客户。戴尔是跟我同一年加入公司的,而且他的经验还没有我丰富。与他管理的产品部门相比,我负责的产品部门对于客户来说更加重要。而且,这个新客户的管理层中的大部分人都是非洲裔。选择我来代表公司简直是顺理成章的,可他居然没有选我,这让我感到很难堪。我不得不认为他不愿意让同性恋者代表公司。"

乔思林回答说:"我明白。我觉得人们并不是故意表现出不尊重的,但是他们的推拒有时候相当明显。前两天,我跟我的一位资历很高的同事提到我跟女朋友居住在一起。他脸上立即表现出震惊之色,并且说,'我希望你没跟我说这个。'我并不认为他是想要贬低我,但是我却很受伤。"

萨布丽娜焦虑地说:"昨天我也遇到了让我很受伤的事情。当时我正在茶水间喝咖啡,却听到楼道里一位管理层的同事在跟另一个人说话。她正在抱怨自己的头发被剪坏了,说自己的头发现在'跟萨布丽娜的一样糟糕——太短、太乱'。然后她又说,'或许她该做个变性手术,一劳永逸。'听了这些话,我坐在茶水间里极力忍住眼泪,怀疑自己是不是又回到了初中。她压根儿不知道我听到了她的话,但我不知道自己还能不能再面对她。"

乔思林充满同情地安慰道:"我觉得跟她摊牌不会有什么好处。我想我能做的就是保持超然……善待他人,并且希望人们会因此而尊重我。我可没时间既做好一名学者,又在看到每一桩不平事时挺身而出。"

萨布丽娜对此却表示怀疑,她说:"但是凯尔的偏见却影响了我的发展。如果我不跟他谈谈他对我居高临下的态度,其他人怎么会信赖我?而且他选择戴尔而不是我来负责得克萨斯州的客户,在我看来就是歧视。我是说,他在利用我的性取向来影响我的职业晋升机会。在什么情况下我该清楚明白地在他面前捍卫我自己的利益呢?"

凯尔·黄,Sunburst Solutions 公司生产总监

凯尔·黄是一位 37 岁的亚利桑那州本地人,在位于凤凰城的 Sunburst Solutions 公司负责管理多个生产部门。他直接管理着每个生产部门的经理,而这些人又管理着 8~12 名初级技术员。凯尔在 Sunburst Solutions 公司已经工作近 10 个年头了,并且获得了长足的发展。Sunburst Solutions 公司的总裁是凯尔父亲的挚友,他将凯尔视为有前途的接班人。凯尔有望在一两年内升任副总裁。他努力提升自己升职机会的途径之一就是增加生产部门员工的多样化。Sunburst Solutions 公司因为文化过于同质化而受到了一些客户甚至是员工的指责。虽然作为一名坚定的政治保守派,凯尔选择到 Sunburst Solutions 公司任职在某种程度上正是因为公司的很多人都跟他有着同样的价值观,但是他也知道公司需要拥有更为多样化的视角以保持创造性和竞争力。

从西北大学的 MBA 项目雇用萨布丽娜·莫法特可谓一个机敏的策略。她是 Sunburst Solutions 公司聘用的第一位非洲裔管理者和第二位女性管理者。几个月后,凯尔才发现萨布丽娜是正在与同性恋人同居的同性恋者,这在 Sunburst Solutions 公司的管理层中也是第一例。凯尔保守的家教使他很难赞同萨布丽娜的生活方式。他在面对萨布丽娜时略感尴尬,而且担心萨布丽娜会在 Sunburst Solutions 公司保守的环境下鼓吹同性恋的权利。迄今为止,萨布丽娜并未提及此事,因此他觉得只要萨布丽娜干好工作并且不惹是生非,那么她的私生活在工作场合就不是大问题。

然而，萨布丽娜在 Sunburst Solutions 公司的入职之旅并不平坦。凯尔注意到她在与管理层的同事们开会时似乎有些胆怯且不合群。她不太愿意与管理层的同事们交往，而是更愿意跟一些技术员打成一片，其中有几个人在凯尔看来也是同性恋者。凯尔担心的是萨布丽娜会失去与同事们搞好关系的机会，这意味着她没有培养与同事之间的信任感，而这对于部门间合作是非常重要的。

凯尔还发现对萨布丽娜进行指导很困难。凯尔在向萨布丽娜提出建设性意见时，萨布丽娜总是将眼睛转开，这让凯尔怀疑她是不是不愿接受自己的意见或者是根本没有理解自己的意思。他觉得自己不得不多次重复自己的建议以便确保萨布丽娜能够听明白。有几次，凯尔变得急躁起来，在公开场合表达了自己对萨布丽娜的不耐烦。凯尔对此感到很糟糕，不过萨布丽娜从未提及这些。

凯尔在与负责生产的副总裁霍华德·格雷厄姆（Howard Graham）交谈的时候，不可避免地再次提到了萨布丽娜的问题。"听着，霍华德，我还是会毫不犹豫地雇用萨布丽娜。我知道她是公司最聪明的经理之一。雇用她不是一种象征性的行为。但是她好像背负着重担，而我却不知道如何帮她把这副担子卸下来。"

霍华德回答说："我同意你的说法。萨布丽娜还有潜力可挖。我们的确需要将她作为一个成功的典范，让人们看到我们是欢迎不同文化的。你真的认为没有办法让她活跃起来吗？坦白说，我有些奇怪你没有让她负责得克萨斯州的新客户。如果我们以此来展现我们对她的信任，对她来说可能刚好是一个转折点。"

凯尔想了想说："你知道，霍华德，我是经过深思熟虑才做出这个决定的。萨布丽娜负责的产品的确对于客户很重要，因此从某个角度看将客户交给她负责是顺理成章的。但是我将客户交给戴尔负责是因为我知道他可以让人放松。戴尔可能没有萨布丽娜聪明，而且他的管理经验明显不如萨布丽娜，但是他在培养部门间关系方面做得很好。还有一个理由是萨布丽娜是同性恋。得克萨斯州的客户是一家观念非常保守的私人企业。我不认为萨布丽娜能够与他们打好交道。"

霍华德回答说："我明白，凯尔。但是我们这么做可能开了先例，让人觉得戴尔会比萨布丽娜更快地被晋升。如果萨布丽娜认为自己更有资历——从某些方面看，她也的确如此，那么她就会将这一决定理解为对她的肤色甚至是她的性取向的歧视。"

凯尔固执地说："根本不是这回事。我是出于业务考虑做的决策。我在帮助萨布丽娜晋升方面有其他安排。事实上，我正在为她筹划一个专门的项目，大概要几个月后才能公之于众。在此期间，我需要给得克萨斯州的客户找一个擅长交际的人。这也是我选择戴尔的原因。如果萨布丽娜把这变成种族问题或者是性取向问题，那么她错的实在太离谱了。"

拉里能适应吗？

梅利莎（Melissa），办公室经理

你作为一家大型跨国会计公司纽约总部的代表，被派往泰国曼谷审计小组担任管理者。你和你手下的一名审计师拉里被派往曼谷开展一项审计业务。拉里比你年长 7 岁，并且在公司的资历比你多 5 年。自从你最近被任命为办公室经理后，你们的关系就变得非常紧张。你觉得你之所以被提升，是因为你和泰国员工建立了出色的工作关系，而且和大多数跨国客户的关系也很好。相反，拉里却告诉其他员工，你的提升仅仅反映了公司对反歧视行动的着重强调。他试图通过对体育运动、当地夜生活之类的讨论，把你从所有男性审计师那里孤立起来。

你现在正坐在自己的办公室里，阅读着刚刚从总公司送来的复杂的新报告程序。突然一阵很响的敲门声打断了你的思路。还等不及被允许进入，拉里就冲进了你的办公室。他显然很不安，而且对你而言并不难猜出他为什么处在这样糟糕的情绪之中。

你最近刚刚布置了下个月的审计工作安排，而且你给拉里安排了一个你知道他不会喜欢的工作。拉里是高级审计师，公司的规矩是他们可以自行选择工作。你给他安排的工作要求他离开曼谷两周的时间，到一个偏远的小镇去，与一家以记录散乱著称的公司合作。

不幸的是，你不得不安排一些这样不讨人喜欢的审计工作给拉里，因为你最近人手紧缺。但那还不是唯一的原因。你最近从初级员工（都是泰国人）那里听到许多抱怨，说拉里以一种盛气凌人的方式对待他们。他们感到他总是在寻找机会对周围的人颐指气使，就好像他是他们的主管，而不是一位愿意提供支持的有经验的良师益友。因此，如果你可以把拉里调出去几天单独完成一个项目，你的整个运作会更加顺畅。这样他就无法再跑到你的办公室里来，告诉你该怎样做你的工作，而且其他审计师的士气也会明显地更加高涨。

拉里摔门而进，发泄着他对于这项安排的愤怒。

拉里，高级审计师

你真的生气极了！梅利莎显然想要损害你在公司的地位。她知道按照公司的规矩，高级审计师应该得到更好的工作。你做出了贡献，你现在希望得到尊重。而且这已经不是第一次了。自从她掌管办公室以后，她就在尽一切可能把你赶出办公室。看来她不想让自己的竞争对手待在办公室周围。当你被派往曼谷时，你本以为自己会成为办公室经理，因为你在公司的资历更高。你相信任用梅利莎的决定是针对白人男性歧视的又一表现。

在员工会议上，梅利莎谈到，要对办公室员工和客户在多文化环境中的感觉保持敏感。"她鼓吹的什么敏感性啊！那么谁在乎我的感受呢？"你很纳闷。这不过是一个直接的权力游戏。她很可能感到不安，因为她是办公室里唯一的女审计师，又先于比她经验更丰富的员工得到提升。"把我送出城，"你确信，"显然是想'眼不见，心不烦'。"

好吧，事情不会那么简单的。你不会被打倒，让她不公正地对待你。现在是摊牌的时候了。如果她不同意改变这项工作安排，并就她对待你的方式作出道歉，你就要向纽约公司对她的领导方式提出正式投诉。如果情况没有得到改进，你就打算递交辞呈。

哈特福特制造公司的会议

哈特福特制造公司（Hartford Manufacturing Company）是康涅狄格工业公司（Connecticut Industries）最大的子公司。它始建于第一次世界大战结束的时候，从那时起，哈特福特制造公司就变成了东北部的产业领袖。它最近的平均销售额约为每年 2 500 万美元,年增长率近6%。在生产、销售和市场、会计、工程及管理部门有将近850名员工。

林恩·史密斯(Lynn Smith)是总经理。他两年前得到这个职位,下属对他的评价很好。他以坚定、公平而著称。林恩在大学主修的是工程学,因此他有着理科的头脑,并且喜欢时常到生产车间走走,看看事情进展如何。当机器出故障时,他还会卷起袖子提供帮助。即使是最基层的员工,他也同他们打成一片。此外,他试图建立一个紧密的公司,员工都可以认真地投入分配的工作中。他对于绩效有很高的期望,特别是对于管理岗位的人。

理查德·胡滕(Richard Hooton)是哈特福特制造公司的生产部主任。他从19岁起就在这家公司,那时他还在码头工作。他通过自己的努力不断得到晋升,现在他54岁了,在管理人员中年纪最大。胡滕对于如何安排生产有自己的想法,他已经在这家公司这么久了,因此他觉得自己在这方面比任何人都有经验,而且他相信在成功中也有他的一分力量。他的主要目标是保证生产顺利、有效地进行。

芭芭拉·普莱斯(Barbara Price)是销售和市场部主任。在达特茅斯修完MBA学业后,她于18个月前加入这家公司。在她回校攻读学位之前,她曾任康涅狄格工业公司的经理助理。普莱斯是一位非常负责任的员工,而且急于成就自己的名声。她的主要目标,她从不迟疑让公众知道这一点,是有朝一日成为公司的总经理。在她的领导下,哈特福特制造公司的销售额在过去一年中达到近乎超极限的水平。

查克·卡斯珀(Chuck Kasper)是纽约地区的销售主管。他直接向芭芭拉·普莱斯汇报。纽约地区占据着哈特福特制造公司最大的市场份额,而且查克被认为是公司最有能力的销售人员。他和他所在地区的许多大客户都建立了私人联系,而且看上去哈特福特制造公司的产品有相当一部分销量是因为查克才发生的。查克已经在公司待了12年,一直在做销售工作。

现在是星期五下午,明天中午林恩·史密斯将前往哥本哈根,参加一个同重要的海外潜在投资者举行的会议。他将离开两周。在他离开之前,有许多事情需要特别予以注意。因此他在办公室召集理查德·胡滕和芭芭拉·普莱斯开了一个会。会议开始前,查克·卡斯珀打来电话,询问他是否可以参加,因为他刚好在城里,而且有一些同时涉及林恩·史密斯和理查德·胡滕的重要问题需要讨论。由于在离开之前,他没有机会再见到卡斯珀了,因此史密斯同意他来参加。因此,史密斯、胡滕、普莱斯和卡斯珀齐聚一室。

作业

组织一个4个人的小组。小组中的每个人要扮演哈特福特制造公司管理人员中的一个角色。第5个人作为观察者,在会议结束后提供反馈,利用本章章末的观察员反馈表作为指导。案例中林恩·史密斯收到的信件如图7-5、图7-6和图7-7所示。只有扮演林恩·史密斯的人可以阅读这些信件,每个人都不要阅读其他成员角色的指导(林恩·史密斯将在会议中介绍信件的内容)。

林恩·史密斯,总经理

今天收到三封信,你觉得它们非常重要,你必须在离开之前加以处理。每封信都说明了一个问题,并需要马上付诸行动,而且你需要与核心员工达成一致,从而解决问题。你对这次会议有些担心,因为这些人的合作并没有你想象的那么好。

T. J. Koppel 公司
总会计师
春街 8381 号
康涅狄格州哈特福特 06127

2015 年 2 月 10 日

林恩·史密斯先生
总经理
哈特福特制造公司
中心大道 7450 号
哈特福特，CT 06118

亲爱的史密斯先生：

  如您上月所要求的，我们现在已经完成了对哈特福特制造公司财务状况的审计工作。我们发现会计程序和财政控制都很令人满意。关于这些问题的更详细的报告已经附上。然而，在我们对公司记录的详阅中，我们也发现，在过去两个季度，生产部门一直在蒙受成本上的超支。每个产品的单位成本大约超过预算的5%。虽然这对于贵公司的偿付能力来说并不算严重的问题，但我觉得还是应该提请您予以关注。

真诚的
科佩尔 (T. J. Koppel)

图 7-5　信件一

ZODIAK 工业公司
亚特兰大大道 6377 号
马萨诸塞州波士顿 02112

2015 年 2 月 8 日

林恩·史密斯先生
总经理
哈特福特制造公司
中心大道 7450 号
哈特福特，CT 06118

亲爱的史密斯先生：

  我们从 1975 年起就一直在购买你们的产品，而且我们对于与贵公司的销售人员之间的关系非常满意。然而，我们最近遇到的一个问题需要引起您的注意。贵公司在波士顿地区的销售代表山姆·圣克莱尔最近三次来我们公司时，看上去和闻上去都醉醺醺的。不仅如此，我们的最后一次订货出现了记录错误，结果我们收到的产品数量有误。我想你们并不愿意让贵公司的声誉毁在像山姆·圣克莱尔这样的人的手里，因此我建议您更换该地区的销售代表。我们无法忍受，而且我相信波士顿地区的其他公司也无法忍受这种关系。虽然我们认为贵公司的产品很出色，但是如果你们没有采取任何行动，我们将不得不寻找其他资源。

真诚的
迈尔斯·安德鲁 (Miles Andrew)
采购主管

图 7-6　信件二

> 哈特福特制造公司
> 中心大道 7450 号
> 康涅狄格州哈特福特，CT 06118
>
> "康涅狄格工业子公司"
>
> 备忘录
>
> 收件人：林恩·史密斯，总经理
> 发件人：芭芭拉·普莱斯，销售与市场总监
> 日期：2015年2月11日
>
> 史密斯先生：
>
> 　　作为对您的关心的回应，我们已经在销售队伍之中建立了许多激励项目，以便在持续低迷的几个月中提高销售额。我们已经在区域之间展开竞争，最佳地区的销售人员将会在公司时事通讯上受到表彰，并授予牌匾。我们还为公司中的顶尖销售员安排了"夏威夷之旅"作为奖励。同时，我们为任何获得新客户订单的销售人员准备了现金分红。然而，在过去的一个月中，虽然这些激励政策已被付诸实施，但销售额没有丝毫增长。事实上，有两个地区甚至出现平均5%的下降。
>
> 　　您有什么建议吗？我们宣传说这些激励政策将持续整个季度，但这样看起来并没有什么好处。不仅如此，我们目前的预算已无法负担这些激励措施，除非销售额有所增加，否则我们将会出现赤字。
>
> 　　很抱歉，我建议放弃该计划。

图 7-7　信件三

　　例如，你很难让理查德·胡滕表态。他总是怀疑别人的动机，并且不愿作出强硬的决定。有时你会感到奇怪，一个避免有争议性的问题，并且很少责备他人造成的结果的人，怎么会成为一家大型制造公司生产部的领导。

　　相反，芭芭拉·普莱斯则非常直率。你总是可以清楚地知道她的立场。问题在于，她有时在作出决定之前没有花充分的时间对问题进行研究。她有时会比较冲动并急于作出决定，而不管正确与否。她解决部门之间纠纷的惯用方法是寻求权宜的妥协之计。你对她处理销售动机问题的方法深感不安。你强烈地感到需要做些什么来提高冬季的销售额。你勉强同意了她的激励方案，因为你不想打击她的积极性。但是你对此并不信服，因为坦率地讲，你对于问题究竟出在哪里还不确定。

　　查克·卡斯珀是你手下的一位典型的、进攻型的、"不服管束"的销售经理。他难以管理又不肯妥协。他在业内之所以名声很响是因为他完成了工作，但是有时他不肯妥协、黑白分明的风格惹恼了同事。他对他的销售团队也格外忠诚，因此你觉得他很难认同客户对山姆·圣克莱尔的投诉。

　　与这些人的作风不同，你试图对问题解决采取一种综合的方式：集中于事实，平等对待每个人的投入，并保持谈话中有争议的话题是以问题为焦点的。从两年前接受这个职位时起，你的目标之一就是在你的员工中培养一种"团队"方式。

　　〔注：对于你如何在员工会议中更好地引入信件中的问题，要想得到更多的信息，请复习表 7-2 中的协作方式，以及本章技能学习部分最后的调停人行为指南。〕

理查德·胡滕，生产部主任

　　让你感到在生产部真的出现严重问题的，是那些年轻的自以为什么都懂的大学毕业生

进入公司以后，试图改变事情。他们自以为掌握了科学的管理概念，再加上那些模糊的人际关系训练，他们更多的是把事情弄得一团糟，而没有任何改进。最好的生产方法已经在公司中实践了许多年，而你还没遇到过能对你的系统提供改进建议的人。

不过，你很尊重总经理林恩·史密斯。因为他既有经验，又受过适当的训练，而且时常参与组织的生产。他时常向你提出一些好的建议，同时显现出特殊的兴趣。他通常让你做自己感觉最好的事，然而，他很少对具体的方法给出指导。

你处理问题的惯常做法是回避争论。当生产部门成为问题的替罪羊时，你会感到很不舒服。因为公司处在制造业，所以看起来人人都试图把问题推到生产部门头上。多年来你一直感到公司没有以最佳方式进行生产：大规模生产少数标准化产品。相反，销售和市场部所推动的趋势是生产越来越多样化的产品、更短的再订货时间和更强的用户化能力。这些行动不仅使成本增加，还导致了生产的明显延迟和更高的废品率。

〔注：在即将召开的会议期间，你将采用表 7-2 中的回避方式。捍卫你的地盘，责备他人，推迟给出立场，并且回避承担作出一个有争议的决策的责任。〕

芭芭拉·普莱斯，销售和市场部主任

你急于给林恩·史密斯留下好印象，因为你紧盯着母公司年底将会空出的一个职位。这对你可能意味着一次晋升。来自林恩·史密斯的积极评价将在选拔过程中占很重的分量。由于哈特福特制造公司和康涅狄格工业公司大多由男性主管，你对于自己现在的事业进展很满意，而且希望继续保持下去。

你最近考虑的一个问题是林恩·史密斯不久前提出的建议，希望你能够关注冬季销售下滑的问题。你实行了一项激励计划，这个计划曾在最近的一次贸易会议上得到一位工业分析师的高度评价。它包括三个独立的激励方案：(1) 在地区之间展开竞赛，获胜区域的销售人员的照片会刊登在公司的时事通讯上，而且本人还会收到一个刻制的牌匾；(2) 在竞赛中获胜的顶尖销售人员会获得夏威夷旅行的假期；(3) 获得新客户的销售人员会得到现金分红。不幸的是，这些激励没有奏效。不仅公司的整体销售额没有增长，而且有两个区域的销售额还有 5% 的下降。你已经告诉销售部门这一激励政策将持续到这个季度，但是如果销售仍然没有起色，你的预算将会出现赤字。你没有把奖品列在预算之内，因为你本来预期销售额的增长将会更多，从而抵消激励政策所需的成本。

显然，这是一个糟糕的主意——它不起作用，而且它必须马上被放弃。你对这个失败的计划感到有一些窘迫。但是，马上止损显然更好，你可以尝试其他方法，而不必明知会造成损失还继续下去。

总的来说，你非常自信而且坚定。你觉得解决问题最好的方法是通过谈判与和解。最重要的是要快速有效地作出决策。也许并非每个人都确切地得到他们想要的东西，但至少可以让他们的工作继续下去。在这个行业没有黑白分明的事情——只有"灰色"可以达成协议，使管理过程不至于陷入"分析麻痹"的泥沼。你对于针对细节进行的集中调查和商谈导致的延迟感到很不耐烦。你同意汤姆·皮特（Tom Peter）的看法：行动是成功管理者的品质证明。

〔注：在这次会议期间，使用如表 7-2 所示的妥协策略。尽一切可能使团队尽快作出决策，以保证你能实现工作的紧迫要求。〕

查克·卡斯珀，地区销售主管

你并不经常回公司总部，因为你与客户的会晤占据了你大量的时间。你每周通常工作

50~60小时，而且你为自己所做的工作感到骄傲。同时你也感到自己有责任为客户提供最新、最好的产品。这种责任感不仅来源于你对公司的承诺，还来自你与许多客户的个人关系。

最近，你收到越来越多的关于哈特福特制造公司产品送货延误的抱怨。他们订货和收货的时间间隔比以前长了，而且这种延误给一些客户造成了很大的不便。你已经正式向生产部门提出问询，以求找出问题所在。他们的答复是，他们已经尽可能有效率地组织生产了，而且他们没有在过去的实践中发现任何问题。理查德·胡滕甚至暗示，这是销售队伍的不现实期望的又一表现。

如果这些延误继续下去，不仅销售额会受到消极影响，你在客户中的声誉也会受到损害。你已经向客户承诺，问题很快就会得到解决，产品会按时送达。然而，既然理查德·胡滕如此顽固，你几乎可以肯定和他讨论不会有什么结果。他的下属可能也会从他那里学会消极的态度。

总的来说，胡滕是被公司的其他部分推进新时代的20世纪80年代的产业工人。竞争不同了，技术不同了，管理也不同了，但胡滕却不愿意改变。你需要较短的时间、更多种类的产品，以及进行一些客户化工作的能力。的确，这使生产工作更加困难了，但是其他公司正在通过即时生产管理流程、机器人等来提供这些服务。

总公司以其一贯的专横风格，非但没有解决实际问题，反而宣布了一个激励计划。这暗示问题出在他们自身，而不是工厂。这激怒了你的一些员工，因为他们觉得自己被迫要增加努力，但却得不到来自哈特福特制造公司的支持。当然，他们也喜欢奖品，但计划表达的方式使他们觉得是自己工作不够努力。你已经不是第一次请你的老板芭芭拉进行仲裁了。她的确很聪明，而且工作努力，但她似乎对外面发生的事情不感兴趣。而且，她似乎也不大能接受关于销量下滑和客户投诉的坏消息。

〔注：在这次会议期间，使用如表7-2所示的对于冲突管理和谈判的强制方式。然而，不要表现得太过强硬，因为你是高级地区销售经理，如果芭芭拉在组织中继续晋升的话，你可能获得她的职位。〕

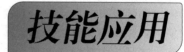

解决冲突的活动

建议作业

1. 选择一个你所熟悉的冲突。用本章所示的方法识别冲突来源，仔细分析情境。将你的观察结果与知情人的观点进行比较。这是什么类型的冲突？为什么会发生？为什么会持续？然后，依照指导方针选择一个适当的冲突管理策略，确定在该情境下最适当的方法。要把双方的个人偏好和相关的情境因素同时考虑进去。双方是否已经采用了这种方法?如果没有,试着将不同的观点引入关系中,并解释你为什么觉得这种观点更有效。如果双方已经采用了这种方法,与他们讨论为什么迄今为止尚未成功。与他们分享具体的行动指导和谈判战术,这可以增进他们所付出的努力的效果。

2. 选择三位你认识的来自不同文化背景并且有在美国公司工作经验的人。和他们讨论以前在工作中经历过的冲突来源(特别是个体差异)。向他们询问他们处理冲突情境的偏好。他们喜欢使用什么策略?他们一般试图怎样解决纠纷?在冲突情境涉及来自其他文化和他们自己文化的人时,哪些相关的情境因素会影响他们的处理方式?在这三个人的帮助下,确定管理来自他们文化的个体冲突时更有效的行为指导方针。

3. 确定一个情形,有个人犯了错误需要纠正。使用回应人的协作性问题解决方式,为你与这个人的讨论构想一个计划。计划包括如何才能在不引发对方抵触的前提下表明自己的观点以及怎样遣词造句。与朋友用角色扮演的方式演习这次谈话,并接受建议进行改进。与当事人进行实际的交谈,并报告结果。他有什么样的反应?你是否成功地在支持和责任之间建立了平衡?在这一经验的基础上,确认你感到需要改变的其他情形,并遵循类似的程序。

4. 主动充当调停人,解决两个人或两个组织之间的冲突。使用协作性行为指导方针,在你介入之前先拟订行动计划。一定要仔细考虑是否在你调停之前与双方分别进行单独会谈。报告有关情形和你的计划。你的感觉如何?哪项具体行动做得比较好?具体结果怎样?有什么需要改进?根据这次的经验,对你的类似计划进行修订以应用于相关情境。

5. 确定一个与谈判有关的困境。它可以与工作、家庭或社会有关。回顾综合型谈判的指导方针,并确定你计划使用的具体技术。写下具体的问题和对方可能出现的反应。特别地,提前考虑如果对方采用分配式谈判策略,你应该如何应付。与相关人员共同制订谈判计划并执行你的计划。在会议之后,听取你的合作者或朋友的体会。你学到了什么?你成功了多少?你将作出哪些改进?根据这些经验,修改你的计划并准备在有关情境中加以实施。

应用计划和评估

本练习的目的是帮助你在课外环境和真实的生活中应用这一系列技术。既然你已经熟悉了形成有效技能基础的行为指导,你将通过在日常生活中尝试这些指导原则来获得最大程度的提高。与班级活动不同,在那里反馈是即时的,并且其他人能以他们的评估来帮助你,而这里的技能应用活动的实现和评估完全要靠你自己。这个活动包括两个部分:第一部分帮助你准备应用这些技术;第二部分帮助你评估和改进你的经验。务必回答每一个问题,不要跳过任何一个部分。

第一部分：计划

1. 写下这一技能中对你最重要的两个或三个方面。它们也许是弱点所在、你最想改进的地方或你所面临的问题最突出的地方。明确你想要加以运用的这一技能的特定方面。

2. 现在请确定你将要运用技能的环境或情境。通过记录情境的描述来建立一个行动计划。计划中包括谁？你什么时候完成它？在什么地方做？

情境：

涉及哪些人？

何时？

何地？

3. 明确你将运用这些技能的特定行为，使这些技能具有可操作性。

4. 成功绩效的标准是什么？你怎样知道你是有效的？什么能表明你完成得很好？

第二部分：评估

5. 你实施计划以后，记录结果。发生了什么？你有多成功？其他人的反应怎么样？

6. 你怎样可以得到提高？下次你将做哪些改进？将来在相似的情境下你会做哪些不同的事情？

7. 回顾整个技能练习和运用的经验，你学会了什么？有什么令你感到惊讶？这些经验将怎样长期为你提供帮助？

评分要点与对比数据

人际冲突管理

评分要点

技能领域	项目	评估	
		学习前	学习后
提出抱怨	1	————	————
	2	————	————
	3	————	————
	4	————	————
	5	————	————
	6	————	————

续表

技能领域	项目	评估	
		学习前	学习后
回应批评	7	___	___
	8	___	___
	9	___	___
	10	___	___
	11	___	___
	12	___	___
	13	___	___
	14	___	___
	15	___	___
	16	___	___
调解冲突	17	___	___
	18	___	___
	19	___	___
	20	___	___
	21	___	___
	22	___	___
	23	___	___
	24	___	___
	总分		

对比数据（$N=5\,000$ 名学生）

将你的得分与三个标准进行对比：
1. 可能的最高分＝144 分；
2. 同班其他同学的得分；
3. 由超过 5 000 名在职经理与商学院学生组成的常模团体的平均数据。

学习前得分　　　　　　学习后得分
113.20 分　　＝平均值　　＝122.59 分
122 分或以上　＝前 25%　　＝133 分或以上
114～121 分　＝25%～50%　＝122～132 分
105～113 分　＝50%～75%　＝115～122 分
104 分或以下　＝后 25%　　＝114 分或以下

冲突处理策略

评分要点

强制		适应		妥协	
项目	得分	项目	得分	项目	得分
1	___	2	___	3	___
6	___	7	___	8	___
11	___	12	___	13	___
16	___	17	___	18	___
总分	___	总分	___	总分	___

回避		协作	
项目	得分	项目	得分
4	___	5	___
9	___	10	___
14	___	15	___
19	___	20	___
总分	___	总分	___

主要影响策略（最高分）：_____

次要影响策略（第二高分）：_____

解决人际冲突技能练习

观察员反馈表

评分

1＝低

5＝高

发起人

_____ 保持个人对问题的所有权，包括感觉。

	避免进行指责或归因；坚持事实。
_____	精确地描述问题（行为，结果，感觉）。
_____	具体描述被违反的期望和标准。
_____	坚持直到被理解。
_____	鼓励双向交流。
_____	逐渐接近复杂的问题（从简单到复杂，从容易到困难）。
_____	强调冲突者存在的共同之处（目标、规则或限制）。
_____	提出一个具体的改革要求。

回应人

_____	建立共同解决问题的氛围。
_____	表现出真正的关心和兴趣。
_____	对发起人的情绪进行合理的反应。
_____	避免变得有防御性或反应过度。
_____	寻求有关这个问题的更多的信息（从一般到特殊，从评价性的到描述性的）。
_____	一次只针对一个问题，逐渐扩大讨论的范围，寻求综合的解决方案。
_____	同意抱怨中的某些方面（事实、知觉、感觉或原则）。
_____	寻求作出改变的建议。
_____	提出具体的行动方案。

调停人

_____	承认冲突的存在；认真对待冲突和争论。
_____	细分复杂的问题，从表面上分化问题；从一个相对简单的问题开始。
_____	通过寻找潜在的利益来帮助双方避免钻牛角尖。
_____	对问题和冲突者保持中立（协调，而不是判断）并且公平。
_____	保持以问题为导向的交流（例如，指出冲突对绩效的影响）。
_____	避免任何一方支配交谈，通过提问保持平衡。
_____	强调共识以尽量避免冲突。
_____	帮助产生来自共同目标、价值观或原则的多种解决方案。
_____	保证双方对提出的解决方法都满意且遵从。

评论：

第 3 部分

团体技能

第8章　授权与吸引其他人参与

第9章　建设有效的团队与团队合作

第10章　领导积极的变革

Developing Management Skills

第 8 章

授权与吸引其他人参与

技能开发目标
- 给他人授权
- 给自己授权
- 有效委派

技能评估
- 有效的授权与委派
- 个人授权评估

技能学习
- 授权与吸引其他人参与
- 授权的含义   授权的维度
- 怎样进行授权
- 授权的限制因素
- 让其他人积极参与
- 跨文化告诫   小结   行为指南

技能分析
- 照看商店
- 改变投资组合

技能练习
- EDA
- 个人授权计划
- 决定让其他人参与

技能应用
- 建议作业
- 应用计划和评估

评分要点与对比数据

技能评估

授权和委派的诊断调查

下面简单介绍本章的评估工具。在阅读本章正文前应当完成所有的评估。

完成初步的评估后，将答案先保存下来，等完成本章正文的学习后，再进行一次技能评估，然后与第一次的评估结果进行比较，看看你究竟学到了什么。

- 有效的授权与委派度量的是你在对工作伙伴进行授权以及有效地调动其他人的积极性方面的能力。
- 个人授权评估度量的是你在职场或学校经历授权环境的程度。

有效的授权与委派

第一步：在阅读本章内容之前，请对下面的陈述作出回答，把数字写在左栏（学习前）。你的回答应该反映你现在的态度和行为，而不是你希望它们应该如何。请诚实作答。这一工具的目的在于帮助你评估自己的自我意识水平，借此确定你所需要的特定学习方法。完成调查后，参考本章章末的评分要点，确定在本章的讨论中对你最为重要的、应该掌握的技能领域。

第二步：当你完成本章的阅读和练习，尤其是当你尽可能多地掌握了本章后面的技能应用部分后，遮住你先前的答案，对同样的陈述句再做一次回答，这一次是把回答填在右栏（学习后）。当你完成调查后，采用本章章末的评分要点测量你的进步情况。如果你在特定的技能领域中的得分仍然很低，可根据技能学习部分的行为指南一节做进一步的练习。

评估尺度

1 完全不同意
2 不同意
3 比较不同意
4 比较同意
5 同意
6 完全同意

评估

学习前　学习后　在我有机会向他人授权的情形中：

_____　_____　1. 我帮助人们培养对工作的个人控制能力，首先让他们完成比较简单的任务，然后再交给他们比较困难的任务。

2. 我通过承认和祝贺人们的小量成功,帮助他们感觉到他们能胜任自己的工作。
3. 自己为他人树立成功完成任务的示范。
4. 我指出其他可以作为角色模范的成功人士。
5. 我经常表扬、鼓励并表达对其他人的认可。
6. 我提供经常性的反馈和必要的支持。
7. 我努力促进友谊和非正式的交流。
8. 我强调某个人的工作将产生的重要影响。
9. 我努力向人们提供完成任务所需要的全部信息。
10. 只要我认识到,我会持续地将有关的信息传递给他们。
11. 我保证他们有获得成功的必要资源(设备、空间和时间)。
12. 在不能直接提供资源时,我会帮助他们获得所需的资源。
13. 为了促进他们的参与,我帮助他们融入团队。
14. 我让团队作出决策,并把他们的想法付诸实施。
15. 通过在我的决策中保持公平公正,我促进信任的产生。
16. 对与我打交道的人,我尽量表现出我对他们的关怀与个人关注。

当把工作委派给他人时:
17. 我清楚地表明我所期望的结果。
18. 我清楚地表明我希望他人达到的主动性水平(例如,等待指令,完成部分任务后汇报,完成全部任务后汇报等)。
19. 我允许任务接受者参与决定何时以及如何开始工作。
20. 我确信我授予的权力与我要求他们对结果承担的责任是相匹配的。
21. 委派任务时,我在既有组织结构内进行,我绝不会在未曾通知的情况下忽略什么人。
22. 我意识到他们将面对的制约和限制,并提供必要的支持。
23. 我对结果负有责任,而不对使用的方法负责。
24. 我定期进行委派——而非在我任务过多的时候。
25. 我通过请求他们提供可行的方案,避免向上委派任务,而不是在遇到问题时,就向上司寻求帮助。
26. 我对成功和失败结果的定义很清楚。

个人授权评估

这个工具帮助你确认自己在工作中被授权的程度。你应该根据自己工作的具体情况对题目进行回答;如果你还在上学,那么你的工作就是如何做一个学生。下面的项目描述了人们针对他们的工作角色的不同取向。使用下列评估量表,说明每个条目与你的符合程度。

评估尺度
1 非常不同意
2 很不同意

3　不同意
4　无所谓
5　同意
6　很同意
7　非常同意

评估

_____ 1. 我做的工作对我非常重要。
_____ 2. 我确信我有能力完成我的工作。
_____ 3. 我有很大的自主性来决定我怎样完成我的工作。
_____ 4. 我对我的工作小组产生的影响是很大的。
_____ 5. 我相信我的同事对我绝对诚实。
_____ 6. 我的工作对我个人来说富有意义。
_____ 7. 我的工作在我力所能及的范围之内。
_____ 8. 我能决定怎样着手我的工作。
_____ 9. 我对我的部门中发生的事情有很大的控制权。
_____ 10. 我相信我的同事会与我分享重要的信息。
_____ 11. 我对工作中我所做的一切都很在乎。
_____ 12. 我对我完成本职工作的能力很有信心。
_____ 13. 在做我的工作时,我有相当大的机会保持独立与自由。
_____ 14. 我对我部门中发生的事情有很大的影响。
_____ 15. 我相信我的同事对我许下的承诺。
_____ 16. 我的工作对我来说是有特定含义和重要意义的。
_____ 17. 我已经掌握了完成工作的必要技能。
_____ 18. 我有机会发挥个人的主动性来完成我的工作。
_____ 19. 在部门决策时,我的意见是很关键的。
_____ 20. 我相信我的同伴对我很关心。

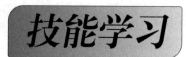

授权与吸引其他人参与

很多有关管理技能的书都定位于帮助管理者了解如何控制他人的行为。他们注重管理者如何提升员工绩效、怎样达成共识或者激励员工完成某个目标。本书也将包括这样的技巧来帮助你激励他人完成你想让他们做的事情,或者获得对他们的权力和影响力。不过本章主要讲述一种被称为**授权**(empowerment)的技巧,并讨论其与权力的区别。授权的目的是有效地调动其他人对工作和组织的积极性。

授权基于与激励或影响其他人（参见第5章和第6章）不一致的一系列假设。授权意味着把自由给予员工，让他们成功地完成他们想要完成的工作，而不是要求他们完成你想要他们完成的工作。授权的管理者消除了对员工的控制、制约与界限，而代之以激励、指导或者刺激他们的行为。在通过激励和影响技巧使员工按照他们希望的方式行动时，管理者使用的不是"推"策略，而是"拉"策略。这种"拉"策略集中于管理者如何设计一个工作环境使员工产生内在激励。在这种策略的影响下，员工完成工作是因为工作的内在吸引力，而非外部的奖酬系统或影响技巧。

然而授权也可能产生两难问题。一方面，证据表明被授权的员工有更高的生产力、满意度和创造性，并且相对于没有授权的员工，他们的产品质量与服务要好得多（Babakus等，2003；Lee，Willis和Tian，2017；Spreitzer，2008）。当劳动力被授权时，组织的管理也更为有效（Pieterse等，2010；Seibert，Wang和Courtright，2011）。另一方面，授权意味着放弃控制，让他人决策，设定目标，完成任务并且获得奖励。这意味着其他人也许将会从成功中受益。对于那些具有很高的权力与控制欲望的管理者来说（参见McClelland，1975），当他们要牺牲自己的利益来促使别人成功时，他们面临一种挑战。他们可能会问自己："是我负责的，为什么是别人受益？当我很自然地想获得报酬和认可时，为什么我会允许别人分享我的权力，甚至帮助他们获得更多的权力？"

答案是，你并不需要牺牲预期的报酬、认同与效率。恰恰相反，通过真正的授权，管理者实际上能增加自己的效率。与原有方式相比，管理者及其组织会变得更加有效（Maynard，Gilson和Mathieu，2012）。不管怎样，对大部分管理者来说，授权是一种必须开发与实践的技能——虽然"授权"这个概念在许多畅销书籍中都有很高的出现率，但它在现代管理中的实际运用仍然很少。大量的调查结论指出，大多数员工并未感觉被授权，对工作缺乏积极性，认为自己的工作并没有太大意思（如Asplund和Blacksmith，2012；Gallup，2018）。在全球来看，这样的员工所占比例超过80%。

本章我们从讨论授权的核心维度开始，并且特别介绍如何有效地完成授权。第二部分讨论授权中的一种特殊情形——调动其他人的工作积极性。我们最后总结了授权与委派的简要模型，以及对他人成功授权和委派的一系列行为指南。

授权的含义

授权意味着帮助个体产生自信，意味着帮助个体克服无权或无助的感觉，意味着鼓励个体付诸行动，意味着调动内部驱动力去完成任务。向个体授权不仅给予个体完成某个任务的资源，还促使他们思考其自身与授权之前的区别。他们感觉更有能力、更自信。

值得注意的是，授权与权力并不是一回事。授权并不仅仅是将权力给予他人。这两个概念都意味着促使事情发生的能力，不过表8-1比较了权力和授权的概念以区别它们之间的差异。例如，你可以给予他人权力，但是他必须自己接受授权。权力是不能被赐予的。也就是说，我不能给予你权力，我只能创造条件让你自己给自己授权。

表 8-1 权力与授权的区别

问 题	授 权
让其他人做你所希望的事的能力	让其他人做他们所希望的事的能力
得到更多意味着从其他人那里夺取	得到更多，但不影响其他人得到多少
外源性	内源性
根本上是少数人拥有	根本上是每个人都能拥有
导致竞争	导致合作

正如第 5 章所述，权力的获得基于若干个体和职位因素。在每种情况下，他人必须承认你的权力，接受你的领导，并且默许你的影响力，你才能拥有权力。你的权力的潜在来源是他人。

例如，你可能因为自己比他人拥有更多的资源或政治支持而享有权力，因此你可以奖励他人从而享有奖赏权。你也可能因为自己的力量或支持而具有惩罚或制裁其他人的权力，从而享有处罚权。你的职务和职位可能让你拥有高于他人的权力，从而使你享有传统权。你可能拥有比他人更多的知识或信息，从而使你享有专门知识权。或者，你可能具有个人魅力，从而享有感召权。弗伦奇（French）和雷文（Raven，1960）将这五个因素视为权力的主要基础。无论是否存在这五个因素，也无论是否还存在其他因素，每个因素都能传递给其他人。每个因素都取决于其他人对它的认可。每个因素都能被指派给其他人。

然而，在授权时，即使没有人承认其个性特征或职位，个体仍然能够被授权。维克多·弗兰克尔（Victor Frankl）、纳尔逊·曼德拉（Nelson Mandela）和圣雄甘地就是那些虽然缺少权力特征，但在逆境（监狱和严酷的环境）中仍维持全面授权的例证。这是因为授权的来源是内在的，而不是社会认同、政治支持或头衔的结果。你为了自己而接受并创造授权。

此外，如果我变得更加有权力，这通常意味着你变得更没有权力。如果我拥有让他人去做我所希望的事的权力，但是这与你所希望的不同，我的权力和你的权力就会发生冲突。这就是为什么最终只有相对少数的人拥有权力。在大多数组织中，权力会集中在少数人手中。此外，权力斗争在组织中甚至在小团体中是非常普遍的。谁有权按自己的意愿行事是个普遍问题，几乎必然会导致冲突。

但是，每个人都能在不影响其他人的职位或地位的情况下被授权。这就使我们每一个人都能够实现我们的选择。事实上，授权更有可能带来合作而不是冲突。

成功进行授权的关键是了解其核心组成部分。在下一节，我们将介绍授权的五个维度，并给出培育这些维度的指导原则。我们可以将这些维度视为一个公式。每个维度之间是相乘的关系。也就是说，如果某个维度缺省或者为零，则授权也为零。要实现授权，所有五个维度都必须存在。

授权的维度

在迄今为止最成功的一项关于授权的实证研究中，斯普雷彻（Spreitzer，1992）给出了授权的四个维度。我们在米什拉（Mishra，1992）的模型的基础上增加了一个维度。后续研究已经证实，为了能够成功地授权，必须注意以下五个方面的问题。有技巧的授权意味着使别人产生：（1）自我效能感；（2）自我决定感；（3）个人结果感；（4）意义感；（5）对他人的信任感（见表8-2）。当这五个授权维度得到满足时，经验证据就非常明显了：个体的表现更加出色，组织的表现也比平常优秀（参见 Maynard，Gilson 和 Mathieu，2012）。

表 8-2 授权的五个核心维度

维度	解释
自我效能	一种个体能力的感觉
自我决定	一种个体选择的感觉
个人结果	一种拥有影响力的感觉
意义感	一种在活动中有价值的感觉
信任	一种安全的感觉

当然，没有人能够强迫其他人被授权，但是营造一个满足上述五个因素的环境会使人们更有可能愿意接受授权。接受授权的人不仅更有效率，而且更加自信，感觉更加自由，觉得自己更加重要，在工作中以及工作场合也会感觉更加舒适。

自我效能

当员工被授权以后，他们会有一种**自我效能（self-efficacy）**感，或者感觉到自己拥有成功完成任务所需的能力。被授权的员工不仅会有胜任感（competent），他们也很自信（confident），认为他们能够妥善地完成任务。他们有一种个体的控制感，相信他们能通过学习来迎接新的挑战（Bandura，1989，1997，2012；Bowles 和 Pearlman，2017）。一些作者认为这是授权中最重要的成分，因为拥有自我效能感决定了员工能否尝试并且坚持完成一项困难的工作（Biron 和 Bamberger，2010）。

> 人们对自我效能确信的强度有可能影响他们是否愿意去应付当前的环境……当他们认为自己有能力应付那些令人畏惧的情况时，他们会义无反顾地投入行动——效能期望决定人们付出努力的程度，以及在面对困难或逆境时，他们坚持的程度。（Bandura，1977，第 193～194 页）

我们的同事罗杰·戈达德（Roger Goddard）及其合作伙伴发现，某个班级的学生中的自我效能感（戈达德称之为"集体效能"）是学校中比其他任何因素都强大的成功指标（Goddard 和 Hoy，2002）。也就是说，如果学生相信自己，如果他们自信自己能够成功，如果他们坚信会有好的结果，他们就会在课业上表现出色。他们的成绩更好，在数学和语文考试中的分数更高，而缺席率更低。集体效能在确定上述结果方面的重要性要高于种族、性别、社会经济状况、就读学校的规模、就读的是城里的学校还是郊区的学校以及同班同学的种族构成等因素（参见 Bowles 和 Pearlman，2017；Caprara 等，2011）。

大量的研究关注自我效能的效果和它的反面——无力感，特别是与生理和心理健康的关系（Bandura，2012；Xanthopoulou，Bakker 和 Fischbach，2013）。例如，自我效能被认为是克服恐惧症与焦虑、酒精和药物滥用、进食障碍、吸烟成瘾、抑郁和疼痛耐受力的一个重要因素。对那些已经发展出很强自我效能的人来说，应对失业或挫败以及从疾病和伤害中康复，都是更加有效和迅速的，因为他们在生理上和心理上有更大的弹性，更擅长改变负面行为（Brouwer 等，2010；Bandura，1997，2012；Lee，Willis 和 Tian，2017；Peterson，Maier 和 Seligman，1995；Seligman，1975，2012）。

我们将在后面介绍增强自我效能的一些指导原则。

自我决定

被授权的人也会有一种**自我决定**（self-determination）感，也就是他们拥有选择的感觉。"自我决定意味着在作出和规范自己的行为时有一种选择的感觉。"（Deci，Connell 和 Ryan，1989，第580页）当人们自愿、有意识地投入某项任务，而不是被迫或被禁止加入时，人们能体会自我决定感（Deci 和 Ryan，2012）。他们的行为是个人自由和自治的结果。事实上，自我决定理论是有关人类动机的最著名、研究最深入的理论之一（Deci 和 Ryan，2012；Ryan 和 Deci，2017）。

被授权的人可以有更多的选择并感觉到自由，因此会产生对自己的行为的责任感和归属感。他们可以主动地采取行动、制定独立的决策并尝试新的想法。他们拥有内部控制，而不是感觉自己的行动是被预先确定的、外部控制的或不可避免的（参见第1章）。

研究表明，强烈的自我决定感与工作场所的各种积极结果，如更低的工作场所疏离感、更高的工作满意度、更高水平的工作绩效、更多的创业和创新行为、更高水平的工作投入、更强的工作动机和更少的工作束缚相关。医学研究发现，病人能否从严重的疾病中康复与病人能否放弃传统的消极态度，并在治疗中保持一种积极的参与有很大关系（Gecas，1989，第298页）。如果人们能够感觉到自己对周围的事情有影响，即使是在疗效上，也会比其他病人有更积极的结果（Deci 和 Ryan，2012；Gagne 和 Deci，2005；Maddux，2002；Ryan 和 Deci，2002；Weinstein 和 Deci，2011）。

自我决定与有权选择完成任务的方法、花费的努力程度、工作的节奏、完成任务的时间限制有最直接的联系。因为被授权的人能够决定怎样完成任务、何时完成任务、要多快完成任务，所以他们对任务有一种掌控感。拥有选择权显然是自我决定中最关键的因素。后面我们将给出提升自我决定的具体建议。

个人结果

被授权的人相信自己的行动会产生影响。假设某个装配线上负责安装螺母的工人出现错误，装配线上负责后面工序的人会予以改正，那么这位工人就感觉不到自己对最终产品有何作用或者自己的努力能够对最终结果有何影响。

相反，拥有个人结果感的人则相信花费努力能够有结果。个人结果是"个体相信自己在某一时刻有能力影响事情向理想的方向变化"（Greenberger 等，1989，第165页）。这是一种信念，相信通过自己的行为，你能够影响所发生的事情。你有一种掌控的感觉，可以产生影响。

被授权的人并不认为外部环境中的障碍会控制他们的行为；相反，他们相信这些障碍是能够被克服的（Haffman，Friese 和 Strack，2009；Thornton 和 Tizard，2010）。他们有一种积极控制的感觉——这让环境与他们的期望相一致，而被动控制则与此相反——使他们的期望符合环境的要求（见 Casey 等，2011；Diamond，2013；Greenberger 和 Stasser，1991；Peterson，Maier 和 Seligman，1995）。有自我控制感的人总是试图控制自己看见的东西，而不是对周围的环境作出反应。要想拥有授权感，你不仅需要感觉到自己的行为是有影响的，还需要感觉到自己本身能够产生影响。

具有个人结果感与第1章介绍的自我意识的内控有关，但两者并非一回事（你在第1章已经完成了相关的工具量表）。大多数人已经养成了对于外部或内部控制的偏好，这会影响其对于生活的普遍看法。然而，帮助其他人体验授权意味着帮助其开发自己能够实现既定的目标的感觉，而不论其个人维度如何。后文将介绍如何培养个人结果感。

对个人结果的研究表明，人们寻求个人结果的动机是内源性的（Ryan 和 Deci，2017；Spreitzer，2008）。我们都竭力维持对自身及环境的控制感。事实上，在生理上或情感上，即使是很少的个人结果感的丧失都是有害的。例如，失去对自我的控制会导致抑郁、应激、焦虑、低士气、低生产率、精疲力竭、习得性无助甚至更高的死亡率（见 Xanthopoulou，Bakker 和 Fischbach，2013）。拥有个人结果感不仅对授权，甚至对健康来说也是必需的。

然而，即使是被完全授权的人，也无法完全控制他们周围所有的事情。没有人能够得到自己想要的所有结果。但是授权有助于人们增加自己能影响的个人结果的数目。

意义感

被授权的人还有一种意义感。他们认为自己所从事的活动的目标是有价值的。他们自己的理想与标准被感知为与其所从事的工作相一致。这些行为在他们的个人价值体系中是"有价的"。他们不仅觉得自己可以取得成果（个人成果），而且相信并且珍惜自己所取得的成果（Bunderson 和 Thompson，2009；Quinn 和 Thakor，2018；Strecher，2016；Wrzesniewski，2012）。因此，有意义是指对价值的一种知觉。

在行动中加入意义使人们产生一种目的性、热情和使命感。它们提供了能量与热情的源泉，而不是让人丧失能量与热情。如果仅仅是为了赚钱，帮助一个组织赚钱，或仅仅是做一项工作，对大多数人来说都不会产生有意义的感觉。与这些行为相联系的必定是一些更重要、更个人化和更富价值的东西。这必定与一些更人性化的东西相联系。几乎所有人都希望自己的时间是花在能够带来持久的好处、能够让世界更美好或者是与个人价值相联系的事情上（Bunderson 和 Thompson，2009）。

获得个人利益并不能保证有意义。例如，为他人服务并不能带来个人报酬，但它可能远比那些能够获得一张大额支票的工作更有意义。而投入没有意义的行动往往只能引发疏远感、厌烦或精疲力竭。另外一些刺激——诸如外快或额外收入对于让员工投入工作是必要的。不幸的是，这些额外的刺激对组织来说成本很高，它们代表了一些无价值的花费而限制了组织的效率和有效性。这些需要花费大量的财力的措施，对员工来说只有很少的意义或者没有任何意义。

对工作意义的研究表明，当人们从事一项他们认为有意义的工作时，将会更负责、更投入（Wrzesniewski，2012）。与进行一项无意义的工作相比，他们的能量将会更加集中，并且会更加坚持追求所期望的目标。人们对所从事的工作感到更多的兴奋和热情，并能感到更大的自身重要性与价值，因为他们的行动是有意义的。与那些意义感较低的个体相比，拥有意义感的被授权个体也会具有更多的创新精神、向上的影响力和自我效率（Pratt和Ashforth，2003；Vogt和Murrell，1990；Wrzesniewski，2003）。

信任

最后，被授权的人也会有一种信任感（Helliwell和Huang，2011）。他们相信自己会被公平地对待。甚至当他们处于较低职位时，他们也确信他们行动的最终结果会是公平的、有益的而非有伤害性的。通常，这意味着他们相信那些有权威或拥有显赫职位的人不会危害或伤害他们，并且他们会被公平对待。但是，甚至在那些拥有显赫职位的人并没有表现出公平或公正的环境中，被授权的人仍然可以拥有一种个人安全感。他们的信心源于原则而不是人。信心也意味着个体愿意把自己置于一种易受打击的地位，并且坚信，作为这种信任的结果，他们根本不会受到任何伤害（Castaldo，Premazzi和Zerbini，2010；Covey，2008；Mishra和Mishra，2013）。

当陷入一种似乎是不公正、不平等甚至是危险的环境中，个体是如何维持信任和安全感的？例如，在甘地为侨居南非的少数族裔赢得独立的努力中，他决定烧毁英国政府要求所有有色人种持有而南非白人无须持有的通行证。甘地召集了一个会议并公开宣布他打算烧毁他的所有支持者的通行证来对抗这项法规。在甘地烧毁了一些通行证之后，英国警察用警棍殴打他。尽管受到殴打，甘地仍然继续烧毁通行证。

在这个案例中信任和安全感何在？甘地在被警察殴打时可以如何被授权？甘地的信任来自哪里？甘地是否得到了授权？

答案在于：甘地的安全感不是来自英国统治者，而是来自他所倡导的信念。他的安全感是与他做正确事情最终总会产生正确结果的信念相联系的。人性化的行为最终会激发人性化的反应。

对信任的研究也发现了大量的积极结论（Lau，Lam和Wen，2013）。例如，信任程度高的人更善于用直接和亲近取代肤浅和表象。他们更倾向于是开放的、诚实的和言行一致的，而不是欺骗的或浅薄的。他们更具探索取向性和自我决定性，更加自信和愿意学习。与那些只有低水平信任的人相比，他们在人际关系中有更大的能力，在团队中表现出更高水平的合作和风险承担。

有信任感的人更愿意与其他人相处，更愿意成为团队中的一员，他们更愿意暴露自我，在自我交流中更加诚实，更加仔细地倾听别人的谈话，他们变革的阻力更小，也更能处理那些突如其来的变故。愿意信任别人的人也更可能信任他们自己，并保持更高的道德标准（见Covey，2008；Mishra和Mishra，2013）。换句话说，对别人的信任允许人们以一种信任和率直的方式行动，不用浪费更多的精力进行自我保护，试图发现隐藏的东西或进行政治游戏（Chan，Taylor和Markham，2008）。简言之，信任使人们有安全感。

对授权维度的回顾

我们迄今为止的讨论主要是为了表明，促进个体授权的五个维度会产生积极的结果。与授权的五个维度——自我效能（胜任感）、自我决定（选择感）、个人结果（影响感）、有意义（价值感）和信任（安全感）相关的研究强烈支持这样一个事实：当人们有授权感时，对组织和个人都有好处。当人们经历了授权的反面时，如无权感、无助感和疏远感，将会产生消极的结果。

一些愤世嫉俗的学生（不过很少有在职经理这么想）声称，给人授权是毫无必要的，在很多时候纯属浪费时间，因为总是有"搭便车的人"。这些人得过且过，在团队或课堂上不愿意积极参与，也不愿意采取主动，而宁愿听从他人的指挥。

然而，当人们不看重被分配的结果（缺乏意义感）、相信即使自己不投入其他人也会完成任务（缺乏个人结果感）或者不相信自己能够有所贡献（缺乏自我效能感）时，就会出现这种情况。与此相反，当授权的五个维度都存在时，几乎所有人都会愿意积极参与，并寻求授权。

哈克曼（Hackman）和奥尔德姆（Oldham，1980）所做的研究发现，超过80%的工人具有高度"成长需求力量"或者是渴求成长和对工作有所贡献的愿望。帮助提升授权的五个维度顺应了这种内在的成长和贡献需求。

本章的下一部分将讨论管理者对他人进行授权的具体方法。

怎样进行授权

人们在有助于自己产生幸福感的环境下，也就是当其可以获得成功或者是在工作中享有成就感时往往会经历授权。然而，当人们感知正处于受威胁、不清晰、过度控制、胁迫或孤独的情境中，体验到依赖或不充分等不适感觉，感觉完成自己愿意做的工作的能力受到约束，不确定该如何行动，感觉某些负面结果是不可避免的，或感觉未获报酬或欣赏时，他们最需要被授权。

很多学者（Bandura，2012；Daniels 等，2017；Hackman 和 Oldham，1980）提出了至少九种可以促进授权的对策。这些对策可以帮助员工产生胜任感、选择感、影响感、价值感和安全感。这些对策包括：（1）阐述清晰的愿景和目标；（2）培养个人的支配体验；（3）塑造；（4）提供支持；（5）创造情绪唤醒；（6）提供信息；（7）提供必要的资源；（8）与结果相联系；（9）建立信任。每一种方法都会在下文详细讨论，图8-1描述了它们与授权的五项核心维度之间的关系。

上述方法中有些类似于本书第4章、第5章和第6章介绍的准则。因为并不存在一套单独的用于与其他人沟通、影响并激励他人的管理技能，因此势必会有相同和重叠的地方。然而，授权的环境与你此前在本书中读到的内容是有所区别的。

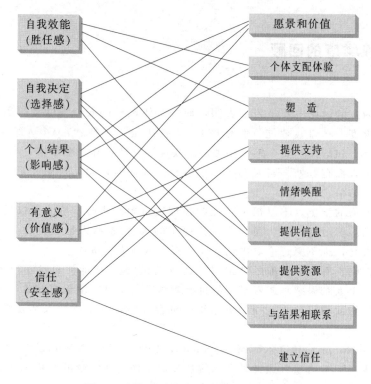

图 8-1 授权维度与授权方法之间的关系

清晰的目标

创造让个体感觉被授权的环境需要有一个描述清楚的目标引导他们,这个目标包括组织的发展方向和个体可能的贡献。大量的研究证实拥有目标可以激励人们实现更高的绩效(Locke 和 Latham,2012;Ryan 和 Deci,2000)。

如果你接受了一份任务,但是却没有被告知绩效目标或标准,显然你的表现很可能无法与你明确知晓目标及期望的绩效时的表现相比。设定目标是帮助人们提高绩效的一种常用策略。当我们希望实现高绩效时,我们通常都会设定目标。洛克(Locke)和莱瑟姆(Latham,2006)确定了大部分有效目标的特征,其首字母缩写为**智慧目标(SMART goals)**,它最佳地概括了下列特征:

- 具体的目标(Specific goals)。可以被确定的、行为性的、可以被观察的目标。
- 可测量的目标(Measurable goals)。可以被客观评估,并且成功完成的程度能够被测量。
- 一致的目标(Aligned goals)。与组织的总体目标相联系或者与员工的价值观一致。
- 可实现的目标(Realistic goals)。可以实现的,而不是空谈或者被视为空想的目标。目标是现实的,但并不意味着是容易达到的,因为困难目标比容易达成的目标更能激发更高水平的表现(Locke 和 Latham,2006)。
- 有时限的目标(Time-bound goals)。完成目标的最后期限是被明确规定的。那些没有终点的目标是无效的。

关键在于，向个体提供有助于其清楚地了解如何获得有价值的结果的智慧目标，可以让个体获得授权。

培养个人的支配体验

班都拉（2012）发现，管理者授权给员工时，最重要的事情是帮助员工体验面对一些问题或挑战时的个人支配感。通过成功地完成一项任务，打败对手或者解决一个问题，员工会产生一种支配感。向员工提供成功完成更困难的任务的机会以实现期望的目标，可以培养员工的个人支配感。关键是首先从简单任务开始，然后逐步过渡到更困难的任务，直到通过解决一个完整挑战使员工体验到支配感（参见 Paglis，2010）。

我们以教小孩子游泳为例。你不会将小孩子扔进水里，然后命令他们游泳，而是先教他们做一些简单的小任务——将脸放进水中、练习踢腿、练习划臂，等等。要实现个人掌控，先要将复杂的任务分解，然后对于成功实现每个小的任务予以认可和奖励。还可以鼓励那些完成了任务的一小部分人领导其他人或者是给其他人做示范。这其实采取的就是**小量成功策略（small-wins strategy）**（Weick，1984）。

小量成功或者是增量的成就本身可能并不重要，但最终会产生一种移动、进步和成功的感觉。对小量成功的认可与庆贺，可以成为让员工感受到被授权、有能力和成功的动力。

塑造

另外一种授权的方法是塑造或将正确的行为模式演示出来。观察其他人在具有挑战性的活动中的成功表现，可以使人相信自己也能获得成功。这可以帮助人们相信任务是可以完成的、工作在他们的能力范围之内，以及成功是有可能的。

因为你不可能向每一个员工演示所期望的行为，因此你可以让员工把注意力投向那些在相同环境中取得成功的人。你也可以为其创造机会让他们与那些众所周知的楷模结识，这些人可以充当他们的榜样或导师。

当障碍被排除后会发生什么呢？例如，在田径运动员中，约翰·托马斯（John Thomas）打破了7英尺的跳高纪录，罗杰·班米斯特（Roger Bamister）打破了4分钟/英里的纪录后，其他许多运动员也迅速超越了这些纪录。但在第一个人克服障碍之前，一些人会认定这是无法逾越的。需要有一个人来表明纪录是可以打破的，这可以使他人感到为了重复这样的成功，授权是必要的。

提供支持

第四种帮助他人感受授权的方法是提供社会和情感上的支持。要想让他人感觉到被授权，需要表扬他们、鼓励他们、表达对他们的认可、支持他们并使他们安心。需要做的可能仅仅是经常采用各种方式表扬员工的绩效，给员工及其家人写信或便条，表扬员工的优良业绩或者是以支持的态度给予员工反馈。你可以安排机会让员工成为团队或社团的一员，也可以通过正式或非正式的庆祝仪式来表彰员工的成就。也可能仅仅是倾听员工并努力理解他们的感受和观点。

换句话说，你可以通过下列方式对他人授权：使他们感觉自己被接受，自己是组织的重要资产，是整个组织的任务或目标中不可缺少的一部分。这种支持可以来自你也可以来自同事（Gallup，2018）。

情绪唤醒

情绪唤醒意味着用兴奋、热情或充满希望等积极的情绪替代恐惧、焦虑或暴躁等消极的情感。为了给员工授权，管理者力求使工作环境变得更有趣和富有吸引力。他们确保工作的目的是清楚的，保证人们的右脑（控制情感和热情）和左脑（控制逻辑和分析）共同工作。这些给人们带来积极的情绪，从而使授权和绩效都得到提升（Esmaeili 等，2011）。

班都拉（2012）发现，积极情绪的缺失可能会导致人们难以产生被授权感。但是情绪唤醒并不仅仅意味着大张旗鼓的表彰、提高音量、旁听演讲或浅薄地制造兴奋；相反，情绪唤醒更有可能在个体从事与他们推崇的价值观有联系的工作时发生。为了感受到被授权感，员工们必须了解他们的日常工作是如何与他们的基本信念相联系的。如果是为人类幸福而工作、为提高人们的生活品质而工作，以及为了人们的成长和发展而工作，而不是为企业投资人带来10%的回报而工作，员工会感到更有兴趣。这并不是说股东回报不重要，但是情绪唤醒更多的与个人价值而非组织利润联系在一起。

成功的情绪唤醒往往还与人们所从事的工作的属性有关。这种关系可以用下面这句老生常谈最好地予以说明："人们愿意为了获得比拿薪水时更努力地工作的特权而付钱。"（Coonradt，2007）我们以犹他州和科罗拉多州11月中旬降下第一场大雪后的滑雪场为例。工作场所和学校的缺勤率突然上升。人们放弃了拿薪水的机会，穿上价值400美元的滑雪服和300美元的雪靴，带上价值500美元的滑雪装备，给车子加上100美元的油开到最近的滑雪场，花115美元购买缆车票，花35美元买几个汉堡做午餐，然后在这一天结束时筋疲力尽地踏上归途——为了获得比拿工资时更努力地工作的特权而付钱。

问题在于，为什么？为什么人们愿意付钱来更努力地工作，让自己筋疲力尽，忍受恶劣的环境，并且将自己置于危险中，而在拿薪水的工作中他们根本无法忍受这一切？答案非常明显："因为乐趣。这属于消遣。它能够提供能量和享受。人们感觉被授权。"

引发这种情绪唤醒的因素也可能包括工作环境。这些属性使活动充满乐趣和享受，可以说既是工作也是休闲（Duckworth 等，2007）。例如，几乎所有的娱乐都有清晰的目标（例如，胜利、超过个人的最佳成绩）。没有清晰定义的目标，任何人都不会兴奋起来。目标往往与人们所关心的标准有一定的差距（如在NCAA锦标赛中获胜，在保龄球比赛中得300分）。此外，记分系统和反馈系统是客观的、自我监控的和连续的。例如，在篮球比赛中，每个人都知道罚球只能得1分，得胜者是投篮最多的那个球队，并且在任何时候，双方都有明确的得分。人们对竞赛如此热衷的原因之一是我们随时都知道比赛得分。然而不幸的是，在大多数工作场所和教室里这种情况却很少见。当人们知道比分时，情绪唤醒会得到提升。

此外，在娱乐时，人们清楚地了解比赛的规则。每个人都知道在足球比赛中将球踢出底线的结果、将棒球击打到第三垒左侧的结果，也知道在跳远比赛中起跳时超过起跳板的结果。这些都是比赛的规则，每个人都知道出现违规行为后会被终止比赛。

你可以通过情绪唤醒来帮助授权，而不是仅仅作为一个啦啦队队长，发表富有魅力的演讲，使工作环境轻松，还应抓住某些能制造兴奋的娱乐规则：明确目标、客观性、自我管理、连续记分与反馈以及明确界定的违规行为。

提供信息

信息是最关键的管理"权力工具"之一。当管理者提供给员工较多的而不是有限的信息时，员工会得到一种被授权的感觉，在工作中会更有效率、更成功、与管理者的愿望更一致。管理者通过让别人也参与他所期望的结果的努力中，来加强他的权力基础。拥有更多的信息后，员工能获得更多的自我决定感、个人控制感和信任感。授权感的获得可以让员工更愿意支持你，为你提供帮助（Cameron，2012；Gilbert，Laschinger 和 Leiter，2010）。

当然，如果员工承载了太多的信息，可能会感到焦虑和精疲力竭。但是经验告诉我们，员工得到的信息往往是太少而不是太多。布洛克（1987）指出：

> 共享尽可能多的信息与军队中的理念是相反的——在军队中认为只有"需要知道"的人才会被告知。我们的目的是尽可能快地让员工了解我们的计划、想法和变化……如果我们努力使员工都有这样一种思维定式：每个人都对企业的成功有责任，那么员工需要完整的信息。（第 90 页）

我们的调查进一步证明了提供信息对于强化授权的重要性。例如，在一项研究中，我们每 6 个月对知名大型企业的 CEO 进行访谈，评估他们应对收益下降所采取的组织策略和变革。某公司的 CEO 很小心地只与高级管理团队分享有关财务、生产力、成本和市场预测等的重要信息，而公司中的其他人则无法获得这方面的信息，结果该公司的财务前景并没有出现多大的改进。然而，更换了一位 CEO 之后，信息分享方面出现了重大变革。新的 CEO 开始向公司中每一个相关的员工提供信息，没有什么信息被认为是只有高层管理人员才可以获得的。打扫卫生的勤杂工与副总裁有相同的获取渠道。

员工体会到的授权感产生了巨大的成果，员工参与的改进明显增加，员工的士气与承诺大大提高，公司也摆脱了财务上的困境，这些都使 CEO 看起来像个天才。他将这些成功归结为他愿意与员工分享信息、给他们授权，使他们获得提高的机会（Cameron，2013；Cameron，Freeman 和 Mishra，1993）。

提供资源

除了提供信息外，给员工提供有助于其完成任务的其他各种资源也可以促进授权（Zhang 和 Bartol，2010）。在给其他人授权时，你的首要任务是帮助他们实现他们的目标。

例如，这意味着他们可以得到适当的培训和开发体验，技术和管理方面的支持，所需的空间、时间、人员或设备，可以接触沟通和人际网络，并且可以按照自己认为最佳的方式行事。

当然,这并不意味着获得授权的人就能得到他们所希望的一切。假设可以获得包括你的时间和关注在内的无限的资源是不现实的。

不过,你可以提供的最重要的资源是帮助人们实现对其自身工作和生命的控制,也就是说,增加他们的自我效能感和自我决定感。当人们感到有获取成功所需要的资源,并且有追求成功的自由时,绩效会显著地高于那些不具备这种资源的情况(Spreitzer、Porath 和 Gibson,2012)。

看一两段有关谷歌 Google(https：//www.youtube.com/watch?v＝sFZeSLCagpQ)、西南航空(https：//www.youtube.com/watch?v＝8_CeFiUkV7s)或 Zappos(https：//www.youtube.com/watch?v＝50eCV VwEjno)的 YouTube 视频。你会在视频中看到各公司竭尽全力为员工授权,让其服务好顾客、干好工作、照顾好彼此。万豪国际的前任首席执行官比尔·马里奥特(Bill Marriott)曾说过："顾客第二,员工第一。"他坚信给员工授权,使其拥有所需的资源可以保证员工为顾客提供出色的服务。

与结果相联系

大量的研究都证实了当员工能看到自己工作的成果时,他们会体验到更多的授权(Mesmer-Magnus 和 DeChurch,2009)。很多企业(如 Huffy、LG 和 REI)鼓励员工定期去顾客的家里或办公室拜访,定期观察其生产的产品及提供的服务是被如何使用的。这么做的用意在于直接从最终用户处获得反馈。与最终用户的这种联系除了能够提供改进思路的宝贵源泉外更能帮助员工体验到更大的授权(Dorio 和 Shelley,2011)。如果人们可以与最终客户互动从而看到自己工作的效果,那么其工作积极性会更高。

相关的观点是为员工提供现场解决问题的权力。当员工可以自行解决问题、对顾客的投诉作出反应、立即修正错误,而不必事先取得批准和签字时,不仅顾客满意度会获得巨大的提升(平均 300% 的提升),而且员工会感受到更大程度的授权。

另一个增强员工动机和满意度的高度有效的途径是建立**任务完整性**(task identity),也就是完成一整项任务的机会(Hackman、Oldham、Janson 和 Purdy,1975)。当员工的工作仅仅是一项任务的一部分,从来没有见过他们工作的最终成果,并且被阻碍看到其工作所产生的影响时,员工会变得灰心并且缺乏授权感。拥有任务完整性意味着员工可以计划、实施和评估其努力的成功程度,完成的工作所带来的影响和结果也可以被评估。换句话说,为了感受到被授权,你希望了解你是否成功地完成了分配给你的任务,以及该任务对于你工作的组织的总体成功是否有特定的效果。两者之间的联系越清楚,员工越容易感受到授权。

树立信心

授权的另一个技巧是使员工有信心对管理者产生一种信赖感。员工安心地感到他们的管理者和组织是值得尊敬的,而不是需要去防范或怀疑的。这种信心使不确定性、不安全感和模糊性一扫而光,从而营造一个富有安全感和信任的氛围。

至少有两个理由可以说明为什么员工对你作为领导者或管理者的信心会使员工有更强

的授权感。

第一，与不信任和怀疑相关联的无收益的、浪费的行为将会被避免。当人们对一个人没有信心时，他们不会去倾听、清楚地交流、努力工作，也不会合作。相反，如果有信心，人们可以自由地去体验、学习、贡献自己的力量，而不用害怕报复。

第二，可信可敬的人会为他人创造正能量和授权感。在创造这样的信心时，有五个因素是至关重要的：可靠、公平、关心、开放和能力。你通过展示这五个特点，使他人对你产生信心，进而对他人进行授权（Mishra 和 Mishra，2013）。

- 可靠。如果你希望员工对你产生信心，你就必须表现出可靠性。这意味着你的行为应该是一致的、可靠的和稳定的。你的行为必须与你的言语和态度一致。
- 公平。你必须是公平的，不能占任何人的便宜。你在进行判断时，必须让员工清楚你所依据的标准。这些判断必须被视为是没有偏见的、公平的。
- 关心。你必须显示对员工个人的关心，帮助每个人感到他们对于你来说都是重要的。你可以通过指出其他人的优点和贡献以及在纠正其他人的错误或者是给出负面的反馈时采用支持性沟通来做到这一点（参见第 4 章）。
- 开放。你可以通过保持开放和可接触来树立信心。这意味着与员工公开且坦诚地共享有关信息，不保守有可能伤害他人的秘密。这并不是说管理者不能保守秘密，因为保守秘密是非常重要的，而是表明员工不必担心有隐藏的内幕会对他们产生不利的影响。
- 能力。员工应该了解你的能力。员工需要确信你具有必要的能力、经验和知识来领导与解决问题。你要做的不是夸耀自己的专业技能，而是使员工相信自己对你的专长和管理能力的信心是正确的。

我们对一些企业的 CEO 的采访证明了树立信心的强大力量。管理中信心的关键作用是不容忽视的。

> 如果他们不相信我说的话，认为全是废话，那就不要期望他们会付出，会干得更努力。他们的工作不会有丝毫不同。他们不准备接受变革，除非他们理解和信任我对他们所说的全是真的。我认为信任是最大的问题。
>
> 在我的组织中最重要的是诚实。不要欺骗任何人。告诉他们那是什么。告诉他们是对、是错，还是有所不同。告诉他们真相。
>
> 我的员工是 150% 地愿意帮助别人。因为任何人都不能独立完成任务，他们需要互相帮助。但现在我们讲到开放和信赖。你必须开诚布公地谈这些事情。你必须公开而坦诚。你必须让人信赖（见 Cameron，2013；Mishra 和 Mishra，2013）。

成功的管理者通过表现出诚实、值得尊敬并且值得信赖来培养员工对自己的信心。

授权原则的回顾

表 8-3 概括了我们前面所讨论的关于授权的九个原则，这为管理中的授权提供了一个参考。当然，并不是所有的方法都适用于所有的环境或所有的人，但是要开发授权的技巧至少需要部分地了解授权中可以使用的方法，以及如何使用这些方法。这个列表并不完整，授权中的其他一些行为也同样有效。但是如果你试图提高自己在授权方面的能力，这九个原则以及与此相关的建议给出了要想提高技能而应该采取的行动。本章的技能练习部分将为你提供练习的机会。

表 8-3　给他人授权的实用建议

阐述清晰的愿景和目标
- 描绘预期的未来
- 使用口头描述和情感性语言描述愿景
- 确定实现愿景的具体目标和策略
- 确定 SMART 目标
- 把愿景和目标与个人价值观联系起来

培养个人的支配体验
- 把大的任务拆分，每次只分配一部分
- 先分配简单任务，再分配困难任务
- 强调并庆祝小量成功
- 不断扩展工作职责
- 给予更多的解决问题的职责

塑造成功的行为
- 展示成功的任务完成过程
- 指出其他的成功人物
- 促进与其他楷模的交往
- 寻找一位教练
- 建立顾问关系

提供支持
- 称赞、鼓励、表达赞许，使其放心
- 给家庭成员或同事写表扬信或便条
- 经常性地提供反馈
- 为了促进合作而建立非正式的社会关系
- 较为松弛地监督，提供宽裕的时间
- 举行庆祝仪式

正面情绪的唤醒
- 促成建立友谊的活动
- 定期发布轻松的信息
- 在提供反馈的过程中使用夸张的词汇
- 注意重要的个人价值观与组织目标之间的相容性
- 明确对最终顾客的影响
- 促进工作中的乐趣：明确目标、有效的记分和反馈系统以及犯规行为

提供信息
- 提供与任务相关的所有信息
- 不断提供技术信息和客观数据
- 提供跨单位或跨部门的相关信息
- 提供接触具有更高职责的人和信息的途径
- 提供从源头获取信息的途径
- 明确行动对顾客的影响

提供资源
- 提供培训和发展的机会
- 提供技术性和行政上的支持
- 提供必要的时间、空间或装备
- 保证相关信息网络的畅通
- 提供更多资源的处理权

续表

与结果相联系
- 提供与接受服务或产品的人进行直接交流的机会
- 提供在某个场合解决问题的权力
- 提供对结果的即时、原始和直接的反馈
- 创造任务完整性,或完成一项完整任务的机会
- 明确并测量直接结果和影响

树立信心
- 展示可信赖性和一致性
- 展示公正和公平
- 展示对员工的个人关心
- 展示开放和诚实
- 展示能力和专业知识

研究表明,被授权的人最倾向于授权给别人(Lee、Willis 和 Tian,2018)。基于这个原因,我们在本章的开头设计了一个评估问卷来测量你在工作中被授权的程度。在这个被称为个人授权评估的问卷中,你的得分衡量在自我效能感、自我决定感、个人控制、有意义和信任方面,你的工作被授权的程度。知道什么使你产生了授权感,也可以让你在向他人授权时考虑使用相同的方法。你在技能评估部分完成的另一个测评工具(有效的授权与委派)表明了你在多大程度上对你的同伴进行授权,你让其他人参与工作的有效程度。你在多大程度上真正实现了上文中所讨论的行为正是通过这个测评工具来评估的。

授权的限制因素

如果有关授权能够带来良好效果的数据是清晰的,而且如果用于增强授权的技巧是清晰的,那么为什么组织很少使用授权?为什么很多人觉得自己与工作有疏离感,并未全身心投入,也没有发展空间(Cameron、Dutton 和 Quinn,2003;Gallup,2018)?

在一本关于管理授权的书籍中,彼得·布洛克(Peter Block,1987)指出,授权是很难实现的:

> 许多管理者不断尝试打开员工的参与之门,结果却发现员工不愿迈过这个门槛。在一项对掌握工作中所有权力的管理者的研究中,大约20%的管理者接受责任并且运转正常;大约50%的管理者非常谨慎,6个月后才开始作出自己的决策;授权最失败的地方是剩下的30%的管理者,他们完全拒绝分配权力。他们有很大的依赖性,不断地抱怨上层管理者并不真正想把权力给他们,他们并没有获得足够的人员和资源来完成任务,以及他们职位的特殊性使其难以参与管理。(第154页)

许多管理者和员工都不太情愿接受授权,而且他们更不情愿提供授权。一些调查考察了管理者不愿意授权给员工的原因(Babakus 等,2003;Lee、Willis 和 Tian,2017;

Pieterse 等，2010；Seibert，Wang 和 Courtright，2011）。这些原因可以被归为以下三大类。

对下属的态度

不愿意授权给别人的人通常认为，他们的下属并不具备完成工作的能力，对承担更大的责任并不感兴趣，已经承担了太多的责任而不可能承担再多，需要花费太多时间进行培训，或者不能投入通常由其他人承担的任务或责任。他们认为不授权的问题在于员工而不是他们自己。他们的理念是："我愿意授权给我的员工，但是他们并不愿意承担责任。"

然而，上述对于员工的消极态度却并不符合组织中大多数员工的实际。大量研究证实了在有利的职场环境下绝大多数人是渴望授权的（Gallup，2018；Kanter，2008）。

个人不安全感

一些管理者认为授权给别人后，自己会失去对任务成功完成的认可与报酬。他们因为害怕失去权力和职位而不愿意将自己的专长或"商业秘密"与下属分享。他们无法容忍不确定因素，这使他们感到他们应该知道分配给自己的项目中的所有细节。他们宁愿自己工作而不愿授权给他人，或者他们不愿承担由于员工错误而造成的损失。

他们的理念是："我愿意授权给别人，但是如果这样做，他们会将事情弄得一团糟。"不幸的是，当人们试图成为英雄、将所有的荣誉归于自己一身或者将其他人排除在外时，他们几乎不可能完成原本能够依赖其他人的专业技能和能力可以完成的任务。有大量经验数据可以证明，授权的团队比哪怕是最有能力的个人都表现出色（参见第9章）。

对控制的需求

不愿意授权的人通常对控制、指导和掌握发生的事情有很高的需求。他们认为，缺乏来自老板的明确指示与目标以及放松控制，会使员工感到困惑、受挫或失败。他们觉得来自上司的指令是强制性的。他们的理念是：我愿意授权给别人，但他们需要明确的方向和一系列清晰的指导，否则，缺乏指导会使他们产生困惑。我比他们更知道如何做好这项工作。

虽然明确的目标和具体的指令能够提高绩效，我们自己设定的目标总是比其他人强加给自己的目标更能激励我们。因此，如果人们被授权设定自己的目标而不是让经理将目标作为成功的先决条件强加给他们，人们会表现得更出色。

如何克服这些限制

当然，与这些抑制因素相联系的理念或许有部分是正确的，但这并不会阻止你成功地进行授权。即使你有勇气并愿意授权给他人，仍需要相当的技巧才能获得成功。事实上，不合格的授权会破坏而不是促进组织及其员工的效率。它会让人感到挫败、模棱两可或愤世嫉俗。

例如，一种不合适的授权是给予员工自由但没有明确的指导或足够的资源，这会导致员工的心理危机，如更加抑郁、更大的压力、更低的绩效和工作满意度、更低的警觉性甚至是更高的死亡率（Baltes 和 Baltes，2014；Glasser，1999；Mills，2000）。当然，这些负面的结果并不仅仅与不合适的授权有关。这些结果也发生在低效的或缺乏技巧的授权情形中。重点在于，前面给出的指导意见并不仅仅是有趣的想法，而是对捕捉有效的授权可以实现的价值不可或缺的。

让其他人积极参与

当然，最需要授权的情形是工作必须有其他人参与完成的时候。问题在于，超过70%的美国工人认为自己并没有对工作的投入感，而在某些国家这个比例更高。大约80%的高级管理者报告说在工作中筋疲力尽，仅有20%的高级管理者感觉自己对工作全力投入且精力充沛（Gallup，2018；Spreitzer，Porath 和 Gibson，2012）。给员工授权是增强其对工作的投入感和活力的重要手段，因为它可以增强员工的信心和能力、给予其更多的选择、让其有更大的影响力、感觉有意义和受到信任。

过去十余年，积极参与成为一个非常热门的话题，但是其含义非但没有得到澄清，反而越来越模糊。积极参与有时候与士气、满足感、忠诚、投入和自我激励的行为等作为同义词使用。有时候，学者们将吸引其他人参与等同于"仆人领导"，或者是帮助其他人在工作中获得幸福感（Greenleaf，2002；Lee，Willis 和 Tian，2017）。积极参与的狭义含义仅仅是指让人们参与工作，即决定何时让其他人参与、何时减少甚至是排除其他人的参与。

本章我们着重探讨了如何让其他人积极参与工作及帮助他们取得成功。问题在于，何时需要让其他人参与、何时应该由你独自完成工作？何时应该由你独自做决策、何时要让其他人参与决策？我们采用一个在长期内经过经验证明的框架来解答上述有关积极参与的问题。该框架用于解决三个问题：你应当何时吸引其他人参与？应当吸引谁参与？应当如何有效地吸引其他人参与？

成功地让其他人积极参与除了完成更多的工作外还有很多其他优点。如表8-4所示，它还可以为那些参与其中的人提供大量好处。

表 8-4 让其他人积极参与的好处

好处	解释
时间	增加管理者可以自由支配的时间
开发	开发参与人的知识和能力
信任	表明对参与人的信任和信心
承诺	增强参与人的承诺感
信息	为决策提供更好的信息
效率	增加决策的效率
合作	通过参与人的合作加强工作的整合

具体而言，让其他人积极参与可以提高下属的能力并丰富其知识，他们的效率也可以由此得到增强。这可以被视为增强个人支配经验的一种技巧。委派还可以用于对接受任务的个人表示信任和信心。研究表明，有机会参与工作与随后的工作满意度、生产率、承诺、对变革的接受程度和接受更多工作的期望之间正相关（Lorinkova，Pearshall 和 Sims，2013）。

通过带来更多的信息、更贴近问题的来源，让其他人积极参与也可以用来提高管理者的决策质量。让与相关信息有直接关系的人员积极参与，可以提高他们的效率（例如，需要更少的时间和资源）和有效性（例如，能作出更好的决定）。

最后，通过使用同一渠道来集中信息和最终的责任，让其他人积极参与可以增强不同工作间的协作与整合。换句话说，让其他人积极参与不仅可以由授权的五个维度得到增强，而且可以反过来增强授权的所有五个维度。因此，授权与让其他人积极参与是互惠互利的。

我们接下来将对何时吸引其他人参与、让谁参与以及如何最有效地吸引其他人参与完成任务给出具体的指导。

决定何时吸引其他人参与

首先，吸引其他人参与包括决定何时让其他人参与任务以及个人何时去实施。这看起来似乎很容易决定，但是你很快将从本章的技能练习一节中看到，这个决策可能并非如此简单。要决定何时吸引其他人参与是最合适的，你应该先回答五个基本的问题（Vroom，1994；Vroom 和 Yetton，2010）。弗鲁姆（Vroom）的研究表明，根据这些问题决定何时吸引其他人参与，其成功率是没有考虑这些问题时的 4 倍。无论是吸引团队还是单一个体参与工作，这些问题都是同样有效的。

1. 下属是否具有必需（或者更多）的信息或专业知识？在很多例子中，下属事实上可能比其上司更善于做决策或完成某项工作，因为他们更熟悉顾客偏好、潜在成本、工作流程等，这是由于他们更接近日常的实际工作。

2. 下属的承诺对成功地完成任务是否很重要？让下属参加决策过程可以增加他们对最终决策的承诺。当员工对于进行某项工作有一些行动自由时（例如，他们做什么工作、怎样进行或如何进行），通常必须让其参与决策过程才能保证他们的合作。通常情况下，下属的参与会增加决策所需要的时间，但实施决策所需要的时间将会大大降低。

3. 下属的能力在这项任务中能充分发挥吗？如果委派任务被老板当成分配棘手的任务的工具，它很快就会被团队成员所厌弃。因此，委派应该是始终如一的，而不是只在工作超负荷时才进行。它应该是一种重视员工发展的管理哲学的体现。在分配任务时，核心动机应该是增加下属的能力和兴趣。

4. 下属与管理者之间及相互之间是否有共同的价值观和看法？如果下属不能和其他人或管理者分享相似的观点，那么不可接受的解决方案、不适当的手段和明显的错误也许将永远存在。这会导致更严密的监督和更频繁的控制。关键是要为下属提供一个清晰的任务和目标。特别是，管理者必须清楚为什么要做这项工作。库恩拉德（Coonradt，2007）发现，重要的人总是告诉人们为什么，而较不重要的人总是告诉人们做什么、怎么做及什么时候做。告诉员工工作的意义可以产生共同的视角。

5. 是否有足够的时间有效地完成工作委派？节约时间是要花费时间的。为了避免误解，管理者必须花费足够的时间去解释任务、讨论可接受的程序和观点。必须留出充足的时间进行培训、讨论问题和答案，并检查工作的进度。

吸引其他人参与取决于对以上五个问题都有正面的答案。如果在考虑吸引其他人参与时，任何一个条件没有得到满足，那么决策无效的可能性很大。这将需要更多的时间，质量也会下降，将经历更多的困难，并且授权发生的可能性更小。

决定吸引谁参与

在决定委派一项任务后，管理者必须考虑是投入一个员工还是一个由下属组成的团队。如果确定建立一个团队，还要决定给团队成员多大的自主权。例如，管理者应该决定团队是仅仅调查问题并获得解决方案，还是作出最终决定。另外，管理者必须考虑他们是否将参加团队的讨论。图 8-2 展示了一个模型，帮助管理者决定谁将接受委派的任务——个人还是团队，以及在团队成立后管理者是否应该积极参与。

图 8-2 以树形图的形式表示。管理者先提问题，依照每一个问题的答案，沿着指定的路径移动直到获得最终答案（Huber，1980；Vroom 和 Jago，1974）。下面解释它是如何发挥作用的。

如果你是一个管理者，要决定是否让其他人参与任务的完成或参与决策，你应该查看问题下面列出的考虑因素："我是否应该让别人参与？"如果你觉得你的下属没有相关的信息或技能，认为他们的接受并不重要，认为团队成员并不能获得个人发展，认为时间紧迫，或者认为会在下属中引起冲突，你应该对这个问题回答"否"。树形图接下来指出你应该自己解决问题或作出决策。但是，如果你对这个问题回答"是"，你将移到下一个问题："我是否应该指导下属组成一个团队？"

检查对该问题的五个考虑因素，然后继续在这个模型中前进。每一个问题下的任一考虑因素都可能导致"否"的答案。最具有参与性和授权性的选择是将任务委派给一个团队，并且作为团队的平等成员参与。当然，最低限度的授权方案是你自己完成工作。请记住，根据该模型制定的决策的质量将获得 400% 的提升。

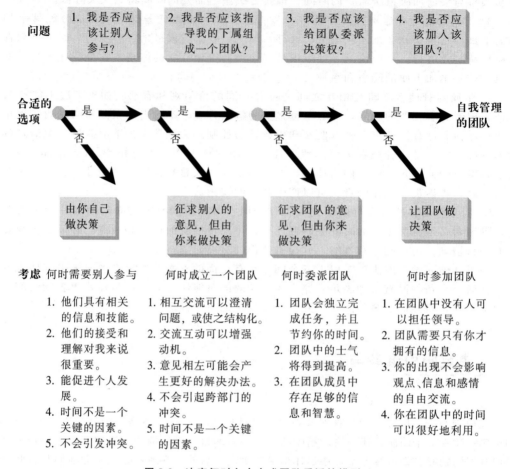

图 8-2 决定何时向个人或团队委派的模型

决定如何吸引其他人参与

当管理者决定让其他人参与一项任务,并且已经确定合适的对象后,授权委派才开始。授权委派的积极结果与管理者在整个过程中是否遵守了 10 项管理准则有关。之所以突出介绍这些准则,是因为在实际工作中,有效的授权参与并不常见。

1. 从一开始就牢记结果。管理者必须清楚地表达其希望从委派任务中得到的结果。清楚需要完成什么任务,以及为什么这个任务是重要的。除非人们知道任务重要的理由以及通过行动能达成何种目标,否则他们不可能做得很好。

2. 说明限制条件。除了预期结果以外,管理者必须清楚地指定要完成任务的范围。所有组织都有规范和流程、资源限制,或者对所采取行动的种类有限制。在让其他人参与时,这些都应该清楚地说明。例如,要明确最后期限、汇报的时间限制以及应当向谁报告。

3. 明确主动水平。管理者还必须指出他所期望的主动水平。没有什么疏忽比错误地描绘主动水平更糟糕。至少有五种主动水平是可能的，每一个都可能随着下属可利用的授权量而变化。从对时间的控制程度和委派任务的内容上看，这些主动水平之间存在差异。它们是：

- 等着被告知应该做什么。只有在得到了明确的指示后才采取行动。这是最低级的授权形式，因为下属没有任何主动权。对时间（即任务何时完成）或者内容（即该做什么）没有控制。
- 在行动前询问该做什么。有时候，人们在承担任务之前需要得到清楚的指令，因为管理者有可能并不确定他们的办事能力或领悟能力，又或者是因为尚未做好必要的准备。当下属对任务的时间有所控制，但无法控制任务的内容时这种做法较为适宜。下属可以对如何完成任务形成一些想法，但是在管理者批准之前他们不能采取任何行动。
- 建议，然后采取行动。这种做法有三种不同的参与程度。第一种是员工收集信息，然后提交给管理者，让管理者决定接下来应该做什么（例如，助教负责收集可以用于教学的参考资料，而由教师来决定是否采用）。第二种是员工决定任务的各个部分的行动方案，让管理者选择合适的方案（例如，助教提出是否采纳某些资料的两套方案）。第三种是规划完成整个任务的蓝图，并且立即决定是否批准一整套解决方案（例如，助教规划整个教学大纲和教学方法）。上述三种建议类型的授权程度是逐渐增加的。
- 行动，接着立即报告结果。下属有自己行动的自由，但是他们需要及时向管理者汇报工作的进展情况，以确保他们的行为是正确的，并且与组织的其他工作相一致。下属也许每次只被允许完成一部分工作，然后汇报情况。或者，他们获得了完成整个任务的方向，只有到最终结果完成时才报告。后一种形式当然是最高形式的授权。但如果员工未能拥有必要的能力、信息、经验或成熟度，这种授权也许是不可能的。
- 主动行动，仅仅例行报告。下属完全控制委派任务的时间和内容。汇报仅仅是一种为了协调一致的例行公事。如果下属有足够的能力、信息、经验和成熟度，那么这种主动水平不仅是最高级的授权形式，而且最有可能在员工中产生高度的满意和动机水平（Hackman 和 Oldham，1980；Wangrow，Schepker 和 Barker，2014）。

管理者要记住，他们必须非常清楚自己对员工所期望的主动水平。

4. 允许员工参与。如果下属能够参与决定他们将接受什么任务以及何时接受，他们往往会自愿地接受任务，出色地完成任务并且感受到授权。通常管理者不能让下属拥有这些事物的全部选择权，但是通过让他们决定何时完成任务、责任怎样分配、工作何时开始、完成任务需要什么样的方法和资源，来增加员工的授权感。你应当鼓励下属提出问题及寻求与委派任务相关的信息。

5. 在权力与责任之间建立平衡。赋予的权力必须与承担的责任相匹配。没有什么比只有责任却没有完成任务所需的权力更让人沮丧和丧失斗志的了。培养自我决定感和个人控制感（两者都是授权的重要维度）的重要部分是保证在权力和责任之间建立平衡。

管理者虽然不能将委派任务的最终责任委派下去，但是可以委派基本责任。这意味着"最终的责任"由管理者承担。对失败负责是不能回避的，这是最终责任。不过，管理者可以委派基本责任，这就意味着下属可以为实现期望目标负责任，但是你仍然要为任务的成败负责。

6. 为委派任务提供足够的支持。权力被委派给下属后，管理者必须为他们提供尽可能多的支持。这涉及让下属时刻了解情况，清楚地表达对下属的期望，提供相关的信息并确保下属可以获得所需的资源。这种支持不仅有助于任务的完成，而且可以传递你的关注。

管理者可以提供的另一种支持形式是公开地给予员工信任，而不是责备。尽管委派给员工的是基本责任，但在其他员工的面前指出其错误或缺点会使员工感到尴尬，产生抵触，从而形成管理者在推卸责任的印象，也会使员工今后不太愿意主动采取行动。改正错误、提出批评，或对下属的任务绩效给予负面反馈，都应该私下进行，这样问题解决的可能性和培训的效果将会得到改善。

7. **关注责任的结果**。一旦任务和权力被委派下去，管理者通常应该避免对员工的任务执行过程进行严密的监控。对过程的过度监督会破坏授权的五个维度（自我效能、自我决定、个人控制、有意义、信任）。毕竟，委派的基本目标是成功地完成任务，而不是尽量遵从管理者的偏好。当然，这是假设对于绩效的可接受程度已经达成共识，因此管理者必须清楚地指出自己期望达到什么样的质量等级或者实现什么样的成就水平。

8. **始终如一地委派**。委派应当在管理者迫不得已之前进行。如果管理者仅仅在自己工作超负荷或者压力过大时才让其他人参与，就会导致两个问题。第一，让其他人参与的最根本原因（帮助其他人享受工作幸福感）被遗忘了。员工们会感到自己仅仅是管理者的"压力阀门"，而不是对组织有价值的个体。第二，没有时间进行培训、提供必要的信息，或进行双向的交流。这样做不仅不会增加授权，反而会造成其他人的抵触或负面情绪。

另一个关键是委派令人愉快和不愉快的任务。管理者往往会选择喜欢的任务自己去实施，而将不喜欢的任务委派给员工。我们很容易看到这种做法对士气、动机和绩效的负面影响。当人们感到自己仅仅是在干"苦活"的时候，是很难积极参与的。委派的连贯性意味着管理者要连续地委派任务，而不仅仅是在工作任务繁重的时刻，还意味着既可以委派令人愉快的任务，也可以委派令人不愉快的任务。

9. **避免向上委派**。尽管为了授权而让员工参与委派过程很关键，但管理者必须坚决避免所谓的向上委派。在这种情况下，下属将会把最初受到委派的任务的责任推到上司头上。不能阻断向上委派的管理者将会发现，他们的时间被耗费在完成下属的工作而不是自己的事务上。假设在委派发生以后，一名员工对他的主管说："我们面临一个问题。这个工作任务不能很好地完成。你认为我应该做什么？"如果上司回答："哎呀，我不知道。让我想想，我待会儿告诉你。"这样最初的委派任务已经从员工转移给了上司。上司接受了向上委派，使下属无法体验到参与感。

避免向上委派的一种方法是，坚持员工对自己的解决方案有主动权。不要给予下属经过管理者深思熟虑的回答，更适当的回答是："你有什么建议？""你认为我们还有什么其他方法？""你已经做到什么地步了？""你认为第一步应该怎么做？"下属不应该提出问题，然后寻求建议，而是应该共同寻求解决方案或者要求管理者批准这些方案。

10. **明确结果**。下属应该知道委派给他们的任务的结果。要明确成功的报偿是什么、有什么机会、对组织的使命有何影响、会有什么样的学习与发展，可以为其他人带来什么好处等。当人们意识到自己可以发挥重要作用、可以帮助实现有意义的事情或者自己可以从中获得某种好处时，他们更有可能积极地参与其中。更为重要的，工作的意义或者是所创造的价值得到越充分的强调，人们对于工作就越投入。

吸引其他人积极参与原则的回顾

以上10个原则概括了怎样吸引其他人参与，其中包括决定何时吸引其他人参与的五

个标准,决定吸引谁参与的四个问题。研究结果清楚地表明让其他人积极参与将会导致下列结果:

1. 其他人愿意接受参与的机会。
2. 任务有很高的机会被成功地完成。
3. 士气和动机维持在高水平。
4. 其他人解决问题的能力得到提高。
5. 管理者有更多自由支配的时间。
6. 员工间的人际关系将得到进一步的增强。
7. 组织的协调性和效率将得到增强。

图 8-3 总结了这些原则之间的关系。

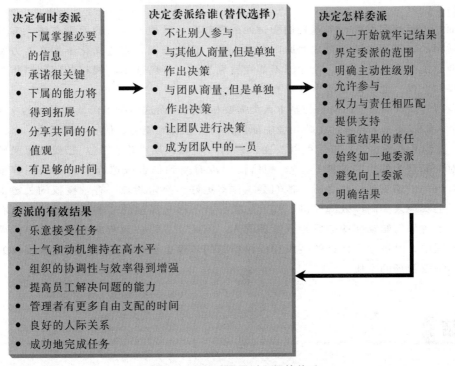

图 8-3　有效委派原则之间的关系

跨文化告诫

授权和授权委派有时候会被曲解为一种柔性的管理手段,是领导者推卸责任,让被收容者管理收容所,是制造混乱的处方。我们从报纸和商业杂志上经常看到的是强大的领导者、有远见的管理者和掌握权力的老板。大量的注意力都投向那些"掌控局面"和"冲锋在前"的人。

在这种定义下,授权在那些强调普遍性(universalism)、个人主义(individualism)、特异性（specificity）和归属（ascription）的文化中并不是流行的选择。本书所采用的特姆彭纳斯（1998，2011）的模型基于七个维度区分了不同文化的差异：普遍性与特殊性；个人主义与集体主义；中立与情感性；具体性与弥散性；成就与归属；内控与外控；以及过去、现在或未来的时间取向。本书第1章较为详细地介绍了这些价值维度。授权有时被认为与其中的一些价值观相反：保持与规则和程序的一致性（普遍性）而不是鼓励体验和团队创新，会让授权显得较不适合；关注个人绩效（个人主义）而不是团队或集体的努力，被看作与授权的观点相左；仅仅在工作情境或任务委派中投入小部分自我（具体性），而不是鼓励多角色和与共事者的深入关系，也被认为与授权和授权委派不一致；关注所属的地位、头衔和传统职位（归属）而不是模糊等级界线并关注绩效或贡献，也显得与授权的目标相左。在特殊主义、集体主义、弥散性和成就取向的文化中，授权这个概念似乎更容易被接受。

然而，大量研究发现，本章我们所讨论的授权和让其他人参与的原则在绝大多数文化中都是适用的。下列说法都对这些原则存在误解：这些原则在东方文化不如在西方文化适用；在西欧不如在北美适用；在非洲不如在波利尼西亚群岛适用。授权的原则与年长和年幼、男性和女性、北半球和南半球都有关。

这是因为授权的五个原则是与基本人类需要相关的，而这超越了民族和种族的文化。事实上每个人都需要一个环境，在此环境中他们：（1）感受到能力、信心和胜任力；（2）体验到自由、控制和选择；（3）相信可以改变、影响和达到预期结果；（4）感受到意义感、价值观及对他们行为的更高预期；（5）相信他们没有受到伤害或遗弃，而是受到尊重和赞扬，并且当他们感受到这些之后，他们会工作得更好。换句话说，有效授权的关键也是在基本水平上实现人类高绩效的关键。强大的领导者不再是孤独的巡逻兵，也不是只有机智的他们才了解如何驱动那些被领导或管理的人。因此，尽管必须考虑个体的差异，而且在不同的情境中，可被完全执行的授权和授权委派的步骤也会有所差异，但这些授权的原则是有效的绩效管理的本质。

小结

授权意味着帮助别人发展一种自我效能、自我决定、个人控制、有意义和信任的感觉。当前的商业环境与管理授权原则不是十分相容。由于许多组织面对千变万化、错综复杂、充满竞争的环境，管理者倾向于较少地授权。当管理者感觉受到威胁时，他们会变得很固执，对员工实施更多的控制。不过从长远来看，不向员工授权的组织不可能获得成功。因此，对于那些倾向于不使用授权的管理者来说，学习如何成为胜任的授权管理者是一项关键任务。

我们已经讨论过了管理者进行授权的九个原则。我们还提供了确保让其他人参与的一系列原则与标准，这将在完成任务和帮助参与工作的其他人获得幸福感两方面获得大量好处。图8-4给出了授权与让其他人参与的各个成分之间的相互关系。

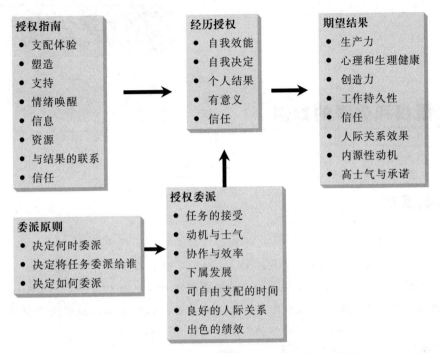

图 8-4 授权与授权委派的各个成分之间的相互关系

行为指南

当你对其他人进行授权或让其他人参与时,应该以下面的行为指南为线索,对其他人进行授权时应该遵循下列行为指南:

1. 通过培养个人征服方面的体验以及树立成功的角色榜样来培养自我效能感或能力感。

2. 通过给人们提供各种选择方案和信息来培养自我决定感或个人选择感。

3. 通过让人们看到自己的工作对于终端用户或其他受到结果影响的人的作用,培养个人结果感或对个人影响力的感受。

4. 通过阐明愿景和价值并与具有内在价值的某种事物建立联系,培养意义感或价值感。

5. 通过提供支持和树立信心,主要是表现得言行一致、诚实、开诚布公和公平,培养信任感或安全感。

6. 使用本章给出的指南有效地让其他人参与工作,即何时应该让其他人参与、让谁参与以及如何最有效地让其他人参与。

技能分析

涉及授权和委派的案例

照看商店

1月1日，鲁思·卡明斯（Ruth Cummings）被任命为萨克斯第五大道精品店位于丹佛郊外的分店的经理。上任之初，她的老板莎娜·巴特拉（Shanaya Batra）布置给她的任务是："鲁思，我让你负责这家店的经营。你的任务是经营它并且让它成为整个集团最出色的商店。我对你很有信心，你可不要让我失望。"

鲁思做的第一件事情就是雇用了一名行政助理整理存货清单。因为这样的工作很重要，所以她同意给行政助理的工资略高于零售店员的最高工资。她觉得有了行政助理的帮助，她就有时间去处理市场、销售及人事等事务——她认为这些是商店经营成功的关键。

然而，还不到一个星期，她就接到了莎娜打来的电话："鲁思，我听说你雇用行政助理来处理存货清单。你不认为这有点冒险吗？另外，助理的工资比最优秀的营业员的工资还高，我认为这会破坏商店员工的士气。你在做这件事情之前应该先跟我商量一下。对于其他商店来说，这是一个不好的先例，它使我看上去似乎并不了解分店中正在发生的事情。"

三个星期之后，鲁思出现在当地一个讨论流行新趋势的午间谈话节目中。她尽力与参加讨论的其他人进行接触，她认为这种公众曝光可以增加商店的知名度。尽管电视只播放了10分钟，她对自己的成绩以及能在公众场合露面感到非常满意。

晚上刚回到家里，她就接到莎娜的另一通电话："难道你不知道萨克斯的政策吗？任何代表公司的电视露面都应该经过总部的审核。通常来讲，在任何公开场合我们总是以总店为代表，因为这对于推销我们的商品是非常好的机会。你没有向任何人透露你的意图，这太糟糕了。这使我很尴尬。"

在复活节前，一个营业员来找鲁思，说有位顾客要赊购大约3 000美元的瓷器，作为给他妻子的礼物。他是商店的老顾客，鲁思也曾经在很多场合见过他，但是商店的规定是不能以任何理由赊销超过1 000美元的商品。她告诉这位顾客自己没有权力答应他的请求，但如果他到丹佛的总店，也许是可行的。

当天晚些时候，愤怒的莎娜再次打电话来："你到底在想什么，鲁思？今天有一位顾客来到总店，说因为赊账额太高，所以你们没有把东西卖给他。你知道他成为我们的顾客有多长时间了吗？你知道他每年在我们商店花了多少钱吗？我希望我们不会由于你的失误而失去这位顾客。这使我非常难过。你需要学会用你的脑袋去想问题。"

鲁思对这几天来的谈话进行了思考，最终决定她需要和莎娜当面谈谈。她让自己的行政助理安排次日的会谈。

讨论题

1. 莎娜违反了授权中的哪些基本原则？鲁思违反了哪些基本原则？
2. 莎娜违反了委派中的哪些基本原则？鲁思违反了哪些基本原则？
3. 鲁思和莎娜应该在会面时讨论什么？写出她们应该具体讨论的内容。
4. 鲁思应该问莎娜哪些问题以帮助她获得授权中的关键因素？莎娜应该问鲁思什么问题来使鲁思更好地取得成功？
5. 如果你作为外部的顾问出席会议，你将给莎娜什么忠告？你将给鲁思什么忠告？

改变投资组合

你是一位直接向财务副总监汇报的部门经理。他要求你提供一份有关公司现在的投资状况的报告，包括对改变现有投资项选择标准的建议。针对目前的市场状况，现有的投资组合及运作方式受到了质疑，并且投资回报率并不令人满意。

你计划写这份报告，但是目前你对如何介入这个问题很为难。你的专业领域是债券市场，显然，你所缺乏的关于股票市场的具体知识对这份报告很重要。很幸运，你有4位下属，他们精通股票市场的各个领域。组合在一起，他们拥有关于投资的大量知识。不过，当谈到投资哲学和战略的时候，他们很少能够达成共识。

报告必须在6个星期之内完成。你已经开始熟悉公司现在的投资组合，已经掌握了任何投资组合都必须满足的限定因素。你的问题是将这些可能的选择与公司的实践联系起来以选择一个最佳方案，并在你的报告中进行详细的分析。

讨论题

1. 你应该单独做决策吗？请给出原因。
2. 如果你对"我是否应该让别人参与"这个问题的回答是肯定的，图8-2中提出的哪个选项可以被用于决策？解释你所做的选择。
3. 在决定谁参与这个任务的过程中，你认为最重要的是什么？
4. 如果有其他人参与，他们应该接受多大的授权？你应该如何实施以获得合理的授权水平？

技能练习

练习授权

EDA

假设你是 EDA（Executive Development Associates）公司的总经理玛丽·安·奥康奈尔（Mary Ann O'Connell）。EDA 公司提供再就业援助、培训发展、职业规划和猎头服务，你的客户主要是《财富》"500强"中的企业。你在过去3天中参加了在落基山脉举行的公司联席会议，你让你的秘书整理你的电子邮件，并将其中最重要或紧急的邮件筛选出来。星期一傍晚在从机场回家的路上，你顺便去了办公室，检查你的电子信息和邮件。除了还有一些电话需要回复之外，你的秘书已经将你的电子邮件和信箱中的重要信息收集起来了。

作业

1. 针对每条信息，具体列出通过有效的授权来解决这些问题的计划。决定谁应该参与，应该采取哪种主动水平，你将采取什么行为来保证授权，以及应该维持哪些责任等。

2. 针对每条信息，写出你将如何反应。下页提供了一张工作表来提示在你记录反馈时应该考虑的问题。

3. 完成以上任务后，与其他学生组成一个团队来讨论这个计划。对每一条都要给出反馈：哪些是好的，哪些需要改进，对于每项个人行动计划需要增加哪些内容。特别是，计划中包含了哪些授权原则、哪些被遗漏了、哪些原则之间存在矛盾。

通过授权工作表解决问题

对于每条信息，写出你的行动计划，这个计划应该包括下列问题的答案。并不是所有的问题都与每一条信息有关，但大部分是，并且它们能帮助你完成你的行动计划。当你形成了你的计划后，与其他学生组成一个团队，并且依次分享这些计划，对每一点都要给出反馈，哪些是好的、哪些需要改进、对于每一个行动计划需要增加哪些内容。

1. 应该由谁来解决这些问题？你应该组成团队吗？

2. 对于那些将参与任务的员工来说，能够提供哪种个人支配体验？你能塑造成功的行为吗？

3. 你能提供什么样的支持、信息和资源？

4. 你怎样实施情绪唤醒，建立他人对你的信任？

5. 如果你应该委派每个任务，在决定时主要考虑的是什么？

6. 如果你选择委派，你将怎样做？
从一开始就牢记目标
完全委派
允许参与
权力与责任相匹配
在组织结构内运作
提供支持
注重责任
确保一致性
避免向上委派
明确结果

备忘录

数据处理中心

日期：6月15日
收件人：玛丽·安·奥康奈尔，总经理
发件人：罗斯福·门罗（Roosevelt Monroe），数据处理部

看了上一季度的审计结果之后，公司对我们的团队的批评急剧增加。对我们来说问题很明显。很简单，前几年因为软件系统不兼容、一些部门的软件系统升级，部门间的协调

工作变得很困难。您知道，由于这种不兼容性，我们有时必须做两三个版本的文件以适应不同的系统。

问题在于，别说是我们的客户，就连我们自己的员工都越来越不满意我们的工作效率。我们被看成是瓶颈。但是我认为在季度检查中对我们团队的批评是不合理的，我们不是产生问题的真正原因。

我写这个备忘录给您，是为了让您尽快解决这个问题。在最低限度上，它应该在我们星期二的员工会议上被讨论。迄今为止，数据处理部门的员工经常被人指责处理数据的速度太慢，可是，这确实是系统的原因，而不是我们的原因。

我们期待星期二能得到您的回复。

备忘录

人力资源部

日期：6月15日
收件人：玛丽·安
发件人：露西（Lucy）

听了您上周在高级管理人员会议上的发言，我感到很激动，您对所有的高层管理者提出了一个新的挑战。我们面对的是一个全新的竞争环境，您描述的愿景既令人兴奋又极具挑战性。这使我们很清楚企业取得成功最关键的因素是什么。

特别是，我认为您要求所有的高层管理者在全公司范围内向下属传达这种愿景是一种传递信息的好办法。但是，您的发言中有一句话使我感到很困惑。您说："我们过去的薪酬体系是基于新客户数量、季度收入、顾客满意度评价和新产品设计。我们新的评价标准是您如何在您的部门内传达愿景。"

坦率地讲，我真的为我们如何评估这一指令感到困惑。作为绩效和薪酬体系的负责人，我不能确定我们能用什么标准来进行评价。我想如果我们没有一定的标准，员工们可能会产生不满。我们的员工，特别是那些没有具体操作任务的员工，会认为这样做是武断的。您真的想改变我们现有的绩效和薪酬体系，加入这个新指标吗？您认为我们应该怎样考核有效的绩效？您认为我应该怎样做来支持您的想法？您要实现您的想法吗？

这是很紧急的，因为我在星期二下午要召集员工会议，并且，我答应他们届时给他们答复。我真的很困惑，希望能和您谈一下。

信件副本

中西部州立大学
1994年5月24日

亲爱的奥康奈尔女士：

我很高兴在中西部州立大学学习几年之后能到公司来工作。您知道，离开中西部州立大学对我来说是一种很痛苦的经历，这也是我向您提出请求的原因。我确信我没有在中西部州立大学获得终身教职的原因在于，对于我的责任的期望从来都不是明确的，并且我也不太清楚成功的标准。

我知道您的公司非常专业化，并且，员工也都非常独立。但是我感到对我来说需要得到一些具体的绩效要求。我相信我能够成为公司的一个很好的员工，但是我需要明确公司对我的期望是什么。

我已经通过您的秘书约在星期二和您面谈。对于我作为培训与开发部的一名培训师，您能否给我一个明确的说明，我具体的责任和要达到的期望是什么。如果可能，我希望有一份书面的东西以避免误解。无论如何，我希望在星期二和您面谈。

感谢您对我的关照。

诚挚的

克瓦米·丘帕克（Kwame Kilpack）

备忘录

培训与开发部门

日期：星期一上午

收件人：玛丽·安

发件人：帕姆（Pam）

主题：陈宇（Chen Yu）的陪审员义务

我知道您刚刚回来，但是我们有紧急情况要处理。

今天早上我刚刚知道陈宇临时被选作陪审团成员，并且（您能相信吗？）他被隔离了！没有比这更糟糕的事情了。作为我们的活动成本方面的专家，陈宇是唯一能讲授这个专题的人。您说，麻烦是什么？麻烦是我们在星期五还有一个有 100 名公司培训者参加的座谈会，并且还没做好准备。陈宇说在他的桌子上有一些笔记和幻灯片，但是，他曾经打算花一整周的时间来准备这次讨论会。我们不仅没有人熟悉这方面的内容，我们甚至不知道需要什么资料，还需要收集什么数据，谁有什么东西，我们怎么进行操作。帮帮忙吧！

我们部门指望通过这次讨论会确定季度预算，并且，我们希望陈宇在最后一分钟被替换下来。我们下一步应该做什么？

备忘录

再就业援助部

日期：星期一上午

收件人：玛丽·安·奥康奈尔

发件人：阿尼尔·米什拉（Aneil Mishra）

主题：工厂即将关闭

您也许错过了周末的新闻。报纸上说，底特律制造厂申请破产保护，他们打算关闭在 Toledo 的工厂，这就意味着有 4 000 多名工人即将失业。

如果我们想得到这笔生意，我们必须马上行动。下周他们将寻求外部公司制定规划。我们也将写出我们的规划，确定人员，编制预算并在一两天内准备一个发布会。

听起来这是一个大好机会。您回来后的第二天我会去见您。

个人授权计划

在本练习中，你的任务是找到能够增强你所在学校毕业班学生今年的授权感的方式。从实际来看，可以做些什么来影响授权？你应该使用本章介绍的授权原则来确定提升这组人的授权感的特定方式。你应该怎么向你自己授权？然后，确定你应该怎么做以提升那些和你一起交流和解决问题的人的授权程度。因为被授权的人会更加合作、更加有效率以及更加满意,帮助他们变得更有授权感是有意义的。写下你能够采用的方法。

记住你要做的不仅是指出其他人可以做些什么、学校管理部门可以采取哪些措施或者理想情况下会发生什么事情。正确的做法是指出能够给这个毕业班授权的那些实际的、实用的因素:他们作为一个团队可以做些什么,你能够做些什么,他们对于自己的授权能够承担哪些个人责任。

不要把这个练习看作是假想或幻想。真正地确定你可以实施以增强授权感的行为。使用文中的建议以及你加入列表中的其他内容。

能够用来增强毕业班授权感的事情
自我效能(个人胜任力)
自我决定(个人选择)
个人结果(个人影响)
有意义(个人价值)
信任(个人安全)

现在组成一个由3名或4名同事组成的团队,与团队分享你的观点。对于授权的每一个维度,确定你从团队成员处知晓的最具影响力的观点。在你的列表中至少增加一个新观点。同时,确定你将何时以及如何真正地实施列表中的内容。利用你的团队来帮助你制定可以真正实施的具体行为。

决定让其他人参与

让其他人参与是最有欺骗性的管理技能之一,因为它看上去非常容易实施。只要告诉别人该做什么,然后他们就会做,对吧?不幸的是,高水平的委派者非常少。这个练习用来帮助你判断何时以及如何更加有效地进行委派。为了完成这个练习,你需要使用图8-2中的框架。

对于下面两个情境中的每一个,回答下列问题:
- 我是应该让别人参与还是应该自己作出决定?
- 如果我让别人参与,我是应该指导他们形成一个团队,还是单独征求他们的意见而自己作出决定?
- 如果我组成了一个团队,我是应该向团队委派决策权力,还是应该征求团队的意见但是自己作出决定?
- 如果是对团队进行委派,我是参与团队还是让团队自行决定?

对每一个情境作出决策之后,与团队分享你的决策和原理。就每一个案例可以使用的最佳决策达成一致意见。为了便于比较,本章章末给出了由专家分析的"紧急需求"案例。它只是为了促进你们的小组讨论。

紧急需求

你是一名工厂主管。为了满足一位重要客户的紧急需求,有7条生产线必须停产,其中包括你的 8 条生产线中的 4 条。你当然希望将停产降到最低限度，可是无法获得额外的人手，并且新产品的完成是有时限的。这是一个新工厂，并且是所在的以农业为主导的经济衰退地区的唯一的工业工厂。你可以期望每个人尽职尽责。工厂的工资绝对高于农场的工资，员工的工作取决于工厂的效益，这个工厂是该地区在过去 15 年间兴建的第一家新工厂。你下属的经验相对不太丰富，并且比起设在工业发达区域的拥有丰富经验的下属的工厂，你对下属的监督更加严格。变化仅仅涉及标准程序，而且对于拥有你这种经验的人来说是习以为常的。有效的监管没有产生什么问题。你的问题是如何重新计划工作，在时限内用这些能源使现有生产线的停产降到最低。你在处理此类事务中的经验应该能够帮助你找到满足要求的方法，同时使其对现有生产线的影响降到最低。

生化战争

你是一家小型制药厂的副厂长。你有机会投标竞争一个与生化战争有关的国防部合同。这份合同不属于你的主要业务领域，但它可以使工厂的经营得到改观，因为你的一个车间还有未使用的生产能力，并且生产过程差异不大。你已经签署了竞标文件，现在的问题是确定能为公司赢得合同的报价单的价格。如果报价太高，你毫无疑问会败给你的某个竞争对手；如果报价太低，你又会在这个项目中赔钱。在做决策之前要考虑很多问题，包括新的原材料费用以及与新客户关系的额外管理负担，更不用说那些可能影响竞争对手出价的因素了，如他们得到这份合同的迫切程度。你一直忙于收集作出这个决定所必需的数据，但是仍然存在很多未知因素，其中一个涉及生产新产品的车间管理者，在你所有的下属中，只有他可以评估为了新目的而采用当前装备的花费，并且他的合作和支持对于满足合同的描述非常必要。但是，早在你得知这份合同并与他进行最初的讨论时，他似乎坚决反对这个想法。他的经验对评估类似的项目并没有特别的帮助，所以你不能完全受他的观点的影响。从他的观点的本质看，你推断他的反对是出于意识形态而非经济的。你回忆起他曾经参加过当地的一个和平组织，而且他是公司中对在伊拉克和阿富汗驻军持最强烈反对意见的人。

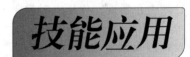

有关授权和让其他人参与的活动

建议作业

1. 教别人（如你的配偶、同事、老板）怎样向他人授权并且有效地让其他人参与工作。在你的讨论中，除了用到表 8-3 中包含的基本原则外，还要用你自身的事例加以说明。

2. 与一名管理者交谈，了解其授权经历。了解什么特别有效，什么不起作用，什么使别人士气低落，什么能激励别人去执行。确定管理者在多大程度上了解并运用了我们在本章技能学习部分讨论的原则。

3. 现在假设你正面对一个需要别人帮助的情境。也许你想要完成一项任务，也许你需要作出一个困难的决定，或者你想组成一个团队。你想出的情境应当需要别人的参与。写下你认为需要通过授权让别人帮助你的事情。在让他们做你希望他们做的事情的同时，怎样才能帮助他们完成他们想要的工作？

4. 安排与一位不善于授权的管理者的会谈（发现这样的人应该不太难，因为大多数领导者都倾向于更独裁或官僚主义而非授权）。作为一名已经学习和实践了授权与委派的学生，与他分享你所学到的东西，提出你的建议来帮助他提高。

应用计划和评估

本练习的目的是帮助你在课外环境和真实的生活中应用这一系列技术。既然你已经熟悉了形成有效技能基础的行为指导，你将通过在日常生活中尝试这些指导原则来获得最大限度的提高。和班级活动不同，在那里反馈是即时的，并且其他人能以他们的评估来帮助你，而这里的技能应用活动的实现和评估全部要靠你自己。这个活动包括两个部分：第一部分帮助你准备应用这些技术；第二部分帮助你评估和改进你的经验。务必回答每一个问题，不要跳过任何一个部分。

第一部分：计划

1. 写下这一技能中对你最重要的两三个方面。它们也许是弱点所在、你最想改进的地方或你所面临的问题最突出的地方。明确你想要加以运用的这一技能的特定方面。

2. 现在请确定你将要运用技能的环境或情境。通过记录情境的描述来建立一个行动计划，计划中包括谁？你什么时候完成它？在什么地方做？

情境：

涉及哪些人？

何时？

何地？

3. 明确你将运用这些技能的特定行为。使这些技能具有可操作性。

4. 成功绩效的标准是什么？你怎样知道你是有效的？什么能表明你完成得很好？

第二部分：评估

5. 在你实施了计划以后，记录结果。发生了什么？你有多成功？其他人的反应怎么样？

6. 你怎样可以得到提高？下次你将做哪些改进？将来在类似的情境下你会做哪些不同的事情？

7. 回顾整个技能练习和运用的经验，你学会了什么？有什么令你感到惊讶？这些经验将怎样长期为你提供帮助？

评分要点与对比数据

有效的授权与委派

评分要点

技能领域	项目	评估	
		学习前	学习后
个人支配经历	1，2	_____	_____
塑造	3，4	_____	_____
提供支持	5，6	_____	_____
唤起积极情绪	7，8	_____	_____
提供信息	9，10	_____	_____
提供资源	11，12	_____	_____
组织团队	13，14	_____	_____
树立信心	15，16	_____	_____
委派工作	17～26	_____	_____
总分		_____	_____

对比数据（N＝5 000 名学生）

将你的得分与三个标准进行对比：

1. 可能的最高分＝156 分；
2. 同班其他同学的得分；
3. 5 000 名商学院学生的平均数据。

学习前得分		学习后得分
129.54 分	＝平均值	＝138.03 分
139 分或以上	＝前 25%	＝149 分或以上
130～138 分	＝25%～50%	＝140～148 分
121～129 分	＝50%～75%	＝129～139 分
120 分或以下	＝后 25%	＝128 分或以下

个人授权评估

评分要点

技能领域	项 目	平均分（总分/4）
自我效能（能力）	2，7，12，17	
自我决定（选择）	3，8，13，18	
个人结果（影响）	4，9，14，19	
意义（价值）	1，6，11，16	
信任（安全感）	5，10，15，20	

对比数据（$N=4\,500$ 名学生）

项 目	平均分	前 25%	50%～75%	25%～50%	后 25%
自我效能（能力）	6.14	≥6.75	6.25～6.74	5.75～6.24	≤5.74
自我决定（选择）	5.87	≥650	6.00～6.49	5.25～5.99	≤5.24
个人结果（影响）	5.61	≥6.50	5.75～6.49	5.00～5.74	≤4.99
意义（价值）	5.90	≥6.75	6.00～6.74	5.50～5.99	≤5.49
信任（安全感）	5.50	≥6.25	5.75～6.24	5.00～5.74	≤4.99

决定授权技能练习：对"一个紧急要求"的分析

问 题	分 析
这是集体问题还是个人问题？	集体，因为这个任务影响下属。
有质量要求吗？	是的，因为一种方式比另一种好。
管理者是否拥有所需信息？	是的，管理者有经验。
这个问题是结构化的还是非结构化的？	结构化的，因为要求改变常规。
下属们必须接受这个决定吗？	否，因为他们在执行方面没有自主权。
下属们会接受这个决定吗？	是的，因为密切的监督被接受了。
所有人都持有一个共同目标吗？	是的，所有人都希望公司能够盈利。
下属间是否会存在冲突？	否，因为没有对其他优先方案的投入。
下属们拥有所需信息吗？	否，下属们缺乏相关经验。

选择：如果时间是重要的因素，则个人作出决定。如果对下属的训练是重要的因素，则组成一个团队并参与团队的讨论。

生化战争分析技能练习

问　　题	分　　析
这是集体问题还是个人问题？	集体，因为这个任务会影响很多下属。
有质量要求吗？	是的，因为一种出价可能明显优于另一种。
管理者是否拥有所需信息？	否，管理者必须从其他人那里获取信息。
这个问题是结构化的还是非结构化的？	结构化的，因为涉及常规。
下属们必须接受这个决定吗？	是的，因为他们在执行方面具有自主权。
下属们会接受这个决定吗？	是的，很有可能。因为这么做对企业很有好处。
所有人都持有一个共同的目标吗？	否。虽然所有人都希望公司能够盈利，但有些人比较理想主义。
下属间是否会存在冲突？	是的。因为可能涉及某些意识形态问题。
下属们拥有所需信息吗？	否。下属们缺乏相关经验。

选择：获取所有必要信息后，自己作出决定，不要让下属帮自己解决问题。你可以选择是否与下属讨论解决问题的方案，但是最终决策必须由你自己做。

Developing Management Skills

第 9 章

建设有效的团队与团队合作

技能开发目标
- 诊断和促进团队发展
- 打造高绩效的团队
- 促进团队领导
- 培养有效率的团队成员

技能评估
- 团队开发行为
- 诊断团队建设的需求

技能学习
- 团队的优势
- 团队发展
- 领导团队
- 团队成员
- 小结
- 行为指南

技能分析
- 《塔拉哈西民主党人》的 ELITE 团队
- 现金出纳机事件

技能练习
- 团队中的领导角色
- 团队诊断和团队发展练习
- 赢得人才之战
- 团队绩效练习

技能应用
- 建议作业
- 应用计划和评估

评分要点与对比数据

技能评估

建设有效团队的诊断调查

下面简单介绍本章的评估工具。在阅读本章正文前应当完成所有的评估。

完成初步的评估后,将答案先保存下来,等完成本章正文的学习后,再进行一次技能评估,然后与第一次的评估结果进行比较,看看你究竟学到了什么。

- 团队开发行为度量的是你作为团队领导者所展现的出色的领导行为以及你作为团队成员的表现。
- 诊断团队建设的需求可以帮助你识别你所熟悉的团队或者你身为其中一员的团队对于开发和改善的需求程度。

团队开发行为

第一步:在阅读本章内容之前,请对下面的陈述作出回答,把数字写在左栏(学习前)。你的回答应该反映你现在的态度和行为,而不是你希望它们应该如何。请诚实作答。这一工具的目的在于帮助你评估自己的自我意识水平,借此确定你所需要的特定学习方法。完成调查后,参考本章章末的评分要点,从而确定在本章的讨论中对你最为重要的、应该掌握的技能领域。

第二步:当你完成本章的阅读和练习,尤其是当你尽可能多地掌握了本章后面的技能应用部分后,遮住你先前的答案,对同样的陈述句再做一次回答,这一次是把回答填在右栏(学习后)。完成调查后,采用本章章末的评分要点测量你的进步情况。如果你在特定的技能领域中的得分仍然很低,可以根据技能学习部分的行为指南一节做进一步的练习。

评估尺度
1 完全不同意
2 不同意
3 比较不同意
4 比较同意
5 同意
6 完全同意

评估

学习前 学习后 当我成为一个团队的领导者时:
_____ _____ 1. 我知道如何在团队成员中确立信任和影响。

_____ _____ 2. 我的行为与我所持的价值观一致并且展示高度的诚实。
_____ _____ 3. 我非常清楚并坚持我所想要完成的。
_____ _____ 4. 我通过对他人持有乐观和赞扬的态度来创造积极的力量。
_____ _____ 5. 在执行任务前,我要在团队中达成一种共识。
_____ _____ 6. 我鼓励和指导团队成员,帮助他们进步。
_____ _____ 7. 我与团队成员分享信息并且鼓励参与。
_____ _____ 8. 除了具体的短期目标外,我还向团队描述可以实现的清晰的、令人鼓舞的愿景。

当我是团队中的成员时:
_____ _____ 9. 我知道很多促进团队完成任务的方式。
_____ _____ 10. 我知道很多帮助团队成员建立牢固关系并保持凝聚力的方式。
_____ _____ 11. 我直面并且帮助他人克服负面的、不良的或者阻碍性的行为。
_____ _____ 12. 我的角色在促进团队任务完成和帮助成员间建立信赖关系之间转换,取决于团队发展需要什么。

无论我是领导者还是成员,当我期望我的团队能做得很好时:
_____ _____ 13. 我了解大部分团队发展所经历的不同阶段。
_____ _____ 14. 在最开始,我帮助确定清楚的期望和目标,并且帮助团队成员彼此感觉融洽。
_____ _____ 15. 我鼓励团队成员如同对他们的个人成功一样,对团队的成功全力以赴。
_____ _____ 16. 我帮助团队成员致力于团队的愿景和目标。
_____ _____ 17. 通过确保不同意见在团队内的充分表达,我帮助团队避免"群体思维"。
_____ _____ 18. 我可以辨别和利用我的团队的核心能力或者独特优势。
_____ _____ 19. 我鼓励团队既寻求巨大创新,又保持持续的进步。
_____ _____ 20. 我鼓励高水平的绩效和远远超出预想的结果。

诊断团队建设的需求

人们发现团队合作能极大地影响组织绩效。有些管理者认为是团队帮助他们实现了难以置信的目标。但是,团队并不是在所有的组织中永远有效。因此,管理者必须决定何时建立团队。为了确定你的组织应该在多大程度上建立团队,请完成下面的量表。

设想你所在(或者即将加入)的组织需要完成某项任务、提供某种服务或实现某种结果。根据你所设想的组织回答下列问题。

评估尺度

在左边的横线上填入1~5,1代表没有任何证据,5代表有很多证据。

_____ 1. 生产量呈下降趋势,或低于预期水平。
_____ 2. 抱怨、申诉或士气低落正在出现或增加。

第9章 建设有效的团队与团队合作

_____ 3. 成员之间的冲突或敌意正在出现或增加。
_____ 4. 有些人不清楚任务分派,或者他们与他人的关系不明确。
_____ 5. 缺乏明确的目标或者对现有目标的承诺。
_____ 6. 成员明显表现出冷漠,或者缺乏兴趣与投入。
_____ 7. 创新、风险承担、想象力或主动性不足。
_____ 8. 无效果、效率低下的会议很普遍。
_____ 9. 不同级别或部门间的工作关系不令人满意。
_____ 10. 职能部门之间明显缺乏合作。
_____ 11. 存在不良沟通;人们害怕发表意见;无人倾听他人意见;信息不能共享。
_____ 12. 成员之间、成员与上级之间缺乏信任。
_____ 13. 会作出某些成员不理解或不同意的决定。
_____ 14. 人们感觉优秀工作得不到奖励,或奖励分配不公。
_____ 15. 不鼓励人们为了组织的利益共同工作。
_____ 16. 顾客或供货商不参与组织的决策。
_____ 17. 人们工作过慢,或者在工作中有过多的冗余环节。
_____ 18. 面临需要不止一个人参与的问题或挑战。
_____ 19. 为了完成工作,人们必须协调他们的行动。
_____ 20. 面临非常困难的挑战,不是一个人能够解决或者诊断的。

资料来源:Adapted from Diagnosing the Need for Team Building, William G. Dyer. (1987) Team Building: Issues and Alternatives. Reading, MA: Addison Wesley. Reprinted with permission of Addison Wesley.

我们都听说过描述团队重要性的陈述。从体育到建筑,从公司到政治,团队合作和团队建设的价值都得到了强调。例如:

"合作是让平凡人达成不平凡成果的动力。"(安德鲁·卡耐基)

"我们大家必须团结一致,否则我们一定都会被分开处死。"(本杰明·富兰克林)

"在人类(和动物)的漫长历史中,那些懂得有效协作与随机应变的往往占据着优势。"(查尔斯·达尔文)

"相聚一堂是开端。共同前进是过程。并肩战斗是成功。"(亨利·福特)

"伟大的事业绝不是一个人能单独造就的,它靠团队完成。"(史蒂夫·乔布斯)

"天才可以赢得一些比赛,团队合作才能赢得冠军。"(迈克尔·乔丹)

"成就一个球星,主要靠的是团队里其他的人。"(约翰·伍德)

"团队!团队!还是团队!"〔密歇根大学橄榄球队前教练薄·辛巴克勒(Bo Schembechler)〕

团队的优势

强调团队的一个重要原因是,参与团队对大多数人来说都是一种乐趣。参与团队的工作存在固有的吸引力。例如,想象在一张都市报纸上并排刊出的两个广告,两个广告都招聘同类岗位,如图 9-1 所示。这两个广告都没有负面或不合适的地方,但稍有不同。你更可能接受哪个工作?你更愿意为哪家公司工作?对于我们中的大多数人而言,注重团队的工作似乎更加令人向往。出于这个原因,本章的重点在于帮助你在这些团队情境中获得发展和成功。

无论你是学生、管理者、下属还是家庭主妇,几乎都是某个团队的成员。各种形式的团队与团队合作遍及人们的日常生活。大部分人都是下列团队的成员:讨论团体、朋友、邻里、运动队甚至是完成任务或有人际交流的团体。团队,换句话说,是那些在执行任务中互助个体的简单群体,通过人际互动影响相互的行为,并且把整个团队看成一个独特的

我们的团队需要
具备多样技能的优秀的维修伙伴

我们的团队中缺少一位优秀的参与者。请加入我们这个具有多样技能的"维修伙伴"群体,以支持美国汽车制造公司的装配团队。

我们寻找一位具有以下一种或几种技能的多面手:能够架设并操作各种焊接机械,拥有电焊或M.I.G.焊接的知识,愿意长期从事复杂的项目,拥有全面的汽车制造流程知识。你必须愿意学习所有的维修技巧。你必须是一位真正具有团队合作精神的人,具有出色的人际技能,愿意在高度参与性的环境中工作。

请将申请材料寄到:

AMM

美国汽车制造公司
P.O. Box 616
Ft. Wayne, Indiana 48606

请提供电话号码,我们会回复所有应征者

一流的汽车制造公司寻求维修技师/电焊工。这一职位要求应征者具备架设并操作各种焊接机械的能力,拥有全面的汽车制造流程知识。需要职业学校毕业或3~5年岗位工作经验。薪酬优厚、福利完善并报销学费。

面试定于5月6日(周一),在Semple路3000号,南方假日酒店,上午9:00至下午7:00举行。请携带工资单据作为以往职位的证明。

NMC

全国汽车公司
5169 Blane Hill Center
Springfield, Illinois 62707

图 9-1 对于一个职位的团队取向广告与传统广告

实体。尽管我们的焦点是雇用组织中的团队和团队合作，而非出现在家庭、课堂或运动场中的团队，但在本章中所讨论的团队活动适用于大部分环境。我们在这里提到的有效团队绩效、团队领导和团队参与的原则，对于各种类型的团队实际上都是一样的。

例如，授权团队、自主工作群体、半自治团队、自我管理团队、自我决定团队、班组、小组、跨部门团队、高层管理团队、**质量小组（quality circle）**、项目团队、任务团队、虚拟团队、危机反应团队和委员会，是各种类型的团队和团队合作的表现形式，它们出现在学术文章中，并且针对上面提到的各种团队形式都有大量的研究。无论你是团队领导还是团队成员，我们的重点是帮助你开发与大部分或者所有情境有关的技能。

因为在过去数十年中，工作组织使用团队的现象迅速增长，发展团队技能变得非常重要。例如，79%的《财富》"1 000强"企业报告它们采用自我管理的工作团队，91%报告使用员工工作群体（Lawler，1998；Lawler，Mohrman和Ledford，1995；Solansky，2008）。超过2/3的大学生参与了一个有组织的团队，而如今几乎没有人不参加团队项目或集体活动就能够从商学院毕业。可以说团队在工作、生活和学校都无处不在。换句话说，拥有领导及管理团队和团队合作的能力，已经成为大部分组织的一般要求。多项研究发现，新员工最应该具有的技能是在团队中工作的能力（Duart等，2012；McChrystal，2015）。

团队合作日益受到关注的一个原因是，越来越多的数据显示使用团队后生产力和质量得到了提高，员工士气也大涨。许多公司都将它们在业绩上的增长直接归功于在工作场所组建了团队（Blaise，Bergeil和Balsmeir，2008；Cohen和Bailey，1997；Guzzo和Dickson，1996；Hamilton，Nickerson和Owan，2003）。

例如，通过在组织中使用团队：
- 位于弗吉尼亚州Roanoke的Shenandoah人寿保险公司因为在业务量增加33%的同时减少了人员需求，每年节约20万美元。
- Westinghouse家具公司在3年内生产率增长了74%。
- AAL的生产率增加了20%，人员减少了10%，完成的交易量增加了10%。
- 联邦快递的服务差错率降低了13%。
- Carrier的单位周转时间由两周缩短至两天。
- 沃尔沃在Kalamar的工厂将故障率降低了90%。
- 通用电气位于北卡罗来纳州Salisbury的工厂与通用电气生产同类产品的其他工厂相比，生产率提高了250%。
- Corning多孔陶瓷工厂将故障率由1 800件/100万降低到了9件/100万。
- AT&T的里奇蒙运营服务商的服务质量提高了12%。
- Dana公司位于明尼阿波利斯的电子管工厂的顾客交付周期由6个月缩短至6周。
- 通用磨坊有团队的工厂与没有团队的工厂相比，生产率提高了40%。
- 一家制衣厂通过引进基于团队的生产体系将生产率提高了14%。

表9-1报告了员工在团队中的投入与若干项组织和员工有效性维度之间的正面关系。劳勒（Lawler）、莫尔曼（Mohrman）和莱德福（Ledford，1995）发现，在那些实际使用团队的公司，组织和个体的有效性都高于平均水平，并且实际上在绩效的所有领域都得到了改善。在那些没有团队或者团队使用不充分的公司，有效性在所有维度上都是中下水平。

当然，有很多因素会影响绩效和团队的有效性。团队并不是只要存在就肯定有效。例如，金州勇士队尽管选秀名额很多，球员成绩也很好，却在2007年创下了连续多个赛季没有进入季后赛的败绩。截至2012年,金州勇士队在20多年的时间里只打入了一次季后赛,这说明把一群有才华的人聚集在一个团队中并不一定能组成一个有效的团队。(然而,在2010年之后的10年里,金州勇士队成为了王者,多次赢得NBA冠军。)

表 9-1 引入团队对组织和员工的影响

绩效标准	改善的比例/%
改变管理风格以使员工更富有参与性	78
改善组织方法与程序	75
改善管理决策	69
增强员工对管理层的信任	66
改善技术实施	60
减少管理监督层级	50
改善安全和健康	48
改善工会—管理层关系	47

绩效标准	积极影响的比例/%
产品与服务质量	70
用户服务	67
员工满意度	66
员工的工作生活质量	63
生产率	61
竞争力	50
利润率	45
缺勤	23
离职	22

(N=439家《财富》"1 000 强"公司)

资料来源:Lawler, E. E., Mohman, S. A., & Ledford, G. E. 1995; Mohrman, 1997.

很多因素被认为会阻碍团队有效实现绩效,其中包括奖励并认可个体而非团队,不能维持团队成员的长期稳定性,不向团队提供自主权,不培养团队成员之间的相互依赖性以及未能适应所有的团队成员(Edmondson 和 Harvey, 2017; Gibson, Zellmer-Bruhn 和 Schwab, 2003; King, 2002)。维雷斯佩(Verespei, 1990)观察到:

> 时常发生的事情是,公司首脑看到了成功的故事,就命令组建工作团队——马上。工作团队并不总是有效,而且在某些有问题的情境中,甚至会是一个错误的解决方法。

本章技能评估部分给出的"诊断团队建设的需求"这一评估工具可以帮助你明确你所涉及的工作团队能有效运作的程度以及它们需要的团队建设程度。通常,团队可能需要很长时间才能作出决策,并且因为过于保守会导致排斥有效的行动方案。它们可能给成员造成困惑、冲突和挫败感。我们都会因为成为下列团队中的成员而恼火:一个无效团队,一个被某个人控制的团队,一个存在偷懒员工的团队,或者一个为了征得每个人的同意而在标准上妥协的团队。"骆驼是由团队设计的马"这句俗语阐明了团队合作的一个潜在弱点。

已有大量研究在调查哪些因素与团队的高绩效有关。这些因素包括团队竞争力(如团队成员成分、团队规模、团队成员的相似性)、团队动机(如团队潜力、团队目标和团队反馈)、团队类型(如虚拟团队、战队和质量小组)以及团队结构(如团队成员自主性、团队规范和团队决策程序）（见 Cohen 和 Bailey，1997；Edmondson 和 Harvey，2017；Guzzo 和 Dickson，1996；Hackman，2003；Shuffler 等，2012）。

在过去 10 年间出现了数千个关于团队和群体的研究。本章将不会花时间回顾与团队相关的大量文献，以及与团队绩效相联系的各种因素。我们主要关注一些关键技能，这些技能可以帮助你有效地参与各种类型的团队。这里特别关注那些需要完成一项任务的团队。这也许是你工作中的一个工作团队、由学生们组成的项目团队、讨论某个问题的特别团队，或者在服务性组织中的自我管理团队。不论团队的形式是什么，为了帮助团队成为一个高绩效的单位，你应该增进你的技能。团队成功是大多数人实现个人成功中的一个重要因素。

我们首先将帮助你了解团队的开发以及如何诊断团队开发四个阶段中每一个阶段的关键事项。当你领导一个团队或者成为团队成员时，了解开发的各个阶段及可预见的问题可以让你拥有优势，并帮助你成为更优秀的团队领导者或团队成员。我们将致力于帮助你提高领导团队通过各个阶段的能力。

有效团队实例

为了说明我们在本章中讨论的一些原则，我们简单地描述一个我们所了解的最有效的团队。它就是为美国参与 20 世纪 90 年代的海湾战争（"沙漠风暴"行动）而成立的提供后勤支持的团队。格斯·帕格尼斯（Gus Pagonis）将军被指定担任该团队的领导人。这个团队成立于美国总统宣布将派部队进驻沙特阿拉伯之后。

帕格尼斯将军面临的任务是令人畏惧的。他负责组建一个团队，这个团队要把 50 多万人及他们的随身物品在很短的时间内运送到地球的另一端。人员的输送还只是挑战的一部分。人员一旦到位，要为他们提供支持，运送他们到某个位置进行突袭，为他们的作战计划提供支持，并且在很短的时间内把他们及他们的设备运回国内，这些都是更大的挑战。

一共有 1.22 亿顿饭需要准备、输送和提供——大约相当于怀俄明州和佛蒙特州的居民在 3 个月中所吃的饭的数量。为了支持士兵们完成 5 200 万英里的行程，必须提供 13 亿加仑燃料——相当于蒙大拿州、北达科他州和爱达荷州在一年内的燃料用量。需要运送和协调坦克、飞机、军火弹药、木匠、出纳员、殡仪业者、社会工作者、医生及一些后勤人员，并为他们提供饭食和住宿。有 500 多个新的交通标识需要制作和安装，以帮助讲好几种语言的人通过沙特阿拉伯几乎没有任何特色的地域。每天要分拣和处理 500 多吨的邮件。要与供应商谈判并执行 70 000 多份合约。所有的绿色设备——12 000 多辆履带式车辆和 117 000 多辆轮式车辆需要重新喷成沙漠那样的棕色，然后在运回国内的时候再喷成绿色。必须对士兵进行培训，帮助其适应不熟悉的文化，在这种文化下，不能容忍士兵存在松懈行为。必须在很短的时间内把给养分送到几个不同的地区，有些甚至位于核心战区的敌人战线之后。交通的控制非常重要，根据在一个接近前线的检查站的观测，在 6 周的时间内，每周 7 天，每天 24 小时，每分钟都有 18 辆车经过。还有 6 万多名敌军的俘虏需要被运送、照料和拘留。

因为战争结束得比预期早，所以出现了更加令人畏惧的挑战——把所有的给养和人员运回国内。大多数设备、军火弹药和食物都刚刚打开包装，几乎没有使用，因而必须运回国内。这要求对它们进行彻底的清洗，以消除微生物或害虫，还需要重新压缩并包装大量的给养。由于大型的散装容器在战争中都被打碎了，只剩下更小的包装，所以从沙特阿拉伯收集并运出物资所花费的时间是把它们运进来所花时间的两倍。而在战役结束后，人员都渴望早点回家，因此在运输速度方面的压力至少和战争开始时一样大。总而言之，帕格尼斯将军的团队面临的任务规模非常巨大，是他们以前从未遇到过的，而他们完成任务的时间框架如果不能变成现实的话，人们将会认为决策制定得很可笑。

关于在完成这些任务的过程中所使用的团队建设和团队工作技巧，帕格尼斯将军在他1993年出版的《移山倒海》（Moving Mountains）一书中有详细的介绍。鉴于帕格尼斯将军在"沙漠风暴"行动中出色的领导力，他被晋升为三星中将。他帮助策划并执行了著名的"最后的撤退"，让伊拉克军队异常震惊。大多数观察员现在都同意，正是由于后勤部队的成功，美国才赢得了海湾战争的胜利，并且，它因此挽救了上万人甚至可能是数十万人的生命。虽然这件事发生在几十年前，但这个例子强调的有效团队建设和团队领导的原则在今天与30年前是同样适用的。有效团队所依据的原则数百年来都没有改变过。

团队发展

无论你扮演的是团队领导者还是团队成员的角色，为了让团队的运作更加有效，理解所有团队必经的发展阶段都很重要。这些阶段在团队内会产生变革的动力，使团队成员间的关系发生变化，使有效领导行为需要进行修正。本节我们指出了团队发展的四个主要阶段，从最早期的发展——团队仍然在努力成为一个凝聚的整体，到一个更加成熟的发展阶段——团队变成一个高度有效、平稳运行的单位。我们希望你能获得判断团队发展阶段的技能，从而使你了解哪些行为是增强团队绩效的最有效行为。每个发展阶段需要的管理和领导行为是不同的。

从20世纪初开始，就有研究发现了可预测团队发展模式的证据（Dewey，1933；Freud，1921）。实际上，尽管这些研究所调查的团队的组成、目的和时限不同，但令人惊奇的是，它们所揭示的群体与团队发展的阶段却很相似（Cameron 和 Whetten，1984；Gordon，2018；Quinn 和 Cameron，1983；Richards 和 Moger，2000）。研究显示团队往往有四个独立的发展阶段。这些阶段最早被塔克曼（Tuckman，1965，2001）定义为**形成（forming）、动荡（storming）、规范（norming）、执行（performing）**。因为它们押韵且简练，因此现在依然广泛使用（根据格雷纳，1972；卡梅伦和惠顿，1981；Richards 和 Moger，2000；Bonebright，2010 的研究，本书把塔克曼的第二和第三阶段顺序互换）。

表9-2概括了团队发展的四个主要阶段。为了使团队有效，同时使团队成员最大限度地从成员身份中获益，团队必须在经过前三个发展阶段后再进入第四阶段。在每个阶段都有占据主导地位的独特挑战及问题，只有成功地诊断和管理这些问题及挑战，团队才能成熟，变得更加富有效率。对于这四个阶段中的每一个阶段，我们首先确定主要的团队成员问题，然后确定管理反应，从而帮助团队有效地跨过这个发展阶段。

表 9-2　团队发展的四个阶段

阶段	解释
形成	团队需要熟悉团队成员、团队目的和界限。必须建立关系并且确立信任。团队领导者需要明确方向。
规范	团队需要创造凝聚力和整体性，区别角色，确定对成员的期望，并且强化承诺。团队领导者需要提供支持性的反馈并促进承诺。
动荡	团队需要面对争执、相互对峙，以及管理冲突。挑战包括对团队规范和期望的破坏以及克服群体思维。团队领导者需要促进进程改善、认识到团队成就并且促进双赢关系。
执行	团队需要不断进步、创新、提高速度和发扬核心能力。团队领导者需要支持团队成员的新观点，协调他们的工作并且促进超常绩效的实现。

形成阶段

当团队成员刚聚在一起时，他们很像音乐会刚开始时的听众。他们不是一个团队，而是一群在共同环境下的个体。必须发生某件事令他们感觉到他们是一个团队。例如，当你初次与一群人见面时，你也许不会立即感觉到自己属于一个团结的整体。事实上，在你脑海里可能有几个问题，例如：

- 其他人是谁？
- 希望我做什么？
- 领导是谁？
- 会发生什么事情？

在一个新团队的参与者心目中，最重要的问题是建立一种安全与方向感，得到方向性指导，与新环境相适应。有时候，新的团队成员能够明确表达这些问题，但另外一些情况下，他们可能只是有一些不舒服或被孤立的感觉。当个体试图寻找某种类型的理解与结构时，不确定性与模糊往往占据主导地位。因为不能与团队分享过去，成员之间并不团结。因此，在这一阶段，占据主导地位的典型人际关系是：沉默；自我意识；依赖；表面性；轻微的不适。

尽管有些人可能抱着巨大的热情与憧憬进入团队，但在他们感觉放松前，他们通常会在向他人表达自己的感情方面表现迟疑。此外，在不了解规则与界限时，他们会觉得畅谈甚至提出问题会有风险。当一个团队刚聚在一起时，新队员很少愿意主动询问领导，即使他满腹疑惑。当领导向团队成员提出问题时，很少有人会跳出来回答。即使回答，一般也很简短。团队成员之间很少交往，大多数的沟通对象是团队领导或负责人，每个人想到的更多是自己，而非团队。交往往往是正式的，并且有所保留。出于自我保护的考虑，互动是有限的。

如果个体不熟悉自己所处环境的规则与界限，他们就不能感觉是一个团队。他们无从知道谁可以信任，谁会主动，规范的行为是什么以及什么样的交流合适。他们还不是一个真正的团队，而只是一群人。因此，在这个阶段，团队的任务主要集中于发展团队自身，而不是产出结果。帮助团队成员彼此适应比完成任务更重要。要帮助团队有效地度过发展的最初阶段，你应当：使成员明确方向并且回答问题；建立信任；与领导建立关系；确立清楚的目标、规范、程序和期望。

这个阶段也许很短暂，但它不是依靠自由和开放的讨论以及一致性的决策去完成一项任务。相反，它需要的是方向、清晰性和结构。首要的任务是确保团队成员相互认识并且回答他们提出的问题。由于在这个阶段参与相对比较少，人们容易求快或者缩短介绍和指导过程。但是，如果这个阶段的挑战没有得到充分的管理，那么以后团队往往会陷入困境。

对于海湾战争中的后勤团队，首要的关键任务是确定目标、准则和规范、时间计划和资源。团队的每一个成员都必须适应其团队成员的身份。

> 团队带着一种双倍的紧迫感投入工作。他们很快就完全熟悉了粗略制订的计划……就我设想的在战场上我们应该扮演的角色，我们很快达成了共识……我们的任务……十分成功，这主要是因为从一开始，我们就有一个鼓励创新的完善结构。我们向着几个明确定义的目标努力，并且还有强制的时间限制迫使我们跟上进度。最后，大家各自的经验会互相补充。我们彼此需要，并且我们知道这一点（Pagonis, 1993，第82~83页）。

规范阶段

一旦团队成员有了方向，明确了团队目标，并且接受了他们在团队中所处的位置，团队的主要挑战就是创建一个凝聚的组织或者一种"团队感"。规范、规则和期望在第一阶段已经明确，但是潜在的团队文化和团队成员之间的非正式关系也必须得到发展。团队需要从分享一个共同目标的一群个体，转换为一个高度凝聚的单元。正是这种需要驱动团队进入一个新的发展阶段——规范阶段。团队成员彼此互动的程度越高，他们形成的共同行为与观点也就越多。他们感受到要与团队中其他成员保持一致的压力，因此团队开始发展自己的特征和文化。我们都感受过强烈的同侪压力，这是组织发展在这个阶段最明显的动力范例。一个有凝聚力的新团队文化影响团队工作的数量、沟通的风格、问题解决的方法，甚至是团队成员的衣着。

换句话说，团队成员的焦点由前一阶段中的克服不确定性，转变为发展统一群体的规范。在这个阶段，团队成员的脑海中的典型问题包括：

- 团队的规范与价值观是什么？
- 我怎样才能与他人最好地相处？
- 我应该如何表现出对他人的支持？
- 我如何能融入并适应团队？

在规范阶段，团队成员开始对成员身份感到满意，并且开始将团队目标置于个人目标之上。个人的需求开始通过团队的成绩得到满足。团队，而不是领导者或个人，负责解决问题，处理及纠正错误，并确保成功。团队气氛的特点主要是同意并愿意去做。个人体验到对团队的忠诚，团队成员中最具特色的人际关系是：合作；遵从标准与期望；强调人际吸引；忽视分歧。

在规范阶段，有效团队鼓励关系建设角色。所有团队成员的参与都得到鼓励。为了有效管理团队发展的第二阶段，你应当：保护团结与凝聚力；促进参与和授权；向团队成员显示支持；为团队和团队成员绩效提供反馈。

然而，这个阶段的发展会产生一个较大的问题，即越来越无法在团队中创造多样化和多样的观点。虽然团队成员对于紧密结合的单位可能产生强烈的满意感，但是团队却面临发展出群体思维的风险（Baron，2005；Esser，1998；Janis，1972；Shafer 和 Crichlow，2010）。当一个群体或团队中发展起来的凝聚力及惯性导致无法进行良好的决策也无法有效地解决问题时，就会出现群体思维，这时，维护团队的存在高于准确的决策与高质量的任务完成。对于团队的思维定式不会有充足的不同意见和挑战。

群体思维

欧文·贾尼斯（Irv Janis，1972）进行了一项研究，他按年代记录了几个高绩效的团队的历史。这些历史在某些情况下的表现成为效仿的潮流，有些情况下的表现却是一场灾难。一个经典事例是约翰·肯尼迪总统的内阁。这个团队制定了解决古巴导弹危机的决策，该决策经常被认为是解决这个问题的最好方案之一。但也正是这个团队，此前却制定了导致猪猡湾惨败的灾难性决策——这个计划推翻古巴卡斯特罗政府的决策成为同一个高效能团队的梦魇、优柔寡断的集中代表以及一次丢人的失败经历。

区别何在？为什么同样的团队在一种情况下工作如此出色，而在另一种情况下却如此之差？贾尼斯的答案是群体思维。群体思维出现的条件是团队在规范阶段具有如下特征：

- 不可被战胜的幻觉。成员们感觉团队过去的成功仍将继续。（"因为我们的辉煌历史，我们不可能失败。"）
- 共同的刻板印象。成员们通过质疑信息来源，否决与决议不协调的信息。（"这些人不理解这些事。"）
- 合理化。对于即将达成的一致意见的任何威胁，成员们将其合理化去除。（"他们不同意我们的原因是……"）
- 道德假象。成员们相信，他们是能明辨是非的人，因此不可能作出错误的决策。（"这个团队从来就不懂如何制定坏决策或做任何出格的事情。"）
- 自我检查。成员们对疑惑保持沉默，并试图将疑虑降到最低。（"如果别人都这样想，我一定是错了。"）
- 直接压力。提出反对观点的成员会受到惩罚。（"如果你不同意，那么你为何不离开这个团队？"）
- 思想防御。成员们保护团队，使其不会接触反对意见。（"不要理会他们，他们大错特错。"）
- 一致性假象。因为发言最多的成员达成一致，所以成员们得出结论，认为团队也达成了一致。（"如果戴夫、梅利莎和帕姆都同意了，就一定是达成一致了。"）

群体思维的问题在于，它将导致团队犯比正常水平更多的错误。例如，设想下面这个经常能观察到的情境。

一个领导不想犯严重的判断错误，所以召集了自己的团队。在讨论一个问题的过程中，领导表示了对某个观点的偏好。其他的团队成员想表示支持，也发表了肯定这个决策的观点。有一两个成员试图提出其他选择，但是他们被大多数人强烈地否决了。因为每个人都同意，这个决策以压倒性优势通过了，但是其结果却是灾难性的。这是如何发生的？

尽管领导召集团队以避免制定错误的决策，但是群体思维的存在实际上造成了更糟糕的决策。如果没有由团队提供的支持，领导在执行一个个人偏好但是尚不确定的决策时，可能会更加小心谨慎。

为了避免群体思维，每个团队必须从规范阶段过渡到动荡阶段。团队必须培养一些特点，这些特点能够促进多样性、异质性甚至在团队的工作过程中的冲突（Ben-Hur, Kinley 和 Johnsen, 2012；Roberto, 2005）。在实际操作中，贾尼斯给出了应对群体思维的以下建议：

- 批判性的评估者。至少应该让一个团队成员扮演团队决策的批评家或评价者的角色。
- 公开讨论。团队领导在团队会议的开始阶段不应该表达观点，应该鼓励团队成员就不同观点展开公开的讨论。
- 分组。可以在团队中组成若干个小组，以提出独立的建议。
- 外部专家。邀请外部专家团队倾听决策的理由，并对其进行评判。
- 魔鬼代言人。如果在团队的讨论中，看上去存在过多的一致性，应至少指定一名团队成员扮演魔鬼代言人的角色。
- 二次会议。将团队的决议放到第二天讨论并修改。应该鼓励团队成员表达他们重新考虑的结果。

换句话说，在规范阶段，团队变成内聚的、高度协调的实体，而这可能带来高度投入的倾向以及不惜一切代价的美妙感觉。具有内聚的家庭感对于将分散的成员团结在一起，创造单一的身份是非常必要的，但是如果重要的信息会因此被过滤掉、对立的观点会被压制或者其他任何形式的不一致会受到惩罚，那么它可能会是灾难性的。有效的团队还必须进入下一个阶段，即发展的动荡阶段。

动荡阶段

团队成员在规范阶段培养起来的舒适氛围可能造成过度的一致与和谐，然而，它也可能导致相反的现象。也就是说，当团队成员开始对团队感到安适时，他们通常开始探索不同的角色。例如，一些人可能开始趋向任务促进者角色（致力于完成工作），而另外一些人则开始趋向关系建立者角色（致力于人际关系）。团队成员角色的差异化将不可避免地导致团队进入一个蕴含冲突和对抗的阶段——动荡阶段。

扮演不同角色会使团队成员产生不同的观点和看法，这些观点和看法会挑战团队的领导和方向。几乎每个团队都会经历这样一个阶段，在该阶段，团队成员质疑团队方向、领导者、其他团队成员的角色、其他成员所支持的观点或决策以及任务的目标。因为到目前为止，团队的特点大体来说一直是协调与统一。个体差异为了创造一种团队感而受到压制。但是，这种情况不会持久，团队成员会因为失去自我、压抑自己的情感或者抑制自己的不同观点而感到不适。团队长远的成功取决于它能如何有效地应对发展的动荡阶段。在这个阶段，团队成员的典型问题包括：

- 我们如何解决争议？
- 我们如何在分歧中做决策？
- 我们如何交流负面信息？
- 我还想留在这个团队中吗？

一句古老的中东谚语说："所有的阳光制造了沙漠。"同样，团队的成长表明必然会发生某些斗争，必然会体验某些不适，必然会克服某些障碍，这样团队才能繁荣。团队必须学会迎战逆境——尤其是由自己的成员造成的逆境。如果团队成员对保持和平比解决问题与完成任务的兴趣更大，团队永远也不会发挥作用。如果一个团队不能容忍个性与独特性，或者对保持和谐的需要超过完成自身目标的需要，那么谁都不愿意留在这样的团队中。因此，当团队解决问题、完成目标时，可能会牺牲和谐。

当然，团队成员没有停止互相关心，他们仍然保持对团队及其成功的承诺。但是，他们确实开始在某些问题上各执一词，发现他们可能与团队中的某些成员相处比与其他人相处更加融洽，并且在某些问题的看法上相互结盟，这会导致：形成同盟或小团伙；团队成员之间的竞争；与领导者意见不合；质疑他人的观点。

在向伊拉克部署军队时，一个相对固定的军事命令层级以及需要完成的任务的紧迫性，阻止了对已确立规范与规则的大幅度偏离，但是自从帕格尼斯团队成立以后，小规模的越轨行为就不断发生。例如，后勤团队成员在坦克与卡车上漆饰个人标示，对某些人和地方给出内部编码外号以示挖苦，以及在简报室中挑战上级命令的现象变得越来越常见。这种对常规与约束的触犯有时只是表达个性的需求，而在某些情况下，它是关于团队可以进步的强烈感情的产物。在这个阶段，团队会遇到的需要解决的主要任务包括：管理冲突；使建设性的个性表达合法化；将对抗转化为互助；从异质角度促进一致意见；鼓励有建设性地表达分歧。

冲突、形成同盟以及对抗，可能会导致团队的规范与价值观受到质疑。但是有效的团队会鼓励成员把这些挑战转化为改进的建设性意见，而不是受到它们的遏制和抵抗。让团队成员感觉到他们可以合理地表达自己的个性，而且他们不是整个团队的破坏者。这种感觉是非常重要的。

关于团队的研究结果清楚地表明，如果团队成员是多元化的，而非所有成员都以相同的方式行动、相信和看待事物，团队会更加有效（Edmondson 和 Harvey，2017；Shin 等，2012；Snow，2018）。多样性在提高创造性、个性和对困难问题的解决方法方面是很有生产力的。有人曾经说过："团队让复杂的问题变得简单。"但问题在于，"团队也会让简单的问题变得复杂"，因此多样性和异质性并非在任何情况下都适合。事实上，团队发展的最初两个阶段都是有意识地降低多样性和异质性。然而，到了动荡阶段，在团队中保持灵活性意味着接受对于个性的容忍，并且提倡变革和改进。

帕格尼斯将军对于管理差异的方法是鼓励他们表达：

> 关键是对不同经历与观点保持开放的态度。如果你不能容忍不同类型的人，你就不太可能从不同的观点中学习。有效的领导鼓励反对意见，这是活力的一个重要源泉。这在军队中尤其重要，因为在这里，好主意会以无数种形式出现（Pagonis，1993，第 24 页）。

在发展的动荡阶段，角色的紧张和分化实际上可能会促进团队的凝聚和生产率，而非冲突，作为团队的领导者，你将：

- 明确一个外部对手（而非彼此）作为竞争目标；
- 通过意识到团队绩效来强化团队承诺；
- 保持愿景和高级目标的可视性；
- 通过让团队成员相互传授团队的价值观和愿景，将学生变为老师。

帕格尼斯的后勤团队证明了前三条建议——确定外部对手、认识团队水平以及愿景的价值。

与对手相比,我们的优势在于灵活性,无论是个体还是群体都一样。组织必须足够灵活以适应外部环境的改变。但是如果缺少明确的目标,灵活性可能会退化为混乱……组织中的每个人都理解了组织的目标后,每个人都设定了若干个目标,用心在自己负责的活动范围之内达到这些目标……当这些发生时,就促进了合作与分权,降低了内讧与次优化(Pagonis,1993,第83页)。

上面描述的第四条建议,可以由施乐公司(Xerox)所采用的有效方法来说明,这个方法是为了帮助施乐抗衡其外部对手(主要是佳能)。图9-2描述了施乐使用的一个方法,为了确保在整个公司范围内有一个共同的愿景和程序,学生们都成了老师。为了确保所有的单位和管理者都协调一致地工作,公司把自身区分为分层次的组群团队,然后采用了一种包括四个步骤的方法:

- 学习。传授并讨论核心原则、愿景和价值观。
- 应用。形成行动计划,并实施一个改善日程表。
- 传授。向下一个低级团队传授原则及成功经验。
- 检查。低级团队的绩效和行动方案得到测量和监督。

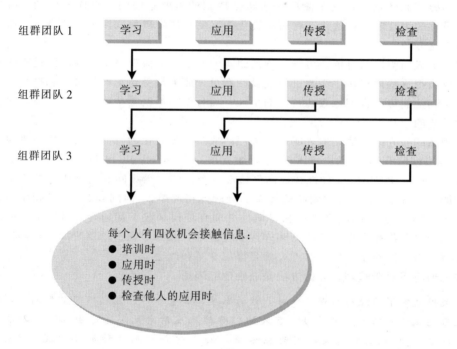

图9-2 施乐的传播过程

分四次向团队呈现所需要的信息:学习、应用、传授和检查。更重要的是,因为团队成员都参与了传授他人的工作,即使考虑到差异化的角色,他们对于团队的承诺也得到了强化。

执行阶段

发展的执行阶段代表了高效率和高效能的团队功能。因为团队已经应付了在发展的每个阶段所遇到的问题，所以团队可以以高水平的绩效开展工作。团队已经克服了缺乏信任、不确定、缺乏参与、依赖及以自我为中心等问题，这些都是发展的第一个阶段，即形成阶段的典型问题。在规范阶段，它已经发展了明确的愿景、个人对团队的承诺以及高度的忠诚感和士气，并且克服了群体思维的趋势。它促进了区别和多样化，克服了对抗、冲突、走极端及不协调的倾向，这在动荡阶段很典型。它现在具有发展高绩效团队特征的潜力。

高绩效团队的特征列于表9-3中，这是基于下列研究的综合：Blaise, Bergiel 和 Balsmeier, 2008; Edmondson 和 Harvey, 2017; Gordon, 2018; Lawler, 1998, 2003。该表总结了所有高绩效团队必须具备的特征，为你提供了你领导团队或作为团队成员时希望参考的指导方针。

表9-3　高绩效团队的一些特征

- **绩效成果**
  高绩效的团队是实干家。他们生产产品，而不只是讨论它。如果没有成果，那么随着时间推移，团队就会解体并失去效率。
- **具体的、共同的目标与愿景**
  目标越具体，就会产生越多的承诺、信任与协调。个体不是在为自己工作，他们为了彼此而工作，追求共同的目标。共同的目标也可以是团队应该完成的一个鼓舞性的愿景。
- **共同的、内部的责任**
  内部责任感比任何由老板或外人强加的责任感都强烈。自我评估与责任感是高绩效团队的特征。
- **淡化形式上的区别**
  团队成员做有益于任务所需的事情，而不管先前的地位或者职称。团队成员身份及团队角色比外部的地位更加重要。
- **协调、共享的工作角色**
  个体总是与团队中的其他成员协同工作。所需要的输出是集体产品，而非个人产品。
- **低效导致有效**
  因为团队允许很多参与和分享，对目标的共同影响以及角色的淡化，所以他们在一开始可能是低效的。随着团队的发展，因为他们非常熟识并且可以参与彼此间的行动，所以他们比独立工作的个体更加有效。
- **超优品质**
  团队产出的结果超出了当前的绩效标准。他们以未期望过的或者从未达到过的品质让各类顾客感到惊讶和满足。他们不能容忍平庸，所以绩效标准非常高。
- **创造性的持续进步**
  团队过程和行动以大规模的创新与持续的微小改进为特征。对于现状的不满导致新观点、实验和进步要求的不断涌现。
- **高度的可靠性和信任**
  团队成员内心相互信任，为不在场的成员辩护，并且相互之间形成依赖关系。个人正直和诚实成为团队行动和团队成员之间互动的特征。
- **清楚核心竞争力**
  团队及其成员的独特智慧和战略优势是明确的。发挥这些能力以促进团队目标的方式得到很好的理解。与团队核心使命无关的活动和偏离被给予很低的优先级。

然而，执行阶段的团队并非碰不到挑战。困扰高绩效团队成员的普遍问题是：

- 我们如何持续进步？
- 我们如何不断激发创新与创造力？
- 我们如何建立我们的核心能力？
- 我们如何在团队中保持高水平的活力？

在该阶段，团队成员的问题由静态转为动态。它们将焦点从建设团队和完成目标转为促进改革与提高。作为关键性目标，持续提高代替了任务完成。至此为止，团队一直在试图管理并解决一些问题，这些问题导致三个关键结果：(1) 完成任务或目标；(2) 协调并整合团队成员的角色；(3) 确保所有团队成员的个人幸福。现在可以把团队的注意力投向获得高于平均水平的绩效。团队成员的人际关系的特征是：高度的相互信任；对团队的无条件承诺；共同的培训与发展；创业精神。

该阶段的团队成员在执行工作时，展示了共同责任感及对彼此的关心。他们的关系不仅局限于一起完成一项任务，而是扩展到保证每个团队成员都在学习、进步和发展。相互之间的指导与帮助十分普遍。在帕格尼斯将军的高绩效团队中，团队成员不断相互教导，帮助团队及其成员变得更有能力。

> 我做了些安排，与司令部（团队）的核心人员一起离开总部一两天。我们利用这一短暂的时间摆脱日常事务，对组织的工作进行长远的思考。这些行动……给我们以群体形式工作的机会，以一种集中的方式……从第一天开始，我组织了大型的开放式课堂，在此期间我们讨论了情境及潜在的解决方案。我会向小组提出一个问题："好吧，你有一艘船，今早停在达曼。现在准备卸船，但是船上的起重机坏了。我们应该怎么做？"这时小组会集体商讨几个解决方案……这些讨论小组同时致力于几个有益的目标。显然，这会将潜在的问题挑明，这样我们就会更有准备……同样重要的是，这促进了各级别、各分支之间的合作讨论（Pagonis, 1993, 第101页和第177页）。

除了彼此之间的多角度关系与无条件承诺外，高绩效团队成员也对不断改善团队及其流程承担个人责任。实验、试误学习、对新的可能性的自由讨论以及每个人对提升绩效担负的个人责任，这些特点是典型的。团队采用一系列的行动来促进和延续这个阶段的发展，包括：增强核心能力；促进创新和持续进步；提高速度与工作进度；鼓励创造性的问题解决。

这一阶段，最有效的组织会发展出超常的表现能力。他们实现出色的结果。他们令很多不可能的事情成为可能。他们成为超人。在海湾战争中，在经历了发展的前三个阶段之后，帕格尼斯将军的后勤团队转入了一个以超越常规为特征的阶段。例如，有一次，帕格尼斯指导两名团队成员讨论如何解决一个问题，即如何向前线的战斗部队提供像样的食品。

> 设想你在一个遥远偏僻的沙漠地区待了几个星期，甚至是几个月，食用的是脱水食物或者真空包装的军用配额。一天，没有事先说明，一辆外形奇特、印有"Wolfmobile"字样的车驶入你的营地。车窗摇下去，一位面带微笑的工作人员提议为你烹制一个汉堡包。"两面都要煎？来瓶可乐如何？""Wolfmobile"驶过的地方士气大涨——它使沙漠里有了一点家的感觉（Pagonis, 1993, 第129页）。

这一事件描述了组织在发展的第四阶段面临的主要机遇：帮助团队成员把其焦点从单纯的完成任务和维持良好的人际关系，扩展到提升组织的绩效。这种绩效水平激发积极的能量，并能够避免再度回到绩效较低的阶段。

有一个关于高绩效团队的力量及其成员的努力的例子，是我们的朋友鲍勃·奎因（Bob Quinn, 2005）讲述的一个故事。在故事中，一个在大型制造组织中担任高层主管的人表达了他对公司的失望。"我们公司的问题在于，"这位主管哀叹道，"他们不能容忍优异的存在。"他通过叙述下列事件表达了他的失望。

有一天，他工厂中的组装线出现了一个严重问题，必须停产维修。问题非常严重，要求许多倒班的人员回到工厂共同研究。作为自己的良好意愿的一种姿态，这位主管人员为这些为了公司加班努力工作的员工买了午餐——比萨、热狗和饮料。他们以最高的质量在创纪录的时间内完成了任务。几天后，财务部的一位职员走进这位主管的办公室，把一摞纸摔到桌子上,喊道:"我们不能支付这些食物的账单。你应该知道从你的预算中为员工购买食物是违反公司政策的。这些账单不能报销。"

当然,没有人可以指责这位财务部的职员——他只是在履行自己的职责,并强调公司的规则。不过,这位主管却目瞪口呆。他说:"看,我不能够做我们经常做的事情来期望取得不一样的成果。我必须偶尔打破规则来获取优异的或非凡的绩效。购买午餐使这些员工感受到一些不同。这对我们的成功是有贡献的。"

"这件事证明,"这位主管接着说,"我们公司不能容忍优异的存在。他们不能容忍与众不同。"我们的朋友鲍勃给这位主管提了一些建议。他建议这位主管放弃自己的想法,遵守公司的规则和期望,不要再试图获得超水平的成功。不过,这位主管的回复却表明了在团队开发的第四阶段高绩效团队的力量。他的回复是:"我不能放弃尝试。一旦我经历了优异的绩效,正常的绩效就再也不够好了。我不能容忍停滞不前,不能容忍不去为了非凡的成就而努力。"

当然,处于第四阶段的团队并不都是杰出的,而且,不幸的是,**正向偏离(positive deviance)** 非常少见。然而,团队成员一旦经历了这种优异的绩效,在团队开发的前三个阶段所取得的团队绩效就再也不会令他满意了。关于获得这种高水平成功的描述,将在下面我们讨论领导团队所涉及的技能和成为一名有效的团队成员的部分重点讲述。

领导团队

当然,创造有效团队的一个重要因素是领导者的角色。领导者的个人风格并不会产生太大的差异。很多种领导者风格都可能是有效的,没有哪种风格一定会优于其他风格。相反,造成有效与无效的团队绩效的是领导者的技巧和能力或者说是实践中的工具和方法。这里我们着重介绍团队领导的两个关键因素。团队领导的这两个因素不仅能够在帕格尼斯将军身上看到,而且在很多学者的文献中都将其作为领导团队的关键因素(Cameron,2012;Edmonson,1999;Edmondson 和 Harvey,2017;Gordon,2018)。第一个是在团队成员间发展可信性和影响力;第二个是为团队设立激动人心的愿景和目标。

发展可信性

要成为有效的领导者,你必须获得团队成员的尊敬和承诺。也就是说,你必须发展可信性(Kouzes 和 Posner,1987,2011)。确立可信性和影响团队成员的能力是团队领导者面临的首要挑战。如果你没有确立可信性和尊敬,那么给予指导、明确目标及试图激励团队成员都将是无效的(Helliwell 和 Huang,2011)。帕格尼斯将军描述了这种领导挑战:

> 在世界各地指挥部队的过程中,我时常发现,当我的军队理解并认同军事行动的最终目标时,他们会更加投入自己的工作并且更好地被激励。提到激励,理由远远比军衔更有价值。而激励是所有组织进步的根本。

> 多年以来我发展了一种非常独特的领导风格。格斯·帕格尼斯的命令风格是独一无二的。这意味着我必须作出选择。我应该选择世界上最好的港口作业官员（他事先并不了解我的风格），还是应该选择世界上第二好的港口作业官员（他熟知并且适应我的风格）呢？答案是明显的，我们不能在抗衡自己的系统方面浪费时间。同样重要的是，我们没有时间可以浪费在让一个新人给我留下深刻印象、获得我的肯定上。我们需要一个刻不容缓的领导实体，它受到一个联合阵线的巩固。我们必须了解我们能够无条件地相互依赖。我们需要确保，在每个参与者的心目中，任务，而不是个人进步，永远是至高无上的（Pagonis, 1993, 第78页和第84页）。

我们在前面的章节指出了加强管理者的影响力（第5章）和信任（第8章）的方法，而这些都是可信性的组成要素。本章强调了其他一些可以帮助你在团队中确立领导可信性的特定行为。

当然，团队成员不会追随他们不信任的人、虚伪或者两面派的人，或者那些表现出强化个人利益而非整个团队利益的动机的人。实际上，库泽斯（Kouzes）和波斯纳（Posner, 2011）把可信性看作对于领导有效性唯一的最重要的要求。一旦可信性得到确认，就可以描绘出团队的愿景，由此团队可以朝着高绩效努力。

对于建立和维持团队成员间的信任和影响而言，表9-4所列的七种行为被认为是非常关键的。尽管它们简单直接，但大量学术证据已证明了它们的效果（见Cialdini, 2008, 2018；Druskat和Wheeler, 2000；Hackman, 2003；Turner, 2000）。

表9-4 塑造团队领导者可信性的方法

团队领导者通过下列方式培养在团队成员中的可信性：
- 证明自己的正直，表现自己的可靠性，展示自己的和谐（表里如一）
- 对于自己想要实现哪些目标非常明确而坚决（可信赖和透明）
- 通过显得乐观和乐于称赞，创造积极力量（帮助其他人拥有幸福感）
- 利用共性和互惠（建立基础）
- 根据情况使用单边或双边协商管理团队成员间的一致和不一致——当所有的团队成员意见都一致时采用单边协商，当事先并未达成一致意见时采用双边协商（有效影响手段）
- 鼓励和培养团队成员，帮助他们进步（辅导）
- 在团队内部分享相关信息，提供来自外部资源的视角并鼓励参与（告知和涉及）

1. **表现正直**。在塑造领导可信性的行为中，最重要的是表现正直。正直意味着你言行一致，你的行为与价值观一致，并且你对于你的支持对象是可信赖的。那些表现出言行不一、对于他们的反馈不诚实、没有遵守承诺的个体，被认为是不正直并且是无效的团队领导者。

2. **保持清晰和一致**。明确地表达你的希望和目的，而不是教条或者固执，这有助于其他人树立信心。你的观点缺乏决心或者前后矛盾将损害可信性。全世界大部分国家的选民在可信性方面对政治家的评价非常低，这是因为大部分候选人表现出说法上的不一致，依据观众变换观点（Cialdini, 2008）。相反，人们相信那些可信的人能够始终保持一致和透明。

3. **创造积极力量**。坚持乐观和赞扬。在存在批评、冷嘲热讽或者否定的氛围中，大部分团队无法有效地完成任务。批评团队成员、前任领导或者团队外的个体，甚至批评团队所处的环境，通常都不是让团队成功完成任务的有效方式。当存在积极力量时，个人和组织将更好地完成任务。积极力量包括：乐观、赞扬、祝贺成功和承认进步（Owens等，

2016)。这并不意味着脱离现实或"盲目乐观"。相反,这意味着当你被看作积极力量和热情的源泉时,你对于团队成员将有更高的可信性和影响力。

4. 公平和互惠。如果你在团队中表达的观点与团队成员的观点一致,他们更有可能赞同你后面的陈述。如果你想加速团队的变革,或者让团队接近一个看上去有危险或者不舒服的结果,最好首先表述那些团队成员赞同的观点。这可以是类似于"我知道你们的时间表都很满"或"对于这个问题在我们团队中已经有了很多观点"。这类表述会因为互惠的原则而有用处。如果团队成员事先从你这儿获得了一些东西,他们就有更强的赞同你的倾向(Cialdini,2018)。在你表述完和他们相同的观点后,你可以领导他们朝着可能使他们有压力的目标,或者不确定、不舒适的目标努力。

5. 管理赞成和反对。当团队成员最初同意你时,使用单边协商的方式会更加有效。也就是说,只提出一个观点并且用证据支持它。当团队成员在这一点上不赞同你时,使用双边协商。也就是说,首先提出一个案例的两个方面,并且提出你自己的观点是如何优于相反观点的。记住,当团队成员赞同你时,你作出的前一个描述将变得更有分量,并且能被更长久地记住。当不赞同你时,后一个描述将变得更加有分量(O'Keefe,2016)。

6. 鼓励和指导。鼓励意味着帮助他们培养勇气——处理不确定性、达到超出现实水平的绩效、瓦解现状。鼓励团队成员不仅包括赞扬和支持性的话语,还包括指导和协助。如第4章所述,指导意味着指明出路、提供信息和建议、帮助团队成员满足任务要求。有效鼓励不仅是充当啦啦队队长。它既包括积极强化评论,也包括帮助性的建议或指导。

7. 分享信息。建立可信性意味着了解团队成员的才能和资源,并理解团队成员的观点。更好地了解你的成员对于成功的领导至关紧要。一种可行的方式是使用"频繁检查"的原则。这包括经常性地询问问题并且检查团队成员,来判断赞同、障碍、不满意、需要和人际技能或团队问题的水平。重要的是,只有分享知识时可信性才会增加。成为他人能够获取所需信息的源泉能建立可信性和影响性,所以分享是关键(Mesmer-Magnus 和 De-Church,2009;Strivastava,Bartol 和 Locke,2006)。

正如帕格尼斯将军所言:

> 令你的团队成员理解你的行动,以及行动背后的道理,使所有人拥有相同的信息基础。我相信信息就是权力,但只有当它们被分享时才如此……从很早开始,我就养成习惯,让约翰·卡尔(John Carr)帮我在放投影仪时翻胶片,以这种方式将卡尔带进与CINC召开的简报例会。因此,他对CINC的计划的了解与我一样及时、准确(Pagonis,1993,第88页和第131页)。

确立 SMART 目标和最高目标

团队成员对你作为领导者有了信心之后,你就可以确定团队能够实现的目标以及团队成员可以达到的绩效。

有两种类型的目标可以反映高绩效团队的特色,团队领导者必须能够识别这两种目标,并予以支持。第一种类型的目标被称为 **SMART 目标**(SMART goals),第二种类型的目标则被称为**最高目标**(Everest goals)。设定明确目标的目的是让团队中的每一个人都能对下面这个问题给出类似的答案:我们要努力获得的是什么?能够为团队清楚地说明想要取得的成果的领导者更有可能从团队中获得高绩效。实际上，具有目标指向的绩效通常能超过没有目标的绩效（Locke 和 Latham，2012）。图 9-3 说明了这一要点。

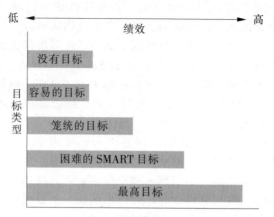

图 9-3　目标对绩效的影响

资料来源："Practicing Positive Leadership," Cameron, K (2013).

图 9-3 表明，当不给人们设定目标的时候（"这是你的任务，去做吧"），他们的绩效一般会比较低，甚至很多人在不确定自己的行事标准时会以较低的绩效水平行事。不过，如果给他们设定一个简单的目标（"平均值是每天 10 个，但你每天可以完成 4 个"），却会导致更低的绩效。人们倾向于朝着自己设定的标准努力，而且，当标准很容易的时候，他们就会偷懒。设定笼统的目标（"尽你最大的努力"）获得的绩效会比设定容易的目标有所提高，而设定困难的目标（"平均值是每天 10 个，但你要努力达到每天 12 个"）可以产生更高水平的绩效。然而，可以获得最高水平绩效的目标的种类是具有五个特征的困难目标。首字母缩写词 SMART 描述了这五个特征。SMART 目标是：

- 具体的（**S**pecific）——目标明确，并且制订了具体的目标和标准。
- 可衡量的（**M**easurable）——目标是可以被衡量和量化的。目标得以实现的程度是显而易见的。
- 一致的（**A**ligned）——目标是得到支持的，并且与更广泛意义上的组织的目标保持一致。人们不会去追寻团队之外的个人目标。
- 现实的（**R**ealistic）——尽管目标的实现有些困难，而且能够扩展绩效，不过目标的制定并非不切实际的。
- 有时间限制的（**T**ime-bound）——设定结束点或完成的日期，使目标的实现不是遥遥无期的。

考虑下面两种目标陈述之间的差异："我们要成为行业中最好的"与"到本季度末，我们要将产品的准时交货率提高 5%"。后一个目标陈述就是 SMART，它提供了一个更加具有激励性的目标，因为它是具体的、可测量的、与特定结果一致的、现实的，并且具有时限性的目标。它可以让人们更容易理解并且为之争取。

然而，需要牢记的是，明确表述鼓舞性的目标与确定实现它们的具体方式，这两者是不同的。前者确定了目标，而后者则明确了实现目标的方式。目标对于成功的团队领导至关重要。命令方法则往往具有很大的破坏性。帕格尼斯的团队清楚地阐明了这一点：

> 我从未告诉过下属如何完成一个具体的目标。向下属传达详细的指令会破坏创造力，降低下属对其行为负责的意愿，增加资源次优化配置的可能性，并且增加当环境

发生重大改变时,命令失效的可能性。我们在战场的第一个月只是强调了我的感觉,即我们(团队)必须具有高度的灵活性(Pagonis,1993,第119页)。

有效的团队领导者所阐述的第二种目标被称为最高目标(Cameron,2013)。最高目标会超越常规的目标设定。它代表一种最终所取得的成绩,一种不同寻常的成就,或者一种超越常规的结果。最高目标的实现要求一个人倾尽全力。如同将你的目光投放于珠穆朗玛峰一样,最高目标也是非常清楚而引人注目的:作为一个统一的焦点;建设团队精神;使人们为之忙碌;创造积极的能量和激励。最高目标是具有刺激性的,因为它总是与极大的热情联系在一起。人们要立即接受它,几乎不需要任何解释。最高目标在战术和战略上都需要富有想象力,而且通过追寻最高目标,人们会变得更好。要实现最高目标,需要付出不同寻常的努力,有可能还需要一点运气。

最高目标具有如下五个特征:

1. 最高目标代表正向偏离。它们超出了人们的期望,代表非凡的成就。
2. 最高目标代表固有价值和内在价值。它们具有深刻的意义和目的。实现目标本身就已足够,而不是实现另一个目标的手段。
3. 最高目标具有肯定偏差。它们不仅致力于解决问题、减轻障碍、应对挑战或者是消除困境,而且将重点放在机会、可能性和潜力上。
4. 最高目标代表贡献。它们致力于为其他人提供好处或者是做出贡献而不仅仅是获得报酬或认可。最高目标强调的是人们可以给予什么,而不是可以得到什么。
5. 最高目标属于内在激励。它们不需要其他激励因素的推动。人们在追求最高目标时不会感到疲倦,反而会感到振作、鼓舞和精力充沛。最高目标与延伸目标或困难目标不同,它超越了单纯的困难。

最高目标与更为传统的延伸目标或困难目标之间的差异可以通过一位登山者的话来说明,这位登山者在三次尝试失败之后终于登上了珠穆朗玛峰之巅。

> 那天晚上,在珠穆朗玛峰的夜色里,我认识到了一些事情:真正的胜利与赢了别人没有丝毫关系,与冲过终点线没有任何关系,与站上山顶也没有任何关系。胜利根本就不是外在的什么东西。它是一种内在的满足感,一种内心深处的骄傲和喜悦感。成功仅仅是我们自己对自己的衡量。它与别人对我们的成就的看法没有关系,只与我们自己对自己所付出的努力的感知有关……成功根本就不是站在高台上,不是聆听别人的欢呼,也不是站到最高点上。它是让你付出全部……我认为,对于生活中的任何事情,只要你倾尽全力去做了,你就取得了真正的成功……我们在生活中所做的事情不是超越别人,而是超越自己,打破我们自己的纪录,让我们的今天超越昨天,以比过去更多的精力去工作。我们可以从甘地的话中寻求慰藉:"完全的努力就是完全的胜利……"(Clarke 和 Hobson,2005,第168页)

当然,识别这样的目标既不是自动完成的,也不是很容易完成的。这样的目标不会自己从我们的口中跑出来。大多数人在一生中都几乎不能识别这些目标。然而,作为团队的领导者表达这样的目标会带来自发的激情、奉献和正能量。团队成员会变得更具创新精神、更加团结,绩效也更加出色。历史上最出色的团队就是由最高目标作为指引的。

确定了最高目标的表现优异的公司包括福特汽车公司实现汽车行业的民主化的目标(20世纪初);波音公司将世界带入喷气时代的目标(20世纪50年代);索尼公司改变日本制造质量低劣形象的目标(20世纪60年代);苹果公司实现人手一台计算机的目标(20

世纪 80 年代);密歇根大学教授普拉哈拉德(CK Prahalad)10 年内帮助 50 万名印度人达到任职资格的目标(21 世纪头 10 年);以及更为近期的,通用汽车在 2025 年之前实现零碰撞、零拥堵和零污染的目标。

概括而言,要成为团队的有效领导者至少需要两个往往没有得到适当关注的关键技能:(1)在团队成员中发展可信性;(2)向团队清楚地描述 SMART 目标和最高目标。尽管这明显不是有效团队领导者仅有的技能,但没有这两个核心能力,你领导的团队要想获得第四阶段的高水平是不可能的。

跨文化告诫

我们在本书中不断地强调,不同文化中的个体在价值观和取向上存在很大的差异(Trompenaars, 1996; Trompenaars 和 Hampden-Turner, 2011)。诊断、理解和利用个体差异是有能力的管理者的一项关键技能。特姆彭纳斯提出的七种价值取向提供了确定这些个体差异的有用工具。也就是说,你可以通过评估个体在多大程度上强调某种价值取向来了解个体之间的差异。这些价值取向的维度包括:普遍性与特殊性;个人主义与集体主义;中立与情感;特异性与弥散性;成就与归属;内控与外控;过去、现在或未来时间取向。本书的第 1 章对这些价值维度给出了详细的解释。

个体的差异会要求在这些团队领导行为中做一些修正。例如,如果你所领导的团队成员来自集体主义取向而非个人主义取向的文化(例如,墨西哥、日本、法国和菲律宾),团队成员会期望参与对愿景的创造和描述。如果愿景只是来自某个领导者,他们会觉得不舒服,无论该领导者的信任度和影响力如何。因此,愿景和与之相关的目标应该由团队成员共同完成。

类似地,如果团队成员是来自中立的而非情感性的文化占优势的国家(例如,韩国、中国、日本和新西兰),他们也许不会受到热情与激情语言的鼓舞。他们对于任务完成和客观数据的趋向会降低他们对情感性语言的反应。因此,对于你愿景描述中文字部分的敏感会促使它更有鼓舞性。

然而,不同国家文化价值观上的差异并不足以否定我们在上面提到的两个关键技能的总体有效性,这两个关键技能就是建立可信性和描述两种目标。对来自全世界的数千名管理者的调查发现,无论民族间有多大的差异性,团队领导者的这两项关键技能的有效性都获得了数据支持(Trompenaars 和 Hampden-Turner, 2011)。你也许需要根据你的团队的组成来调整你的行为,你必须对这种潜在需求保持敏感;但是团队成分并不可能像你所展示的领导技能一样,对团队的有效性产生强烈的影响(Edmondson 和 Harvey, 2017; Snow, 2018; Guzzo 和 Dickson, 1996)。

团队成员

大多数情况下,大部分人不会成为所参与团队的领导者。尽管你也想在未来扮演领导者的角色,但多数时候你会成为一个团队的积极成员,为了组织的共同利益而不是个人掌权而工作。在非领导角色上,你也可以为你的团队做出贡献。幸运的是,这些贡献对于团队的绩效可能产生重要的影响。

帕格尼斯将军在回顾与他的团队绩效有关的"沙漠风暴"行动的战果时,所做的最令人惊异的陈述是:

> 当我对别人说,在地面战争中,我没有发布一个命令时,人们有时会怀疑,甚至不相信这句话。这只是对真相的一点发挥而已。是的,人们向我征求意见,也得到了指导,但是我手下的人在几乎任何可能想象的情况下,都很明确地知道他们应该怎样做。他们曾接受过训练,知道从自己的角度思考。我感觉他们甚至能应对那些无法想象的情况(Pagonis, 1993, 第148页)。

团队成员并不仅仅是被远大目标以及对要完成结果的清楚了解所指引,他们还会因为自己所扮演的角色而成为一个非凡的高绩效团队。帕格尼斯这样描述道:"老实说,我们大多数时间不是后勤人员,而是经理、协调员、消防队员、神父和啦啦队队长。道理很简单:周围没有别的人扮演这些角色。"(第87页)

本节我们将介绍与团队成员联系的两个主要技能:扮演有利角色和向他人提供有帮助的反馈。这些技能并不复杂,但是它们对帮助团队成员加速团队成功非常有效(Belbin, 2010)。

有利角色

工作团队面临两大挑战:完成被赋予的任务以及在团队成员中建立团结和协作。与团队领导者一样,作为团队中的一员,你至少能增强或者削弱这两大挑战。大家都遇到过这样一些团队:运作良好,能迅速而有效地获得结果,并且乐在其中。这些动力不是偶然发生的,而是依赖由团队成员扮演的特定关键角色。

关于团队压力的力量和团队成员间的相互影响已经有了大量的研究。索罗门·阿什(Solomon Asch)的经典实验(1951)首次强调了团队成员之间的相互影响。例如,阿什的实验表明,当团队中的其他成员表现出对于某个明显错误的描述(例如,"联邦政府控制了股票市场")的一致赞同时,被观察的个体也倾向于在口头上赞同这个明显错误的描述(即使他实际上并不赞同)。团队成员的陈述和行为对彼此的行为产生了巨大的影响。

当然,大部分团队并不基于平衡压力的策略来操作,但是团队绩效可以显著地由团队成员的某些角色所强化,这些角色对任务完成和团队凝聚起到了促进作用。

可增强团队绩效的两个主要角色是:**任务促进者角色(task-facilitating role)**与**关系建立者角色(relationship-building role)**。让团队成员对两类角色给予同等的重视并不容易,而且大多数人倾向于在某一方面做出贡献;也就是说,有些成员往往更注重任务,而其他人往往更注重关系。任务促进者角色是那些帮助团队达到其产出目标的个体。表9-5列出了最常见的任务促进者角色,其中包括:

- 方向指导。确定前进的途径或者其他可以追求或明确目标的可选方法。
- 信息寻求。提出问题,分析知识缺口,寻求观点、信念与视角。
- 信息给予。提供数据,提出事实、判断及突出的结论。
- 详细阐述。完善他人表达的论点;提供例子与说明。

- 促进。恳求团队成员继续执行任务并且达成组织目标。
- 监督。检查项目,制定测量成绩的方法,帮助保持对结果的责任。
- 流程分析。分析团队所采用的工艺与流程,以便改善效率和时间利用方式。
- 实践检验。探寻提出的观点是否可行或实际;以事实为基础提供评价。
- 强化。帮助强化团队规则,强化标准,并且维持对于过程的一致意见。
- 总结。归纳团队中的不同思想,总结不同观点;帮助成员理解已经达成的结论。

表 9-5 任务促进者角色

角色	例子
方向指导	"我们接到指示按照这种方式完成我们的任务。" "每个人写下自己的想法,然后我们一起分享。"
信息寻求	"你那么做是什么意思?" "其他人对此有更多的信息吗?"
信息给予	"这儿有一些相关的数据。" "我希望分享一些也许有用的信息。"
详细阐述	"基于你的意见,这是另一个备选方案。" "你刚才所说的一个事例是……"
促进	"我们只剩10分钟了,我们需要再快一些。" "我们现在不能放弃,我们马上就要实现目标了。"
监督	"你负责第一条建议,我来处理第二条。" "这儿有一些可以用来判定我们成功的标准。"
流程分析	"团队的能量水平好像开始下降了。" "我发现在我们的团队中女性的参与程度不如男性。"
实践检验	"让我们来看看这是否可行。" "你是否认为这值得我们花费资源?"
强化	"我们开始产生意见分歧,让我们继续我们的任务。" "因为我们同意不相互干扰,我建议我们各干各的。"
总结	"在我看来,这就是我们得出的结论。" "总的来说,你讲了三点……"

在实现团队目标的过程中,扮演任务促进者角色可以使团队更加有效和高效。如果没有一个团队成员扮演任务促进者角色,团队就要花费更长的时间实现目标,并且更难于坚持目标。有时候,让团队"执行任务"是你能做的最重要的事情。当项目进展缓慢、团队成员偏离了任务、存在时间压力、任务非常复杂或者模糊而且不清楚该如何完成时,或者当没有其他人帮助团队推进任务的完成时,这些角色尤为重要。

要想成为成果的有效促进者,你不需要成为任务主管。实际上,只要认识到团队需要进行任务促进,就已经是一个有效团队成员的重要使命了。在大多数有效的团队中,你将发现有很多名成员扮演任务促进者角色。

除了完成任务之外,有大量的证据表明高绩效团队很关注人际关系问题。高绩效团队是团结的、人际互动的,并且在团队成员间存在正面的影响(Aguilar, 2016; Dutton, 2003; Kolb, 2014)。关系建立者角色是那些强调团队中的人际方面的个体。他们关注维持团队中个体相互的良好感觉，喜欢团队工作，并且保持一种轻松的氛围。表 9-6 列出了最常见的关系建立者角色。

表 9-6 关系建立者角色

角 色	例 子
支持	"你的意见太棒了。" "我非常欣赏你的诚实与开放，这让人耳目一新。"
和谐	"我觉得你们两个人说的本质上是一样的。" "表达反对观点并不是至关重要的。"
缓解紧张	"嗨，各位，让我们来放松一下。" "这使我想起了我们买来的新会议桌。它可以睡 12 个人。"
对峙	"你对于我们所讨论的话题有什么意见？" "你并不像其他团队成员一样负责任。"
鼓动	"你的洞察力真的很鼓舞人！" "这是我长期以来待过的最有乐趣的团队。"
发展	"我能怎么帮你？" "让我给你一些协助。"
促进一致	"好像我们在说差不多的事情。" "我们能否至少在问题 1 上达成一致，如果其他部分我们意见相左的话。"
共鸣	"我能理解你的想法。" "对于你的个人经历而言，这肯定是一个非常敏感的话题。"

- 支持。称赞他人的观点，表现友好，指出他人的贡献。
- 和谐。调和他人之间的差异，在有争议的或敌对的观点中寻找共同点。
- 缓解紧张。利用幽默或笑话缓解紧张情绪，令他人放松。
- 对峙。挑战没有建设性或引起争议的行为，帮助确保团队中的正当行为。
- 鼓动。激励他人付出更大的努力与贡献；表现热情。
- 发展。帮助他人学习、成长、取得成就。帮助团队成员明确角色，并给予指导。
- 促进一致。帮助建立团队成员之间的团结，鼓励一致，帮助成员顺利交往。
- 共鸣。反映群体感觉，表达对于团队成员的情绪共享和支持。

我们都曾经处在一个团队或某个课堂中，其中会有一名参与者非常有趣，积极地帮助他人，或者特别支持团队或班级中的其他成员。在这种情况下，组织的融洽关系就会增进。成为一名团队成员会更加容易且充满乐趣，而且会产生一定的吸引力和积极力量。人们会倾向于承担更大的责任，更乐于合作，并且更加努力地寻求一致的结果。这都是关系建立者角色想要的结果。他们帮助团队更加有效地一起工作。

没有任务促进者角色和关系建立者角色，团队要有效地运作就需要费些力气。一些人必须保证团队完成任务，另一些人则保证成员之间团结一致。这些人通常各负其责，并且在某个特定时刻，某些角色也许会变得比其他角色更加重要。关键是团队中表现的任务促进者角色与关系建立者角色之间要保持平衡。许多团队之所以失败是因为过于片面，例如，只强调完成任务，或者是过于重视关系。

非建设性角色

当然，如果无效地表现或者在不适当的环境下表现，每个角色都可能产生不良的作用。例如，如果团队试图进行快速决策，那么详细阐述可能会引起争议；如果团队希望严肃，那么缓解紧张可能看来令人讨厌；如果团队已经感受到了高度压力，那么强化可能会造成阻力；促进一致可能会掩盖团队成员间真实的论点分歧与紧张。

然而，更可能出现的是团队成员扮演了其他非建设性角色，而不是不恰当地执行了任务促进者和关系建立者角色。非建设性角色阻碍团队或其成员取得本来能够取得的成就，并且会破坏士气和合作。它们被称作**阻碍性角色**（blocking role）。我们这里指出一些这样的角色，是为了当你分析你所处的团队时，可以意识到这些角色的出现并且能够与其针锋相对。常见的阻碍性角色包括：

- 控制。说得过多，打断别人或剥夺别人说话的权利。
- 过度分析。琐碎，过分检查每个细节。
- 拖延。通过将话题引开、不愿同意、重复陈旧论点等，而令团队无法得出结论或完成一项工作。
- 保持被动。并不希望加入组织任务；站在外围并且拒绝与团队其他成员交流；期望团队中的其他成员完成工作。
- 过度概括。过分地忽略某事，得出没有根据的结论。
- 挑毛病。不愿意看见别人观点中的优点或者是过度批评他人。
- 仓促决策。在目标陈述、信息分享、备选方案讨论或问题定义前进行决策。
- 将论点作为事实提出。不能检验提议的合理性，将个人观点认定为事实。
- 拒绝。由于论点的陈述人而反驳观点，而不是根据论点本身的优缺点进行取舍。
- 利用等级。利用地位、专业或职位使观点被接受，而不讨论并检查观点的价值。
- 抵制。阻碍所有的变革、提升或者进步的企图；对于团队中其他成员提出的所有建议都持不赞同或者反对的态度。
- 偏离主题。并不集中于团队讨论的主题；变换谈论的主题，或者发表使注意力偏离主要观点的意见。

每一个阻碍性角色都通过打击士气、破坏一致意见、挑起冲突、妨碍进展和制造有缺陷决策的方式，造成阻止团队有效率和有效能地完成组织任务的潜在危害。当你意识到出现了阻碍性角色时，你会希望坦诚地回应这一非建设性行为，通过支持性的沟通建议其充当更加有帮助的角色（见第4章）。如果你对于建设性的任务促进者和关系建立者角色比较熟悉，那么你将有能力帮助其他人提升团队的效率。

提供反馈

当你给予其他人反馈时，无论是针对非建设性角色给出的纠正性反馈还是针对特定提升给出的一般性建议，你都需要牢记几个得到广泛证实的经验法则。给予任何人反馈时，无论是团队成员、家庭成员、同事，还是陌生人，你都应当使用下列有效反馈原则（参见表 9-7）（Cameron，2013；Wiggins，2013）。

表 9-7 有效团队反馈规则

有 效 反 馈	无 效 反 馈
聚焦行为	聚焦个人
聚焦观察	聚焦推断
聚焦描述	聚焦评判
聚焦具体情况或事件	聚焦抽象的或一般性的情况
聚焦眼下	聚焦过去
聚焦分享主意和信息	聚焦给出建议
向接受者提供有价值的反馈	提供用来发泄情绪的反馈
在适当的时间和地点提供反馈	在自己觉得合适的时候提供反馈

● 反馈针对行为，而非针对个人。人们可以控制和改变自己的行为，但不能改变自己的人格或物理特征。例如，"你的意见与这个主题无关"远比"你真幼稚"有效。

● 反馈基于观察，而非推断；基于描述，而非判断。事实和客观证据比观点和推断更可信和易于接受。例如，"这个数据并不支持你的观点"要比"你并没有理解，对吧"有效。

● 反馈要针对具体情境，尤其是针对即刻的行为，而非抽象的和过去的行为。如果不能查明你所提到的特定事件或行为，则只会让人们灰心。类似地，人们不能改变任何已经发生的、无法挽回的事情。例如，"你仍然必须赞同某人的观点"要比"你经常是这个团队的麻烦"有效。

● 使反馈关注分享观点和信息，而非给予建议。无论是否需要，避免给予直接的指导要求。相反，帮助接受者确定他们自身的变化和改进。例如，"对于打破这个僵局和向前发展你有什么建议"要比"这是我们现在必须做的"有效。

● 反馈针对接受者可以使用的信息量，而非你想给予的数量。过载的信息将导致员工停止倾听，而不充足的信息将导致挫败和不理解。例如，"在所有事实呈现之前，你似乎已经作出了一个推论"要比"这儿有一些你可以考虑的数据，并且这儿还有更多，这儿还有，这儿还有"有效。

● 反馈要对接受者有价值，而不是让你宣泄情绪。反馈应该是对接受者有利的，而不仅仅是为了让你释放怒火。例如，"我必须说，你过多地谈论让我很讨厌，而且这些言论对于团队也毫无助益"要比"你是一个蠢人，并且是造成我们团队进步困难的重要原因"有效。

● 反馈应选择时间和地点，这样可以在适当的时候分享个人信息。反馈越具体，或者越能够针对某个具体情境，它就越有帮助。例如"在工休时，我想和你谈一谈"要比"你认为你的头儿给你权力让其他人都赞同你，但这只会让我们生气"有效。

跨文化告诫

在不同的国际环境或者存在跨国成员的团队中，要对这些团队成员技能做一些修正（Trompenaars 和 Hampen-Turner，2011）。虽然当前讨论的团队成员技能在全球情境中都是有效的，但是不能天真地期望每一个人对团队成员角色都会作出相同的反应。

例如，比起那些更加中立的文化（如韩国、中国、新加坡和日本），强调情感的文化（如伊朗、西班牙、法国、意大利和墨西哥）更能接受人际对峙和情绪发泄，中立文化中个人意见更让人讨厌。比起中立文化，幽默和热情行为在情感文化中更容易被接受。类似地，比起那些成就取向的文化（如美国、挪威、加拿大、澳大利亚和英国），在归属取向的文化（如捷克、埃及、西班牙和韩国）中，地位差异会扮演更加重要的角色，而在成就取向的文化中知识和技能则更为重要。后者（成就取向）会比前者（归属取向）更加要求数据和事实。

在强调不同时间结构的文化间也产生了一些误解，例如，一些文化强调即时、短期的时间结构（如美国），而有些则强调长期的未来结构（如日本）。这在日本意图收购加利福尼亚的约塞米蒂国家公园这一事件中可以看到。日本人首先提出的是一个250年的商业计划。而加利福尼亚当局的反应是："喔，那就是1 000个季度的报告。"换句话说，关于促使团队为了实现任务目标而努力的意图，也许在不同文化下的团队中有不同的看法。在为了实现任务目标而努力之前，一些文化（如日本）更愿意花费大量时间培养关系。

小结

每个人都是多个团队中的一员——工作中、家庭中和社区里。因为团队被证明是提高个体与组织绩效的有力工具，在工作场所内团队日益普遍。有效的团队几乎总是比最有知识和技能的人表现得更好。因此，精通领导和参与团队的技能很重要。

本章回顾了三项团队技能：诊断和促进团队发展、领导团队和成为一名有效的团队成员。图9-4总结了这三项关键技能与高绩效团队的绩效之间的关系。这三项技能你以前无疑也试用过，但是要想成为一名熟练的管理者，你必须磨炼技能，以便出色地完成各项技能活动。

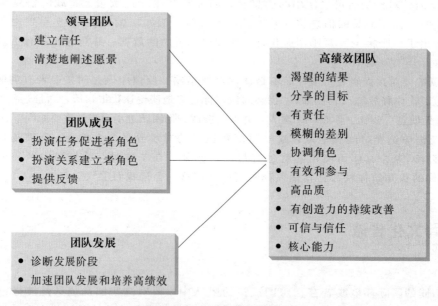

图9-4 高绩效团队的管理技能

行为指南

1. 学会判断你的团队所处的阶段,帮助促进团队的发展。了解团队发展的形成、规范、动荡和执行阶段的关键特征。
2. 在形成阶段提供结构和清晰度,在规范阶段提供支持和鼓励,在动荡阶段提供独立和探测,在执行阶段培育创新和正向偏离。
3. 在领导一个团队的时候,首先要树立自己的可信性,作为让团队成员追随你的先决条件。
4. 基于已经确立的可信性,为你的团队描绘两种目标:SMART 目标和最高目标。
5. 作为团队成员,通过鼓励表 9-5 中列出的不同角色的表现提高你所在团队的绩效。
6. 作为团队成员,通过鼓励表 9-6 中列出的不同角色的表现在你所在团队营造和谐的关系。
7. 当团队成员中有人用破坏性的行为妨碍团队绩效的提高时,直接与这种行为作斗争或者孤立采取破坏行为的成员。
8. 如表 9-7 所示,向并未提供任何帮助的团队成员提供积极的反馈。

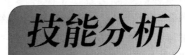

涉及建设有效团队的案例

《塔拉哈西民主党人》的 ELITE 团队

作为对团队深入研究的一部分,卡曾巴赫与史密斯(1993,第 67~72 页)观察了《塔拉哈西民主党人》(*Tallahassee Democrat*)(佛罗里达州塔拉哈西市唯一一份报纸)的一个团队的形成过程。下面是他们对于这个 ELITE 团队如何在一段时间内执行任务的描述。所有的事件与人名都是虚构的。在你阅读描述时,请寻找团队发展阶段的证据。

弗雷德·莫特(Fred Mott)是《塔拉哈西民主党人》(以下简称《民主党人》)报的总经理,他比他的许多对手更早意识到大多数大城市报纸的盈利率及发行量会下降。莫特在一定程度上受了吉姆·巴滕（Jim Batten）的影响，后者在成为 Knight-Ridder 的 CEO 后不久就将"顾客关怀"作为公司重整努力的中心议题。本地的市场也影响了莫特的思维。《民主党人》是塔拉哈西唯一的报纸，并且不管顾客服务记录如何都能赚钱。但是，莫特相信，除非报纸学会"远远超过市场目前的水准"向顾客提供服务，否则永远不会有进一步的发展。ELITE 团队的故事实际上开始于另一个团队的形成，这个团队由莫特与他的直接下属组成。这个管理团队知道他们应该首先改变自己，否则将无法跨越高不可攀的壁垒去建立"顾客关怀"，这一壁垒阻止产品通过广告进行流通。他们承认，这一壁垒已经变得太普遍了，以至于他们不能进行"权力斗争和指点江山"。

利用周一早晨的例会，莫特的小组开始"互相了解彼此的长处及短处，敞开自己的心扉，并且建立信任"。最重要的是，他们通过关注真实的、他们可以共同完成的工作来实现这些。例如，起初他们同意作为团队成员而非每个部门的领导来为报纸制定预算。

经过一段时间，上层行为的改变逐渐被人们意识到。例如，一位后来加入 ELITE 团队的女士观察到，高层经理召开周一晨会时的情景使她与其他人感到很诧异。"看到这些，我不禁想，'他们为什么这么高兴？'"

后来，高层团队变得更加强大和自信，他们也酝酿了更大的雄心：建立顾客中心，打破报纸的壁垒……但是，在组建新团队一年之后，莫特既沮丧又失去了耐心。无论是广告顾客服务部、一系列顾客调查、用以应付过渡期的附加资源，还是高层管理者的说服全都没有作用。广告错误依然存在，销售代理依然抱怨没有足够的时间跟顾客打交道。事实上，新的部门造成了另一个组织壁垒。

顾客调查显示，众多的广告商依然发现《民主党人》对他们的需求不敏锐，并且对于内部程序与期限过于关心。报社内部的人也有调查之外的证据。例如，有一次，一个看上去像"涂鸦"的书写潦草的广告通过传真送达。但是这个广告依然经过了 7 个人的手，如果不是它已经读不出字来，可能会被送去印刷。正如某人评价的："保证它正确不是任何人的工作。如果他们感觉自己的工作只是去把它打印或者张贴出来，他们就会将它传下去。"这份传真被形象地称为"涂鸦传真"，成为《民主党人》所面临的基本挑战的象征……

当时莫特正在阅读摩托罗拉的质量管理项目以及零次品的目标。他决定采取邓拉普（Dunlap）的建议，组建一个由员工组成的特别团队，它的目的就是去除广告中所有的错误。莫特现在承认当时他怀疑前线的人员能否变得像他与他的直接下属一样团结。所以他任命邓拉普，他所信任的女友，担任团队的领导，团队的名字被称为 ELITE（本意为精英），其真实的意思是去除错误（ELIminate The Errors）。

一年之后，莫特对团队重新建立了信任。在 ELITE 的领导之下，广告正确率（这在此之前从未统计过）急剧上升，并保持在 99% 以上。因为错误导致的收入损失，以前曾高达每月 1 万美元，现在几乎已经降为零。广告销售代表对广告顾客服务部很有信心，信任他们的能力，相信他们将每个广告都视为对《民主党人》的生存至关重要的态度。调查显示在广告商满意度方面有巨大的积极改变。莫特认为这绝对算是个小奇迹。

但是，ELITE 的冲击还不只表现在数字上。它完全重新设计了《民主党人》销售、创意、制作及宣传广告的流程。更重要的是，它激发并培养了新流程所必需的顾客关怀与跨部门的合作。实际上，这个大部分由一线员工组成的团队改变了整个组织在顾客服务方面的表现。

ELITE 从一开始就具备了很多有利条件。莫特给这个团队设置了明确的绩效目标（去除错误）以及多种技能的强大组合（来自报社各个部门的 12 名最优秀员工）。他在团队的第一次会议上许诺，"不管你们制定什么方案，都会被执行。"以此来使自己坚持到底。此外，吉姆·巴滕的顾客关怀运动也鼓舞了这个工作小组。

但是，仅有一个良好的支持与向上的公司主题并不能保证 ELITE 成为一个高绩效团队。在这种情况下，在团队成立的最初几个月，正当团队面临挑战时，个人承诺开始出人意料地成长。起初，团队花费更多的时间互相指手画脚，而不是寻找广告错误。只有当著名的"涂鸦传真"事件被重视起来后，人们才开始承认每个人——而不是其他人都有错。然后，一位成员回忆说："我们展开了一些特别艰难的讨论。在那些会议中有人甚至流下了眼泪。"

这一情绪反应促使人们对手中的工作以及彼此产生了感情。并且团队越是团结，就越是全力应付挑战。ELITE 团队决定仔细观察广告销售、创意、印刷和宣传的整个流程，并且从中发现了错误的模式，大多数错误可以归结为时间压力、沟通缺乏及态度恶劣……对彼此的承诺使 ELITE 不断扩展它的雄心。ELITE 最初的任务是去除错误，接着它开始着手消除功能壁垒，然后是重新设计整个广告流程，接着修订用于顾客服务的新标准与衡量尺度，最后，将自身的"顾客关怀"标志扩展到整个《民主党人》……例如，受到 ELITE 的启发，一个制作班组清晨 4 点就来上班，以缓解当天晚些时候的时间压力……

到目前为止，ELITE 的精神仍活在《民主党人》内。"没有开始，也没有结束。"邓拉普说，"每天我们都经历一些能教导我们的事情。"ELITE 的精神使每个人都成为赢家——顾客、员工、经理甚至是 Knight-Ridder 的公司领导。CEO 吉姆·巴滕对此留下了很深刻的印象，因此他同意付钱让 Knight-Ridder 旗下其他报业的经理参观《民主党人》，学习 ELITE 的经验。当然，那些彼此承诺并对他们的报纸作出承诺的 12 个人会留下难以忘怀的冲击与体验。

讨论题

1. ELITE 团队经历了哪些发展阶段？指出案例中四个发展阶段中每一个阶段的特定事例。
2. 你如何解释团队达到了高绩效的状态？最主要的预测因素是什么？
3. 为什么莫特的高层管理团队没有达到高水平的绩效？他的团队缺少什么？为什么需要一个 ELITE 团队？
4. 给出莫特现在应该如何做以充分利用 ELITE 团队经验的建议。如果你是《塔拉哈西民主党人》的顾问，针对如何利用团队建设，你会向莫特提出什么建议？

现金出纳机事件

独立阅读下面的情景，然后完成一个三步骤练习，前两步自己完成，第三步与团队一起进行。每一步都有时间限制。

一位商店店主刚刚关掉店里的灯，忽然出现一名男子，向他要钱。店主打开现金出纳机，该名男子抓起其中的东西后迅速逃跑。店主立即向一名警员报警。

第一步：阅读上面的文字后，合上书。尽量准确地重新写出案例的情景。用你自己的语言对这一事件作出尽可能完善的描述。

第二步：假设你目击了上面所描述的事件。后来，一名记者向你提问题，问你看到了什么，以便为当地报纸写报道。独自回答记者的问题。不要与其他人讨论你的答案。在横线上填写 Y、N 或 DK。因为记者常常时间紧迫，因此你要在 2 分钟内完成第二步。

	回答
Y	是或真的
N	否或假的
DK	不知道，无法讲述出来

第三步：记者想要采访你们整个团队。作为一个团队，应当就每个问题讨论答案，并达成一致的决议，即每个团队成员都同意的团队答案。不要投票或进行内部交易。记者想要知道你们全都同意的观点。在 10 分钟内完成小组讨论。

关于事件的陈述

"作为一名记者，我对这次事件很感兴趣。你可以告诉我发生了什么事情吗？我希望你能回答下面 11 个问题。"

描述

个人的　团队的

_____　_____　1. 当店主关掉店内的灯时，是否出现了一名男子？

_____　_____　2. 抢劫者是否为一名男子？

_____　_____　3. 该名男子没有要钱，这是否正确？

_____　_____　4. 打开现金出纳机的是店主，是吗？

_____　_____　5. 店主是否抓起了现金出纳机里的东西？

_____　_____　6. 那么，有人打开了现金出纳机，对吗？

_____　_____　7. 让我搞清楚，在这个抢钱的男子抓起了现金出纳机里的东西后，他逃跑了，是吗？

_____　_____　8. 现金出纳机里的东西包括钱，但你不知道具体有多少，是吗？

_____　_____　9. 抢劫者向店主要钱了吗？

_____　_____　10. 好吧，总结一下，与这个事件相关的一系列情境中，只有 3 个人牵涉其中：店主、抢钱的男子和一名警员？

_____　_____　11. 让我明确一下我是否理解正确。发生了以下的事情：有人抢钱，现金出纳机被打开了，并且一名男子抓起其中的东西后冲出了商店？

当你完成了团队决策以及与记者的模拟面谈之后，教师会提供正确答案。计算你独自回答时正确的题目数量以及你的团队答对的题目数量。

讨论题

1. 多少人的成绩好过团队整体的成绩，为什么？
2. 为了让你们的团队成绩更好，你认为需要作出哪些改善？
3. 你如何解释大多数团队的绩效要好于最好的人的绩效？
4. 在什么情况下个人的决策会优于团队的决策？

建设有效团队的练习

团队中的领导角色

假设你刚被任命为工作团队的领导者。说明下列每一个情境下,为了确保团队取得成功,你需要解决的主要问题及你应当采取的关键行动。

1. 团队刚刚组建,这是团队的第一次会议。
2. 团队已经组建了一段时间并且已经开过几次会。然而,团队以往的表现是非建设性的,成员们不认真工作,彼此之间花在交际上的时间太多了。
3. 团队成员之间冲突较多。人们坚持的观点似乎无法共存。团队中已经开始出现派系斗争。
4. 团队运转顺畅,表现出色,而你希望确保在维持这一高绩效的基础上更上一层楼。

团队诊断和团队发展练习

为了帮助你开发诊断团队发展阶段的能力,考虑一个你现在身处其中的团队。如果你属于本课程的一个团队,就选择这个。你也可选择一个雇用你的团队、你所在社区的团队或者学校中的另一个团队。完成下面的三步练习。

第一步:使用下面的问题帮助你确定你所在团队的发展阶段。为你的团队的每一个发展阶段评分,确定团队最可能运作的阶段。

第二步:确定哪些行动和干预手段可以使你的团队发展到下一个更高的阶段。明确需要哪些变革的原动力,需要哪些团队成员完成,并且(或者)团队领导者怎样才能促进团队的进一步发展。

第三步:在小群体情境中,与班级内的其他人交流你的得分和建议,并从其他人的诊断中至少挑出一条有价值的观点,把它加入你的设计中。

在对你现在所处团队的评估中使用下面的量表。

评估尺度

1 在我的团队中不典型
2 在我的团队中不是非常典型

3 在我的团队中有些典型
4 在我的团队中非常典型

阶段 1
____ 1. 不是所有的人都清楚团队的目标和目的。
____ 2. 不是团队中所有的人都和其他人相互熟悉。
____ 3. 只有一小部分团队成员积极参与。
____ 4. 团队成员之间的交流是非常安全或者说是有点流于表面的。
____ 5. 全体团队成员间的信任还没有建立。
____ 6. 为了参与其中,许多团队成员需要领导者的指导。

阶段 2
____ 7. 所有的团队成员知道并且赞同团队的目标和目的。
____ 8. 团队成员相互熟悉。
____ 9. 团队成员非常合作并且积极参与团队的活动。
____ 10. 团队成员之间的交流是友好的、个人的和非表面化的。
____ 11. 团队成员中确立了充分的信任。
____ 12. 团队非常团结,并且团队成员对于成为特定群体的成员感觉良好。

阶段 3
____ 13. 团队成员公开地表达不赞同或者不同的观点。
____ 14. 在一些团队成员间存在竞争。
____ 15. 一些团队成员并没有遵守规则或者团队规范。
____ 16. 团队内存在子群体或联盟。
____ 17. 在团队内讨论某些问题时出现了较大的分歧,有些成员站在某一边而另外一些成员站在另一边。
____ 18. 团队领导者的权力和能力受到质疑与挑战。

阶段 4
____ 19. 团队成员忠诚于团队,并且积极合作以提高团队的绩效。
____ 20. 团队成员自由实践新观点、实验、交流有点儿疯狂的事物,或尝试全新的事情。
____ 21. 团队成员展示高水平的能量,对绩效的预期也非常高。
____ 22. 团队成员并不总是意见统一,但是存在高度的信任而且每个人都受到尊敬,因此分歧会顺利得到解决。
____ 23. 团队成员乐于帮助他人获得成功和进步,所以自我扩张被缩小到了最低限度。
____ 24. 团队能够在不牺牲质量的前提下迅速作出决策。

计分

把团队发展的每个阶段的项目得分相加。一般而言,会有一个阶段的得分最高。团队阶段的发展是按照顺序的,所以得分最高的阶段通常也是发展的主要阶段。基于这些分数,确定团队向下一个阶段发展的方法。

阶段 1 项目的总分____
阶段 2 项目的总分____
阶段 3 项目的总分____
阶段 4 项目的总分____

赢得人才之战

在本练习中,你将成立一个六人团队。你的团队将会有一个需要实现的总体目标,每一名团队成员也将有个人目标。这个练习分七步完成,并且完成第一步到第六步总共应花50分钟。

第一步:在你的团队中,阅读下面的情境,这些情境是关于如何在21世纪的组织中吸引和留住有才能的员工的问题。你的团队的目标是收集两条关于如何在公共教育系统中留住优秀教师的具有创新性和操作性的观点。你将有15分钟的时间形成这些观点。

第二步:当每一个团队完成这项任务后,每个人有两分钟的时间阐述两条观点。这些观点会受到评估,并且基于以下的标准选择获胜团队:

- 观点是可行的并且是承担得起的。
- 观点是有趣的、有创造性的并且是不同寻常的。
- 如果它们被实施的话,这些观点很有可能会给现状带来改观。

第三步:除了团队任务以外,每一名团队成员在讨论中被安排扮演三种团队成员角色。下面列出了角色分配表。团队成员可以选择他们希望扮演的角色,也可以由教师指定角色。这些个人任务的目的是让团队成员练习在团队环境中扮演任务促进者角色和关系建立者角色,所以你必须严肃地对待这些任务。但是记住,你只有15分钟的时间。当你的团队完成任务后,每一名团队成员会评估其他成员的有效性,包括他们的角色扮演得如何以及他们怎样帮助团队完成任务。你将有5分钟的时间完成这些评估。

团队成员姓名	角色	绩效评估 低(1)~高(10) 绩效反馈
1	给予指导 促进 强化	
2	信息搜寻 信息给予 详细描述	
3	监督 现实性测试 总结	
4	过程分析 支持 对峙	
5	协调 缓解紧张情绪 使活跃	
6	发展 达成一致 领会	

第四步：每一名团队成员使用上述评估绩效的表格，给团队中的每一名其他成员提供反馈。为了完成表格，确保你关注的是每个人如何执行他分配的角色。最少确定一条你所注意到的每一名团队成员完成任务的事例，由此你可以给每个人提供个人反馈。记住本练习的总体目的是你在团队中扮演有效角色并向其他成员提供反馈的实践。你有5分钟时间完成这个评估任务。

第五步：当所有团队都完成任务后，从每个团队中选出一个代表组成评判小组。这个评判小组评估每一个团队给出的观点的质量。他们商议后宣布一个获胜团队（在团队成员作出选择时，其他的班级成员会希望观察并且评估评判小组及其成员的绩效）。这个评判小组有10分钟的时间选择一个获胜团队。

第六步：团队成员重新回到一起，这时可以给出个人反馈。基于上面的评估表格，每一名团队成员总共花3分钟的时间对所在团队的其他成员给予反馈。提供这个反馈将总共花20分钟。

第七步：就你所观察到的关于团队成员角色的内容进行班级讨论。特别地，请思考你在扮演这些角色时的经历以及在促进任务完成和建立团队凝聚力时，什么是最有效的。

问题情境

大部分"旧经济"公司的高层执行官表现出的主要担心是如何吸引和留住管理人才。既然预期的经济增长是劳动力市场增长的3倍，发现有能力的员工在今后若干年中将是一项持续的挑战。对于那些主要的竞争优势是来自智力资本和员工智慧的组织而言，网络公司、高速增长的公司和高风险—高回报收益的吸引，已经造成了难以置信的困境。猎头、投机资本家，甚至是公司的客户都竭尽全力吸引他们急需的管理人才。对华尔街投资银行家的一份调查显示，几乎一半的人都与某家网络公司有过接触。这些公司拥有投机资本和预计能迅速带来公共回报的商业计划，不难了解为什么网络公司能够成功地从传统公司吸引到管理人才。七位数的薪酬并不罕见。

在智力资本致力于获得额外收益的高度竞争的环境中，想想那些预算远低于"新经济"公司的非营利组织、地方或州政府、艺术组织，甚至是教育机构的困境。当它们无法提供与那些市场资本超过许多非洲国家GDP的公司相媲美的薪水时，它们怎样才能赢得人才？

特别是，美国公众教育体系已经在这个环境中遭受了沉重的打击。现在，美国为每一个孩子花的钱比其他任何国家都多，并且教育的花费比消费价格指数增长要快很多。但是，众所周知的是，将近1/5的公立学校的学生在高中毕业前辍学，并且那些坚持下来的人通过能力考试的百分比也低得惊人——在某些学区，不超过10%。公立学校教师的平均工作年限不超过7年，并且因为这些知识型员工可以在其他地方找到3倍甚至4倍于他们学校薪水的职位，这个数字还在迅速下降。在课堂上，由来自单亲家庭、贫困家庭的学生以及暴力威胁和行为破坏而产生的困难加重了这种情况。很明显，这就是为什么甚至当货币工资上涨时，教书仍然是一份困难的职业。

已经有很多方法被提出，但是很少涉及吸引和留住教师的问题。你们团队的任务是就下列问题给出两个答案：在美国我们应该如何吸引和留住公立学校的教师？你也许希望考虑其他国家的教育体系或者在美国的高效学校系统中是如何做的。

团队绩效练习

本练习的目的是帮助你实践团队形成、发展及有效绩效的动态变化。本练习最重要的部分是让你实践有效的团队领导力和团队成员资格,并精确地判断团队发展的阶段,以便采取适当的行动。

你的导师将把你置于一个由五位成员组成的团队中。作为一个团队,你们的任务是创建一个五角星,就像你们小时候画的那样(见图9-5)。你们要利用一根两头被系起来形成一个圆圈的绳子来完成这个任务。下面是练习的过程:

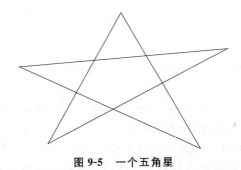

图9-5 一个五角星

1. 在地板上有一根50英尺长的绳子。你们团队的每一个成员都要围绕绳子站定,双手抓住绳子。抓住绳子后,你们就不能再放手,直至练习结束。
2. 你们有5分钟的时间来计划如何利用所有可能的移动创建这个五角星。在这5分钟的策划期内,你们不准移动,必须待在原地。不允许事先练习。
3. 在5分钟的策划阶段结束后,你们就不准再大声讲话。这项任务必须在鸦雀无声的状态下完成。任何团队成员都不得与其他成员有言语上的沟通。只允许进行非言语的沟通。记住,一旦你抓起了绳子,就不能再放开。
4. 当导师给出信号后,你们就可以开始移动来创建五角星了。移动结束后,你们要把绳子放在你们所站立的位置上。不得在地板上重新安排或移动绳子。绳子应该准确地代表你们团队成员的位置。
5. 导师将评估你们的结果,并宣布获胜的一方。

完成任务后,讨论下列问题:

1. 作为一个团队,在预先策划如何完成任务时,特别有效的是什么?特别无效的又是什么?
2. 在团队发展的初始阶段,所利用的暗示是什么?
3. 在整个活动期间,你的团队动态发生了什么变化?它是否从一个阶段变化到了另一个阶段?最后你们形成了一个高绩效团队吗?
4. 你的团队中每一个成员都扮演了什么领导角色和成员角色?哪一个是最有效的?
5. 以最快的速度、最高的质量完成任务的团队与其他团队相比有什么不同之处?
6. 对于团队成员在任务期间不能相互沟通这件事,你们是如何弥补的?

技能应用

建设有效团队的活动

建议作业

1. 教会其他人如何确定一个团队所处的发展阶段，以及在每个阶段，哪些行为最有效。

2. 分析你所处的一个团队的特征。确定它的运行如何才能改善。根据高绩效团队的特征，确定采取什么措施可以改善它的绩效。

3. 对一个试图制定决策、解决问题或者检查问题的真正团队会议进行角色分析。谁扮演什么角色？哪位团队成员的贡献最大？哪位团队成员提供的帮助最少？向团队提供反馈，指出你看到了什么角色，缺少什么角色，团队要提高绩效可以做哪些改进。

4. 为你所领导的团队书写一份正式的愿景描述。确保它具有本章所讨论的有效的、激动人心的愿景描述所具备的特点。特别地，确定你能做些什么，以使团队成员对这个愿景产生承诺。

5. 对你所知的一位优秀的团队领导者进行深入分析。特别关注他发展可信性与持续影响团队成员的方式。搞清楚追随者对于可信性有何看法，而不仅仅是领导者的看法。

6. 教导或者培训其他人，如何成为团队的优秀领导者，如何成为一名优秀的团队成员。说明或列举你教给此人的技能。

应用计划和评估

本练习的目的是帮助你在课外环境和真实的生活中应用这一系列技术。既然你已经熟悉了形成有效技能基础的行为指导，你将通过在日常生活中尝试这些指导原则来获得最大程度的提高。与班级活动不同，在那里反馈是即时的，并且其他人能以他们的评价来帮助你，这里的技能应用活动的实现和评估全部要靠你自己。这个活动包括两个部分：第一部分帮助你准备去应用这些技术；第二部分帮助你评估和改进你的经验。务必回答每一个问题，不要跳过任何一个部分。

第一部分：计划

1. 写下这一技能中对你最重要的两个或三个方面。它们也许是弱点所在、你最想改进的地方或你所面临的问题最突出的地方。明确你想要加以运用的这一技能的特定方面。

2. 现在请确定你将要运用技能的环境或情境。通过记录情境的描述来建立一个行动计划。计划中包括谁？你什么时候完成它？在什么地方做？

情境：

涉及哪些人？

何时？

何地？

3. 明确你将运用这些技能的特定行为。使这些技能具有可操作性。

4. 成功绩效的标准是什么？你怎样知道你是有效的？什么能表明你完成得很好？

第二部分：评估

5. 在你实施了计划以后，记录结果。发生了什么？你有多成功？其他人的反应如何？

6. 你怎样可以得到提高？下次你将做哪些改进？将来在相似的情境下你会做哪些不同的事情？

7. 回顾整个技能练习和运用的经验，你学会了什么？有什么令你感到惊讶？这些经验将怎样长期为你提供帮助？

评分要点与对比数据

团队开发行为

评分要点

技能领域	项目	评估	
		学习前	学习后
领导团队	1~8		
做一名优秀的团队成员	9~12		
诊断并促进团队发展	13~20		
	总分		

对比数据（$N=5\,000$ 名学生）

将你的得分与三个标准进行对比：
1. 可能的最高分 = 120 分；
2. 同班其他同学的得分；
3. 5 000 名商学院学生的平均数据。

学习前得分		学习后得分
96.97 分	= 平均值	= 104.07 分
105 分或以上	= 前 25%	= 113 分或以下
98～104 分	= 25%～50%	= 106～112 分
90～97 分	= 50%～75%	= 98～105 分
89 分或以下	= 后 25%	= 97 分或以下

诊断团队建设的需要

对比数据（$N=10\,000$ 名学生）

平均值：54.22 分
前 25%：70 分或以上
25%～50%：53～69 分
50%～75%：39～52 分
后 25%：38 分或以下

团队中的领导角色（正确答案范例）

情境 1：

1. 解释团队的目标。
2. 确保团队成员彼此熟识。
3. 让团队成员有机会问问题。解答他们的疑虑。
4. 在你与团队成员及团队成员彼此之间建立关系。

5. 培养信任感。

情境 2：

1. 鼓励所有团队成员的积极参与。
2. 培养团队凝聚力，确保趋向一致性的同僚压力。
3. 用支持性的方式提供诚实的反馈。
4. 通过成立小群体、推举魔鬼代言人或关键评估人来防范群体思维。
5. 培养团队认同感和主人翁精神。

情境 3：

1. 建立制度，让团队成员用有帮助的方式表达不同的意见。
2. 确保有礼貌的、支持性的问询和倾听。
3. 致力于相互依赖而不是彼此独立，以便让人们协同工作。
4. 找出共同协议的领域。
5. 强化团队的目标和意图。

情境 4：

1. 鼓励企业家精神和创新理念。
2. 推动正向偏离和高绩效的非凡水平。
3. 充分利用最为积极的团队成员。
4. 努力维持团队成员之间高水平的开诚布公和信任。
5. 宣布并强化最高目标。

Developing Management Skills

第 10 章

领导积极的变革

技能开发目标
- 学习如何在组织中创建正向偏离
- 开发领导积极变革的能力
- 获得动员别人进行积极变革的能力

技能评估
- 领导积极的变革
- 得自他人的最佳自我反馈练习
- 邀请反馈的电子邮件范例

技能学习
- 领导积极的变革
- 变革无处不在,且愈演愈烈
- 对框架的需求
- 领导积极变革的框架
- 小结
- 行为指南

技能分析
- 公司愿景陈述
- 吉姆·马洛奇:保德信房地产和搬迁安置公司的积极变革

技能练习
- 得自他人的最佳自我描述
- 积极的组织诊断练习
- 积极变革议程

技能应用
- 建议的任务
- 应用计划和评估

评分要点与对比数据

技能评估

对领导积极变革的诊断性调查

下面简单介绍本章的评估工具。在阅读本章正文前应当完成所有的评估。

完成初步的评估后，将答案先保存下来，等完成本章正文的学习后，再进行一次技能评估，然后与第一次的评估结果进行比较，看看你究竟学到了什么。

● 领导积极的变革度量的是你有效地领导变革的过程的程度，特别是你在领导积极的变革时开发技能的程度。

● 得自他人的最佳自我反馈练习有助于你了解你在状态最佳时的最大优势和行为以及你做出独特贡献的方式。

领导积极的变革

第一步：在阅读本章内容之前，请对下面的陈述作出回答，把数字写在左栏中（学习前）。你的回答应该反映你现在的态度和行为，而不是你希望它们应该如何。请诚实作答。这一工具的目的在于帮助你评估自己在问题解决和创造性方面的能力水准，借此确定你所需要的特定学习方法。完成这份调查后，参考本章章末的评分方法，从而确定在本章的讨论中对你最为重要的、应该掌握的技能领域。

第二步：当你完成本章中的阅读和练习，尤其是当你尽可能多地掌握了本章后面的技能应用部分后，遮住你先前的答案，对同样的陈述句再做一次回答，这一次是把你的答案填在右栏中（学习后）。完成调查后，采用本章章末的评分方法测量你的进步情况。如果你在特定的技能领域中的得分仍然很低，可以根据技能学习部分的行为指南一节做进一步的练习。

评分尺度

1　完全不同意
2　不同意
3　比较不同意
4　比较同意
5　同意
6　完全同意

评估

学习前　学习后

当我处于一个需要领导变革的领导职位时：

_____　_____　1. 我与其他人互相影响时，能创造积极的能量。
_____　_____　2. 我知道如何释放其他人的积极能量。
_____　_____　3. 我会对遇到痛苦或困难的人表示同情。
_____　_____　4. 适当的时候，我会促进其他人的富有同情心的反应。
_____　_____　5. 我强调我所领导的变革要具有更高目的或意义。
_____　_____　6. 我原谅其他人所引起的损害或他们所犯的错误。
_____　_____　7. 我会保持高标准的绩效，虽然我很容易原谅别人的过失。
_____　_____　8. 我使用的语言会鼓励人们采取善良的行动。
_____　_____　9. 我经常明确地表达我的感激之情，即使是对一个很小的行为。
_____　_____　10. 我会留意正确的事情，而不仅仅是错误的事情。
_____　_____　11. 我经常给其他人积极的反馈。
_____　_____　12. 我会强调强化优势，而不仅仅是克服弱点。
_____　_____　13. 我会更多地使用一些积极的评论而不是消极的评论。
_____　_____　14. 我会把自己（或我的团队）的绩效与最高的标准加以比较。
_____　_____　15. 当我传达一种愿景时，我会在抓住人们的头脑的同时，也抓住他们的心灵。
_____　_____　16. 我努力弥补各种差距——良好的绩效与优秀的绩效之间的差距。
_____　_____　17. 我会示范绝对的正直。
_____　_____　18. 我知道怎样使人们对我的积极变革的愿景作出承诺。
_____　_____　19. 在变革初期，我会利用一些自己有把握取得胜利的小策略。
_____　_____　20. 我已经为我所关心的一些主题开发了可以传授的观点。

得自他人的最佳自我反馈练习

所有人都能回忆起我们自己非常特别的那一瞬间，当我们的自我被发现、被别人肯定，并且投入实践的那一瞬间。这些记忆作为片段埋藏在我们的灵魂深处，它们是那样的鲜活、与我们最本质的自我如此贴切，能够激发我们作为人类的全部潜能。随着时间的流逝，我们收集这些经历使之成为当我们处在自我的最佳状态时的形象描绘。为了帮助形成这种最好的形象，记下那些对我们的优势和不朽的才能给予独到而有价值的见解的人的感觉是非常重要的。这个得自他人的最佳自我反馈练习给我们创造了一个接受关于我们是谁、我们什么时候处在最佳状态的反馈的机会。关于这项练习的一个详细的解释，包括关于它有助于人们成为更好的领导者的支持性调查，都能够在 https：//positiveorgs.bus.umich.edu 上找到，依次点击 DO 和 Tools。

在这项练习中，你将从非常了解你的人那里收集信息。在本章的技能练习部分，你要按要求形成一个基于反馈的最佳自我形象描述。第一步是获取信息。下面说明你将如何开展这项工作。

找出 20 个熟悉你的人，这些人可以是同事（以前的同事或现在的同事）、朋友（老朋友或刚结交的朋友）、家庭成员、邻居、同班同学，或者是任何与你有过接触的人。想一想谁会给你最诚实的建议。组里成员越复杂越好。当然还要考虑由于时间限制，不一定每个人都会回答。你至少需要有 10 个人回答，才能完成这部分的任务。因此，要询问足够多的人来保证至少 10 个回复，争取达到 20 个。

写一份反馈邀请书（参考下面的邀请书范例），并把它发送给你选择的 20 个人。尽管这份邀请书对你来说可能有些尴尬或困难，但是人们发现这项评估是一个意义深刻的学习活动，并且其他人很愿意参与这项练习。你会发现这在很多情况下确实增强了你的人际关系能力。

资料来源：Roberts, L. M., Spreitzer, G., Dutton, J., Quinn, R., Heaphy, E., Barker, B.（2005）. How to play to your strengths, Harvard Business Review, 83：75-80.

邀请反馈的电子邮件范例

我正在参加一门课程，它要求我构建关于我自己独特优势的简介。因此，我被要求接触 20 个很熟悉我的人。我想邀请你来帮我做这个练习。我需要每个人给我提供 3 个我处于最佳状态时的事例。

这需要你考虑你和我的交往，并找出你所看到的我状态最佳的时候。请提供一些例子，以便我能够了解你所描述的情形和特征。我附上了一些类似的事例，仅供参考。

反馈范例：

1. 你最大的优点之一是：使别人团结在一起，并为工作付出所有。

例如，我想起来的那次是：我们正在做 Alpha 项目。我们的进展很慢，压力也越来越大。我们就要临近结束了，因此把注意力都集中在如何在日渐临近的期限前完成任务上。你注意到我们不是在做最好的工作，就让我们停下来重新思考一下我们的方法。你问我们是否只想满足要求，还是真的想做既好又重要的工作。你提醒我们能做什么，以及我们每个人应该怎样做才能得到更好的结果。房间里的其他人都没有想到这些。结果，我们确实按规定的期限做到了，并且创造了一个令我们骄傲的成绩。

2. 你最大的优点之一是：总是很开心。

例如，我想起来的那次是：我们在联盟锦标赛中失利，心情非常沮丧。我们中的所有人都知道我们本来应该做得更好，但我们却因为胆怯而退缩。你就是那个给我们动力并且让我们感觉非常良好的人，不是通过表面上的或是搞笑的方式，而是通过给大家提供在一起做朋友的机会，从而带给大家真正的快乐。我真的很欣赏你总能看到事情好的一面，并且如此的乐观积极。

3. 你最大的优点之一是：面对逆境仍然坚持的能力。

例如，我想起来的那次是：我们的一个重要报告没有按时完成。弗兰克辞职了，我们人手不够。你没有气馁，而是比我见过的其他任何人都更加卖力。我认为你可能 48 小时都没有休息。我感到非常惊讶，你居然能在这样的条件下创造如此高质量的成果。

请给我你的反馈：通过完成下面的陈述为我提供三个你观察到的关于我的优势的范例。

1. 你最大的优点之一是：

例如，我想起来的那次是：

2. 你最大的优点之一是：

例如，我想起来的那次是：

3. 你最大的优点之一是：

例如，我想起来的那次是：

请把你的反馈在_____（具体日期）之前通过电子邮件发送给我。非常感谢你的合作。我保证会与你分享我所学到的东西。

当你获得反馈以后，根据本章技能练习部分提供的指导编写最佳自我描述。

资料来源：Adapted from, "Reflected best-self exercise: Assignment and instructions for participants." Center for Positive Organization Scholarship, Ross School of Business, University of Michigan, Product ♯ 01B, 2003.

领导积极的变革

　　领导力（leadership）一词经常被当作描述管理人员想要获得的任何行为的一个万能词汇。"良好的领导力"通常被用于解释任何积极的组织绩效的取得——从股票价格的上升，到国家经济形势的好转，到感到幸福的员工。杂志封面会大肆宣传领导者的显著成就，而且成功或失败的原因通常会被归于处于最高地位的人。当队员表现不佳的时候，教练就会被辞退；当顾客选择竞争对手的产品的时候，首席执行官就会被罢免；当国家的经济不景气的时候，总统就会被赶下台。

　　相反，当一个组织取得成功的时候，它的领导者就会被冠以英雄的称号（例如，杰夫·贝索斯、沃伦·巴菲特、比尔·盖茨、史蒂夫·乔布斯）。领导者作为替罪羊或英雄，是一种形象化的比喻，鲜活且适于现代社会。不过，从理智上讲，我们大多数人都知道，一个组织要取得成功，除了领导者的行为之外，还有其他很多因素，但是我们也认识到，领导力是能够帮助组织做得更好的最重要的影响力之一（Cameron, 2012; Cameron 和 Lavine, 2006; Pfeffer, 2015）。

　　有些作者对领导力和管理（management）的概念进行了区分（Kotter, 1999; Maxwell 和 Covey, 2007）。领导力经常被用于描述在变化的条件下个人的所作所为。当组织处于动荡状态，正在经历改革的时候，人们就会表现出领导力。相反，管理在传统上经常与现状联系在一起。维持稳定性是管理人员的工作。领导者要将精力放在设定方向、发起变革及创造新事物上面，而管理人员则要维持稳定的状态，控制变动，并改善当前的绩效。领导力被等同于动荡、振动性和感召力；而管理则被视为预测、均衡和控制。因此，领导力经常被界定为"做正确的事情"，而管理则经常被界定为"把事情做正确"。

　　但是，最近的研究表明，对于领导力和管理之间的这种区分，在过去几十年可能是合适的，但现在不再有任何作用了（Cameron 和 Lavine, 2006; Cameron, 2012; Quinn 和

Quinn，2015）。如果不能成为优秀的领导者，管理人员就不可能取得成功，同时，如果不能成为优秀的管理人员，领导者也不可能取得成功。组织和个人再也不可能有幸保持现状；不可能把事情做正确而同时不需要做正确的事情；不可能保持系统的稳定而不进行变革和改进；不可能维持目前的绩效而不创造新事物；不可能全神贯注于均衡和控制，而不重视活力和感召力。有效的管理和领导力在很大程度上是不可分离的（Cameron等，2014）。

在后工业化的动荡的21世纪，如果一个组织没有同时拥有管理能力和领导力的人才，是很难生存下去的。领导变革与稳定性管理，设定愿景与实现目标，打破常规与合规性监管，尽管是自相矛盾的，但都是必须成功做到的。有效的管理人员大多数时候也是优秀的领导者。成为有效的领导者所需要的技能与成为有效的管理人员所需要的技能在本质上是一样的。

不过，奎因（Quinn，2004）曾经提醒过我们，没有一个人会是永远的领导者。领导力是特定的技能和能力被表现出来时的一种临时情形。

理解了领导力是临时的，那么在动态的情况下我们就需要从根本上重新界定我们如何思考、发挥和开发领导力。我们逐渐发现，大多数人，包括首席执行官、总统及总理，在大多数时间都不是领导者。我们还发现任何人都可以成为一名领导者。然而大多数时候，我们都不是领导者。

本章我们着重讲述体现领导力的最普通的行为——领导变革。在领导变革的时候，领导力的临时性状态最有可能被揭示出来。也就是说，无论领导者的英雄形象如何，每一个人都可以培养领导变革所需要的技能。在某个点上，每一个人都可以成为领导者，而且大多数人确实成了领导者。然而，有效地领导变革会涉及一套很难掌握的复杂技能，需要一定的协助才能完成，因为变革的过程中总会存在一些困难。

变革无处不在，且愈演愈烈

我们生活在一个动态的、动荡的，甚至是混乱的世界中，这已经不是新闻。几乎没有人有任何把握预测未来10年内世界将会是什么样子。世事瞬息万变。例如，我们知道，现在已经存在这种技术，可以把计算能力与正常尺寸相当的计算机置于手表之中，或者把相当于膝上电脑的装置注射入流动的血液中。新的计算机开始被蚀刻在分子上面，而不再是硅晶片上面。你所能叫出名字的任何技术（从复杂的计算机到核装置，再到软件）的半衰期都不到6个月。在半年内，任何东西都可以被复制出来。

人类基因组的绘制可能是变革的最大来源，因为我们现在不仅可以把香蕉变成一种药剂接种给人类用于抵抗疟疾，而且新的器官开发和生理调节都会极大地改变人们的生活方式。变革不仅是无处不在、无时不有的，而且几乎每一个人都可以预言，它将呈指数形式愈演愈烈。

对框架的需求

框架（frameworks）或理论可以帮助在不断的变革中提供稳定性和秩序。为了说明框架的重要性，我们以诺贝尔奖获得者赫伯特·西蒙（Herbert A. Simon）进行的一个简单的实验为例。实验主题是显示一个处于棋局中间的棋盘。实验对象有些是富有经验的棋手，有些是新手。他们有10秒的时间先观察棋盘，然后棋盘就会被清除干净。实验要求是把棋子重新摆放到棋盘上，要和它们被清除前摆放的位置一样。这个实验实际上是在计算机上进行的，所以清除棋盘非常简单，并且每一个人都有多次机会重新尝试。每一次尝试都显示不同的棋局。

要调查的问题是：对于新手和富有经验的棋手，哪一组能够更好地重新摆放棋子？在观察棋盘10秒钟之后，哪些人能够最精确地将每一个棋子重新摆放在它原来的位置？每一组都有自己的优势。

一方面，新手的心态不会受到先入之见的干扰。他们将以全新的观点看待棋盘。这与对下列问题的回答类似：教一个人学习一门新的语言，什么时间最佳？3岁还是30岁？事实是，3岁的人比30岁的人学起来更快。这表明，新手或许能够更好地完成这项任务，因为他们不会有先入之见。另一方面，相反的观点是，经验是有一定的价值的，有经验的棋手对棋盘比较熟悉，这会让他们更成功。

实验的结果非常具有戏剧性。当时，能够精确地重新摆放棋子的新手不到5%，而能够精确地重新摆放棋子的有经验的棋手高达80%多。当有经验的棋手看棋盘的时候，他们看到了类似的模式，或者被称为框架。他们会这样说："这看起来像列宁格勒保卫战，只是这个象的位置不对，还有这两个卒的安排也不一样。"有经验的棋手很快就能认出这种模式，然后将注意力集中于棋盘上的几个特殊之处。相反，因为新手没有模式（或框架）来指导他们的决策，所以他们需要关注每一个棋子，就好像每一个都是例外。

框架对管理人员而言也起到同样的作用。它们可以厘清复杂或模糊的情形。熟悉框架的人可以有效地管理复杂的情形，因为他们只需要对少数几个例外作出反应。没有框架的人需要把每一条信息都当作一个独特的事件或例外来反应。最好的管理人员会掌握大多数最有用的框架。当他们遇到一种新的情形的时候，他们不会不知所措或倍感压力，因为他们拥有框架，而框架能够帮助简化和厘清他们不熟悉的部分。

本章我们提供了一个用来管理变革的作用巨大的框架。然而，我们希望你不仅能够鼓励变革并学会应对目前混沌的环境，而且可以熟练领导积极的变革。领导积极的变革与管理变革并不是一回事。

为了说明领导普通的变革和领导积极的变革之间的区别，请考虑图10-1中的连续区间（Cameron, 2003b）。它显示了一条直线，这条直线描述了位于中间的正常的健康绩效，位于左边的不健康的负绩效，以及位于右边的不同寻常的正绩效。大多数组织和大多数管理人员都在努力保持位于区间中间的绩效。人们和组织努力地变得健康、有成效、高效率、可靠、相容和道德。当处于区间的中间时，事情让人感觉最舒服。

第 10 章 领导积极的变革

个人：	负向偏离	正常	正向偏离
生理上的（医学研究）	生病	健康	良好
心理上的（心理学研究）	生病	健康	流畅
组织和管理：（管理和组织研究）			
收益	不盈利的	盈利的	丰厚的
有效性	无效的	有效的	优秀的
效率	无效率的	有效率的	非凡的
质量	容易出错的	可靠的	无瑕疵的
道德规范	不道德的	道德的	有德行的
关系	充满冲突的	可相容的	充满关心的
适应性	威胁—坚固型	可以应对的	繁荣的

↑ 不足差距　　↑ 富裕差距

图 10-1　负向偏离和正向偏离的连续区间

资料来源：Cameron，2003b.

我们通常把左边的区间称为**负向偏离**（negative deviance）。这是指错误、过失和问题。大多数管理者将时间都花费在努力让自己的员工和部门远离区间终点处的负向偏离，靠近区间的更合意的中点。负向偏离的人会受到大量的压力。

然而，区间右边的人通常也面临同样的压力。例如，假设你遇到一群在工作中正向偏离的人，他们是毫无瑕疵的执行者，能够做好他们所做的每一件事情，并且经常能保持优异的表现。他们太完美了，以至于让人感到不舒服。他们让其他人感到有负罪感。他们是速率的突破者。我们会因为他们胜过别人而指责他们。这样他们就会有很大的压力让自己回到正常的表现范围内。大多数时候，我们会坚持让其他人待在中间范围内。不管是处在区间的右边，还是处在区间的左边，通常都会被解释为违背了游戏规则。

大部分情况下，领导者和管理人员都负责确保他们的组织保持在如图 10-1 所示的区间的中间。他们会解决来自区间左边的对他们的组织存在威胁的问题和挑战（例如，不道德的行为、令人不满意的员工或顾客、财务上的损失，等等）。如果能够让组织处在中间的状态——盈利、有效、可靠，大多数领导者和管理人员就会很满意。实际上，几乎所有关于组织和管理的研究都把焦点放在如何确保组织在正常范围内运行上（Cameron，2014）。

图 10-1 中区间的右边代表正向偏离的组织，它们追求的是非同寻常的绩效。除了仅仅是有效、有效率和可靠之外，它们可能还会努力做到慈善的、生意兴隆的和毫无瑕疵的。

区间的右边被称为绩效的**富裕近似值**（abundance approach），左边被称为绩效的**不足近似值**（deficit approach）（Cameron，2012；Cameron 和 Lavine，2006）。有太多的注意力被放在了如何解决问题、克服障碍、打败竞争对手、消除错误、赢得利润以及弥补不足差距上了，而没有放在如何让一个组织欣欣向荣、富有生命力等方面。弥补不足差距所得到的关注远远超过了缩短富裕差距（Cameron，2008）。例如，我们的同事，吉姆·沃尔什（Jim Walsh，1999）发现，像"赢""打败"和"竞争"这样的词汇主导着过去 20 年的商业媒体，而像"德行""关爱"和"同情"这样的词汇则很少出现。由于关于领导力、管理和组织的大多数研究将注意力集中于区间的左边和中间点，因此对于图 10-1 中区间的右边及其概念了解得较少。然而，本章我们讨论的重点是领导填充富裕差距的变革。

领导积极变革的框架

领导积极的变革（leading positive change）是一种旨在揭示积极的人类潜能的管理技能。积极的变革能够使个人在其工作中感受到增值、协作、活力和意义。它旨在创造富裕和人类的康乐状态。它能制造正向偏离。它认为人的身心都能发生积极的变革。

案例。有关这种变革的一个例子发生在新英格兰医院。当一位深受众人喜爱的副总裁被迫辞职的时候，这家医院遭遇了领导危机（Cameron, 2012; Cameron 和 Caza, 2002）。大多数员工都认为他是医院里最有效、最富创新力的管理者，是积极的能量和积极变革的主要典范。他辞职后，组织陷入了混乱。冲突、背后中伤、批评及对抗的感觉弥漫在整个系统中。最后，一群员工呼吁董事会用被辞退的这位副总裁换掉在任的总裁兼首席执行官。员工们对当前的领导层丧失了信心，医院的绩效不断下滑。最终，他们的游说成功了，总裁兼首席执行官迫于压力不得不辞职，而原来那位倍受喜爱的副总裁又被重新雇用，成为总裁兼首席执行官。

不过，在他回来的 6 个月内，医院糟糕的财务状况迫使医院要裁员 10%。医院面临上百万美元的损失。这位新上任的首席执行官不得不裁撤一些人的工作岗位，而有些人恰恰是支持他回来的人。这种行为最有可能产生的后果就是加剧因裁员产生的丧失忠诚度和士气的负面影响，加深不公平和奸诈的印象，并导致谴责。基于对裁员所产生的影响的研究，混乱和敌对的氛围几乎肯定会延续一阵子（Cameron, Whetten 和 Kim, 1987; Cooper, Pardley 和 Quick, 2012; Datta 等, 2010）。

但是，这家医院却出现了相反的情形。这位新任首席执行官一回来就作出达成一致的努力方向，要在组织内进行积极的变革，而不仅仅是管理被要求的变革。他把宽恕、乐观、信任和忠诚进行了制度化。在整个组织内，友善和美德等富有同情心的行为几乎已成为家常便饭。其中的一个标志就是在整个组织内所使用的语言，主要包括爱、希望、同情、宽恕及谦逊，尤其是在提到宣布裁员决策的领导者时所使用的语言。

> 我们处在竞争非常激烈的医疗市场上，所以我们要通过自己的同情和关爱文化做到与众不同……我知道这听起来有点老生常谈的意味，但是，我们确实爱我们的病人……人们喜欢在这里工作，而且他们的家人也爱我们……即使在我们裁员的时候，[我们的领导者]也保持着最高水平的诚信。他把事实告诉我们，并且与我们分享每一件事情。因为他的真诚和对个人的关心，他得到了每一个人的支持……宽恕并不难。（来自员工焦点小组访谈的代表性回答，2012）

重新设计后，即使是医院的实体建筑，也反映了其积极变革的态度，它的设计为病人营造了一种更加仁慈的氛围，传达了组织的德行。例如，在产房里安装了双人床（以前是没有的），以便丈夫可以与妻子一起休息，而不用再整夜坐在椅子上；为家庭和朋友提供了无数的公共房间供他们待在一起；走廊和地板都铺上了地毯；提供宠物来安慰和鼓励病人；墙上悬挂体现乐观和鼓励主题的原版画；护士站设在病人在床上可以看得到的地方；

在产房里安装了 Jacuzzis 浴缸；准备特殊的食物来满足病人的饮食偏好；等等。员工表示，领导积极的变革（而不仅仅是管理变革）是他们恢复和生存下来的关键。员工们指出，特殊的语言、行动和流程是组织复兴的关键。图 10-2 说明了医院将注意力集中于德行之后，其财务状况的巨大改变。

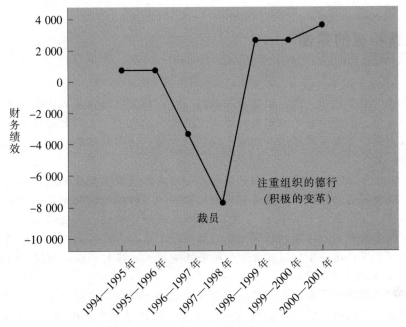

图 10-2 医院在进行积极变革之后的财务绩效（收入以千美元计）

资料来源：Cameron, Bright, & Caza, 2003.

积极变革的五个技巧。本章讲述了有效地领导积极变革所需要的五项关键的管理技能和行为，包括：(1) 营造积极的氛围；(2) 做好进行变革的准备；(3) 阐述富裕的愿景；(4) 为愿景而奋斗；(5) 把积极的变革制度化（Avey, Wernsing 和 Luthans, 2008；Cameron, 2012；Cameron 和 Ulrich, 1986）。图 10-3 概括了这些步骤，我们要在下面对它们进行讨论。

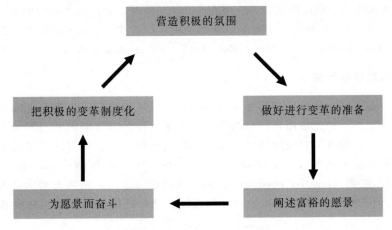

图 10-3 积极变革的框架

当然，积极变革的领导者并不都是首席执行官，也不一定都处在权威的职位上。相反，组织中所表现出来的最重要的领导力通常发生在部门、分部和团队中，并且是由暂时进入领导状态的人完成的（Meyerson，2001；Quinn，2004）。换句话说，这些原理对于初次成为管理人员的人就像对有经验的管理人员一样适用。

营造积极的氛围

领导积极的变革的第一步，也是最关键的一步，就是通过营造积极的氛围来确立进行积极变革的舞台。因为所有的组织都会处在不断的变化之中，大多数管理人员在大多数时间都把注意力集中于变革消极的一面或有问题的方面。困难和障碍比令人愉快的事情吸引了我们更多的关注。

Baumeister等（2001）指出，消极事件、不好的事情及不赞成的反馈意见对人的影响比积极的、鼓舞人心的和乐观的事情对人的影响更大，持续的时间更长。例如，如果有人破门进入你家，并偷走了1 000美元，它对你所造成的影响比有人送给你1 000美元的礼物对你造成的影响更大，持续的时间更长。如果三个人对你的外表进行了称赞，但有一个人进行了批评，那么这一个批评比那三个称赞影响更大。换句话说，根据Baumeister对文献的回顾，"坏的比好的更强大"。

相对于积极的现象而言，人们更倾向于注意消极的现象，这是有充分的理由的。忽略一个消极的事件或威胁可能成本高昂或危机重重；而错过一次积极的、令人愉悦的经历，只会让你感到遗憾，并不会有什么严重的后果。因此，管理人员和组织（经常面临问题、威胁和障碍）就会倾向于关注消极的事情，而不是积极的事情。要领导积极的变革就要违反常规。这不是一件自然的事情。甘地的陈述说明了积极性的重要性，尽管很难真正做到：

> 保持积极的思想，因为思想会成为语言。保持积极的语言，因为语言会成为行为。保持积极的行为，因为行为会成为习惯。保持积极的习惯，因为习惯会成为价值观。保持积极的价值观，因为价值观会成为命运。（Gold，2002）

为了在组织中营造积极的氛围，管理人员必须至少帮助创造三个必要的条件：（1）积极的能量网络；（2）富有同情心、宽恕和感激的氛围；（3）关注优势和最好的自我（Cameron，2013；Fredrickson和Branigan，2005；Roberts等，2005；Zhang和Bartol，2010）。

创建积极的能量网络

你曾经待在一个让你感觉很好的人身边吗？每次见面之后，你都会更加幸福、更有能量、更积极向上吗？相比较而言，你认识那种经常批评、非常消极和沮丧的人吗？他们看起来会耗尽你自己拥有的积极能量吗？最近的研究发现，人们在与别人相处的过程中，可以被分为"积极增能者"或"消极增能者"（Baker，Cross和Wooten，2003；Cameron，2013）。**积极增能者（positive energizers）** 是那些能够增强与创造活力和生命力的人。**消极增能者（negative energizers）** 是耗尽别人的美好感觉和热情，并让别人感觉被贬低，或精疲力竭的人。

近期的研究表明，与消极增能者相比，积极增能者是更高级的管理者，能够让别人表现得更好，并且更能帮助组织取得成功（Baker 等，2003；Cameron，2013；Powley，2009；Ramlall，2008）。从别人那里汲取能量的人一般爱挑剔，表现出消极的观点，不能融入别人，并且比积极增能者更容易以自我为中心。成为积极增能者的人一般对于人际关系保持敏感，值得信任，对别人进行支持性的评论，主动参与社会交往，在思考问题时灵活且能容忍别人，不自私。他们不一定具有超凡的魅力、令人眼花缭乱或盲目乐观。他们并不一定每时每刻都充满热情，面露微笑。积极增能者是乐观且愿意付出的，围绕在他们身边的人会感觉非常好。最为重要的是，积极的能量是可以开发的。在准备迎接变革的时候，营造积极的氛围是至关重要的。

要营造积极的范围，你需要识别积极增能者，并确保形成与这些增能者有关的人员网络。积极增能者应该被安置在其他人能够与他们联系并且能够受他们影响的位置。研究发现，与积极增能者相联系的人能够表现得更好，就像积极增能者本身所做到的那样。窍门之一就是确保你和其他人都能与积极增能者并肩作战。整个团队的绩效都将得到提升。你可以通过下列途径培养其他人的积极能量：（1）自己示范积极的能量（致力于帮助其他人获得幸福感）；（2）找出能够示范积极能量的人，并予以奖励（这些人很少得到认可或感谢）；（3）为个人提供在工作中建立友谊的机会（这通常是积极能量的诱因）。

确保一种富有同情心、宽恕和感激的氛围

积极氛围的另一个方面是在组织内适当地体现出同情、宽恕和感激。这些词语听起来可能有些过于感情化和软弱，当用在为竞争激烈的商业世界探讨管理技能的开发时，甚至有些不合时宜。然而，近期的研究发现，它们是预测组织成功的重要指标。在这些特征上得分很高的公司会比其他公司表现得好很多（Cameron，2003b，2012，2013）。也就是说，当管理人员在员工中培养出富有同情心的行为，原谅失误和错误，并对积极的事件表现出感激的时候，他们的公司在盈利能力、生产率、质量、创新和客户保持方面都会胜过其他公司。重视这些德行的管理人员更容易实现盈利目标（Cameron 等，2011；Rego，Ribeiro 和 Cunha，2010）。

很简单，关注这些概念就是承认员工在工作中会有作为人的顾虑——他们在工作和个人生活中会感到疼痛，会遇到困难，并且会遭遇不公平。你所认识的人中超过50%的人目前正在经历家人患重病、关系破裂、与充满敌意和令人不愉快的同事或合作者共事，或者正处在负荷过重、精疲力竭的情况下（Cameron，2017；Worline 和 Dutton，2017）。你认识的人中大部分此时此刻正在经历某种痛苦。然而，许多组织都不允许员工的个人问题干扰工作。人的问题被放置在工作相关问题之后。不管个人发生了什么事，其工作责任和绩效预期都保持不变。

但是，为了领导积极的变革，管理人员必须创建这样一种氛围，在这种氛围中，要承认人的问题，并要让其得到治疗和恢复。因为变革经常产生痛苦、不舒服和破裂，积极变革的领导者要对那些会破坏许多变革努力的个人问题非常敏感。没有良好的愿望和积极的情感，几乎所有的变革都会失败。因此，释放人们的内在脾性，让他们感觉到同情，宽恕错误，并表现出感激，都有助于积累成功地进行积极变革所需要的人力资本和人力储备（Cameron，2017；Hazen，2008）。如何做到这一点呢？

同情心。Worline 和 Dutton（2017）发现，当管理人员在组织内培育出下列三种行为的时候，他就在组织内构建起了同情心：**集体的注意（collective noticing）、集体的情感（collective feeling）和集体的反应（collective responding）**（也可参见 Boyatzis，Smith 和 Blaize，2006；Kanov 等，2003）。当人们遇到困难的时候，第一步是注意到，或者仅仅是知道发生了什么事情。例如，思科系统公司（Cisco Systems）内部有一条铁律，就是当任何员工或其家庭成员去世或得了严重疾病的时候，必须在48小时内通知首席执行官约翰·钱伯斯（John Chambers）。人们在关注需要帮助的同事。

第二步是让集体的情感得到表达。人们能够分享情感（如悲痛、支持或爱）的集会或活动有助于营造富有同情心的氛围。例如，在为最近去世的管理人员举行的纪念活动中，首席执行官与大家一起洒泪，这就是一种强有力的信号，意味着对人的痛苦遭遇表现出同情对这个组织很重要（Frost, 2003）。

第三步是集体的反应，在员工需要治疗或养病的时候，意味着管理人员要保证作出适当的反应。在2001年"9·11"惨案之后，美国的许多组织都表现出了富有同情心（和没有同情心）的例子。尽管有些领导人在他们所作出的反应中示范了关爱和同情，但也有一些人禁止了疗伤的过程（见Cameron, 2017; Dutton等, 2002; Worline和Dutton, 2017）。

宽恕。大多数管理人员认为在工作环境中宽恕几乎没有立足之地。因为存在高质量标准、消除错误的需求，以及"第一次就做正确"的要求，所以管理人员认为他们不能容许犯了错误而不受到惩罚。他们的结论是，宽恕错误只会让人们更加粗心和不加思考。然而，宽恕和高标准并不是水火不相容的。这是因为宽恕与原谅、赦免、借口、忘却、抵赖、减轻，或信任是不完全一样的（Enright和Coyle, 1998）。

宽恕并不意味着解除对冒犯者的处罚（如原谅），或者说冒犯是可以的，不严重的，或是可以忘记的（如赦免、借口、抵赖、减轻）。宽恕并不是要忘记冒犯。相反，一个组织的宽恕涉及摒弃由冒犯产生的怨恨、痛苦和指责，而是对受到的伤害或损害采取积极的、向前看的态度，从错误中吸取教训（Bright和Exline, 2012; Caldwell和Dixon, 2010; Cameron和Caza, 2002）。

例如，由于小小的冒犯和意见不一致几乎在所有的人际关系中都会发生，尤其是在亲密的关系中，所以，大多数人都是很老练的宽恕者。没有宽恕，关系就不可能维持下去，组织就会陷入争吵、冲突和敌对之中。比如，欧洲经济联盟之所以能成功地组建，其中一个原因就是宽恕（Glynn, 1994）。总体来说，法国、荷兰和英国宽恕了德国在二战期间的暴行，就像其他的受害国一样。同样，美国和越南之间在越南战争后达成的相互谅解有助于解释随后几十年中它们的经济繁荣和社会交往。而世界上战火纷飞的某些地方之所以缺少和平，正是因为某些组织和国家彼此不能宽恕过去的侵犯（Helmic和Petersen, 2001）。

诺贝尔奖获得者戴斯蒙德·图图（Desmond Tutu）在他对实行种族隔离制度后的南非的描述中解释了宽恕的重要性：

> 最后，你会发现，没有宽恕，就没有未来。我们应该认识到，惩罚并不能改变过去……现在进行报复没有什么意义，因为它将成为我们所惩罚的那些人的后代将来进行报复的理由。报复导致进一步的复仇。报复毁灭了它所要求得到的东西，以及那些深陷其中不能自拔的人……因此，宽恕对于人类的继续生存是绝对必要的。（Tutu, 1998, p. xiii; 1999, p. 155）

当管理人员做到下列几点的时候，宽恕在组织内就会得到加强。

1. 承认其组织成员所受到的创伤、损害和不公平待遇，但是把这种伤害性事件的发生界定为一种向新的目标前进的机会。
2. 把组织的成果（例如，它的产品和服务）与更高的宗旨联系在一起，这种更高的宗旨对于组织成员而言要有个人意义，并能通过对更高目标的关注来替代对自身的关注

(例如，报酬、自怜自哀）。

3. 维持高标准，并传达宽恕并不等同于容忍错误或降低预期。通过宽恕，不再把焦点放在事情消极的一面上，而是放在如何取得优异的成就上。

4. 宣传在组织优先考虑的事情中，人的发展和福利与财务指标一样重要，并提供支持。这种支持能够帮助员工走出过去的伤害，看见前进的曙光。

5. 注意语言的使用，使宽恕、同情、谦逊、勇气和爱等词汇容易让人接受；这种语言可以提供一种人文主义根基，是大多数宽恕发生的基础。

感激。观察到富有同情心和宽恕的行为（更不用提这些行为的接受者了）可以让人产生**感激（gratitude）**之情（Emmons，2007）。一个人表达的感激往往会激发其他人表达感激，从而形成一个源源不绝的良性循环。感激在组织中是至关重要的，因为它让人们回报人情、做善事来回报善事、富有同情心并公正地行事。

感激的情愫对于个人和组织的绩效有巨大的影响。例如，埃蒙斯（2003）通过布置学生写一个学期的日记来引导学生的感激情愫。有些学生被要求每天或每周都记下"让人感激的事情"。也就是说，他们要写下在一天（或一周）中所发生的让他们有感激之情的事情或事件。其他学生则被安排写下让他们沮丧的事情或事件，另外还有一些学生被安排写下一些近乎中性的事情或事件。与记录令人沮丧或中性事件的学生相比，写感激日记的学生所经历的头痛、感冒等身体上的不适更少，对生活的整体感觉更好，对未来的一周更加乐观，在改变、注意力、决心和能量方面的状态更好，更乐于助人，睡眠质量更好，并且更有与别人休戚相关的感觉。除此之外，他们迟到和旷课的比率更低、平均分更高。感激之情对于学生在课堂上的表现与对人们的个人生活具有同样重要的影响。

麦克雷（McCraty）和齐尔德（Childre，2004）解释了为什么感激之情会对人们的生活产生积极的影响。他们研究了人们处在沮丧或充满压力的工作条件下的心率，并与处在让人感激的工作条件下的人们的心率变化相比较。在短短 100 秒的时间里，一个人的心率随着他由沮丧转换到感激而从不规则的失常状态回复平稳跳动。从生理的角度看，感激之情是有益健康的。

埃蒙斯还发现，感激会引发其他人的积极行为（如他们更愿意借钱给别人，提供富有同情心的支持，作出相互支持的行为）。例如，如果服务员在饭店账单上手写一句"感谢惠顾"，他得到的小费就会提高 11%，并且，如果得到感谢，社工的到访比率会提高 80%（McCullough，Emmons 和 Tsang，2002）。人们对于感激的表达会作出积极的反应。因此，感激不仅会让人感觉很好，也会让人做得很好。

通过经常且明显地表达自己的感激之情，即使是对很小的动作和微小的成功也要感激，就可以在组织内营造充满感激的氛围。你是否曾经对你所在大厦的门卫、餐饮服务人员或保洁人员表达过感激？表达感激对于绩效有着显著的影响。

关注优势和最好的自我

识别人们的优势（或者他们做对了的事情），并对其进行增强，能够比识别人们的弱势（或他们做错了的事情）并予以纠正创造更多的利益（Gallup Business Journal，2018；Rath，2009）。例如，在组织内最优秀的员工（而不是最差的员工）身上花费更长时间的管理人员，可以获得双倍的生产率。在工人有机会"每天都做他们最擅长的事情"的组织内，生产率是正常组织的 1.5 倍。与得到弱势反馈意见的人相比，得到优势反馈意见的人会更有参与感，并且会有更高的生产率。得到关于其才能的反馈意见的学生，与没有得到这种反馈的学生相比，逃课的天数更少，迟到的次数也更少，而且会获得更高的平均分。在为了提高阅读能力而设立的速读班中，原本阅读速度就很快的学员比原本阅读速度很慢的学员提高的更多（Biswas-Diener，Kashadan 和 Minhas，2011；Clifton 和 Harter，2003）。

得自他人的最佳自我反馈。管理人员可以用来增强积极性和关注优势的一种技术是"**得自他人的最佳自我反馈**"（**reflected best-self feedback**）（Quinn，Dutton 和 Spreitzer，2003）。这种技术是由密歇根大学罗斯商学院开发的，被很多高校和公司采用。它的目的是为人们提供有关他们的优势及独特能力的反馈。这样的信息即使曾经有人提供过，也是不经常的，但是收到这样的信息却能使人们以积极的方式增强他们的独特优势。图 10-4 显示了从这种练习中得到的反馈。

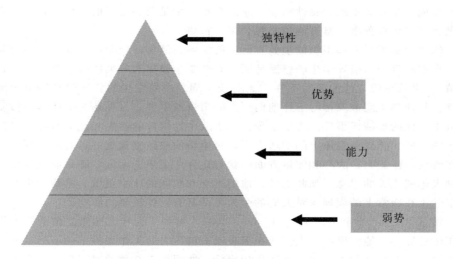

图 10-4　个人的弱势、能力、优势及独特性

我们从图 10-4 的最底部开始分析。我们大多数人都有很多弱势——没有开发的领域、我们不知道的领域，以及我们不擅长的领域。大多数反馈系统提供的信息都是关于这些领域的，以及在这些领域，我们与其他人的能力相比如何。这些在图 10-4 中被标记为**弱势**（weakness）。还有一些领域，是我们有能力做的，而且做得很好——虽然不是一流的，但已足够好。这些被标记为**能力**（competence）。第三种是技能开发得很好的领域。在某些领域，我们表现得很杰出。我们拥有特殊的能力或才能，我们比大多数人做得更好。这是**优势**（strength）领域。最后，还有一些领域，在其中我们是独一无二的。如果我们不贡献我们的所有，或者，如果我们不共享我们的能力和天赋，就没有其他人有这个能力去做。我们的才能或技能是特殊的。我们把这一领域称为**独特性**（uniqueness）领域。研究表明，加强我们的优势和独特性比试图克服弱势更能取得成功——尽管弱势更多、更明显（Clifton 和 Harter，2003；Rath，2001）。

如果你在本章的技能评估部分已经参与了得自他人的最佳自我反馈流程，那么你已经得到了反映你的关键优势和特殊才能（这种信息既稀缺又珍贵）的反馈。这些主题代表了你的最佳自我优势和独特性。

这种反馈的力量在于它是以事件和故事而不是数字或曲线的形式给出的，因此它与你的行为和技能是直接相关的。这些都是可以强化的优势和独特性。这种反馈甚至不会提到弱势或缺点，因此它不是为了激励你克服不擅长的领域。相反，它会帮助你做最好的自己。

当然，完全地忽略弱势和不足也是不健康的。从长期来看，只关注积极方面而忽视弱势领域是不健康的。只是大多数人，以及大多数组织，几乎都只关注消极方面，从而忽略或至少是轻视了积极的方面。得自他人的最佳自我反馈技术是扭转这种趋势的方法之一。

总结。只有很少的人能够生活或工作在一种积极的可以体验到积极能量的组织氛围中。因此，积极变革领导者的作用就是培养和营造这种氛围。表10-1总结了一些你可以实施的具体行为。创建积极的能量网络，培养同情心、宽恕和感激，在别人的优势上更上一层楼以及采用积极沟通都是有效领导积极的变革的初步措施。

表 10-1 营造积极的氛围

1. 创建积极的能量网络。
   - 把积极增能者放在合适的位置，让其他人可以与他们联系，并受到他们的影响。
   - 自己示范积极的能量。
   - 识别并奖励积极增能者。
   - 为人们提供在工作中建立亲密友谊的机会。
2. 确保一种富有同情心、宽恕和感激的氛围。
   - 能够使集体注意到个人的问题。
   - 能够表达集体的情感。
   - 对困难、疼痛或不幸能够作出集体的反应。
   - 公开并亲自承认创伤和伤害。
   - 设定更高的目标，让人们为之奋斗。
   - 维持高标准，在错误出现后能够向前看。
   - 向受到伤害的人提供个人的支持。
   - 注意语言的使用，以便让有德行的词汇被人们接受。
   - 经常且明显地表达感激之情，即使对很小的行为也要这样。
   - 记录做对了的事情（而不只是做错了的事情）。
3. 识别人们的优势和独一无二的能力，并给予反馈。
   - 实施得自他人的最佳自我反馈流程。
   - 花更多的时间与最好的员工在一起。
   - 增强优势，而不只是关注如何克服弱势。
   - 在与别人相处的时候，让你的积极评论与消极评论的比率为5：1。

做好进行变革的准备

除了营造积极的氛围之外，人们还必须感觉到进行变革的必要，并理解它的重要性和紧迫性。积极的氛围是至关重要的基础，但是，领导积极的变革还要求人们参与变革的实际流程。因此，领导积极变革的第二步，就是让参与变革的人做好准备。这方面有许多技能可以使用，这里只介绍四个。

以最佳惯例为基准，并把当前的绩效与最高标准进行比较

做好变革准备的一种方式是把当前的绩效水平与你所能找到的最高标准进行比较。找出别人的令人惊奇的绩效水平，有助于设定令人向往的标准，也就是找到了一种机会目

标。这被称为确定基准点，即找到最佳惯例，仔细研究，并计划超过这个绩效。原理类似于"枪打出头鸟"。找出最佳惯例并不意味着要抄袭它，而是向它学习，然后超越它。计划的绩效必须是超过最佳惯例，否则，寻找基准就只是模仿而已。

你可以使用下面几种标准将自己的绩效与其他人的绩效进行比较。

- **比较标准**，或者说是把当前的绩效与类似的人或组织进行比较（例如，"这是与我们最大的竞争对手相比之下我们的做法"）。
- **目标标准**，或者说是把当前的绩效与公开声明的目标进行比较（例如，"这是与我们设定的目标相比之下我们的做法"）。
- **改进标准**，或者说是把当前的绩效与在过去所做的改进进行比较（例如，"这是与我们去年的改进相比之下我们的做法"）。
- **理想标准**，或者说是把当前的绩效与理想或完美的标准进行比较（例如，"这是与零缺陷标准相比之下我们的做法"）。
- **利益相关者的预期**，或者说是把当前的绩效与顾客、员工或其他利益相关者的期望进行比较（例如，"这是我们在满足客户需求方面的做法"）。

哪一种比较标准最合适取决于存在什么机会，哪一种标准最适合组织成员，以及哪一种标准是可以实现的，这些比较的目的是通过寻找更高的绩效水平并显示其实现的可能性，来凸显可以获得的机会。

找出基准标准有助于确保可以引进新信息、新想法和新观点，以及在实现之前被认为不太可能的标准。可以通过赞助来访者，举办学习活动（座谈会）或会议，组建学习团队，以及安排到其他地方访问，向做同样的工作但比你做得好的人学习。目标是通过学习可能存在的更好的方式，把人们从对过去的惯例的依赖中解放出来。

设立象征性事件

要想成功地领导积极的变革，你必须通过一定的象征性符号来标记做事情的旧方式的结束和新方式的开始。用一件事来表示积极的变革的开始或新的未来是一种有效的方式。

例如，20 世纪 80 年代，克莱斯勒经历了一段黑暗的日子。公司濒临破产，没有人知道公司能否挺过难关。李·艾柯卡（Lee Iacocca）是走马上任的新首席执行官。数以万计的汽车被搁置在"销售银行"（克莱斯勒对停放在空地上的汽车的称谓）中等待出售。在艾柯卡对公司高级执行人员进行的第一次内部演讲中，他宣布要废除"销售银行"。停放在"销售银行"中的所有汽车都将以"处理价格"出售。"但是，"他说，"我希望留下一辆。你们都知道当人们付清抵押贷款时他们会怎么办；他们会在前面的草地上把它烧掉。我要在总部前面的草地上把最后一辆汽车烧掉，这样，全世界的人都知道它结束了！"（Cameron, 1985）。实际上，这就是一件象征性的事件，"销售银行"中的最后一辆汽车被烧掉了，标志着艾柯卡领导下的新时代开始了。

具有象征意义的形象所传达的信息要比在演讲中单纯地说说更有力量。因为具有象征意义的形象既可以抓住人的心，又可以抓住人的头脑，这是积极变革得以发生的必要资源。

创造一种新的语言

为变革做好准备的另一种方式是帮助组织成员使用不同的语言来描述过去的事情。当使用新的语言时，观点就会改变。例如，迪士尼公司主题公园部的主要目标是提供世界上最好的服务。问题是，在夏季的几个月中，迪士尼主题公园的大多数员工都是临时打工的在校大学生,他们并不甘心在公园里打扫卫生或者是在零食摊那儿收钱。迪士尼通过向所有新员工传播一种他们都是由表演中心雇来的,而不是由人事部门雇用的思想,来解决这个挑战。他们是表演者,而不是迪士尼的员工。他们穿的是演出服,而不是工装。他们服务的是客人和观众,而不是游客。他们工作在吸引人的地方,而不是在长廊。在剧组中他们有角色,要扮演人物(即使是场地管理员),而不只是在打工。在工作时间内,他们是在舞台上,如果要休息、吃饭或社交的话,他们必须走下舞台。

使用这种替代语言的目的是改变这些员工对他们的工作的看法,把他们置于一种不会有其他想法的精神状态中。在迪士尼,暑期员工负责表演业务——在舞台上,扮演角色,为观众表演。改变语言有助于消除旧的解释和创建新的解释。

克服阻力

每一次改变都会遇到来自某些人的阻力。因为变化总是让人感到不舒服,并且会造成未来的不确定性,因此大多数人都会以某种方式对变化进行抵制。上面提到的为变革做好准备的三种方法很有帮助,不过你还可以考虑下列方法。这些方法旨在让原本可能阻碍变革的人成为变革的支持者和倡导者。

- 搞清楚哪些人是阻挠者、哪些人会听任变革发生、哪些人会帮助变革、哪些人会发起变革。培养变革发起者及第一批跟随者。给予这些人认可,鼓励他们带动其他人。
- 鼓励其他人参与变革的计划和实施。参与几乎总是能够减少抵抗,带来支持。
- 指出变革可以带来的好处、所具有的优势以及潜在的机遇。让人们明白如果变革失败有可能发生哪些糟糕的事情。指出成功的先例。
- 呵护阻挠者的自尊心。不要强迫他们顺从。不要诋毁他们的观点。尽量认可他们的想法、恐惧和理由,但要想办法帮助他们看清可以如何克服阻碍。
- 找到人们具有共识的地方。成功谈判的基本准则就是找出双方都赞同的事物,然后以此为基础达成共识。这一准则也适用于克服阻力。找出你们都有共识的东西,然后利用这一共同点向前推进。

总结

做好准备是旨在动员组织中的个体主动参与积极变革流程的步骤。它所涉及的不仅仅是释放人们。让人们感到不舒服是使人们做好变革准备的常用方法,而这种方法经常是有用的。然而,让人们感到不舒服通常会引起更强烈的抵抗。因此,领导积极的变革致力于找到可以释放积极的动机,而不是抵制的方法。它提供的是乐观的选择,而不是恐惧。以最佳惯例为基准、积极的象征、新的语言以及克服阻力是做好准备的四种切实可行的方式,表 10-2 对它们进行了总结。

表 10-2 让其他人做好追寻积极变革的准备
1. 将最佳惯例设为基准,并把当前的绩效与最高标准进行比较。 ● 利用可以比较的其他人作为标准。 ● 利用声明的目标作为标准。 ● 利用过去的改进作为标准。 ● 利用一个理想作为标准。 ● 利用其他人的预期作为标准。

续表

2. 设立象征性的事件来标志积极变革的开始。
   - 把事件或活动解释为新时代开始的标志。
   - 管理人们对于事件的描述和心理意象，从而增强期望的变革。
   - 对变革的意义和变革的主旨同样重视。
3. 创造一种新的语言来阐述积极的变革。
   - 使用与变革有关的词汇来抓住人们的想象。
   - 使用充满热情的、鼓舞人心的语言。
   - 使用可以交流和强化新方向的词汇。
4. 克服阻力
   - 搞清楚哪些人是阻挠者、哪些人会听任变革发生、哪些人会帮助变革、哪些人会发起变革。培养变革发起者及第一批跟随者。
   - 鼓励其他人参与变革的计划和实施。
   - 指出变革可以带来的好处、所具有的优势以及潜在的机遇。
   - 呵护阻挠者的自尊心。
   - 找到人们具有共识的地方。

如果不能清楚地了解积极变革要走向何处，那么创造积极的氛围和做好变革的准备都没有什么用。这就是为什么在框架的第三步提出要阐述一个清楚的、鼓舞人心的富裕愿景。

阐述富裕的愿景

如果领导者不能阐述一种**富裕的愿景**（vision of abundance）（见图10-1），可能就不会发生积极的变革。所谓的富裕，是指一种愿景致力于做一些与众不同的事，一些比一个人的生命还持久的事，以及具有不朽的影响的事。富裕愿景与目标实现愿景或有效性愿景（如赢得一定百分比的利润，成为市场中的龙头老大，或获得个人的声望）不同。它们是直击人的心灵和大脑的愿景。

例如，位于美国俄亥俄州克利夫兰的Finast超市的首席执行官理查德·博格莫尔尼（Richard Bogomolny）的愿景，是改善克利夫兰环境恶劣地区的居民的生活质量，他们几乎没有以合理的具有竞争力的价格定价的杂货店。他在贫穷的市区投资建设了新的、现代化的超级市场，货架上摆满郊区商店不太常见的各种食品，并且提供了安全、洁净的购物环境，而价格也足以与郊区的购物中心媲美。现在，Finast超市已经成为整个社区的社交集会场所，为长期失业的人提供培训和就业机会，同时，它还成为公司利润很高的一笔投资（Bollier，1996）。没有领导者对富裕愿景的明确陈述，那种仅注重解决问题、清除障碍和赚钱的倾向就会毁掉积极的变革。

大多数组织都有一些使命陈述或目标陈述，但是，**愿景陈述**（vision statement）（特别是富裕愿景）跟它们是不一样的。如图10-1所示，愿景陈述代表了一种正向偏离状态而不仅仅是解决问题，代表了实现人类最佳状态的东西，而不仅仅是金钱或名誉。

兼顾左右脑的特征

许多年前，神经外科医生发现，人的大脑由两个半球构成，当经过外科手术把它们分开时，它们能独立工作。左半球控制身体的右边，并控制理性的认知活动，如连续思维、逻辑、演绎、数字思维等。类似阅读、解数学题和理性分析这样的活动都是由左脑思维控制的。

大脑的右半球控制着身体的左边以及非理性的认知活动，如直觉、创造性、幻想、情感、图画和想象。创作音乐、讲故事和艺术创作几乎都是与右脑思维联系在一起的。

当然，两个半球彼此之间并不是完全独立的，一项复杂的任务会同时需要两种精神活动。这正是重点所在。领导者的愿景陈述必须包括理性的目标、目的和行动计划（左脑成分），同时也要有比喻、丰富多彩的语言和形象（右脑成分）。不幸的是，大多数管理人员和组织在其使命陈述中都只强调左脑成分（例如，他们关注的是提高市场份额，成为行业的龙头老大，或提高质量标准），而很少有人会使用令人兴奋的语言描绘未来的图画，以及提到成员的想象力。

本章的技能分析部分会提供几个公司的愿景陈述供你分析。要注意它们对左脑思维与右脑思维侧重点的不同。

通过回答下列问题，可以帮助你弄清楚愿景的左脑成分：
- 作为一个组织，我们最重要的优势是什么？我们在哪方面具有战略优势？
- 我们面临的主要问题和障碍是什么？是什么阻碍了重大的改进？
- 我们需要的首要资源是什么？需要什么信息？
- 我们的关键客户是谁？我们必须做些什么来应对他们的期望？
- 我们将会实现哪些可以衡量的业绩？衡量的标准是什么？

通过回答下列问题，可以帮助你弄清楚愿景的右脑成分：
- 我们能实现的最佳状态是怎样的？什么能代表最高的绩效？
- 能够代表我们的故事或事件是什么？
- 我们可以使用什么样的比喻来描述我们的组织未来会是什么样子？
- 什么标志有助于抓住人们的想象力？
- 哪些丰富多彩、鼓舞人心的语言能够说明我们的信仰？

最鼓舞人心的愿景陈述——例如，丘吉尔的"永不放弃"演讲，约翰·肯尼迪的"不要问你的国家能为你做什么"演讲，曼德拉的"一个我时刻准备为之付出生命的梦想"演讲，以及马丁·路德·金的"我有一个梦想"演讲——都是既包含左脑成分，又包含右脑成分。积极变革的领导者在阐述他们的愿景陈述时应该注意这两个方面。

使愿景陈述有趣

莫瑞·戴维斯（Murray Davis, 1971）发表了一篇非常经典的文章，内容是关于某些信息被判断为有趣或无趣的依据是什么。根据戴维斯的观点，信息的真实性与它是否有趣的判断没有什么关系。相反，信息的有趣性取决于信息与获得微弱支持的假设相矛盾的程度，以及挑战现状的程度。如果新的信息与大家已经知道的内容相一致，那么人们就会将其视为常识而不再考虑。如果新的信息与获得强烈支持的假设很明显地相互矛盾，或者，如果它很嚣张地挑战组织成员的核心价值观，它就会被认为是可笑的、愚蠢的，或者是大不敬的。有助于创造看待未来的新方式的信息，挑战事情的当前状态（但不是核心价值观）的信息，会被视为有趣的。因为这种信息会让人们思考，或者揭示一种新的思考方式，所以就产生了新的洞察力，而人们也会被吸引到这种信息中来（参见 Bartunek, Rynes 和 Ireland, 2006）。

鼓舞人心的愿景陈述是有趣的。它们包含挑战和刺激，会与人们对过去和未来进行思考的方式产生对抗，并会改变它们。它们的信息本身并不古怪或傲慢，只是富有煽动性。

例如，CH2MHill（一家大型的环境和工程公司）的首席执行官拉尔夫·彼得森（Ralph Peterson）指出，"公司的永存"是公司的最终目标，这意味着公司的成果持续的时间要比公司的生命还长。生产鞋子和服装的添柏岚公司（Timberland）的首席执行官杰弗里·施瓦茨（Jeffrey Schwartz）所拥护的愿景是与帮助别人方能诸事顺利有关的——组织的德行与组织的盈利能力同样重要。苹果公司前任首席执行官斯蒂夫·乔布斯提出了人手一台计算机的愿景。

当然，列举这些例子的目的不是说它们是最好的愿景陈述，甚至不是能够激励你的愿景陈述。但是，在每一个例子中，它们都包含对于所提到的组织成员而言是强烈且鼓舞人心的信息。它们有助于描绘人们所关心的但是挑战了人们的正常认知的事物的心智图。这些陈述之所以有趣，是因为它们吸引了注意力，并且具有积极的能量。

包括激情和准则

富裕的愿景是以组织成员都坚信并且对其充满热情的核心价值观为基础的。这样的愿景陈述能提高人们追随领导者、参与到组织中去的愿望。因此，愿景所体现的准则必须是有关个人的。一个关注"提高生产率"的愿景，与一个基于"改变人们的生活"的愿景相比，就不那么鼓舞人心。"获得盈利能力"就不如"帮助人们提升幸福感"那么有吸引力。

除此之外，愿景最好使用最高级的短语来表达。请看下面的对比，注意你有什么不同的感觉："显著的成绩"与"成功"，或者"充满热情地参与"与"效忠于"，或者"爆炸式的增长"与"令人满意的进步"，抑或者"杰出的产品"与"有用的物品"。以前面的词汇为基础的愿景要比以后面的词汇为基础的愿景更能激发热情和激情。

下面的例子是苹果公司前任首席执行官约翰·斯卡利（John Sculley）在愿景陈述中所使用的语言：

> 我们都处在创建一个杰出公司的征途中。我们将来想要做的事情是之前从未做过的……人手一台计算机仍然是我们的梦想……我们有激情改变这个世界。我们要让个人计算机在工作、教育和家中成为一种生活方式。苹果人是变化的典范……我们要成为发现新的做事方式的催化剂……苹果方式的开始是充满激情地创造一种杰出的产品，这种产品带有很多与众不同的内在价值……我们为苹果选定了方向，它将带领我们到达从未梦想过的奇妙境界。（Sculley，1987）

最后，愿景陈述必须直接、简单。领导者在阐述愿景陈述的时候经常犯的一个错误就是过于复杂、冗长、多面。大多数伟大的领导者都承认，他们心中的主要目标并不多。他们的愿景能够帮助人们把精力集中起来。

为愿景贴上一个标志

有效的愿景陈述都会与一个标志相联系。这不仅仅是为变革做好准备的那种标志性事件，而是人们必须把愿景与他们看得见或听得见的某种有形事物联系起来。这可以让人们随时想起愿景。可以是一个口号、演讲中的一个短语、一面旗帜、一种物质结构或任何可以提醒组织愿景的事物。

福特汽车公司在威廉·克莱·福特（William Clay Ford）接管之后的转折标志就是恢复总部建筑物上的蓝色福特椭圆形标志。克莱斯勒也重新使用其经典的克莱斯勒标识来代替五角星。Malden Mills在被火烧毁的工厂原址上重新修建了一个工厂，以此来标志人类的义务和公司的悲悯。世贸中心大楼的替代性建筑物被特别指明要象征一种在灾难性悲剧之后的积极向上的未来。金拱门、耐克勾、米老鼠等标志都是受到保护的,其宣传是经过深思熟虑的,因为它们所传达的标志性信息代表了它们的公司。

表 10-3 概括了在阐述一个具有高度影响力的富裕愿景时可以采用的一些具体行为。

表 10-3 阐述富裕愿景

1. 以创建正向偏离为中心,而不是更正问题。
   - 关注可能发生的事物,而不是概率。
   - 关注不同寻常的、引人注目的成就,而不仅仅是赢,或看起来是成功的。
2. 通过提问下列问题来形成左脑的形象:
   - 我们最重要的优势是什么?
   - 我们面临的主要问题和障碍是什么?
   - 我们需要的首要资源是什么?
   - 我们必须做些什么来应对客户的期望?
   - 我们将会实现哪些可以衡量的业绩?
   - 衡量的标准是什么?
3. 通过提问下列问题来形成右脑的形象:
   - 什么能代表最高的绩效?
   - 什么符号、隐喻或故事有助于抓住人们的想象力?
   - 哪些丰富多彩、鼓舞人心的语言能够说明我们的信仰?
4. 通过挑战大家不是那么强烈支持的假定来让愿景富有趣味。
   - 将愿景与具有个人意义的核心价值观联系起来。
   - 确保消息简单明了。
   - 使用令人兴奋的、鼓舞人心的语言。
5. 为愿景附加一个标志,以便经常提醒人们关注愿景。
   - 创建可视的形象,如标识、旗帜或标志。
   - 确保可视的标志与愿景紧密地联系在一起,这样标志就会变成一种经常的提醒。

为愿景而奋斗

一旦阐述了这种富裕愿景,领导者就有必要帮助组织成员为愿景作出承诺,签署承担义务的合约,将愿景视如己出,并为它的实现而努力工作。愿景的目的是激发实施愿景并受其影响的个体的能量和潜力。下面讨论激发人们为愿景作出承诺的三种方法。其他方法在关于激励、授权和团队工作的章节中已经做了深入的探讨。

应用娱乐原则

查克·库恩莱德(Chuck Coonradt, 2007)发现了一个非常有趣的事实:"人们愿意为了获得比拿薪水时更努力地工作的特权而付钱。"再花一分钟的时间考虑一下。人们愿意为了工作的特权去付钱,而不是去工作以获得报酬。在某种情形下,人们更愿意从事会让他们花钱的工作,而不是去做可以让他们获得报酬的工作。这是怎么回事呢?在什么情况下会发生这样的事呢?

考虑下面这个假设的例子。假设是冬天,你住在犹他州,当你到了办公室后,你发现暖气炉坏了。当温度下降到 65 华氏度时,你穿上了大衣。到 60 华氏度时,你开始抱怨太冷了,以至于无法工作。到 55 华氏度的时候,你离开了办公室,自信没有人会希望你在这种恶劣的条件下工作。然后,你穿上价值 500 美元的滑雪服,抓起价值 750 美元的滑雪橇和靴子,冲上山坡，去购买115美元的缆车票、75美元的汽油以及30美元的汉堡包当午餐。你将在只有10华氏度的气候条件下待一整天，卖力地去滑雪，比你在公司拿报酬工作时还卖力。

如果这听起来有点不同寻常，那就考虑一下当滑雪地区的第一场大雪降临的时候，当海边城市的海浪升上来的时候，或者在狩猎或钓鱼季节开始的第一天，公司和学校里急剧蹿升的旷工（课）比率就知道了。相对于拿报酬而工作来说，人们更愿意选择付钱去工作。

好，你会说，这是因为它很有趣。那是消遣、娱乐。是的，你是对的。但是，为什么日常所做的工作不能具有消遣娱乐所具有的特征呢？换句话说，让人们想要参与休闲工作的原因同样也可以成为让他们想从事职业工作的原因。**休闲工作（recreational work）**一般至少具有五个特征（Coonradt，2007）。

1. 目标已经被清楚地界定。
2. 得分是客观的，是自行实施的，受到伙伴监督，并且会与过去的成绩相比较。
3. 反馈是经常的。
4. 会出现个人选择；规则是一致的，并且在赛季结束之前都不会有变化。
5. 存在一种竞争性的环境。

我们以橄榄球比赛为例。每一年，密歇根大学在每一场比赛中平均都有112 000名球迷，他们中的每一个人都清楚地知道目标是比对手获得更多的分数。比赛中不需要定期的成绩评估系统，因为只有当有球队穿过得分线或者射门的时候分数才会改变。没有关于如何获得成功的猜测。反馈不仅是经常的，而且是持续的。当时间用完的时候，比赛就结束了。如果不是连续地记分并且有时间限制的话，可能没有人会考虑玩这种游戏。

只要不违反比赛规则，每一名球员和球迷都可以有自己的选择。球员可以全速跑动，也可以不这样；球迷可以欢呼，也可以不欢呼；球队可以带球跑，也可以传球。没有人强迫人们去扮演他们不想扮演的角色。只有协调和控制者存在，因为每个人都知道规则，而且规则不会变化。越位就是越位，第一次进攻就是第一次进攻，达阵就是达阵。当进攻的一方没有人防守，从而在达阵区轻易得分的时候，没有人认为美国大学联盟锦标赛（NCAA）会争论这个球值多少分。没有人会说："轻易得分；无人防守；只值4.5分。"没有人支持这样的分数，112 000名球迷会疯掉的。在娱乐中，规则是不会轻易改变的。

此外，环境是竞争性的——不管是跟对手竞争，还是跟过去的成绩竞争。与某些事情竞争，这种刺激是很有趣的。与技术很差的某个人比赛——结果是100∶0，也是没有什么乐趣的。

尽管这些原则有其内在的激励性，但是很多领导者的行为却经常与之相悖。他们的愿景没有被清楚且精确地表达出来。组织内没有客观的、自行实施的评估系统。记分系统是由在等级上更高一层的管理人员控制的，而不是像在娱乐中那样由同事监督且是连续的。评估标准是模糊不清的，而且在管理上不一致。组织反馈经常只在季度收益报表编制出来之后才有，而且经常集中在做错了的事情上。个人自由是经常被限制的，在大多数大型组织中通常设有的复杂的官僚等级结构可以证明这一点。成功的标准在中途被改变也是很常见的，尤其是由一位新的管理人员接管的时候。并且，大多数员工从来都没有看到过他们所做的努力对于最终目标的实现，或者赢得竞争对手有什么作用。

关键是，领导者让别人为愿景而奋斗的一种方法是将娱乐的原则写入愿景陈述中，从而使人们热切地追寻这些目标。

确保公开的承诺

还有一种有案可稽的方式可以增强对愿景的承诺，那就是让人们公开地大声说出他们的承诺。有了公开声明，人们的行为就会尽量与之保持一致（Munson等，2015；Salancik，1977）。这种内在的一致性需求可以确保在公开声明之后会有与之一致的行动。在做了公开宣言之后，个人会更加致力于他们所宣布的事情，在行为上会更加一致（Baker，

2001；Cialidini，2008）。

例如，在二战期间，美国的好肉块供应紧张。卢因（1951）发现，大声承诺要采购更多的差强人意的肉块（如肝脏、肾、脑）的购物者与私下作出同样承诺的购物者履行承诺的水平之间存在重大的差异。

在另一项研究中，一个大学班级中的学生被分成两组。所有的学生都要设定关于他们要读多少本书，以及在考试中要获得多少分数的目标。不过，只有一半的学生可以在班级中对其他所有学生公开声明这些目标。到了期中之后，公开声明目标的学生平均进步了86％，而没有公开声明目标的学生只有平均14％的进步。

20世纪40年代末期，田纳西河谷管理局（Tennessee Valley Authority，TVA）想要建一座大坝，但发现当地的农民强烈地反对这个项目，因为他们的田地将被淹没。为了克服这种抵制情绪，并让当地农民为这个项目作出承诺，田纳西河谷管理局让当地农民进入董事会，这样他们就可以监督建设工作的进行。当地的这些农民开始代表TVA项目作出公开声明，他们后来越来越投身于这个项目了（Selznick，1949）。

这里的要点是，如果你抓住机会让他人公开作出支持你的愿景的声明，或者让他们自己重申愿景，你就能更好地领导积极的变革。把个体派到外部的小组或其他员工那里去阐述愿景，或者成立讨论小组让小组成员帮忙提炼或阐明愿景，这些都是为了增强对愿景的承诺而抓住进行公开声明的机会的例子。

制定小量成功战略

当看到所取得的进步或实现的成功的时候，人们会更热衷于变革。相对于失败者，我们都会更加忠于胜利者。当一个球队获得好成绩的时候，球迷就会观看比过去他们成绩差时更多的比赛。声称为赢了的候选人投过票的人数总是大大超过实际投票数。换言之，当我们看到成功，或者取得进步的时候，我们更热衷于作出积极的反应，会继续那条道路，会继续提供我们的支持。

积极变革的领导者会通过识别小量成功（在第2章中讨论管理压力，以及问题解决和授权时所提到的战略）来获得这种支持。小量成功战略适用于各种技能增强活动，所以，在这里我们会重复那部分讨论。关键的信息是，小量成功的出现和公开有助于为想要的变革创造承诺与增强动力（Weick，1981）。例如，我们曾经观察到，当领导者开始发起一项重大变革的时候，总是从一些小的改变开始，例如，挂一幅新画、废除预留停车位、增设奖项、升旗、定期举行社交活动、设立建议体系等。这些小变化（有数千个）中的每一个都是为了创造一种可以看得见的变革而开展的。

小量成功战略的设计是通过创造小而迅速的变化来形成一种动力。实施小量成功战略的基本经验法则是：寻找一些容易改变的事情。改变它。公开它，或者公开认可它。然后，寻找第二件容易改变的事情，并重复上面的流程。

小量成功之所以能创造对愿景的承诺，是因为：（1）它们降低了任何变化的重要性（"作出这样的变化不是什么大事。"）；（2）它们减少了对群体或个人的需要（"没有很多事情要做。"）；（3）它们提高了参与者的信心（"至少我可以做这个。"）；（4）它们有助于避免抵抗或报复（"即使他们不同意，也只是很小的损失。"）；（5）它们可以吸引同盟，并创造一种流行效应（"我想与这次成功有点联系。"）；（6）它们树立了进步的形象（"事情看起来有进步。"）；（7）如果行不通，也只是一次小小的失败（"没有造成很大的损害，也没有产生持久的效应。"）；（8）它们提供了多个竞技的舞台（"在唯一的领域内，抵抗是不能调和或组织的"）（Weick，1993）。

换句话说，通过运用休闲工作中的原则，提供公开声明所做承诺的机会，制定小量成功战略，以及经常地、持续地、广泛地传达愿景，可以增强对愿景的承诺。如同表10-4所总结的那样，你所获得的对愿景的承诺可以达到你所说、所做及所奖励的程度，但是没有一致性和持续性，就不一定能达到你想要的程度。

表10-4　为愿景而奋斗

1. 把休闲工作的原则应用到与愿景有关的工作中：
   - 明确地界定目标。
   - 确保得分是客观的，是自行实施的，受到伙伴监督，并且会与过去的成绩相比较。
   - 保证经常的（或持续的）反馈。
   - 确保规则是一致的，并且不会变化。
   - 提供一种竞争性的环境。
2. 让人们有机会公开为愿景作出承诺。
   - 举办人们可以用言辞表达承诺的活动。
   - 让人们向其他人阐述愿景，或邀请其他人为愿景作出承诺。
3. 制定小量成功战略。
   - 寻找一些容易改变的事情。
   - 改变它。
   - 公开它。
   - 将上述流程重复多次。

把积极的变革制度化

领导积极的变革的最后一步是确保变革的可持续。美军总司令把这一步称为**"创造不可逆转的势头"**（creating irreversible momentum），也就是说，确保积极的变革获得这种不可阻挡的势头（U.S. Army, 2003）。其目标是确保即使在领导者离开之后，积极的变革也会因为有持续的动力存在和不可逆转的势头被创造出来而继续下去。

当然，促进可持续不是瞬间完成的事，积极变革的前四个步骤——营造积极的氛围、做好准备、阐述愿景及作出承诺都是必须首先成功完成的。然而，如果不可持续，那么由于变革将不了了之，其他步骤也就无关紧要了。这将只是一个短暂的抢跑。因此，你是否实现了积极变革的可持续？下面给出三个建议。

把学生变成老师

大多数时候，我们都认为阐述富裕愿景是领导者的责任，其他人只需要听和接受就可以了。教师教授学生知识，而学生则学会这些知识并参加考试。负责人指明方向，其他人跟随即可。

但是，最有效的领导者会为组织中的每一个人都提供阐述愿景的机会，或者提供教授别人关于想要的积极变革的机会。这个过程要求每一个人都形成"一个可以传授的观点"（Tichy, 1997）。形成你自己的可以传授的观点意味着你开始相信某些事情，并且可以清楚地解释它是什么以及为什么。换言之，你将能够达到用自己的语言阐述愿景的境界。你获得了向其他人传授你是怎样理解积极变革的机会。你要以能够向其他人解释清楚的方式形成自己对于积极变革的看法。也就是说，你从学生或聆听者转变成了老师或梦想者。

位于缅因州贝瑟尔（Bethel）的国家培训实验室的研究者们发现了一个**"学习阶梯"**（**learning stair**）（见图10-5）。他们的研究发现，人们能够记住5%的他们在演讲中所听到的东西，10%的他们所阅读的东西，20%的他们在视频上看到的东西，30%的他们观察到的被展示的东西，50%的他们在小组中所讨论的东西，75%的他们所应用的东西，以及90%的他们向别人传授的东西。也就是说，通过向别人传授愿景，或想要的积极变革，你会记住它、忠于它，并将它作为个人议事日程的一部分。

学习的记忆保持

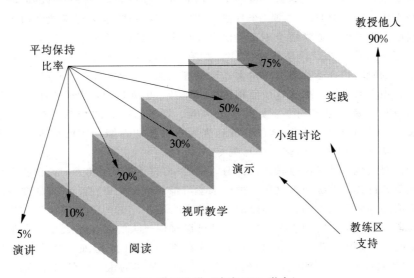

图10-5 学习阶梯（来自NTL学会）

资料来源：The Learning Stairs；NTL Institute for Applied Behavioral Science，1091 South Bell Street，#300，Arlington VA22202.

在施乐的雷克斯·克恩（Rex Kern）身上就体现了这个原则。雷克斯·克恩是一位著名的领导者，他在20世纪80年代末期和90年代早期带领施乐公司进行了转变。雷克斯·克恩的重点是通过让学生成为老师来迅速地把积极变革制度化。他花了一定的时间与高级领导团队分享进行积极变革的愿景。然后，这些领导者被要求去实施他们所听到的内容，也就是说，去实施个人的行动议程，并作出个人的改变。

然后，最重要的是，他们被要求把积极的变革愿景传授给其他人。他们要传授给谁呢？他们传授给了他们下一级的公司领导者。他们还被要求对积极变革进行评估或监督。这样做的目的是识别可以衡量的指标、里程碑和硬性数据，以确保积极的变革真的在发生。这是一种预防只说空话不做实事的方式。他们要评估什么呢？就是他们所教授的领导者实施的行动议程和管理经验。这个流程一直继续下去，直到贯穿整个组织的所有层级。

换句话说，每一个人都有四次机会接触愿景：当他们从领导者那里学习的时候；当他们应用愿景的时候；当他们传授的时候；当他们评估的时候。在一年内，施乐就获得了令人吃惊的成绩。众所周知，这个流程是施乐公司扭转状况和雷克斯·克恩被称为20世纪最伟大的公司领导者之一的关键。

增强人力资本

人力资本（human capital）是指组织所雇用的人本身固有的资源。与金融资本一样，人力资本可以被利用、浪费或开发。为了让积极的变革具有永久性的力量，为了让它持续的时间超过领导者的生命，整个组织的人都必须开发自行领导愿景、发起积极变革及主动坚持下去的能力。换句话说，发展良好的人力资本通常是金融资本增长的主要预言因子。

如果没有发展良好的人力资本（有能力、有技能的员工），没有哪家公司可以长期盈利。当组织内的所有人都具有了自己领导积极变革的能力时，就实现了可持续的积极变革。当然，这可以通过许多方式发生，但是，关于这一核心原则的最好的例子是我们所调研的一家大型的亚洲公司。

该公司要求，当每一位高级经理要被提升的时候，他都要离开三个月的时间。这个人必须实际离开工作满三个整月。在第一个月里，这位经理会被要求去广泛地学习道德规范，然后将其整理成一份文件，通常还会附有一份书面报告。在第二个月中，他会被要求去学习历史或主要的历史人物，然后再整理成文件。在第三个月里，他必须广泛学习商业知识。这样，在三个月的时间结束后，就有三份文件被整理出来了。如果在三个月后，公司的业务进展顺利，没有很大的麻烦，那么这位经理就会被晋升。也就是说，晋升发生在三个月之后。

为什么这样一家大型公司要冒如此大的风险、花费这么高的费用来执行这样奇怪的一种晋升制度呢？为什么不只是把这位经理送到大学里参加为期一周的管理教育课程呢？为什么要将一位高级经理调离整整三个月呢？

这种做法是实现可持续的过程的一部分。这三个月的离开提供了一种自我发展、丰富自我和拓宽视野的机会。高级经理之所以被要求学习道德规范，是因为所有的商业决策都是建立在某些价值观或标准之上的。公司想确定这些人会花一定的时间利用自己的价值观体系进行认真的思考。学习历史有助于拓宽视野，并帮助确保过去的错误不会重复发生，从而避免陷入定位上的短期陷阱。学习商业原理有助于帮助拓展经理的知识面，提高其能力。

然而，最重要的是，经理的离开真的是一种考验。公司的重要价值观是，若想获得成功，就必须开发人力资本，所以，经理的离开实质上是对经理是否真正地培养他的员工的一种考验。如果在下属负责的时候，组织的运转不是很好，那么这位经理就不会得到晋升。所有的管理人员都有义务帮助其他人发展到像他们一样有能力领导积极变革，而经理需要对此负责。

这里的重点是，确保积极变革得以继续的关键是要有合适的有能力的人。为组织成员提供发展机会，也就是提高他们自己的技能组合的机会是对组织未来的一种长期投资，也是对积极变革持续成功的一种投资。

确定度量制、衡量标准和里程碑

制度化的第三个方面是**度量制（metrics）**（或者成功的具体指标）、**衡量标准（measures）**（或者评估成功水平的方法）和**里程碑（milestones）**（或者发生可以看得见的进步的基准）。这三个要素有助于确保变革的可说明性，弄清楚是否取得了进步，并为变革的成功提供可以看得见的指示。谚语"你会获得你所度量的东西"就是这一原则的最好说明。

当变革成为人们有责任去实现的东西的时候，它就制度化了。当很清楚衡量标准是什么的时候，你就会针对这些衡量标准作出反馈。如果你被衡量的依据是在班级中的考试分数，而不是你所做的课外阅读，那么你就会花更多的精力和时间学习考试内容，而不是阅读课外资料。只有当你被衡量的标准发生变化的时候，你才会改变你的焦点。因此，把积极的变革制度化意味着制定明确的度量制和衡量标准，并设立一个里程碑，表明什么时候算是完成了变革。

为积极的变革设立有效的度量制、衡量标准和里程碑的关键如下：

1. 识别两三个可以表明要取得的成果的度量制或指标（通常所犯的错误是衡量太多

的事情。关键是集中在少数几个核心的事情上）。它们不应该是与所付出的努力或方法有关的度量，而应该与结果或成果有关。特别地，它们应该说明想从富裕愿景中得到的结果。例如，在达美航空公司，其中的一个度量指标是从飞机停止到第一件行李被送达行李传送带所花的时间。

2. 确定一种衡量标准。在达美航空公司，对于行李处理员的绩效，每天都有日志记录。这种衡量关注的不是工作了多少小时，或者处理了多少件行李，而是想要的关键结果，也就是说，行李交付的速度和精确度。

3. 树立里程碑，表示在某一个特定的时间点上，要取得一定数量的可以衡量的进步。例如，到月底，行李处理员的及时性要提高一个百分点。到年底，要提高15%。里程碑只是为记录真实的进步提供一个时间框架。

总之，实现富裕愿景和积极变革的可持续主要依赖于把它变成所有组织成员的日常生活的一部分和习惯性的行为。没有一种积极的变革可以只依赖领导者存活下去。表10-5总结了与这些战略有关的具体行为。

表 10-5　将愿景制度化，并创造不可逆转的势头

1. 把学生变成老师。
   - 为人们提供形成可以传授的观点的机会。
   - 确保其他人会被要求自行阐述愿景。
2. 增强人力资本。
   - 确保为其他人提供培训和发展的机会，以使他们也可以成为积极变革的领导者。
   - 鼓励形成能够提供支持的网络和友谊。
3. 确定度量制、衡量标准和里程碑。
   - 确定将在什么时候实现可以衡量的进步。
   - 确定用于评估成功的具体标准。
   - 决定愿景的实现有多大程度的把握。
   - 保持积极变革成功的可说明性。

小结

变革的大多数方法都集中在克服挑战、消除障碍和解决问题上。本章阐述了进行变革的另一种方法，其目标是创建富裕和特别的积极变革。这种变革开启了所谓的向阳效应（Cameron，2013）。

为了解释向阳效应，让我们提出这样一个问题：当你把一盆植物放在窗台上的时候，时间久了会发生什么事？当然，答案就是植物开始趋向有阳光的一面。这说明每一种生物体系都有一种趋向积极能量（朝向阳光），避开消极能量或黑暗的自然倾向。原因就是，阳光是给予生命的，是创造能量的，所有的生物体系都会倾向于给予生命的东西。

当你能够在组织中发起积极变革的时候，你就会释放向阳效应。组织成员们会散发正能量，努力取得积极的成果，而不仅仅是解决问题或清除障碍。他们所取得的成果将是采用其他方法所难以实现的。培养美德、积极的能量、优势、鼓舞人心的目标及语言，都是释放向阳效应的方式。这种效应已经在组织和个人中经过了各种方式的证明——生理的、心理的、情感的、视觉的和社会的（见 Cameron，2003b，2012，2013；Cameron 和 Lavine，2006；Bright，Cameron 和 Caza，2006）。

在本章中，我们为实现积极的变革和释放向阳效应的能量提供了简单易记的框架。我们一共解释了五组技能和活动：（1）营造积极的氛围；（2）做好进行变革的准备；（3）阐述富裕的愿景；（4）为愿景而奋斗；（5）把积极的变革制度化。

行为指南

图 10-6 总结了领导积极的变革所涉及的技能组合。因为变革在组织中是非常普遍的，所以每一位领导者都必须花费大量的时间来管理变革。然而，积极的变革是全面进行的，而且与大多数领导人的倾向相反。消极的、以问题为主的担忧会让大多数领导者和管理者精疲力竭。领导积极的变革要求具有不同的技能组合。下面是进行积极变革的行为指南：

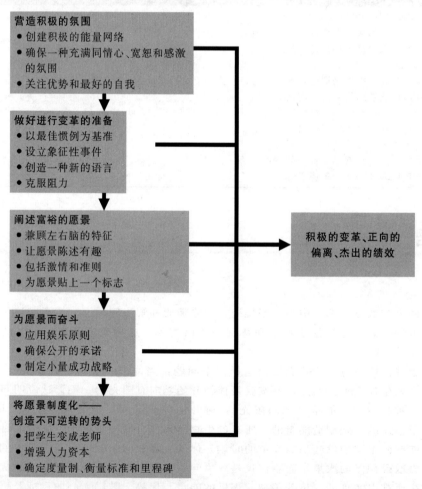

图 10-6　领导积极变革的框架

1. 营造一种积极的氛围，包括创建积极的能量网络；确保一种充满同情心、宽恕和感激的氛围；以及识别出人们的优势和独一无二的能力并反馈给他们。

2. 让其他人做好追寻积极变革的准备，包括以最佳惯例为基准，并将当前的绩效与最高标准进行比较；设立标志性事件来表示积极变革的开始；以及创造一种新的语言来解释积极的变革。

3. 阐述富裕的愿景，包括关注创造正向偏离而不是纠正负向偏离；兼顾左右脑的特征；通过挑战没有获得强烈支持的假定让愿景富有趣味。

4. 为愿景而奋斗，包括应用与愿景有关联的娱乐原则；为人们提供公开对愿景作出承诺的机会；以及制定小量成功战略。

5. 确保愿景的可持续，或创造不可逆转的势头，包括把学生变成老师，帮助人们形成可以传授的观点，并自行阐述愿景；增强人力资本；以及为成功确定度量制、衡量标准和里程碑。

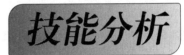

领导积极变革的案例

公司愿景陈述

下面给出三个愿景陈述的例子，是由谷歌、丰田和微软的领导人作出的。在当时，这些领导人中的每一位都被认为是世界上最成功的变革领导者。根据本章在技能学习部分所讨论的原则，分析他们的陈述。每一个愿景陈述有多么有效？根据领导者所作出的愿景陈述，你能就公司的成功作出什么预测？你有何改进的建议？

谷歌发现的十条真理

1. 一切以用户为中心，其他一切纷至沓来

从创业之初，我们就致力于提供最佳的用户体验。无论是设计一款新的互联网浏览器还是对网站主页的界面作出新的调整，我们都不遗余力地确保这些是为您服务而不是满足我们自己的内部目标或营利目的。我们网站的界面简单明了，页面载入的速度很快。我们不对外出售任何搜索结果的排名，页面上的广告不仅含有清晰的标注，而且只针对相关联的内容提供，不会给用户带来困扰。我们在推出新的工具和应用时，坚信它们能够良好地运行，令用户感到满意。

2. 把一件事做到极致

我们做的是搜索。凭借一支专注于解决搜索问题的全球最大的调研团队，我们知道自己最擅长什么，也知道可以如何做得更好。通过不断破解难题，我们能够解决复杂的问题并不断地完善为数百万人提供快速且无延迟的信息搜索服务的方式。我们改善搜索服务的努力使我们将自己对新产品的了解付诸实施，如 Gmail 和谷歌地图。我们希望将搜索的潜力拓展到此前尚未得到开发的领域，帮助人们更好地接触和使用生活中不断增多的信息。

3. 快比慢好

我们知道您的时间很宝贵，您在网上寻找答案时希望马上得到满足，我们致力于让您满意。我们也许是世界上唯一一家希望用户尽快离开自己网站的公司。通过精简网页上的多余字节和提高服务环境的效率，我们已经无数次打破了我们自己的纪录，现在给出搜索结果的回应时间仅以微秒计。我们在发布每一种新产品时都牢记速度，无论这种新产品是一项移动设备应用还是致力于满足现代网络对速度的需求的谷歌浏览器（Google Chrome）。我们还在致力于变得更快。

4. 民主在网上很管用

谷歌的搜索引擎之所以成功是因为数百万人在网上发布链接，这有助于我们确定其他哪些网站提供的是有价值的内容。我们使用 200 多个指标和包括我们拥有自主专利的 PageRank 算法在内的多种手段对每个网址进行评估。PageRank 算法分析哪个网址被互联网上的其他网址"选"为最佳网址。随着互联网的规模不断增加，这一方法实际上得到了改良，因为每一个新的网址都成为一个信息源，提供了新的选项。秉承同样的理念，我们在开源软件开发方面也很积极，通过无数编程人员的共同努力获得富有创造性的方案。

5. 您不一定要在桌子前找答案

世界变得越来越移动了：人们希望随时随地获得信息。我们正在推动新的技术，提供针对移动设备的新的解决方案，帮助世界各地的人们通过手机完成一系列的事情，如查收电子邮件和日历行程、收看视频节目，更不用说通过手机以多种方式登录谷歌搜索引擎了。此外，我们希望利用安卓这一免费的开源移动平台为世界各地的手机用户提供更具创新性的服务。安卓将互联网的开放性带到了手机领域。安卓不仅可以使消费者受益，他们可以拥有更多的选择和更具创造性的新的手机体验，而且为移动运营商、手机生产商和开发商提供了新的获利机会。

6. 不做坏事也能赚钱

谷歌是一家企业。我们通过提供搜索技术、出售我们自己的网站和其他网站上的广告位来赚取收入。全球有数万家广告商利用 AdWords 推广其产品；全球有数万家出版商利用我们的 AdSense 程序发布与其网站内容相关的广告。为了确保我们最终服务于我们所有的用户（无论他们是不是广告商），我们制定了一系列原则来指导我们的广告项目和实务。

- 除非广告与网页上的内容是相关的，我们不会在搜索结果页面放置广告。我们坚信当且仅当广告与您希望查询的内容相关时，它才能够提供有用的信息，因此很可能某些搜索结果的页面根本不会有广告。

- 我们相信广告不靠花哨也能奏效。我们不接受弹出式广告，因为这会干扰您查看您希望看到的内容。我们发现，与人们正在阅读的内容相关的文字广告远比随机出现的广告更能吸引人们点击查看。所有广告商，无论规模大小，都可以利用这一目标高度明确的媒介。

- 谷歌上面的广告总是清楚地标明是"推广链接",因此不会对您的搜索结果造成影响。我们从来不会通过操纵搜索排名将合作伙伴置于搜索结果的前面,而且 PageRank 的排名位置也从不出售。

7. 未知的信息总是存在的

当我们索引的互联网上的 HTML 网址超过了其他所有搜索引擎服务商以后,我们的工程师们就将注意力转向了无法直接获得的信息上。有些时候,这只需要在搜索中整合进去新的数据库,如加上电话号码、地址查询及企业黄页。另一些时候,则需要更高的创造性,如查询新闻文档、专利、学术期刊、数十亿图像和数百万种图书的能力。我们的研究人员仍在不懈地努力,试图将全世界的信息都提供给寻找答案的人。

8. 对信息的需求无处不在

我们的公司总部位于美国加利福尼亚州,但是我们的使命是用各种语言为全世界提供信息。为此,我们在几十个国家设立了分部,经营着超过 180 个互联网域名,我们的搜索结果中有超过一半是为居住在美国以外的人提供的。谷歌的搜索界面以超过 130 种语言呈现,让人们能够找到用自己的母语提供的相关内容,我们的目标是尽可能用同样多的语言提供其他应用和产品。利用我们的翻译软件,人们可以找到用地球另一端的他们不熟悉的语言书写的内容。凭借这些翻译软件和志愿翻译人员的帮助,我们得以提升对世界最偏远地区的服务的种类和质量。

9. 不穿西装,不代表你不专业

谷歌的创始人在创立谷歌时秉承的是这样一个信念:工作应当是富有挑战性的,而挑战应当是充满乐趣的。我们相信,只要公司的文化是适宜的,就很可能实现充满创意的想法。这可不仅仅是指熔岩台灯和橡皮球。谷歌的成功是与对团队成就和个人成就的自豪感的重视分不开的。我们非常重视我们的员工,这是一群拥有不同背景的精力充沛、热情如火的人,他们在工作、娱乐和生活中都充满创造力。谷歌的企业氛围可能是随意的,但是当人们在自助餐厅里、在小组会议上或健身房中想到新的想法时,会迅速将这些想法与其他人分享、进行测试并付诸实施。这些新的想法可能是面向全球用户的新项目的发射平台。

10. 只是优秀还不够

我们将优秀作为起点而不是终点。我们设定我们自知无法实现的目标,因为我们知道竭尽全力实现这些目标可以取得超越预期的成就。通过创新和重复,我们致力于推出出色的产品并以非同寻常的方式对其进行改进。例如,谷歌的一位工程师发现搜索引擎在查找拼写准确的词时效果很好,就琢磨搜索引擎在遇到拼写错误时会如何运作。这促使他研制了一款更发自直觉的、效果更出色的拼写检查软件。

即使您并不清楚自己想要查找的是什么,在网上找到答案也是我们的问题,而不是您的困扰。我们试图预测我们的全球受众尚未提出的需求,并用全新的产品和服务来满足这些需求。我们在推出 Gmail 的时候,其存储空间就超过了当时其他所有的电子邮件所提供的存储空间。现在回想起来提供大存储空间似乎是理所应当的,但这是因为我们对于电子邮件的存储空间有了新的标准。这就是我们致力于实现的改变,而且我们总是在寻找可以与众不同的新的改变点。最终,我们对于现状的永不满足就成为我们做每一件事情的驱动力。

更新:我们是几年前最早写下上述"十条真理"的。我们时常会重新审视这份清单,看看它们是不是仍然成立。我们希望这些真理仍然成立,您可以相信我们会信守诺言。

资料来源:经授权使用,google.com/corporate/tenthings.html。

丰田的使命与指导原则

1. 崇敬每个国家的语言与法律精神，进行诚信且公平的企业活动，以成为世界的优良企业公民。
2. 尊重每个国家的文化与习俗，通过在社区的企业活动对当地的经济与社会发展做出贡献。
3. 致力于提供干净且安全的产品，通过我们所有的活动提高各地的生活品质。
4. 创造与发展先进技术，提供优异产品与服务以满足世界各地顾客的需求。
5. 培养能激发个人创意与团队合作的价值观，并且重视劳资双方相互信任、相互尊重的企业文化。
6. 以创新的管理追求与全球社区协调一致的成长。
7. 和事业伙伴共同致力于研究与创造，以实现稳定、长期增长及互利，并且敞开心扉拥抱新事业伙伴。

丰田的五项基本原则
1. 上下一致、至诚工作，实现产业报国。
2. 潜心研究制造，永远走在时代的前端。
3. 戒骄戒躁，踏实稳重。
4. 团结友爱，让公司成为温暖的大家庭。
5. 尊崇神佛，力行知恩图报的生活。

资料来源：根据 20 世纪 90 年代丰田的日文使命陈述的英文译本翻译，www.toyota.com。

微软公司

比尔·盖茨

微软的过去是以创新为基础的，将来也会依赖它。通过彼此之间以及与第三方的产品和服务之间都可以互补的广泛技术组合，我们在为客户提供更大的价值方面占据了非常重要的地位。这就是我们所谓的集成创新的含义，这是我们的业务战略的关键。

为了推动创新，微软长期以来一直致力于研究和开发。到目前为止，我们的投资已经产生了今天我们所提供的许多成功的产品，并且建立了日益珍贵的知识产权储备。我们是世界上最大的专利申请者之一。通过我们的专利授权项目，其他产品也可以广泛使用我们的创新。

我们进行创新的一个关键点是安全性。除了对 Windows XP SP2 的改进，我们还在开发有助于保护计算机不受网络攻击，以及能让它们在受到攻击后更容易恢复的先进技术。我们让用户能够更容易地将其系统更新成我们最新的、最安全的软件。

除此之外，我们还在与其他的行业领导者合作，共同开发针对安全威胁的更有效的社区反馈系统，并与世界各地的政府紧密合作，让计算机犯罪受到法律的制裁。通过这种广泛的、多方交叉的方法，我们的目的是要带来安全性的重大提高，帮助保护每个人的技术利益。

我们的创新还致力于提高我们的业务的市场机会，在这方面，我们坚信在未来几年内我们仍然有巨大的增长潜力。

在进行技术创新的同时,我们同样在关注脆弱的执行体系。尤其是,我们的工作就是为用户和合伙人传递无与伦比的经历。在整个公司里,我们创建了新的聆听、反馈和应对系统,以帮助我们与用户更为贴近,能快速而恰当地对他们作出反应。利用自动的错误报告技术,我们已经修复了用户报告的大量计算机问题,而我们所强化的现场反应系统已经顺利地解决了用户报告的大多数非技术性问题。

微软积极地参与竞争,并且会一直这样。同时,我们致力于与包括竞争对手在内的同行保持积极的关系,并与政府紧密地联系。我们还致力于让技术更加安全、更易于使用。我们努力帮助保护上网的孩子们的安全,比如,我们与国际失踪与受虐儿童援助中心建立了合作伙伴关系。在行业内,我们努力保护人们的网上隐私,解决用户身份被窃问题,以及抑制垃圾邮件的泛滥。

讨论题

首先自己回答下列问题,然后与同事组成一个小组,公开你们的答案。就排列顺序达成一致意见。

步骤1: 根据这些著名的领导者对他们公司的陈述排列出这三家公司的顺序(1=最好,而 3=最差)。

	谷歌	丰田	微软
1. 你认为哪一个愿景陈述能代表最有效的积极变革?	_____	_____	_____
2. 根据这些陈述,对于每一家公司在未来 10 年内的成功状况,你能作出什么预测?从最成功到最不成功。不要考虑行业本身——如计算机、汽车、软件——的健康状况,仅仅根据这些陈述来预测每家公司在自己的行业内做得怎样。	_____	_____	_____
3. 哪一个陈述拥有对未来最清楚的、最鼓舞人心的愿景?	_____	_____	_____
4. 你认为哪一个已经被最彻底地制度化,哪一个最不彻底?	_____	_____	_____

步骤2: 根据你对领导积极变革的了解,如果你要给出关于如何能更有效地营造积极的氛围、做好变革的准备、阐述富裕的愿景、激发人们作出承诺及实现可持续等方面的建议,你会给这几位领导者提什么建议?

吉姆·马洛奇:保德信房地产和搬迁安置公司的积极变革

保德信房地产和搬迁安置公司首席执行官吉姆·马洛奇在接受采访时,描述了他实施本章所介绍的积极变革框架相关原则的各种方式。吉姆实施的积极实践包括:利用积极的能量网络创建"变革团队";在公司员工之间建立互惠网络;阐明最高目标;在高级团队中培养积极的领导力;庆祝优势、成功和成就;实施最佳自我反馈;对客户和潜在客户表示关爱。实施这些举措后,公司的财务绩效显著改善,客户满意度提高,员工敬业度也显著提高。本次采访给出了领导者如何通过创造性地应用积极的组织变革,对组织绩效产生重大影响的实例。

您被任命为公司首席执行官后遇到了哪些挑战和障碍?

2009年夏天,随着金融市场从大萧条以来最严重的衰退中慢慢复苏,我被要求接手保德信公司。当时公司每年面临7 000万美元的亏损。公司前一年损失了1.4亿美元。公司和客户的士气都不高。我打电话给好友金·卡梅伦,请他帮助我改变现状。我们首先让金加入我们称之为"30人帮"的高级管理团队。管理团队中有些人很沉默,另一些人则很好奇。幸运的是,大家都很有耐心。

您对您的高级管理团队做了什么?您是如何着手扭转公司局面的?

我们通过各种练习向他们展示,当你从积极的方面开始,当你要求人们真诚地帮助你实现你想要做的事情时,美好的事情就会发生。我们在高级管理团队中进行的一个非常简单的练习是这样的:选择三个人,分别告诉他们每一个人你所欣赏的他们做过的三件事。在美国企业界,以及在生活中的大多数时候,人们通常会跟你说:"以下是你需要改变的三件事。"很少有人告诉你:"以下是你最擅长的三件事。"当你这样做的时候,人们的干劲就会增加。我们从一个很简单但很有效的练习开始,而这个练习也成功引起了人们的注意。

这一做法是否推广到了整个公司?

大约4个月后,公司举行了盛大的年会。我们邀请了来自全美各地的2 500名房地产经纪人。这是我出任首席执行官后第一次向这个团队做报告。在做主题演讲的过程中,我要求把室内灯打开。我请所有与会人员拿出自己的手机并开机(而不是通常会议所要求的关机)。我请所有人通过手机发送短信或者是电子邮件来讲述一个有关如何发展新客户、达成销售或者是培养终身客户的好点子。我说:"把你最好的主意,最最好的主意,跟大家分享。我们现在就做吧。"我让人把我的手机拿上了台,也参加了进去。我们这样做了大约四五分钟,然后我请他们在接下来的36小时里继续这样做,直到年会结束。你知道我们想出了多少主意吗?超过2 200个!在过去的15个月里我们一直在使用这些主意。我们只是采用了互惠理念,只管寻求帮助,而你永远不知道帮助会来自何方,我们正在将其打造成我们公司的文化,我们正在利用技术和社交网络让它全天候保持活力。我们在可测量的目标方面取得了显著的进展,如增加收入、保持支出不增加、提升客户服务质量,并最终恢复盈利。为了实现这一切,我们需要从多方汲取灵感。

积极的改变与您经常看到的传统改变方法有何不同?

跟大多数公司一样,我们做客户调查时会发现其中5个表示满意,1个表示不满。我们对1、2和3的分数感到困扰,并试图不再看到这样低的分数。为了实现积极的改变,我们尝试了与众不同的方法。我们决定看看4分和5分,找出为什么我们表现出色。我们想知道如何成为5分的公司——如何定义、衡量及复制。三四周前我碰巧在法国。我和公司的法国员工谈了积极的原则,他们的神色有些犹豫。我问:"那我们怎么才能成为5分的公司?"他们则困惑地看着我。我怀疑是不是因为语言不通才这样。我是不是应该用法语再说一遍?他们却回答说:"不,不过我们连3分都没到。"我接着问:"你们怎么知道自己什么时候出类拔萃?"对他们来说这是一个全新的想法。他们回答说:"我们不知道。"于是我让他们试试。"告诉我你们什么时候表现出色。告诉我你们什么时候看到了我们公司最好的一面。"一个人站起来说:"我见过我们的员工表现最佳的时候,我也见过我们得了5分,就在今天。过去的一周,公司的员工在戴高乐机场全天24小时迎接在地震和海啸后被迫撤离日本的重新安置员工。"我们公司有搬迁安置业务,我们帮助这些人搬到了那里。她接着说:"这些人被迫丢下了所有的家业。他们没有地方住。他们被迫返回法国。我们在机场迎接他们,帮助他们找到住处,在他们下飞机时给他们递上一瓶水,帮助他们尽快办妥入境手续。没有其他公司在这么做。我们是唯一一家在机场为客户提供这些服务的公司。"我马上回答说:"这就对了。你们得了5分。你们在帮助那些生活遇挫的人。这是值得庆祝的。这就是正向偏离,是其他人都没有做到的。"我在法国及在整个公司所做的工作都是确保人们有远见也有方法,然后我就不再指手画脚,因为他们已经知道该怎么做了。重要的是要努力创造一种文化,不仅允许而且鼓励正向偏离。

您极大地改变了保德信公司的客户满意度得分。您能解释一下是怎么做到的吗?

我们的目标是积极称赞我们最好的客户。例如,大约18个月前,我去视察公司在伦敦的业务,拜访了很多客户。英国石油公司(BP)是我们在欧洲的一个客户。我谈到了积极的变革,以及我们如何努力改变我们公司的文化。我说我们想让他们参与进来并向他们学习。三四周后,深水地平线油田发生漏油事故,不幸造成十几人丧生。你可以在电视上看到,英国石油公司的员工在美国和全球媒体上都受到了抨击,包括他们的反应时间、他们在做什么、他们没有做什么,等等。英国石油公司的人对这一切感到很难过。我打电话给我认识的一位高级人力资源人员,说:"我很同情贵公司发生了这样的事件。我知道您想把很多人运送到湾区好处理这场危机。我愿意在危机期间免费为您提供我们公司的服务。"他问我:"您为什么要提出这样的条件?""答案很简单,我们都对湾区的情况负有责任。我们都需要设法在各方面提供帮助。这是我能想到的帮助您的最好方法。如果您愿意接受我们的帮助当然好,如果您不愿意也没关系。我当然明白。"大约两天后,我接到英国石油公司的电话。对方说:"首先,非常感谢您打电话来。我们目前在世界各地与许多供应商开展业务。大多数人都要求我们付费。只有您愿意免费帮助我们。我们可能不会接受您的提议,但我们非常感谢您的好意。"我回答说:"没关系。如果您改变主意,我们很乐意尽我们所能提供帮助。"嗯,不出所料,大约6个月后,他们决定找个新的供应商负责搬迁。我们被邀请参加竞标。当然,故事的结尾还没有写完。我们还不知道结果会怎样。但是,我们用这个例子来鼓励我们的同事们表现出正向偏离。可以不计任何回报地帮助他人。当我们这样做的时候,美好的事情就会发生。

您是如何让组织的其他成员做出积极的改变的?

当我们开始在公司中引入积极的变革时,我们是从"30人帮"入手的。但我们知道,我们还需要向来自7个国家、代表30多种文化的1 300名员工传达这一信息。我们知道我们需要帮助。因此,我们选定了一批有着积极的活力和正向偏离的人。他们不是最资深或最有经验的人,却是真正能推动公司进步的人。我们从世界各地挑选了26个人,把他们带回了公司总部。对其中一些人来说,这是他们第一次来美国。我谈到我们想如何改变公司,我告诉他们我需要他们的帮助。他们对这一挑战感到非常兴奋。我要求他们在60天内向全球90%的员工介绍积极变革原则,这样至少有1 100人将在60天内了解了我们所说的积极变革。这意味着管理团队的成员必须了解什么是积极的变革,并有能力将其传授给其他人。然后我说:"告诉我你们需要什么来完成挑战。我要离开房间,几个小时后回来。和金一起讨论。告诉我你们需要什么来完成这个任务。"几个小时后我回来了,他们说:"好吧,吉姆,我们愿意接受挑战,但我们需要你做四件事。"你知道吗?在60天内,他们不仅完成了90%,而且达到了93%。公司员工的意见得分在10个类别中有9个提高了。他们现在已经全身心地投入继续把积极变革的原则带入公司的事业中。真是太棒了。

所有人都支持吗?在采取积极的看法方面,您是否得到了百分之百的支持?

我的经验是,50%~60%的人,如果你幸运的话,会立即得到他们的支持。20%~30%的人会坐在一旁说:"这只是吉姆的管理问题吧?"还有大约10%的人会对我的任何提议予以坚决拒绝。他们会说:"这毫无意义。抱歉,这对我来说是行不通的。"这也没关系。我不会跟他们争论。他们并不适应我们公司未来的发展方向,该另谋高就。我也立即着手请他们另谋高就。"我在过去的18个月内招聘了很多高级和中级管理人员到我们公司工作,人们都希望加入积极导向的企业,即使你给的薪水跟他们现有的薪水是一样的甚至更低。年纪越轻的人,越是这样。"

资料来源:Adapted from Cameron, K. S., and Plews, E. (2012) "Positive Leadership in Action." Organizational Dynamics, 41: 99-105.

讨论题
1. 吉姆·马洛奇实施的积极变革的要素是什么?
2. 吉姆是如何培养正向偏离行为的?
3. 他漏掉了积极变革的哪些方面?你对于帮助他促进可持续发展有何建议?
4. 吉姆的富裕愿景是什么?

领导积极变革的练习

得自他人的最佳自我描述

本章的技能评估部分提出你应当参与一个强大的评估过程以了解你的最佳自我或者是你的特有优势和贡献。获得了反馈之后,你将希望对数据进行分析以获得最佳自我描述。阅读你所获得的所有反馈,并记下关键的体会。寻找为你提供反馈的所有人的共同性。为你所找到的共同性创建一个主题,然后把案例与它们联系在一起。你会发现下面这个表格非常有用。

共同性/主题	给出的例子	我的解释
1. 创造性	1. 具有创造性的新项目创建者。 2. 为老问题找到新的解决方法。 3. 引导团队改变自身。	我的想法经常很有趣、很有创造性。 我经常给与我一起工作的人带来新的构想。 我在解决问题方面很有创造性。
2.	1. 2. 3.	
3.	1. 2. 3.	

第一步：现在，创建一个能够抓住你资料中的精髓的最佳自我描述。识别什么时候你处在最佳自我状态，以及在最佳自我状态下，你会表现出什么特征和能力。利用你的最佳自我反馈资料，至少写出一段对你自己的描述。下面是当你在构思自己的自我描述时需要考虑的几个反馈性问题。

- 对于自己的关键优势和独特性，你有什么了解？
- 关于对你的反馈，让你感到奇怪的是什么？
- 什么样的环境能让你达到最佳状态？
- 你将如何跟踪或利用这些反馈？
- 这些反馈具有什么样的职业或人生意义？
- 获得这一反馈之后，你发生了什么变化，或者将会发生什么变化？

写下你通读这个反馈之后得到的结论及你对它的评论。将它们写下来会产生一种澄清和集中的效应，毕竟，在一生中，你并不会经常得到这种反馈。不要错过这个可以用于构思一些对你有意义的事情的机会。

第二步：让你的同事阅读你的最佳自我描述。从他们那里获得关于你所写内容的口头反馈。这样，你的同事将会帮助你厘清你的最佳自我特征，并让其变得具体。

资料来源：http://positiveorgs.bus.umich.edu，search term "reflected Best Self Exercise".

积极的组织诊断练习

第一步：选择一个你可以诊断的组织。如果你目前没有在一个组织内工作、做志愿者，或者领导一个组织，那就选择你所在的学校。你的目标是识别组织的优势、巅峰体验和正向偏离的例子（而不是问题和挑战）。组织很少收集这些资料，人们也很少被要求提供这种资料。但是，在每一个组织中，都有一些运转得很好的事情。当人们被提示这样做的时候，他们通常可以找出自己组织内那些引人入胜的方面。

我们所提的问题和我们所使用的语言，都有助于确定我们未来的愿景。当人们在过去取得过成功时，他们更愿意去追求未来的愿景，因为他们知道他们在过去的某个时候获得过非凡的成功。他们有信心自己能够再次做到。

下面是一些问题的范例，在诊断一个组织、小组，甚至是你自己的家庭的时候，你可以提出这些问题。

- 一流的：你自己与客户或顾客换位思考一下。他们所说的什么话会让组织成为最好的？
- 职业：你热爱这个组织的哪些方面，使你想每天为之工作？
- 领导力：在组织中，你最敬佩的领导者是谁？你为什么敬佩他们？他们做了什么了不起的事情？
- 沟通：你什么时候和你最关注的人进行过非常令人满意、非常有成效的相互交流？具体是什么样的交流？
- 团队工作：在这个组织中，你什么时候经历过令人高兴的合作和团队工作？具体是什么工作？
- 文化：在你所在组织的文化中，非常有趣、鼓舞人心的是什么？什么能让你变得兴奋？
- 愿望：你对这个组织抱有的最大愿望是什么？你真正希望的是什么？
- 工作：在这里工作，你看到的最佳成就是什么？所获得的超过每一个人的预期的成就是什么？

当你提出这些问题的时候，你会观察到回答问题的人所表现出来的更多的热情，你也会注意到积极能量的释放。下面是与组织诊断中常用问题的对比：

- 你的主要问题和挑战是什么？
- 你的缺陷是什么？
- 人们在这个组织中遇到的麻烦是什么？
- 什么需要调整？
- 在哪些领域你没有实现目标？
- 哪些人比你做得更好，为什么？

第二步：现在，为组织写出一个类似的最佳自我描述。阐明关于组织的下列问题：

- 这个组织的优势和独特品质是什么？
- 组织可以如何利用它的优势？
- 推动组织的愿景是什么？
- 你有哪些进行积极变革的建议？

积极变革议程

写出一份领导你所在组织进行积极变革的计划。你不一定是该组织的正式领导者，因为大多数真正的变革是在组织内而不是在领导办公室里发起的。大多数伟大的领导者都会采用组织成员的构想和议程。

在构思你的计划的时候，要通过具体且具有可行性的构想解决下列问题。不要只是简单地说："我会更好地对待人们。"这不够具体，也不能看出是什么行动。相反，要这样说，"我每天都会表扬一些人。"这就更加具有可行性和可衡量性。

1. 你将要通过什么方式营造积极的氛围？你会做什么实质性的工作？
2. 你会采用什么具体的方式让其他人做好进行积极变革的准备？
3. 你的具体的富裕愿景是什么？你将如何传达它，以便它能被接受，且能鼓舞人们？
4. 你将如何让别人对愿景作出承诺？说明具体的行动。
5. 为了让你的积极变革制度化，并产生不可逆转的势头，你会做些什么？

现在，找出一些具体的事情，你可以亲自做来示范你的积极变革。你将如何增强你的公信力？

技能应用

领导积极变革的活动

建议作业

1. 寻找一个你认识的在组织中工作的人。向他传授领导积极变革的原则。利用本章所提供的概念、原则、技术和练习。描述你教了些什么,并把结果记录在你的日志中。

2. 对你生命中出现的你很感激的事情做一个系统的分析。什么进行得很好,什么让生活更值得期待?考虑你的工作、家庭、学校和社会生活。至少写一个学期(3个月的时间)的"感激日记"。至少每星期记一条。注意与你开始记日记之前相比,你的生活发生了什么变化。

3. 在你熟悉的人中,至少找出一个对你有积极影响的人。当你与这个人在一起的时候,你很容易感觉更好。确保你经常与这个人交往。

4. 找出一个最佳惯例的例子。也就是说,找出在某件事情上做得最好的某个人或某个组织。努力找出让这个人或这个组织取得这种非凡成就的是什么。有什么因素可以推广到其他人或其他组织身上?

5. 找出一个可以经常提醒你自己的(或你的组织的)富裕愿景的标志。所选择的事物要能够激励你,并且当你每次看到它的时候都能提醒自己你在追求一种有意义的、积极向上的愿景。

6. 与你在单位或学校认识的人建立一种密切的督导关系。你的督导人可以是一位教授、一位高级经理,或者长期待在你身边的某个人。这种关系应该能让你建立自信,并给你活力。不过,要记住,这种关系是相互的,而不是单方面的。

应用计划和评估

本练习的目的是帮助你在课外环境和真实的生活中应用这一系列技术。既然你已经熟悉了形成有效技能基础的行为指导,你将通过在日常生活中尝试这些指导原则来获得最大限度的提高。和班级活动不同,在那里反馈是即时的,并且其他人能以他们的评估来帮助你,而这里的技能应用活动的实现和评估全部要靠你自己。这个活动包括两个部分:第一部分帮助你准备应用这些技术;第二部分帮助你评估和改进你的经验。务必回答每一个问题,不要跳过任何一个部分。

第一部分：计划

1. 写下这一技能中对你最重要的两三个方面。它们也许是弱点所在、你最想改进的地方或你所面临的问题最突出的地方。明确你想要加以运用的这一技能的特定方面。

2. 现在请确定你将要运用技能的环境或情境。通过记录情境的描述来制订一个行动计划，计划中包括谁？你什么时候完成它？在什么地方做？

情境：

涉及哪些人？

何时？

何地？

3. 明确你将运用这些技能的特定行为。使这些技能具有可操作性。

4. 成功绩效的标准是什么？你怎样知道你是有效的？什么能表明你完成得很好？

第二部分：评估

5. 在你实施了计划以后，记录结果。发生了什么？你有多成功？其他人的反应怎么样？

6. 你怎样可以得到提高？下次你将做哪些改进？将来在类似的情境下你会做哪些不同的事情？

7. 回顾整个技能练习和运用的经验，你学会了什么？有什么令你感到惊讶？这些经验将怎样长期为你提供帮助？

评分要点与对比数据

领导积极的变革

评分要点

技能领域	项目	评估	
		学习前	学习后
领导团队	1～8		
成为一名有效的团队成员	9～12		
诊断并协助团队发展	13～20		
总分			

对比数据（$N=5\,000$ 名学生）

将你的得分与三个标准进行对比：
1. 可能的最高分＝100；
2. 课堂上其他同学的得分；
3. 5 000 多名商学院学生的平均数据。

学习前得分		学习后得分
98.33 分	＝平均值	＝105.24 分
106 分或以上	＝前 25％	＝114 分或以上
99～105 分	＝25％～50％	＝107～113 分
92～98 分	＝50％～75％	＝99～106 分
91 分或以下	＝后 25％	＝98 分或以下

得自他人的最佳自我反馈练习

该练习没有答案或对比数据。每位学生的答案都因人而异。

术语表

A

ability（能力）：通过训练和机会而增长的才能。

abundance approach（富裕近似值）：绩效区间的右边，其特征是努力追求卓越和异常出色等概念，这些对于领导积极变革的能力具有很高的相关性。

accommodating approach（适应方法）：一种对冲突的反应，试图通过满足对方的要求并忽视自己的要求而保持一种友善的人际关系。它通常导致双方的损失。

achievement orientation（成就取向）：强调把个人成就和价值作为获得成功的基础，被用于与归属取向作对比。是确认国际文化差异的关键维度之一。

advising response（建议反应）：一种提供了方向、评估、个人意见或指导的回答。

affectivity orientation（情感取向）：强调在可接受的范围内开放地表现情感和感受，被用于与中立取向对比。是确认国际文化差异的关键维度之一。

ambidextrous thinking（双面思考）：同时使用左脑和右脑，代表了最有创造性的问题解决者。

analytical problem solving（分析性问题解决）：一种包括四个步骤的问题解决方案：（1）定义问题；（2）生成不同的解决方案；（3）评估并选择其中的一种；（4）实施并巩固这种解决方案。

anticipatory stressor（预期性压力源）：对不熟悉、不确定和不愉快的事件带有焦虑性的预期。

ascription orientation（归属取向）：强调把一些特质（如年龄、性别或家庭背景）作为成功的基础，被用于与成就取向作对比。是确认国际文化差异的关键维度之一。

attraction（吸引力）：又称个人吸引力，是来自使人愉快的行为及富有吸引力的外貌的"可爱"；被证实有助于管理的成功的通常与友谊相联系的行为组合。

autonomy（自治）：选择如何及何时从事一项特定任务的自由；是拥有内源性满意度工作中的一项特质。

avoiding response（回避反应）：对冲突的一种有保留的、不合作的反应，通过逃避问题损害双方的利益。由此导致的失败可能会随着其他人填补领导的空缺而引起权力竞争。

B

benchmarking（确定基准点）：通过找到最好的惯例，仔细研究，并计划超过这个绩效，将目前的绩效水平与最高的标准进行对比。

bias against thinking（思维偏差）：逃避脑力劳动的倾向，是概念阻滞的一个迹象。

blocking roles（阻碍性角色）：妨碍或限制团队绩效的行为，或者是破坏团队成员有效性的行为。

brainstorming（头脑风暴）：用来帮助人们产生各种不同的想法却不过早地评价或否决它们以解决问题的方法。

C

centrality（中心性）：位置的一个属性，占有者是与任务相关的和人际关系的非正式网络中的关键成员。由此导致的信息和资源通路以及其他人的个人投入都是权力的重要来源。

clarification probe（澄清探求）：用于澄清面谈者给出的信息的问题。

closed questions（封闭式问题）：被设计为通过限制面谈者可能给出的答案来从面谈者那里引出特定信息的面谈问题。在时间有限及（或）当开放式问题的答案需要被澄清时是非常有用的。

coaching（辅导）：管理者用来向下属给出建议和信息或设定标准的一种人际沟通。

cognitive style（认知风格）：一个人收集并且评价他收到的信息的方式。

collaborating approach（协作方法）：一种回应冲突的合作的、坚定的问题解决方式。它关注找到双方都可接受的基本问题和事件的解决方法而不是寻找错误并加以责备。在冲突管理途径中，这是唯一的双赢策略。

collective feeling（集体的情感）：有同情心的组织的特征之一，管理者对事件进行规划，以便人们可以分担忧愁、分享支持或爱等情感。

collective noticing（集体的注意）：有同情心的组织的特征之一，当员工有困难时组织的管理者会注意到或给予关注。

collective responding（集体的反应）：有同情心的组织的特征之一，在需要恢复或康复时，管理者会作出适当的回应。

collectivism orientation（集体主义取向）：强调团体、家庭或集体优先于个人，用于与个人主义取向作对比。是确认国际文化差异的关键维度之一，又称为社团主义。

commitment（承诺）：当一个人认可了一种特定的观点、解释或解决方法时所产生的概念障碍。

comparative standards（比较标准）：把当前的绩效与类似的个体或组织的绩效进行比较的标准，是若干最佳实践标准之一。

compassion（同情心）：一个组织培养集体的注意、集体的情感和集体的反应的能力。

competence（能力）：一个人做得很好，虽然不是一流的领域。

complacency（满足）：不是由于不好的思考习惯或者不合适的设想，而是由于恐惧、忽视、自我满足或头脑懒惰而产生的概念障碍。

compression（压缩）：一个人太狭隘地看待事物、排除了太多相关数据或作出妨碍问题解决的假设所导致的概念障碍。

compromising response（妥协反应）：一种试图通过"分离差异"使双方都满意的对冲突的反应。

conceptual blocks（概念障碍）：限制问题定义的方式及相关备选方案数量的心理障碍。

conformity level（遵从水平）：价值观成熟度的第二个水平，道德推理是基于对传统习俗和社会期望的遵从和支持。

congruence（一致性）：一个人的思考和感觉完全与沟通同步，无论是言语的还是非言语的。

conjunctive communication（有联系的沟通）：对前面的信息进行回应的一种过渡，采用一种使谈话进行得很流畅的方式。

consistent goals（一致的目标）：影响既定目标的潜能激发程度的一个因素——追求不一致或矛盾的目标是困难的。

constancy（恒久性）：只用一种方式看待一个问题——处理、解释、描述或解决，所导致的概念障碍。

continuous improvement（持续改进）：团队成员制造的小的、不断增加的变化。

continuous reinforcement（持续强化）：每当一个行为出现时便给予奖励。

core competence（核心能力）：个体团队成员的能力集合，包括知识、风格、沟通模式和行为方式。

core self-evaluation（核心自我评估）：描述个性基本方面的一个概念，解释了五个个性维度：外向性、宜人性、意识性、神经质和开放性。

counseling（咨询）：一种用来帮助下属认识其问题而非给他们提供建议、方向或正确答案的人际沟通方式。

creating irreversible momentum（创造不可逆转的势头）：确保积极的变革获得制度化的、不可阻挡的势头。

creative problem solving（创造性问题解决）：一种包括四个步骤的问题解决方法：准备、深思、阐明、检验。

D

deep breathing（深呼吸）：进行几次连续的、缓慢的深吸气然后完全吐气的放松技巧。

defensiveness（防御）：关注自我防御而非倾听；当一个人感到沟通中存在威胁或惩罚时会发生。

deficit approach（不足近似值）：绩效区间的左边，其特征是与富裕近似值相比，将注意力更多地放在如何解决问题、赢得利润上，而这些与领导积极变革的能力的相关性较低。

deflecting response（转移反应）：一种把关注点从说话者所谈主题转移到倾听者选择的主题上的回应；或只是倾听者改变了主题。

delegation（委派）：把任务的责任派给下属。

descriptive communication（描述性沟通）：对需要修正的事件或行为的客观描述；对行为导致的反应或结果进行描述并建议一种更容易被接受的方法。

diffuseness orientation（弥散取向）：强调社会中联合工作、家庭和个人的意义，用于与特定取向对比。是确认国际文化差异的关键维度之一。

dignity (and liberty)（尊严和自由）：一种道德的决定原则，如果它能保持个体基本的人性并为他们提供机会去获得更大的自由，那么它就是正确的和适宜的。

direct analogies（直接类推）：一种集思广益的问题解决技巧，个体应用事实、技术和经验去解决问题。

disciplining（惩罚）：一种激励策略，管理者对员工的不受赞赏的行为作出消极反应以阻止其更多地发生。惩罚可能在某种程度上是有用的但无法激励超常的绩效。

disconfirmation（否认）：一种"贬低"；或者是来自贬抑或轻视倾听者并威胁其自我价值的沟通的一种感觉。

disjunctive communication（无联系的沟通）：与之前的陈述相割裂的反应。它可能来自：(1) 缺乏平等的发言机会；(2) 一次讲话中或一个反应之前的长久停顿；(3) 只有一个人决定谈话的主题时。

disowned communication（不负责任的沟通）：归因于一个未知的人、团体或一些外部资源；沟通者回避对信息负责，因此逃避对相互交流做出贡献。

distributive bargaining perspective（分配式谈判技术）：一种协商策略，要求双方都作出一些牺牲以解决冲突，从而得出一个"权宜之计"（与整合式谈判相反）。

E

effort（努力）：一种体现了个人奉献的力量的重要来源。

elaboration probe（细节探求）：当被面谈者只回答表面的或不足的信息时，用于更深入地探索这个问题的题目。

emotional intelligence（情商）：控制自我以及与其他人的关系的能力。

empowerment（授权）：把获得的权力授予他人以达到目的；它在权力缺乏和权力滥用之间实现平衡。

enactive strategy（执行性策略）：一种通过排除压力来创建一个新环境从而管理压力的方法。

encounter stressor（遭遇性压力源）：由人际冲突导致的压力。

environmentally induced stress（环境导致的压力）：由诸如预算紧缩或快速持续变革带来的不确定性等组织因素导致的促使冲突产生的压力。

equity（公正）：工作者对激励的公正面的知觉，基于对他们的工作获得（结果）和工作付出（输入）的关系的对比。

ethical decision making（道德决策）：制定决策时应用的一系列健全的道德原则。

evaluative communication（评价性沟通）：对其他人或其行为作出判断或贴上标签的一种陈述。

Everest goals（最高目标）：代表最终所取得的成绩、不同寻常的成就或超越常规的结果。

expertise（专业知识）：来自正式训练和教育或工作经验的认知能力；是技术社会中重要的力量来源。

external attributions（外部归因）：将一个人的行为解释为由情境条件引起的。

external locus of control（外控）：把特定行为的成功或失败归因于外部力量的个人观点。

extrinsic motivation（外部激励）：由员工之外的人（通常是管理者）所控制的对绩效的激励，如赞赏、工作安全性或好的工作条件（与内部激励因素相对）。

F

fantasy analogies（想象类推）：一种共同商讨的问题解决技巧，使用它的时候人们会问："在我狂野的梦中，我会希望如何解决这个问题？"

feedback（反馈）：个体从管理者那里定期收到的关于他们工作绩效的信息。对于结果的了解使工作者理解自己的努力对组织目标做出了多少贡献。

flexibility（灵活性）：进行个人判断的自由——是在某个职位上获得权力的重要先决条件，特别是多样性和新颖性都很高的任务中。

flexibility of thought（思维灵活性）：产生想法或观点的多样性。

flexibility in communication（沟通中的灵活性）：辅导者或咨询者乐意接受可能存在其他的资料和选择性，其他人能为问题解决和对相互关系做出重大贡献的事实。

fluency of thought（思维流畅性）：在给定的时间内产生想法或观点的数量。

forcing response（强制反应）：对冲突的一种过分自信的、不合作的反应，通过施行权威以对方个体为代价来满足自己的需要。

forgiveness（宽恕）：一个组织的涉及摒弃由冒犯产生的怨恨、痛苦和指责的能力，以及对受到的伤害或损害采取积极的、向前看的态度的能力。

forming stage（形成阶段）：团队发展的第一阶段，团队适应每一个人并且明确设立目标。

frameworks（框架）：经理人员可用来澄清复杂或模糊的情形的类似的模式。

fundamental attribution error（基本归因错误）：人类倾向于基于内在的、倾向性的因素来解释他人的行为，并低估外在的、情境性的因素的影响。

G

goal characteristics（目标特性）：有效的目标是明确的、一贯的并且有一定挑战性的。

goal setting（目标设定）：一个有效的激励计划的基础，包括：（1）让员工参与目标设定过程；（2）设定具体的、一贯的和有挑战性的目标；（3）提供反馈。

goal-setting process（目标设定过程）：最关键的考虑是，如果想使目标有效，它们必须被理解和接受。

gratitude（感激）：在组织中，经常表达感谢能形成互惠的行为、权益和公平。

groupthink（群体思维）：团体作出决策时的缺陷之一，在达成一致的压力干扰了关键性思考时发生。当领导者或大多数人表现出偏爱一种特定的解决方法时，持有不同意见的人不愿说出自己的想法。

H

hardiness（坚强）：一种高度压力抵抗型人格的三个特征的综合：控制、承诺和挑战。

hierarchical needs model（需求层次模型）：动机的一种概括性理论，认为行为是朝着满足需求的方向的，人们的需求倾向于分等级（例如，较低水平的需求必须在较高水平的需求之前被满足，这一点是显而易见的）。

human capital（人力资本）：一个人的能力和才干（"我知道问题的答案"）。与社会资本相对。

I

idea champion（观点倡导者）：对问题提出创新的解决方法的人。

ideal standards（理想标准）：把当前的绩效与理想的或完美的标准进行比较，是若干种最佳实践标准之一。

ignoring（忽视）：管理者忽视员工的绩效和满意度。领导有效性不足可能导致一个工作单位的瘫痪。

ignoring commonalities（忽视共性）：忠诚障碍的一种体现——没有认识到看上去完全不同的情境或数据的相似性。

illumination stage（阐明阶段）：创造性思维的第三阶段，当猛然醒悟，创造性的解决方案清楚明了时发生。

imagery and fantasy（意象与幻想）：一种放松技巧，使用视觉形象来改变一个人思维的焦点。

imagination creativity（想象力创造）：创造解决问题的新想法、新突破和根本方法。

imperviousness in communication（在沟通中不通情理）：交流者无法接受听众的感受或意见。

imposing（强加）：管理者通过分派任务来开发员工，只强调绩效而不考虑他们的工作满意度——长期中往往会带来非常糟糕的结果。

improvement creativity（改进创造）：创造对现有创意的改进。

incongruence（不和谐）：一个人的经历与他认识到的之间的不协调，或一个人的感受与他所得到的信息之间的不协调。

incubation creativity（孵化创造）：通过个体之间的团队工作、参与和协调来获得创造性的方法。
incubation stage（深思阶段）：创造性思维的早期阶段，其间，为了追求问题的解决方法，无意识的精神活动与不相关的想法结合起来。
individualism orientation（个人主义取向）：强调自我、独特性以及个性，用于与集体主义取向对比。是确认国际文化差异的关键维度之一。
indulging（放任）：管理者强调员工满意度而忽视了员工绩效；由此导致的乡村俱乐部式的气氛会妨碍生产力。
informational deficiencies（信息缺乏）：组织之间的沟通障碍。由此产生误解而引起的冲突通常比较常见但很容易解决。
initiator role（发起人角色）：在冲突管理模型中由向另一人——回应人进行抱怨的人所扮演的角色（参考第7章中的行为指南）。
innovation（创新）：大的、可见的、不连续的改变；突破。
instrumental values（工具性价值观）：那些规定了实现某一目标的行动或方法的适宜标准的价值观。
integrative negotiation（整合式谈判）：一种谈判策略，它避免固定的、冲突的地位而关注"增大馅饼"这一协作方式（与分配性谈判方式相对）。
internal attributions（内部归因）：将一个人的行为解释为个人的属性，如智力、个性、兴趣和动机。
internal locus of control（内控）：把特定行为的成败归因于自身行为的人所持有的观点。
interpersonal competence（人际能力）：管理冲突、建设和管理高绩效团队、组织有效的会议、指导和劝说员工、富有建设性地提供负面反馈、影响其他人的意见以及激励和加强员工活力的能力。
intrinsic motivation（内在激励）：员工因工作本身固有的工作特点而受到激励，管理者无法控制它，它决定了某个员工能否在这项工作中获得兴趣和满意（与外在激励相对）。
invalidating communication（无效沟通）：否认其他人对沟通做出贡献的可能性。
investment creativity（投资创造）：对快速地实现目标和竞争力的追求。
issue-focused conflict（以问题为焦点的冲突）：独立存在的或适宜的、有导向性的人际冲突。
issue selling（事件推销）：以成为一个事件的拥护者或发言人为特征的影响策略。

J

Janusian thinking（双面思维）：同时思考矛盾的想法；认为两种相反的观点都是对的。

L

leadership（领导力）：一种临时性的、动态的状态，可以经由任何愿意选择特定的思想形式并实施特定的技能和能力的人来开发与证明。
leading positive change（领导积极的变革）：一种管理技能，主要关注释放积极的人类潜能，创造富裕和人类的康乐状态，认为人的心智都能发生积极的变革。
learning stair（学习阶梯）：缅因州贝瑟尔市国家培训实验室的研究人员开发的一种模型，可以对学习记忆进行分级；在最低的水平上，人们只记得在演讲中听到的5%，而在最高的水平上，人们记得自己教给别人的90%。
learning style（学习风格）：个体知觉、解释和回应信息的方式。存在四种主要的学习风格。
left-hemisphere thinking（左脑思维）：与逻辑、分析、线性或顺序型任务相关的大脑活动。
legitimacy（合理性）：与组织的价值观系统和实践相一致，从而增加一个人在组织中的接受度和影响力。

life balance（生活平衡）：个人生活所有领域内的弹性发展，目的是处理消除不了的压力。

locus of control（内外控）：变革取向的第二个维度；从这个角度，一个人判断他控制自己命运的程度。

M

manifest needs model（三重需求模型）：关于动机的一般理论，假设可以根据个人各种需求的强度对其进行分类，这些需求通常是多样的且相互冲突的。

measures（衡量标准）：评估成功水平的方法。

mediator role（调停人角色）：在争论中介入"发起人"和"回应人"之间的第三方所扮演的冲突管理角色。

metrics（度量制）：成功的具体指标。

milestones（里程碑）：发生可以看得见的进步的基准。

morphological synthesis（语义综合）：一种用于扩大创造性问题解决的方案数目的四步骤程序。它包括用独特的方法把一个问题的不同特点综合起来。

motivation（动机）：由一个人的努力所证明的这个人的期望与承诺的综合。

muscle relaxation（肌肉放松）：放松技巧，降低连续肌肉群的紧张度。

N

need for achievement（成就需求）：表达出来的对于成就和承认的一种愿望。

need for affiliation（亲和需求）：表达出来的对于社会关系的愿望。

need for control（控制需求）：保持自己在关系中获得满意的权力平衡的愿望。

need for power（权力需求）：表达出来的对其他人进行控制或影响的愿望。

negative deviance（负向偏离）：向着疾病、错误、冲突等的变化，通常被描述为在以显示正常、健康绩效为中心的连续体上的左边运动。

negative energizers（消极增能者）：那些耗尽他人的美好感觉和热情，让他人感觉被贬低或精疲力竭的人。

negative reinforcement（负面强化）：包括从任务中移除不愉快的东西，目的是增加行为的频率。

negotiation strategies（谈判策略）：在谈判的商讨阶段使用的技巧——合作、强制及适应，它与相关的冲突管理方法是一致的，并且具有几乎相同的结果。

neutral orientation（中性取向）：解决问题时更为理性和自制，与情感取向相对。是识别国际文化差异的一个关键维度。

noninquisitiveness（不好奇）：不能提出问题、获取信息或搜索数据；是满足障碍的一个例子。

norming stage（规范阶段）：团队的第二个发展阶段；其间，期望变得明确，形成一种团体身份并且规范变得清楚和被人们接受。

O

orchestrator（协调者）：跨职能的群体与必要的政治支持结合起来以促进一个创造性想法的实行。

organizational culture（组织文化）：代表了一个组织的价值观和基本设想。它是关于一个组织的最基本的元素或"只是事物在这里的方式"。

orientation toward change（变革取向）：一个人对不断增长的不确定性和混乱水平的适应性。

owned communication（负责任的沟通）：个体为之负责任的陈述，承认他是这个消息的来源；是支持性沟通的一种表现。

P

partial, or intermittent, reinforcement（部分或间歇强化）：当行为发生时，间歇地给予奖励。

particularism（特殊主义取向）：强调用关系和亲密的个人联系支配行为，用于与普遍主义倾向对比。是确认国际文化差异的关键维度之一。

"path goal" theory of leadership（领导的"路径—目标"理论）：该理论着眼于管理者为员工的目标扫清道路。它建议，管理者的参与应根据下属的需要、他们期望的程度及从其他组织来源获得的支持程度而有所不同。

people-focused conflict（以人为焦点的冲突）：个人化的人际冲突（例如，不同人格和人际风格之间的冲撞）。参见以事件为焦点的冲突。

perceived equity（感知公平）：一个人认为有价值的结果是公平分配的。

perceptual stereotyping（知觉刻板印象）：用基于经验的预想来阐释问题，并因此阻碍了从新的角度来看待问题。

performance（绩效）：由动机促进的能力所造成的结果。

performance expectations（绩效期望）：为绩效设定标准的既定目标。

performance goals（绩效目标）：高于预期的绩效水平，达到该水平就能得到奖励。

performing stage（执行阶段）：一个团队能够作为一个有效和高效的单位发挥作用的阶段。

personal analogies（个人类比）：个人设法发现自己就是问题，询问自己"如果我是问题，我感觉怎样，我喜欢什么，什么可能满足我？"等问题。

personal differences（个体差异）：被不同的社会化过程塑造的个体价值观以及需求之间的差异。来源于这种不相容的人际冲突是管理者最难解决的。

personal management interview (PMI) program（个人管理面谈计划）：管理者与其下属之间的一对一的、定期规划好的会面。

personal values（个人价值观）：一个人在解释什么是好的/坏的、值得的/不值得的、真的/假的、道德的/不道德的时采用的标准。

positive deviance（正向偏离）：向着优秀、完美、心理"流畅"等的变化，通常被描述为在以显示正常、健康绩效为中心的连续体上的右边运动。

positive energizers（积极增能者）：那些能够增强与创造活力和生命力的人。

positive energy networks（积极的能量网络）：由充满活力和生命力的创造者组成的群体，作为该群体的一员已被发现比位于信息网络或影响力网络中更容易获得成功。

positive interpersonal relationships（积极的人际关系）：创造积极的能量，产生心理、情感、智力和社会后果的关系。

preparation stage（准备阶段）：创造性思维的一个阶段，包括收集数据、阐释问题、产生不同解决方案以及有意识地检查所有可用信息。

principled level（原则水平）：价值观成熟度的第三个也是最高的水平；在此水平上，一个人通过坚持从个人经验发展而来的内在原则来判断对错。

proactive personality（积极行动策略）：改变环境的性格倾向。

proactive strategy（前摄/主动策略）：管理压力的一种方法，激发行动以抵制压力的负面影响。

probing response（探求反应）：一种回答，它提出关于沟通者刚刚说过或倾听者选择的话题的问题。

process（过程）：被设计为导致特定结果的一系列行动。
process improvement（过程改进）：过程管理中的一个阶段，过程自身发生改变以推动前进。
punishment（惩罚）：发生不希望的行为时，添加一些负面的东西。
purpose（目标）：举行会议的原因，包括信息共享、承诺建设、信息传播以及问题解决和决策。

Q

quality circles（质量小组）：日本的问题解决团队，他们开会讨论问题并向上级管理部门提出建议。

R

reactive strategy（反应策略）：管理压力的一种方法，立即应对压力源以暂时减缓其影响。
reason（劝服）：依赖劝说的一种影响策略，要求理智地考虑所提出的要求的内在优势以成功地说服。它是明确的和直接的而非操纵性的。
reciprocity（互惠）：一种影响策略，管理者把谈判作为要求下属顺从的一种工具。这种方法基于自我利益和尊重的原则以确保人际关系的价值。
recreational work（休闲工作）：人们乐于参与其中的工作，因为这些工作具有类似清晰界定的目标、客观的评价、定期的反馈、容许个人选择、一致的规则及竞争性的环境。
reflected best-self feedback（得自他人的最佳自我反馈）：管理人员可以用来增强积极性和关注优势的一种手段，通过为人们提供关于其优势和独特能力而不是其不足的反馈来实现。
reflecting response（反射反应）：一种服务于两个目的的反应：（1）确认一个信息被听到；（2）传达另一个人的理解和接受。
reflective probe（反射探求）：通过用自己的话把沟通者所说的话反射回去对沟通者作出回答。目的是澄清信息并帮助沟通者在分享更多的信息时感到开放和安全。
reframing（再构造）：一种将情境重定义为可管理的降低压力技巧。
rehearsal（排演）：放松技巧，排演压力场景和不同的反应。
reinforcement（强化）：当激励与被赞赏的行为相联系时，就说它们强化了那些行为（例如，增加它们发生的频率）。
relatedness（支持性关系）：与我们希望以有意义的方式与他人联系有关。
relational algorithm（相关法则）：一种问题解决中把不相关的特性综合起来的行之有效的技巧，把词语联系起来从而在问题的两个因素之间强制建立一种关系。
relationship-building roles（关系建立者角色）：强调团队的人际方面。
relevance（相关性）：职位的一种特性，职位的任务与组织的主要竞争目标关系最密切，由此增强职位占有者的权力。
repetition probe（重复探求）：受访者第一次没有直接回答问题时所用的重复性的或解释性的问题。
reprimand（惩戒）：一种行为塑造途径，用于把不可接受的行为转化为可接受的；惩戒必须是迅速的而且它应该关注特定的行为。
resiliency（弹性）：一个人处理压力的能力。
respectful, egalitarian communication（尊重的、平等的沟通）：把下属视为有价值的、有能力的和有见解的人对待，强调共同的问题解决而不是显示自己的高职位。
responder role（回应人角色）：在冲突管理模型中，被认为是"发起人"问题的来源的人所扮演的角色。
retribution（报复）：一种包括威胁的影响策略——否认预期的激励或强迫接受惩罚，它通常在下属中引起厌恶的反应和人际关系的破裂。

reverse the definition（反转阐释）：一个通过反转思考问题的方式，改进并扩大问题阐释的工具。

rewarding（奖励）：将受赞赏的行为与员工看重的成就联系起来的激励策略。这种正面强化比惩罚带给员工更多的激励。

reward salience（激励显著性）：某个结果因满足一个重要的需要而受重视的程度。

right-hemisphere thinking（右脑思维）：与直觉、综合、玩乐以及性质判断相关的思维活动。

rigidity in communication（沟通中的强硬）：把沟通描绘成绝对、明确或毫无疑问的一类信息。

role incompatibility（角色不相容）：在任务相互依赖，但由于在组织中的责任不同而优先权不同的工作者之间导致冲突产生的差异。共同上级的调解通常是最好的解决办法。

rule breaker（规则打破者）：跨越组织界限和障碍，确保创新成功的人。

S

self-awareness（自我意识）：一个人对自己的人格和独特性的认识。

self-centered level（自我中心水平）：价值观成熟度的第一个水平。它包括价值观发展的两个阶段——道德判断和工具性价值观，它们建立在个人需要或愿望以及行动结果的基础上。

self-determination（自我决定）：对自己能进行选择的感觉。

self-disclosure（自我暴露）：向其他人暴露自己不明确或不一致的一面，是成长的必经过程。

self-efficacy（自我效能）：对于拥有成功完成任务的能力的被授权的感觉。

sensitive line（敏感阈限）：一个人自身形象的不可见边界，如果受到威胁，将唤起一种强大的防御反应。

separating figure from ground（分离基础）：过滤不精确的、误导的或不相关的信息以使问题能被精确地阐释并产生不同的解决方案的能力。

situational stressor（情境性压力源）：来自一个人的外界或环境的紧张刺激，比如糟糕的工作条件。

skill variety（技能多样性）：一项工作的特性，最大化地使用一个人的才能和能力然后使工作看上去是有价值的和重要的。

small wins strategy（小量成功战略）：个人用来应付压力的一种策略；例如，在迈向一个大目标的过程中庆祝每一次小小的成功。

SMART goals（SMART 目标）：具体、可测量、一致、可实现且有时限的目标。

social capital（社会资本）：一个人的社会关系（"我认识知道这个问题答案的人"），与人力资本相对。

specific goals（特定目标）：可度量的、明确的行为目标。

specificity orientation（具体取向）：强调社会中独立工作、家庭和个人角色，用于与弥散取向作对比。是确认国际文化差异的关键维度之一。

sponsor（赞助者）：帮助提供想法支持者所需要的资源、环境和鼓励的人。

stakeholder expectations（利益相关者预期）：把当前的绩效与顾客、员工或其他利益相关者的期望进行比较的一种最佳实践标准。

storming stage（动荡阶段）：团队发展的一个阶段，成员质疑团队的方向、领导、其他成员的角色和任务目标。

strength（优势）：一个人表现得很杰出，拥有特殊的能力或才能，比大多数人做得更好的领域。

stressors（压力源）：在个体中引起生理和心理反应的刺激。

superiority-oriented communication（优越取向的沟通）：一种给人下列印象的信息：沟通者是知情的

而其他人不知情，是适宜的而其他人不适宜，是胜任的而其他人不胜任，或者是强有力的而其他人是无能的。

supportive communication（支持性沟通）：帮助管理者精确地、公正地并且不破坏人际关系地享有信息的沟通。

symbolic analogies（符号类推）：附在问题上的符号或形象；被推荐为共同研讨法的一部分。

synectics（共同研讨法）：一种根据你所知道的提出你所不知道的，来改进创造性问题解决的技术。

T

task-facilitating roles（任务促进者角色）：帮助团队实现其成果目标的人。

task identity（任务完整性）：使一个人能从头至尾完成一项完整工作的工作特征。

task significance（任务重要性）：一项任务的绩效影响其他人的工作或生活的程度。重要性越高，工作对工作者的意义就越大。

terminal values（终极价值）：那些代表了个体所希冀的结局或目标的价值观。

thinking languages（思维语言）：一个问题可以被思考的不同方式，从言语到非言语或符号语言以及通过感觉和视觉形象。仅使用一种思维语言是恒久性障碍的一个体现。

threat-rigidity response（对威胁的强硬反应）：几乎所有个人、团体及组织在面对威胁时都变得刻板（保守且自我保护）的倾向。

time stressor（时间性压力源）：通常由于在太少时间内有太多事情要做而引起的紧张刺激。

tolerance of ambiguity（模糊耐受性）：一个人处理不确定的、快速变化的或不可预测的情境（信息不完整、不清楚或复杂）的能力。

two-way communication（双向沟通）：尊重和灵活的结果。

U

uniquenesses（独特性）：一个人拥有特别的才能、天分或技能的领域。

universalism orientation（普遍主义取向）：一种道德决策原则，认为一个决策是正确的和适宜的——如果每个人都被设想为在同一种环境下表现得一样。与特殊主义取向相反。

V

validating communication（有效沟通）：帮助人们感到被认同、被理解、被接受和被尊重的信息。它是尊重人的、灵活的、双向的，并且建立在一致的基础上。

values maturity（价值观成熟度）：个人所展示的价值观成熟水平。

verification stage（确认阶段）：创造性思维的最后阶段，在该阶段，根据一些可接受的标准，评估创造性的解决方法。

vertical thinking（线性思维）：只用一种方式阐释问题并且毫不偏离地追求这种阐释直到找到解决方法。

visibility（可见度）：如果某个职位的权力大小通常是通过一个人在组织中与其发生相互作用的人的数目来衡量的，这个职位就具有可见度特性。

vision of abundance（富裕的愿景）：关于人们最为关注的积极未来、欣欣向荣的环境以及传统的愿景。

vision statement（愿景陈述）：描述了指导人们行为的普遍价值和原则，提供了一种方向感，有助于识别未来会怎样的领导者文件。

W

weaknesses（弱势）：一个人没有开发的、未知的或不擅长的领域。

work design（工作设计）：使工作特性与工作者的技能和兴趣相适合的过程。

教师服务

感谢您选用清华大学出版社的教材！为了更好地服务教学，我们为授课教师提供本书的教学辅助资源，以及本学科重点教材信息。请您扫码获取。

≫ 教辅获取

本书教辅资源，授课教师扫码获取

≫ 样书赠送

企业管理类重点教材，教师扫码获取样书

 清华大学出版社

E-mail: tupfuwu@163.com
电话：010-83470332 / 83470142
地址：北京市海淀区双清路学研大厦 B 座 509

网址：http://www.tup.com.cn/
传真：8610-83470107
邮编：100084